LIPSIAE: TYPIS B. G. TEUBNERI.

Octavii Horatiani rerum medicarum libri quatuor
... Per Heremannum comitem a Neuenar, integro candori
nuper restitutus autor. Albucasis ... Argent. apud Joannem
Schottum 1532. fol.

In praefatione ad Heremannum archiepiscopum Colo-
niensem data patrui sui opus Heremanni comitis a Neuenare
morte praeventi. (a. 1530 cf. Echard, Gesch. des Wiederauf-
blühens der wiss. Bild. III, 417—21. L. Geiger, Joh. Reuchlin
1871 s. 366. 402 f.) se ipsum absolvisse editor profitetur Bed-
burgii a. 1531 pridie nativitatis Ioannis Baptistae (id est 23.
m. Iunii). Albucasis qui subiungitur liber chirurgiae impressus
in ultimo folio (319) dicitur 26. Febr. a. 1532.

Theodori Prisciani archiatri ad Timotheum fratrem,
Phaenomenon Euporiston liber I Logicus liber II Gynaccea
ad Salvinam liber III Opus nunc primum aeditum. Basi-
leae in off. Frobeniana 1532. 4º.

Cum praefatione editoris Sigismundi Gelenii (ad Lam-
pertum Macrinum Gallorum regis a consiliis) data Basi-
leae calendis Decembris a. 1531. exciderunt libri I c. 3 fin.—6 in.
(p. 11), 23 fin. — 26 (p. 48), II 13—19 in. (p. 88) nec habetur ed.
Arg. liber IV qui dicitur.

Postquam diverso auctoris nomine idem sic liber
eodem anno vergente 1531 typis impressus est, codicem
manuscriptum (praeter Is. Vossium) nemo novit, editionem
qui unus inchoavit Io. Mich. Bernhold (Theodori Prisciani
quae extant tomus I. — i. e. lib. I. II[1] — s. a. 8º cum praef.
data Ufenhemii ipsis calendis Aprilis 1791) nihil aliud egit
quam ut utriusque editionis lectionem in unam conflaret.
frustra is quidem qui rationem earum diversissimam igno-
raret. atque Gelenii quidem boni critici opus et qui co-

Euporiston libri III

fl 364-376 Vindicianus, Valentin Rose, Theodorus Priscianus

THEODORI PRISCIANI

EUPORISTON

LIBRI III

CUM PHYSICORUM FRAGMENTO
ET ADDITAMENTIS PSEUDO-THEODOREIS

EDITI

A

VALENTINO ROSE.

ACCEDUNT

VINDICIANI AFRI QUAE FERUNTUR RELIQUIAE.

LIPSIAE

IN AEDIBUS B. G. TEUBNERI

MDCCCXCIV.

dice bono, immo omnium qui extant si non meliore tamen
pleniore eoque ita uteretur ut nisi prudenti consilio quamvis tacito a verbis auctoris traditis fere non recederet,
hoc igitur quia lacunis late patentibus libroque uno integro omisso mutilum videretur et parum utile, mox in
oblivionem datum est et rarissime nunc reperitur. contra
Heremanni labor monstruosus atque ex duplici perfidia
natus, ut qui doctae saeculi XII licentiae atque vanae
coniecturae ipsius arbitrium superstrueret, perennem in-
merito memoriam nactus est, cum in Aldinam medicorum
collectionem transiret omnibus notam et usu facilem.

Codice usus est Heremannus uno solo, quem ad li-
bitum correxit,

B = Bruxellensi no. 1342—50 membr. fol. saec.
XII², de quo ubi Aurelium (i. e. Aurelianum) edidit verba
fecit Daremberg (Janus, Ztschr. f. Gesch. der Medicin t. II
Bresl. 1847). fuerat ille „liber sancti panthaleonis in Co-
lonia" (f. 1ᵃ), ex eoque qui Octavii Horatiani nomen in
fronte unus gerit, descriptus sine dubio fuit liber eodem
nomine corruptus chart. saec. XV Phillipp. no. 3701, quem
cum alius nunc codex in eundem numerum suffectus
prostet, Cheltenhami frustra a. 1887 ipse requisivi. principium autem Coloniensis libri cum confusum reperiatur
cum alieni operis fragmento, in alieni auctoris nomen universum opus traxisse videtur. etenim f. 1ᵇ „Incipiunt ca-
pitula libri primi logici. | octavii oraciani ad euporistum.

> „I. De incipiente secta medicinae."
> „II. Incipit prefatio libri sequentis" (scil. Theodori
> prima „Nuperrime").
> „III. Incipit prefatio operis sequentis" (scil. „Si me-
> dicina" ... Theodori secunda).
> „IIII. De infectionibus capillorum"
>   etc. usque ad cap.
> „XXXVI. De loxationibus".

post indicem f. 1ᵇ2 (et post in. col.) sequitur rubrica
„Incipit liber primus logicus octavii oraciani ad eupo-

ristum". deinde textus „Incipiente sectā medicinae. ante
quam yppocrates chous percipiat iuramentum"... scilicet
(f. 1ᵇ 2—3ᵃ 2) expositio confusa de vita et dogmate Hippocratis, cuius et alibi (cod. S. Gall 751, cod. Bamberg. L.
III. 8, Hafn. vet. 1653) et in ipso codice f. 52ᵇ 2—53ᵇ 1,
ante Aurelium) fragmenta extant. qua expositione finita
vel potius abrupta (f. 3ᵃ 2) post vacuum unius versus spatium sequitur sine rubrica „Nuperrime collegę olimpii...",
deinde f. 3ᵇ 1 „Incipit prefatio operis" („Si medicina ..."),
postea c. „I. de infectionibus capillorum" usque ad „XXXIII
de elefantiosis" et (sine numero) ultimum cap. „de loxa-
tionibus". libri sequentes II¹·² et III nomen auctoris nusquam repetunt, at post tertium in hoc uno codice (f. 37ᵇ 1)
sequitur alius liber, quem quartum dixit editor, cuius haec
est rubrica „Incipit de fisicis ad octavium eusebium filium
eius", scil. Physicorum revera Theodori breve fragmentum
cum antidotario quodam vetere aliorumque etiam librorum
medicorum particulis in unum librum inepte conflatum.
hunc librum ex antiquiore codice uno tenore male con-
scripsit librarius saeculi XII, hunc cum sit alterius post
Euporista operis, quartum appellavit Heremannus comes,
ut sic vel saeculis sequentibus et ipsi Ernesto Meyer (Gesch.
der Botanik II, 288. 290 sq., mihi etiam in Aristotele
Pseudepigrapho p. 379) suum iudicium imponeret.

Huius igitur codicis textus, quem ad editionem Argen-
toratensem olim contuli anno 1876, licet antiquo fundamento nisus, corrupto tamen eoque quod cum vetere librorum II—III codice Vaticano et in eis conveniret quae
omisit et in eis quae tradidit, recens est atque ut solent
magistelli saeculi duodecimi (cf. Anecd. I, 96) summo arbitrio correctus, quale alterum vix exemplum noverim.
quo factum est, ut cum simili novoque arbitrio e textus
manuscripti ineptiis se expedire conatus sit is qui primus
edidit — ei enim debentur quaecunque in editione Argen-
toratensi a codice nunc Bruxellensi discrepant, nullam
plane neque scriptus liber neque editus fidem habeant,
nisi ubi aliorum codicum confirmentur testimonio.

Sunt autem paucissimi. qui vero praeter Bruxellensem integrum omnium librorum trium textum comprehendat unus tantum extat et ipse recentior

r = Romanus bibliothecae Barberinianae IX. 29 (foliorum 289), quem cum excerpsissem anno 1881, hieme demum a. 1891/92 iterum Romae tractavi totoque collato praeiudicatam olim opinionem correxi. continet autem bibliothecam unus quasi quandam medicam, scriptam litteris modo langobardicis modo in ipsa media pagina scripturae genere mutato vulgaribus quae sunt saeculi XI/XII. In qua habentur a f. 236—265 Theodori Prisciani archiatri qibri tres, qui tamen propter secundum qui est bipertitus tuattuor numerantur. desinit manus langobardica post inium capituli primi libri III (id est II, 2), succedit vulgaris ut antiquae scripturae inpatiens minusque perita ita minus accurata. textus autem id peculiare habet quod in principio quidem operis editionem ut ita dicam secundam repetat codicis Berolinensis atque ipsa additamenta, quibus uberrimis ex alio quodam auctore paulo recentiore (saec. VI) illa interpolata est, deinde a capitulo de oculis consilio mutato codicem alterum bonum purumque sequatur et Bruxellensi Vaticanoque integriorem. qui licet levi quadam in minimis (velut verborum ordine mutato additisque particulis) pro saeculi ratione vel corrigendi vel mutandi studio et ipse affectus sit, sine eius tamen ope desperati fuissent loci qui cum etiam in editione Geleniana ex codice mutilo facta desiderarentur, solius codicis Bruxellensis mala fide traderentur. accedit ex hoc uno codice exili Prisciani capitulo XXXII pro supplemento additum capitulum de calculo (sive potius de vesicae vitiis) integrum, quod cum partim extet in Berolinensi, quamvis diversae rationis et disputationis, editioni secundae proprium primo intuitu videretur, nisi eodem modo quo reliqua partim truncatum illud partim auctum atque ita Pseudo-Theodoro vetustius doceret Barberinianus. cautione tamen etiam in hoc codice adhibendo opus esse moneor eo quod qui diversas duplicesque lectiones hic illic praebere arguatur, fieri potuit ut ad textus contaminati lectionem quam abiecisset tamen ubi dubitaret aliquando refugeret (e. gr. 2, 93 „teris cum suco arnoglose" etc. 2, 82. 77. 103. 116. 118 etc.).

Praeterea omnium quidem librorum (trium sc.) extat codex

b = Berolinensis lat. qu. 198 s. XII¹ (scr. a 1131/32 in Gallia meridionali), quem quamvis inde ab a. 1855 manibus saepissime versaverim, praeparandae tandem aliquando editionis certo consilio contuli demum a. 1886 seqq. hic attamen interpolatam auctamque recensionem exhibet, qua inter textum Prisciani in brevius passim contractum libereque mutatum et dispositum post singula fere capitula remedia praesertim physica longo tractu superadduntur tamquam ab ipso Prisciano (cf. 2, 116. 117. 118 etc.). auctoris ea sunt uno fere saeculo recentioris, qui eodem saepe physicorum fonte utatur, quo et Marcellus et qui vel Plinius dicitur vel Paulus*). eandem autem Theodori editionem altero quoque exemplari extare fere gemello

c = Chisiano F. IV. 57 (formae minoris saec. XII) Romae nuper cognovi m. Febr. 1892. quem ut excerpere saltem et nonnullis in locis conferre liceret eximio eius qui bibliothecae Chisianae praefectus est Iosephi Cugnoni viri humanissimi beneficio debeo. atque haec quasi altera editio (quae est codicum bc) ideo summi momenti est quod ex quo ipsa profecta est textus Prisciani respondet codici Geleniano librorum I—III qui nunc deperditus est, mutilo quidem sed omnium optimo et integerrimo, ut qui ea quae in codice Bruxellensi cum Vaticano, partim etiam in Barberiniano, omissa sunt, ipse suppeditaverit, ubique con-

---

*) qui quidem Pseudo-Plinius (ed. Rom. 1509 cf. Hermes VIII, 39. 47. 62) vel Paulus (codd. Bamberg., Vindoc.) nihil facit ad Paulum Aeginetam, quem legit Simon Ianuensis. veri enim Pauli tertius liber latine habetur et in cod. Casinensi 351 (de quo frustra olim dubitavi Anecd. II, 107 meliora postea litteris edoctus Pauli Ewald, qui mea causa codicem excerpsit) et in cod. Vaticano 4461 saec. XIV, quem ipse vidi Romae a. 1881.

spirans cum editione secunda, nisi quo eius ipso qui eam
in hanc formam redegit consilio nunc deficit.

At Sigismundi Gelenii codices quibus in editione
usus est nunc perditi sunt omnes. qui de opere suo ait
in praefatione „quod ex quatuor exemplaribus iam hic
iam illic mutilis, membratim ferè ceu Hippolyti cadaver,
pari cura ac labore contuli". et veri simile sane est plures
eum (et vel tres) habuisse gynaeciorum codices, quales
plurimi etiam nunc et separati feruntur, medio aevo curiose
lectitati et plus reliquis duraturi. atque separatus sic etiam
extat libri secundi cum tertio codex unus Vaticanus. tamen
neque duplicem Gelenius duorum librorum codicem habuit
neque utriusque libri singulares praesto fuerunt. id quod
facile intellegitur. multa enim in textu et primi et secundi apud eum exciderunt, quorum iacturam nullo alio
codice adhibito resarcinare potuit, ipsa autem spatia vacua et in primo libro et in secundo ad aequabilem unius
eiusdemque folii mensuram respondent. etenim si quod veri
simile esse videtur unius folii fuerunt ea verba quae in editionis Gelenianae libro I a suo (p. 26) capituli de oculo in
alienum locum delata leguntur p. 37—39, quae quidem explent versus ed. Gel. 47 vel 35 ed. Arg., duo folia defuerunt
(media scil. primi quaternionis) in cap. 3—6 p. 11 (vers. 62
ed. Arg.), duo iterum p. 48 in c. 23—27 (vers. 65 ed. Arg.),
eodem autem modo unus integer quaternio defuit libro secundo post pag. 88 (vers. Gel. 390 $=$ c. 8 $\times$ 49), ita ut codicis Geleniani folium duplo vel forma maius vel scriptura
densius aestimandum sit quam Vaticani. huius enim singula folia fere aequant paginas Gelenianas (versuum 26). si
vero quae transposita legis (p. 37, 13 „fronti inlitum iuvat
— albos oculos procurat" p. 39, 10), duorum esse foliorum
malis, aequalia fere utriusque codicis folia fuisse putanda
sunt Geleniani ($=$ Gel.) et Vaticani, non tamen eadem.

Etenim ut quae sit ratio textus codicum *B(V)r Gel.(b)*
manifesto exemplo perspiciatur, maiorum lacunarum (non
primi quidem libri sed ubi accedit etiam *V*) secundi tabulam subiungo:

II 1 p. 65 ed. Gel. „pannis duplicibus—certe ex" *b Gel.:
om. r VB.*

II 3 p. 70 „permanentibus — gravationibus" *(g)r b Gel.:
om. VB.*

II 4 p. 72 „tunc etenim—adseveraverunt" *b Gel.: om.
r VB.*

II 6 p. 75 „hanc eandem—consueverunt" *b Gel.*(gloss.?):
om. r VB.

II 8 p. 78 „tunc etiam—nominetur" *b Gel.: om. r (g) VB.*

II 8 p. 79 „ex vulneribus manántis" *Gel. (gloss.?): om.
(b) r (g) VB.*

II 11 p. 83 „quam—appellaverunt" *r b Gel.: om. (g) VB.*

II 11 p. 84 „convenit—innitentibus" *b Gel.: om. r (g) VB.*

II 11 p. 84 „femorum—nitri vel" *(g)r b Gel.: om. VB.*

II 20 p. 92 „longo intervallo—accipere" *r b Gel.: om. VB.*

II 20 p. 94 „monitum—obviari" *Gel.: om. (b) r VB.*

II 22 p. 96 „erit detonsis—turis mas"|*r b Gel.: om. VB.*

II 22 p. 98 „superiores—ordinati sunt" *r b Gel.: om. VB.*

II 23 p. 100 „danda—noctem" *Gel. (gloss.): om. r (b) VB.*

II 23 p. 100 „similiter—pipere" *r b Gel.: om. VB.*

II 25 p. 102 „et liberandis a conclusionibus" *r b Gel.: om.
(g) VB.*

II 27 p. 107 „hoc est sucum agrestis cucumeris" *Gel.*(gl):
om. (b) r VB.

II 28 p. 110 „vel ammoniaci aequis ponderibus" *Gel.*(gl.):
om. (b) r VB.

II 29 p. 113 „absinthii—gestationes et" *r b Gel.: om. VB.*

[II 30 p. 118 (post „permitto") „dabo passum—curabis"
(g) b: om. Gel. r VB.]

II 31 p. 120 „assidue cogentium" *Gel.* (gl.): *om. (b) r VB.*

II 31 p. 121 „agrestes et sicciores" *r Gel.: om. VB.*

II 31 p. 123 „vaporibus—indignatio" *r b Gel.: om. VB.*

II 31 p. 123 „iuvat—obvolutum in" *r b Gel.: om. VB.*

II 32 p. 125 „sorbere—catharticum" *(g)b Gel.: om. r VB.*

II 33 p. 127 „phlebotomo quammaxime" *Gel. (gloss.): om.
r (g) VB.*

II 33 p. 128 „potionem confectam" *Gel. (gloss.): om. r VB.*

II 33 p. 128 „in melicrato pro electario ministro" *Gel.*
(gloss.): *diff. r VB.*

II 34 p. 130 „possit quatenus — articulis possit" *r Gel.:*
om. VB.

II 34 p. 131 „sub corporis — in (corporibus)" *(g) r Gel.:*
om. VB.

similiter etiam in libro I plurima omisit *B* quae cum *b Gel.*
habet etiam *r.* contra in *Gel.* (nescio an editoris culpa)
pauca quaedam desiderantur quae praebent *r VB*, velut II
23 p. 99 „cataplasmandi sunt", II 20 p. 92 „specialem"
(cf. seq.) et „admotis" („amonidis" *V*), II prf. p. 63 „in
utroque opere, II 11 p. 83 (cum *b*) „bene disposito" *etc.*

Ubique vides cum B convenire cuius simul notam adscripsi

V = Vaticanum Reginae Suec. 1143 (olim Petavianum ut habetur f. 2ª sup. „Numero 154. N. Pet. 1656"
= Montfaucon 1046), qui licet ex integro quodam codice
solum dare voluit librum II cum appendice scil. gynaeciorum libelli decem capitulis comprehensi — quae quidem
decem in indice capitulorum praemisso numerantur pro uno
„XXXV De mulieribus (sic, „mulierum"*B*) variis passionibus"
(item in Brux.), tamen eo maximi momenti est quod inter
recentes fere Priscianeos solus sit vetus saec. IX (VIII/IX),
et codicis Bruxellensis censor severissimus. contuli Romae
a. 1881, non primus ego, nam eiusdem codicis ad marginem editionis Bas. 1532 in bibliotheca Leidensi (Cat. bibl.
L. B. 1716 p. 142) inter libros Isaaci Vossii (med. 68)
servatae lectiones deprehendis ab ipso ut asserunt Vossio
adscriptas, quae ut „veteris codicis" (sic ait p. 65. 72. 75
etc.) simpliciter „V" notantur. easdem quasi „e codice Ms.
Vossiano" a. Io. Steph. Bernardo acceptas (id est ex editionis Bas. exemplari illo Vossiano descriptas) suae editionis specimini (cf. praef. p. VII) passim adiecit Bernhold.

Vaticanus igitur, quem Petavianum (postea Reginae)
in manibus versaverat Isaac Vossius, in Germania scriptus
est litteris semimerovingicis. et Germaniam prodere videntur

etiam verba deleta folio quod praefixum est albo inscripta
(f. 1) „ih fanta z. thur... gi.. ingif.. ngidis(s) | ein petti
giuua.. ti ...... t̕. abyla | zuenfub ....“ (?). descriptus
autem fuit vel potius depictus a rudi quodam et indocto
scriba, ex codice litteris antiquis et obsoletis scripto, cuius
lectiones miro modo et inaudito sive corrupit ille sive cor-
ruptas repetiit scribendo e. g. „timtintio 2, 87 (unde „eosdem thio“ effecit B) = continuo, „sub cantiam“ 2, 73 = sub
quadam, „faminlalreis“ 2, 78 = quam maxime in balneis
et similia quam plurima, in universum autem saepissime
commutando „u“ et „a“, „r“ et „s“ („urtione“), etiam „n“
et „r“, „n“ et „p“ („evepire“ — „inmedimento“) etc. continet autem sine auctoris nomine a f. 2—80ᵇ Theodori
Prisciani libros II—III, deinde medica varia ex medicinalibus
libris (ut dicitur f. 88ᵇ) „coadunata“ usque ad f. 202.
Priscianus qui agmen gerit ex quaternionibus nunc constat
numeratis I (f. 8ᵇ). II (f. 16ᵇ). III. deinde IV, cui tamen post
cod. f. 30 = ed. Gel. p. 88 dempta sunt ultima duo folia
una cum duobus integris quaternionibus V et VI. extant
deinde VII (f. 38ᵇ). VIII (f. 46ᵇ). VIIII (f. 54ᵇ). X (f. 62ᵇ).
XI (f. 70ᵇ), sequuntur septem folia (71—77) quat. XII,
cuius octavum folium et ultimum in fine capituli ultimi
libri II (verbisque ed. p. 134 „ad refri ‖ gerandum ...),
adhuc relicta interioris marginis particula, abscissum est.
desunt item qui sequebantur quaterniones XIII et XIIII.
quae vero nunc habentur f. 78—85 (= quat. XV) post
gynaeciorum finem (c. 7—10 = f. 78—80ᵇ) aliena continent, primum eiusdem manus supplementa varia (f. 80ᵇ
—83), deinde alius sed veteris et merovingicae (f. 83ᵇ
—86ᵇ), quae in primum etiam folium vacuum secundae
(a f. 86) partis pridem separatae Excerptorum medici-
nalium (f. 86—202) transgrediatur. Prisciani igitur id
est primae codicis partis, nunc desunt 35 folia, textus
autem idem est qui subest Bruxellensi. nec tamen is qui
Bruxellensem adornavit in emendando ut res ferebat stu-
diosissimus, ipso Vaticano usus est qui etiam primo libro
careret, sed eius gemello eorundemque errorum socio.

nec nisi casu quodam singulari factum esse potest quod
eandem fere circa initium alterius partis libri secundi lacunam illam magnam haberet codex Gelenianus Gelenii
tempore quam tempore Vossii Vaticanus. uterque enim in
extremo capitulo primae partis de cholera (XIII) finitur
his verbis „Cataplasmata vero omnia adhibenda sunt quae
diafo" ‖ (sic Vat. desinente folio), ubi supplendo Gelenius
(desinente pag. 88) „quae diaphoreticis". ‖ sequitur apud
Gelenium (p. 89) „De paralyticis XIX" initio carens.
eius enim aliquanto prius post lacunam denuo textus incipit quam Vaticani Vossii, utpote qui ea etiam servaverit
quae ultima tria sexti quaternionis Vaticani folia olim
occupasse censeas. haec primo obtutu diceres Vaticano qui
idem fuisset cum Geleniano adhuc adhaesisse, cum Gelenius eo uteretur. sed cum hoc statui nequeat, ut supra
docui, rem nisi casus ludibrio admisso equidem non ex-
pedio.

Galeni therapeuticorum ad Glauconem libri duo tribus
libris et libere latine versi, atque supplementis aucti cum
aliis tum integri tertii de morbis libri, pro artis quadam
summa medio aevo incipienti omni habebantur, modo integri modo excerpti diversoque ordine dispositi. iidem in
ampliorem quasi collectionis medicae ambitum recepti ita
circumferebantur, ut tribus illis integris quartus adderetur
ex secundo Prisciani excerptus, quintus deinde Aurelii (hoc
est Aureliani) de acutis passionibus et eiusdem auctoris
(quem Scolapium vel Escolapium quidam ignorantes appel-
labant) sextus „Croniorum". extant quidem alii codices et
recentiores quibus quarto illo omisso quinque feruntur „Galieni" omnes et decurtati, ut Barberin. IX, 29 (s. XI/XII), Vat.
4418 (XI), 4417 (XII). sex autem significat codex Casinensis
97 (s. X), in quo post Galeni tres cum octavus quaternio
deperditus sit, in noni folio primo quarti illius finis servatur
cui sic subscribitur „Explicit liber IIII. galieni. Incipiunt capitula libri aurelii. de acutis passionibus". ultimus sine numero sequitur Scolapius. contra in Vindobonensi vetere lat. 68
(olim med. 55) et ipso litteris langobardicis scripto (s. IX

sed rasuris correctoris corrupto usuque detrito) prioribus
deperditis integri soli extant libri IV—VI f. 1 „Incipit liber
quartus galieni archiatres id est medicus pe.....“ — f. 7[b]
„Incipit liber quintus eiusdem galieni archiatres. id est
medicus sapientissimus“ — f. 22 „Incipit liber sextus eiusdem galieni archiatres i. c. m. s.“). in cuius primo folio
et lacero (ita quidem ut versuum fines absint) litteris
minutis sed paulo recentioribus paene legitur „ego urs..
.... offero hunc librum eccł s̄c̄ī vincentii (ei).... ‖
p q̈e & iud...... invenire vale.. et si quis hunc libru....“ ‖.
praeterea omissis Aurelii libris duobus, ex quibus tamen
postea cum aliis excerpta sequuntur (scil. „de secundo libri
aurelii“ i. e. escolapii qui falso dicitur f. 66. 70[b]), „galieni“
quattuor libri leguntur in cod. Vindocinensi 109 (s. XII), ubi
f. 50 „Incipiunt libri .IIII. capitula eiusdem galieni“ I—XV
et deinde ipse „Incipit liber .IIII. galieni“ („Advertendum
est itaque ex urinis nascentibus . . . dabis bibere. Explicit
liber .IIII. galieni“ f. 58). hic igitur liber quartus epitoma
revera est (sane arbitraria et confusa) quindecim capitulorum ex Theodori Prisciani secundo extractorum, eius quidem lectionis quae consentiat quidem cum Vaticano, textus
tamen sit integrioris, ut vel ex tabula supra scripta intellegi
potest. atque hac quidem Prisciani epitoma, non ipso
Prisciano et integro, Garipotus usus est qui passionarium
suum medio aevo celeberrimum ex bibliotheca illa magna
sex librorum (Alexandro addito) in unum certumque rerum
ordinem diversorum de uno quoque morbo auctorum capitulis undique congregatis composuit. totus igitur quartus
ille apud Garipotum comparet excepto initio, quod ex praefatione Prisciani excerptum fuit. en tabulam (cum titulis,
qui deficiunt inde a c. X in fol. 1 cod. Vindob., ex Vindocin.
adscriptis)

„I De urinis“ ex Theod. Pr. II, 1 (p. 66)   apud Garip. non
                                            extat.
„II De clistere“ ex Theod. Pr. II, 2 (p. 68)   apud Garip. non
                                            extat.

„III De litargicis“ ex Theod.
Pr. . . . . II, 3   apud Garip. I, 14.
„IIII De ydrofobicis“ ex
Theod. Pr. . . . . . II, 8   „   „   V, 7.
„V De ylio colo et strofo“
ex Theod. Pr. . . . II, 9   „   „   III, 28.
„VI De spasmis“ ex Theod. Pr. II, 10   „   „   V, I.
„VII De satyriasin et gonor-
reas vel priapismon“ ex
Theod. Pr. . . . . . II, 11   „.   „   III, 71/72.
„VIII De cardiacis“ ex Theod.
Pr. . . . . II, 12   „   „   VI, 24.
„VIIII De colericis“ ex Theod.
Pr. . . . . II, 13   „   „   V, 15.
„X De querella capitis“ ex
Theod. Pr. . . . . II, 14   „   „   I, 15
    cum fragmento sine   una cum eodem addita-
    discretione adnexo ex   mento.
    c. „De syntexi“ („Quos
    tussicula exagitat“ . . .
    p. 100) . . . . . II, 24
„XI De asmaticis et suspi-
riosis“ ex Theod. Pr. . II, 25   „   „   II, 12.
„XII De yctericis“ ex Theod.
Pr. . . . . II, 27   „   „   V, 14.
„XIII De lumbricis“ ex
Theod. Pr. . . . . . II, 30   „   „   III, 23.
„XIIII De ydropicis vel ca-
tecticis“ ex Theod. Pr. . II, 32   „   „   V, 11.
„XV De renum causis“ ex
Theod. Pr. . . . . II, 33ᵃ   „   „   III, 42 (=
    (p. 127—128) cum frag-   Th. 33ᵃ + 34) et 43 (=
    mento (ex folio scil. trans-   Th. 33ᵇ) quae quasi „de
    posito) capituli „De artri-   renibus“ omnia (!) eodem
    ticis“ etc. . . . . . II, 34 modo confusa exhibentur.
    (p. 130—32), cui subiun-
    gitur altera demum pars c. II, 33ᵇ

(p. 128—29 sic (Vindob. f. 7ᵃ =
Vindoc. f. 57ᵃ 2) „... in aqua diuretica omnibus munitū te. Interea
volo amice kmē qm ...“

Prisciani tamen pauca quaedam aliunde etiam sumpsisse
Garipotum singularis quorundam Galeni librorum ratio docet. nam codex Leid. Voss. lat. fol. 85 (s. XI/XII in Italia
scriptus et litterarum langobardicarum subinde memoriam
prodens), qui nunc mutilus 24 foliorum id est quater-
nionum trium VIIII—XI (in eodem volumine nunc alia
s. XII et X habentur adnexa f. 25—67), secundi ad Glauconem alteram partem continet et praemisso capitulorum
indice tertium sed velut recensione quadam recentiore mu-
tatos et interpolatos. cuius auctor praeter alia ex Theodoro
usus quidem editione quam dixi secunda inseruit et in
ipso textu libri tertii capitula duplicia (de epylemticis et
scotomaticis ex Th. II, 15 et 16, de menomenis ex II, 17,
de empiicis ex II, 23), et post ultima Galeni, si indicis
advertas testimonium (nam textus codicis in cap. de paralyticis clausula tantum libri omissa imperfectus deficit in folio
24ᵃ, cuius quod reliquum album est), seorsum addidit primum quod ad superiora respicit cap. de melancolicis (sc.
ex Th. II, 18), deinde quae post cap. de paralyticis in Berolinensi etiam codice sequuntur de catarro II, 20 et sicut
tituli docent*) ea quibus augentur II, 21 et 22, deinde de
renibus (II, 33) et de cardiacis (II, 12). atque ex simili quodam
textu Galeni qui ex Prisciano aliisque interpolatus fuit etiam

---

*) sic enim habet: „De catarru. De tisicis et tusse. Ad
tussem et pulmones. Ad tussem. Ad tussem et sintexis. Ad
tussem et sintexin et qui purulenta excreant. Ad tisicos et
toracis dolorem. Ad tussem et qui sanguinem voment“ (cf. cod.
Berol. p. 100—103). „De sanguinis emissione ex interioribus.
De stomacho sanguine iactantibus. De renibus vitiis vel ves-
sice querellis. De cardiacis. Explicit galieni liber tercius“ (sc.
„de singulis infirmitatibus“, ut supra incipiens index habet).
„Incipit eiusdem de oculorum (sic) causis. De capitis causa. De
causa membrorum corporis. Expliciunt capitula libri tertii. Incipit de cephalea.“

apud Garipotum quaedam recurrunt, velut quae excerpsit
in cap. de epilempsia (I, 6) ex Physicorum Prisciani fragmento (f. 82^{c-d} cf. cod. Leid. f. 7^b), ex quo eodem Physicorum loco (f. 82^c) verba babentur etiam in cap. de
stomachicis (II, 14), item quo uno loco auctoris nunc
etiam nomen additur (III, 24) „Conditum colicis expertum
Theodori Prisciani" (quod sc. accuratius, sed sine nomine
legitur in Leidensis cura colicorum). sunt alia quae in
Leidensi quidem non reperies sed ad idem librorum genus
referenda iudices, additamenta scilicet ad ea ipsa quae
debet Prisciani epitomae ex Prisciani editione secunda
derivata in cap. medio de lethargicis I, 14 (= cod. Berol.
p. 76) et ad finem cap. de asthmaticis (= cod. Berol.
p. 108). haec igitur ex pleniore Galeni codice Garipotus
duxerit, sicut ex eodem Galeno solo habuit et „oxymel
oribasii auctoris" II, 26 quod in Leidensi quidem Galeno
non habetur, sed additur in Casinensi c. XVI (ubi „curatio
scleromae"). in universum itaque dicendum est utriusque
librorum generis ex quibus et verum Theodorum Garipotus noverit et interpolatum, eandem fuisse rationem
eam scil. ut ad Galeni qui ferebatur librum tertium „de
singulis infirmitatibus" ex Theodoro Prisciano supplementa
colligerent, ex vero quidem ea quae separatim quindecim
capitulis excerpta in librum quasi quartum congesta essent,
ex interpolato quae ipsum libri textum augerent tempore
aliquanto recentiore.

Ad logicum Prisciani librum haec omnia pertinent. sed
etiam primi phaenomenon in ipsa medii aevi antiquitate
lectitati vestigium gerit „practica Oribasii" (codd. Cant. et
Hafn.) quam Simon Ianuensis legit sex librorum, ita composita ut inter Euporiston l. IV (cum praef. I Synopseos) (= I)
et Synopseos I. II. IV. VI (= II. III. IV. VI) quintus inferretur
alienus „auctoris bizazii" vel „bizancii" (cf. Cat. codd.
Berolin. lat. I p. 369). veteris enim huius collectionis libro II
cap. LI (vel LII) inseritur sic inscriptum „De aurium causas theodori prisciani de libro primo capitulum octavum"
(„Aurium dolor ex variis frequenter incommodis exci-

tatur" ..). sed in posteriora medii aevi saecula non primus duravit, non secundus, sed habile illud gynaeciorum compendium, quod cum proprie logici esset ultimum quasi capitulum operisque libellus tertius, per se solum scriptum in plurimis codicibus ferebatur.

Gynaeciorum igitur libri (praeter VB) vidi legique exemplar Florentinum (f) Laur. 73, 1 s. XI (descr. m. Sept. 1877) et (quod ad Flor. contuli Berolini m. Mart. 1888) Vindocinense (v) 109 s. XII (Cat. des mss. des bibl. de France. Dép. N. S. t. III. 1885), ad quorum similitudinem scriptus erat Gelenii codex unus quidem huius libri singularis. inspexit tamen ille alterum quoque textum qui ad B proprius accederet (cf. e. g. ad 3, 12. 21). legi praeterea (m. Apr. 1888) Bambergensem (g) L III 11 (s. XII. 8⁰), qui cum Barberiniano facit, continet autem supplementum spurium capitulorum XI—XXI sine discrimine adnexum. quae eadem capitula (excepto novicio ultimo „XXI De mulieribus ut non abortent") feruntur paulo pleniora in Vaticano Reg. 1756 (8⁰ s. XII) suntque editionis secundae (bc), ubi eodem quidem libri tertii indice (23 capp.) comprehensa (b p. 132 = c f. 164ª = Vat. f. 44) suam tamen inscriptionem habent brevemque prologum hunc „Theodorus priscianus ad octavium („octavianum" Vat.) filium. In hoc vero loco cum cogitationibus vacarem, congregatis mecum aliis auctoribus, utiliter visum est nobis que ad curas mulierum pertinent res fisicas tractare earum exempla conscripta („eorum exemplo conscriptas" Vat.). et ⟨„ea" add. Vat.⟩ que didicimus ⟨„addimus" add. Vat.⟩ eorum („quorum" Vat.) exemplo et tuo experimento („et tu in experimento" Vat.) potius („poteris" Vat.) adhibere". quem prologum liber Bamb. omisit (cum aliis), contra post extrema verba „pessum facies et uteris", quibus „Explicit Theodori prisciani Geneciȩ" subdidit Berol. („Genetia explicit" simpliciter Vat.), non solum capitulum illud XXI adiecit sed etiam „librum secundum theodori prisciani" cum (indice capitulorum 21) qui sic incipit „De passionibus mulierum utile previdi vobis scribere"...

sed hic quidem liber maximam partem compilatus est ex
integris Cleopatrae et Muscionis capitulis, eisdem illis quae
ex simili codice Harmoniae Gynaeciorum olim inseruit Io.
Casp. Wolphius Tigurinus (Bas. 1566 p. 105 sqq.*) eiusdem libri secundi (post appendiculam illam recentiorem
primi libri) dupliciter spurii excerpta quaedam capitula
offendi (cum „genecia theodori prisciani“ f. 177^b) etiam
in Cantabrigiensi coll. S. Ioh. D. 4 s. XIII (f. 180^b), de
quo dixi ad Muscionem Sorani interpretem (ed. 1882) p. IX.
atque ex eodem cum eodem initio excerpta praeposita sunt
fragmento de gynaeciis in Spuriis Galeni ed. Iunt 1576
f. 95^f (cf. cod. Cant. ib. f. 173^b).

Sunt et 'alii plures Gynaeciorum Prisciani codices,
velut quem vidi quidem sed non legi Paris. 7029 (8^0 s. XII,
ubi „InciP Genecia Prisciani“ f. 59^b—68^b) etc. ex Prisciano
etiam „capitula de iunicis“ abbreviata pessime leguntur in
cod. Vindocinensi 175 (f. 97^b). singularis autem propter anti-
quitatem ratio est epitomae cuiusdam Bambergensis L III. 6
(s. X), quae grandibus ut plurimum litteris scripta (f. 1—5)
initio quidem carens veri Prisciani capitula praebet a quarto
ad decimum et ultimum ex textu quodam qui cum Vaticano convenerit (cf. ad c. 7 „supradictarum superius“).

Cum tale igitur tantumque sit in manuscriptis codicibus praesidium, cum vetus unus particulam modo operis
contineat et mutilus et corruptus, integri quidem sint recentes sed aut emendati aut interpolati, cum Geleniani deperditi dubia sit lectio et coniecturalis, nec multum conferant
quae apud medii aevi scriptores excerpta servantur quamvis
utilia, vides quam lubricum sit edendi negotium, in medico
praesertim scriptore mutationi quam maxime obnoxio. nec
sane sperandum est fore ut aut novi aliquando codices
compareant aut resurgant qui deperditi sint, velut vetus

---

*) inter prologos librorum quos excerpsit praemissos
Wolphius istum quoque habet „Utile previdi“ ... cum hoc
titulo „Prologus Prisciani et Cleopatrae in librum eius priorem“
cuius libri quae affert (p. 105 sqq.) sic semper citantur „Ex
Prisc. et Cleop. priore“.

ille „Prisciani de medicina" qui S. Amandi fuit Hucbaldi
dono (saec. IX/X: vid. G. Beckeri Cat. ant. 114, 76 =
Delisle Cab. des mss. II, 455 cf. I, 312).

Ad iudicandum tamen et confirmandum Prisciani textum
(et primi praesertim libri, qui plus ope indiget) momenti
alicuius est quod a Graecis adiumenti accedit et diu editis.
etenim graece primum se scripsisse ipse ait auctor atque
ad graecum opus lectorem mittit (v. ind.). graeca autem
Theodori verba revera extant in variis libris illis qui Galeni nomine feruntur περὶ εὐπορίστων (ed. Lips. t. XIV),
primo praesertim q. d. (c. I—VIII), sed et secundo (c. I. II).
quorum materia ex ipsius Galeni libris hausta fuit (τῶν κατὰ
τόπους praecipue ed. Lips. t. XII) atque invitante Oribasio
in librum Euporiston congesta (cf. praef. ad Cass. Felicem
p. III sq.), cuius nunc quidem non nisi laciniae extant
varie cum alienis consutae. hoc Euporiston Galeni libro
sincero usum fuisse Theodorum credo, qui suam aliquoties
rationem se interponere innuat eis quae tradita repetiverit
(velut I, 43 „ego probavi" cf. Ps. Gal. p. 336, „nos etiam"
I, 32 cf. Ps. Gal. p. 340 etc.).quae enim ita addidit in graecis
nunc non inveniuntur. unde si Galeni medicinam reddere
Theodorum patet, non hoc tamen solo magistro utitur, sed
licet „logicus" ipse, „cycli" tamen medicinam saepissime
adhibet methodicorum hoc tempore (ut Aurelianus probat)
plurimum adamatam, et ubi quae „de experimentis" affert
vel „ut experti sumus", sicut Archigenis exemplo ipse Ga-
lenus, remediorum „physicorum" collectionem prodit qualem
et Marcellus et „liber Pauli" (vel „Plinii") et ipse editionis
secundae auctor Pseudo-Theodorus, Vindiciani scil. Afri (Cass.
p. 105,8) de expertis remediis opus magna olim approbatione
diffamatum. cuius quidem Vindiciani (cf. ed. Cass. p. III),
quem magistrum suum profitetur Theodorus, Afer sine dubio et ipse (cum Cassio Felice aequali), praeter singula
remedia (advertas e. g. Geram Vindiciani in Antid. Vindoc.
175 f. 121) nunc pauca restant et male habita, extabat
autem saec. VIII/IX in bibliotheca Augiensis monasterii,
quem tabulae duo veteres (apud Beckerum 6, 156—57 =

33, 47—48) indicant, Vindiciani liber IV (vel libri IV?) post librum de positione et situ membrorum I (cuius laceras reliquias multis in codicibus habemus) Galeni II, Alexandri III in uno codice scriptos. quae notitia dubium est quo pertineat.

Prisciani praeter triplex Euporiston vel praesentaneae medicinae opus singulis libellis editum, nunc unum tenemus Physicorum breve fragmentum (quod habet p. 82^d Arg. quae Alexandro teste conveniunt cum Theodori Moschionis[*]) capitulo de epilempsia cf. Soran. ed. Lips. 1882 p. XVII). itaque si „sex libros" commemoravit Simon Ianuensis in praefatione omnibus nota, qua auctores quorum in lexico condendo volumina revolverit varios recenset, usum eum fuisse patet codice aliquo sex libros numerante, ex quibus praeter singula triplicis operis quod habemus sine libri titulo capitula (velut s. agripnia „Theodorus Priscianus cap. de calculo"[**]) et uno quidem loco „de gynecia" (s. strumas — cf. s. acreta et s. metromania), saepissime citatur „Theod. Priscianus in libro de simplici medicina", et bis etiam „in antidotario Theodori Prisciani" (cf. Ernst Meyer, Gesch. der Botanik II, 291). atque eorum quae de simplici medicina Simon attulit verbotenus nonnulla offendis in libro III de virtutibus pigmentorum vel herbarum aromaticarum codicis S. Galli 762 (de quo olim narravi Anecd. II, 121), ita ut verisimile sit hunc librum latinis quidem herbarum nominibus additis ex Galeno factum (de simpl. med. l. VI) excerpta continere ex eo libro quem sub Theodori Prisciani (nam sic semper duplici utitur) nomine sive recto sive falso Simon in codice suo invenerit. antidotarii autem quod cum Prisciano vidit eadem ratio

---

[*] Theodorus iste Moschion quem citat Alexander Trallianus, diversus quidem a Theodoro Prisciano (licet conveniat in physicorum traditione), idem autem est cum Theodoro Aetii (de quo Meyer II, 286).

[**] habuit igitur codicem, qui servaret capitulum de calculo, sicut Barberinianus, cum quo uno ex cap. de oculis veram lectionem praebet „serniosos oculos" (s. v. serniosis).

fuerit, scil. appendicis alienae, qualem et ipsi Prisciano codex Bruxellensis subiecit et Cassio Felici codices non Parisiensis solum (cf. ed. p. VIII) sed etiam quem Romae cum Paulo vidi a. 1881 Vaticanus 4461 (saec. XIV). nam etiam Cassii „duo de pratica" novit Ianuensis, quorum alterum edidi a. 1876, alterum quem non edidi eodem in utroque codice ambitu (in Vat. f. 81^b—87^b, ubi „Deo gratias. Amen") continentem remediorum compositiones vario librariorum molimine et recentiore auctas. ex quibus multa revera extant apud Simonem (cf. ed. Cass. p. 219—21). atque ut Cassius (p. 219) sic etiam Priscianus dicendus erit confectiones quasdam citasse in ipso nunc textu deperditas, velut quam graecus habet textus „ieran quae post ordinabitur" I, 7 (18). cf. conditum colicis Garip. 3, 24. theodoricon autem dianacardium, quod sub Theodori nomine bis Simon significat (s. alakion, kerbes) in multis aeque antidotariis legere potuit.

Iam vero plures quam quos nunc novimus tres vel quattuor Prisciani libros, numerasse aliquando librarios suo exemplo nunc docet Chisianus, in quo post quartum gynaeciorum (f. 184^b) „Incipit eiusdem de cibis Liber quintus" scil. liber notissimus Theodori (numquam altero nomine addito) appellatus de diaeta vel „peridietes" (unde „perdietis" Vind. 175 f. 94, „predicti" Ups. med. 6 p. 339). cuius licet praefatiuncula Theodori sermonem rhetorice comptum in memoriam revocet, textus tamen nihil nisi uberioris cuiusdam operis reliquias continet in exile compendium redactas. quintum igitur hunc multis codicibus exemplatum saepiusque (et edente Schreinero separatim Hal. 1632. 8) impressum nunc non moror, nec magis sextum, cuius multo etiam incertior est auctoritas. etenim in codice Chisiano post quintum illum f. 196^a „Incipit Antebalumina Galieni" („Pro aloe mitte licium ... mitte spica nardi duplum"), deinde autem f. 197^b „Inc. antebalumina Theodori" („Pro ges asteros mitte amilum ... pro zinziber mitte piretrum"), quod idem duplex opusculum sine nomine auctoris adnectitur in codice Brux., ubi post Aurelium et Escolapium

f. 101^b „antepallomia Galieni', („Pro aloe mittis licium . . .
Pro zinziber mittis piretrum"), sequitur ultimis f. 107^b—12^b
„dieta Theodori".

    sed iam satis sit notitiae in editionis limine breviter
congestae. quam si iusta disputatione exequi voluissem,
ad proprii libelli volumen praefatio excrevisset.

    Scripsi Berolini 26. Februarii 1893
(impressa nunc post annum elapsum relego 13. Maii 1894)

Valentinus Rose.

THEODORUS PRISCIANUS

ex codicibus

Gel. = Gelenii trium librorum deperdito (ed. Bas. 1532).
V = Vaticanus reginae 1143 membr. saec. IX.
r = Romano principis Barberini IX. 29 saec. XI/XII.
B = Bruxellensi 1342—50 membr. saec. XII.

---

b = Berolinensi (Pseudo-Theodori) lat. qu. 198 membr. saec XII[1].
c = Romano principis Chigi (Pseudo-Theodori) F. IV. 57 membr.
    saec. XII.

---

g (Excerptorum libri Logici, unde *Gar.* = Garipotus) = Vin-
    docin. 109 m. s. XII (f. 50—57) passim inspecto etiam
    Vindobon. 68 m. s. IX f. 1 sqq.).

---

f (Gyn.) = Florent. Laur. 73, 1 m. s. XI (f. 214[b]—218[b]).
v (Gyn.) = Vindocin. 109 (eodem qui supra f. 88[b]—91[b]).
g (Gyn.) = Bamberg. L. III. 11. m. s. XII.
a (Gyn.) = Vatican. regin. 1756 membr. s. XII.

---

e (Gyn. epit.) = Bamberg. L. III. 6. m. s. X.

Index capitulorum
libri primi Euporiston Faenomenon.

Praefatio (epist.)
I. Praefatio operis.
II. De infectionibus capillorum.
III. De capillis cadentibus.
IIII. De crementis capillorum.
 [Ad defectum capillorum *r B*].
V. De pediculosis.
VI. De achoris.
VII. De alopeciosis.
VIII. De aurium causatione.
VIIII. De parotidis.
X. De ferbunculis.
XI. De choeradis.
XII. De oculorum causis.
XIII. De narium morbis.
XIIII. De fluxu sanguinis narium.
XV. De labiis crepantibus.
XVI. De dentium causatione.
XVII. De vitiis faucium vel oris.

XVIII. De minutis papulis in facie vel ubique nascentibus.
XVIIII. De ustione calidae vel ignis.
XX. De carbunculis.
XXI. De vulneribus variis causis inflictis corporibus.
XXII. De vulneribus ex se sponte nascentibus.
XXIII. De igne sacro.
XXIIII. De percussu apum vel scorpionum atque serpentium.
XXV. De stirpibus vel ossibus infixis.
XXVI. De testium indignatione.
XXVII. De veretri causis.
XXVIII. De herniosis.
XXVIIII. De umbilicis infantium eminentibus.

Praefatio (*s. num. et rubr. B*, I Prefacio *b r*). — Praefatio (*operis in textu*) *sine num. B*: II Prologus *b r*. (XIII) narium: earum *b B r*. (XVIII) in facie *om. B*. vel ubique *om. b*. (XVIIII) ustione *B*: combustione *b r*. ignis: ignis in corpore *r*. (XXI) causis: que causis *b*, casibus *B r*. inflictis corporibus: in corpore *b*, infixis *B*, factis in corpore *r*. (XXII) sponte *om. B r*. (XXIIII) *hoc ad finem libri supplent r b*. percussione *r*, percussibus *B*. atque *r b*: vel ceterorum *B*. (XXV) De turribus (*sic*) receptis et latentibus *B*: *om. (ind.) b r*, De stirpibus vel ossibus vel telis icti *c*. (XXVIIII) *hanc rubr. om. B*.

XXX. De diversis vitiis in ano nascentibus.

XXXI. De syringis.

XXXII. De pernionibus.

XXXIII. De ragadiis pedum vel digitorum.

XXXIIII. De paronychiis.

XXXV. De pruritu vel scabie totius corporis.

XXXVI. De maculis in corpore nascentibus.

XXXVII. De elefantiosis.

XXXVIII. De luxationibus.

(XXX) vel siringiis *add. B.* (XXXI) *hanc om. B.* (XXXII) pregnationibus *b.* (XXXVII) elefantiacis *b r.* (XXXVIII) vel ciectionibus articulorum *add. b r.*

---

libri secundi Logici.

(Partis I) [Oxea *b c*].
Praefatio (epist.).

I. De acutis febribus vel aegritudinibus.

II. De freniticis.

III. De lethargicis.

IIII. De pleuriticis.

X. De peripleumonicis.

VI. De synanchicis.

VII. De apoplecticis.

VIII. De hydrofobicis.

VIIII. De ileo colicis strofo.

X. De spasmis.

XI. De satyriasi vel impedimento usus.

XII. De cardiacis qui etiam diaforetici.

XIII. De cholera.

(Partis II)[De Cronicis *B*, Cronia *bc*, Libri III de cronicis *r*].

(I) XIIII. De querellis capitis.

(II) XV. De epilempticis.

(III) XVI. De scotomaticis.

(IIII) XVII. De maenomenis.

(V) XVIII. De melancholicis.

(VI) XVIIII. De paralyticis.

(VII) XX. De catarro.

(VIII) XXI. De pthisicis.

(VIIII) XXII. De sanguinis emissione interiorum.

(X) XXIII. De empyicis.

(XI) XXIIII. De syntexi et atrofia.

(XII) XXV. De asmaticis vel suspiriosis.

(XIII) XXVI. De epaticis.

(XIIII) XXVII. De ictericis.

(XV) XXVIII. De spleniticis.

(XVI) XXVIIII. De stomachi variis accidentibus.

(XVII) XXX. De lumbricis.

(XVIII) XXXI. De dysentericis vel lientericis.

(XVIII) XXXII. De hydropicis.

(XX) XXXIII. De renum vitiis vel vesicae.

(XXI) XXXIIII. De arthriticis podagricis ischiadicis.

[XXXV. De mulierum variis passionibus.

(I) acutis *b r*: *om. VB.* vel aegritudinibus *om. b.* (VIIII) i(y)leodis *V(B)*, iliodis *r*, yleon *b.* colo et strofo *b.* (XII) dicuntur *add. b.* (XXI) et tussi *add. b.* (XXVIIII) de st. querelis *b.* (XIIII) *novos numerus habent rc (non VB)*, nullos *b.* (XXXIII) *in rb add.* XXI De cauculo (adveterato *b*) et XXII De condolomatibus *etc.* (XXXV) *add. VB: om. rbc — seq. in r (c) lib. IV, qui sine numero in Bb.*

libri tertii Gynaeciorum.

Praefatio (epist.).

I. De mamillis post partum dolentibus.
II. De praefocatione matricis.
III. De inflatione vel tensione matricis.
IIII. De atretis.

V. De conceptione.
VI. De aborsu.
VII. De haemorragia matricis.
VIII. De vulneribus matricis.
VIIII. De fluxu reumatis.
X. De gonorroea.

(VII) De fluxu sanguinis rbB.

libri physicorum.

Praefatio.
I. ⟨Caput dolentibus⟩.
II. ⟨Epilempticis⟩ — — —

(reliqua desunt).

Postquam peracto corrigendi officio impressae ad me plagulae redierunt, cum indicis causa folia versarem, hic illic notavi quae oculorum aciem diutino labore et taedii pleno debilitatam fugissent, sive litteras inversas (velut p. 48, 5. 64, 13. 201, 9) sive commutatas (sic p. 257 v. paenult. legas quem — *p. 301, 6* axungiam — *p. 318, 20* cyatis — *p. 395, 7* rediguntur — *p. 393, 17* intremueris — *p. 349, 11* VII, *non* VI — *p. 493* achor *1, 13* — *p. 504* conferva h. *b Add. 1, 97 p. 301, 5* — *item sicut legas* pro sic *in not. ad p. 181, 15), sed quod magis doleo, in numerandis antidotarii segmentis utrobique fuisse peccatum. ipse enim post 5 (leg. 5^b p. 366, 3) et post 56 (l. 56^b p. 378, 21) et post 87 (l. 87^b pro iterato 87 p. 383, 1) singulos numeros cum omisissem, is qui impressit neglexit n. 26 (p. 371, 1) et sequentes in eadem pagina numeros posuit 26. 27. 28 (pro 27. 28. 29), idem bis posuit 51 (pro 52 p. 378, 1) itaque deinceps 52—56 (pro 53—56^b), omisit denique n. 106 (p. 385, 1) ut in ista pagina nunc sequantur 106—115 (pro 107—116). hos igitur numeros ante indicis usum ipse, lector, peto ut corrigas.*

Theodori Prisciani Euporiston

Liber I

Faenomenon.

Nuper me collegae Olympii exhortatione provocatum 1
nonnullos confecisse praesentaneae libellos medicinae vel 5
mediocris fama retinet, sed graeco stylo quoniam medendi
industriam sermone claro haec natio publicavit. in his
igitur voluminibus non studium tenebo gloriae, neque enim
in logico opere eloquentia opus est sed labore. quippe
quae fragilitas humani corporis remedia flagitaret, celeribus 10
beneficiis natura consentiente composui. non omnis enim
valitudo medendi patitur tarditatem. quapropter, amice
carissime, quae ornatui nostri corporis vel saluti procu-

---

1 *Indici capitulorum praefationi praemisso superscripta
legitur rubrica in b (quae deleta est in c)* Theodori prisciani
archiatri fenomenus cuius hec est continentia. *de cod. B v. praef.
post indicem seq. rubrica* Prephacio b(c) (*sine rubr.* r B). Gel.
(*ut in textu ad* I, 5) *huic epistolae suprascripsit* Theodorus
Priscianus Timotheo S.   4 Nuper me r b (c): Nuperrime (... confeci) B.   collige r b (c).   oly(i)mpi r b (c): olimpii B.   provocatum (—tū b c, —t⁹ r) nonnullos confecisser r b Gel.: provocatus confeci nonnullos B.   5 presentanee libellos B (medicine
presentanee libellos Gel.): presentaneos libellos medicine r b (c).
vel r b (c) Gel.: quos vel B.   7 sermone om. r (ubi industria
claro).   natio B (c) Gel.: nocio b (notitia r).   8 tenebo r b (c):
teneo B (aliter Gel. non studium vanae gloriae neque eloquentiae
posui sed laborem: om. enim verba neque enim — opere).   9 in
logico opere eloquentia (—tie r) r b (c): eloquentiae hic B.
labore b: —ris r B.   10 que b c Gel (om. r): quia B.
remedia (—um r) flagitaret (—re r) celeribus beneficiis b (c) r
Gel.: remediū flagiture & celeris beneficii B.   11 consentiente r b (c) Gel.: consciente B.   non omnis enim B Gel.:
non enim omnis b, non enim non omnis r.   12 amice B r b (c):
frater Gel.   13 ornatui c B: oi natui b, ordinatui r (in parui Gel.).

randae custodiendaeque obveniant opis naturae remedia,
nunc in tuam gratiam nostro sermone digessi, non sine
lucro famae ut arbitror. effectum enim in utroque genere
opus tam plures testes habebit quam iudices.

I.

5

2   Si medicinam minus eruditi ac rustici homines, natura tantum conscia, non philosophia, occupassent, et levioribus aegritudinum incommodis vexaremur, et faciliora remedia caperentur. sed haec via ab illis omissa est quibus
10 scribendi ac disputandi gloria maior fuit. nam scire velim
qui fieri possit ut, cum aut rectum sit quidque aut contrarium, aut salubre aut incommodum, huiusce artis
repugnantes diversique professores sententias suas singuli servare conentur. iactatur aeger magna tempestate
15 morbi. tunc nostri collegii caterva concurrit, tunc nos
non pereuntis miseratio possidet, nec communis naturae

1 custodiendęque *Br*: constituendeque *b* (-daque *Gel.*).
obveniunt *rb*, —ant *c Gel.*: conveniant *B*.   opis naturae
(*corr.*) *Gel.*, opus (op⁹) nature *rb* (*c*): ordinata *B*.   3 effectum:
sic Brb (*c*) *Gel.*   *Rubr.* Prologus *b* (Explicit Prephacio Incipit prologus *c*), Incipit praefatio operis *B*, *sine rubr. r* (*ubi
al. m. in marg.* G. Liber sestus).   6 medicinā ... occupassent
(—set *b*) *rb* (*c*) *Gel.*: medicina ... occupati essent *B*.   ac
(hac *r*): et *Gel.*   7 conscia *rb* (*c*): conscii *B*, conscientia *Gel.*
non philosophia *b* (*c*): non tantum philosophi *r Gel.*, non etiam
philosophia *B*.   et *rb* (*c*): in *B, om. Gel.*   8 vexaremur
r B Gel.: —rentur *b*.   et faciliora—(10) scire velim *om. Gel.*
9 caperentur *rb*: cuperentur *B*.   10 eloquentia (*sic*) studiosis
hic addit B (*post* fuit): *om. r b* (*c*).   velim *b* (*c*): vellem *Br*.
11 qui *B*: ꝙ (quod) *b Gel.*, quid *r* (*c*).   ut — sit *om. r.*
rectum *B*: certum *bc, om. Gel.* (*ubi* cum aut contrarium sit
quid).   sit *post* incommodum *B*.   quidque *rb* (*c*): quid *Gel.*
12 huiusce: *sic Bb* (*c*), huiusque *Gel.*, huiuscemodi *r*.   13 re-
pugnantis *b* (*c*) *r*.   diversique *b Gel.*, diversisque *r*: diversorum-
que *B*.   sententias suas *b*(*c*) *Gel.* (suas *om. r*): sententia
sua *B*.   singuli *B Gel.*: *om. b* (*c*) *r*.   14 iactatur *br*: iactetur
B Gel.   16 non *b* (*c*) *Gel.*: *om. r B*.   p. miseratio *b* (*c*) *r*:
p. miratio *B* (periculi ratio *Gel.*).

condicio convenit, sed tamquam in olympico agone alius
eloquentia alius disputando alius adstruendo destruendo
alius inanem gloriam captant. interea dum hi inter se
luctantur atque aeger fatiscit, pro pudor, nonne videtur
natura ipsa rerum haec dicere? 5

o frustra ingratum mortalium genus, occiditur aeger,
non moritur, et mihi fragilitas imputatur. sunt tristes
morbi, sed dedi remedia. latent in fruticibus venena, sed
plura germinant salutis officia. absit haec nescio quae
perturbatrix disputatio atque iste loquacitatis vanus amor. 10
haec ego saluti mortalium remedia non dedi, sed magnas
seminum ac frugum herbarumque potestates, et quidquid
propter homines genui.

his dictis nonne tibi, amice carissime, error noster 3
fit clarior, qui ad aegros certandi studio infructuosa verba 15
deferimus? hinc est ergo quod ego huiuscemodi opus ad-
gressus sum, ut facilibus potius naturalibusque remediis

1 olympo͞ᶜᵒ (sic) b, olimpico r (c) (Tempico corr. Gel.): lyrico B.
alius e. a. disp. alius destruendo alios (in ras. omnia) B, alius
e. a. disp. alius astruendo (adstruendo c Gel.) distribuendoque
r b (c) (distribuendo alius Gel.). 3 quisque (ante inanem)
add. r. captant r b c: —tat B Gel. 4 luctantur B Gel.:
certant b (certantur r c). fatiscit p pudor b (c), fatis fit proprio
r: fit casui datus proprio B (fit fatis propior Gel.) nonne
videtur n. i. r. B Gel.: nonne videtur mihi natura i. r. c r,
nonne mihi videtur ipsa r͞. n. b. 7 et non m. b (c).
tristes b (c) r Gel.: inte (sic) et deinde in ras. morbi B. 8 dedi
b Gel. (c) r: desunt B. fruticibus B b c, fructibus r (fluctibus
Gel.). 9 absit hoc nescio quae perturbat rerum disputatio
B, absit illa (haec Gel.) nescio que (qua r c) perturbatrix
eloquentia (disputatio Gel.) b (c) r. 10 iste B Gel.: stilo b (c) r.
11 magna seminum . . . potestates (potestas c r) b, magna semina (semina in ras.) . . . potestates B. 14 nonne b r Gel.:
non ut B. amice k͞m͞e b r B: frater amantissime Gel. error
B Gel.: sermo b (c) r. 15 fit (sit c r) clarior b c r Gel.: sit
carior B. Quid (qui Gel.) ad egros c. studio b r (c) Gel.: quia
de aegris c. studium et B. 16 deferimus b c r B: adferimus
Gel. ergo b r (c) Gel.: om. B. 17 facilibus (facilius r) potius . . . disputatione b (c) r Gel.: facilius potiusque naturaliter
quibus remediis et disputatione B.

et quae disputatione careant, medicinam salubrius ordinarem,
hoc est euporistis, suco tritici et farina hordei, herbis
variis vel metallis et similibus ceteris, in quibus manifesta
remedia natura signavit. neque enim dum aegrotus affi-
5 citur, adeundus est mox Pontus aut interiora Arabiae
sollicitanda sunt aut storax vel castoreum vel reliqua quae
orbis longinquus peculia habet. ideo medicinam etiam
in vilibus herbis parens natura disposuit, ut nullo vel loco
vel tempore medendi desit officium, cum tutum possit esse
10 remedium.

4   hoc igitur volumine bonam hominis valitudinem expertis ut aiunt et rusticis curationibus formatam in vulgus
exposui. in quo gratior est aegris medicina, cum celeritas famulatur officii. qua de re erit nobis de capite
15 tamquam ex arce ad reliquam curam corporis descen-
dendum, in quo tanto pretiosior est sanitas quanto mo-

---

1 careant medicinā *rb Gel.*: careat medicina *B.*   salubrius ordinare *br* (—rē *c*, —rēm *Gel*): quam iactanti oratione
teneamus *B.*   2 euporistiñ *rb(c)*.   sucus (suco *Gel.*) tritici
& farina ordei *rb(c)*, suco tritici farina et hordei *B.*   3 ceterisque *b(c)*.   4 signavit *rB Gel.*: significat *b*   dum *rb(c)*:
cum *B Gel.*   5 adeundus est mox p. *rb Gel.*: adhibendus est
p. *B.*   interiora *rb Gel.*: —ris *B.*   6 sunt aut storacē
(—ce *r*) aut (vel *rc*) castoreū aut (vel *r*) reliqua q̄ o. l. peculiares habet *b* (sunt ob storacem vel castoreum vel reliquas
fruges quas o. l. peculiares h. *Gel.*), sunt ostrea vel castores vel
reliquae fruges quas o. l. peculiares habet *B.*   quē morb *r.*
7 etiam in vilibus herbis *B Gel.*: in vilioribus etiam herbis *b*,
etiam in vilioribus herbis *r.*   8 nullo loco vel t. *rb(c)*, nullo
bello vel t. *B* (*corr. Gel.*).   9 tutum (*corr.*) *Gel.*: totum
rBb(c).   11 expertis nt aiunt et (ac *c*) r. c. formā (*sic ips.
corr. ex* farinā) *b(c)* expcut aiunt et r. c. formā *r*: expedivi et
ut aiunt r. c. formatā *B* (expeditis ut dicunt et r. c. f. *Gel.*).
13 medicina: *rb(c) Gel.*: medicina et facile reperienda (*add.!*) *B.*
celeritas *rb(c) Gel.*: celeritas ac facilitas *add. B.*   14 qua de
re *rb B*: quare *corr. Gel.*   erit *rb Gel*: fit (*sic*) *B.*   15 ex arcę
(—ce *cr*) *b* (*Cass. p. 1, 10*): exarcho *B.*   16 a quo tanto pr.
e. s. quanto m. fuerit e. *b*, in quantum pretiosior e. s. quanto
m. fuerit e. *r*: in quo quanto preciosior e. s. tanto est m. e.
B Gel.

lestior fuerit aegritudo. si quis igitur in sene et quan-
tulaecunque scientiae medico hanc simplicem curationis
viam inlaboratamque miratur, noverit me in utroque
genere facere quam dicere potius elegisse.

II. De infectionibus capillorum. 5

Ad denigrationem capillorum spumae argenti, 5
terrae cimoliae, calcis vivae semuncias singulas tritas cum
aqua identidem conteri facies usque in pinguedinem mellis,
et capillos linies. linimentum vero cum siccare coeperit,
loca fricando discuties et lavabis ex pusca, in qua terram 10
cimoliam commiscueris. ne autem ustionem procures,
frequenter cum lavare coeperis loca oleo roseo irrigabis.

ferri purgationis et rasurae plumbi uncias senas in
sextariis tribus aceti viscidi coques ut ad medietatem
coctura perveniat. de hac coctione frequenter loca lavabis. 15
oleo ne contingas.

1 in sene & q. sc. medico *B et* (*om.* medico) *Gel.*, in sene
& q. sc. modico *sic et r*: inse nequantule cūque scientię modico *b*
(inse ne quantulecūque scientie medico *sic c*).   3 inlaboratam
r B Gel: laboratam *b* (*non c*).   4 potius q (*hoc tenui lineola
deletum*) elegisse *r* = potius q̄m̄ (*sic del.*) elegisse *b* (*communi ex
fonte errore*).   5 (*Rubr.*). De infectionibus capillorum I. *B*,
Incipit Theodoríí (—ri *c*) priscianíí (—ni *c*) logici fenomo (e *corr.*)ni
(Fenomenus *c*) liber primus (lib. I *c*) datus ad thimotheum (timotheum *c*) feliciter (*haec corr. Gel. qui dedit* ad T. fratrem.),
De infectione (infectionibus *ind.*) capillorum *b* (*c*).   6 Ad d. c.
(*sic*) *B*, Denigratio *c Gel.: om. b r*, ut nigri fiant *titulo add. c.*
7 *signa pond.* (3. 1. *ter*) habet *b* et (sem̄. I) *r uti* ana semuncia
B (semuncias singulas *Gel.*).   tritas — mellis *B Gel.*: tere-
(i *corr.*)s (teris *r*) ita cum aqua ut sit ad p. m. *b r*.   9 linies
B Gel.: illinies *b r*.   cum siccare coeperit *B Gel.*: cum siccaverit *b r*   10 et ex pusca lavabis (*seqq. om.*) ne ustione (*sic*)
procures. Oleo roseo postmodum caput (caput *om. r*) perungues *b r*.   ˙11 t. cymoliam tritam *B*.   procures (*b Gel.*): in-
curras. procures (. . . irrigabis) *B*.   13 purgationem et rasuras
(—ram *Gel.*) p. uncias senas *B Gel.*: purgatio. | et rasurā (—ra *r*)
p. VI. ÷ (uncias senas *r*) *b*.   15 coctura *B Gel.: om. b r*.   de
h. c. *B Gel.*: et exinde *b r*.   frequenter loca *B Gel.*: loca frequenter *b* (loca *om. r*).   16 oleo ne contingas *b r Gel.* (ἔλαιον ἀπεχό-
μενος *Gal. XII,* 445 *cf. XIV. 391*): et oleo anetino continges *B*.

ciconiarum ova in vase plumbeo agitabis et ex hoc capillos ungues. cum vero linimentum siccaverit, ex aqua in qua betae coctae fuerint tepida lavabis.

aliud. capparis radicem confringes et in lacte asinae 5 tribus diebus infundes. postea vero coques molli vapore usque in mediam partem. frequenter loca confricabis.

fungos arboris nucis combures sic ut carbo fiat. postea vero teres mixto oleo quali volueris. uteris unguento diurno ut ulterius albi non nascantur.

10 betarum rubrarum cum radicibus suis libram I teres cum ammoniaci salis unciis II et admiscebis olei cedrini uncias III, ut confectio siccare non possit, et uteris.

6 flavos vero capillos sic facies. lupinos amaros in aqua per dies XV infundes, et postea ex hac aqua in 15 balneis caput assidue lavabis.

---

1 in vase p. (vas p. *r Gel.*) agitabis *b Gel.* (*qui add.* ex aere): in vas plumbeum adicies et agitabis *B.* 2 ungues *B* (unge *Gel.*): inungues *b* (—is *r*). cum vero *B b r*: si *Gel.* linimenta siccaverint *B* (inlinimenta s. *Gel.*). 3 bete coctę *b*, beta decocta *r* (haec cocta *Gel.*), betae decoctę *B.* fuerint *b B Gel.*: fuerit *r.* lavabis *b Gel.*: delavabis *B.* 4 aliud. *B Gel.*: om. *b r* (*ut supra v. 1. 4 infra 7. 10, ubi* Aliud *addit Gel., om. b r B*). et (in *b*) lacte asinae tribus diebus i. *b r Gel.* et tribus diebus in l. infundis asinae *B.* 5 postea molli vapore coques (—is *r*) usque ad med' (ut ad medietatem redeat *r*) et ex hoc frequenter caput inungues (c. i. frequenter *r*) *b r.* 6 confricabis *Gel.* (confricas *B*). 7 fungos a. n.: ἀπὸ καρύας τὰ ὡσανεὶ βοτρύδια *Gal. XII, 444. cf. XIV, 391.* comburi facias *B*: combures (—ris *r*) *r b Gel.* ut carbo fiant *B* (sic ut carbo fiat *Gel.*): om. *b r.* postea vero teris *B* (teres *Gel.*): et teres (—is *r*) post (postea *r*) *b r.* quali (quale *r b*) volueris *r b Gel.*: quod libuerit *B.* uteris u. diurno *B* (unguento utere probato *b*, uteris u. probato *r*): et ita est u. diuturnum *Gel.* 10 Betarum rubrarum (*sic*) *B Gel.*: Betas rubeas *r b.* teris (—es *Gel.*) . . . unciis II *B Gel.*: cum sale teres amoniaco ÷ II. *b.* 11 et om. *b.* admisces *B b*, —is *r* (—cebis *Gel.*). olei cedrini *r b B*: oleo cedrino *Gel.* 12 siccare (*sic*) *b B Gel*, —ri *r.* 13 fl. vero *c* sic facies *Gel.* (si facias *B*): fl. sic facies *r b.* 14 XV *r b Gel.*: XII *B.* infundis *r B.* et postea *B* (et post eos *Gel.*): om. *b*, et *r.* 15 caput assidue *B Gel*: ass. caput *r b.*

alumen quo infectores utuntur cum aqua conteres
et capillos ex hoc infundes. quod permanere facies diebus III. postea lavabis ex aqua in qua nitrum solveris.
sane si tibi multum rubrum visum fuerit, ex ea aqua
lavabis in qua cimoliam terram resolveris. 5

si candidare autem velis, hirundinum stercore
cum felle taurino contrito loca continges frequentius. sed
haec superflue nos ordinare certissimum est. ceterum albi
prohibendi sunt potius quam procurandi.

sane si crispare delectet, asfodeli radices in vino 10
teres et ex hoc capillos frequenter inlinies.

III. De capillis cadentibus. 7

Instruam etiam de capillis cadentibus, qui aut longa
aegritudine aut nimietate vaporis cadentes ante senilem
aetatem nuditate caput foedare consuerunt. ordinamus 15
itaque confectionis genus, quo non solum cadentes contineri possint, sed etiam forte qui ceciderint reparentur.

1 Aliud *add. Gel.* (*et ita infra saepius c. 3*).   conteris
. . . infundis *r B*.   2 ita ut in mellis pinguedine fiat *r b* (*om.
B Gel.*).   *cf. Gal. XIV, 392.*   3 (postea) vero *add. r b.*
ex aqua in qua *B* (*om. Gel.*): cum (ex *r*) aqua ubi *r b*.   nitrum:
apud Ps. Gal. τρυγίας κεκαυμένος.   4 si tibi multum rubrum
visum fuerit *Gel*, si ⟨tibi *r*⟩ rubeum multum visum fuerit *b*
⟨—rint *r*⟩: si tibi multum rubri visi fuerint *B*.   6 si c. a. v.
B Gel.: Albos capillos sic facies *r b* (*c*).   *cf. Ps. Gal. XIV,
391.*   7 l. c. f. *B Gel.*: cap̄ frequenter inungues (—is *r*) *b r.*
sed haec—procurandi *B Gel.*: *om. r b.*   8 ceterum (*sic*) *B Gel.*
10 sane s. c. delectet *B* (delectas *Gel.*): crispos sic fac (facies *r c*) *r b* (*c*).   has fidele (*sic!*) radices *B*: asfodilli herbę
rad' *b r* (*ubi* asphodeli *Gel. et Neu.*).   11 teris *B* (—res *Gel.*).
et ex h. capillos f. illinies *r b Gel.*: et ex hoc f. infundis *B*
(*seq. add. in b r* Cipressi pile . . .).   12 (*Tit.*) De cap. cad. II *B*
(III *Gel.*), De cadentibus *b*, *om. r.*   13 Instruam—cadentibus
B Gel.: *om. b r* (*et* adiutoria *post* etiam *add. Gel.*).   15 nuditate caput nudare (*sic*) *B*, nuditate capilli (*pro* caput) foedare *Gel.*, capillos (*sic pro* cap̄ i. caput) nuditate cap̄ fedare *b*.
16 contineri *r b Gel.*: possideri *B*.   17 forte *B Gel.*: *om. b r.*
reparentur *B b r*: reparari (*corr.*) *Gel.*

accipies quam plurimas apes et in vase fictili clausas incendes. postea cum oleo conteres et capillos inlinies, sane sollicitus ne frontem tangas et tumoris emergentis licet falso timore terrearis.

5 melanthion super carbones cum tostaveris teres et cribrabis et cum aqua commixto caput inlinies. hoc et alios renasci faciet, quam maxime si supercilia hoc modo curare velis.

ladanum cum vino teri facies et oleum murteum mi-10 scebis et uteris ut pinguissimo linimento.

nuces virides inmaturas quassatas in oleo gremiali infundes et aluminis umecti tertia parte, et in vase fictili novo repones diebus XL sub divo, et post uteris unguento probato.

15 nigrae murtae foliorum unciam I, gallarum quassatarum unc̄ II similiter in oleo infundes ut supra, et uteris. hoc etiam scabiis siccis utile est, quam Graeci pityriasin appellant.

---

1 apes *rb Gel.* cf. μελίσσας *Ps. Gal. XIV, 393:* napas (*ex suo*) *B.* 2 et caput (cap̄ *r*) inlinies (linies *Gel.*) *B,* capillosque illinies *b* (τὰς τρίχας κατάχριε *Ps. Gal. XIV, 393*). 3 esto (*post* soll.) *add. r.* et tumoris emergentis *B:* et tumore (—rem *r*) mergens *br* (et tumores emergentes *Gel.*). 5 super: et suberis (*corr!*) *Gel., sed cf. graeca.* post s. c. *add.* in testa (—am *r*) inpones (imponis *r*) et *br.* cum tostaveris (—rit *b*) *rbB:* contusos *Gel.* 6 cribrabis *B* (cribellabis *Gel.*): cernes *b* (cf. *p. 9, 2*), om. *r.* 7 cf. *Ps. Gal. l. c.* (μάλιστα δὲ . . .). 8 velis *B Gel.:* volueris *br.* 9 seqq. (— *p. 9, 2*) *redeunt apud Ps. Gal.* (*eupor. I*) *XIV, 322 cf.* (*eup. II*) *XIV, 393.* l. cum oleo mirtino et vino conteres *b,* l. cum vino teris et oleum mirtinum miscis *r.* myrteum *B Gel.* miscebis *Gel.:* admiscebis *B.* 10 ut *B Gel.: om. rb.* 11 quassatas in o. *rb Gel.:* quassabis et eas in o. *B.* 12 et *B:* om. *rb,* in (. . . partem) *Gel.* tertiam partem *rbB Gel.* 13 sub divo *rb:* in subdivali *B* (ἐν εὐαέρῳ οἴκῳ *Ps. Gal.*), om. *Gel.* postea *rb* (post *Gel.*) = μετὰ τοῦτο *gr.: om B.* 15 mirtẹ *b,* myrte *r:* myrti *B Gel.* folia baccas (bagas *r*) gallarum quassatas in o. (*brevius*) *rb.* 16 infundis *B* (— des *rb*). 17 scabiis siccis (= cantabris cutis *Cass. c. 6*): sabinis siccis *B* (scabiei siccẹ *Gel.,* superciliis *Neu.*), om. (hoc — ap-

herbam peristereona cum radicibus suis siccam teres et cribrabis et oleo commiscebis, et uteris.

de experimentis. adeps ursinus cum ladano et 8 adianto subactus inlitusque capillos effluere non patitur. nam et sandaraca cum aceto contrita hoc idem facit. ca- 5 pita muscarum cum melle contrita par beneficium faciunt in continendo capillos.

si vero vis ut capilli etiam post combustionem exeant, fici folia sicca tundes et cribellabis et ex eo pul- vere loca confricabis, quae ante cum aqua calida dulci 10 vaporabis. alcyonii radices combures et teres similiter et praevaporatis locis asperges.

sed quoniam aliquando de superciliis vitio immi- nente elefantiae aut siccitate nimia corporis cadunt, ut etiam de capite saepe contingit, hi sic constringendi erunt. 15

---

pellant) *rb.* cf. *Gal.* p. 322 τὸ αὐτὸ δὲ πιτυρίασιν ἰᾶται. quas gr. triciasin appellant *B* (quam gr. petrasin appellavere *Gel.*).
1 peristerion *b* (—reon *Gel.*), peristhereónam *B* (*Gal. XII,* 435). teris et cribras et o. cōmisces *B* (teres et cernes . . . comisces *b*, teres et cribellabis . . . commiscebis *Gel.*): *totum om.* (herbam—uteris) *r.* 3 De experimentis *B b* (*Gel.*): De expertis *r.* 4 effluere *B Gel.*: fluere *rb.* patitur *Bbr*: patiatur *Gel.* 5 nam et *Gel.*: et *B, om. rb.* hoc idem facit *B Gel.*: illinito *b, om. r.* 6 par (—7) capillos *B Gel.*: *om. rb* (*qui habent* similiter illinito). 7 capillos: *sic B Gel.* 8 si vero vis ut capilli . . . exeant *Gel.*, ut capilli . . . exeant si fieri velis *B*: *om. rb.* *Hic* (*post* illinito) *aliena inferunt b* (*cr*) *sub rubr.* Calvis ut capilli nascantur. *deinde seq. rubr.* Post ustionem ⟨ut capilli nascantur *cr*⟩. Fici folia ⟨sica⟩ tundes *etc.* 9 fici *b Gel.*: ficus *rB.* tundis (—es *b*) et cribellas . . . confricas *Bbr* (*futura habet Gel. qui a verbo* confricabis *in- dicata lacuna transilit ad c.* 6 aut myrtus aut rubus aut as- paragi radix *duobus ut videtur codicis foliis deperditis.* 10 que ante calida aqua (aqua calida *r*) dulci vaporas *br*: ante cum aqua calida dulcíua (*sic*) proderunt *B.* 11 alchioni⟨i corr.⟩ *B,* alcioni *b* (alcii *r*). combures et teris *etc. B*: tundes cōbus- tas et cernes (comburis teris et cernis *r*). et vaporatis locis ex aqua calida aspergis *br.* 13 quia *br.* de super- ciliis *Bb*: supercilia *r.* imminente *r* (—tis *Neu.*): eminente *b,* emminente (*sic*) *B.* cf. *B 1, 43.* 15 hi sic *B*: his adiu- toriis *br.*

cedrinum lignum combures et eius nidoris pulverem colliges, unde haec supercilia tangere debebis.

IIII. De crementis capillorum.

9   **Aliud generaliter omnibus ad capillorum crementa.**
5 polytrichi herbae radices pondo duo, flores eius pondo II, cedrini olei pondo IIII, ova gallinarum X, olei hispani pondo XXX, gallarum ⟨pulverem⟩ pondo II. radices herbarum in aqua infundes, flores vero supradictos in sole siccare facies. oleum quoque utrumque in vase mundo
10 mittes cum ovis et ceteris speciebus, et agitabis quamdiu veluti calefactum proprium odorem exhalet. et similiter cotidie agitabis diebus VIII. sic facies ponere et postea uteris unguento. ante tamen gallico sapone caput lavabis.
    aliqui vero consultius agentes post capitis loturam
15 hac usi sunt unctione. olei cedrini pondo II, vini pondo II, ova III, nardini olei pondo V. his omnibus mixtis et agitatis ⟨uteris⟩.

---

1 lignum *b r*: militrum (*sic*) B (nidor *i. λιγνύς cf. Gal. XII, 62, Diosc. 1, 105 et 96*).   **2** unde haec (*B*, ħ *r*) s. tangere (curare *r*) d. *B r* (*c*): et eius pulverem colliges. supercilia illinies *b*.   **3** (*Rubr.*) Dc cr. cap. ut ubi volueris nutriantur *b*(*c*), De crementis eorum III. *B* (*ut in ind.*), Ut ubi v. nutriantur *r*.   **4** Aliud—crementa *B*: *om. b* (*c*) *r*.   **5** politrici *b r*, —cae *B*.   5 pondo *B r*, ponđa *b* (*B*ᶜ).   dua *r*. eiusdem herbę *b r*.   **6** (7) pondo *B r*, p̊ *b*, poñ *r*.   hispari (*sic*) *B*, spani *b r*.   **7** gallarum pondo lI *B*, galle pulverem (—res *r*) p̊ (poñ *r*) II. *b r*.   **8** fl. supra scriptos *b r*. **9** siccas *b r*.   quoque *B*: *om. b r*.   in vas mundũ *B*, in vase novo *b*, in vasũ novũ *r*.   **10** mittis … agitas *B b r*. **11** veluti *et* proprium *B*: *om. b r*.   exhalet *B*: dimitas *b*, demittat *r*.   et s. cottidie agitas d. VIII *B*: et (ex *r*) agitabis s. per dies VIIII. *b r*. **12** sic f. ponere *B*: *om. b r* (*ubi* et uteris postea unguento).   **13** ante tamen: attamen *B* (*cf. b r*: sed ante loca sapone gallico — gallico sapone *r* — lavabis).

14 aliqui—unctione *B*: *om. b r*.   **15** p̊ *b* (*bis*).   vini libra *B*, vini p̊ II. *b*, vini poñ. I. *r*.   **16** ova III. (ol'i nardini. p̊ v. *b r*: ovis tribus *B*.   **17** uteris *b r*: *om. B*.

Ad defectum capillorum, 10
qui aegritudine prolixa saepe contingit. coriandri seminis uncias II, cymini anatolici unc̄ 1, herbae peristereonos unc̄ 1. omnia infundes in olei murtei sextariis III et vini styptici sextariis II, et post tertium diem molli ₅ vapore coques quamdiu vini materia consumatur, et ita uteris.

adipis ursini uncias II, veretri asini combusti uncias II, polytrichi unc̄ I, polygoni unc̄ IIII, murtei olei pondo II. omnia tunsa et cribellata commiscebis et uteris. ₁₀

Psilotra. capillos locis propiis defugabis, si vespertilionum cerebra lacti muliebri contrita commisceas et pro unguento adhibeas. aut si marrubii ·sucum lacti asinino commisceas et similiter loca confrices. hoc et tunni piscis fel hederae lacrimae commixtum idem facit, et si leporis ₁₅ sanguine recenti loca contingas. sandaraca et hyoscyami

---

1 (*Rubr.*) Ad defectionem capillorum quibus ęgritudine carere prolixi sepe contingit. IIII. *B*: Ad defectum capillorum qui e. prolixa s. c. *r* (*ubi post tit.* Ad d. c. *b in textu* Cui egritudini prolixa s. c̄tiḡ.). 3 peristheoros *B*, yperistercon *b*, peristereon *r*. 3 in olei myrtei et vini tritici (*sic*) sextariis II. *B*, in oleo mirtino ℥. III. et vini stiptici ℥. II. *b*, in olei myrtini sextarii. III. et v. s. sext̄. II. *r*. 5 quam diu ... *B*: quousque vinum consumatur (—etur *r*) *br*. 8 ursinus adeps *b*, ursini adipis *r*. 9 politrici unc̄. I. *B*: politrici herbę II ÷ (*cum ras. b*, ⋋ II. *r*) *br*. polig. herbe *r*. olei mi(y *r*)rtini. p̊ V. (poñ. V *r*) *br*. 10 comisces *Bb*, —cis *r*. uteris *br*: uteris psilotro (*quod ad seq. pertinet*) *B* 11 (et uteris) psilotro Capillos—defugabis *B*: (*rubr.*) Capillos in locis in quibus volueris n̄ nascantur *b*, C. in locis quibus volueris nasci non facies *c*, Capillos in locis esse non faciet *r*. 12 lacte muliebri *B*, lacti mulieris *br* contrita *Br*: trita *b*. pro unguento *br*: om. *B*. 13 suco lac asinae *B*. 14 confrices *br*: contingas *B*. hoc ... idem facit *B*: Piscis tunni (tymi *r*) fel. hederę (ed. *r*) lacrimo (*sic br*) comixtū (—o *r*) illinito *rb*. 15 hedere lacrimo *rb*: ladani lacrima (*falso: vid. Diosc. 2, 210. Ps. Gal. eupor. 2, 4. XIV, 394*) *B*. et si *B*: om. *br*. 16 sanguinem (—ē *b*) recentem (—ē *b*) *br*. contingas *B*: —ge *b*, —git *r*.

suco aequis ponderibus mixtis loca continges et capilli
cadent numquam ulterius exituri. cicutae herbae sucum
cum aqua diligenter contritae evulsis ex oculis pilis adhibeo diebus tribus, et ulterius non nascentur. cimicis
5 sanguine quam maxime mulieribus loca continges. vesperti-
liones quam plures vivos accipies et eos in vas cedriae
infundes quamdiu putrefieri possint, et ex eo unguento
loca continges quae a pilis semper inmunia esse volueris.
agrestis urticae semine cum oleo contrito loca continge.
10 pini arboris campas accipies et cum melle conteres et
repones. cum vero uti velle coeperis, loca confricabis.

12   V. De pediculosis.

Stafidis agriae uncias II, sandaracae unc̄ I cum oleo et
aceto conteres, et omne corpus perungues. sic ges aster
15 et nitrum cum oleo facit. folia tamarici in aqua bulliantur,
et ex ea decoctione fricentur ⟨in domo aut in balneo⟩.

1 mixtis *br*: mixto *B*.   continge *br*.   2 et n. u. exeunt *br*.
3 contritum (*sic*) *Br*: mixtum *b*.   adhibeo *B*: adhibe *br*.
5 mulieribus quam maxime *br*.   contingens (*sic*) *B*: —ge *b*,
—git *r*.   6 quam plures *B*: plurimos *b* (πλείστας *Ps. Gal.*
l. c.), plures *r*.   accipias … infundas *B* (-es *br*).   in vas (vas *r*,
ῑius *b*) cedriae *B*: ἐν ἀσφάλτῳ *gr.*   7 quandiu *br*: quādiu illo
tempore *B*.   unguento *br*: *om. B*.   8 contingas *B*, —ge *br*.
a capillis semper immunia *B*, inmunia (immunis *r*) a pilis *br*.
9 agrestis urticae (u. a. *br*): κνίδης ἀγριωτέρας *Ps. Gal. l. c.*
10 campas *B*: vermes (—is *r*) quos (quas *r*) medici (!) campas
appellant *br*.   accipies *etc. B*: conteris cum melle et hoc
loca continge (—is *r*) *br*.   12 De peduculosis V. *B*, De pedi-
culis *b*, De peduculis *c*, *om. r* (*qui initio adscr.* Pulices et cimices. stafisagrias *etc.*)   13 stafisagriẹ unciis II. *B*, stafisagria (—as *r*) ÷ II. *br* (*cf. Cass. c. 3. Ps. Gal. XIV, 323*).
ex Th. Prisc. suis inseruit eadem (*cum v. l. br*) *Alex. interpres*
lat. 1, 14 (*quae non extant in graecis*).   14 aceto conteres
(—is *r*) et … perunge (—gue *r*) *br*: cum contriveris. omne
c. perungendum est *B*.   sic gerasteros *B*: sic iera teres *b*,
sic gera teris *r*.   15 et n. et oleum facit *B*, et nitrum cum
oleo *br* (facit *add. Alex.*).   f. tramaraci *B*, tamaricis f. *b*
(*cf. 2, 82*), —ces f. *r*.   bulliant *B*: debulliant *b*, —unt *r*.
16 in domo aut in b. *add. br*.

et aliud. postquam capillos abstuleris, aut melle aut cedria loca continge. lupinos amaros in aqua infundes per
plenum diem, alia vero sequenti coqui facies, et ex ea
decoctione loca frequentius delavabis. hoc pyrethri et
gallarum pulvis ex aequo commixtus in balneis adhibitus 5
facit. post quem vero pulverem suco betarum loca lavabis. stafidem agriam tundes et ovi albumen ⟨liquidum⟩
admiscebis et commixtione loca fricabis.

VI. De achoris.   13

Achoras papillas dicimus quae per cavernas brevis- 10
simas umorem pinguissimum mittunt. quae frequenter in
capite vel in facie et in ceteris membris emergunt. quibus et ceterae papillae sunt similes quas cerionas appellamus. sed eo distant quod ceriones plures cavernas
egestionis habent et umorem ⟨multo⟩ pinguiorem emittunt, 15
achor autem unam cavernam habet et umorem egerit
aquatiorem. est namque utrisque causis una vitiorum
nascendi necessitas. quae cum se plenae monstraverint,
ordine tali curandae erunt.

1 et aliud *om. br.*   abst. de capite hoc ipsum melle
aut cedria perungito (perunguendum est *r*) *br.*   2 per pl. d.
B: una die *br.*   3 sequente *B* (*om. br, ubi* et alia die c. f.).
3 eadem *br.*   4 Hoc: *sic B* (*om. br*).   pisecri *B*, pe(i *r*)retri *br.*
5 in balneis adhibitos (—tus facit *B*) *r B*: in balneo adhi-
beto *b.*   6 post quē vero *B*: sed prius (p⁹ *pro* p⁹ = post *b*)
br.   suco *B*: de suco (succo *b*) *br.*   · 7 staphisagriam *B*:
stafisagria *br.*   tundes *r B*: trita *b.*   et ovi albū cū ore
admiscebis *B*: eique (et ei *r*) ovi album̄ ⟨liquidum *add. b*⟩
āmisces (admisces *r*) *br.*   8 cōmixtiōne *B*: inde *br.   post*
fricabis *seq. alia in bcr, post item cum rubr.* De pulicibus et
cimicibus *remedia.*   9 De ac(h *b*)oris. Ac(h *b*)oras ... *Bb* (*c*).
tit. om. r.   papellas *br.*   10 dicimus *etc.* cf. *Ps. Gal. XIV,*
323 (*eup. I*) *et 397* (*eup. II*).   11 quę: *sic Bb* (umorem—
membris *om. r*).   12 in *om. B* (*bis*).   emergunt *B*: nascuntur
br.   13 cerionas *b* (carionas *r*), —nes *B* (χηρίον *Ps. Gal.*).
14 eo *br*: et *B.*   ceriones *Br*, cerione *b.*   15 digestionis
br.   multo *add. br* (ὑγρὸν μελιτῶδες *Ps. Gal.*).   16 ac(h *b*)ora
Bbr (*item Alex.*).   18 plenę (-e *r*) *br*: plenam *B.*   19 tali
ordine *br.*

14   primo purgatione totius corporis uti conveniet, ut origo quae haec effecerat egeratur. purgatione inquam tali. scamoniam aloen colocynthida aequis ponderibus contritas suco cauliculorum temperamus et catapotia in mo-
5 dum ervi grani conficimus. de quibus erit nobis plena datio grana VII, secunda V, et ut se ratio aetatis et causae qualitas attulerit.

    incipientibus vero causis etiam sola unguentorum frequenter haec beneficia suffecerunt. terra cimolia cum
10 aceto contrita seu creta argentaria similiter. sic pomfolyx cum aceto adhibetur, sic spuma argenti, sic chartae combustae cinis cum aceto medebitur.

    quibus vero haec vulneratio obvenerit cum dolore, primo ex aqua calida fovendi sunt, in qua aut murta aut
15 rubus aut asparagi radix aut salicis folia coqui debebunt. hoc et lenticula cocta et cum melle contrita curare consuevit. ante tamen lavanda loca erunt suco betarum mixtis faeni graeci pollinibus. pini corticis combusti cinis mixtus cerotario ex oleo roseo adhibetur. sic et cadmia, sic et
20 cerussa, sic et spuma argenti adhibetur in balneis. [cum]

1 convenit *br*.   2 haec (ħ *b*) *Bb*: hoc *r*.   inquam *B*: inquit *b*, inquid *r*.   3 scāmoniam *B*, scamonea *r*: diagridium *b*.   aloe coloquintidā (—da *r*) *Bbr*.   contritas *B*: —ta *br*.   4 cauliculorum *B*: caulium *br*.   catapo(u *b*)tias *Bb*, cataputiam *r*.   5 ervi grani *B*: herbi *br* (ὀϱόβου μέγεϑος *Ps. Gal. l. c.*).   6 secunda. V. *B*: *om. br et Ps. Gal.*   et ut se ... attulerit (*sic*) *Bbr*.   causae qualitas *B*: causa qualitatis *br*.   9 frequenter *B*: *om. br*.   terra *om. br*.   10 trita *br*.   seu *om. br*.   argenti *br*.   similiter *B*: similiter cum aceto *br*.   10 (11) sic *om. br*.   pomfolega *B*, pŏfolida *b*, ponfolida *r*.   11 (argenti) cum acęto *add. br*.   13 haec (ħ *b*, hec *r*) *B* (*om. Ps. Gal.*).   14 aut mirta (myrtę *r*) *br* (μυϱσίνης *Ps. Gal.*), aut myrtus *Gel.* (*cuius post lacunam hic textus redit*): admixta *B*.   15 salicis: sic *Bbr* (ἰτέας *Ps. Gal.*).   debebunt *br*: debent *B*.   16 hoc (ħ *b*) *Bbr*: *om. Gel.*   17 erunt *Bbr*: *om. Gel.*   18 aliud *ante* pini *add. Gel.* (*non. Bbr*).   19 ex *br*: et *B Gel.*   sic et—(20) balneis *om. r* (*ubi et* ter *repetitum om. b*).   20 Cum certum est neque (namque est *r*) *br*, Certum est namque *B*: cum certum sit tamen (*corr.*) *Gel.*

certum est namque in feminis cavendam esse aceti ad-
mixtionem, unde magis ex vino eis omnia medicamenta
temperanda erunt. item nitrum combustum vino styptico
extingues et contritum in balneis adhibebis. similiter et
myrobalanum. oleo ne contingas.　　　　　　　　　　5

　　aliud quod apud Apollonium probatum esse cogno- 15
vimus. olei rosei vel murtei unc̄ IIII mittes in mortario
plumbeo, accipies etiam pistillum eiusdem metalli et teres
quamdiu oleum pinguescat et nigrum fiat. item in alio
mortario cuiuslibet metalli mittes spumae argenti libram 10
unam, tantundem etiam cerussae, et eorum pulverem conteres cum oleo supra dicto. et ex hoc omnes achoras
ubi fuerint linimento curabis. ante tamen suco betarum
lavabis. hoc medicamentum et papillis ubique et in pu-
dendis ragadiis vel condylomatibus, quae semper pro loci 15
natura acrioribus medicaminibus commoventur, satis prod-

　　1 in feminis *B b* (*cf. Ps. Gal. XIV, 325*): *om. Gel.* haṇ
etiam amixtione (i. e. haceti ammixt.) *b*, aceti āmixtionē *r*:
aceti adhibitionem *B Gel.*　　2 ex vino eis *b*, ex vino *r*,
vino ea *Gel.*: eis vino *B.*　　3 sunt *b r.*　　item *om. b r.*
5 oleo ne c.: *sic B b r Gel.* (*ante* oleo *interpungunt b B Gel.*,
non r).　　6 quod *om. Gel.*, aliud quod *om. b r* (aliud *om. B*,
sed post cognovimus *addit*).　　cognovimus *scil. ex Galeni de
comp. med.* τῶν κατὰ τόπους *l. I p. 481* (*t. XII Lips.*).　　7 unc.
IIII. *Gel.* (÷ IIII. *b r*, ⚖ IIII *r*): unciam *B.*　　mortario plumbeo
Gel. (*r b*): —iñ —um *B.*　　8 accipies— et teres *B Gel.*: teris
similiter cum pistillo plumbeo tandiu *r*, et cum p. pl. similiter
teres tandiu *b.*　　9 pinguescat et nigrum fiat *r Gel.* (pingue
et nigrum fiat *b*): pinguescat et nigrefiat *B.*　　alio mortario
r Gel.: aliud (aliū *b*) mortariñ *B b.*　　10 cuiuslibet metalli
B Gel.: marmoreñ *b*, marmoreo *r.*　　11 t. etiam cerussae *Gel.*:
t. ex cerosae *B* (cerusa liḃ I. *b r*).　　et e. p. conteres oleo
Gel., et e. p. combures cum o. *B*: et commisce(i *r*)s tritum
(totum *b*) optime cum o. *r b.*　　12 et ex hoc *B* (et ex eo *r b*)
omnes achoras (acores *r*) *B b r*: et omnes areas *Gel.*　　13 ante
—lavabis *Gel. et* (*ubi* lavanda sunt) *b r*: *om. B* (*sed cf. infra
p. 16, 6*).　　14 papi(e *r b*)llis *B b*: papulis *Gel.*　　ubique
b r Gel.: *om. B.*　　15 quae *B*: quae loca *b r Gel.*　　semper
(*ante* med.) *iterum add. B.*　　16 satis *Gel. b r*: factum *B.*

est. apud aliquos hoc genus medicamenti sycotice appellatur.

aliud rutatum. spumae argenti unc̄ VIII, rutae viridis foliorum unc̄ V, olei murtei unc̄ VIII, aceti libram
5 unam. miscebis omnia contrita diligenter et loca fricando curabis. sed prius suco betarum, similiter ut superius, loca lavanda sunt.

aliud. cerussae unc̄ III, spumae argenti unc̄ II, olei murtei IIII, sulphuris vivi unc̄ IIII. sicca solutis com-
10 miscebis et simili modo uteris. non solum hoc capiti sed quoquo loco emergentibus exanthematibus prodest. Apollonii iudicio comprobatum.

VII. De alopeciosis.

16 Contingit haec in capite duplex passio cadentium
15 capillorum, ut° aliquando defectu quodam cadant et nudando partes capitis turpent, aliquotiens ut eorum vulnerum horridus plerumque visus occurrat. ergo defectus, ut prius diximus, cum contigerit calvitium facit. foeditas

---

1 aliquos *Br Gel.*: antiquos *b*. ficotice *Gel.* (efficạtice *b*, efficoticē *r*): ricotia *B*. 3 rutatum *om. r*, aliud rutatum *om. b*. spuma *rb*. VIII (*Gal.*): VIIII *B*, VII *Gel. rb*. 4 folia *rb*. aceti *rb Gel.*: acori *B*. libram unam *B br Gel.*: ὄξους κοτύλης τέταρτον *Gal.* 5 miscebis *Gel.*: misce(i *rb*)s *Bbr*. 6 sed *b*, Et *r*: *om. B Gel.* 7 sunt *Bbr*: erunt *Gel.* 8 aliud *Gel.*: *om. Bbr*. III *Bb Gel.*: ϛ *Gal.* II *B*: δ̄ *Gal.* 9 IIII (*sic*) *post ras. B* (τὸ ἱκανόν *Gal.*). 8—10 haec (*quae dedi ex B*: *cf. Gal.*) *sic habet Gel.* Cerusae unc. III. sulfuris vivi unc. IIII. suco solutas commiscebis et s. m. u. *et sic b*:

Ceruse ÷ III. Sặco porri IIII ÷ teris cōmisces et uteris *et r*: Cerusạ ÷ IIII. sucos porri ÷ IIII. et media teris cōmisces et uteris. sicci soluta cōmisces *B* (*cf. Gel.*). sed *Gel.*: vel *Bbr*. 11 loco *Gel. br*: in loco *B*. 12 *adduntur alia med. in bcr*. 13 De alopit(c *b*)iosis VII. *B et* (*num. om.*) *b*: *om. r cf. Ps. Gal. eup. 1, 7 XIV, 325 (Gal. XII, 381). definitionem ex Theodoro sumptam Alexandro praeposuit int. lat. 1, 1.* 14 in capite *br Gel.*: *om. B*. 16 partes *br Gel.*: partem *B*. aliquotiens (—cies *b*) ut *rb*: et aliquotiens ut *B*, et aliquando ut *Gel.* 18 contigere ... faciunt *Gel.* calvicium (—tium *r*): *sic Bbr Gel.* fac̄ *b*, facit *r*: faciunt *Gel.*, facit. At *B*. fẹditatis. Illa *br*.

illa vero vulpini vulneris exhibet similitudinem, ut etiam
serpentis aliquando squamosi superficiem mentiatur. utrumque genus passionis foeditatem exhibet capillorum.

    sane haec passio comparanda est fructibus ex malis
sucis terrae nascentibus. qui se tales afferunt ut esse 5
poterit qualitas nutrimenti. forte sterilis terra cum fuerit,
fructus cum raritate progenerat. si vero umor corruptus
fuerit, fruges degeneres alit. ad hanc ergo formam etiam
in capillorum vitiis debemus advertere. talis enim erit
eorum positio quale in interioribus nutrimentum. est ergo 10
utriusque accidentibus vitii manifesta et aequalis origo
nascendi. unde simili iuvari curatione debebunt, licet
diversa cognomenta sortita sint pro sui accidentium qualitate, ut alopecia ex cognomento vulpium, ofiasis ex serpentum squamis cognomentum acceperit.   15

    est namque huius passionis distantia quae profecto 17

    1 vulpini(s *r*) vulneribus *br. pro* vulneris (*B,* ulceris *Gel.*)
exspectes velleris.   etiam *br Gel.: om. B.*   2 aliquando
Gel.: om. Bb.   3 *cf. Ps. Plin. p. 14, 15.*   5 qui se tales
afferunt (adferunt *Gel.*) *br Gel.:* Hic rosa talis affertur (!) *B.*
6 poterint qualitates nutrimentis *r.*   forte *br Gel.:* et forte *B.*
7 progenerat *Gel.,* —ret *b,* progenuerit *r:* degeneret *B.*
si *br Gel.:* sin *B.*   8 fuerit: cum fuerit *br.*   degeneres alit.
hanc *b,* degenere salet. Hanc *r* (degeneres. Ad hanc *Gel.*):
degenerant. Ad hanc *B.*   etiam in *om. rb.*   9 Talis enim erit
eorum positio (*seqq. in ras.*) ut his aequalitas ostenderit capitis *B,*
Talis (Tale *b*) enim erit eorum in interioribus nutrimentum *rb*
(positio qualis fuerit interior eius, talē in eo melioratum *Gel.*).
11 Est ergo utriusque accedentibus vitiis manifesta et aequalis origo n. *B,* Est ergo accedentibus (accendentibus *b*) vitiis
manifesta (manifestata *sic b, sed* ta *del. corr.*) et equalis origo n. *rb*
(Est ergo utrisque accidentibus vitiis manifestum, esse res
qualis origo n. *Gel.*).   13 cognomenta *Bbr:* cognomina *Gel.*
sortite sint *b Gel.,* —ta sunt *Br.*   pro sui accidentis (accid' *b,*
accidentia *r*) qualitate *Bbr:* sui accidentium qualitate *Gel.*
14 alopic(t *B*)ia *rb B.*   ex cognomento (*corrupte pro* capil-
lamento? *cf. Cass. p. 12, 15*): cognomentum (*corr.*) *Gel.*
ofiasis *br:* oficiasis *B.*   ex *Bbr:* a *Gel.*   serpentum *Gel.:*
—tium *Bbr.*   15 acceperit *Bbr:* habuerit *Gel.*   16 Est
namque *B:* At tamen *rb* (Haec tamen *Gel.*)   distantię . . .
attestantur *solus r.*   profecto *Bbr:* praefertur (*corr.*) *Gel.*

ex umorum colore originem causarum attestatur, ut aliquando alba aliquando rubra aliquando etiam nigrae videatur propior. et ideo speciali purgatione purgari debebit.
nam suadeo prius totius corporis curam et diligentiam
5 decernendam, quo ulterius acerbi et corrupti umoris per-
tinacia per inferiora deposita a capitis hactenus inquietu-
dine devocetur.

sunt itaque, si de flegmate causa vel origo provenerit,
apoflegmatismi adhibendi tales. pyrethrum et stafis agria
10 cum grano mastices aequis ponderibus mixta contusa adhibeantur, et sal cum puleio contritum similiter et ⟨sinapi⟩
cum oxymeli mixtum ore diutius teneatur.

ergo quoniam singula accidentia propriis suis purgationibus liberantur, superaddo purgationis genus quod in
15 commune sine alterius umoris praeiudicio operetur, quo
omne corpus diversis umoribus infestatum relevari possit.

---

1 colore *B Gel*: calore *br*. aliquando alba *om. B*. alba
. . . rubra *Gel. (gr.)*: rubra . . . alba *br*. 2 etiam *om. br*.
nigrae v. propior *Gel.*: nigra videatur *B br*. 3 Et ideo specialiter p. d. *rb* (Et spatoli purgatione p. d. *Gel.*), Purgantur
adeo proprias purgationibus suis *B*. 4 nam suadeo: χϱὴ γὰϱ
Ps. Gal. p. 326. prius *rb Gel.*: proprius *B*. et diligentiam
B br: diligentius *Gel*. 5 quo *br*: quod *B Gel*. ulterius
B Gel.: *om. br*. pertinat(c *r*)ia *br*, pestenacia *B*: super-
natatio *Gel*. 6 hactenus *B Gel.*: *om. br*. 7 devocetur
B Gel.: deducatur *br*. 8 *post* (itaque) adiutoria hec *add. br*
(*non B Gel.*). causa vel origo *B Gel.*: causarum origo *br*.
provenerit *rb Gel.*: pre(p)venerit *B*. 9 capiti (*ante* apofl.)
add. Gel. apoflegmatismū (—ticum *ante corr. b.*) adhibendum
est tale *rb* (ἀποφλεγματικά *Gel.*). Piretrum et staphisagria
cum grano masticis ẹqualibus p. mixta et contusa adhibeantur
B. p. et staphida agriam cum granis aequis p. mixta contusa
adhibeas *Gel.* (piretri et stafisagrię granum equis p. mixta
contusa adhibe *r et* piretrū . . . adhibes *b*). 11 et salis c. p.
contriti similiter et cum oxymelle mixti sint ut d. teneantur *B*,
aut sal c. p. contrita similiter et c. oximelle mixta ore d.
teneantur *Gel.* (sal cum poleio contritum et cum oximelle
mixtum ore d. teneatur *rb*). sinapi *addidi ex gr. textu*.
quoniam *B Gel.*: quia *br*. 13 purgationibus (—nib⁹) *B*.
14 quod in commune *B Gel.*: commune ut *br*. 15 quo (qɑ̃ *rb*)
. . . relevari *rb Gel.*: quod . . . relevare *B*.

colocynthidis enteriones unc̄ I, aloes unc̄ II, scamoniae unc̄ II, suci absinthii unc̄ I. omnibus contritis cum suco cydoniorum catapotia conficimus, quae pro qualitate corporis causarum adhibes. accipi autem debebunt si brevi ⟨aetate fuerint⟩ in modum lentis aut VII aut VIIII, 5 aut certe XI, si causa nos aut vetusta aut maior exegerit, ⟨etiam XV,⟩ cum aqua calida competenti. intermissis etiam diebus ⟨septem⟩ ieran dabo quae post ordinabitur.

post beneficia itaque harum purgationum quae toto 18

1 coloquintidos interionis (−num *B*) *Gel. B*: coloquintidis (−des *r*) interiores (−iis *r*) *br*.　　aloes *B* (*r*, aloe *b*) ÷ II *Bb*: olei unc. II. *Gel.*　2 sucu absyntii ÷ I. *b* (misce sucum absinthii *Gel.*): absinthii ÷ I. *Br*.　　contritis *Gel.* (diligenter contritis *rb*): contritis et mixtis *B*.　　3 quas *rb*.　　4 corporis causarum *B Gel.* (c. atque causarum *corr. Neu.*): causarum corpori *rb*.　　si brevia *B Gel.*: si fuerint *rb. lacunam sic explet qui haec excerpsit Alexandri interpres I, 3*: et formatas catapatias ad magnitudinem orobi damus VII vel IX vel XI, aut si etas maior est etiam XV.　　6 si causa nos *br Gel.*: si tussis anus *B*.　　vetusta *B Gel.*: vetustatis *br*. exegerit *Bb*, exigerit *r*: exiget *Gel.*　　7 intermissis etiam gera (curam *Gel.*) d. quae *r Gel.*, intermissis etiam diebus yera d. quę *b*, intermissis etiam diebus d. quod *B* (septem *ex gr. add.*).　　8 post: *ubi? hoc loco* ἱερὰ ἡ διὰ κολοκυνθίδων *describitur in textu gr. Gal.* (*XIV, 327*), *aliter* (*sed ut fere consentiat cum* Gera vindiciani *in Antid. Vindoc. f. 108*) *in codd. br ubi* (*sic b*) quę *sic conficitur.* Pip nigri ʒ I. Pip albi Pip longi I. ʒ. Coloquintidis interiores. ÷ I. Scāmmonie ÷ I. Camedreos. ʒ I. Mirre II ʒ. Cocognidii. ʒ III. Cassie ʒ II. Lacteridis. ʒ II. croci (c̄c̄). ʒ II. Absincii succ̄. ʒ II. Aloe ʒ II. Amcniac̄. ⟨II ʒ⟩. Cinn̄. ʒ II. Spica nardi ʒ II. Euforibus (*sic!*) ʒ II. Mastic̄. ʒ I. Epith'(imi) ʒ VI. Mellis quod suficit. Dabis ex inde ad purgacionem corporis nihil dubitas (−ans *r*) dosis

pūſo 𝔢 (semuncia *r*). est enim nimis confortativa. Facit autem epylempticis colericis flegmaticis. melancolicis. et qui maniam patiuntur. Stoma⟨ti⟩cis. Reumaticis. Podagricis (*et similiter sed minus accurate in r, ubi* camedrei sem̄. myrte. laterede *etc.* euforvii ana Ϛ II).　10 itaque *B Gel.*: vero *br*.　toto: *sic Gel. B br* (*cf. 2, 59*).

corpori prodesse prius poterunt, etiam particulis haec sunt
adiutoria socianda. euforbium tritum cum oleo pro linimento adhibeamus, aut oleum laurinum solum, aut nasturcii
semen cum oleo, aut sulphur vivum cum nitro combusto
5 aequis ponderibus cum. aceto, aut erucae semen cum oleo.
aut ursinis adipibus tantummodo confricentur. similiter
etiam alcyonium combustum cum aceto vel cedria operabitur. hoc etiam murium fimus cum aceto, hoc amygdala
amara, hoc cepae tritae cum oleo, hoc rafani cortex cum
10 melle contrita facit. nam etiam ferri purgatio cum aceto
vel hordeum combustum cum murium fimo et aceto curare potest. omnes confectiones quae mediocriter cale-
facere possint, mediocribus et delicatioribus corporibus
adhibendae sunt. prius attamen loca linteolo usque ad
15 ruborem ante curam confricanda erunt, mediocriter ne
vulnerentur. quae si vulnerabuntur, oleo roseo vel adipibus anserinis recuranda erunt.

1 prius poterunt:'prius potuerant *B*, plus poterunt *Gel.* (pro-
banda sunt *b*, comprobata sunt *r*). etiam particulis *om. br*.
2 tritum *br Gel.*: autem (aut) tritum *B*. linimentum adhibeo *br*. 3 laurinam solum *br Gel.*: solum laurinum *B*.
aut (nast.) *hic et in seqq. om. br*. 4 combusto *B Gel.*: —tū *b*
(commixto *r*). 5 (cum aceto) contritum *add. br*. semen
br Gel.: semine *B*. 6 confricentur (−gentur *B*) *Br*: —cetur
b Gel. 8 hoc etiam (*ut et in seqq.* hoc, *praeter unum* hoc
amigdala am. *b*) *om. br*.· (*item* 11) murium *Bbr*: —rum *Gel*.
8 cepe tritū *B* (cepae tritae *Gel.*): cepa trita *br*. 10 contrita *Br Gel.*: —tus *b*. facit. nam etiam *om. br*. 11 vel
B: sic *Gel.*, *om. br*. curare p. *Gel.*: siccare p. *B* (om *br*).
sequuntur aliena alia in bcr. 12 omnes confectiones *BGel.*:
omnia *brc* (*qui haec omnia . .. adhibenda sunt habent post* prius
... vulnerentur). 13 possint *Gel.*: possunt *Br*. 14 attamen
Gel. r (tamen *b*): ergo *B*. linteolis *br*. 15 ante curam
om. br. confricanda erunt *Gel br*: confricentur *B* 16 quae
si *B* (quae *Gel.*): quod si *br*, *qui ita habent* Quod si ex acredine (egritudine *r*) caput fuerit vulneratum. aut ex fricatione
linteoli. *haec* (quae si—erunt) *om. c*. 17 recuranda erunt *B*,
curanda sunt *Gel.*: recurandum erit *r*, curandum est *b*.

VIII. De aurium causatione.   19

Aurium dolor ex variis frequenter incommodis excitatur. nam et frigus et lavacrum inportunum et quassatio eiusdem cavernae vel sordium conspissatio, aut altioris nervi tactus, aut per longam aegritudinem cum umor 5 vitiosus illic aggregatus fuerit, aeque molestiam auribus facit.

si de frigore auribus causatio vel dolor emerserit, in oleo cepas coqui facies, et tepidum infunde, aut piper tritum cum oleo similiter. sic et rutatum, sic etiam laurinum curat.   10

si de umore balnearum aures fuerint interclusae, oleum tepidum infundo et lana post molli eundem umorem detergeo. nam et ceparum sucum cum anserinis adipibus

---

1 causatione VIII. *B* et (*sine num.*) *b* (*sic et r in ind.*): curatione *Gel.* hoc capitulum insertum legitur in libro II Practicae quae vocatur Oribasii (lat.) hoc titulo: LI. De aurium causas (—sis *Cant.*) theodori prisciani de libro primo capitulum octavum (*cod. Hafn. vet. reg. 1653, cf. Cantabrig. Gg. III. 32 et Barberin. IX, 29*). excerptum graecum legitur apud Ps. Gal. XIV, 330.   2 ex variis frequenter *Orib. Hafn.*, variis frequenter ex *B*: ex variis semper *rb Gel.*   3 nam fit ex frigore et (in *r*) lavacro *rb*, nam ex frigdore et l. *Or.*, nam ét frigdor et lavacrum *B* (et frigus et l. *Gel.*).   et grassacione *b*, equasatio *B*, et quassatio *r Gel* (fit laxacio *Or.*).   4 conspissatio *b Gel.* (*Or.*): cōpensatio *r*, conspiratio *B*.   altioris (altiores *r*, altior *B*) nervi tactus *rb* (*Or.*) *B*: altiores cavernae tactus *Gel.*   6 illic *rbB* (*Or.*): illuc *Gel.* (faē) facit *rb Gel.* (*Or.*): fecerit *B*. *post facit solus add. Or.* vel exolis (*sic*) calore.   7 si de frigore ergo auribus (sed si de fr. auribus *b*, de frigore viribus *r*) causatio vel dolor emerserit *rb Gel.* (Si ergo ex frigdore aurium causa vel dolor esse ceperit *Or.*): si de frigoribus etiam dolentibus emerserit *B*.   8 facias *Br* et ante ips. corr. *b*.   et tepidum infunde *rb Gel.*(ἔγχει *Gal.*, tepidum et fundis in aurem *Or.*): tepido *B*.   9 sic (*ante et* r.) *rb*: om. *B Gel.* (*Or.*).   10 laurinum: corr. nardinum? (νάρδος *Gal.*).   11 balnearum *rb Gel.*: —orum *b*   interclu(au *r*)sae *rb Gel.* (*Or.*): inquietatae *B*.   12 et lana post (postea *Or.*) molli(l. molli post *rb*)—detergeo (—go *r*) *rb Gel.* (*Or.*): et postea lana mollito (*sic*) *B*.   13 nam *rb Gel.*: ergo *B*.

mixtum similiter inicio. sic et ovi albore cum lacte muliebri frequentius utor.

si vero etiam dolor innatus fuerit, basilicon in nardino oleo solutum adhibeo. et castoreum cum lacte mu-
5 liebri similiter utile est. interea autem spongia molli
vaporetur ex aquis chalasticis, et post lana detergeatur.

sane si cum illa indignatione doloris etiam derivatio
fuerit saniosa, alumen melle et oleo resolutum infundo,
et galbanum in oleo similiter.

10 ventositas vero si intercluserit aures, afronitro in
aceto resoluto excluditur. hoc et draconteae herbae sucus
et centauriae facit.

20 si sonare aures coeperint, oxyrodino tepido curandae
erunt. si autem isdem ex aegritudine sonitus obvenerit,
15 ex aqua primo vaporabis aures in qua absinthium ponticum coques, et continuo oxyrodinum infundes, aut rafa-

---

1 inicio *b B* (*Or.*) incipio *r*): immitto *Gel.* sic et *Gel.*
(*Or.*): et *r B* (*om. b*). alborem (*sic*) *Br*, albumen *Or.*
2 frequentius utor *rb Gel.*: om. *B.* 3 si vero *br*: si vero
etiam *Gel.*, et si *B.* basilicon ... adhibeo *B* (*Or. cf. gr.*
Gal. p. 331 νάρδος μετὰ βασιλικοῦ φαρμάκου): oleum nardinum
solum adhibeo *br* (in nardino oleo solo eum adhibebo *Gel.*).
4 et (*ante* cast.) add. *B* (*Or.*): om. *rb Gel.* 5 similiter om. *rb*
(*Or.*). ut *B* (autem *Gel.*): om. *rb*(*Or.*). 6 vaporetur ex aq.
calisticis *B* (vaporem ex aquis calasticis facis *Or.*): calore vapores (—ras *r*) aures *rb* (*latet lacuna apud Gel. ubi sic* interea
autem spongia mollis vapores aquae habeat. Similiter et post
lutum infundo: et galbanum in oleo similiter. Ventus vero...*)
detergatur *B* (*Or.*): deterges *b* (—is *r*). 7 etiam *B*: om *br*.
8 saniosa *B* (*Or.*): sanierum (—ier) *b*, saniei *r*. 8 alumen
... infundo *B*: alumen mel et oleum resolutum infundis *Or.*,
alumen mel et oleum (melle ex oleo *r*) infundo *br* (... ⟨so-⟩
lutum infundo *Gel.*). 9 similiter *r Gel.* (*Or*): tritum similiter
b, similiter resolutum initio *B.* 10 vent. vero si *B Gel.*(*Or.*):
si vent. *rb.* aures *br* (—rem (*Or.*): om. *B Gel.* afronitro
i. a. trito e. *br*, afronitris i. a. resolutis e. *B Gel.* (afronitrum
i. a. cum melle modico resolutum lavas *Or.*). 13 si *rb*
Gel. (*Or.*): si vero *B.* oxiorodono (*item 16*) *B.* curandae
—(16) oxyrodinum om. *b* (*non r*). 14 autem isdem *Gel.*:
eundem esse *B*, om. *r* (*Or.*). 16 oxirodino (tepido *iterum*
add. *r*) *Bbr Gel.* (*Or.*): *sed in seqq.* sucum ... pulverē ...

norum sucum cum oleo, aut ellebori nigri pulverem cum aceto, aut solum acetum tepidum aut cum melle commixtum, aut porri sucum cum lacte muliebri et oleo roseo, aut amygdala amara cum aceto et oleo. et cepa et alium cum adipibus anserinis profuit. par etiam bovis vel porci 5 fel infusum remedium procuravit.

si vulneratae aures fuerint, glaucium cum aceto con- 21 tritum infundes, si tamen dolor non fuerit maior vel umor. nam et ferri purgatio cum aceto trita iuvat.

si audire tardius coeperint, quod difficile novimus 10 posse purgari, pulverem nitri et mastices contritum commisce et massando caput purgabis. prius tamen purgationem ventris procurabimus. auribus vero absinthii herbae decoctionem tepefactam infundes. lauri quoque folia et

acetum ... sucum *iidem praeter Or.* rafanorum *B Gel.*: rafani *b r.*
    2 aut (cum melle) *om. B.* 3 aut: et *r.* 4 amigdala amara *B b r Gel.* (ἀμυγδάλων πικρῶν ἔλαιον *gr.*): amigdalis amaris *Or.* et (c.) *r b Gel.*: hoc et (... procurabit) *B.* 5 anserinis—bovis *om. B,* profuit. par etiam *om. b r.* profuit. par etiam *Gel.*: facis panem (!) etiam *Or.* bovis vel (et *Gel.*) porci fel *r b Gel.*: vel porci felle *B* (cum felle taurino aut porcino *Or.*). 6 infusum *B Gel.* (*Or.*): infundes (—dis *r*) *r b.* remedium procuravit *Gel.,* —bit *B r* (et hoc remedio procurabis *Or.*): *om. b.* 7 et (*ante* glaucium = glaucia *r*) *add. b.* 8 infunde *B.* non maior fuerit *B Gel.,* maior non f. *r,* non f. maior *b.* 9 nam et (*Or.*): nam *Gel.,* et *r b,* lammina (ferri purgati) *B.* (sic *add. Gel.*) iuvat: commodius vaporabitur *r,* comodis operabitur *b* (*ubi sequuntur aliena per versus 18*). 11 nitri et mastiū (—cis *r*) *b r* (*Or.*), nitri mastici *Gel.*: nitri marini *B* (πυρέθρου καὶ μαστίχης *Gal. XIV, 333*). contritum (—ti *B*) c. et *B Gel.*: pari pondere *b r.* 12 massando *b Gel.,* masando *B r*: masticando *Or.* prius tamen procurationem (curationem *Or.*) ventris procurabimus *Gel.* (*Or.*), prius tamen (enim *r*) procurationem (pro purgatione *r*) ventris. et corporis purgacionem facimus *b r,* item ventrem purgatione procurabimus *B.*
13 absinthii herbę d. *B. post* absincii (herbe *r*) sucum *aliena in b c r.* herbae decoctionem—(14) folia *om. Gel.,* —(p. 24, 4) profuit *om. b r.* 14 infunde *B,* —dis *Or.* quoque *B: om. Or.* et betarum *B Gel.* (*Or.*): δαφνίδας *gr.* (i. e. bacas lauri, *sed cf. Diosc. de beta*).

betarum cocta superpones. aliquando nitrum in pusca
resolutum infundimus, aut bovis vel tauri aut caprarum
seu porcorum fel cum oleo roseo vel laurino. vel rafanorum sucus similiter tepefactus profuit.

5   quibus vermes innati fuerint, bovis carnes carbonibus
superpone et umorem exhinc manantem collige, quem
auribus tepidum frequenter infundes.

22   VIIII. De parotidis.

Tumores repentinos sub auribus innatos parotidas
10 vocamus, quas aliquando ex aegritudine, aliquando
etiam spontaneas apparuisse cognovimus. quas frequenter per initia molli tantum spongia in puscula infusa compescuimus, eandem assidue commutando. quae
vero ex aegritudine emergunt, aeque per initia cucur-
15 bita mediocri imposita ad superficiem provocandae
sunt. si vero cum graviore augmento minaces emerserint, tunc neque cucurbitae neque similia adiutoria

    aliquando *B Gel.*: aliquantum *Or.*   pu(o *Gel.*)sca *B Gel.*:
aceto *Or.* (*cf. gr.*).   2 aut—fel *B Gel.*: vel bovis vel taurinum vel caprinum fel vel porcinum *Or.*   3 vel laurino
Gel. (*Or.*): om. *B.*   vel—profuit *Gel.* (vel r. sucos s. tepefactum infundis. profuit *Or.*): vel raphanorum succo s. tepefactum profuit *B.*   5 quibus *B Gel.*: si vero *Or.* (*haec* 5—7
alio loco b r).   bovis *B Gel.*: bubulas *b Or* (—lam *r*) *Gel.*
carbonibus *b*: in carbonibus *B Gel.* (*Or.*)   6 superponito
b r, —ne *B*, —nis *Or.*: —no *Gel.* (carb. s. = παϱωπτημένου
gr. XIV, 334).   exhinc *B Gel.*: exinde *b*, deinde *r.*
collige (—gis *r Or.*) quem *r b B* (*Or.*): om. *Gel.*   7 infundes *B*
(—dis *r Or.*, —d' *b*): —do *Gel.*   8 *cf. gr. Ps. Gal. XIV, 334*
(*Gal. XII, 664*).   9 Tumores: ⟨H *rubr.*⟩umores *b, eodem*
modo r.   10 post egritudinem *b* (*om. r usque ad* exponte
app. c.).   11 spontaneas *b Gel.*: —nee *B.*   12 molli tantum
(tm̄ *b*) *b r Gel.*: mollitantes *B.*   13 puscula *B et* (*ubi* impus-
cula) *r* (poscula *Gel.*): pusca *b.*   compescuimus *r b Gel.*: —cimus *b.*   eandem spongiam (easdem spongia *r*) assidue cō-
mu(o *r*)tando *b r*: assidue cōmotando *B*, easdem assidue hu-
mectando *Gel.*   15 provocandae sunt *B Gel.*: procurande sunt
b, procurabis *r.*   16 graviore *Gel.*: —ri *b r B.*   emerserint
B b: accesserint *Gel.* (*et Neu!*).

quae ex altitudine aliquid evocare possint, adhibenda sunt.
frequenter etenim ex doloris nimietate febres et vigiliae
procuratae elimatis viribus vitae periculum attulerunt. pare- 23
goricis vero isdem adiutoriis sic morigerandum erit ut ex
pane mundo infuso et cum oleo contrito cataplasmentur. 5
quod frequentius mutari debebit. similiter etiam et de
tritici pollinibus faciendum est. sic de hordei, superadditis tamen porcorum adipibus. sic hyoscyamus tritus
cum butyro saepe profuit. si his adhibitis, quae mitigare
consuerunt, locis maturatis sanies apparuerit manifesta, 10
quod ille ait „continuo culpam ferro compesce“, post
vero resecatis causis vulneribus solemni diligentia serviemus, sed ut tamen isdem curis evocatoriis extenuantibusque quam maxime etiam nunc medicinae incumbat industria, frequentibus etiam fomentationibus, ut doloris illius 15
penitus inquietudo quiescat.

  sunt adiutoria haec evocatoria, quae post doloris im- 24

---

1 evocare *r b Gel* : evacuare *b*.   2 etenim *B Gel.*: enim
b r.   3 elimatis *r B Gel.* (*cf. Cael. Aur. chr. 2, 217*): elimi-
natis *b* (*et Neu.*)   ad(t *b*)tulerunt *b r Gel.*: effecerunt *B*.
 isdem *b B*: hisdem *r Gel.*   sic morigerandum *B Gel.*: īmi-
nendum *b r*.   ut ex *B Gel.*: id est panis mundus (*b*, panē
mundū *r*) ... cataplasmetur *b r*.   5 infuso *B Gel.*: in aqua
infusus (—sū *r*) *b r*.   et cum oleo *b r Gel.*: *om. B*.   6 mutari *B b* (imitari *r*): immutari *Gel.*   debebit *b r*: debet *B Gel.*
etiam et *Gel.*: etiam *B*, et *b*, *om. r*.   7 hordei *r B*, ordei
Gel.: ordeo *b*.   superadditis tamen *B Gel.*: additis *b*, tad-
deis *r*.   8 hyoscyamum tritum *Gel.* (iusquiamū tritū *b*,
ocyamū tritū *r*): ostia mutatū *B*.   9 saepe profuit *Gel.*:
om. B (prodest *simpl. b r*).   10 locis maturatis *B Gel.*: loci
maturitatē *b*, locis maturitate *r*.   11 quod ille ait (*in
marg. Neu.* Vergilius *scil. georg. III, 468*) *B Gel.*: *om. b r* (*ubi
mox* colpū).   12 resecatis *B b*: reseratis *Gel.* (servatis *r*).
13 sed ut tamen *Gel.*: sed tamen *B*, seu *b r* (*η̄ gr.*).   isdem
B: hisdem *b r Gel.*   evocaturis *B r i. e.* evocatoriis *b*: evo-
catas *Gel.*   extenuantibusque *b* (quę *r*), et ext. *B*, ext. (*om. et*)
Gel.   14 quam maxime *b r Gel.*: quod maxime *B*.   nunc
b r Gel.: tunc *B*.   incubat *B*.   15 formentationibus (*sic*) *B*.
17 ħ evocaturia *b*: evocatoria haec *Gel.*, vocatoria ħ *r*, haec
(*om. evoc.*) *B*.

petus adhibenda sunt, arnoglossos contrita cum salibus,
aut lapathi radices in vino decoctae, et rutae folia viridis
trita mixta cum cerotario ex oleo roseo temperato, et
sulphur vivum cum cimolia aequis ponderibus cum axungia.
5 sic fici pingues in muria decoctae et contritae similiter
causas latentes evocaverunt.

quibus vero per saniem digestionem volumus procurari, post fomentum aquarum chalasticarum ex seminibus
lini faeni graeci ibisci et hordei pollinibus cum melicrato
10 facto cataplasmate serviemus. sunt namque adiutoria quae
et evocare et in maturitatem cogere parotidas vel apostemata valeant haec. hordei farina cum melicrato, aliquando etiam cum aqua marina et oleo roseo aut cyprino temperata. et fici similiter pingues in muria vel
15 in aqua marina decoctae et contritae imponuntur. et
betae coctae in aqua contritae similiter operantur. et

1 arnoglossos *B Gel.*: —glosa *b*, —glosum *r*.　　2 lapacii
B b Gel., —tii *r*.　　radices … decocte (et trite *add. b, item
qui om. et rutae r*) *b r Gel.*: radicibus … decoctis *B*.　　viridis *b Gel.*: viridia *B r*.　　3 ex *b r Gel.*: et *B*.　　temperato
b B Gel.: —ta *r*.　　et—ponderibus *B Gel.*: sulfur vivum —: I.
ci(y *b*)molia —: I. *b r*.　　4 cum axungia *B Gel.*: (ex *add. b*)
axungia contrita *b r*.　　5 fici *B Gel.*: ficus *b r*. · · decoctae et
contritae (tritẹ *b*) *b Gel.*: decocti et contriti (triti *r*) *B r*.　　in
muria *Gel.* (ἐν ἅλμη *gr.*): *om.* B, in mulsa *b r* (*item infra v. 14*).
6 evocaverunt *B* (—vere *Gel.*): —ᵣcaᵣ̄ *b*, —caveᵣ̄ *r*.　　*post*
evoc. *solus habet B* quibus in iniciis haec adhibenda sunt
adiutoria (*deinde* quibus per saniem *etc.*) *atque in b r adduntur
aliena* (Sevum …).　　7 vero *b Gel.*: *om.* B.　　8 calesticarum
B.　huc usque graeca Ps. Gal. p. 336.　　9 lini *Neu*: lini
seminis *B b r Gel.*　vel (fenogreci) *B*.　evisci *b*, et visco *r*,
e visco *Gel.*: *om.* B.　　cum mellicrato f. cataplasmate serviemus *B*, ex melicrato factum cataplasma adhibeamus *Gel.*
(in —cum *r*— mellicrato coctis cataplasmetur *r b*).　　11 et (ev.)
B Gel.: *om. b r*.　　evacuare *iterum b*.　　12 haec (h̄ *b*, Hec *r*)
b r Gel.: *om.* B.　　13 aut cy(i)prino *b r Gel.*: *om.* B (*ubi* roseo
temperatū cataplasma adhibetur).　　14 fici *B Gel.*: ficus *b*
(ficis *r*), *cet. cf. supra idem v. 5—6!*　muria *B Gel.*: mulsa *b r*.
15 contritae *b Gel.*: et contritae *B r*.　　16 operantur *b Gel.*:
temperantur *B*.　et *om. b r*.

agrestis cucumeris radix in melicrato cocta et contrita adhibetur.

aliud de experimento. rutam et ysopum teres 25 aequis ponderibus et ficos siccas contusas sub duplo pondere immiscebis mellis quippiam adiciendo. et operabitur 5 ut apostema ex interioribus in maturitatem facilius evocetur.

aliud. capparis corticem in aqua elixabis et cum vino commiscebis, ut cataplasma facias.

aliud. ireos illyricae pulverem cum hordei farina in melicrato coques et uteris. 10

aliud. guttam ammoniaci teres et similiter cum farina hordei in aqua cocta adhibebis.

hoc et alumen scissum contusum cum hordei farina similiter faciet.

X. De ferbunculis ubique nascentibus. 26

Sulphur vivum tunsum cum resina terebinthina misce- 15 bis et linteolo inductum impones. aut uvam passam enucleatam tundes et mediam quantitatem salis immiscebis,

1 cucumeris *Bbr*.: *om. Gel.*   in m. *Bbr*: sic m. *Gel.* 2 adhibetur *B Gel.*: *om. br.*   3 de experimento *B (et c)*, de expertis *r*: experimentum *b Gel.*   et ysopum *Bbr*: opium *Gel.*   teres (sub *add. Gel.*) equis pond. *B Gel.*: eq. p. contrita (—tum *r*) *br.*   4 et ficus siccas tunsas (—sa *r*) *br* (et fico sicce contusum *Gel.*), et fico sicco contuso *B.*   sub *om. br.*   5 īmiscis *r* (*ı* misces *b*), immiscebis *Gel.*: cōmiscens *B.*   et (*op.*) *br Gel.*: *om. B.*   6 ut apostemata ... in mat. fac. provocentur *Gel.*, ita ut (*b*, ita. Et *r*) apostema ... in mat. facilius evocat (*b*, evocetur *r*) *br*, ut apostema ... ad mat. procuretur (*om.* fac.) *B.*   7 cortices *b.*   elixas ... cōmisces *Bbr*: elixa ... cōmisce *Gel.*   8 ut c. facis *B*, ut c. facias *Gel.*: et uteris *br.*   9 ireos *Gel.* (yreos *bc*): *om. B.*   in melicrato —(12) ordei farina (*propter homoiot.*) *om. b.*   11 similiter *om. r.*   12 i. a. decoquis et uteris *r* (*qui om.* 13—14). *deinde aliena addunt* de expertis *bcr.*   15 De ferbunculis ubique nascent. (*sic*) *Gel.*, De ferbunculo *b*, *sine rubr. r, sed in ind. idem* De terbunculis (*sic*) *r*, De ferbunculis *c*: De furunculis X. *B.*   16 miscebis *Gel.*: misces *Br* (mixtum *b*). 17 linteolo (linteo *b*) *br Gel.*: in lineo linteolo *B.*   18 tundis *B* (contundes *br*): *om. Gel.*   ī(in *B*)misce(i)s *br B.*

et uteris similiter. hoc facilius adipes caprini vel bubuli
colati efficiunt. origanum vero murra et sal simul tunsa
commixta cum aqua continuo in maturitatem adducent.
nam et caricae contusae cum resina similiter.

5   cum vero his adiutoriis adhibitis collectiones maturatae aut coactae eruperint aut a medicis fuerint patefactae, vulneribus medeberis is medicamentis quae medicorum solemniter edocuit consuetudo. sin vero magna vi
reumatis superveniente solvere non potuerint et ferbuncu-
10 los vel parotidas callositate permanente choeradas fecerint
duriores, tunc ad choeradas eas alia dispositione pro sui
difficultate curam et operam propensius adhibeamus.

27   XI. De choeradis.

Praeeuntibus catholicis adiutoriis quae et capitis
15 reuma constringere et corpus reliquum catharticis purgare

---

1 et teres similiter *Gel.*, et uteris. Similiter *B* (teris et
uteris *br*). hoc facilius adipes *br Gel.*: (Similiter) hoc facilius erumpit. et soli adipis *B*. vel *B Gel.*: aut *br*.
2 myrra *rb Gel.*: mirta *b*. sal *rB*: sale *b*, sales *Gel.* tunsa
et cōmixta *B* (tunsi commixti *Gel.*): con(de *r*) tritū cōmixtū *br*.
3 adducent (—cunt *r Gel.*) *rb Gel.*: perducunt *B*. 4 nam et
Gel.: et *B*, *om. br.* similiter *B Gel.*: *om. br.* 5 vero
br Gel.: *om. B.* 6 m. aut coactae eruperint *Gel.*: maturatae eruperint (*in ras.*) *B*, maturitate vel aperte (apte) sint *b*.
maturę vel apte (*sic*) *r*. aut—patefactae *Gel.*: *om. Bbr.*
7 is: his *Bbr Gel.* medeberis *B*, —bere *Gel.* (međe *b*, me-
dere *r*). 7 medicorum *om. B.* 8 sollemniter *B*, solenniter
Gel.: *om. br* (*qui* m. cons. edocuit). *post* edocuit *alia seq.*
medicamenta in bcr (Medicinali digito...) sin *B Gel.*: si *br*.
magna vi reumatis *Gel.*, magno (—na *r*) reumate *br*: magno
flegmate *B*. 9 solvi non potuerit (furunculus vel paro-
tida) *B*, solvere non potuerint *br* (potueris *corr. Gel.*).
et (*hic*) *br*: et (*post* parot.) *Gel.*, sed (*item post* parot.) *B*.
ferbunculos *b Gel.*: furunculos (—us *B*) *rB*. 10 callositate
p. choeradas *B Gel.*: *om. br.* fecerint *b*, efficerint *r*
(fecerit *B Gel.*). 11 duriores tunc quirades eas *br* (duriores, tunc choeradis his *Gel.*): ad duriores choeradas *B*.
12 propensius *br Gel.*: *om. B.* adhibeamus: *sic br B Gel.*
13 *Rubr. om. rB*, De cuiradis *b* (De ch. *etc. Gel.*) *et in ind.*
etiam r (*c*) De quiradis. 14—p. 29, 1 (*br Gel.*) *post* choeradas

possint, sic easdem curare consuevimus. choeradas inquam quas frequenter in collo vel sub mento vel sub ascellis nasci novimus, hac cura visitamus, qua duritias indigestibiles solvere valeamus.

lenticulam coctam in aceto tritam imponentes per- 5
severemus. utamur etiam caprificis in aqua decoctis et
contritis similiter. hoc etiam lupini in aceto cocti faciunt,
hoc fici folia in aqua cocta et trita sicut cataplasma
⟨imposita⟩ operabuntur. hoc asfodeli radices in vino
coctae et tritae. scilla quoque sic contrita in vicem cata- 10
plasmatis imponatur, quattuor diebus permanens continuis
duritias solvet. et ervi pulvis et cyminum cum aceto
conteritur, et similiter operatur.

inmaturis vero et in tarda duritia permanentibus 28
strychni viridis folia, porcinos aut bubulos adipes, rutam 15
aeque viridem, simul omnia contundi et misceri suadeo,
ut in linteolo locis maturandis adhibeatur. hoc etiam

---

quas frequenter . . valeamus (*v. 1—4*) *sic infert* B ut pręeuntibus ... sic easdem solvere valeamus.   p. 28, 14 et *om. br.*
    1 (possint) toraces (—cis *r: ex* coerades?) sic easdem curare
c. br.   1 Choeradas *B* (*Gel.*): Quirades *rb.*   inquam *Gel.* (inquid *br*): *om. B.*   2 quas *B Gel.: om. br.*   ascellis *Bbr:*
axillis *Gel.*   5 imponentes *br Gel.:* imponere *B.*   6 caprificis (*etc.*) *B:* —cus (... decoctas *etc.*) *Gel.,* —co (... cocta *etc.*)
b, caproficus ... (coctas) *r.*   7 similiter *B Gel.: om. br.*   hoc
om. B.   etiam et t. *Gel.*   cocti et triti f. *br.*   8 fici:
sic B Gel.   sicut cataplasma *B Gel.:* sc. imposita (*cf. br:*
Fici f. in aqua cocta et trita inponito).   ·9 operabuntur *Gel.:*
om. B br.   hoc *om. br* (*ut v. 7. 8*).   affodilli (*sic*) *Br.*
10 coctae et tritae *b*: decoctae *Gel.,* tinctae (!) *B.*   sic *Gel*:
si *B* (*om. br, ubi* Squillā quoque contritā īponito et q. *etc.*).
12 duricias *Bbr:* —tiam *Gel.*   et ciminū cū aceto *br* (et
cymini cum aceto *Gel.*): cū aceto et ciminū *B.*   14 Immaturis—permanentibus *Gel.*: Inmaturas vero et in tarda duricie permanentes *B,* Im(n *r*)maturas v. et (in *add. r*) tardas
duricias permanentes *br.*   15 strichni *Gel.*: stringni *b,*
strigni *r,* strasniui (| uiridis) *B.*   porcinos a. b. adipes
B Gel.: cum adipibus porcinis et bubulos (adipes *r*) *br,*   rutam viridem simul contunde(i)s et in l. *br.*   16 et misceri
Gel.: et inmisci simul *B.*   17 linteolo *Bb*: linteo *Gel.*

sordes de parietibus palaestrae collectae in panno inductae
faciunt. hoc calcis flos cerotario mixtus, hoc lapis molaris
tunsus et cribellatus et resinae commixtus facit. similiter
pulvis ammoniaci et mannae turis cum resina commixtus
5 terebinthina saniem maturius procurabit. sic sandaracae
pulverem cum adipibus miscentes adhibemus, aut calcem
vivam cum adipibus similiter. quod si tibi durum emplastrum visum fuerit, oleum competens misceamus ut
temperare bene possit. hoc pulvis etiam pumicis facit.
10 nam et asfodeli radices coctae vel crudae cum hordei pollinibus ut cataplasma adhibendae erunt, aut hyoscyami
folia cum oxymeli.

29　　corrumpentur interea faciliusve putrefient choerades,
si alium tritum cum cataplasmate seminis lini et faeni
15 graeci mixtum coquas et perseverare permittas diebus
continuis quinque. hoc de expertis habemus. aut si

1 de *r Gel.*: seu *B* (p. 29, 17 hoc—2 faciunt *om. b, non r*).
2 hoc *om. b, qui a verbis* c. fl. cer. mixtus *transilit ad. v.* 5
terebentina s. m. procurabit.　　mixtus facit *rb Gel.*　　hoc
(*et* 3 et) *om. r.*　　3 et cribellatus *r Gel.*: *om. B.*　　facit
r Gel.: Sic (similiter) *B.*　　4 p. a. *B Gel.*: Ad maniam pulvis *r.*　　et *om. B.*　　5 procurabit (—vit *r*) *Bbr*: provocabit
Gel.　sic *om. br.*　　6 adhibemus *Brb*: —beamus *Gel.*　　aut
om. br.　　7 similiter *B Gel.*: miscentes porcinis *b .r*　　Quod
rB Gel.: nt *B.*　　durum *om. Gel.*　　durum empl. *B*: empl.
durum *br.*　　8 competens *B*: —tenter *Gel.* (*om. br, ubi* ol.
admiscis *vel b* amisces. Pumicis p. *etc.*).　　9 temperare *Gel.*:
—ri *B.*　　hoc . . . facit *Gel.*: sic . . . (*om.* facit) *B* (Pumicis
pulvis similiter facit *rb*).　　10 nam et *Gel.*: et *B, om. br.*
asfodilli radices coctae *in ras. B.*　　pollinibus *Bb*: polline
Gel.　　11 erunt *B Gel.*: sunt *br.*　　12 oximelle *r B Gel.*,
oximille *b, ubi* cocta trita et (cocta atqne *r*) Iposita *add. br.*
13 corrumpentur—putrefient *Gel.*: corrumpunt interra (*sic*) vel
putrefaciunt cheradas *B* (facile quirades putrefaciunt *b*, facilius quirades putrefient *r*).　　14 si *om. br.*　　cum cathaplasmate lini seminis et fenu(i *r*)greci m. *br*: c. c. seminibus
m. *B Gel.*　　16 continuis *rb Gel.*: *om. B.*　　hoc: sic *br B Gel.*
habemus *B Gel.*: adhibemus *br.*　　aut si (*ut aut p. 31, 2*)
om. rb, ubi c. h. radicem *r,* rad' *b*) tundes et p. ipsum l. asperge.
Betas c. c. o. tritas impone.

ex chamaeleontis herbae radicibus tunsis pulverem locis
aspergas, aut betas coctas cum oleo tritas imponas. aliqui
etiam unctionibus perseverantes choeradas frequentius fugaverunt [leporem piscem in oleo infunde ut ibidem putrefiat. ex quo oleo scrofas cum frequentius inunxeris, mino- 5
ratae penitus curabuntur] ut cineres aut vitium aut fici
cum oleo miscentes unguerent, et ferri vel aeraminis purgamenta contrita cum oleo. [ignoranti escam dabis lacertos
virides coctos, amputato caput et pedes ⟨et caudam⟩].
nam similiter et stercus bubulum aut asini combustum et 10
cum oleo similiter mixtum commodius adhibetur. et origani pulvis contritus cum aceto facit, hoc ysopi, hoc thymi
vel absinthii vel centauriae vel abrotoni vel chamelaeae.
aut singulae aut certe coniunctae et mixtae cum aceto
perficiunt. 15

1 ex *Gel.*: *om. B.*   2 aspergas *Gel.*: asperis (*sic*) *B.*
betas *Gel.*: si betas *B.*   cum *B* (*br*): et cum *Gel.*   tritas
rb Gel.: contritas *B.*   imponas *Gel.*: imposueris *B.*   3 his
(*ante* unct.) *add. br.*   choeradas (*B,* —des *Gel.*): quirades
br.   frequentius *B Gel.*: (*hic*) om *br.*   fugaverunt *r B*
(—r̄ *b*): —re *Gel.*   4 leporem —curabuntur *rb Gel.* (*haec addita videntur*): *om. B.*   vel (*ante* piscem) *add. br.*   in
(oleo) *r Gel.*: cum *b.*   putrefiat *r Gel.*: putrescat *b.*   5 unxeris *br.*
6 et (cineres) ... unxere *Gel.* ut ... unguerent *B. quae sic habent br*: linis aut ficus tunsa(s *b*) c. o. imponito. Ferri vel ẹris
p. (fragmenta *b*) trita c. o. ignoranti *etc.*   8 ignoranti—
caudam *rb Gel.* (*manifesta interpolatione addita*): *om. B.*   escam *Gel.*: cibum *br.*   9 amputato caput et pedes *Gel.*, amputato capite *et* cauda *rb.*   10 nam *Gel.*: *om. Bbr.*   asini
B Gel.: asininum *br.*   11 similiter *B Gel.*: *om. br.*   adhibetur *rB Gel.*: operatur *b.*   Origanị pulverem cum aceto tritum et idem facit (*sic r, sed* tr. idem facere constat *b!*).
12 hoc (ys.) *om. br.*   ysopi hoc timi vel a. *B* (hysopi optimi
vel a. *Gel.*): Hysopị vel a. *br.*   13 camelẹe expechſuſ ſtamelee
(*om.* vel) *sic B*: vel camomille *br Gel.*   14 singule *etc. sic
Bbr Gel.* (*scil.* herbae).   aut certe coniuṇctae (et mixtae *B*)
cum aceto perficiunt *B Gel.*: aut cōmixte faciunt *rb, qui addunt* Capri(o *r*)fici folia (poma *r*) trita. et (cocta et trita *r*) cataplasmabis. Bubulum fimum recentem teres cum aceto et
ungues. yreos (—rei *r*) pulverem cataplasmabis. Caprinum
fimum cum aceto coctum cataplasmabis (*haec de caprino om. r*).

30　　iuvat sane, ut superius memoravimus, ad haec implenda etiam totius corporis purgatorium catholicum beneficium. et ciborum continentia et potionis, exercitatio quoque et lavacrorum diligentia, et vomitus vel purgationes, 5 capillorum relevatio, sanguis de naribus provocatus, haec omnia cautius observata choeradas duras et difficiles et in cura positas frequentius curaverunt.

XII. De oculorum causis.

31　　Omnes particulae corporum propriis indigent cura-
10 tionibus, oculi quam maxime, magna quae sunt corporis ornamenta. his namque primo leviter seu vapore seu frigore vel ceteris quibusque originibus cum fuerit attemptatio, generaliter omnibus frequenti frigidae pusculae fomentatione nos conveniet obviare. si de frigore ergo obvenerit, 15 vini mixta calida potione fovendi sunt. nimiis vero com-

Stercus columbinum cum aceto tritum inponito (—natur *r*). quiradas (—des *r*) solvet. (Juvat sane *etc. cf. gr.* Galen. *XIV p. 408).*

　　1—3 *haec breviora dant br.*　ut s. memoravimus *B*, —vi *Gel.: om. br.*　　2 (iuvat ...) purgatorium c. b. et ciborum *Gel.:* (iuvant ...) catholica beneficia. nam et c. *B* (corporis purgatio et c. *br*).　　3 et potionis *B*(*br*): et potiones iuvant *Gel.*　　exercitatio *rb Gel.* (*ubi* assidua *add. br*): exercitia *B.* 4 et vomitus vel purgationes *etc.* (*sic*) *B Gel.:* vomitus et purgacio (et vomitus. purgatio *r*) capillorum. sanguis *etc. br.* 5 e naribus procuratus *br.*　　6 cautius observata *rb Gel.: om. B.* et in cura positas *B Gel.: om. br.*　　7 frequentius curavere *Gel.* (curaver̄ *simpl. b et* —runt *r*): adiuverunt *B.*　　8 De oc. causis XI. *B,* De oc. causis. theodori prisciani. caṗ. XI (*sic al. m. rubr.*) *r,* De oculorum —— —— (*sic imperf. rubr.*) *b. ceterum cf. gr.* (*Gal.*) eupor. *1, 5 XIV, 339 et qui eodem fonte utitur Cass. Fel. c. 29 p. 48 sqq.*　　10 quā maxime, magna corporis ornamenta *Gel.*, quā maxime magnaeque sunt (*om.* c. o.) *B*, quam maxime quę sunt c. o. *r*: maxime qui sunt c. mirabilia o. *b.* 11 His (*sic*) *br Gel. et ante ras. B:* Hi *Bᶜ.*　　12 cum *b Gel.:* hic *om. Br* (*ubi ante* primo v. 11).　　fuerit attentacio *b:* fuerint attemptati (adtentati *Gel.*) *rB Gel.*　　13 frequenti *Gel.:* —ter *B,* —tibus *br.*　　14 conveniet *Gel.:* —nit *B br.*　　ergo *rB Gel.:* vero *b.*　　15 mixta: *sic Bb Gel.*　　commotionis: —nibus *B Gel. rb.*

motionis tam doloribus quam gravedinibus, quando etiam
venae frontis inflatae plenitudinem sanguinis attestabuntur,
flebotomo nos subvenire conveniet, si tamen nulla nos aut
aetatis aut temporis vel reliquarum causarum certa ratio
prohibuerit. si venter constrictus fuerit, seu clystere seu 5
purgatione procurandus est.

isdem vero oculis inpatienter dolentibus, praeeunti- 32
bus catholicis adiutoriis supradictis, faeni graeci sucus
plurimarum indulcatus decoctionum aut ovi recentis tenuis
liquor infundatur. sic similiter etiam lac muliebre in- 10
fusum satis iuvat. nam etiam cataplasmatis utilissimum
adiutorium de ovi incocti vitello et meliloti pulvere, pane
quoque infuso in aqua oleo roseo simul mixto adhibendum est. nos etiam croci et opii quippiam ad procurandos
somnos coniungimus. si vero collyrii experimento uti 15
placet cuius forte probationem habueris, in ipsis commotionibus cum ovi albore tepido infundendum est — suadeo
attamen ut aut dia libanu aut livianum aptum contra graves

1 ˙doloribus ... gravedinibus *rb Gel.*: doloris ... grave-
dinis *B.* quando *b Gel.*: cū quando *Br.* 3 flebotomo nos
(flebotomos *r*) *rb Gel.*: fleobotomiis *B.* conveniet *r Gel.*:
—nit *Bb.* nos *rb Gel.*: *om. B.* 6 procurandus (*sic*)
Bb Gel.: provocandus *r.* 7 Isdem *B*: Hisdem *r Gel.* (His *b*).
preeuntibus ... supradictis (suprascriptis *b*) *rb Gel.*: *om. B.*
9 decoctionum *b Gel.* (*cf. gr. 341*): —ne *B*, —nibus *r.* 10 tepidus (—bus *sic r*) *add. r Gel.* (*post* liquor). sic *Gel.*: *om. B* (*rb*).
11 infusum *r Gel.*: *om. B* (*b*). nam *rb Gel.*: est *B.* 12 incocti *rb*: —to *Gel.* (*om. B*). 13 oleo *r Gel.*: et oleo *b*, oleo
quoque *B.* 14 nos: *haec absunt a graecis* (*p. 341*). quippiam *B*: ÷ I *r*, *om. Gel.* (*qui tamen habet* croci et opii) *et b*
(*ubi* crocū et oppium). ad procur. somnos *rb Gel.*: *om. B.*
15 coniungimus *rb Gel.*: inungimus *b.* si—placet *r B Gel.*:
si vero collyrium expertum ū placet (*i. e.* collyrio experto uti
placet) *b.* 16 forte *rb Gel.*: *om. B.* 17 tepido infundendum
suadeo *Gel.*, tepidum inf. esse s. *B*, tepidum infundendum est
suadeo *r* (tepid' infunꝺ *b*). 18 attamen aut *b Gel.*, attamen
ut *r*: ita tamen ut aut *B.* dialibanum (—ū *b*) *rb Gel.*:
dealibanum *B* (*cf. Cass. p. 53, 7*). livianum *b*, levianum *r*:
libanum *Gel.*, delibianū *B* (*cf. Cass. p. 51, 6*). 17 (suadeo)
—p. 34, 1 *om. text. gr. p. 341* (*ut et Cass. p. 50, 2—12*).

commotiones adhibeamus — praemundatis interea oculis molli et tepido penicillo a pituitis aegri tunc oculis in-haerentibus. iuvat hunc ciborum et vini quam maxime continentia. sane si capilli nimium onerosi fuerint, de-
5 tondendus est, ut sub maiore beneficio cucurbitarum ad-hibitarum ⟨scarifatione et⟩ sanguinis detractione facilius liberetur. aestivas namque perturbationes oculorum etiam decoctio rosarum sola curat calida. curat etiam gargaris-matium per initia adhibitum tale, origanum in aceto de-
10 coctum.

33   cum autem declinantibus doloribus quidam tumor circa interiorem angulum apparuerit quem hypopium di-cimus, hoc modo reprimendus erit. pusca frigida frequenter infrigidetur, post vero pollinibus hordei in oxymeli coctis
15 cataplasmetur. similiter etiam et de lenticulae pollinibus fiat. et aeris flos tritus in lotio investis pueri, per septem dies postquam siccaverit ex eo pulvere melle mixto loco

2 a pituitis aegri tunc *Gel.*: a pituitis ꝑgrotantibus *B*, a. p.
g̥ (*sic pro* egro) *r*, *om b* (*ubi tamen restat* tunc).   3 iuvat—continentia *Gel.*: iuvat ciborum et vini continentia *b*, iuvatis (iuvat. Hos *r*) ciborum continentia et vini detractione *Br*.
4 nimium *r Gel.*: nimis *B* (*om. b*). ·   detondendus est *r B Gel.*: detondendi sunt *b*.   5 maiore *r* (*b*), —ri *B Gel.*   adhibi-tarum *Gel.*: adhibitione *B*, adhibeo (*sic*) *r* (cucurbita adhibita *b*).
6 scarifactione et *b*: *om. r B Gel.* (*cf. gr. p.* 342, 3).   7 liberetur *Gel.*: —rentur *B b r.*   aestivas (estivas *r*) *B b r* (ϑερινάς *gr. p.* 343,1): aestibus *Gel.*   8 curat etiam *r B Gel.*: *om. b.*   gargarismat(c *r*)-ium *r Gel.*: —tum *B.*   9 adhibitum tale *r*, adhibita (*sic simpl.*) *B*: adhibendum tale *Gel.* (*cf. b ubi sic ...* rosasum cura sola ca-lida adhibita. Gargarismū p. i. adhibendum est tale. O. *etc.*).
origani in aceto decocti *Gel.*, origani in a. decoctio *B* (cum aqua *add. r*), origanum in a. decoctum cum aqua *b.*   11 Cum *b Gel.*: Si *Br.*   doloribus *rb Gel.*: *om. B.*   12 angulum *r b Gel.*: oculorum (*om.* angulum) *B.*   hypopium *B*: ypopiū *b,* yppopium *r* (yppium *Gel.*).   13 reprimendus *Bb*: —dū *Gel.* frequenter *rB*: per initia fr. *b Gel. cf. gr. p.* 351.   14 in o(e *b*)ximelle coctis (cocti *r*) *rb Gel.*: oximelle cocto *B.*   15 et *Gel.*: *om. Bbr.*   16 fiat *rb Gel.*: facit *B.*   et *br*: *om. Gel. B.* investis *rB Gel.*: virginis *b.*   per *om. Gel.*   17 postquam *b Gel.*: quod postquam *Br.*   eo *Bbr*: oleo *Gel.*

impositus competens beneficium praestat. nam et caseus recens tritus impositus saepe illum tumorem oppressit. et absinthii herbae pulvis cum cerotario hoc idem facit. sic ex murra pingui locum primo foveamus. sic etiam cyclaminum cum uva passa commixtum et contritum curat. 5 et bulbi candidi cum melle contriti similiter operantur. sic rafanorum cortex cum uva passa medetur, sic erucae folia cum felle porcino. sic fici pingues in muria coctae saepius profuerunt.

ad repentinas autem sanguineas maculas oculis in- 34 haerentes flores vel semen ysopi herbae in limpido linteolo 11 colligabis et in aqua calida infundes et agitando exsucabis. qui sucus veluti sanguineus fit, ex quo infundendo illas sanguineas maculas depurgamus. postea ture masculo et alfitis aequis ponderibus carbonibus impositis fumi- 15 gandi sunt.

si vero caedis percussus hanc maculam sanguineam cum dolore procuraverit, his columbi matri subducti repentinus sanguis prodest, quam maxime si de pinnis mol-

---

1 impositus *Gel.*: im(ī)posito *Bb*, —tū *r*.　2 et inp. *rb*. oppressit *rBGel.*: (s. tumores oculorum) dissolvit *b*.　3 sic *Gel.*: si *Br*.　4 et (ex *r*) mora pingui *rGel.*, ex moro pingui *B*, et more rubi viridis sucū *b* (βατίνῳ *gr. p. 351!*)　locum *Bb*: —co *Gel.*　etiam et *b*.　6 bulbi candidi: sic *BbrGel.* contriti *B*: —tum *Gel.* (om. *b*).　operantur *rB*: —ratur *Gel.* (*om. b*).　7 rafanorum *rB Gel.*: rafani *b*.　cum: (= *η̃ gr. v. 351 male hic* contritū *addit b*).　erucę *rb Gel.*: cerosae *B*. 8 porcino *rb Gel.*: taurino vel porcino *B*.　fici: sic *Brb Gel.* muria *Gel.* (*cf. supra I, 24*): more *B*, mulsa *br*.　coctae *Gel.*, cocti *B*, —tis *r*: decocti *b*.　9 saepius *rB*: saepe *Gel.* profuerunt *rB*: —re *Gel*.　11 flores *B Gel.*: flos *br*.　vel semen *Bb Gel.*: om. *r*.　limpido *B Gel.*: om. *r*, mundo *b*. 12 in *rB Gel.*: om. *b* (aquā etc. *r*).　exsucabis (exucabis *Gel.*) *B Gel.*: exsiccabis *br*.　15 alfitis (—fetis *r*) *rGel.*: alfitę *B*, alfita *b*.　impositis *rB Gel.*: —tū *b*.　17 caedis percussus *Gel.*, cedis percussio *b*: cedis aut percussis *r*, caesis aut percussis *B*.　18 procuraverit *br*: —raris *B*, procuret *Gel.* 19 pinnis *Gel.*: pennis *Bbr*.

lioribus provocetur. et ovi liquor tenuis tepidus infundendus est. et si in eodem ovi umore lana infusa superimponatur. hoc pulvis rosarum facit vel seminis eius cum alfitis si in vino conteratur et superimponatur. his 5 etiam ex sulphure vivo fumigium satis prodest, si is fumus patentibus oculis hauriatur.

35　si oculi reumatizaverint, quod gravissimum est taedium oculorum, his vini et carnium parcitas indicenda est. ventris purgatio frequenter fiat. ex pusca frigida oculos 10 foveant. et aeris flos in eadem pusca resolutus satis iuvat. odores acres et potentes effugiant, lucernarum vel solis claritudinem vitent, fumi vel pulveris declinent commotiones. in noctem vero aqua frigida vel vino infusas lanas superimponant molli fasciola continendas.

15　si his adhibitis reuma cum dolore perseveraverit, flebotomandi sunt. ciborum et potus continentia custodienda erit. sitire etenim omnibus reumatizantibus satis

1 provocetur *r b Gel.*: procuretur *B.*　　　et ovi *r b Gel.*: ubi *B.*　　tenuis tepidus *r B* (*cf. gr.* τὸ λευκόν *p. 347*): tepidus *b Gel.*　　2 in eodem ovi humorē *r*, in eundem (ovi *Gel.*) humorem *b Gel.*: in eadem hora ovium *B.*　　3 seminis eius *r Gel.*: semen eius *b*, semen earum *B*, ᾗ. τὰ φύλλα καὶ τὸ ἄνθος *graec. XIV, 348 (v. 1).*　　4 alfitis *r B Gel.*: —ta *b.*　　in *B r*: cum *b Gel.*　　conteratur *B Gel.*: teratur *b* (contritus *om.* si *r*). super imponatur *B r*: similiter (sic *b*) adhibeatur *b Gel.*　　5 ex sulfure vivo *r*, ex vino sulfure *b*, sulphuris vivi *B*, ex euphorbio *Gel.* (!).　　satis *r b Gel.*: *om. B*　　si is: et hic *b*, si idem *B*, si hisdem *r*, si in hisdem *Gel.*　　6 patentibus *B r Gel.*: pacientibus *b.*　　7 si *r b Gel.*: si cui *b. sequentia ex graecis Archigenis apud Eupor. (Ps. Gal. XIV, 343—350 = Gal. XII, 790—803).*　　9 ex *r b*: et *B Gel.*　　10 flos *B b r*: flore *Gel.* resolutus *B* (—tū *r*): —to *Gel., om. b.*　　satis iuvat *B b r*: *om. Gel.*　　11 potentes *Gel.* (ὀσμὰς δριμείας *uno verbo gr.*): patentes (*sc.* lucernarum!) *B b r.*　　12 claritudinem *Gel.*, —nes *B*: claritatem *r b.*　　13 noctem *b Gel.* (εἰς νύκτα *gr.*): nocte *B r.*　　14 molli (linea *add. b*) fasciola *r b Gel.*: mollibus fasciolis *B*　　15 reuma c. d. *r B Gel.*: reumaticns dolor *b.*　16 et: vel (*sic*) *B Gel. r b.*　　continentia *r b Gel.*: abstinentia *b* (*cf. gr.* ἀσιτία καὶ δίψα). custodiendi erunt *b.*　　17 etenim *B b r*: enim *Gel.*

prodest. circa frontem vero pampinorum viridia folia frequenter imponantur et mutentur. similiter et de rubi
foliis. nam et sucus eorum frequenter fronti inlinitus
profuit. et samsuci folia et cydoniorum et portulacae similiter. nam etiam ex his cum alfitis et vino cataplasmati 5
saepe curati sunt. et caseus recens cum apiorum foliis
contritus impositus sic saepe oculos liberavit. et panis
mundus vino infusus vel cum oleo roseo contritus par
beneficium praestitit. omnium specierum supradictarum
generaliter quae oculis reumatizantibus ordinata sunt cum 10
vino et alfitis semper in cataplasmate profuerunt et decoctiones earum quibus saepe oculi fomentandi sunt.

sane si calidum senserint reumatismum, ex caulium 36
foliis et alfitis cum aqua cataplasmandi sunt. sic de ocimo,
sic de samsuco, sic de agresti papavere, sic cicutae, sic 15
pulicaris vel apiorum vel strychni. si enim siccitas pal-

1 pam(n r)pinorum *r b Gel.* (ἀμπέλου): peponorum (*sic*) *B.*
2 et (im *Gel.*)mutentur *r b Gel.*: om. *B.* rubi *r b Gel.* (βάτου):
rapi *B.* 3 foliis *r B Gel.*: cima *b.* sucus ... in(l *b*)linitus
r b Gel.: sucos (earum ...) linimus *B.* 4 profuit *r Gel.*: om. *B*
(*b*). sam(p *Gel.*)suci *r B Gel.* (σαμψύχου): sambuci *b* (*Neu!*).
similiter et (similiter. nam etiam *r*) ex his cum alfitis et vini
cataplasmate sepe curati (—tę *r*) sunt *r B* (et alfita in vino
cocta pro cataplasma adhibito *b*). *quae omnia om. Gel. ubi*
sic cum lacuna legitur ... portulacae. nam contritus impositus saepe oculos liberavit. *cf. gr. p. 344, 8—10* (καταπλασ-
σόμενα). *deinde sic pergit b*: Sic pultes fractę fabę sine sale
et sine oleo cocte faciunt. et caseus recens ... 7 contritus
et imp. sic saepe *r*, contritis impositus sic saepe *B*: contritus
impositus saepe *Gel.* (contritus *b, qui om. sequentia usque ad*
v. 13 Sane si ...). 8 vel (ἢ *gr. p. 344, 17*): et *codd.* contritus
r, tritus *B*: contritus impositus (*iterum*) *Gel.* 9 omnium *etc.*:
sic *r B Gel.* 10 ordinata *r Gel.*: —tae *B.* 11 in cataplasmate pr. et dec. earum: *sic r B Gel.* (*scil.* cataplasmata profuerunt, profuerunt et d. *etc.*). 13 *cf. gr. p. 345, 7.* senserint
r Gel. (senseris *b*): fuerit *B.* ex *B b r*: et *Gel.* 14 alfitis *r B Gel.*:
alfita *b.* ozimo *B b.* 15 sabuco *b.* cicutę (*sic*) *r Gel.*: de cycutę
suco *B*, cicute foliis *b, sed restituendi potius videntur genitivi* ocimi
...samsuci... agrestis papaveris. 16 pulicaris *r* (*Gel.*), policaris
B: folicaris herbę *b.* vel a(p *r*)piorum vel strig(ch *Gel.*)ni *r B Gel.*:
sic cipiorum foliis. sic satureie *b.* enim *b Gel.* (δὲ *gr.*): etiam *B r.*

pebrarum emerserit, linteolum mundum butyro infusum
superimponito. aliqui vero umorem procurantes lacrimas
aut fumo aut terrore vel plagis extorquendas esse crediderunt. sane si in prima oculi tunica sanguinea nimium
5 veluti caro apparuerit quam chemosin appellamus, hoc
adiutorio curatur. muscas quam plurimas cum ovi vitello
conterimus et in linteolo mundo superimponimus. licet
etiam collyriis variis et causae competentibus saepe curati sint.

37   serniosos oculos, quas nos impetigines dicimus, et
11 asperitatis vitiis laborantes, sic curare consuevimus. alium
accipimus, in cuius encardio bacula spathomeles occulta
postquam ex eo umorem vel sucum rapuerit, inunguimus
et ex eo pruritus et supra dicta vitia depurgamus.

15   aliud. grana tritici in lammina ferri calida impono
et similiter ex suco qui manaverit inunguo cum vino

---

2 aliqui ... procurantes *b Gel.* (curantes *r*): Aliquibus ...
procurantibus *B*. *haec* (aliqui—3 crediderunt) *hic om. r, sed
infra supplet post* iuvat *p. 39, 2.*   3 crediderunt *rb Gel.*:
credimus *B.*   4 ἐπὶ τῷ καρατοειδεῖ *gr.* (*cf. Cass. p. 50, 15*).
nimium *rb Gel.*: nimia *B.*   5 cemosin *r*, chemosim *b*: hae-
mosin *Gel.*, memosen *B. citat Sim. Ian. s.* chemosis.
8 causae (et cause *r*) competentibus *B r*: et competentibus *b Gel.*
10 serniosos *r* (*in suo cod. legit etiam Sim. Ian.* = zernosos
Cass. Fel. 7 *cf. ind. s.* zerna, zernosus): verniosos *B*, derbiosos
Gel. (*qui om.* oculos), *om. b, qui brevius haec dedit.*   vero
(*ante* oc.) *add. B.*   quas *Br*: quos *Gel.*   inpetigines *B*,
petigines *Gel.* (*cf. b* Inpetigine et asperitate laborantes sic curabimus).   11 asperitate vitii simili 1. *Gel.*, asperitatum
(—te *r*) viciis 1. *Br.*   12 incardioba canstrata | mellis occu-
bia et p. *B*, cardia bacam spato melis occulto et p. *r*, in-
cardio vasa spatomeles occulto et p. *Gel.* (*cf. b*: et in eius in-
cardiouacła mellis occulte fricamus et humorem vel succum
quem uacła ex eo sumpserit. angulos vel oculos inunguimus ...
12 bacula: πυρῆνα μήλης καθέντες *gr. XIV, 343.*   13 humore vel suco *Br.*   inungimus *Gel.*: inungue *B*, —gueo *r*.
14 depurgamus *Gel.*, —gemus *b*: depurgabo *rB.*   15
in la(m *B*)mina *rB* (*Gel.*): supra laminam *b*.   impono
rb Gel.: impone *B.*   15 inunguo *Gel.*: —gue *B*, —ge *b*,
—guemus *r*.

commixto. et aeris flos tritus cum melle fronti inlitus iuvat.

si pruritus maior palpebras occupaverit ut etiam capillos amittant, hos oportet oleo cedrino inunguere, aut aerugine cum afronitro ex melle contritis, aut asfodeli 5 suco cum passo commixto. nam et amurca in diplo angio cocta et mixta cum oleo et ustionem curat et capillos reparat. et murium fimus et hircorum cornua utraque combusta cum melle eodem modo adhibita.

si pruritus simpliciter solis ex labore vel pulveris 10 fuerit, aquae calidae fomenta sufficient aut rosarum aut rubi aut lentis decoctio. et rosa sicca cum vino trita imponitur. et in noctem oleo simplici loca tangantur.

caligantes vero oculos hoc modo curamus, si vulneris 38 aliquod non interfuerit praeiudicium. herbae parietariae 15 sucum bitumini iudaico contrito aequis ponderibus miscentes oculos inunguimus. et perdicum fel similiter facit.

---

1 et *rb Gel.*: *om. B.* *post* melle *Gel. (mediis omissis) transilit ad p. 41, 15* permundavit. *quae exciderunt (uno ut videtur folio transposito) leguntur infra medio in capite* de ustionibus *p. 37—39 ed. Gel.* illitus *B*: (tritū . . .) inlinitū *b*, linitum *r*, inlitum *Gel.* 4 hos *rb Gel.*: has *B.* ex oleo *B.* unguere *B.* 5 afronitro *b*: —tris *r B Gel.* et melle contritis *rb B*: et melle contrita *Gel.* asfodilli *Bbr.* 6 amurga *r*, amurca *b* (ἀμόϱγη *gr. p. 348)*: murca *B.* diplangio *r Gel.* (διπλαγγείῳ? *cf. 2, 101)*, deplangio *Bb* (*cf.* ἐν χαλκῷ κυπϱίῳ Diosc. *1, 140). addidi* in. 7 et ustionem *Bbr*: ustionem *Gel.* et capillos reparat *Bbr*: *om. Gel.* 8 murium *Bbr*: —rum *Gel.* 9 et eodem modo adhibita *B*, adhibito idem faē *b*, eodem modo adhibentur (—betur *r*) *r Gel.* 10 s. solis ex labore vel pulveris *Gel.*, s. solis vel pulveris *rB*: solis s. ex albore vel pulvere *b* (*cf. gr.* διὰ τὸν ἥλιον καὶ κονιορτόν *p. 340)*. 11 fomenta sufficient *B Gel.* (—et *r*): fomentatio sufficiat *b.* 12 rubi: *gr.* βάτου. decoctio *Bb*: decoctionum *Gel.*, —nem *r.* et *Bbr*: aut *Gel.* 13 noctem *Gel.*: —te *Bbr.* 14 caligantes *B*: caliginantes *b Gel.* (ad ἀμαύϱωσιν *cf. gr. p. 349). hic numerum cap. XII habet r.* 15 aliquod (—qd' *b*, —quid *rB*): quod *Gel.* paritariȩ *rb B.* 16 contrito *r Gel.* (—tū *b*): trito *B.* miscentes *r Gel.*: commixtū *b*, miscemus *B.* 17 inung(u)imus *rb Gel.*: inunguentes *B.* facit *Br*: *om. b Gel.*

et marrubii sucus cum felle taurino et melle attico aequis
ponderibus commixtus ita curat. et ursinum fel cum
aquae dupla mensura similiter purgat.

   si haec sane obscuritas senectutis magis quam vitio
5 fuerit oculorum, suco mali granati mel atticum aequa
mensura commiscebis et uteris. vetustatum tamen melius
operabitur, sane si quam plurimo tempore vas illud sub
divo facias permanere. hoc etiam scriptoribus et pictori-
bus saepe profuit. etiam vinum optimum vetus in noctem
10 adhibitum oculorum aciem reformavit. aliud. in oleo
mundo folia marrubii mittimus, et cum tempore illic maturaverint, proiectis foliis ex eo oleo obscuritates oculorum expellimus. hoc beluae fel mixtum melli facit, hoc
sucus rutae cum melle similiter. nam et chelidoniae sucus
15 et feniculi, lactucae quoque agrestis et mel atticum aequa
mensura caligines et obscuritates, aliquando etiam suffusiones
liberaverunt. et taurinum fel mixtum melli sic profuit.

   3 similiter *r B Gel.*: *om. b*   *post* purgat *in b seq. addita-*
menta aliena (*p. v. 13*) Sal cappadocum ... solutius. Si hec
caligo senectute magis quam vicio fuerit *etc.*   4 sane *r Gel.*:
om. b B.   senectutis *r B Gel.*: —te *b.*   vicio *b*: viciorum
r B Gel. (vitium *Neu*).   5 fuerit (oc. *r b B*) *post* magis *habet Gel.*
suco ... mel atticum *r* (melli átaco *b*, melle attico *Gel.*):
sucum ... melli attico *B.*   6 commisces (—cis *r*) et *B b r*:
commixtis *Gel.*   vetustatum tamen melius *B r*: vetustius et
mel(l)ius *b Gel.*   7 sane *B r*: sed *Gel.* (*om. b*).   vas illud *B b*
(illud vas *r*): vasculum *Gel.*   sub divo in sole *add. r.*
9 saepe profuit *B Gel.*: prodest *b.*   9 etiam—reformavit
r b Gel.: *om. B.*   etiam *r Gel.*: sic *b.*   noctem *Gel.*: —te *b r.*
10 aliud *r B Gel.*: *om. b.*   11 mittimus: miscemus *r B Gel.*,
(mundo) miscimus (*om. in* oleo) *b.*   illuc *r.*   maturaverint
b Gel., —rit *r B*: maceraverint *Neu.*   12 eo *r*, illo *Gel.*
(ipso *b*): solo *B.*   obscuritates oculorum *r Gel.*, obsc. (*om.*
oc.) *B*: inungentes oculorum obsc. *b.*   13 hoc rute sucus
eq⁹ (equs *pro* eque) cum melle operatur *b.*   14 similiter *B r*:
similiter facit *Gel.*   nam et *B*: hoc *b.*   15 quoque *B Gel.*:
om. b r.   et mel atticum aequa m. *r Gel.*: et mellilotis cum
aquae m. *B* (equali mensura melle ataco mixto *b*).   16 caligines—suffusiones liberaverunt *r B Gel.*: obscuritates. et oculorum suffusiones sine mora detersit *b.*   17 mixtum melli
(—le. *B*) sic profuit *r B Gel.*: melli cōmixtū similiter operatur *b.*

nyctalopes vero, qui per noctem vident et per diem 39
obscuritatem patiuntur, sic curandi sunt. accipies hirci
iecur et ferro scarifabis, umor vero qui ex scissuris emanaverit oculis duodecies infundendus est, et vitium recorrigetur. aut hoc idem iecur in carbonibus positum cum 5
exsudaverit, eodem umore inunguendi erunt. hoc idem
iecur coctum etiam inter cibos accipiant comedendum.
et columbi sanguis similiter infusus oculos iuvat. et fimi
asinini recentis sucus ita proderit.

alboribus vero oculorum nitrum bene tritum cum 40
oleo infundendum est, aut aneti semen cum aqua tritum 11
similiter. et sucus cucumeris dulcis sic operatur. et
rafanorum sucus sic medetur, et gutta ammoniaci limpida
cum aqua contrita. nam et lactanti suo mater guttam
ammoniaci massando et inhalando albos oculos permun- 15

1 Denictalopis *b*, Denictapolis *r*, Descatalopes *B* (*cf. gr.*
p. 350). per diem *rb Gel.* (*Nιu*): per noctem (*iterum*) *B*.
2 accipis *B*. 3 et ferro scarifabis *rb* (et ferro scabes *Gel.*):
et scarificabitur *B*. humor vero q. *B Gel.*: eum humorem
q. *r*. scissuris *B Gel.*, cissuris *r*: incisuris *b* (*ubi* et humorem
qui ex i. em. colligis qui oculis per XII. dies inf. est).
4 duodecies *Gel.*(= δωδεκάκις, *ut ex eodem fonte auctor II Eupor.*
G. XIV. 415, non auctor I p. 350) *id est* diebus XII *B*, XII.
dies *r*, per XII dies *b*. recorrigitur *r*, recorrigetur *Gel.*:
corrigetur *b*, —gitur *B*. 6 exudet, eodem ... erunt *Gel.*,
cum exsudaverit (exudaverit *r*) de eodem ... erunt *B r*
(humor qui ex ipso manat de eo inungendi ī. | ēr. Et ipsum
etc. b). 8 columbi *r B Gel.*: columbinus *b*. similiter *B Gel.*:
om. *b r*. oculos i.: *sic r B Gel.*(idem facit *b*). fimi ni recentis
(*sic cum albo*) *Gel. ubi* asinini *b B*, asini *r*. prodest *r*. 10 alboribus: *cf. gr. p. 349* πρὸς λευκώματα. 12 similiter *r b Gel.*:
om. *B*. sic operatur *r B Gel.*: similiter *b*. 13 rafanorum
r B Gel.: rafani *b*. limpida *r Gel.*: om. *B*. 14 *eadem*
extant in Anonymi (alterius) euporistis recentioribus (*Gal. XIV*,
412 — item aut ex Archigene derivata aut ex pleniore Pseudo-
galeni libro. 15 massando *et mox* albos *etiam r b, sed in b*
mutilata haec extant sic: sic et rafani sucus. et gutta ammoniaci massando. et al'ndo (*sic*) albos oculos mundare potest.
et inhalando (et alando *r b*): et exalando *B*, om. *Gel.* (ἐμφυ-
σάτω *gr.*). permundavit *r B et Gel. p. 26* (procurat *add.*
Gel. p. 39): *hic denuo incipit textus Gel. qui addit* et ex vivi

davit. etiam et sui femoris sanguinem infundendo filii sui albas maculas permundavit.

glaucos vero oculos si denigrare volueris, hoc facies. gallarum pulverem tenuissimum ... cum aqua bene trito
5 similiter uteris. et leporis fel mixtum melli glaucos oculos revocat in naturam.

si hordeoli in palpebris nascentur, hordei decoctione calida oculos fomentabis et post cera liquefacta locum tanges. et si muscarum capitibus locum confrices, hoc
10 idem faciet.

ad leucoma. eryngii campani unc̄ IIII, guttae ammoniaci unc̄ II, commeos unc̄ I. cum aqua pluviali conteres et collyrium facies.

41 capillos vero contrarios sic nasci non permittes, si
15 is evulsis loca sanguine cimicis tangas. et sanguisugarum

muris sanguine inungendo felisve albas maculas permundavit (!) Gel., ubi sic r B: et ex sui (et sui r) femoris sanguine (—nem r) infundendo filii (sui add. r) albas maculas permundavit. quae om. b, sed extant in gr. p. 412.
3 denigr. si v. Gel. hoc Br: sic Gel. 4 g. pulverem . tenuissime tritum cum aqua uteris b, g. pulverem tenuissimum cum aqua bene tritum similiter atteris (uteris r) rB, g. pulvere tinges simul cum aqua bene trito similiter uteris (corr.?) Gel. 5 mixtum melli rB (melli commixtum b). corrupta haec frustra mutavit Gel. (similiter uteris et l. felle. cum melle gl. o. etc.), ego lacunam statui (cf. gr. p. 412. Gal. XII, 740). 6 revocat b Gel.: renovat rB. 7 hordeoli: cf. gr. p. 350 (κριϑάς). nascentur Gel.: —cuntur Bbr. 9 tanges Gel.: —gis Bbr. confrices Gel., —cis r: —cas B. 10 facit (fac̄ b) Bb: facies r Gel. 11 praetermissum fuerat item aliud. erungium c. sic infert Gel. v. 11—13 (quae om. B). sunt ea πρὸς λευκώματα, uti post v. 10 (fac̄) subiungit b (A) D Leucomata. Erugine campanum ... item r: Ad leucoma erugine campanum ... 12 (etc.) unc. Gel.: ÷ b. ÷ r. guttam Gel.: Guta b, om. r (ubi solum ammoniaci). gummi r Gel.: Gūmōs b. conteres et colliria facies (huc usque r) et uteris rb: trita supradicta commiscebis et teres ut collirium facias Gel.
14 nasci non permittes r Gel. (nasci non facias b): non nasci permittas B. — cf. graec. p. 349. si his rB Gel.: ubi b.

combustarum cinis locis appositus eodem modo curabit.
et chamaeleontis herbae folia sicca trita in pulverem et
commixta sanguini ranarum viridium post evulsionem capillorum pro collyrio inunguimus. et fel beluae solum
similiter operatur.   5

stafylomata vero, quorum in modum uvae crepantis,
prioris tunicae tumor quidam erumpit, sic curabis. alumen
scissum teri facies diligenter et adipes anserinos admiscebis et uteris pro collyrio. nam et melli commixti
adipes supradicti stafylomata repriment diligenter. et soli 10
adipes bene colati ita sufficient.

XIII. De narium morbis.   42

Ozaenis et polypis uno eodemque modo cura est adhibenda, constringendo sic prius detonsis capillis reumatismum, post rasuram vero emplastrum dia iteon aut 15
barbaram imponendo. nam et de cocleis hoc simile est

---

1 curavit *Gel.* (—bit *r B*).   2 cameleūtis (—tes *r*) *r b*,
anicoleontis (*sic*) *B.*   3 sanguini *B*: —ne *r Gel.*   post
evulsionem *r b Gel.*: post hanc unctionem *B.*   4 et—operatur *om. Gel.*   beluę *b*, belui *r*: vulpis *B.*   solum *b B*:
sic *r.*   5 operatur *r b*: om. *B.*   6 stafilomata *B r b.*
quorum *B Gel.*: quarum *r b.*   7 tonicae tumor *B*, tunicę tumor *r b* (*Sim. Ian.*): tunicae humor *Gel.*   quidam erumpit
B Gel.: existat. q̄dū erūp̄ *b*, exsistans quidam erumpit *r.*
8 admisces *B* (āmiscis *r b*), —ce *Gel.*   10 supradicti *B b*
(adipibus) supradictis *r*: —ta *Gel. fort. leg.* et melli commixtis adipibus supradictis.   repr, diligenter (*sic*) *b Gel.*: : diligenter curant *r B.*   11 ita sufficient *r B Gel.*: ita subveniunt *b.*   12 De narium morbis XII *B* (*sine numero r b*).
cf. *gr. p. 336 et Cass. Fel c. 31.*   13 cura est a. *B b* (cura
a. est *r*): est cura a. *Gel.*   14 constringendum hic prius
detonsis capillis reumatismū *B*, constringendo sicut prius detonsis capitis reumatismū *Gel.*: constringendo sic. Prius de-
tunsio capitis reumatismus *r* (*cf. b* sic. Prius capitis reumatismū
constringendo).   15 post r. vero *r B*: et post r. *b Gel.*
dialteon *B Gel.* (dia citeon *b*, dia itheon *r*).   16 barbaram
inducendo. nam et *Gel.*, barbara īponendū. et *b*: barbaranū.
Et (*sic* = barbara. nam et *r*) *r B.*   hoc *r B Gel.*: hui (*sic*) *b.*

adiutorium. accipies cocleas minutas albas numero ducentas. is tritis admiscebis murrae et turis masculi uncias
singulas et pro cataplasmate raso capiti impones diebus
VIIII continuis permansurum. naribus vero specialiter sic
5 medeberis. sucum nepetae ⟨herbae, quam graeci cala-
minthen vocant⟩ frequenter infunde, aut eiusdem siccatae
et contusae pulverem per cannulam insufflato. aut batrachii
herbae sucum cum melle commixtum. et sucus rosarum
coctus usque in ⟨mellis⟩ pinguedinem ita prodest. sic
10 iris illyricae et sandaracae pulvis ex aequo cum melle
commixtus. sic gallarum et murrae pulverem similiter
cum melle commixtum adhibebis.

43 polypis itaque imminentibus aeris florem et sinopidem ex aequo combures et ex eo pulvere loca sanabis.
15 et cornu cervini combusti pulvis cum sandaraca similiter
aspergendus est. sic bryoniae radices combustae, sic
auripigmenti pulvis cum melle.

1 accipies *r b*: —pias *Gel.*, —pis *B*. ducentas *r B Gel.* =
CC etiam *b̄* (V *Cass.*). 2 his tritis *b*, tritas his *r*, tritis *Gel.*,
intritas *B*. immiscebis *Gel.*, admisces (—is *r*) *r B*, āmiscis *b*.
uncias singulas *B Gel.*: aū ⊹ I. *r* (*sc.* mire ÷ I. Thus masculum ÷ I. *ut habet b*). 3 et *b Gel.*: *om. Br.* capiti
r B b: —te *Gel.* impones *Gel*, —nis *r b*: *om. B.* 5 nepitae(ę)
r b B Gel. herbae—vocant *b* (*ubi* calamite) *et Gel.*: *om. r B.*
6 infunde *r B*, —d' *b*: inferas Gel. 7 cannulam: *sic B b Gel.*,
calamum *r* (*docte* = διὰ καλάμου *gr.* cf. *Cass. p. 63, 12*).
insufflato *r b* (ἐμφύσα *gr.*): exsufflato *B Gel.* bathrachię *B*,
barbatraciaę *Gel.*, botracię *b*, batracii (h. id est appii viridis
add.) *r*. 8 rosarum *B b r Gel.*: ῥοιᾶς *gr.* commixtum *Gel.*:
admixtum *B* (mixtum *b*). 9 coctus usque ad (mellis *add. b*)
ping. *b Gel.*, coctos usque in p. *r*: contususque in p. *B*. ita
r b Gel.: item *B*. 10 et sandaracae *r B*: *om. b Gel.* pulvis
... commixtus (—tū *r*) *r b Gel.*: pulveres e. a. c. m. commixtos
adhibebis *B qui om. v. 11—12*. 11 pulverem cum m. commixtum similiter adhibebis *r*: pulvis similiter cum m. contritus adhibetur *Gel.* (pulverem ex equo mixtum cum melle *b*).
13 imminentibus *Gel.*: eminentibus *r B* (*om. b*). sinopidem
B b r: sinopida *Gel.* (μίλτον *gr.*, cf. *Gal. XII, 685*). 14 combures *Gel.*: —ris *B b r*. 16 aspergendus *r b Gel.*: spargendus *B*.
br. herbę radices *B*, br. radicis herbę *r* (herbę *om. b Gel.*).
17 cum melle similiter (*add.*) *r*.

ego vero saepissime sic e naribus polypos cecidisse probavi, pulvere ex chalcitide misy aeris flore aequa ponderatione confecto et locis adhibito per cannulam, sicut superius memoravi.

fetori vero narium sucum hederae frequenter infunde, 5 et draconteae sucum cum melle similiter.

XIIII. De fluxu sanguinis narium.

Prius spathomeles extremo in baca molli lana obvo- 44 luto glebas sanguinis e naribus frequentius purgare nos convenit, post lana identidem obturando perclaudere. 10 aliud. linteolo combusto et infuso in acri aceto, aut in suco polygoni herbae, aut ocimi vel porri sectivi, aut arnoglossi similiter.

sane si his adiutoriis contemptis sanguinis fluentis molestia perseveraverit, sine mora flebotomandus erit. et 15

---

1 ego: *haec Galenicis addit ipse Th. (ut I, 32).* saepissime *r b Gel.:* om. *B.* 2 ex calcite (—tē *r*) *r B Gel.:* calcitei *b.* mysi *Gel.:* myseos *b,* misso *B,* misceo *r.* 3 et— (6) *similiter* om. *B.* 4 sicut s. m. *r Gel.:* om. *b, qui tamen alia subiungit (per v. 6)* Porrum virginem *etc. diversa hic (ex Ps. Plinio) add. r.* superius *r:* supra *Gel.* 5—6 haec *(post* memoravi*) solus dedit Gel., quae additamentis modo memoratis subiecit b, sic legens:* Fetorem vero n. compescis si h. s. f. infundis et dragonteẹ s. c. m. s. *(om. r B).* 7 narium *r Gel.:* earum XIII *B (item qui om. rubricam, in ind. praemisso b = r).* 8 spatomela in extremo molli l. obvoluta *Gel.,* strato mellis *(ut I, 37)* extremo in bacula | na molli obvoluto *B,* spato mele extremo in uaca molli lana o.* *r,* sato mellis in extremo molli l. obvolutū *b (μηλωτῇ ἔριον ἐχούσῃ βεβρεγμένον ὕδατι gr. p. 338, 1 cf. Gal. XII, 691).* 9 frequentius *b Gel.:* om. *Br.* 10 perclaudere *r b Gel.:* procludere *B.* 11 aliud (*sic*) *r B Gel.:* et *b.* combusto et *r B Gel.:* om. *b (στρεπτὸν καύσας gr.).* in a. *b B:* aut in a. *r Gel.* 12 poligoniẹ *b B.* aut ocimi vel p. *r,* aut ocimo aut p. *b r,* aut cymi vel p. *B,* aut cimae p. *Gel.* aut arnoglossi (—glosi *br*) *br Gel.:* om. *B.* 14 sane—perseverarit *r b Gel. (nisi quod r b om.* fluentis*):* si perseveraverint (*sic simpliciter*) *B.* his *b Gel.:* om. *r.* 15 et *B b:* Item *Gel.*

fimi asinini combusti pulvere cum oleo roseo mixto collyria facta supponimus. et de siliquae mollibus foliis contusis facta similiter collyria profuerunt. sic portulacae,
sic strychni, sic terrae alexandrinae cum sucis supra dictis
5 pulvis saepe profuit. caput vero eorum suco lini seminis
frigido umectandum est. circa frontem vero gypsum cum
ovo vel lutum figulorum similiter mixtum inlinire debemus. sic aeris flos, sic misy vel chalcitis, sic pini cortex
combusta, sic fimus asini, ut supra significatum est, ope-
10 rabitur.

si etiam istis adhibitis adhuc perseveraverit sanguinis
fluxus inpatiens, ignita cucurbita si de dextra nare manaverit dextrae parti praecordiorum est admovenda, si de
sinistra sinistrae. si vero de utrisque naribus, utrisque
15 visceribus cucurbitas applicabo. aliqui vero fasciolis lineis
naturam et testes eorum alligando mollius constrinxerunt.
si in feminis, femora ligaverunt. ex quibus fysicis praesens beneficium meruerunt.

1 asinini *r b*: asini *B Gel.*   pulverem ... collirio facto
Gel.   2 Et de *r B* (Et *b*): Eodem modo etiam *Gel.*   4 supra
dictis *r B Gel.*: s͞s herbarum ā mixtus *b*.   5 vero *r b Gel.*:
om. *B.*   suco lini seminis *r b B*: seminibus (frigida) *Gel.*
6 humectandum *Gel.*: fomentandum *b*, fovendum *r B.*   · 7 vel
lutum *r Gel*, velatū *B*: vel luto *b*.   8 sic mysios vel chalcitis *Gel.*, sic miseos vel calcitē *r*, sic musin vel cyten *B*: sic
calciten (om. misy) *b*.   9 ủ s͞s ē *b*, ut supra dictum est *r.*
operabitur *b Gel.*: om. *r B.*   12 p. fluxus inpatiens *B*: p. sanguis (—guinis *r*) illius terrae (terror *r*) impatiens *r Gel.* (sanguinis molestia perseverarit *iterum b*).   de *b Gel.*: ex *r B*
(*cet. cf. gr. p. 339*).   manaverit *r B Gel.*: emanaverit *b.*
13 dextrae p. p. *b Gel.*: dextro lateri *r B.*   13 e *r Gel.*, ex *B*
(*om. b*).   14 sinistrae *Gel.*: sinistre parti precordiorum *b*,
sinistro lateri *r B.*   de u. (*sic*) *r b B Gel.*   15 igneas cucurbitas *r b*.   aliquando *b*.   17 femora ligaverunt (ver̄ *b*,
—vere *Gel.*) *b Gel.*: moraliga (*sic mut.*) *B.*   ex (in *Gel.*)—
meruerunt *r b Gel.*: om. *B. quae ansam dederunt codicibus et b
et r, ut alius alia multa (et superstitiosa) sc. physica adderent.*

XV. De labiis crepantibus.

Gallae tunsae pulverem resinae terebinthinae limpidae 45
admiscebis, et ut emplastro uteris, aut oesypoceroto cum
melle, aut adipibus caprarum colatis tantummodo.

aliud. sulphur vivum murram et tus masculum ex 5
aequo suco herbae parietariae commiscebis et sic trociscos
conficies, quos cum aqua resolves et inlinies.

aliud. mel, terebinthinam, adipes anserinos, oleum
roseum. omnibus ex aequo mixtis uteris.

Si odor insuavis oris fuerit, pusca frigida os frequenter 10
colluere oportet, et cimoliae pulvere cum salibus tostatis
simul mixtis et contusis dentes et vicina loca fricare.

aliud. hordeum et sal in linteolo collectum combures aequa sub ponderatione et teres et uteris. sic
pumicem et murram teres et cum melle commiscebis et 15
mundabis. siligo cum iris illyricae pulvere similiter com-

1 crepantibus rb Gel.: crepitantibus B (πϱὸς τὰ χείλη
ατεϱϱωγότα gr. XIV, 424 cf. Cass. 14). 3 admiscebis Gel.:
—ces B (amiscis r, comiscis b). et ut e. uteris rb Gel.: et utere
mplastro veteri (!) B. ysopo (ysopi B, —pū r) ceroto (ū r)
bB Gel. (cf. Cass. p. 21, 13). ὑσσώπῳ etiam gr ed. XIV, 424.
adipibus c. c. rB Gel.: adipē caprinū colatū b. colatis:
f. gr. τεϑεϱαπευμένῳ (λίπει). 5 aliud B Gel. (aliter r):
m. b. 4 myrre r, mira b, myrram Gel.: morum B. 6 commisces B (—cis r). 7 (post quos) dum opus fuerit add. b.
t illinies b: inlinies (om. et) Gel., et linies rB. 8 aliud B:
em r, om. b Gel. melle (mel r) terbentina. adipes (—is r)
nserinos (—ni r). oleum roseum rb, mel. terebinthinā. adipes
nserinos. o. r. B (ablat. scr. Gel.). omnibus e. a. mixtis
teris (et uteris r) rb Gel.: haec omnia e. a. mixta teris B.
1 pulveribus B (—verem rb). 12 contusis Gel.: tusis rB
ostis tritis et commixtis b). fricare B Gel.: fricabis rb.
3 aliud B Gel.: item r, om. b. sal B: sales (—is r) r Gel.
omburis rbB. 14 aequa sub (p r) ponderatione r Gel.:
equis ponderibus B (i. e. hordeum ÷ I. sal ÷ I. b). teris
bB. sic p. et m. teris (—res Gel.): sic rB Gel. (b) (om.
eu). 15 commiscebis. munda Gel., commisces (—is r) et
mundas (sed mundas. ilico r) rB. 16 siligo B Gel (σεμί-
χλις gr.): consiligo b. iris om. rB.

mixta operabitur. aliquotiens haec etiam cum vino melius
commiscentur. massare autem his frequentius conveniet
aut arboris pini folia molliora aut anetum aut glycyrizam
aut herbam quae sonchus appellatur. nam et cervini cornu
5 combusti pulvis et fetorem oris et dəntium semper compescuit imbecillitatem.

XVI. De dentium causatione.

46   Dolores dentium fimus asini siccus et tritus pro dentifricio sine dilatione compescit. mixtus quoque cum aceto
10 ore diutius remoratus aeque profuit. et betarum sucus
tepidus similiter operatus est, et decoctio cucumeris agrestis
radicis in vino, similiter et nitrum cum oleo tritum, et
decoctio rosarum in vino vel rubi in aceto, et cupressi
pilae in vino coctae et taeda pinguis in vino similiter.
15 sic etiam glycyrizae in vino decoctio sine cunctatione
dentibus relaxatis et dolentibus profuit. si omnes interea

1 haec *b Gel.*: *om. r B.*   2 masare *r̊b.*   frequentius
b Gel., —ter *r*: *om. B.*   conveniet *B Gel.*: —nit *r b.*   3 aut
(arb.) *r b B*: *om. Gel.*   anetum *r b B Gel.*: *gr.* ἄνισον (anesum).
liquiriciam *B b* (lyciridiam *Gel.*, gliciridia *r*).   4 soncus *r,*
sontia *Gel.*, foͨnti (?) *b* (*qui voluit* soncus) sonchora *B* (σόγχος).
nam et *r b Gel.*: sed et *B.*   cervini cornu (—ni *b*) *b Gel.*: cornu
cervini *r B.*   *hic adduntur versus 5 in b*: Costum et baccas
lauri *etc.*   7 De d. causatione *r b* (XVI. *Gel.*): De d. curationibus XV. *B.*   9 sine dilatione *r B*: semper *b*, *om. Gel.*
(*cf.* παραχρῆμα *gr.* XIV, 42).   compescit *B Gel.*: compescuit
r b.   10 ore *Gel.*: ori *r b B.*   remoratus *r b Gel.*: remorando *B.*
11 operatus est *Gel.* (ita operatur *b*): profuit *r B.*   12 in
vino *r B* (*cf.* vino decocta *b*): *om. Gel.* (*cum seqq. usque ad.*
v. 14 (similiter. sic etiam lyciridiae).   13 vel rubi *B*: vel
rubos. *r*, et rubus *b.*   cipressi pilę *b* (σφαιρία *gr.*): cipressorum pelas *r*, cypressorum fructus *B.*   14 in vino coctę
b: *om. r B.*   et tede pingues *r B*: et teda pini *b.*   similiter.
sic etiam lyciridiae (liquiritie *r*) in vino *r Gel.* (similiter. sic
etiam liquiricia in v. *b*): *om. B.*   decoctio *b Gel.*: —tae
(te *r*) *r B.*   sine cunctatione *r B Gel.*: sine mora *b.*   16 et
(*ante* rel.) *add. B* et (*qui om. seq.* et) *r.*   profuit *r B Gel.*:
prodest *b.*

doluerint, cedriam in ore teneat, et continuo mitigantur.
si vero molae doluerint, parietariae radicis sucus in balneis ore contineatur, et statim medetur. vel si in aceto
eadem radix coquatur et similiter adhibeatur. nam et
pyrethri radix profuit massata continuo. alcyonii radix in ⁵
carbonibus posita dentes dolentes fumigando compescuit.
et canis dens combustus similiter profuit. et si aeris
florem in oleo tritum dentibus admoveas, et lac asinae
recens tepidum constringit et mitigat continuo.

quibus forte putres cavernae obvenerint, melanthium 47
frictum in aceto commixtum isdem cavernis opponito, et ¹¹
piper tritum galbano aut storaci commixtum similiter. et
si solo pulvere aluminis scissi easdem cavernas adimpleas.
hoc et gallarum pulvis cum melle commixtus facit.

1 teneat *r B*: teneant *b Gel.*   *post* mit. *add. b*: et mirta
in vino cocta similiter curat.   2 si *b Gel.*: sin *r B.*   molę
r Gel.: malę *B b.*   doluerint *Gel.* (depluerint *b*): dolent *r B.*
herbae *add.* (*ante* parit.) *B* et (*post* parit.) *b* (*non r Gel.*).
balneis *rb Gel.*: balneo *B*   3 vel *b*: aut *r B*, et *Gel.*   in
aceto eadem *r b Gel.*: in eodem *B.*   4 coquatur *r b Gel.*: coquitur *B.*   et sim. adhibeatur *Gel.*: similiter operatur *b*,
om. B (*ubi* similiter et piretri).   nam et *Gel.*: et *r b B.*
5 massata *B Gel.*: masticata *r b.*   et alcionii *b*, nam et
alchionii (alcioni *r*) *r B*: et aizoi *Gel.*   6 dentes (dolentes
add. B) f. c. *r B Gel.*: ore fumus eius susceptus dentium dolorem c. *b.*   7 Fisica (*ante* et) *solus B, ubi* (*post* compescuit)
b: sed et de iusquiami semine factum ut supra idem profuit(*sic*)
= *gr. p. 428.*   8 flos *b r.*   9 rec. tep. *r Gel.* (recens *om. b.*):
et recens ac tepidum *B.*   utrumque adiutorium (*post* tepidum)
add. Gel.   (et *add. r B*) constringit et mitigat (continuo
add. Gel.) *r B Gel.*: continuo mitigat *b.*   10 Similiter quibus
r B: (*om.* similiter) quibus forte *b*, cui forte *Gel.*   11 frictum
in a. c. *Gel.*, fractum tritum et in a. c. *r*: elixum in a. c. *B*
(aceto contritum *b.* cf. τρίψας *gr. p. 358*).   isdem (hisdem *b Gel.*
om. r)—(12) commixtum *rb Gel.*: om. *B.*   opponito *b*: apponit *Gel.*, īpone *r.*   12 aut (vel *b*) storacę *r* (—ci *b*): et
storace *Gel.*   (*ante* similiter) facit *add. r*   et si solū *r B*:
et si soluto *Gel.* (om. *b*).   13 scissi *B* (scisti *b*): om. *Gel.*
(amenti i. aluminis scissi *r cum Sim. Ian.*).   adimpleas *r B*
Gel.: īpleto *b.*

si vero percussus quidam dens vel motus fuerit, resolutum coralli pulverem apponito, et continuo constringitur.

si longo vitio laborantes spontaneos cadere volueris,
pyrethri vel artemisiae pulverem cum aceto commiscebis
5 et dentem circumlinies, et spontanei exilient. aut suco
tithymali cavernam imple, et spontanei cadent. aut lacertam solaneam exseca et sicca et eius pulvere dentem vel
cavernam attinge, et continuo cadet post scarifationem.
et coccum gnidium tunsum in galbano similiter operatur.
48 nam et apoflegmatismus his saepissime profuit, si stafis
11 agria ad massandum detur aut si cum puleio misceatur.
aut cera cum gallarum pulvere contusarum. aut si alium
et murtae folia viridia in aceto coquantur et in ore con-
tineantur. postea vero ne ustio prosequatur, oleum roseum
15 tepidum in ore contineat. et origanum in oleo coque
et ex hoc dentes calefacito. et saccellus impositus cali-

1 si vero percussus *b B Gel.*: si de percussione *r*.　　quidam *r B*: quondam *Gel.* (*om. b*).　　motus *b* (*cf. gr. 430*): mola
r B Gel.　　resolutum *B*: —ta *r Gel.* (*om. b*).　　2 restringitur *b*
(*qui add.* hoc et alumen scistum facit).　　3 spontaneos c.
volueris *b B*: spontanei c. voluerint *Gel.*　　4 commiscebis *B*:
—misce *r Gel.* (miscis *b*).　　5 dentem *B Gel.*: dentes *r b*.　　6 titimali *b* (—malli *r*): titimuli *B*.　　*ante* aut *add. B Fisica
sicut supra p. 49, 7.*　　aut—(8) cadet *om. b, et mox* exseca—
scarificationem *om. etiam Gel.*　　6 lacertam solaneam *r* (*Gel.*)la-
certum solanum *B* (σαῦραν ἀγρίαν *gr. p. 431*).　　7 exseca *B*:
stilio exc̨eca *r*.　　8 cadet post caricationem. Et *B*, cadent.
Post scarifationem et *r*, cadent (*v. 6*). Post　　(*sic cum albo*)
| rificationem. et *b* (ὅταν περικαθάρῃς.. *gr. l. c.*).　　coccum
gnidium (cognidium *b*) *r Gel.*: coccus chindiñ (*sic*) *B*.　　10 nam
et *Gel.*: et *r B b*.　　apofl.: *cf. Cass. p. 64, 5. Ps. Gal. XIV,
356.*　　his *r b Gel.*: hic *B*.　　saepissime *b Gel.*: *om. r B*.
11 massandum *B* (mansandum *r*): masticandum *b*.　　12 aut
si: *sc.* aut sola aut si cum p. = ἰδίᾳ καὶ μετὰ γλήχωνος *gr.
p. 356.*　　12 aut cera? *sic omnes: cf. gr.* ἢ κηκίδος τὸ ἔνδοθεν
μέλαν δακνέτω *l. c.*　　contusarum *r Gel.*: contusa *B b*.　　aut
si alium *b Gel.*, et si aleum *r*: et salicis *B*.　　13 et (καὶ):
aut *codd.* myrti *B Gel.*, myrt̨e *r*, ·mirte *b* (μυρσίνης μελαίνης).
tepid' contineatur *b*.　　14 ne ustio *r b Gel.*: si nausia *B*.　　15 in
ore: ore *b, om r B Gel.*　　contineant *B Gel.*: —neatur *b*.
16 et ex hoc d. c. (calefac̄ *r*) *r B Gel.*: et hoc d. mire calefacit *b*.

dus de salibus vel milio eforis adhibitus profuit. haec
omnia calida secundum Hippocratis praeceptum dentibus saepissime profuerunt.

nam et dentifricia haec et saluti et ornatui semper 49
vitiosis dentibus profuerunt. salibus melli commixtis et 5
combustis et contritis quippiam murrae miscendum est, et
utimur ut moris est. hoc et mastices pulvis solus facit.
nam et lanae sucidae combustae pulveri tertiam partem
salium combustorum commiscemus, et utimur similiter.
post vero vino in quo irin illyricam decoxeris, os colluere 10
conveniet. et tithymalus in vino decoctus multum proderit. si ex hoc bis per mensem tepido collueris dentes,
facies candidos semper et sine vitio permanere.

gingivas vero dolentes cum gargarismatium adhibueris
ex aceto tepido, in quo herbae mercurialis radicem de- 15
coxeris, sine mora mitigabis.

1 aforis *b*, et forinsecus *r B*: fronti *Gel.* profuit *b Gel.*:
prodest *r B*. *hic sequuntur in b, quae extrema in B Gel.* (Titi-
malum in vino decoctum ... mitigabo), *deinde aliena addita* Cucurbite sective sucus ... (*per versus 8*). 2 Hippocratis (yppocratis *r B*) (*aph.*) *III, 748 Lips. cf. Cass. p. 64, 14*.
3 saepissime *b* (*p. 39, 2 inf.*) *r Gel.*: *om. B.* 4 nam et
r B Gel.: et *b*. et saluti et ornatui *r B Gel.*: *om. b* (*ubi* et d.
h. dentibus sanis et viciosis semper profuerunt). *fort. scrib.*
sanis semper et vitiosis d., *vel om.* vitiosis. 6 mirre *r B*
(*Gel.*) = σμύρνης βραχύ *gr. p. 356 cf. Diosc. p. 81*): mirte *b*.
7 utimur: *sic r B Gel.* (uteris *b*). masticis *r Gel.*: (mastix *b*)
marthis *B*. solus *rb Gel.*: solius *B*. 8 combustae *r B b*:
om. Gel. 9 combustorum *r Gel.*: *om. Bb cf. gr. p. 357*.
utimur: *sic r Bb Gel.* 10 irin *B Gel.*, yrin *b*: iris (illirica) *r*.
os colluere *r Gel.*: (vinum ...) cum pulvere *B*. *post* colluere
oportet *in b sequuntur addita aliena* Et caprifici radix in vino
decocta ... (5 vers.), *deinde post insertum Theodori membrum*
(Hec omnia sec. preceptum ypocr. d. s. prof.) *sequuntur physica
haec*: Infans uti non dentiat. lapidem gagatem ad collum
suspende ei *etc.* 11 titimulus (*etc.*) (*ut supra 47*) *B*: titi-
malum *rb Gel.* 12 si ... dentes *r B Gel.* (*cf. gr. p. 357*): Quod
hoc uis semel per mensem faciem dentes (*sic*) *b*. 13 candidos
semper et *rb Gel.*: eos semper *B*. 14 cum gargarismatium
adhibueris *r Gel.* (*cf. b* g. v. d. gargarismum ex aceto adhibeo
tepidum ... et sine m. m.): cum gargarismatio *B*. 15 mer-

XVII. De vitiis omnibus faucium vel oris.

50   Per initia cum commoveri aliquid in faucibus senseris, generaliter omnibus ex decoctione rosarum siccarum vel dactylorum aut myxarum aut lentis aut cantabri vel cete-
5 rarum stypticarum mediocriter specierum convenit uti tepido gargarismatio, ut etiam mellis quippiam despumati commisceamus. aliquando sane singularum, aliquando commixtarum. nam et lac ovillum vel caprinum cum melle tepidum iuvat. similiter etiam rodomeli. similiter dia
10 moron, quod sic conficere consuevimus ut ad duas partes suci mororum unam mellis admisceamus. sic etiam aliqui de suco rubi et melle veluti dia moron confecerunt. alii etiam de cydoniorum suco similiter et de malo granato sed styptico. alii vero eadem mala quassantes in
15 passo coxerunt et triverunt. haec omnia supra dicta non

curialis: ὑοσκυάμου gr. p. 357.   p. 51, 15 radicem r Gel.: —ces Bb.
    1 omnibus b (omnium r): om. B Gel. (cf. gr. XIV, 358). vel rb et (ubi vel oris perinicie!) B: et Gel.   2 cf. gr. l. c. (κατ᾽ ἀρχάς) et p. 435.   4 dactilorum rbB: colatylorum (sic) Gel.   aut mixarum Gel.: aut nixarum rb, elixorum (sc. dact.) B! 5 uti b Gel.: om. rB   6 gargaris(—rio- B)matio r Gel.: gargarismo b.   7 commisceamus rbB: admisceamus Gel.   aliquando sane singulorum (singularum r) aliquotiens (aliquatenus r) commixtorum (—tarum r) r Gel., aliqñō commistarum aliqñō singularum b: om. B.   9 etiam Gel., etiam et r (Etid' b): om. B.   rodomelli rb, rodomel B.   10 ad duas ... unam m. admisceamus Gel. (duas ... et unam m. commisceamus b): ad (ad om. r) duas ... una᾽m. adhibeatur rB.   11 aliqui de s. Gel. (de suco om. aliqui b): aliquid ex s. B (aliq suco r). 14 sed (cf. Gargil. c. 41, Diosc. 1, 151) stiptico rB Gel.: stipticum enim est b.   15 et triverunt Gel.: et trita adhibuerunt b, et omnibus querelis faucium profuerunt (sic) rB (quae est explicatio sequentium).   haec o. s. d. non simili specie e. p. virtus— beneficium Gel., h. o. s. d. non similis spes (sic sine comp.) e. p. virtutis. at tamen una omnibus beneficia b: haec omnia in simili supra dicta specie tantum esse possunt. virtus attamen una omnibus id est beneficium (cunctis. Sane ...) B, h. o. non simili specie tantum esse possunt. virtus attamen u. o. eadem est et b. r.

similis speciei esse possunt, virtus attamen una omnibus, idem est et beneficium.

sucos ptisanae accipiant et ceteros cibos qui magis sorberi quam massari videantur.

si his adhibitis faucibus adhuc perseveraverit molestia, 51 ut vulnerare partes attemptet, quae etiam synanchicos 6 minentur efficere, tunc nos fortioribus oportet occurrere cataplasmatibus partibus eforis vel gutturi adhibitis, ex hordei vel lini seminibus paregoricis, mixto quipiam nitri vel salis, quo Hippocratis nostri praecepta custodientes 10 sic curemus ut ab interioribus evocare sollicitudines valeamus. praebeant inter ea cataplasmatum beneficia etiam et fomenta chalastica ex seminibus supra dictis et ibisco confecta.

vulneratio vero si faucibus apparuerit, sic a nobis 52 sollicite curanda erit. fimus canum albus tritus cum melle 16 et umores reprimit et vulnera delicate permundat. et hirundinum combustarum cinis cum melle tritus similiter proderit.

---

sucos (—cus *b*) ptisane *b Gel.*: cunctis. Sane frequenter *B*, Sucos tipsane frequenter *r*. qui: similes qui *solus Gel.* 4 massari (masari *r*) *r B Gel.*: masticari *b* (*ut semper*). · 6 ut *r B*: aut *b Gel.* attemptent *r* (*Gel.*): —tet *b B*. quae etiam *r B Gel.*: ut tāquam *b*. 7 minentur *b Gel.*: minetur *r B.* efficere *B b Gel.*: om. *r*. ⟨tunc ... (9)hor⟩dei *in ras. B.* fortioribus adiutoriis op. occ. id est cataplasmatibus *r* (*solus*). 8 partibus eforis (vel *add. Gel.*) gutturi adhibitis (—bendis *b*) *b Gel.*: om. *r B*. ex *b Gel.*: om. *r B*. 9 mixto (amixto *r*) quippiam nitro vel salibus *r b Gel. B*. 10 praecepta custodientes *r Gel.*, custodientes sententiam *b*: praeceptis custoditis *B*. 11 sic curemus (—mur *r*) ut *r b Gel.*: sic curando *B*. revocare *r* (*solus*). sollicitudines *r B*: —nem *b*, —nibus *Gel.* 12 Pbeāt *b*: Preerant *B* (Praestant *Neu. = Gel.*), om. *r*. cataplasmatum (—tis *r Gel.*) beneficia *r b Gel.*: cataplasmatis beneficio *B*. etiam et *b*: etiam *r B Gel.* 13 evisco *r b*, hybisco *B*: sinapisco (!) *Gel.* 15 Vuln. vero si *B Gel.*: Si vero vuln. *r*, Si vuln. *b*. 16 canum *r B Gel.*: caninus *b* (cf. *gr.* κυνείαν p. 361). 17 humores *b*: tumores *r Gel.*, —rem *B* cf. *gr.* σηπεδόνας καὶ ἐσχάρας *l. c.* reprimet *r b*. delicate *r b B*: —ta *Gel.* 18 tritus *b Gel.*: om. *r B*. similiter *r b B*: om. *Gel.*

aliud. omnibus vulneribus tumentibus et sordidis utilissimum adiutorium multorum auctorum veterum auctoritate probatum hoc est quod conficitur sic. tus masculum,
irin illyricam, ervum et radices aristolochiae, omnia aequis
5 ponderibus tunduntur et melli miscentur. vel melicrato, et
sine molestia medetur. aliquando pinna molli liniendo aliquando per gargarismatium.

item anthera quae omnibus nota est. iris illyricae,
sandaracae cyperi uncias binas, aluminis scissi murrae
10 croci crocomagmatis semuncias singulas, in uno omnia
tunsa et cribellata ⟨commiscebis et in pyxide⟩ habebis,
et cum necessitas coegerit, aut pulvere aut cum melle
uteris liniendo. nam et Musae trociscus omnibus diffamatus cum suco rus syriaci et melle vel melicrato ad
15 hibendus est.

1 et (*ante* tum.) *add.* *r B*.　　2 adiutorium *b Gel.*: *om.* *r B*.
3 probatum hoc est *rb Gel.*: probatur hoc *B*.　　sic *rb B*: si
Gel.　　4 yrin illiricā *B* (irim illyricam *Gel.*), iris illiricᵉ *r*.
erbum *r* (herbi pulverem *b*): herbam *B Gel.*　　radices *r B*:
—cem *b Gel.*　　aequis p.: *pondera singula adscribit b* i. e. ℥ I.
omnibus.　　5 tundas ... misceas *Gel.*: tunduntur ... miscentur *B*, tunditur ... miscuntur *r*.　　6 medetur *r Gel.* (curant *b*): eduntur (!) *B*.　　aliquando (aliquotiens *Gel.*) pinna
(penna *r*) molli liniendo (cum pinna moliendo *b*) aliquando
(aliquotiens *r Gel.*) p. gargarismatium (—rismum *rb*) *rb Gel.*:
om. B.　　8 anthera *rb* (anthiram *Gel.*): anthore (*sic*) *B. cf. Cass.*
p. 78, 1.　　*genit. habet B, accus.* (*r*) *b Gel.*　　9 uncias binas
B (÷ II. *in sing. repetit b*): aṅ. ⁒ II. *r*, ana uncias II. *Gel.*
10 semuncias singulas *B*: ana semuncias singulas *G*, aṅ. singulas semiuncias *r*.　　in uno *r B Gel.*: *om. b*.　　11 tunsa *rb B*:
contusa *Gel.*　　commiscis et in buxide habebit (*sic*) *b*: habebis *r Gel.*, adhibebis *B*.　　12 coegerit *rb*: cogerit *B* (congruerit *Gel.*).　　aut pulvere (—rē *b*) *b Gel.*: aut cum pulvere *B*.
aut c. m. et uteris *b*: aut c. m. commisces et uteris *B*, aut c.
m. commixtis uteris *Gel.* (pulverem cum melle commisces et
uteris *r*).　　13 liniendo *rb Gel.*: *om. B*　　musae *B*: musa
b Gel., musī *r*.　　diffamatus *r*, difamatus *b*: diffatus *Gel.*,
dispariatus (*sic*) *B*.　　14 ros sy(i *r*)riaci *rb Gel.*: roris syriaci *B*
post dif. *descriptionem sic addit b*: qui sic conficitur. Balaustie
　　　　　or
dr̄. IIII. Croci magmatis dr̄. III. Aloᵉ. croci. Mirre. Aluminis

si vero uva demissior fuerit et faucibus indignatis 53
reumatizaverit, gargarismatio ex speciebus stypticis confecto
tepido imminebimus, ut ex aqua vel melicrato ubi dactyli
decocti fuerint aut rus syriacus aut vitium turiones mol-
lissimi aut sorba aut mespila vel certe gallae aut similis 5
virtutis cetera.

raucos vero sic corriges. tragacanthum mundum sub
lingua teneant et quod emaduerit glutiant. ova recentia
incocta frequenter accipiant. aut arteriaca utantur. crocum tus masculum murra tragacanthum ex aequo cum 10
passo miscentur et teruntur, et pro ecligmatio adhibentur.
ego etiam sucum glycyrizae ex aequo semper admiscui.

scissi. Calcanti. ana d̄. III. singulos. Inomellis vini nigri quod
suficit. Quibus tritis et cribratis cum oximelle trociscos in-
forma et [cum suco ros syriaci et mel iď mellicrato adhibendus est. *sed cf. infra* 1, 85.

1 *in marg. rubr. de uva b.*   demissior *b Gel.*: dimissior
r B.   3 in(ī *r*)minebimns *r B* (inminemus *b*): monebis *Gel.*
ut (ex a. v. m. gargaridiet ubi ... decocti fuerint *etc. ut in
textu Gel.*), ut (e. a. v. m. ubi decocti fuerint aut ros syriacum.
Sic sales *etc.*) *b*, et (ex dactylis in aqua vel mellicrato decoctis aut rosis *etc. cum abl.* ... adhibebimus) *B*, ut (ex
dactulis ... aut rosis *etc.* = *B* ... adhibemus) *r*.   4 ros syriacum *b Gel.*: rosis siccis *r B. hic b interruptae sententiae
disiectis verbis media infert alia* Sic sales triti cum melle
multum prosunt... Nam et gargarissmum his adhibes tepidum.
aqua vel mellicratum ubi decoxeris aut lenticulam vel sorba
aut mespila vel gallam vel mirta vel cetera similem virtutem habentia ...   vitis oculi frondosi tenerrimi *post
vicium ex glossa add. r.*   turiones *etc. Gel.*: turionibus *etc.*
(*abl.*) *r B.*   5 gallae: gallis infusis et decoctis adhibebimus *B*,
gallis infusis et decoctis et gargarismatium adhibemus *r* (*qui
omittunt* aut similia virtutibus cetera *quae add. Gel. cf. b*).
7 Raucos—(12) admiscui *rb Gel.* (*habet etiam Chis.*): om. *B.
cf. Marc.* p. 138, 29. 31 *Helmr.*   8 emaduerit *b Gel.*: emanaverit *r.*   ova *rb*: ova vero *Gel.*   9 frequenter *b Gel.*:
om. r.   aut arteriaca *r*, á tiriaca *b*: aut hac theriaca *Gel.* (*cf.
similem art. apud Marc.* p. *132, 1*).   crocum: sic *b Gel.* (c̄c̄ *r*).
10 tus (masculum *add. Gel.*) *b Gel.*: libani *r.*   11 miscentur
(commiscentur *Gel.*) et *r Gel.*: om. *b.*   et ... adhibetur
(—bentur *r*) *rb*: ut ... adhibeantur *Gel.*   ꝑ helimaꝏ *b*, p̄
helimatio *r* (pro eligmatio *Gel*).

in tumore vero posita cum amplius reumatizaverit,
sales triti cum melle multum prosunt adhibiti. et dactylorum ossa, et si nuces virides inmaturas comburas et ex
his pulverem facias et admisceas similiter aut modicum
5 despumati mellis aut melicratum. et alumen umectum in
vase fictili coques, et post ex pulvere facto uvam tangas,
et continuo desiccatur. sic de pulvere radicum caulium
combustarum, sic etiam de aneti similiter.

54   si afflatio oris fuerit, quod aptham appellamus, nimia
10 ustione intercedente, rosam siccam cum melle tritam locis
impone. et portulacam in melle similiter infundimus, et
massandum damus. et olivae folia viridia in vino decocta,
ex quo tepido os frequenter colluendum est. nam et
avellana cum despumato melle contrita pro electario semper
15 adhibenda est, ut oris ustio depurgetur.

1 posita (sc. uva): *sic quasi non habeant intermedia p. 55, 7—12
etiam r b Gel. cet. cf. ad seqq. gr. p. 362 v. 8 sqq.*   2 triti c.
m. m. prosunt adhibiti (—bito b) b B: tritos c. m. adhibeto *Gel.*
post adhibito (sic) *add. b* vel cetera supra dicta quorum effi-
catiam semper probavimus (*quae spectant ad supra addita post
ros syriacum*).   et: (sic) r B Gel. (om. b).   3 et si r B:
et *Gel.*, vel b.   comburas r, combures (—ris b) b B: cum myrra
Gel.   4 et om. B.   facias et adm. etc.: sic r B Gel. (haec
brevius b).   aut modicum mellis B, aut despumato melli (aut
melicrato) *Gel.*, aut modico dispumatū mellis r.   5 humectum b: humidum B Gel., liquidum r.   6 et post ex: et
post eo *Gel.*, et postea r B, ex quo b.   facto (facito r) B Gel.:
om. b.   uvam tangas: uvam siccas et r B Gel., tacta uva b.
7 desiccata B   sic de—similiter *habent r B Gel. (sed inserta post*
coques v. 6): om. b.   9 afflatio oris b Gel., afflatioris (fuerint) r:
afflatum os B.   aptam b: afatham B, cautam Gel., hustam
afflatam r.   10 intercedente r b Gel.: accedente B.   11 Ipono r
(īpoṇ b = impone B Gel.).   in B (εἰς gr. p. 362).: cum b,
ex Gel.   12 massandum b Gel.: —dam r B.   decocta B
(decoque Gel.): cocta b.   13 et (tep.) add. B.   os r b B:
om. Gel.   15 depurgetnr r b Gel.: purgetur B.

XVIII. De minutis papulis in facie vel ubique nascentibus quas ionthus dicimus.

Ionthos appellatur qui in facie quam maxime veluti 55 brevissimus tumor innascitur repentinus, qui umorem aliquando pinguem aliquando aquatiorem emittit, pruritus et 5 vulnerationes procurat. hic oxymeli ex acri aceto et melle aequis ponderibus confecto frequenti confricatione curatur. et amygdala amara cum aceto acri contrita similiter operantur. nam et trocisci ex hoc confecti et in aceto resoluti medentur. post vero saponata lavare linimenta con- 10 veniet.

si vero veluti exanthemata quas scabias dicimus, in 56 facie vel genis ex umorum acredine vel plenitudine apparuerint, hederae agrestis folia cum melle contrita pro linimento adhibenda erunt. aut certe alium cum salibus 15 tritum mixto oleo roseo similiter adhibetur. sic galbanum oleo resolutum, sic faex vini et iris illyrica, utraque contusa et cum oleo roseo commixta medetur. et cedria cum

1 *sic* (et *pro* vel *r*) *tit. in r b Gel.* (ionthus *Gel.*: yctic⁹ *i. e.* yctericus! *pro* yŏtic⁹ *corr. b*: De papulis minutis ubique nascentibus XVII. *B, cf. gr. p.* 352 (*Gal. XII, 825. 827*).
2 quas i. d. *om. B* et hic (*qui ad textus initium trahit*) *r*.
3 Ionthos (*Gel.*, Yovt⁹ *incertus b*) app. qui *b Gel.*: Quibus *B*, Iontos dicimus quibus *r*. 4 brevissimus *r b Gel.*: levissimus *B*. repentinus *r B Gel.*: *om. b*. qui—emittit *b Gel.*: humorem aliquando pinguem aliquando aquatiorem mittens (emittit *r*) *r B* (*cf. gr.* μὴ μόνον παχύν *p.* 352). 6 procurat *r b Gel.*: procuramus *B*. hic *Gel.*: his *r b* (*om. B*). et melle—(8) acri *om. r*. 7 frequenti confr. (perfr. *Gel.*) curatur *b Gel.*: confricationes curantur *B* (*qui om.* frequenti ═ *gr.* ἐπιμελῶς). 8 operantur *B*: —ratur *r b Gel.* 9 resoluti *r Gel.*, soluti *B*: diluti ita *b* (διαλύων *gr.*). 10 vero *r b*: vero etiam *B Gel.* saponata (*sc.* -tâ, —to *Gel.*, σάπωνι *gr. p.* 322) ... linimenta *b Gel.*: saponeto ... linimento *B*. 12 scabias *r b* (*cf. Escol. etc.*): scabies *B Gel.* 13 acredine *b B Gel.*: acritudine *r*. vel plenitudine *r b B*: *om. Gel.* 17 oleo *b Gel.*: cum oleo *r B*. fex *r b Gel.*: fęces *B*. 18 medetur *b Gel.*: medebuntur *B*. cedria: cedria cocta *r*. cum resina et cera *r B*: cum cera *b Gel.*

resina et cera aequa ponderatione commixta, et adipes
anserini similiter cum resina et oleo et melle operantur.
nitrum quoque cum porcinis adipibus. nam et murra cum
tripla ponderatione alii melli mixta continuo id praestat.
5 et spuma argenti cum foliis rutae viridibus et acri aceto
commixta papulas suprascriptas et scabias totius faciei
percurat. si vero tumor remanserit post curationem, sales
fossiles triti cum aceto adhibentur, aut taurinum gluten
cum sinopide et aceto.

57   si impetigo ex hoc faciem vel cetera membra occupa-
11 verit, per initia triticum in lammina candentis ferri superimponito, et veluti suco qui exhinc emanaverit adhuc
tepido loca pinna perungues frequentius.

    aliud. gutta ammoniaci cum aceto contrita perungue.
15 hoc et murra similiter facit. sic cummi et tus masculum,
sic lapathum contusum cum salibus et aceto, sic gluten
taurinum in aceto resolutum, cui mannae turis admiscen-

2 similiter (*r B Gel.*) *post* melle *habet b.*   3 cum tr. p. alii
melli mixta *r B Gel.* (*ubi* allii melli in *ras. B,* mixti et contriti *r*):
cum duplo pondere mellis comixta *b.*   4 id p̄stant *r,* praestat (*om.* id) *B Gel.*: medetur *b.*   5 viridibus *r b B*: viridis *Gel.*
6 commixta *Gel.*: mixta *B,* contrita *b.*   papulas supra
scriptas et *B,* papulas et *b*: similiter *Gel.*   scabeas *r*: scabies *hic b B Gel.*   7 percurat *r* (percuravit *Gel.*): procurat *B*
(curat *b*).   remanserit *r b Gel.*: permanserit *B.*   8 adhibentur *b Gel.* (—betur *r*): compescunt *B.*   taurinum gluten:
s. nervi tauri *add. b.*   10 ex hoc: *sic r b Gel. B.*   11 per
—(13) frequentius *r B Gel.* (*gr. p. 353 = Gal. XII, 831*): *om. b.*
lamina *r B b Gel.*   candentis *r B*: calenti *Gel.*   12 qui ex
hoc *B,* qui ex hinc *r*: qui *Gel.*   13 loca *r Gel.*: *om. B.*
pinna (penna *r*) perungues *r Gel.*: penna perunguito *B.*   frequentius *r Gel.*: Et mirra similiter facit. Frequentius (et gutta…)
praeceps add. (*quae sunt v. 15*) *B.*   14 amoniaci *b*: ammoniaca
(—c̄ı *r*) *r B Gel.*   perunge (—gue *r*) *r b Gel.*: —guito *B* (*hic
infert b*: et affronitrum cum aceto ita medetur.).   15 similiter *r Gel.*: cum aceto trita *b.*   sic gum̄. sic thus masculum *b,*
sic gummi et thus m. *Gel.*: suc̄ı mentae tus m. *B,* sic tus
masculum *r.*   16 lapatum *Gel.,* lapac(t *r*)ium *b r*: appium *B.*
contusum *r b Gel.*: contritum *B.*   sic gluten taurinum in aceto
r B: *om. b Gel.*   17 cui—pulvis *r Gel.*: cui manna et tus
admiscendum est. pulvis *B* (cui manna thuris amiscenda est *b*).

dus est pulvis, similiter adhibendum. aliud. sulphur vivum cum aceto et pice commisce et utere.

si plures innatae fuerint, aceto tepido primo fomenta, postea nitro cum aqua soluto.

si autem longi temporis fuerint aut agrestes, plumbi 58 rasuram, sulphur vivum, gluten taurinum in aceto viscido 6 coctum et solutum unguamus. aliud. lilii agrestis lacrima loca perungue. aut lapathi radicis corticem cum aceto conterimus et cataplasma adhibemus. ante tamen nitri pulvere loca defricabo. aliud. malvae agrestis semen in- 10 maturum colliges et ex hoc sucum elicies. quo cum frequenter linieris, et antiquas et agrestes impetigines percurabis.

aliqui ex diversis supra scriptis speciebus trociscos

---

1 similiter (et sim. *Gel.*) adhibendum: et (est *B*) s. adhibendus *r B* (*om. b*).   aliud *B Gel.*: sic *b*, *om. r*.   sulfur vivum glute taurinum (*sic iterum*) cum ac. *r*.   2 commisce et utere *r B Gel.*: commixtum *b*.   3 si pl. i. f. *Gel.*, Inpetigines plures si inn. f. *b*: et si pl. i. f. *r*, si plures innatꝫ sint *B*. primo *r B Gel.*: prius *b*.   fomentabis *r*.   4 soluto *r Gel.*: (nitrꭓ...) resolutꭓ (adhibeto) *b*, colluito *B*. *post soluto al. m. in r rubricam habet hanc*: Item de ſiuf (*pro* ſſ) linimentis = Item de supradictis linimentis *B Gel.*, *quae ex marg. irrepserunt* (*om. b*).   5 aꭒ *r*: aut *b Gel. B*.   fuerit *r B Gel.*: —rint *b*.   agrestes: agrestis (*sic*) *rb Gel. B* (ἀγρίους λειχῆνας *Gal. XIV, 578 eup. III*, agrias inp. *Marc. p. 182, 1*).   6 haec cum semunciae signo dat *b*.   7 unguamus *r Gel.*: inunguamus *B* (ungeamus *b*).   lilii agrestis lacrima (—mo *b*) perunguo (—geo *b*) *b Gel.*: lilio agresti lacrimarum loca perungue *B*, (Alii.)lii agrestis lacrimo loca perungue *r* (*cf. Plin. 21, 127*).   8 aut *b Gel. B*: alii (*pro* aꭋ, ali = aliud) *r*.   lapathi *etc. v. gr. p. 353* (lapacii *B b*, —tii *r*).   9 et cataplasmata *Gel.*, et cataplasma *r B*: et p cataplasmatꬲ *b*.   10 defricabo *B Gel.*: fricabo *b*, defricamus *r*.   aliud *r B Gel.*: nam et *b*. malvꬲ agrestis *r B* (μαλάχης ἀγρίας *Gal. XII, 831*): mali agrestis *Gel.*, mali granati *b*.   11 elicies *B Gel.*: eicies *b*, adicies *r*.   12 antiquas *rb Gel.*: antiquitas (*sic*) *B*.   agrestes (agstes *r*) *r B Gel.*: maiores *b*.   īpetigines *om B*.   percurabis *r B*: curas *b*, curabis *Gel.*   14 diversis supra scriptis (ſſ *b*) *b B*: diversis *r*, diversissimis *Gel.*

ad maiores has causas hoc modo composuerunt. alcyonii combusti semuncia, chamaeleontis nigrae radicis unc̄ I, asfodeli radicis unc̄ I, sulphuris vivi, turis masculi, pyrethri, afronitri semunciae singulae, glutinis taurini unc̄ I, omnia
5 cum aceto coquuntur et fiunt, et operantur. cum vero mundatae fuerint et percuratae, asini adipibus loca perungue, et post serniae maculas colorem restitues naturalem. haec omnia quo fieri possint, catholicis primo purgationibus relevandi sunt.

10 XVIIII. De ustione calidae vel ignis.

59 Ustiones antequam flyctidas hoc est vesicas erigant, muria olivarum frequenter infunde, aut easdem olivas

1 ad maiores has causas (curas *B*) *r B Gel.*: ad maiores et agrestes inpetigines *b*.   composuerunt *r B*: confecerunt *b Gel.* alcioniũ combustũ S ⁒ (*sic r*, Σ *b*, semunc. I. *Gel.*): alchionii combusti semuncia *B*.   2 (3) radicis *r B*, —ces *Gel.*, rad' *b*. 3 sulfur vivum, thus masculum. peretri (piretrum *Gel.*). afronitrum ana ℥. *b* (aū. ⁒ S *r*, ana semunciẹ singulẹ *sic B*, manna, semunc. singulae *sic Gel.*) *b Gel B. cet. cf. Gal. XII, 832—3. signa ponderis habent r b*, unc̄ *B Gel., cum acc. r b Gel., cum gen. specierum B.*   4 o. cum aceto coquantur (*sic*) et op. *B*: o. c. a. coquuntur et fiunt. et op. *r*, o. c. a. decoquuntur et fiunt. et op. *Gel.*, o. trita cum aceto contrita coquuntur. et op. *b*. 5 fiunt: *sc.* trocisci.   6 percuratae *r Gel.*: procuratae *B*, curate *b*.   asini adipibus *r B Gel.*: asinino adipe *b*.   7 et post sernie maculas *r*: et post ad nigras maculas *b*, et post serenatas maculas *B* (ita maculis *Gel.*) *cf. 1, 37.*   7 restitues n. *b Gel.*, —as n. *B*: restitutis his turalem (*pro* —tuis his naturalem *sic*) *r*.   8 quo *B Gel.* (que *r*): ut *b*.   primo *B Gel.*: prius *r, om. b.*   9 relevandi sunt *B*: rel. s. vel iuvandi *add. b Gel.* (*item Chisianus*).   10 De ustione (ustionibus *Gel.*) calidae (*sic*) vel ignis XVIII. *B Gel.*: De combustione calide *b* (*totum caput om. r, qui tamen titulum habuit in indice praemisso XX De combustione calide vel ignis in corpore, sicut index Chisiani et, qui om. in corpore, Berolin.*). *ut non habuit omnino codex alter quem exscripsit r, ita mancum est capitulum in B, dirutum in Gel., interpolatum in b, omnino dubium, nec in graecis eius vestigium.*   11 fluctidas *B*, flictidas *b c*, phlictidas *Gel.*   hoc est *b c Gel.*: om. *B*.   muria: muriā *omnes.*   12 aut *b c Gel.*: et *B*.

salsas contritas imponito. et lactucae tritae cum salibus
pro cataplasmate impositae continuo curant. et fel taurinum cum aqua pluviali adhibeto. alumen scissum cum
aceto contritum omnes ustiones unguendo percurat. nam
et tus masculum cum aqua tritum similiter operatur, et 5
sales cum oleo roseo triti inlinientur, et betae elixae contritae imponentur. et pollines tritici cum ovis crudis
mixti superimponuntur. sic etiam hederae agrestis folia
in vino cocta curant.

si vero post easdem ustiones vesiculis fuerint in- 60
quietati, murram cum vino tere et impone. aut calcis vivae 11
pulverem cum cerotario tempera et linteolo inlinitum impones. si etiam vulnera fuerint, porrum tritum locis
imponito, aut malvarum folia elixa et cum oleo trita
superimpone, aut lenticulae pulverem cum melle commixtum 15
induces. sic et columborum stercore combusto cum oleo

2 pro cataplasmate *om. b c.* et – (4) percurat *b c*: et
f. t. c. a. plurima infunditur. aliud. alumine scisso c. a. contrito o. u. unguo *B, om. Gel.* 3 adhibeto *c,* —bito *b.*
4 percurat *b*: procurat *c.* nam et *B Gel.*: et *b c.* 5 operatur *om. b c.* 6 inlinentur *Gel.,* inliniuntur *B (om. b c).*
7 imponentur *Gel.*: —nuntur *B*: similiter operantur *b c.* pollines—superimponuntur *B Gel.*: pollinis t. mixti c. ovo crudo
īponito *b,* pollines t. cum ovis crudis inponito *c.* 8 mixtis
B Gel. etiam *om. b c.* 10 si *b c Gel.*: sin *B.* easdem
ustiones *Gel.,* eandem ustionem *b c*: easdem unctiones *B.*
ve(i *b,* es *c*)siculae fuerint inquietatae *b c Gel.*: vesiculas inquie-
tarit *B.* 11 impone *b c Gel.*: imponito *B.* aut: et *b.*
12 et linteolo linitum *b Gel.* (et in linteo linitum *c*), et in linteolo linitum *B.* impones *b Gel.,* inponis *c*: —ne *B.* 13 *post*
fuerint (fecerint *B*) *continuo habet Gel. quae supra in cap. de
oculis p. 26, uno ut videtur folio integro remoto desiderantur a
verbis* fronti inlitum iuvat *usque ad. v.* oculos procurat (*ubi in
fine quaedam deleta sunt*). 13 porrum t. l. inponito *b c*: porros
terito et locis impone. aut m. f. e. et cum oleo superintrita
(*sic!*) impones *B (desunt ap. Gel.).* 15 aut (et *b c*)—commixtum *b c* et (*qui add.* induces) *B*: *desunt Gel.* 16 sic *B*: *om. b*
(*item Gel. qui inc. et col. etc.*). et columborum stercore combusto
contrito in linteolo adhibito *Gel.* (et columbarum — columborum *c* — stercus combustum in linteo — linis *add. c* — loco

contrito in linteolo adhibito omnes vulnerationes ex ustione
venientes facilius percurabimus. sic etiam stercus ovium
curat incensum similiter cum cerotario mixtum. et canis
capitis ossa incensa et aspersa idem operantur. sic coclea-
5 rum incensarum cinis ⟨aspersus combusta sanat nec cicatrices parere facit⟩. liquamine suino post ustionem frequenter loca usta lavare conveniet. et cancrorum fluminalium incensorum cinis cum oleo curat. sic et tostae
cucurbitae cinis cum oleo adhibetur, et lenticulae semi-
10 coctae ex aqua bene contritae pro cataplasmate competentius adhibentur.

61   XX. De carbunculis.

Generaliter his omnibus per initia flebotomo subveniendum est. specialiter vero locis superimponendum est cata-
15 plasma de arnoglosso et pane mundo et lenticula cocta ex
aqua. vulneribus vero acria et calidiora medicamenta
ordinamus, ut est Andronius trociscus aut Polyidu, soluti

Ipone *bc*): sic et columborum stercora comburis et in linteolo
cum oleo contritis *B*.
    1 omnes ... percurabimus (percurramus *b*) *b Gel.*: omnes
exustiones venientes percurabimus *B*, omnes ex ustione venientes facilius procurabimus *c*.   2 *sequentia omnia* (*usque
ad fin. cap.*) *om. B*.   sic—mixtum (*ubi tamen* incensa *habet*) *Gel.*: si st. ov. incensum cum c. mixtum adhibeamus *bc*
(*qui cum praecedentibus* Omnes vuln. *etc. coniungunt*).   3 et—
operantur: *sic bc et* (*qui v. 4 et et idem om.*) *Gel.*   4 sic c. i. (combustarum *bc*) cinis *Gel.*: *haec et quae addunt* aspersus c. s. et
nec (*sic*) c. p. facit *infra post* (*v. 11*) adhibentur *ad finem habent bc*.   6 liquamine ... conveniet *Gel.*, *ubi sic* (*post* operantur *v. 4*) *bc*: Plantaginis folia trita Iponito. Liquamine suino
(sūmo *c*) fr. loca usta lavato.   7 fluminalium *Gel.*: fluvialium *b*.
8 tostae *Gel.*: ustę *b*.   10 pro cathaplasmate ... adhibeatur
(—bentur *c*) *b*: cataplasma ... adhibetur *Gel.*   11 *post* adhibentur *sequuntur aliena in bc* ℞ adipem berbicinum ... lilii folia
trita imponito.   13 Generaliter *et* flebotomo (sub)veniendum
(*item mox* superimp-) *om. Gel.* (*qui spatia alba praebet*).
15 et (p.) *b*: *om. r Gel.*, cum (pane) *B*.   ex (in *rb*) aqua *b Gel.*:
om. B.   17 ut est *rb Gel.*: ut *B*.   aut polydionis *Gel.*, aut

qui cum dulci vino et pingui ⟨sub confectione temperate⟩
infuso motario pro cataplasmate imponuntur.

aliqui vero e nostris his probatis adiutoriis carbunculos curaverunt. mollium sarmentorum combustorum
cinis adhibitus iuvat. rutae viridis folia cum aceto trita, 5
ervi pulvis cum vino tritus, stercus ovium tritum vulneribus imponitur. fici siccae in vino coctae et contritae
imponuntur. ut ex altitudine vocari possint, nuces vetustae
contritae imponuntur. haec adhibita bene novimus operata.

si vero, amice carissime, his adhibitis, vulneris radix 62
occupaverit altiora, cauteres admoveo eodem loco, si nul- 11
lum occurrerit praeiudicium ut loca vitalia periclitentur,
quae sunt in musculis aut nervis aut tenontibus. quae
ignis non poterunt sustinere tormenta, frigido rectius cautere hoc utimur, qui frequenter a nobis adhibitus profuit, 15

poliidus *r*, aut polidus *B* (*om. b, ubi sic* ut est andronicus trociscus cum dulci vino pinguiter solutus). solute quę *r*, soluti
aeque *Gel.*, solicius. qui *B*.

1 et (pingui) *Gel. et* (*ubi* c. d. et p. v.) *r*: aut *B*. sub
conf. temperate *Gel.*, sub confectione operatur *r*: *om. B b*. 2 infuso (in *add. Gel.*) mortario *B Gel.*, infusum in mortariñ *r* (*ubi
b* mutarium in eodem infusum pro cat. adhibemus). sub
cataplasmate (vulneri *add. r*) imponuntur *r Gel.*, s. c. imponatur *B*.
3 aliqui—(9) operata *om. B*. e nostris *Gel.*: *om. r b*.
4 sarmentorum *b*: salsamentorum *r Gel.* 5 adhibitus iuvat
b Gel.: adhibitur (*sic*) cura *r*. trita (inponito *b*): *om. r Gel.*
6 sic herbi *b*, et ervi *r*. 7 ficus siccae (ficus sicci *r*) . . . imponuntur *r Gel.*: ficus siccas . . . ĩponito *b*. in *r b*: et in *Gel.*
8 ut—(9) imponuntur *om. r*. ut *Gel.*: Ut carbunculi *b*. 9 (v.
contritas) ĩponito *b*. operata *Gel.*: operari *r b*. 10 amice
km̄ē *r b* (*Gel.*): *om. B*. vulneribus radix *r Gel.*, uulnē rad' *b*.
11 c. admoveo (admovendi *B*) eodem loco *r B Gel.*: cauteriis
eī̄dem locū amoveo *b*. nullum occurrerit *r Gel.*: nullū (*corr.*)
occurrat *b*, nullum occupaverit *B*. 13 aut tenontibus *Gel.*,
aut tenentibus *B*, aut intenentas *r* (*ubi b* Que sunt musculi
aut nervi. aut inter nudia). 14 poterunt *Gel.* (—rit *B b*):
possunt *r*. frigido—(15) utimur (utamur *b*) *b Gel.*: Qua de
re frigido cautere utimur *r B* (*ubi ante* frigido *in textum r
migraverunt verba* confectio caustici). 15 qui—debet *b Gel.*:
quod frequenter approbabimus (—vimus *r*) *r B* (*ubi tamen r
addit* quali modo fieri debet).

qui hoc modo fieri debet. aqua in qua calcem vivam extinguimus, miscemus faeculam nitrum et saponem sub
aequa ponderatione, et ex hinc linimus loca quae comburi
mitius placet. super tamen cataplasmate loca tegenda sunt,
5 quamdiu escharae cadant quae altius inhaerebant. sunt
et alia quae veluti clavos possint evellere, ut uva passa
enucleata sola contrita facere solet. aut fici siccae in
vino decoctae et tritae. sic lupini in vino similiter cocti
et purgati teruntur et imponuntur. sic stercora columbo-
10 rum cum melle contrita. sic menta cum aqua contrita.
sic nitrum cum ruta viridi et aceto tritum. sic sapone
cum uva passa et porcinis adipibus, admixta etiam pice
liquida, omnibus sub aequa mensura temperatis et adhibitis velocius semper loca periclitantia a carbunculis
15 liberata sunt.

1 aqua *b*: aquam *r B Gel.* in qua *B b*, in quam *Gel.*, in
(*om.* q.) *r.* calcem vivam extinguimus (extinguemus *r*, tinguimus *Gel.*) *r b Gel.*: calcis vivae extinguimus (*cum albo 8
vel 9 litt.*) *B.* 2 feculam nitrum et saponem *b*: feclae nitro et
saponis (uveque p.) *B*, fec de nitro et saponi (sub equa p.) *r*,
feculae et saponi *Gel.* 3 ex hinc *r*: ex hoc *b*, ex his *B*, om. *Gel.*
4 mitius *r b Gel.*: om. *B.* s. t. c. *r b Gel.*: super cataplasmata *B.*
loca tegenda (tangenda *r b*): (om. loca) contegenda *Gel.*
5 scara *r*, ira *B*: sordes eius (eiusdem *b*) vulneris *b Gel.* ca-
dat *r B.* inherebant *r b Gel.*: —bunt *Gel.* sunt *r B*: om.
b Gel. 6 et alia quae ex hoc veluti clavos possint evellere
Gel.: et alię quę veluti clavos (claucos *r*) possint evelli (—lere *r*) *r b*,
et alia q. os claulę sepeliant *B.* ut *Gel.*: et *r B*, om. *b.*
uvae passae *etc. B.* 7 et tritae *B.* facere solet *r b Gel.*:
om. *B.* ficus siccae (siccas *r*) *etc. r b B*: fici sicci *etc. Gel.*
8 cocti *r Gel.* (decocti *b*): om. *B.* 9 teruntur et imponuntur
r B Gel.: triti īpositi *b.* columborum *r Gel.*: —barum *b B.*
11 viride *r* (—di *rel.*). saponē (... mixtū) *b*: sapo *Gel.*, sapa *r*,
rapę *B.* 13 sub aequa *r B Gel.*: equali *b.* et adhibitis
r B, adhibitis *Gel.* (adibita *b*). 14 velocius *r Gel.*: ulterius *B*
(*unde* ulcerum *Neu.*), om. *b.* periclitantiū *B.* a carbunculis *r b et* (om. a) *Gel.*: om. *B.* 15 liberata sunt *r B Gel.*:
liberant *b* (*seq. aliena in bc*).

XXI. De vulneribus variis causis inflictis corporibus.

Seu telo seu morsu canum aliarumve ferarum seu ex 63 quolibet casu nervo vulnerato, quos neurotrotos appellamus, impactis vulneribus generaliter omnibus continuo hoc 5 adhibendum erit quod glutinare et curare membra valeat vulnerata.

murrae pulverem aspergo. quod permanere faciam sine aliquo umore. continuo etenim et glutinat et colligat. et rubus elixa et trita hoc facit, et iris illyrica 10 tunsa et melli mixta similiter, in panno lineo imposita. et aristolochiae pulvis cum aqua mixtus hoc idem facit. nam et ossa saepius colligavit. et omfacium tritum cum vino sic curat per initia adhibitum. sic turis masculi, nam et murrae pulvis cum vino et melle coctus et tem- 15 peratus continuo medetur.

sane sub his adiutoriis quae semper futuris obstant fervoribus, utilis est sub uno schemate etiam patientia

---

1 *tit.* De vulneribus inflictis corporibus *Gel.*, De vulneribus variis causis factis in corporibus (*sim. ind. r*) *b*, De vulneribus variis casibus infixis. XX. *B*, De v. v. casibus infixis corporibus *r*. 3 Seu *r B Gel.: om. b.* morsu *r B Gel.*: morsibus *b.* aliarumve (aliorumve *r*) *r B*: rabiosorum vel *b Gel.* seu (ex quolibet)— appellamus *om. b* (*qui hucusque rubrica scripsit quasi titulum, ut Gel.*). 4 nervo *r Gel.*: neutro *B.* q. et neuro- trotus *Gel.*, q. neutrotos *r B.* 5 Impactis *Gel.* (inpactis *B*, in- capitis *r*): Factis *b.* omnibus generaliter *B* (g. o. *rb Gel.*). 6 erit *B Gel.*: est *b r.* 7 vulnerata *r B b*: uulnerum *Gel.* (*qui om.* Murrae). 8 quod permanere *r b B*: quo perare (*sic*) *Gel.* 9 etenim et *rb Gel.*: etenim *B.* et (gl.) *b Gel.*: *om. B.* colligat *Gel.*: —git *r B* (—ḡ) *b.* 10 elixa et trita *r B Gel.*: elixus et tritus *b.* et hiris *r*, Et yris *b*: hoc yris *B* (*Gel.*). 11 melli *r B b*: melle *Gel.* similiter *B Gel.* = idem facit *b.* 12 mixtus *r B* (—tū *b*): mixta *Gel.* 13 conligavit *Gel.*, colli- gavit *r*: colligabit *B* (*haec a* nam *sqq. om. b, qui deinde* sic curat ut et ossa colliget). 14 initia *r B b*: initium *Gel.* turis *rb Gel.*: pulvis turis *B.* 17 obstant *rb Gel.*: substant *B.* 18 scemate *r b* (*scil.* iacentibus *cf.* 2, 30). patientia *r b B*: fascia *Gel.*

vulneratis. a lavacris vero, a foci vel solis calore vel
aeris frigore, clamore, vinolentia, usu venerio, iracundia
custodiantur, necubi quod iam aut collectum aut glutina-
tum est os, his occasionibus resolvatur.

64   haec etiam requirenda praetermittere non debui, amice
6 carissime, per omne corpus recentibus vulneribus frequenti
approbatione laudata, quae te adhibere suadeo. alii combusti pulverem vulneri asperge. sic etiam scillam tritam
imponito. et sub utrisque adiutoriis quattuor continuis
10 diebus penitus vulnus maneat in quiete, quo continuo percurari possit. nam et murra et lanarum sucidarum combustarum cinis vulneri aspersus similiter operabitur. item
aliud. mali granati folia cum melle contrita mixto vino
imponito, desuper linteolum infusum resina terebinthina
15 superaddito, id lanis operiatur vino et oleo diligenter infusis.

    aliud. fabae syriacae radicem siccam contundes et
cribellabis et loco eius pulverem asperges. aliud. oliva-

---

1 vulneratis *Gel.*: —ti *B* (uulnã *b*).   vero a *r B Gel.*:
vel *b*.   2 aeris *r B b*: ab aeris *Gel.*   vinolentia *b et* (—tiẹ) *B*:
violentia *Gel.*   venerio *B b*: —ris *r Gel.*   iracundi *B*.
3 necubi *r Gel.*: ne ubi *b*, ne *B*.   aut (*ante* coll.) *r B*: *om.*
Gel. (quod iam aut *om. b*).   4 est ós. his ... (*sic*) *r*: est his
B Gel., fuerit. his *b*.   5 requirenda (—entia *r*) *r b Gel.*: om *B*.
debui *Gel.* (deberi *r*, dubii *B*): debemus *b*.   amice k͞m͞e *r b*:
amice *B Gel.*   7 laudata *r B Gel.*: laudanda *b*.   quae ...
suadeo *r b Gel.*: *om. B*.   alii *B*, allii *r*: panis *b Gel.*   9 imponito *r B*: super ĩponito *b Gel.*   quattuor *r B* (tribus *b*):
istis aliquot *Gel.*   10 vulnus *r Gel.*: *om. b Gel.*   in quiete
(*corr.*) *Gel.*: inquietatum *r b B*.   quo *r B Gel.*: et *b*.   12 cinis:
ex equo tritū *add. b*.   operabitur *r B*: operatnr *Gel.*   item
aliud *r Gel. et* (*rubr. scr.*) *B*: *om. b*.   13 mali granati folia
r B: mala granata *b*, malogranata *Gel.*   contrita *r Gel.*:
trita *b B*.   mixto (mixta *r*) vino *B Gel.*: vino mixto *b*.   14 resina & terebinthina *B* (!), resinẹ terbentine *r*.   15 superaddito *r B Gel.*: super ponito *b*.   id: ut *Gel.*, idem *r*, item *B*,
om. b.   diligenter *r B b* (*ubi* infusis diligenter *r*): —tius *Gel.*
16 aliud *r Gel.* (item aliud *al. m. B*): *om. b*.   contunde et
cribella et loco eius pulverem asperge *Gel.*, tundis (et *add. r*)
cribellas et loca (—co *r*) eius pulvere (—ē *r*) aspergis *r B*
(tundes vulnerique asperge *b*).   17 aliud *Gel.*, item *r* (item
aliud *al. m. B*): *om. b*.

rum amurcam coques primo igni fortiori ad primam undationem, secundo et tertio molli vapore parcius ferveat quo pinguescere possit. cum vero coagulaverit, repones in vas mundum, et cum frigescere coeperit, linteola infusa loco percusso apponimus. operabitur vero fortius virtus 5 medicamenti, si gallarum pulverem admisceamus. aliqui eandem amurcam cum eodem pulvere coquunt et ita utuntur. et sulphur vivum cum origani pulvere aequa mensura vulneri aspergunt.

qui vero ferro altum vulnus suscipiunt, fel bovis 65 unc̄ II et ficus nigrae lacrimam unc̄ I et adipes caprinos 11 unc̄ III in unum commiscebis et temperabis, et hoc medicamento curabimus. aliud. bacas lauri cum resina tunsas locis imponimus. glutinantia vero adiutoria haec sunt. resinae siccae pulvis. capilli hominum aequa ponderatione 15 cum ture masculo combusti et cribellati. sed cum pul-

1 (*item* 7) amurgam *r*. * coques *Bb* (—is *r*): coque *Gel.* igni fortiori *rB Gel.*: igne forciori *b*. 2 undacionem *b*: mundationem *rB Gel.* molli vapore *rB Gel.*: om. *b*. parcius ferveat *rb Gel.*: om. *B*. 3 repones *b Gel.*: —nis *B*. 4 vas mundum *rB Gel.*: vase mundo *b*. et cum fr. *B Gel.*: et ut refrigescere *b*. linteola infusa loco (loca *r*) *rBb*: linteolo infusa in loco *Gel.* apponimus *r*, opponimus *B*: imponimus *b Gel.* vero *rB*: om. *Gel.* virtus medicamentis (*sic*) *r*: virtus *Gel.*, medicamentum *B* (mire op. et g. pulverem amisceamus *b*). si g. pulveres (—rem *r*) adm. *rB*: si medicamentis g. pulverem adm. *Gel.* 7 et ita utuntur *r Gel.*: et ita utatur *b*, om. *B*. 8 et *rB*, alii vero *Gel.*: om. *b*. Sulfur vivum *b*: Sulf(ph *B*)uris vivi *rB Gel.* cum o. pulverem *r Gel.*, —re *b*: et o. pulverem *B*. 10 Qui *rB Gel.*: Si *b*. altum *Gel.*: in altum *B*, aliqd *r*, om *b*. bovis *b Gel.* (uobis *r*): bubulum *B*. 11 unciarum II. *B*, unc. II. *Gel.*, ÷ II. *r*, II ÷ *b*. ficus nigrae *rB Gel.*: Pice nigra *b*. lacrimam (ὀπόν) *Gel.*: —mum *rbB*. unc. I. *Gel.*, I. ÷ *b*, ÷ I. *r*: unc. II. *B*. adipes caprinas (adeps caprinus ... *B*) commiscetur et temperatur *rB*, adipes caprinos ... commisces (et inpones) *b*, a. caprinos...commisce et tempera *Gel.* 13 curabimus *Gel.*: curatur *rB*. aliud *Gel. et* (*al. m.*) *B*: item *r*. b. l. c. r. tunsas imponito *b* (*qui aliena infert haec*: Si vero ferro incisum vulnus ...). 15 r. siccae *r Gel.* (succę *b*): resinesię *B*. 16 combusti et cribellati *r Gel.* (pulverem. capilli ...) combures et cribes (c̊bes) *b*: tunsi et cribellati *B*.

verem aspergere coeperis, perunguendum est vulnus pice
solutiore. aliud. particulam utris vinarii, resinam ex aequo
combures et uteris pulvere colletico et qui frequenter
sanguinis fluxum valeat prohibere. et mandragorae foliis.
5 tritis cum vino et aqua altiores percussus cataplasmabimus, quae compendiosius percurabunt. aliud. mali granati
grana dulcia cocta in vino diligentius terimus et in vicem
cataplasmatis adhibemus, adiutorium probatum. nam et
betarum surculos exceptis foliis elixos et tritos imponimus
10 similiter profuturos.

66   si canis morsu quis fuerit vulneratus, continuo spongia
aqua frigida infusa aut oxymeli imponenda est, quae frequenter exhinc irriganda erit. primo vero eiusdem vulnerati lotio vulnus secundum fysicos fomentandum est.
15 et porri cum melle triti et impositi eodem modo medentur.
et lacrima arboris ficus continuo si unguas, hoc idem
praestat. et spongiae rudis combustae cinis cum liquamine ficus mixtus par beneficium facit. aliud. sales triti
in linteolo ligati in aceto infunduntur, et ex hoc vulnus
20 tamdiu baptizandum est vel infundendum quamdiu ex eodem

1 per(p)unguendum *b Gel.*: pre(p̄)ung. *r B*.   pice solutiore
r Gel., pige solutione *B* (pice liquida *b*).   2 aliud *r Gel.*: *om. B b*.
resinam *r B*: resinamque *Gel.*, et resinam *b*.   3 combures *b Gel.*:
—ris *r B*.   colletico: collectico *r*, collecto *b B*, collitico *Gel.*
et qui *r B Gel.*: qui *b*.   frequenter *r b Gel.*: *om. B*.   fluxum
r b: fluxus *B Gel.*   4 foliis tritis *Gel.*: folia trita *r b B*.   5 altiores percussus *r b Gel.*: *om. B*.   5 cataplasmabimus *b B*:
—vimus *r Gel.*   6 q. c. percurabunt *b*: q. c. percurarunt *Gel.*,
om. r B.   aliud *B Gel.*: item *r*, *om. b*.   7 dulcia *om. b*.
diligentius *r b Gel.*: —ter *B*.   11 quis fuerit *r b B*: fuerit quis
Gel.   12 aqua *r b Gel.*: aut *B*.   oxymeli (*abl.*): oximelli *r*,
oxmellita (*sic*) *B*, oximeliti *Gel.*, oximel *b*.   13 exhinc
r B Gel.: ex hoc *b*.   erit *B Gel.*: est *r b*.   primo *r B Gel.*:
prius *b*.   16 lacrima *Gel.*: —mū *b*, —mo *r B*.   ficus *B b Gel.*:
fici *r*.   si unguas (ungucas *r b*) *r B b*: inunctis *Gel.*.   h. i.
praestat *r Gel.* (statim medetur *b*): h. i. praestas *B*.   18 ficus *r*:
om. B b Gel.   par *r Gel.*: proprium *B* (*ubi simpl.* hoc facit *b*).
aliud *Gel.*: item *r*, *om. B*.   19 confunduntur *Gel.* et—(20)
infundendum *om. b*.   20 baptizandum *r Gel.*: aptidiandum *B*.
ex eodem (ex eo *b*) vulnere *r b Gel.*: *om. B*.

vulnere sanguinem eliciat. postea vero transactis primis diebus quibus fervor observari consuevit, cum saniare coeperit, ervum tritum cum melle vulneri impone, aut lentis pulverem cum melle despumato similiter. quae vero in fervore fuerint, spuma argenti cum melle trita et im- 5 posita continuo mitigat. praefomentanda sunt interea vulnera aqua gelida.

etiam qui humanos morsus patiuntur, similibus adiutoriis supradictis percurabuntur.

si vero his accidentibus vulneribus etiam nervus forte 67 fuerit vulneratus, in quo grave periculum frequenter evenit, 11 cutis eiusdem vulneris patefactio prius diutius custodienda est, ad umoris ex vulnere venientis digestionem, cum ex hoc impetus et dolores averti possint. frequenter etiam ferro hanc anastomosin procurare debemus. convenit 15 interea prae omnibus etiam his flebotomum adhibere, convenit etiam eos ventris purgatione iuvari. aquarum sane calidarum fomenta fugienda sunt, quae putredines et indignationes saepe procuraverunt. sed oleo sabinensi vel dulci tepido aut certe vetusto frequenter vulnera ipsa 20 fovenda sunt. viride vero oleum vel gremiale penitus vitandum est. utor attamen post fomentationem olei ca-

---

1 eliciat (eliceat *r*) *B*: eiciat *b Gel.* transactis—consuevit *b Gel.*: om. *r B.* 2 cum saniare (sanari *B*) ceperit *r B*: om. *b Gel.* 7 gelida *r B Gel.*: frigida *b.* 8 similibus (etenim *add. Gel.*) *r b*: similibus om. *B.* 9 et (suprad.) *b* (*om. r B Gel.*). 10 forte *Gel.* (fortes *r*): om. *b B.* 11 evenit *r B Gel.*: eveniat *b.* 12 cutis eiusdem vulneris *b*, coctis eiusdem vulneris *Gel.*: cuius (patefactio prius custodienda est *sic*) *B.* patefactio *b B*: —to *r Gel.* 13 venientis *r Gel.*: veniemus *B* (ab humore ex v. veniente *b*). cum *b Gel.*: quo *r B.* 14 impetus et dolore(i *r*)s *r B Gel.*: doloris impetu a. possit) *b.* 15 anastomasin (*sic*) *r B.* 16 etiam his *B*, his (*om.* etiam) *r*: his etiam *Gel.* (*om. b*). 16 flebotismum (*sic*) *B* (flebotomari *b*). 18 putredines et indignationes *r B b*: putredinis et indignationis occasiones *Gel.* 20 certe *om. r* (*solus*). 21 fovenda *r B b*: fomentanda *Gel.* sunt *r B b*: erunt *Gel.* 22 vitandum *r B Gel.*: evitandum *b.* utor attamen *r*: ut orat tñ. *b*, ut ora tamen *B*: hora tamen *Gel.* olei $\overline{SS}$ solius terebentine resine *b.*

lidi supradicti sola terebinthina resina linteolis infusis et appositis, utilius si terebinthinae etiam euforbii quippiam pulveris admisceamus. feminis vero vel pueris delicatiora corpora habentibus etiam solius terebinthinae sufficiet
5 beneficium. ceteris vero ut superius comprehendi terebinthina cum euforbio. et oleum admiscendum est, addenda etiam cera propolis, addendum sagapenum. solius vel etiam lasaris aut opopanacis adiuncti rite beneficium attestamur.

68 aliud quod de experimentis ad nervorum vulnera-
11 tiones adhibemus. vivae calcis pulverem diebus canicuarlibus ex aqua marina lavamus, quam custodimus, huic medicamento mixturi euforbium sulphur vivum pulverem calcis lotae diligenter in unciis singulis, terebinthinam ceram picem
15 in unciis ternis. interea per initia curae vulnerationis cataplasmate tali uti nos convenit, ex melle aceto oleo roseo modice admixto cum fabae pollinibus coctis et temperatis. post cataplasmatis vero beneficium hoc est aptissimum adiutorium. euforbium cera resina in singulis libris, oleum

---

2 euforbii quippiam pulveris (—rē *r*) *r b B*: euphorbii pulverem quippiam *Gel.* 4 sufficiet *r B*: —cit *Gel.* (—c̄ *b*).
5 comprehendi *r B Gel.*: dixi *b.* 6 et oleum ammiscendū est *r*, et oleū amiscend' s̄ (sunt) *b*, et oleo miscendū est *B*: et oleo admiscenda est *Gel.* 7 solius vel etiam lasara *r*: addendum etiam lasar (—ser *Gel.*) *B Gel.* 8 opopa(o *r*)nacis (- cę *B*) adiuncti *r B Gel.* rite *r Gel.*: om. *B.* 9 experti certius (*ante* att.) *add. Gel.* (*ubi sic b*: etiam cęra p. sag. lasar oppopanacē omnibus adiunctis rite beneficium attestamus). 10 Aliud *Gel.*: Item *r*, Item aliud *B* (Nam et alia quę *etc. b*). experimentis *b Gel.*, in experimentis *B*, in experimentū *r.* ad (et *b*) n. vulnerationes (—nū *r*) *r b B*: n. vulnerationi *Gel.* 11 vivae *b Gel.*: uice *r*, iuvat *B.* 12 custodimus *r* (—diemus *B*, —diamus *Gel.*): servamus *b.* 13 mixturi *r B Gel.*: admixtū. Thuris *b.* lotae *B Gel.* (lotę s̄s̄ *b*): colate *r.* 14 in unciis singulis: sic *r b Gel.* in u. ternis *r B Gel.* (*ubi* T. III. ÷. Picis III. ÷. Cerę III. ÷ *b*). 15 curas vulnerationes *r*, viro꜖ vulnerationis *B*: vulnerationis (*om.* curae) *b Gel.* 16 ex (et *B*) m.—fabae *r B Gel.* (*ubi* et *post* et *ante* aceto *add. r*): ex melle oleo roseo modice aceto āmixto fabę p. *etc. b.* 19 in s. libris *etc. r B Gel.* (*ubi sic b*: Euforb̄ I. ÷. cum aqua prius teres. Cera Resine. ana ÷. Olei II. ÷).

in duabus. sed euforbium cum aqua prius terimus et superioribus solutis ut moris est admiscemus. superaddimus interea etiam de salibus quippiam, ut os patulum custodientes umoris noxii digestionibus procuremus. nam et melanchlorus trociscus semper his utilissimus fuit cum 5 aceto tritus et liquido cerotario temperatus.

sunt etiam alia adiutoria his causis aptissima sub una virtute varie composita, sed paucis magis et probatis uti nos convenit et quorum perseverantia effectum facillimum poterit procurare. 10

XXII. De vulneribus ex se sponte nascentibus.

Vulnera varia aut ex umorum acredine vel plenitu- 69 dine generantur, aut praeeuntibus levibus vulneribus ⟨quae⟩ diversis ictibus acquiruntur. quae imperitia medicorum frequenter aut adiutoriorum inopia, procurata vetustate 15 chironia fiunt.

3 etiam *B Gel.: om. r (b).* de salibus *r Gel.*: salib̄ *B* (salis *b*). ut—procuremus *om. b.* patulum *Gel.*: patidum *B*, patefactum *r.* 4 custodientes (—tis *r*) *r Gel.*: om. *b B.* humoris noxii digestionibus procuremus *r B*: humores nosse cum digestionibus paremus *Gel.* 5 melanchlorus *Gel.*: melancorus *r b B.* 7 alia *r B Gel.*: hec (!) *b.* 8 varie composita *r B Gel.*: medentia sed varie composita *b.* 9 convenit et q. *r*: conveniet q. *B Gel.* quorum *Gel.*: quarum *r B et* (*qui om.* sed—convenit et) *b* (*aliena sic additamenta praeparans*). facillimum *b B*: facilissimum *r Gel.* 10 poterit (—er̄) procurare *r Gel.,* (perseverantiae . . .) potuerunt procurare *B*: experti sumus *b. sequuntur aliena plurima in b.* 11 *in tit. etc.* ulceribus (*corr. ut solet cf. mox v. 4!*) *Gel. cf. Dar. ad Cels. p. 312, 25. ego non mutavi quia numquam voc. ulcus comparet in codd. Theod. pro eo quod est collectio vel* apostema, *ulcus enim graecum est, vulnus latinum.* in tit. ex se sponte *b* (*c*): sponte *Gel.,* ex se *B* (De vulneribus & re dubie sanandis *r*). 12 varia *r B Gel.*: ex se sponte nascentia (*ut in tit.*) *b.* 13 levibus vulneribus vel *r b Gel.*: om. *B* (!). pro vel *scripsi* quae. 15 *post* inopia *add. b* aut inpacientia languentis. vetustate *r b Gel.*: vetusta *B.* 16 choronia *b,* yronia *B*: cronia *r,* chronia *Gel.* (*sed cf. Ps. Gal. l. ad Gl. III, 50. Cels. 5, 28, 5. Gal. XIII,* 676 *etc.*).

igitur cum vulnera recentia et cava fuerint, sic curanda vel replenda erunt. mel et resinam aequa ponderatione in cacabo facies solvi, item addes butyri tantundem et ex hoc infusis linteolis uteris. aliud. resinae pulverem ceram
5 et adipes porcinos vel hircinos aequa ponderatione commiscebis et similiter adhibebis.

cum vero haec vulnera aequalia in superficie fuerint, hoc insequenti rectius uteris medicamento. spumae argenti unc̄ VI, cerae unc̄ III, resinae unc̄ II, olei unc̄ VIIII.
10 conficies ut moris est ad emplastri temperamentum, quo cicatrices utiles valeas procurare.

si vero transcendens vulneris planitiem plus excreverit caro corruptior, difrygem lapidem tundes et eius pulverem asperges. aliud. aeris purgamentum tunsum
15 similiter adhibendum est.

70   si cacoethes temptaverit cum umore inportuno permanente et ex hoc diu vulnus a sanitate prohibeatur, hoc adiutorio curandum est. plumbi purgamenta, aeruginem

1 recentia *r b B*: retinentia *Gel.*   3 tantundem *r B*: tantum *b Gel.*   et ex *r B b*: ex *Gel.*   5 porcinos vel yrcinos (vel hirci *Gel.*) *r b Gel.*: om. *B.*   aequa ponderatione *r Gel.* (III. ÷ *ter add. b*): om. *B.*   commiscebis *Gel.*: commisces *r b,* misces *B* (*sed* adhibebis *omnes*).   7 vero haec (eadem *add. Gel.*) vulnera *b Gel.*: om. *r B.*   8 hoc insequenti *r b Gel.*: hoc *B.* rectius *b B Gel.*: recens *r.*   9 VI. *r b Gel.*: III. *B.*   cera ÷ III. *r b*: om. *B Gel.*   VIIII. *r B*: VIII. *b Gel.*   10 conficies *r B Gel.*: comices *b.*   11 utiles *r Gel.*: utilius *B,* utiliter *b.* procurare *r B Gel.*: percurare *b.*   12 si *r b Gel.*: sin *B* (*ut solet*).   vulneris *r b Gel.*: om. *B.*   plus ex *inter lin. add. al. m. B.*   13 caro corruptior, diphrigem (defrigu *r*) l. t. *r Gel.* (caro. de frigio lapide t. *b*): acroco ruptio ordifrigum l. t. *B* (!). tundis→aspe(a *r*)rgis *r B* (— es *b c Gel.*, —es ... —is *b*).   16 Si cachoetum temptaverit *r,* Si cacoethum tentaverit *Gel.*: Si acotai tēpavit *b,* Sic acetū temperaverit *B.*   im(ī *r*)portuno *r Gel.*: inportune *B,* om. *b.*   17 et ex hoc diu *r b*: et ex diu *Gel.,* et dum *B.*   prohibetur *r B Gel.,* prohibuerit *b.*   18 curandum *r b Gel.*: procurandum *B.*   19 Pl. p. aeruginem in unciis singulis *Gel.,* Pl. purgamenta. eruginis uncias singulas *B*: Pl. purgamenta ÷ V. erugine ÷ II (V.?) *r,* Pl. purgamenta (*ante corr.* —tū) ÷ Erugiñ eris ÷ II. *b*).

in unciis singulis, aloes et calcis vivae uncias binas tundes et cribellabis et vulneri asperges. aliud. etiam solum aeris purgamentum tunsum similiter adhibendum est.

si cicatricem fieri volueris, hoc emplastrum facies. 5 cerae unc̄ II, resinae unc̄ II S, turis et aeruginis uncias singulas, olei cyprini unc̄ VIII. conficies ut moris est et impones, emplastrum probatissimum.

si nimis antiqua vulnera fuerint, ceram in sole liquefacito. cui miscendus erit pulvis floris aeraminis, ut ad 10 temperamentum emplastri perveniat. utere. ne frequenter solvas. quod etiam fasciola custodiri debebit. nam et chironiis vulneribus hoc emplastrum facies, approbavimus. lepidos chalcu, cerae uncias singulas, aluminis scissi semunciam. his commixtis et temperatis utimur.   71

sunt et alia vulnerum genera, quae sui naturali morbo 16 semper veluti madefaciendo serpunt loca vicina. quae his

---

1 aloes *b Gel.*: aloe *r B* (Aloes ÷ I. Calcis vive pulverem vulneri asperges *sic b*).   uncias binas *B Gel.*: ⊰ II. *r*. tundes *Gel.*: —is *r B*.   2 cribellabis *Gel.*: cribellas *r B*. asperges *b Gel.*: —gis *r B*.   aliud. etiam solum *Gel.*: aliud. (Eris p. t. *etc.*) *r*, et solum *b* (aliud—adh. est *om. B*). 5 fieri *r b Gel.*: ferri sanare *B*.   6 (c.) II. *r B Gel.*: III. *b*. (res.) II. S *r*: II. *b*, I. *B Gel.*   uncias singulas *B Gel.*: aū. ⊰ I. *r*, ana ÷ *b*.   7 ciprini *om. B*.   8 impones *b Gel.*: —nis *r B*.   emplastro probatissimo *r Gel.* (—mū *b B*).   9 ceram *Gel.*: cera *r b B*.   liquefacto *r*, liquefacies *Gel.*: liquefiet *B*, —fiat *b*.   10 cui miscendū ē *r*, commiscendus erit *b Gel.* (et *add. Gel.*, ut et comisces *b*).   11 perveniat *r B*: veniat *b Gel.* utere *r Gel. b*ᶜ: et utere *B b* (et *del. b*ᶜ).   12 custodiri debebit *r B Gel.*, signari debet *b*.   13 chironiis *r Gel.*, hironiis *B*: chroniis *b*.   hoc emplastrum (facies. *add r*) approbabimus (—vimus *r*) *r B*: *om. b Gel.*   14 lepidos calcu *r B*: chalcu *Gel.*, calcu cecaumenu ÷ I. *b*.   cerae unciis singulis *Gel.*, cera in unciis singulis *B*, cera aū. ⊰ I. *r*, cere ÷ I. *b*.   15 semunciā *r*, semuncia una *Gel.* (= ⳑ I. *b*): uncia. I. *B*.   utimur *r B* (et temperatis *om. r*): utendum est *b Gel.*   16 sui *b Gel.*, e suis *r*: sunt *B*.   17 veluti made faciendo *r*, elotimare faciendo (*sic*) *B*: uti madeficiendo *b* (uti malefaciendo *Gel.*). serpiunt *r b*.

adiutoriis percurantur. lenticula cocta melli commixta.
et folia caulium cum melle similiter. et coriandrum viride
cum melle. his etiam lini seminis ex pulvere cocti in
vino et oleo cataplasmata semper adhibui. sic ex milii
5 pollinibus similiter feci. sic etiam hederae folia in vino
cocta et cum melle trita superimposui. fovi etiam de
eadem coctione vulnera frequenter.

si callositas emerserit, iu qua semper est tarditas
vulneribus ad sanationem, aeris florem coctum terimus, et
10 ex eo pulvere vulnera sanabo. et tithymali lacrimam vino
et melli mixtam in vicem cataplasmatis adhibebo. si made-
factio permanserit, his adhibitis sales tritos cum melle
imponam et desuper ficis tritis incoctis cataplasmabo. et
amygdala amara sic curant locis adhibita cum melle con-
15 trita. sic porri in vino cocti eodem modo curant. sic
ervi pulvis cum melle. et olivarum viridia folia in vino
cocta et trita adhibentur. ex quo vino prius fomentari
loca suadeo. similiter etiam ex aqua in aqua alumen
scissum infundendum est.

1 percurantur *r Gel.* (pere | geruntur *B*): procurantur *b*.
melle commixta *r Gel.*: et melli c. *B* (cum melle mixta *b*).
3 cocti *r B*: cocto *Gel.* (*cf. b* pulverem coctum cum oleo et
vino).   4 cataplasmata (—te *r*) *r B*: —ma *Gel.* (*om. b*).
5 polline *b*° *Gel.*: pollinibus *r Gel.* (pollinis *b*).   feci *B Gel.*:
faciendum est *r* (*om. b*).   de edere folia in vino cocte *r* (e. f.
cocta *b*): edere f. in vino coxi *B* (hed. folia coxi *Gel.*).   6 superimposui *r B*: imposui *Gel.* (prosunt *b*).   10 sanabo *B Gel.*:
satiabo *r*, saciabo *b*.   lacrimam *B Gel.*: —mum *r b*.   vino et
melli (—le *Gel.*) mixtam (—tū *b*) *r b Gel*: cum vino et melle m. *B*.
11 in vicem (—ce *r*) *B Gel.*: vice *b*.   adhibebo *Gel.*: —beo
r B (—bemus *b*).   12 sales tritos *B Gel.*: allium tritum *b* (salis
tritis hoc c. m. īponendum est *r*).   13 desuper *r b B*: super
Gel.   ficis *r Gel.*: ficubus *B* (ficus incoctas tritas *b*).   14 amigdala—contrita *B Gel.*: amigdalas amaras sic curant (—tur *r*) l.
adhibitas (et c. m. *add. r*) contritas *b r*.   17 et *r b B*: om. *Gel.*
f. l. suadeo *B*: l. f. debent *b Gel.*   18 similiter etiam ex a.
B Gel.: similiter foventari (*sic solet scribere r pro* fomentari)
ex a. (*cf. b* sim. et a. fomentatur).   19 est *r B*: erit *Gel.* (infundis *b*).

XXIII. De igni sacro. 72

De igni sacro tractandum est, cuius multiformis est
cura et diligentia. aliter enim febricitantibus emergens
curatur, aliter cui febres superveniunt visitatur. nam et
omnibus partibus corporum generaliter adiutoria similiter 5
adhiberi possunt, excepto tamen capite vel facie, quorum
est quam maxime causa sollicita. vicinitatem enim appe-
tendo ille ignis serpens oris aliquando vel linguae aut
gutturis partes facilius pulsat vel sollicitat, et veluti superficiem derelinquens attemptat interiora molestius, in qui- 10
bus vitae periculum formidandum est. nam et Hippocrates hac eos sententia visitavit. ignis sacer, ait, si
interiora petierit molestum erit, si in cutibus perseveraverit curari potest.

ergo si cum febribus et in supra dictis partibus 15
apparuerit, intra tertium diem flebotomandi sunt et purgandi et a cibis penitus abstinendi, si tamen virium non

1 De igne sacro XXII. *B (tit. cum textu in unum scripserunt
reliqui cf. ad v. 2).* 2 De igne sacro *(hucusque tit. scr. b)* tractandum est *(hucusque rubr. scr. r c) r b B.* igni *Gel. et ante· corr. b:*
igne *r B b^c Gel.* acro *r (solus).* Cui *r (c).* 3 est cura et
diligentia *r b (cura est et diligentia Gel.):* est curae diligenda
(sic) B. (diligentia) adhibenda *add. b.* 4 visitatur *r B:*
om. *b Gel.* 5 s. adh. p. *r b Gel.:* adh. similiter p. *B.* 8 ille
ignis *B b:* ignis ille *r,* ignis *(om. ille) Gel.* oris *r Gel.:* ori *B
(om. b).* vel (1.) *r B:* aut *Gel. (ubi* aliquando lingue aliquando
gutturis *b).* 9 gutturi parti *r.* vel sollicitat *r b Gel.:* om. *B.*
10 derelinquens *r B b:* − quit *Gel.* attemptat *r* (attmtat *b,*
attentat *Gel.):* ante instat *B.* 11 yppo(ypo *B*)crates *r B,*
ypocras *b.* 12 hac *b B Gel.:* hec *r.* acer *r b.* ait *B* (de
quo sic ait *b = c):* ut *r,* om. *Gel. cet. v. Hipp. praen. Co. I, 291
Lips.* 13 petierit *r b Gel.:* appetiverit *B.* perseveraverit *c.*
potest *r b Gel.:* perseveret *c.* poterit *B.* 15 supradictis *b B Gel.:*
suprascriptis *r.* 16 intra *Gel. (infra b):* inter (int *B*) *r B.*
et purgandi *r B:* et catartico depurgandi *b Gel.* 17 et a
cibis (penitus *add. r*) abstinendi *r b Gel.:* a cibis penitus ab-
solvendi *B.* si tamen *r b B:* sed tamen *Gel. (ubi latet unius
fere versus lacuna sequens usque ad v. cataplasmata).*

occurrerit futura debilitatio. in his ergo cataplasmata calida et fomenta umectantia fugienda sunt ignem causae et
dolores augentia, sed levibus linimentis evocatorie curandi,
quae sine gravedine possint afferre utilitatem. si fleboto-
5 mus sane vel cathartica certa causa praetermittenda sunt,
clysteribus assiduis imminebo, quibus ventris purgationes
competenter procurando quod flebotomo negatum est possimus compensare. frigidi tactus et acres vitandi sunt. infrigidatae enim partes facilius commoventur.

73 declinantibus vero iam febribus hoc trocisco uti
11 consuevi omnibus iam temporibus apto. spuma argenti
cerussa sulphure vivo croco opio sub aequa ponderatione
tunsis et cribellatis, et cum passo vel suco strychni temperato. nam et euporistorum sequentium semper bene-
15 ficia profuerunt. butyrum cum strychni suco adhibetur,
et acacia cum aceto vel aqua, et spuma argenti cum suco

1 futura delibatio r, fętosa (sic) debilitatio B (s. t. non
occurrat extrema debilitatio b). In his ergo rb: Dabis adhuc
B (om. Gel.). calida rBb: chalastica Gel. 2 ignis causam
et doloris augentia (sic cum albo) b, ignis vim et dolores
augentia Gel., ignem causę et dolorem (—ris r) agentia
(augentia r) rB. 3 evocatorie (—ię b) curantibus rb (evocatorie curandum Gel.): evocatoriis et curantibus B. 4 possint bB Gel.: possunt r. utilitatem rB: remedium b Gel.
flebotomus (flebotamus B) rb Gel.B. 5 certa: in hoc vocabulo deficit textus Gel.(*) qui transit ad cap. 27 de veretri caus.,
duobus ut videtur foliis excisis. praeter($\overline{p}$ r)mittenda sunt rB:
non permiserit b. 6 assiduis rB, —duę b. Iminebo qui-
bus ventris purgacionibus competenter (assiduis add. r) procu-
rabo (procurando r) br, imni | in ebolia purgationibus compe-
tentibus assiduis ventris. quod B. 9 infrigidatae enim B,
frigiditatē enim r: (quibus indignate b). 10 vero iam rb:
om. B. 11 omnibus iam apto (—tos r) temporibus rb: omnibus temporibus et locis aptissimo B. 12 S. a. Cerusę. Sulfuris vivi ana ÷ I. c̄c̄ ÷ S. oppii ℥ tunsis et cribellatis. et cum
... temperatū inpano b. 12 sub a. ponderatione r: sub aequo B.
13 suco b: suci r, sucis B. 14 nam et eorum euporistorum
sequentium s. b. p. r, nam ⟨& add. corr.⟩ eorum &poristorum
(eup. Neu.) frequentium s. b. p. B: om. b (ubi et butirum etc.).
16 et sp. arg. cum strigni suco vel betarum. aut cum suco
porrorum et guta a. etc. b.

betarum vel porrorum et gutta ammoniaci cum aqua, et
cimolia cum alfitis et strychni suco, et ova recentia incocta cum oleo, et bulborum combustorum cinis cum
melle et oleo cyprino commixto, et cerussa cum aceto,
et tus masculum cum cerussa et aqua, et cerussa cum 5
suco coriandri et aceto, et vasorum fictilium pulvis cum
aceto.

si sub cuiuslibet horum adiutoriorum minus causa
profecerit, etiam cataplasmatibus adiuvandi sunt ex cori-
andro, arnoglosso, porcillaca, intiborum foliis et caulium, 10
cucurbita contrita, malvarum foliis sive betarum, omnibus
aut singulis aut commixtis, aliquibus mixto pane, aliquibus
ex aqua coctis et contritis. nam et folia olivae in vino
cocta et trita et imposita saepe profuerunt igni sacro.

si etiam post haec ignis ille sacer adhuc insanierit 15
et ruboris sollicitudo perseveraverit, iam cataplasmatibus
de seminibus ⟨lini et faeni graeci vel hordei⟩ cum melle
coctis imminendum erit. adhibeo etiam loco scarifationem,

---

1 betarum vel porrorum *r* (*b*): porrorum vel betarum *B*.
2 cum alfitis *r*: cum alfita *B b*.   et ova *r b*: et nova (*sic*) *B*.
incocta *r b*: in aceto *B*.   4 et oleo cyprino commixtum *r*, et
o. c. mixto *b*: Oleum ciprinum cum melle commixtum *B*.   5 et
cerussa et aqua cum suco coriandri et aceto (si sub …) *r*, et cerosa
cum acęto. et vasorum fictilium pulvis cum acęto et tus masculum cum cerosa *B* (*qui om. sequentia omnia usque ad v. 11*
omnibus aut̄ singulis), et cerusa cum aceto. et thus m. cum cerusa et aqua. et cerusa cum suco coriandri. et aceto. et
vasorum f. flos cum aceto. *etc. quae sequuntur aliena b*.   8 adiu-
toriũ (*sic*) *b*: *om. r*.   minus causa *b*: causa minus *r*.
10 arnoglossa *b*, et arnoglosse *r*   porcillaca (*Plin. 20, 213*):
porcacla *r*, acacia *b*.   11 Curcurbitę contritę (*sic*) *b*(*c*)*r*.
foliis *b*: folia *r*.   omnibus aut (autem *B*) singulis—(13) contritis *r B*: aut singulis. aut compositis cum aqua coctis et tritis *b*.
13—14 *hic om. b* (*item c*): *superius enim additamentis inserta
leguntur.*   13 folia olive incocte *r*, folia in vino cocta *B*,
olive folia in vino cocta *b*.   14 et trita et i. *r b*: et contrita
i. *B*.   profuerunt *B*: fuerunt *r*.   acro *r*.   15 sacer (acer *b*)
b B: *om. r*.   adhuc *r B*: *om. b*.   roboris *B*.   17 de seminibus lini. et fenugreci vel ordei *add. b*: *om. r B*.   18 adhibeo (adhibebo *c*)—scarifationem *r B*ᶜ: *om. b*.   loco *r c*: locis *B*.

adhibeo fomenta aptiora, et ex isdem desuper cataplasmatibus frequenter requiro beneficium. periculosum est et
enim causa permanente adiutoriorum mutationibus variare.

XXIIII. De percussibus apum vel scorpionum aut ceterorum serpentum.

5

74   Apum percussus malvarum folia imposita continuo
curant, et sesami folia vel ipsum tritum et appositum. et
lauri folia molliora trita cum vino potui data saepe curaverunt.

scorpionum vero percussus sales fricti et cum oleo
10 contriti loco appositi curaverunt. et cinis cum aceto
mixtus et impositus similiter profuit. et alium cum oleo
tritum, et origanum cum aceto coctum et de cantabro
cum aceto cocto calidus saccellus continuo medetur. et
porrum tritum impositum, et sardinae tritae, et murtae

---

1 adhibebo (et *add. c*) *bc*.   aptiora *rB*: tepidiora *be*.
et ex hisdem (isdem *B*) desuper (super *r*) *rB*: et isdem semper
(sēp) cataplasmatibus.   sp (semper *c pro* sepe) requiro *bc*.
etenim *rB*: enim *bc*.   3 causa permanente *rb*: causae per-
manenti *B*.   adiutoriorum *bc*: adiutorium *rB*.   4 De percussis ap. vel sc. aut serpentium *sic tit. habet Gel. in ind. praemisso p. 6*, De ap. Percussibus vel scorpiorum (*sic*) vel ceterorum
serpentium XXIII *B*, De percussionibus apum vel sc. aut ceterorum serpentium *r*, De percussionibus apud scorpionis (*sic b,
sed in ind. praemisso* De percussu apum et sc. atque serpentium (= *c*), *qui ad extremum librum inter appendiculas abiecto
hoc capitulo statim a cap. 23 transit ad 25* Titimalli... (*ut c*).
6 imposita *c: c. rB*: trita et īposita sola curant *b*.   7 sisami
rbB.   ipsum sisamum tritum et impositum *b*.   contritum *r*.   et (lauri) *rB*: item *b*.   7 contrita *r*.   9 sales
frixi *Bb*, salix fraxi (cum o.) *r*.   10 contriti (—ta *r*) *rB*:
om. *b*.   11 similiter profuit *r*: similiter *B*, prodest *b*.
12 coctum et de cantabro saccellus cum sacello (*sic*) coctus.
calidus c. m. *r*, coctum calido saccello c. m. (*lac.*) *B* (et cantabrum cum aceto coctum calid' sacell' c. m. *b*).   continue
rB (—nuo *b*).   14 sardinę tritę *b* (*cf. Garg. app. p. 209, 12*):
sardinia trita *B*.   murtae folia mollia *r*: emtae folia olivę
B. pro his v. 14 sq. sic b (p. 67, 7): Sardinę tritę b ÷. Murę
folia trita cum salibus molliora. et īposita b ÷ (= bonum est,
prodest).

folia mollia trita cum salibus et apposita. nam et scilla cruda trita imponitur, et statim curat.

nam et his semper potionibus liberantur. aristolochiam rotundam, gentianam, murram troglodytin, bacas lauri. omnibus tunsis ex aequo et cribellatis pulverem cum vino 5 et calida identidem in tempore dabimus. hoc etiam contra ceteros serpentes usi sumus.

aliud. piperis et papaveris semuncias singulas tundes et cribellabis, ex his unum cocleare cum aceto dabitur.

et baca lauri cum rutae foliis viridibus tunsa cum 10 vino aut aceto semper datur. et iris illyricae pulvis cum vino calido similiter. nam et fraxini folia cum vino trita dantur bene, et menta agrestis cum aceto trita et loco imposita continuo mitigat.

generaliter omnibus serpentibus antifarmacum quercus 15 folia aut thymi aut chamaepityos, aut alium in vino calido ⟨aut dictamnus aut dracontia⟩, vel quod praesens necessitas attulerit. opium et murram teres cum oleo roseo, et ex

1 apposita r: imposita B. squillam ... īponito b. 2 post curat aliena add. b (per 4 versus). 3 liberantur r B: percurantur b. 4 mirram (mirra r, ubi species in c. nomin. omnes) trocliten r B b (ubi ana post trocliten add. B i. e. aequa mensura, qualis usus est cod. b, cum tamen sequatur ex aequo: ÷ I. singulis add. r b (cf. Phys. p. 93 ed. Arg.)· 5 omnibus etc. r B: hec facta pulverē in aceto. aut vino in tempore dabimus b. pulverem: et pulverem r, aut pulverem B. 6 identidem r B: om. b. 7 ceteros B: ceteras b. (frequentius add. b) usi sumus r b: uti uisi sumus B. 8 aliud B: item r, nam et b. semunciam unam B: a͞n. semuncia r, ꓘ (bis) ponit b. tundis et cribellas r B b. 9 ex r B: et ex b. unum coclearium r (cocl'. I. b), cocleare (om. I) B. dabitur r B: dabis b. 10 et (baca) r B: om. b. c. rutae foliis r (b): c. foliis rutae B. viridibus r B: viridioribus b. cum vino detur vel aceto b. 12 nam et r B: om. b. dantur bene r: bibendi dantur B, b ÷ b (ubi seq. aliena per v. 4). 13 et (Item b) usque ad finem cap. habent r b, non B. 15 ante farina c̄ r, a͞n formacon b. Quercus b: cerquus r. 16 camepithi r, canapitis b. aut aleū in humo calido r: aut allium. aut diptamnum. aut dragontea b. 17 vel b: om. r. 18 et murra teris r: et mirrantes b.

hoc percussum locum tanges vel nares cuiuscumque, et continuo non dolebit.

XXV. De stirpibus vel ossibus vel telis ictu vel alio quolibet casu receptis et celatis in corpore.

75 Tithymali maioris molles et virides ex cacumine cymas tolles et has calidis in cineribus subicies et postquam combustae fuerint, proiectis corticibus encardia sola contundes et eorum pulverem alfitis ex aequo commiscebis et vino commixto patefacto orificio vulneri impones. et continuo telum aut aliud quod forte diu latuerit excludetur.

aliud. aristolochiae pulvis patefacto vulneri similiter imponendus est, et velocius exiliet. sic etiam de dictamni foliis vel radicibus contusis velocius fieri consuevit secundum veterum dicta. hyoscyami semen contusum una cum chalcantho vulneri appositum similiter operatur. et lacertae caput contusum et impositum secundum fysicos hoc idem facit.

si vero in faucibus os aut aliquid inhaeserit, aquam

1 cuiuscunque *r*: ei (*pro* ei^9 = eius) *b*. 2 non dolebit *r*: desinet dolor *b* (*c*). 3 De stirpibus vel ossibus infixis *sic tit. praebet index Gel.*, De stirpibus ossibus vel telis in ore inherentibus *b* (*cf.* de infixis corpori *Sim Ian. s.* incardium), De turpibus receptis et latentibus XXIIII *B*, *amplissimum quem dedi r* (*qui rubrica scribitur usque ad v.* icti *sic*). 5 cimas *r* (cimas ex cacumine *sic b*) *cf. Plin. 26, 62*: turiones *B*. 6 tollis *b*. has *rb*: hos *B*. postea quam emollite f. *b*. 7 combusti *B*, —te *r*. corticibus incardia sola *rb*: sordiciebus incardiasola *B*. contundis *rbB*: 8 et eorum pulverem alfitis ex ęquo cōmiscis *r*, et e. pulveri alfitam similiter immittis *B* (et his alfita ex aequo cōmisces *b*). 9 commixta *B*. p. ore vulneri īponis *b*. 10 forte *rb*: *om. B* (latebit discluditur *b*). 11 aliud *B*: aut *r*, *om. b*. pulverem ... imponendum est *r*. patefacto vulneri *rB*: patefacto ore vulneri *b*. (pulverem ...) s. īpone. et celeriter e. *b*. 12 de *bB*: *om. r*. 13 fieri cons. *B*: sanat *b*. 14 di$\overset{c}{ę}$ta *r*: testimonia *B* (*om. b*). Iusquiami *rb*: Et eusosami *B*. 16 lacertę *rb*: lacerti *B*. 17 hoc idem *rb*: similiter *B*. 18 os aut aliquid ineserit *r*, ossum aliud aliquod (dliδ aliq) inheserit *b*: aliquid inerit *B*.

et oleum calidum contineat in ore, et spontaneum exiliet sine mora.

    sunt et alia fysicorum beneficia publicata, sed suo et loco et tempore conscribentur.

XXVI. De testium indignationibus vel vitiis.   76

    Fervores testium vel indignationes cyminum cum melle et oleo tritum appositum curat. et semen lini frictum et cum vino similiter vice cataplasmatis temperatum adhibetur. sic faba in melicrato aut in vino cocta et cum melle trita operatur. sic ex coriandro viridi cum faba in aqua cocto 10 et simul trito cum melle cataplasmabimus. sic etiam de hyoscyami foliis. similiter et uvam passam enucleatam ex aequo cum nitro sic adhibemus. et nasturcii sicci pulverem cum lini seminis ex aqua cataplasmabimus. sic rutae et lauri folia viridia in vino cocta cum alfitis pro- 15 fuerunt. et cymini pulverem mixto butyro, et resinam, et pampinos molles tritos cum alfitis adhibemus.

---

    1 contineat *rb*: —aut *B*.   exiliet *rb*: exiit *B*.   3 sunt et—conscribentur (—bitur *r*) *rB*: sunt et hec beneficia phisicorum optime comprobata que huic loco adiuncta a nobis (anb') ÷ profiteor esse. Si spina piscis ...   beneficia *r* (*b*): beneficiis *B*.   4 et (loco) *r*: *om. B*.   5 indignatione *bB*: —tionibus *r* (*Gel. ind.*).   vel vitiis *rb Gel.*: *om. B*.   7 (et *add. B*) appositum*r B*: et īpositum *b*.   frictum *B*: frixum *rb*.   8 adhibetur *r*: *om. B* (tritum in vicem cataplasme īpositum sanat *b*). 9 sic *rB*: sic et *b*.   in m. *etc. r*: in vino cocta aut mellicrato c. m. t. *B*, in vino cocta et c. m. tr. *b*.   10 sic ex cor(1 *B*)-iandro viridi *rB*: Et coriandrū viride *etc. b*.   cocta ... trita *r*. 11 (*item* 14) cataplasmamus *b*.   etiam *rB*: etiam et *b*.   12 similiter *rB*: *om. b*.   13 (et *add. r*) ex aequo *rB*, coq̄ (*sic* coque) *rb. cf. Scribon. 233.*   sic (*add.*) *rB*: *om. b*.   adhibemus *bB*: —buimus *r*.   succi *b*, sicci *r*: sic *B*.   14 seminis *rb*: semine *B*.   ex aqua *r* (et in aqua coctum *b*): ex aequo *B*.   15 viridia *bB*: *om. r*.   cum alfita īposita *b*. profuerunt *rB*: prodest *b*.   16 et ex cumini pulvere *r*.   resina (*sic*) *rB* (et resina. et p. m. sanat *b*).   17 et pampinos mollis (moles *B*) *rB*: et panis mollis (aspersus sic sanat) *b*, *ubi deinde seq. alia* (*per v.* 6): Cipressi baccas vino coctas .. adhibemus *B*: adhibuimus. et proficit *r*.

XXVII. De veretri hoc est naturae causatione.

77   Veretri dolores fel taurinum cum nitro contritum curat. et butyrum cum terebinthina ex aequo commixtum similiter. et ex lini seminis pulvere et murra ex aequo,
5 resinae quipiam superaddito, in aqua coctum cataplasma imposuimus.

    quibus vero tumuerit, pampinorum folia molliora trita XXX turis et cerussae semunciis singulis commixta cataplasmabis. ante tamen ex aqua marina frigida fomentabis.
10 nam et testes ex hoc tumentes' cimolia trita frequenter cum aqua perungues, post vero murtae siccae pulvere et murrae similiter aspergendi sunt.

78   vulneribus vero in eodem caule natis lepidos cypriae pulverem confidenter aspergo. et afronitri solius triti
15 pulvis eodem modo operatur. et alumen scissum contritum similiter, et murra cum passo trita similiter.

    si veluti carbunculus innatus fuerit, lycium cum melle contritum suppono, frequenter per diem et spathomela

Ab hoc cap. redit Gel. (*p. 49*).   1 causis *b*, causatione *r Gel.*: vitiis *B*.   2 ventri (*ut etiam in rubr.*) *b*.   c. n. contritum *B b*: nitro mixto *r*, *om. Gel.*   3 et *r B Gel.*: similiter et *b*.   ex aequo *r B Gel.*: ana *b*.   4 similiter *hic om. b* (*cf. v. 3*).   et ex *Gel.*: et de *r*, et *B b*.   mirra *r*: mirre *B* (. . . pulvis et mirre tantundem *b*).   5 resinae quippiam super addito (—te *r*, —tum *B*) *r B Gel.* (super addite quippiam resine *b*).   6 c. imposuimus *r B*: c. adhibuimus *Gel.* (cataplasmamus *b*).   7 tumuerit *r B Gel.*: —rint *b*.   trita. XXX. *Gel.*: *om. r*, triginta *B*, XXX (. . . terenda) *b*.   8 semuncias (—ciis *B*) singulas (—lis *B*) commixta *r B Gel.*: th^s ʟ. ceruse. ʟ. cōmixta terenda *b*.   cataplasmabis *rb Gel.*: —mavi *B*.
10 tumentes *rbB*: tantum fomentatos *Gel.*   11 mirte sicce *rb*, mi(y *Gel.*)rti sicce *B Gel.*   pulverē *rb*: (—re *Gel.*): —res *B*.
13 caule *Gel.*: colo *B*, calculo *b*, claudo *r*.   natis *Gel.* (īnatis *b*): *om. r*, satis (*hic*) *B*.   lepidos *B*: lepidae *Gel.*, lapidis *b*, lapide *r*.   cypriae *Gel.* (*cf. Diosc. 5, 89*): cyprii *b*, cyprinae *B*, quipie *r*.   16 similiter *r B Gel.*: idem facit *b* (*qui deinde idem et m. etc.*).   17 cum *rbB*: *om. Gel.*   18 sup(b *Gel.*)pono frequenter *B Gel.*: frequenter īpono *b*, subpone *r* (*qui c. lac. pergit* Spato melle tempus attente foventandum est...).   per diem

temptante. fomentandum est interea ex aqua de stymmatibus, in qua coqui debent aut murtae viridis aut lentisci folia aut rubi aut olivae aut rus syriaci. cuius pulvis si post fomentum aspergatur continuo operabitur. desuper vero de herbis supradictis cataplasmate imminendum est 5 cum melle commixtis. nam et vini, ut mellis, species praetermittenda non est. continentia vero ciborum et ventris purgatio frequenter provideri debet.

quibus vero sub operimento cutis veluti exochadium fuerit natum, elaterii pulvere tangendum erit. aliqui 10 menidarum piscium capita trita imposuerunt.

XXVIII. De herniosis.

Hernias infantum frequentius emergentes sic curabi- 79 mus. resinam pituinam siccam, nitrum, cyminum ex

et spatomela tentante *Gel.*, et per diem spatomelle temperabo tēpabo *b*): per diem spargo melle tepido *B* (*!*).

    1 de sty(i *b*)mmatibus *b Gel.*: destinantibus *r*, de scismatibus *B*.   2 in quo *r*, in aqua *Gel.*, quae in aqua *B* (*haec sic habet b*: De stimmatibus fomentabis ex aqua in qua decoxeris aut mirtam viridem aut lentiscum aut rubum aut olive folia. aut ros syriacum).   aut mirti (murtẹ *r*) v. aut lentisci foliis. (rubi aut olivae *add. B*) aut rosae siccae *r B*: aut myrtus v. aut lentiscus aut rubus aut olivae aut ros syriacum *Gel.* 4 post *b Gel.*: per *B*.   operabitur *B*, operatur *r*: curabitur *Gel.*, medetur *b*.   5 (de *add. r*) herbis supra dictis (s̄s̄ *b*) *r b Gel.*: De herbarum supradictarum *B*.   cataplasmate *r b B*: cataplasma *Gel.*   im(I *r b*)minendum *r b B*: imponendum *Gel.* 6 ut *B*: vel *b*, et *r Gel.*   7 continentia—debet *r B Gel*: Continentia vero ciborum in ventris cura frequenter fieri debet *b*. vero *r B b*: fieri *Gel.*   9 Quibus—natum *r b Gel.*: *om. B.* sub *r Gel.*: *om. b.*   exochadium *Gel.*: exoccadium *b*, exocadium *r*. 10 quoque (*post* Elaterii) *add. B* (*non r Gel.*).   aliqui—imposuerunt *r B Gel.*: *om. b.*   11 menidarum *Gel.*: minarum *r*, minimorum *B*.   trita *r B*: *om. Gel.*   *Post* tangendum erit *alia plurima addit b*: Plantaginis sucum tepidum ... 12 *tit.* De erniosis. XXVII. *B*, De herniosis. ramicosis. hydrocelicis interocelicis *b* (*et c, qui add.* De experimentis), De herniosis maiorum aliarumve aetatum *r Gel.* (*ubi* Maiorum *etc. textus initio habet r*).   13 infantum *r Gel.*: —tium *b B*.   frequentius

r B Gel.: foᵉctius (*sic*) *b*.   curabimus *B*, —vimus *Gel.*: curamus *b*.

aequo cum melle miscemus et sub emplastri temperamento
imponimus, superaddita ligatura quae contineat medicamentum. et uvam passam pinguem purgantes in unciis
VI, nitri unc̄ I, cymini unc̄ II cum melle contrivimus, et
5 ita usi sumus. vitent hi cursus et saltus et haustus ventositatis conatus et ciborum nimiam praesumptionem.

aliud probatissimum. caduci mali granati unc̄ I, gallarum semunciam, asfodeli radicis unc̄ I, narcissi radicis
unc̄ I. haec omnia in vino coquenda sunt et tundenda,
10 et malaxata in panno adhibenda sunt. hoc hernias, perseveranti medicamento sub ligatura, etiam veteres percuravit, et hydrocelas et sarcocelas et enterocelas similiter.

nam et emopoti emplastri expono maximum et probatissimum remedium. spumae argenti unc̄ VI, aceti unc̄
15 XVIII, olei unc̄ XII. spumam argenti plane combures et

1 miscimus *b*, misicemus *B*: miscuimus *r Gel.* 2 imponimus *r b B*: imposuimus *Gel.* medicamentum *r b B*: —ta *Gel.*
3 pinguem *r b Gel.*: inguina *B*. in unciis VI. (sex *Gel.*) *r B Gel.*:
VI. ÷ *b*. 4 nitri uncia (÷ *r*) I. *r B*. cyminum *Gel.*: cy(i)mini
r b B. unciis *B Gel.*: ÷ *r b*. contrivimus *B Gel.*: conterimus *r* (cum melle trita īponamus *b*). 5 vitent hi *r Gel.*:
vitandi *B* (Caveant *b*). s. et austus ventositatis conatus *r*.
s. et auster ventus. ita quoque conatus *B*, s. et usus venerios.
ventositates. et conatus *b*, s. et alios impetuosos conatus *Gel.*
6 nimia praesumptio *B*. 7 aliud pr. *r B et* (om. aliud) *Gel.*
(probatissimum adiutorium *b*). caduci *B*: caducum *r b Gel.*
gallarum *r B Gel.*: galle *b*. 8 semuncia *B Gel.*: S *r*, ↳ *b*.
radicis *r Gel.*, —ces *B*, rad' *b*. 9 in vino *r b et* (inter lin.
add. corr.) *B*: om. *Gel.* sunt *b B Gel.*: om. *r*. 10 malaxata
in panno adhibenda s. *r b B*: malaxationes achibendae s. *Gel.*
Hoc *B*, Hec *r*: Hoc et *b Gel.* hernias perseverantes *b*, hernias
perseveranti *Gel.*: erniarum perseverantiam intus *B*, ernias
perseverantis medicamentis *r*. 11 sub ligaturas *r*. percuravit *r Gel.*, —bit *B*: procuravit *b*. ydrocleas *r*, ydrocellas *B*, hydrochelas *b*. 12 sarcocclas (sic) *r*, sarcocellas *B*,
sarcochelas *b*. enterocellas *B*, interocelas *r* (om. *b*). 13 emopoti *b Gel.*, emopiti *r*, emópoli *B* (nescio quid lateat. expono
r b B: exposui *Gel.* maximum et *r b Gel.*: om. *b*. 14 VI.
r B: V. *b Gel.* 15 o. unc. XII *r Gel.*, co. XII. ÷ *b*: olei opii *B*.
plane (—ę *b*) *r b Gel.*: pleniter *B*. combures *Gel.*: —ris *r b B*.

de supradicto aceto restingues et teres diligenter. omnia
simul mixta coques, agitabis spatula holosidera et ita ut
diachylon coques, et in linteolo adhibebis diebus continuis
V involvendo. nam et hydrocelas et similes collectiones
sine dilatione curabit. et pilae cypressi tunsae et cum 5
axungia mixtae impositae similiter profuerunt.

ramicem vero quam appellamus sic curabis. cicer in
pultario mittes, cum oleo viride et vino coques ut molliat
et maturescat. hoc teres et in aluta induces, et uteris.
prius tamem aqua frigida fove ut testes resiliant, et ita 10
ut supra diximus utere.

XXVIIII. De umbilicis infantum eminentibus.   80
Carnes coclearum teres et his murtae pulverem
miscebis et in linteolo inductum impones sub fascia ut

---

1 restinges *Gel.*, restinguis *r B*: extingues *b*.   teres *Gel.*:
teris *r b B*.   omnia s. m. (m. s. *r*) coque(i *r*)s *r B Gel.*: post
omnia s. commiscens. et coques *b*.   agitabis *B*, agitas *r*,
agitans *b*: et agitabis *Gel.*   holosidera *r Gel.*, olo(ol'o *b*)si-
dera *b B*.   et *r B Gel.*: om. *b*.   3 diacylon *Gel.*: diacilon *r*,
diaquilon *b*, dactilon *B*.   linteolo *B Gel.*: linteo (inductum) *b*.
adhibebis *r*: —bebo *b*, —beto *Gel.*, adhibendum *B*.   4 (V.) his
solvendū *B*, (quinque) involvendū *r*: om. *b Gel.*   nam et *r b*:
nam *Gel.*; om. *B*.   ydrocelicas *b*, ydrocellas *r B*.   5 curabit *B*, —bis *r*: —vit *b Gel.*   et bacę (pelę *r*) —profuerunt
(prosunt *b*) *r b Gel.*: haec et quae seq. de ramice omnia om. *B*,
qui sine rubr. praecedentibus adnectit cap. XXIX de umb.).
et (cum) *r*: om. *b Gel.*   6 impositae *r Gel.*: om. *b*.   similiter
b Gel.: om. *r*.   7 appellamus *r*: —lant *b Gel.*   in pultario: sic
r b Gel.   8 mittes (—is *r*) om. *b*.   viride *r*: veteri *b*, —re
Gel.   molliat (*i. e.* molliatur, mollescat) *r b*: molleat (*sic*) *Gel.*
9 maturescat *r b Gel.* cf. *2, 91*.   teris ... inducis *r b*.   10
aqua om. *b*.   fove ut testis resiliat (testes resiliant *Gel.*) *r Gel.*:
testes foveto ut resiliant *b*.   11 supra om. *b, qui post* uteris
addit aliena: Cycutas et baccas de cipresso virides inpari numero luna decrescente ...   utere *r*: —ris *b Gel.*   12 *rubr.*
r b Gel.: abest *B* (*vid. supra*).   infantum *r Gel.*: —tium *b* (*c*).
13 teris *r b*.   et (his) *r B Gel.*: om. *b*.   mirtę *r b*: my(i)rrae
B Gel.   14 misces *r b B*.   imponimus sub *r*, impones et
sub *Gel.* (m. et linteo inde pones et facias ut facilius reprimat *b*).

facilius reprimatur. et anetum cum acacia tritum et ex
aqua similiter temperatum supponendum est. item aliud.
cocleas de arboribus lauri collectas comburimus et tritas
imponimus, ut umbilicum in naturam propriam revocemus.

5 XXX. De diversis vitiis in ano nascentibus.

81 Difficiles in his locis causae evenire consuerunt pro
accidentium qualitate. est enim loci natura delicatior, quae
ad omnes acerbos quam maxime contactus facile commo-
veatur. nascitur in hoc saepissime indignatio vel fervor,
10 fit ragadium, fit condyloma, erumpunt haemorroides, nascuntur exochadia, fiunt etiam syringes, frequenter etiam
intestini effusio et cetera, quibus nunc omnibus suo ordine
remedia designabo.

quando ergo indignatio vel fervor loca attemptaverit,
15 pingues dactyli in passo vel melicrato infusi teruntur
superaddito quipiam olei rosei, e quibus factum cataplasma
tepidum adhibemus, superaddita tamen ligatura quae adiutorium continere debet. nam etiam de musteis similiter

---

1 reprimatur *rB*: reprimat *b Gel.* anetum *rb*, apossum *B*:
om. *Gel.* et ex aqua *r*: et aqua *b Gel.* 2 sup(b)ponendum
est *rB Gel.*: īponito *b.* item aliud *Gel.*, item etiam *rB*: et *b.*
3 de (ex *b Gel.*) arboribus lauri *rb Gel.*: ex arbore lauro *B.*
collectas *rB Gel.*: collatis *b.* 4 revocemus *rB Gel.*: —cet *b.*
5 *in rubr.* (*rb Gel.*) vel siringiis. XXVIII. *add. B.* 6 in *rB*: et
Gel., et enim *b.* consuerunt *rb Gel.*: —verunt *B.* pro
accidentium (occidentium *B*) *rB*: praecedentium *b Gel.* 7 natura delicatior *rb Gel.* (*Neu!*): coctura diligentior *B* (*!*). 8 com-
moveatur *rB Gel.*: —vetur *b.* 9 in hoc *Gel.*, ergo in hoc *B*:
ex hoc *b.* 10 fit condiloma *r* (condilloma *B*): fiunt condolomata *b.* (erumpentes) morroides *r*, aemorroides *Gel.*, emorroide *b B.* 11 exocadia *rb*, exocodia *B.* siringia *r*,
syringia *Gel.*, siringiae *b B* (*i. e.* siringae *pro* siringes).
14 ergo *rb B*: vero *Gel.* attemptaverit *r B*: temptaverit *b* (*Gel.*).
15 vel in m. *b.* teruntur *b B Gel.*: terentur *r.* . 16 quippiam oleo roseo *rB b Gel.* e *b B Gel.*: ex *r.* factum cataplasma *Gel. et* (*om.* factum) *r*, facto cataplasmate *b*, factum
cataplasmate *B.* 17 adhibemus *rB b Gel.* 18 debet *r B*,
debebit *Gel.*: possit *b.* nam—habuerint *om. b.* musteis:.
Gel.: musteo *B.*

faciendum est, sed quae piper non habuerint. sic etiam de bulbis albis cum melle contritis loca frequenter commota curata sunt. et lycium indicum tritum cum cerotario ex oleo roseo temperato adhibuimus, cui saepissime sulphuris vivi quippiam triti superadiecimus. 5

est et hoc genus adiutorii utilissimum. spuma argenti et cerussa unciis singulis, tus masculum et crocum semunciis singulis. cum vino et oleo tritum et commixtum adhibendum est. et ovi vitellum coctum et tritum cum melle et oleo roseo commixtum satis loca indignantia iuvat. 10 sic butyrum cum medulla cervina, oesypocerotum et tus masculum. omnibus ex aequo commixtis et tritis, oleo et vino similiter temperatis curati sunt frequenter. huic medicamento etiam lycium indicum admiscendum est.

si ragadium factum fuerit, hoc medicamento prius 82 nos uti conveniet, ex oleo roseo trito solo in plumbeo 16 vase et pistillo simili usque in pinguedinem mellis confecto. nam et caricarum pinguium combustarum cinis vino

1 quae: qui *r Gel.*, quod *B.*   habuerit *B* (adhibuerit *r*), habuerint *Gel.* (cf. *Plin. 12, 29*).   2 contritis *r B*: tritis *b Gel.*   3 indicum *rb Gel.*: inde con(tritum) *B.*   4 temperato *r*: —tum *B Gel.*   adhibuimus *r B Gel.*: adhibemus *b.* 4 cui *rb Gel.*: et *B.*   5 superadiecimus *r Gel.*: —icimus *B* (super addimus *b*).   6 est et hoc *r B*: hoc *b Gel.* 7 unciis singulis *B*: unciae singulae *Gel.* (ana $\div$ I. *b*), om. *r* (*cum seqq. usque ad* aū. $\dot{\backprime}$ S).   crocum: sic *B Gel.* (c̄c̄. *b*). in s. singulis *B*: semunc. singulae *Gel.* (ana ∟ *b*, aū. $\dot{\backprime}$ S *r*). 9 coctum et tritum *b Gel.*: cocti tritum *r*, coctum tritum *B.* 10 roseo *rb Gel.*: om. *b.*   11 oesypocerotum (cf. *Diosc. 2, 84*): ysopo ceroto *b*, et sopo cerotum *B*, et hysopo cerotum *Gel.*, et ysopum cerotum *r*.   12 mixtis et tritis *r*, tritis inmixtis *B.* 14 *hic add. b* lentem combustam etc. (*2 versus*). *deinde seq. cap. de siringis* (= *infra c. XXXI*) *locum de ragadiis praecedens* (*in b*), *qui sic inscribitur* De ragadiis in ano nascentibus. 15 hoc m. prius *r et* (*om.* prius) *B*: huic m. priori *Gel.*   16 nos uti *r Gel.*: uti nos *B.*   ex oleo roseo *r Gel.*: Et oleum roseum *B.*   trito solo *r* (*om. Gel.*): solum tritum *B.*   17 et p. *Gel.*: et ex p. *r B* (*hunc locum sic b*: oleum roseum in pl. mortarium mittimus. et cum tali pastello usque ad m. p. tritum inungimus).   mellis *om. r B.*   confecto *Gel.*, —tū *r*: om. *B.* 18 nam et *b Gel.*: et *r B.*

tepido praelavantibus **impositus prodest.** sic rosae flos et
pomfolyx simul trita similiter aspergitur. et molybdaena
cum foliis rutae viridibus teritur et cum oleo murteo
pingui temperatur, et similiter iuvat. et hyoscyami folio-
5 rum pulvis aspersus similiter loca curabit. sic etiam lin-
teorum combustorum cinis cum amylo ex aequo suco
foliorum olivae temperatur ut subpingue fiat linimentum.

83   quibus vero condylomata fiunt vel exochadia, hoc
adhibendum est medicamentum. cerae libram I, picis unc͞
10 VI, medullae cervinae unc͞ II, adipis taurini unc͞ VI, mellis
unc͞ IIII, vini unc͞ IIII, guttae ammoniaci unc͞ I, turis
masculi unc͞ II, murrae unc͞ II. sicca cum vino teruntur
et solutis calentibus commiscentur.

     alium pulverem de expertis, quo frequenter iuvati
15 sunt homines, ita conficies et uteris post vini veteris
styptici lavationem. masticen, fimi hominis sicci combusti
cineres, cucurbitae combustae cineres, piperis grana XI,

---

     1 praelavantibus *r Gel.* (prius lavantibus *b*): praelavante *B.*
2 ponfoliga *b* (pompholiga *Gel.*), ponfilinga *r*, pompofolia *B.*
similiter (spargitur *B*) aspergitur *r B*: asp. sim. *b Gel.* molib-
dina *r* (—dena *Gel.*): molibdinum *B* (molibdinas *b*). 3 mirteo
r B (*Gel.*): mirtino *b*.   4 pingui *B*: pinguis *r.* pinguius *Gel.*
(*om. b*).   et rosciam | foliorum sic corii pulvis asp. *B* (*scil.*
pro et iusquiami foliorum siccorum p. a.).   5 s. curabit loca
r: s. loca curavit *B Gel.*   7 ut s. f. (blandum *add. Gel.*) linimentum *r B Gel.*: (temperatus) ita ut pingue fiat et linimento
curat *b*.   8 quibus—(9)medicamentum *om. r.*   condilomata
vel exocadia *B* (*Gel.*): condolomata vel exoccadia *b*.   vel (fiunt)
add. B.   9 libram: libra *B Gel.*, lib *rb* (*sc.* acc. *vel* recipit).
picis ÷ VI. *r* (VI. ÷ *b*), pix (*sic nom. hic semper*) unc. VI. *Gel.*:
picis unc. IIII. *B,*   10 cervinę *rb Gel.*: *om. B.*   adipes
taurinos (—ni *Gel.*) *b*.   VI. *rb Gel.*: III. *B.*   11 vini ÷ III. *B*
(IIII. *rb Gel.*).   12 m. unc. III. *Gel.* (Thuris masculi. Mirre anna
÷ II. *b*): myrrae ÷ V. *B,* *om. r.*   13 teruntur ... miscentur
(commiscentur *rB*) *r B Gel.*: terantur ... misceantur *b*.   14 alius
pulver *r*, Item aliū pulverem *b*: aliud pulver *Gel.* (*haec usque*
ad p. 89, 2 om. B).   15 conficies *r Gel.*: —cis *b*.   et uteris
r Gel.: *om. b*.   16 stiptici *b* (*Gel.*): *om. r.*   fimi *Gel.*: *om. b.*
sicci *Gel.*: *om. b.*   17 cinis *b.* *item* cinis *b*: *om. r* (*ubi sic*
mastice fimi h. combustū siccū cinis cucurbitę cōbuste. p͞p
grana XI. alumen s. aloe).

aloen, alumen scissum, etiam supra scriptas species aequis ponderibus commiscebis, et uteris.

aliud. calcis vivae unc̄ III, nitri unc̄ II. utraque teruntur et cum hominis urina miscentur, et ex eo pinguius facies linimentum. quod cum siccaverit, identidem super- 5 addes, et eodemmodo perseverando facilius consumentur.

exochadia specialiter consumentur sic. chalcanthum teres et eius pulverem cum oleo dulci molli vapore coques, et pinguefacto frequenter loca tangantur. nam et alumen umectum in vase novo coctum et tostum pulverem 10 facito. hoc exochadia spontanea frequentius ceciderunt.

haemorroides inpatientius erumpentes sic compescere 84 vel temperare consuevimus. butyrum, crocum, cerussa, mel, ex aequo omnia commiscenda sunt et ovi albore temperanda et imponenda. · sic et arnoglossus trita cum 15 aceto facit, sic ceterae species sui virtute similiter stypti-

1 suprascriptas *r*, s̄s̄ *b*: supradictas *Gel.*　　2 cōmiscis et, *b*: *om. r Gel.*　　3 Item aliud *r* (*hoc ut alia multa in hoc cap. om. Chis., non b*). (c. v.) ÷ II. *r.*　　teruntur... miscentur *r B Gel.*: terantur ... misceantur *b.*　　4 hominis *om. B.* ex eo pinguius (pinguiore *rb*) facies (—cis *b*) linimentum *rb Gel.*: ex eo pinguiore facies linimus (*!*) *B.*　　5 identidem *r B*: idem *b Gel.*　　superaddis *r B* (—es *b Gel.*).　　6 et *B Gel.*: *om. rb.*　　*hic alia addit b contra ani vitia omnia* (*per versus 20*): Item fimum canis album tritum et cribratum ...　　7 *post addita novam rubr. hic add. b* Exochadia sic curantur. Specialiter consūmitur... *ubi sic pergunt B Gel.* Exocadia sp. consumentur (—muntur *Gel.*), *quae om. r.*　　sic *r B*: si *b Gel.*　　8 teris *r B Gel.*, teras *b.*　　coques *bB*: coquis *r Gel.*　　9 tangantur *r B*: —guntur *Gel.*, tanges *b.*　　10 humectum *rb Gel.*: untatum (*sic*) *B.*　　in vas novū *r.*　　et *om. r B.*　　11 facito *b*: facit *r B Gel.*　　hoc *r B*: quo adhibito *b Gel.*　　7 exochadia *Gel.*, exocadia vel ragadia *b*; tacta exocadia *B*, ragadia *r.*　　12 hemorroides *r*, emorroidas *B Gel.* (*et ubi rubr. De emorroidis*) *b.*　　in(m)patientibus *rb Gel.*: *om. B.*　　comp. vel temp. *r B Gel.*: curare *b.* 14 commiscenda (sunt *om. Gel.*) etc. *r B Gel.*: cōmiscentes et ovi a. temperata īponimus *b.*　　cum (ovi a.) *r* (*non b B Gel.*). 15 arnoglossus *Gel.*, —sos *B*: —glosa *b*, —glossa *r.*　　16 facit *r B*: *om. Gel.*　　ceterę *rb Gel.*: ceresę *B.*　　virtute simili (et *add. Gel.*) stiptice *b Gel.*, sui virtute similiter et stipticę *r*: *om. B.*

cae cum aceto contritae operabuntur. fomentabis vero loca
ex aqua ubi alumen scissum tritum mitti facies. aut aeris
flos excoquatur in tertiam partem, et ex hoc fovendi sunt
ante linimentum. nam ut etiam in tempore aliquid de
5 fysicis adiuventur, in ea aqua coquendae sunt species
supradictae, ubi etiam is aeger se cum haemorroides pa-
teretur frequentius delavarit. et ad supradictas species in
unciis senis aquae sextarios decem mittes.

si vero conclusas resolvere volueris, thapsiae sucum
10 et absinthium similiter ex aequo conterimus, et loca con-
tingimus quae solemni digestione sunt impedita.

XXXI. De syringis.

85 Eas hoc modo frequentius percuravimus. lasar cum aceto
contritum imponendo frequenter usi sumus. nam et Musae
15 trocisco omnibus approbato, in aqua in qua calcem vivam
extinximus resoluto, imminuimus et profecimus. qui trociscus a nobis hoc modo conficitur. aluminis scissi uncias

2 ex aqua *rb B*: *om. Gel.* facies *r B Gel.*: —as *b*. 3 flos
rb: florem *B Gel.* et coquatur *Gel.* (coquatur *b*), et coquat
r: excoques *B*. in t. p. *B Gel.* (in tertia parte *r*): ad t. p. *b*.
et ex h. f. s. *rB Gel.*: *om. b*. 6 ubi—(7)species *om. b*.
his eger *r Gel.*: is aegrotus *B*. secundum his cum hemorroides p. *r*, se cum aemorroidas p. *Gel.*: emorroidas patitur *B*.
7 delaviarit *r*, delavaret *Gel.*: elevatur *B*. et *rB*: *om.*
b Gel. in unciis senis aquae sextarios decem mittis *r Gel.*,
in uncias senas a. s. d. mittis *B* (in unciis serus aquę X SS
mixtis *b*). 9 resolvere *rB*: solvere *b Gel.* 10 absinthiũ *r*,
absinthii *Gel.*, absintię *b*: apii *B*. volueris *bB Gel.*:
voluerimus *r*. 11 tangimus *B*. sol(1 *B*)emni (solempni *r*)
d. s. i.: *sic rb Gel. B* (*seq. in b quae in rel. adduntur capitulo*
de syringis Quibus vero intestinum exierit . . .) 12 De
siringis quas h. m. frequentius curas *Gel.*, De siringis eas h.
m. percuramus *b* (*in rubr.*), De siringiis (*litt. in ipso textu*
unc., deinde min.) quas h. m. frequentius percuravimus *r*: *om. B*.
cet. hoc proprie est prioris capituli pars (ut in B), non capitulum
(*cit. Sim. Ian. s.* trociscus musa *quasi de fistula ani*). 14 contritum *b Gel.*: tritum *Gel.* musa *rB b* (*Gel.*). 15 in qua
B Gel.: *om. br*. 16 extinguimus *r*. i. et profecimus *B*: i.
et perficimus *r Gel.* (īminentes percuramus *b*). 17 aluminis
scissi uncias *B*: alumen scissum unc. (*acc.*) *Gel. et* (÷) *rb*.

III, aloes ÷ III, croci ÷ S, crocomagmatis ÷ S, chalcanthi ÷ III, caduci mali granati ÷ II. vino omnia contrita commiscemus ut trociscos faciamus.

etiam hic pulvis nobis frequenter experimentum dedit ad omnes syringas et purgando et glutinando. qui aequa 5 hac ponderatione conficitur. iris illyricae ÷ IIS, ervi ÷ IIS, mannae turis ÷ IIS, lepidos chalcu ÷ IIS, aristolochiae ÷ IIS. omnia tunduntur et cribellantur, et fit utilis pulvis cui nomen est cephalicum. qui miscetur eodem modo ad linimentum, ut etiam Musae trociscus supra dictus. 10

quibus vero intestinum exierit, murra viscidiore fomen- 86 tatio adhiberi debet. et post acacia trita cum aceto linimentum facit. et cyclaminis sucus cum melle ex aequo mixtus et coctus usque in pinguedinem. aliud. ellebori

1 aloe ÷ III. croci ($\overline{cc}$ r) ÷ II. (÷ S r) crocomagmi ÷ II. (—ma ÷ S r) rB: Cc̄ (Crocum) ÷ S. Crocomagma ÷ 3 S b, crocomagma unc. II. Gel. Calcanto[S] b (—ti B, —tum r Gel.). 2 caduci rB: —cum b Gel. vini B. contrita r Gel.: trita B, om. b. 3 cōmiscemus rB, —cimus b: —cuimus Gel. 4 etiam rB Gel.: etiam et b. nobis frequenter exp. d. r, nobis exp. d. B, frequenter exp. d. b, exp. saepe d. Gel 5 sy(i B)ringias bB, syringitas Gel. et purgando et gluttinando (gluttando r) rB: om. b Gel. ęqua hac r, ęqua B, hac b: aequali Gel. 6 (i. i.) ÷ V. rBb (pond. sign. om. Gel.). corr. IIS. (ervi) IIS (et in seqq.) r Gel.: II et S b (cf. supra ad v. 1), ÷ III. B (sed arist. III. S). 7 chalcu Gel.: calcu r, calcíí b, calci B. (arist.)longae (l. b) add. b Gel. (non r B). 8 et fit utilis pulvis r Gel., et fictilis p. B (Omnia in pulverem cribatū repones qui ... b). 9 cephalicū r (—cu Gel.), cefalicū b: ocapali (sic) B. deinde add. b qui et purgat et gluttinat et fistulis optime adhibetur (Gal. XIII, 846. 844). qui miscetur r Gel.: commiscetur B. 10 ut rB: quo Gel. musa r B (Gel). pro his (9—10) pergit b (post adhibetur) vel $\overline{SS}$ musa trocisco illa tū āmiscimus. deinceps aliena addit idem: Nam et calcantum cum aceto ... 11 murra viscidiore r, mori viscidioris Gel.: mori viscido dolori B, (ubi sic b prius fomentabis in aqua in qua mirta coxeris. et postea eius siccę pulvis super intestinum aspergatur. Sic et acacia etc.). 12 lin. facit rB (lin. adhibeo b): lin. (om. facit) Gel. 14 mixtus rB: commixtus b Gel. aliud. ell. albi (genus add. Gel) aliquid (—qui Gel.) etc. r Gel.: aliud. nam et pulvis ellebori albi qui cum aceto coctus est ad-

albi aliquid cum aceto coxerunt. nam et pulvis ipsius
mixtus cerotario ex oleo roseo satis iuvat. et hyoscyamus
in aceto tritus et similiter adhibitus intestinum effusum
similiter reprimit.

5   XXXII. De pernionibus prurientibus.

87   Pernionibus cum pruritu aquae marinae fotus satis
prodest. similiter etiam si vino calido styptico foveantur.
sic etiam decoctione betarum. sic aqua ubi alumen scissum
infuderis. post quod fomentum cera liquefacta loca linire
10 conveniet. nam et ex aluminis pulvere cum hordei farina
et vino cataplasma adhibendum est. sic cerae et picis
resolutae unctione curati sunt. et gluten solutum in aqua
profuit liniendo. sic olivarum viridia folia trita pro cata-

---

mixto cerotario *etc. B*, Et ell. alb cum aceto coctu utile est
et cōmixtum cum cerotario *etc. b.*

    1 ipsius *r: om. Gel.*   2 hyoscyamum ... tritum *etc. Gel.*
(iusquiamū ... tritū *etc. rB*, iusquiam̄ ... tritū *etc. b*).   3 intestinum (intestinos effusos *r*) —reprimit (—et *Gel.*) *rB Gel.*:
optime facit *b, ubi add. alia quaedam (p. v. 3)*: Cynoglossẹ...
syringium usque sanatur. *iam capitula aliena inseruntur (rubr.)
De sciaticis (p. 56 inf.)* ... *Ad omnem membrorum dolorem
vel quicquid doluerit (p. 57)... Ad omnes nervorum duricias perfricationes. contractiones. et dolores (ib.)* ... *Ad lumborum dolorem (ib.)* ... *Ad coxarum dolorem (p. 58)...De genuum dolore
(ib.)* ... *Qui per tibias et corpus vulcera (sic) faciunt Ad varices
sine ferro curandas et malandrïosos (ib.)* ... *De articulorum dolore ... et (sine rubr.) De talorum dolore (p. 59 ... ubi seq.
c. 32 de pernionibus). sunt omnes versus 85 (cf. ind. praemissum
p. 17 c. 34—42).*   5 *tit. dedi ex r Gel. (item c)*: de pregmonibus
R(?)ugitibus *(sic rubr., in ind. capp.* De pregnationibus) *b*, De
pernionibus XXVIIII. *(simpl.) B.*   6 Pernionibus cum *rB Gel.*:
Pregmones (pregniones *c*) si fuerint cum *(explicando) bc.*   7 vino
rB Gel.: de vino *b.*   8 sic aqua ubi *rb Gel.*: sic aquibus
(sic) B.   9 loca *rb Gel.: om. B.*   10 conveniet *B Gel.*: convenit *rb.*   et ex *B*: ex *r*, et *b Gel.*   11 c. et p. resolutione
sola unctione *(ex dittogr. v. l.) rB* (resolutarum sola u. *corr.
Gel.), ubi b*: c. et p. sole recte pregmones inuncti curati sunt.
cf. 1, 90.   12 curatae *B (sol.)*   gluten *B Gel.*, glute *r*: glutte
taurina *b.*   soluta *r*, solum *B Gel.*, solutum solum *b.*   13 sepe
(prof.) add. b.   trita pro *rb Gel.: om. B.*   cataplasmate *Bb*:—mar.

plasmate adhibita profuerunt. sic gallae cum aceto contritae, sic vini faeces impositae curaverunt.

quibus vero iam vesicaverint, rafanos tundes et ex 88
eorum suco pinnae proderunt linimenta. et lenticulae coctae
et tritae cataplasma proderit. et caduca mali granati in 5
calidis cineribus tepefacta et trita adhibita convenerunt.
sic etiam scilla cocta similiter contrita continuo profuit.

quibus vero et crepuerint et vulnerati fuerint, his
spuma argenti trita mixto adipe porcino pro emplastro
apponi debet. sic adipes anserini cum cera ex oleo tepido 10
adhibendi sunt. et coclea cum testa combusta et trita et
in pulverem redacta si aspergatur continuo medetur. et
ervum in vino coctum contritum cum cerotario similiter
curat.

XXXIII. De ragadiis pedum vel digitorum. 15

Omnes crepidines in calcaneis pix liquida inlinita per- 89
curat. et spuma argenti cum cerussa et alumen scissum
ex aequo contusum et vino mixtum medebitur similiter.

quibus vero clavuli inhaerentes molestiam fecerint,
ferro subtili loca ante purganda sunt et melanthium cum 20

---

2 curaverunt *B* (—ve͞r *r*): —vere *Gel.* (curat *b*).   3 rafanos *Gel.*, rafano ⟨s *add corr.*⟩ *B* (suco rafani linies *simpl. b*).
4 pinnae *Gel.*, penne *r*: bene *B* (!).   5 caduca malogranata
... tepefacta *etc. B*: caduci mali granati...tepefacti *etc. r b Gel.*
(*sed* adhibito *corr. r*).   6 convenerunt *r B*: —rint *Gel.* (b. ÷ *b*).
7 scilla *Gel.*: squilla *r B b*.   similiter contrita continuo (s. c. similiter *iterum B*) *r B*: adhibita trita continuo *Gel.* (cocta et trita
prode est *b*).   8 v. et crepuerunt *r B*, v. crepuerint *b Gel.*   vulnerati *r B b*: ulcerati (*corr., ut semper*) *Gel.*   his *r B Gel.*:
om. *b*.   10 tepido *r b Gel.*: —di *B*.   11 coclęe cum suis
testis *etc. b*.   trita impulverem red. *r* (*om.* et).   12 si *r Gel.*:
sic *B* (*ubi* p. aspersus ... *b*).   13 contritum c. c. *r Gel.*: et
tritum c. c. *b* (*ubi sic* coctum cum cer. similiter curat contritum *B*).   14 *post* curat *aliena add. b* (*per v. 5*): Et aqua
ubi decoctae sunt rappe...   16 ī(l *B*)linita *r B*: linita *b Gel.*
percurat *B Gel.*: ꝑcurat *r b*.   18 contritum commixtum cum
vino medetur *b*.   19 glauli *r*, lauli (*sic*) *B*, cauli *b*: clavi *Gel.*
20 purganda sunt. et melantium—similiter *r B b*: om. *Gel.* (*ubi*
purgando adhibetur et myseos *etc. cum lacuna*).

lotio pueri tritum apponendum. et gutta ammoniaci cum aceto trita similiter adhibetur. et misy et aristolochia ex aequo contusa cum melle adhiberi debet. hoc et rasura cucurbitae trita faciet.

5   XXXIIII. De paronychiis.

90   Paronychia in initiis lana ex aqua infusa imposita curat, quae frigidiore aqua frequentius irriganda erit. his etiam alfita cum aqua trita adhibenda erunt. sic et turis masculi pulvis cum melle mixtus medebitur, sic etiam
10 gallarum, sic auripigmenti. qui nisi percuraverit, non exiliet.

si saniem sane collegerit, locum punges. ad eius digestionem et lenticulam coctam cum melle contritam superimpones. et murtae folia viridia trita similiter cum
15 melle adhibentur. sic etiam rosarum, sic olivae folia similiter. sic cadmiae pulvis aspersus curat, sic ervi, sic turis masculi.

quibus vero etiam ungues quassaverint, foliis murtae

1 īponendum *r*.   amoniaci *b*: ammoniaca *r B*.   2 my-seos *Gel.*, miseos *b*, misios *r*, mysios *B*.   ex aequo contusa *r B Gel.* = ana contusa *b*.   3 rasura cucurbitae trita faciet (facit *Gel.*) *B Gel.*: rasure (*sed ante corr.* — ra) cucurbitę trite (sicce *b*) faciunt (fac̄ *b*, *sed* facient *corr. r*).   5 De paronychiis *Gel.*: De paraniciis (vel ungulis *add. r*) *r B*, De panariciis et unguibus ruptis et scabiosis *b* (De penariis *in ind. b*).
6 Paranicia (*r*) *B*, Panarazia (*sic*) *b* (—ricia *c*).   7 frigidiore *B*: —ri *br Gel.*   erit *b*: erunt *r B Gel.*   8 cum (aqua) *r B Gel.*: ex *b*.   erunt *r*: erit *B*, est *b*, sunt *Gel.*   9 etiam *r B b*: etiam et *Gel.*   sic aurip.—exiliet *r b Gel.* (*sc.* unguis): *om. B* (*cf. infra p. 95,5*). 10 qui *b Gel.*: q̈ *r*.   nisi *r Gel.*: n̄ *b i. e.* n̄ *ubi mox lineola oblique apposita deletur* l (*sc. corrigitur in* i). pcuraverit *r*.   12 collegerit *r Gel.*: colligent *B* (si sanies col-lecta fuerit *b*).   punges (—gis *r B Gel.*): punges *b*.   14 super *r B b*: *om. Gel.*   impones *b*, —nis *r B Gel.*   murtę *r*, mirtę *b*: myrti *B Gel.*   c. m. trita īpone *b*.   15 sic (ol.) *r b Gel.*: et sic (ol.) *B*.   16 cadmiae *B*, casmię *r*: cedriae *b Gel.*   sic *r b Gel.*: sic etiam (t.) *B*.   18 quassaverint *b et* (*quia vitio solo typogr. legi videtur* passaverint) *Gel.*: quassi fuerint *B*.
19 mirte *r*, mirtę *b*: my(i)rti *B Gel.*

viridibus vel mali granati tunsis cataplasmandi sunt. quibus sane hi aliquo forte ictu nigrescant, farina tritici cum
pice soluta admixta curantur. et sulphur vivum hoc cum
porcinis adipibus tunsum et commixtum praestat. et ne
etiam ipsi ungues exiliant, lini seminis pulvis, similiter 5
etiam nasturcii cum melle mixtus imponitur. et cera sola
liquefacta superimposita ita medebitur. sed his omnibus
adhibitis diutius perseverandum est. calefacti etenim perseverantia adiutorii ungues melius gubernantur.

scabiosos veluti elefantiosus si quis forte ungues 91
habuerit, vini faex sicca trita cum cerotario imposita curat. 11
et ficus sicca purgata et tunsa superimposita aeque medetur, et lapathi agrestis radix in aceto cocta et contrita.
et sulphur vivum cum sandaraca ex aequo tritum et asper-
sum continuo curat. et nuclei pini purgati et triti im- 15

1 sunt *r b Gel.*: erunt *B*. 2 sane his aliquo forte ictu *r*:
sane forte a. i. *Gel.* (sane al. ictu *b*), sane forte aliqua loca *B*.
nigrescant *b*: —cunt *r B Gel*. 3 soluta *b Gel.*: sola *r B* (*cf.
ad 1, 87*). admixta *B*, amixta *r*: mixta *b Gel*. et sulfur
vivum (*hic lacuna!*) similiter, et nasturcium cum melle mixtum
imponitur *Gel. lacunam explent r* (*b B, ubi sic* Et s. v. hoc cum
porcino adipe tunsum et commixtum praestat ne ipsi ungues
exiliant. Et lini seminis pulvis. Simul etiam et asturacus (*sic!*)
cum melle commixtus imponitur *B*, Sulfur vivum adipibus porcinis mixtum et tritum idem facit. Si etiam ungues exiliunt.
linis seminis pulvis siml etiam nasturii c. m. mixtus imponitur *b*).
7 liquefacta *B Gel.*: aliqua facta *r* (calefacta et īposita ita
nedetur *b*). ita *r b*: om. *Gel. et* (*cum seq.* medebitur) *B*.
8 etenim *r B*, enim *Gel.* (autem *b*). 9 p. et adiutorii *r* (perseverantibus adiutoriis *b*). u. m. g.: m. g. ungues *r*. 10 et
veluti elefantiosus scabiosos si q. f. u. h. *Gel.*, Scabiosos veluti elefanciosos si q. f. u. h. *B*, Si quis forte veluti elefantiosus u. h. *b*. haec om. *r, qui huic loco infert* (*quae infra
rectius addit b*): et adipes leonis cum titimallo et cantarides
et mirra trita commixti impositi ungues mutat. post quorum
casum ut meliores [si quos forte ... 11 sicca: siccata
sicca *r*. et (trita) *b Gel.*: om. *r B*. 12 sicca *b B*: sicca
curat *add. Gel.* (*acc.* siccas *etc. habet r*). aeque *r B Gel.*: om. *b*.
13 lapati *Gel.*: —tii *r B*, —cii *b*. 15 et nuclei pini p. et tr.
i. ungues mutant. post quorum casum —(*p. 96, 4*) imponuntur
Gel.: om. *B. eadem habet* (*sed aucta*) *etiam b*: N. pini purgati.

positi ungues ⟨curant. et adipes leonis cum tithymalo et
cantharide et murra trita commixti impositi ungues⟩
mutant. post quorum casum ut meliores exeant, adipes
hircorum cum lacte asinae triti imponuntur. interea sub
5 his omnibus adiutoriis ungues ipsi primo ex pice liquefacta ungui debebunt, qua et superiora medicamenta, ut
fasciola, muniri et gubernari oportet.

XXXV. De pruritu vel scabie totius corporis.

92 Si iuvenibus hoc bene valentibus obvenerit, flebo-
10 tomo prius sub gemina detractione subveniendum est.
item ventris purgationes frequenter insequenti adhibendae
erunt. cibis sane sorbilibus et dulcibus nutriendi sunt.
lavacris frequentibus uti conveniet, in quibus turis masculi,
sulphuris vivi, nitri pulvere aspergendi erunt.

triti et impositi b ∹ adipes leonis titimallo. et cantaridas (*cf.*
Plin. 30, 111) et mirtu triti cōmixto. et īpositi. unges.
iuvat et mutat. Post quorum *etc.* (*ut Gel.*). *contra sic r* (*cf.*
ad p. 95, 10) et nuclei pineę purgati et triti impositi curant.
sub omnibus adiutoriis *etc. quae seq. v. 4—7.*
    4 et (interea) *add. Gel.*   5 ipsi *b B*: *om. Gel.*   ex *r B*:
om. b Gel.   6 debebunt *r Gel.*: debeant (—ɂant) *b*, debent *B*.
qua *Gel.*: quo *b*, quos *r B*.   et *b Gel.*: *om. B.*   ut: et *r b Gel. B.*
7 muniri et gubernari (*sc.* debebunt) *Gel.*: munire et gubernare
debebunt *r B*, munire et gubernare oportet *b* (*ut etiam corr. Neu.*).
iam aliena adduntur in b (*per versus 6*): in calida quantum potes
ferre … Adipem caprinum solum. vel cum sandaraca mixtum et
impositum ungues ruptos i. scabiosos sanare certum est (*unde*
rubr.). *nunc alia multa subiunguntur in·b additamenta* (*rubr.*
deleta, quae tamen extat in c) Ad podagram, deinde (*cf. Ps. Plin. f.*
69ᵇ Bas.) Ad noda solvenda de manibus sive pedibus. Bitumen cum
oleo…et omnia noda exsolvet. (*hic sine rubr., quae tamen ser-*
vata est in c De pruritu et scabie t. c. *cf. ind. b — sed a nova*
linea add. quae sunt capituli XXXV.).   8 titulo *add.* B vel
variis maculis in corpore. XXXII. (*sed hic est titulus capituli*
seq. quod in B male sub rubr. de elefantiosis *et huius quasi par-*
ticula prima ponitur).   10 sub *r b B*: *om. Gel.*   retractione *B.*
11 ventri *r.*   insequenti (—di *r*) *r B*: *om. b Gel.*).   12 sane *r Gel.*:
plane *B* (*om. b*).   et dulcibus *r b Gel.*: *om. B.*   13 conveniet
B Gel.: —nit *b r.*   masculi *om. Gel.*   14 pulvere *r B b*: —res *Gel.*

si hoc adhibito adiutorio aut pruritus aut scabies
perseveraverint, lapathi agrestis radix trita et cum aceto
commixta in balneis similiter adhibenda est.   sic alumen
umectum cum melle commixtum, quo linimento frequenter
etiam in sole adhibito liberati sunt.   his frequenter etiam 5
frigida lavacra profuerunt.   postea oleo roseo vel lentiscino
aut murteo admixto vino se utilius perfuderunt.

scabias vero si vulneratas habuerint, myrobalanum et 93
sulphur vivum ex aequo contusum cerotario ex oleo murteo
liquidiori commisceo, ut levi unguento eorum in balneis 10
vulnera pertractentur.   his sane calidum lavacrum aquarum
dulcium procurandum est, in quo supradicta linimenta
adhibenda sunt.   nam et turis masculi et puleii ex aequo
pulvis ibidem in balneis commode adhibetur, commodius
si etiam cum vino et oleo misceatur.   sic nitrum cum vino, 15
sic ptisanae sucus, qui frequenter etiam cum aceto mixtus
plus profuit.

1 hoc *etc. B Gel.* (hoc adh. beneficio *r*): his adhibitis adiutoriis *b.*   2 perseveraverint *rb Gel.*: —rit *B* (*ubi add. b*: hec
linimenta in sequenti uteris. que sup semper plus prodesse
cognovimus. Lapacii *etc.*).   et *r B: om. b Gel.*   3 balneis
rb Gel.: —neo *B.*   alumen umectum *r* (hum. *b Gel.*): lum̄ |
umetum *B.*   4 quo—(5)sunt *om. b.*   5 in sole *B Gel.*: in
solo *r.*   6 profuerunt *r B*: —re *Gel.*   et (postea) *add. B.*
7 my(i *B*)rteo *B Gel.*: mirtino *rb.*   vino se *r B Gel.*: ut mos
÷ (utilius perunxerunt *quasi qui male legisset* umosé) *b.*   perfuderunt *B Gel.*: profuerunt (*iterum*) *r.*   8 scabias *r*: scabies
B b Gel. cf. 1, 56.   vulneratas *rb*: vulnera *B*, ulceratas *Gel.*
9 contusum *b Gel.*: tunsum *B.*   myrteo *B Gel.*: mirtino *rb.*
11 vulnera *r b B*: ulcera *Gel.*   12 S̄S̄ *b.*   13 pulei *r*, puleii *B*:
pulegii *b Gel.*   14 ibidem *r B Gel.*: om. *b.*   commode *r b Gel.*:
commodissime *B.*   commodius *r B: om. Gel.* (*sed cf. b*: Melius operatur si cum vino et oleo roseo misceatur).   15 et
oleo misceatur *r Gel.* (*b*): om. *B.*   16 sic ptisane (tysane *b*)
b Gel.: et typsane *r*, sic capitis (!) *B* (*qui bis habet sic*: Commodius si etiam cum vino. capitis sucus. sic nitrum cum vino.
sic capitis succus qui...) *unde* Capnitis, —tidis *Neu!*   17 *post*
profuit (*b*, profuerint *r*, plus profuit *B Gel.*) *multa etiam add. b*:
Nam et axungię veteris *etc.* (*per versus 24*). *sequitur continuo
novum sub hac rubrica capitulum*: Verrucarum genera sic

XXXVI. De maculis in corpore nascentibus.

94   Sunt quibus certis ex accidentibus maculae eorum in corporibus frequentius inhaeserunt. sunt enim nigrae, sunt albae veluti elefantiam aliquando annuntiantes. quibus hoc
5 modo medendum erit.

    murtae foliis viridibus in unciis duabus, nitro et alumine in singulis contritis in balneis fricandi erunt. aliud. sulphuris, nitri, aristolochiae pulvis ex aequo contritorum in balneis adhibendus est. sic et gutta ammo-
10 niaci trita cum oleo profuit. sic fici folia cum sulphure vivo et aceto medentur. nam et sub sole de hac confectione curantur. et cyminum cum aceto tritum saepe sic profuit, quinque diebus superaddendo linimenta non delavatis prioribus. sic cimolia cum nitro et bacae lauri
15 cum aceto commiscentur. et similiter ut priora medentur.

curabis et clavum. Murinus sanguis illitus verrucas tollit...
(*per versus 16. sequitur cap. XXXVI*).

    1 *rubr.* De maculis *etc.* r *b Gel.*: De elefantiosis XXXIII *B* (*cui unum et idem cap. est c. 36/37*).   2 certis ex (et r) acc. r*B Gel.*: ex antecedentibus causis (eorum corporibus macule inherescunt) *b.*   eorum: sic r *b Gel. B.*   in (corp.) *add.* r *B.*   4 albe. aliquocies. et veluti el. ann. *b.*   elefantiam: sic r *b Gel. B* (*cf. Scribon. 250*).   6 myrti folia viridis (foliis viridibus *B*) in unciis duabus, nitrum et alumen (nitri et aluminis *B*) in singulis, contritis, in balneis fricandi (—da *Gel.*) erunt *B Gel.*: Mirte folia viridia (∻ II. r) II. ∻. Nitri Aluminis scissi (nitrū et alumī r). ana ∻ I. contritū (—tis r) in balneo (—is r) fricandum (fricd) erit. (fecundę erunt r) r *b.* *vides modo signa pond. med. modo specierum vocabula compendio scripta varie a librariis exposita. quomodo ipse revera auctor scripserit, dictu difficile.*   8 aliud—(9) est r *B Gel.*: om. *b.*   contritorum: contritus r *B Gel.*   9 et *b,* etiam r: om. *B Gel.*   ammoniaca *B.* 10 et cum *B Gel.,* et r: et acro *b.*   11 contrita (m.) *add. b.* sub sole r *B Gel.*: ad solem *b.*   de (hac): sic r *b Gel. B.*   confectione r *B Gel.*: confricatione *b.*   13 et (quinque) *add. B.* 14 delavatis (delabatis r) r *B Gel.*: lavatis *b.*   cimolie nitrū r, cymolia cum nitro *b,* cimolia nitro *Gel.*: cymolia nitrum *B.* bacae *B,* bacas r: baca *b Gel.*   15 cum (aceto) r *B Gel.*: om. *b.* commiscentur (—untur r) r*B*: commixta *b Gel.*   et (similiter) r*B,* et etiam *Gel.*: om. *b.* et s. priori medicamenta medentur r.

aliud. faeni graeci pulvis, afronitrum in unciis binis, et
alcyonium et cyminum in unciis singulis similiter cum
aceto adhibenda sunt. et ex betarum foliis coctis et tritis
cataplasma imponendum est. et piper cum murtae foliis
viridibus tritum et sub sole in balneis adhibitum utrasque 5
maculas permundabit.

saepe his perseverantibus maculis ad elefantiae vitium
frequentius declinatum est, cui pro tempore nunc ordinabo
remedia.

XXXVII. De elefantiosis. 10

Per initia huius passionis cum se necdum plene 95
vitium publicaverit, flebotomandi sunt et purgandi frequentius. faciem vero in qua huius vitii plus exhorret imago,.
myrobalani cum aceto et oleo roseo vel murteo linimento
fricare conveniet. aquis naturalibus frequenter utantur et 15
marinis lavacris. continentia sane vini his quam maxime

1 aliud *B Gel.*: item *r*, *om. b.*   afronitri in unciis binis
B, afronitri II. ÷ *b*, afronita in ⁒ II. *r*, aphronitra in unciis
binis *Gel.*   2 contritum (cum ac.) *add. b.*   3 adhibenda
sunt *Gel.*: adhibendum est (erit *B*) *r b B*.   et ex *r B*: et *Gel.*
(*om. b*).   4 his (impon.) *add. B.*   mirte *r b* (myrti *Gel.*):
mirteis *B.*   5 et (sub) *r B* (*cf. b*: tritis sub sole viridibus
aut in b. adhibitum): *om. Gel.*   8 pro tempore *r Gel.*
(*i. e. ita ut tempore serventur, ut ait Cael. chr. 4, 8*): per tempora *B*, *om. b* qui *post* declinatum est *continuo sic pergit:*
Sed et hec adiutoria ma[s]culis supra scriptis propensius
semper ordinabo (*!*). Porri folia trita et imposita. var[i]os
emendat ... (—*per versus 9*).   10 De elefantiosis *rubr. r Gel.*
(*et supra ad c. 36 B*): De elefanciacis *b* (ca. de lepra *dicit
Simon Jan. s.* oros).   11 cum se necdum plene vitium puplicaverit *r*: cum sanandū plene vicium supplicaverint *B* (*!*), si
necdum plene v. publicatur *Gel.*, quibus se necdum vicium
plene puplicaverit *b*.   12 sunt *r b Gel.*: erunt *B.*   9 et catartico freq. dep. s. *b. ad .rem. cf. Gal. XI, 345.*   13 exhorret *r B*, exorruit *b*: exhorretur *Gel.*   14 myrobalani *ego*
cf. Cael. chr. 4, 2, 5): —no *r B Gel.* (*b*).   myrteo *B Gel.*, mirto
r: mirtino *b.*   linimento *r b Gel.*: lini semente *B.*   15 fricare *r B Gel.*: —ri *b.*   16 marini lavacri *B.*   vini *r b*: viciis
B Gel. (*ubi sic b* Continentia vini quam maxime. Cibis dig. *etc.*).

plurimum prodest. cibis digestibilibus et dulcioribus nutriantur. unde lactis hi frequenter iuvantur acceptione,
quam maxime si aquam eius accipiant, quam medici oron
appellant. nam et sucus nepetae herbae frequentissime
5 hoc vitium relevavit. et haec eadem herba par beneficium
praestitit saepe cibo data. et coagulum nebri, quem nos
cervum lactantem dicimus, cum oxymeli ieiuno datum vel
temperatum saepe profuit.

96 si his adhibitis morbus ille accrescens profecto fuerit
10 publicatus, tunc neque flebotomo neque catharticis iam
uti conveniet. fieri autem non potest ut ille umor corruptus insanians, qui omne corpus visu horrido funestarit,
his adiutoriis purgationum adhibitis ad interiorem originem
identidem revocatus ventris vel sanguinis geminatis effu-
15 sionibus arceatur. sed vomant frequentius et lactis beneficio per cibos et potiones enutriantur et indulcentur.

locis vero contaminatione vulneratis omnia styptica

1 dulcioribus (dulcibus *b*) nutria(u *b*)ntur *r Gel.* (*b*): dulcioribus frequenter iuvantur *B.*   2 unde lactis his f. a.
iuvantur *r*: lactis f. utantur acceptione *b Gel.*, lactis acceptione
(quam m. si *etc.*) *B.*   3 aquam eius *rb Gel.*: aquae | ius *B.*
quam medici oron (orron *Gel.*, coroon *b*, id est serum *add. Gel.*)
appellant *rb Gel.*: quod greci oron appellant *B.*   4 nepitę
r B (*Gel.*): neptę *b* (*qui om.* herbe).   5 et haec eadem *B Gel.*:
et hec enim *r*, et eadem *b.*   par *rb B*: frequentissime (*iterum*)
Gel.   6 et (coag.) *r B*: *om. b Gel.*   nebri—dicimus (*sic*)
b Gel. B (*nisi quod* lactentem *B*): cervi quem nos cervum lactē
(*sic*) d. *r.*   9 his *rb*: hisdem *Gel.*, isdem *B.*   (adhibitis)
adiutoriis *add. b.*   morbus *rb Gel.*: morsibus *B* (*!*).   ad(c)-
crescens *rb Gel.*: adherescens *B.*   10 nec (catharticis) *B.*
iam *r*: *om. B b Gel.*   11 autem: *sic rb Gel. B* (*enim corr. Neu.*).
11—15: *idem contra Themisonem arguit Soranus ap. Cael. chr.*
4, 7.   ut ille humor *rb Gel.*: utile. Etenī humor *B.*   12 insanians: insaniens *r B*, in sanies (*corr.*) *Gel.* (*om. b*).   funestarit *r*:
funestaret *Gel.*, —rat *B*, —vit *b.*   13 adiutoriis p. adhibitis
om. r.   identidem *r B Gel.*: *om. b.*   ventris (venosis *B*) vel
sanguinis gem. eff. *B Gel.*: *om. b.*   15 et lactis *r B Gel*:
lactisque *b.*   16 et potionis *r*: vel per potiones *b Gel.*, per
potiones *B.*   indulcantur *rb Gel.*: inducantur *B.*   17 vulneratis *rb B*: ulceratis *Gel.*

adhibenda sunt, quibus illa caro corrupta et effeminata valeat durari vel stringi. his frequenter xeros trociscus profuit, qui conficitur ex sinopide alumine scisso aerugine et cummi sub aequa ponderatione cum aceto dispositis.

omnia linimenta vel fricamenta quae pruritui in 5 superioribus, nec non etiam scabiei convenientia significavimus, etiam his apta esse et utilia asseveramus. aliqui vero etiam vipereas carnes in cibos ministraverunt. quaternos digitos in mensura tam a capite quam ex cauda praecidentes, oleo et sale conditas ⟨in modum anguillarum 10 edendas apposuerunt⟩. et profecerunt. ⟨addes de graeco quam plurima.⟩

2 durari vel stringi *r B Gel.*: perdurare (*sic*) vel constringi *b*. 2 xeros (*cf. Diosc. 5, 111 cap. de sinopide*): círos *B* (cirros *Gel.*), cyiros *b*, chyrros *r*.   3 conficiuntur *r* (*solus*).   scisso alumine et gummi *Gel.*, alumine scisso. erugine. et gummi (gumme *b*) *r b*: al. scisso erugine et cymino *B*.   4 cum *r b Gel.*: in *B*. dispositis *Gel.*: —tus *r B*, disponitur *b*, *qui pergit haec inserens* Sic et diacitnen (diechidnon) tyriace quę ex tu(*l. vi*)peris essr (*sic pro* efficitur) cuius confessionem (*l.* confectionem) in subsequenti non taceam (*!*). *cf. in extr. cap.*   5 omnia *Gel*: omnia etiam *B* (omnia his *b*).   quae—significavimus *r B Gel.* (*sed* pruritu *et* scabię *r*): quę pruritu vel scabię nec non etiam et maculis s. *b*.   7 esse et *r Gel.*: seu *B*,   aliqui: *cf. Galen. XII, 312 sqq.*   8 vipereas carnes *r b Gel.*: super eos carnes *B*. in cibos *r* (inter cibos *Gel.*): inteas = intereas *B* (*!*).   ministraverunt (—re *Gel.*) *r B Gel.*: edendas optulerunt *b*.   9 sale *r*: salibus *B Gel.*   ex *r Gel.*: et a (cauda) *B*.   10 conditas in modum … opposuerunt (*sic*) *r solus*: conditas. et profecerunt *Gel.*, condimento profuerunt *B. extrema haec sic habet b*: Que quaternis digitis mensuratas. tam capite. quam candā. precidentes media vero exenterata aqua multa de lota oleo et sale. et aneto addita post coctionem dederunt. et remedium sunt adepti.   11 *in uno codice B hoc cap. terminatur hac clausula* Addis de greco quam plurima. *quae ant sensu carent aut graecum ipsius auctoris exemplar spectant, sicut infra l. II c. 9 (om. r b Gel.).*

XXXVIII. De luxationibus vel eiectionibus articulorum quas medici exarthresis appellant.

97   Per initia ut moris est, primo locis exclusa revocanda sunt. item embroce uti necesse est ex ervaceis pollini-
5 bus vel certe cineribus oleo sapa et ovis commixtis. cum lanis mollibus infusis sucidis loca munienda sunt et pro locorum natura fasciolis continenda et constringenda. si sub hoc adiutorio loca naturaliter custodita quieverint, isdem usque ad perfectam sanitatem imminendum nobis
10 erit. si vero locis avulsa aliqua adversitate locis propriis minime potuerint revocari, tunc adiutoriis catholicis doloribus crescentibus subveniendum erit, ut est flebotomus vel catharticum et cataplasmata paregorica. quibus perseverantibus si doloris declinaverit inquietudo,
15 fomentis lavacris cerotariis vel certe emplastris chalasticis imminendum est. postea vero malagmatibus perse-

1 *tit.* De lux. (*nihil ultra*) *B, cet. add. r b Gel.* (vel deiectionibus *r*, vel eiectionibus *c et ind. r b c*, vel iectionibus *b* — exarterisis appellant *r*, parexartreseis appellant *Gel.*, peri exantipes dicunt et fractura *b*, peri exantrexis appellant et fractam *c*). 3 ut moris est *r b B: om. Gel.*   locis exclusa *r Gel.*, locis ex | claro *B:* ę locis suis exclusa *b.*   revocanda *r b Gel.:* —dę *B.* 4 embroce *r*, imbrocis *B:* embroche molliori (?) *Gel.*, embroce simpliciori *b.*   ervaceis p. *Gel.:* herba *c* (*sic*) p. *r*, hérbacis (*sic*) p. *B*, herbis (h̄bis) p. *b.*   5 cineribus *r B Gel.:* cinere (... cō-mixtā) *b.*   cum *r:* quo *b Gel.*, quae *B.*   6 suc(c)idis *r Gel.* (*b*): sucis *B.*   et—continenda *B Gel.: om. r b.*   7 confringenda *B.*   8 custodita *r b B:* custodienda (*corr.*) *Gel.*   9 hisdem *r*, isdem *B:* cerotario ex oleo dulci *b Gel.*   10 si(sin *r*) vero locis avulsa *r B Gel.:* sin vero avulsa *b.*   13 cataplasmata paregorica *r:* cataplasmata (cataplasma *b*) paragorica *b B.*   14 doloris (dolorum *B*) declinaverit inquietudo *r B:* doloris declinet inquietudo *b*, dolores declinaverint, quietudo (*corr.*) *Gel.*   15 fomentis lavacris *r b Gel.:* fomento lavacri *B.*   16 imminendum est *r b B:* —da est *Gel. hic addunt b Gel.* ut est diaquilon (diachylon *Gel.*) aut calasticum (*quale, omittitur*).

verandum est, quibus curata loca possint in perpetuum solidari.

1 quibus *etc. om. b, qui aliena addit* fimum porcinum seu vitulinum impositum sanat... *(eadem scil. repetens quae iam supra attulit cap.* XLII De talorum dolore. *nova deinde multa variaque materiam augendo addunt b c, quae rubricas habent has:* Ex alto lapsis quibus membra collisa sunt (*v. 3*) — Ad fractum sive luxum (*v. 5*) — Ad fervorem vel ad morsum vel incisum vel si quid aliud provenerit ne dolorem sentiat (*v. 8*) — De percussionibus apud scorpionis (*sic*) *sc. c. 24, quod huc detrusum ultimum exhibet index capp., quo capitulo revera finitur lib. II Chisiani. iam vero quae ad plagam adduntur in extremo libro, deinde quae sequuntur additamenta varie congesta, ea vel ab auctore recensionis Berolinensis videntur aliena nec extant in Chisiano: haec ipsorum esse librariorum videntur inde a codicis pag. inf. 67 usque ad p. 71, in quibus vel Christi nomen apparet (p. 68, 6 ab inf. m.). insuper muliebria et ad partum varia,* Antidotum ad memoriam revocandam (*p. 69*) *et unguenta plurima (ad podagram praecipue et tumorem pedum), postremo quae novissima sunt, vomitus plurimi atque in primis* constantini probatissimus. curata *r Gel.*: curanda *B.* in perpetuum *Gel.*: in perpetuo *r B.* 2 solidari *r B*: solida pati *Gel.*

Theodori Prisciani Euporiston

Liber II

Logicus.

1   Nunc secundi operis partes adgrediar, quibus prodendae discutiendaeque rationis delegavimus functionem.
5 quae quoniam oculis comprehendi non potest, quod officium liber superior occupavit, idcirco passiones interiora possidentes in hoc volumine aut accidentibus convincentur aut prodentur indiciis. studio quippe veritatis, nec frustra, disputationes refugi, cum in utroque
10 opere certis deprehensisque morbis remedia constitui vel curis medendo facilibus vel tuendo materiam vitiorum, quoniam in logico opere obscurisque periculis non opus est assertore sed iudice.

1 *Hic sine tit. (post vacuum f. 1) V (f. 2) praemittit indicēm libri secundi* I. de febribus v. e. — XXXV. De mulieribus *(sic)* variis passionibus. *subiungit (rubr.)* Expl' *(quod ad indicem praemissum proprie pertinet)* Logicus Liber | Secundus | *(atr.)* Incipit prefatio secundi operis. — *in B sic (post* solidari) Explicit logicus liber. Incipiunt capitula libri II, *deinde (post eadem* c. I—XXXV) Incipit prefatio secundi operis *et (post* originem *textus p. 105, 13)* De febribus. I. In *(ubi in ras.* n *pro* đ) quae quam maxime . . . *in r (post* solidari) Theodori prisciani fenomeni lib. I. expliē. Incip. lib. II. iđ. logicus. prologus. (Nunc secundis . . .), *deinde post* iudice *sine tit. seq. capitula primae partis, post quae incipit iusto initio sed sine titulo textus* (Omnes . . .). *in b (post add. libri I)* Incipit liber. II. oxea. Cuius hec est continentia *(seq. capp. primae partis)* Expliciunt capitula Incip̄ p̄phacio (Iam nunc secundi . . .) *et (post* iudice) De acutis febribus *textus cap. I (sim. in. c).* 6 idcirco universe p. *r,* Vn̄ icco p. *b.* 8 prodentur *r VB Gel.:* providentur *b.* 9 nec *r Gel.:* ne *VB b.* disputationis *r b.* refuci *V (*—gi *Gel.,* —gii *r,* refugiis *b):* refati *B.* in utroque opere *b r VB:* om. *Gel.* 11 tuendo *VB Gel.:* tenendo *b r.*

I. De febribus.

Omnes acutae febres vel aegritudines, de quibus nunc 2
dicere institui, aliquando passiones praeveniunt, aliquotiens
consequuntur. quas certa produnt insignia, quibus morborum possit comprehendi materia. de chronicis vero 5
secundis partibus promissi sermonis expediam.

haec est itaque sub omnium veterum auctoritate
febrium definitio, quibus etiam nos adsensum libentissime
commodamus. est nobis calor ingenitus, qui cum se in
altioribus praecordiorum locis repentina aliqua necessitate 10
commoverit et veluti advena tempestate loca vitalia naturaliter quieta turbaverit, vaporem acriorem procurat et ex
altitudine stomachi febrium serit originem. quae quam
maxime omnibus corporum incommoditatibus in omnibus
aetatibus, omnibus locis vel climatibus, certa ex necessitate 15
morbis aut imminentibus aut praeeuntibus sociantur.

febricitantibus itaque generaliter omnibus unum mag- 3
num remedium, cunctorum cautum auctoritate, praecipue
servire temporibus, ut pro condicione causarum aegri
omnes adiutoriis competentibus releventur, similiter etiam 20

1 De acutis febribus *rubr. b Gel.: sine tit. r V B (sed in
ind.* De febr. vel egritudinibus *r B*, De acutis f. vel egr. *r*). cf.
infra ad v. 13. 4 quas: quae *VB b r Gel. (cf. 2, 50).* produnt *VB Gel.:* p̄videntur *b*, produntur *r.* 6 promissi sermonis *V° Gel.:* promiss⟨os⟩ sermones *in ras. B°*, promissi sermones *ante corr. V et (ubi* expediunt) *r (*promisso sermone *b).*
8 diffinitio *V B r b Gel.* 9 calor: naturalis calor *solus b.* ingenitus *Gel.:* ignitus *b VB (om. r).* 11 loca vitalia n. *Gel.:*
locavit. alia n. *r*, locaũit. n. *b*, locau(u *in b ips. corr. V)*it.
aliqua n. *VB.* 12 quietatur baverit v. *r*, inquietatur v. *b.*
acriorem ⟨et in naturalem *solus add. Gel.⟩* et *r b Gel.: om.*
VB. 13 serit *VB Gel.:* sumpserit *b et (om.* originem) *r.*

originē ꝗ q̃ maxime *b: post* originem *titulum supra omissum*
sic inferunt: De febribus I. In (Id̄ = Idest *ante corr.)* quae
quam maxime *B, medio in textu sic* De febribus inquam quae
q. m. *r V (Gel.).* 14 omnibus—(16)sociantur: *sic VB r b Gel.*
15 ex *om. r Gel.* 18 est (*post* cautum) *add. r b Gel. (om. VB).*
19 pro condicione *r b Gel.:* per condicionem *VB.*

cibis congruis nutriantur. conveniens est profecto in utrisque aliquando incongrua bono tempore posse minus obficere, quam ea quae utilia iudicantur si incompetenti
tempore suggerantur. docuit enim natura omnium guber-
5 natrix in initiis omnium commotionum sub quacumque
sorte causarum advenientium, cum praesentis admonitionis
tempestate naturalis ille vapor turbatus recessus interiores
petierit et cum exteriora articulorum frigus vel tremor
quassabilis occupaverit, tunc nihil penitus a medicis temptari
10 vel adhiberi debere. at vero imminente declinatione, transactis augmentis, cum paulatim vapor ex altitudine aspirans
omnia illa exteriora membra perfuderit, tunc adiutoriis
cibi et potus competentius serviemus.

4 ergo quoniam aliquando sub certis accidentibus mani-
15 festa declarantur nomina passionum, aliquando simplex
febrium imago visitatur, quae ventris semper constrictionem procuret, capitis dolorem, linguae asperitatem, aliquando insomnietates cum levibus mentis erroribus. haec
etenim ex eadem febrium origine, vapore naturaliter supe-
20 riora appetente, praecipue capite sollicitato contingunt.
quae accidentia licet etiam in ceteris passionibus cum aliis
signis plurimis misceantur, tamen cum per se sola fuerint

1 est *Gel. V*: *om. B et* (*ubi* convenientes) *r* (convenienter. Est
p. i. u. ut aliquando ... *b*). profectu ... incongruo *B*.
posse—(4)tempore *om. b* (*non r*). posse minus *r V Gel.*: possem
hius (*sic*) *B*. obficere *VB* (*Gel.*): suficere *r*. 3 quā aeque *B*.
5 in initiis *Gel.*, inimicis *b*: in| /////iis *V*, iniciis *B*, initiñ *r*. com-
motionum *rb Gel.*: cogitationum *VB*. 6 ammonitionis (*sic*)
VBb (adm. *Gel.*): commotionis *r* (*Neu*). 8 tremor quassabilis *b Gel.*, tumor quassabilis *r*, timor quassauelis *V*, tumor
quassaverit vel *B*. 10 debere *VB Gel.*: debebit *b*, debet *r*.
at *rb Gel.*: hac *VB*. 12 iam (*post* adiut.) *add. r*. 13 ciui
et potui *r*: ut potui *V* (ut pote *Gel.*), potius *B* (*om. b*). competentius *rV Gel*: —tibus *b B*. 14 quoniam *rVB Gel.*: cum *b*.
16 tantummodo (*post* imago) *add. b Gel.* semper *VB Gel.*:
frequenter *rb*. 17 procuret *rb Gel.*: percuret *VB*. 20 capite sollicitato *rV Gel.* (capitȩ sollicitudo *b*): capiti sollicitata *B*.
22 plurimisciantur *V*. cum *om. solus V*.

his febribus sociata, febrium magis simplicium et infiguratarum speciem designare noscuntur.

   ergo cum simplicium febrium causa constiterit, per 5
initia commotionum cum adhuc articulos possidet frigus,
manibus calidis vel vaporibus ceteris omnia membra cale- 5
facta contineo. tunc etiam somnos inhibeo nihilque aliud
adhiberi permittam. cum vero ex altitudine vapor exiliens
corpus omne calefecerit et emergens inflammatio inpatiens
viscera universa siccaverit, tunc post clysteris simplicis
beneficium etiam enemate quod ex suco lini seminis et 10
oleo roseo vel chamaemelino temperatur in unciis tribus,
illis igneis ardoribus succurrendum est. at vero quinta
transacta die et primis iam temporibus aegritudinis refrenatis, cum sub quadam maturitate qualitas causae humanior
apparuerit, tunc post augmenta commotionis praesentis 15
pannis duplicibus vel triplicibus infusis oleo roseo et calido media eorum infundenda sunt et iuvanda, vel certe
ex lini semine et hordei pollinibus cum aqua et oleo, ut
moris est, adhibendum est cataplasma [ex quo praecordiorum loca iuvanda sunt], ex quo aut ignis illius commi- 20
nationes temperemus aut sudorem oportuno tempore procuremus.

   monitum te interea volo profecto ex urinarum in- 6

<hr>

1 febrium: febribus (*iterum*) *VB*.   5 ceteris: *cf. infra s. 17.
21 etc.*   omnia *r b Gel.*: omnibus *VB*.   7 adhiberi *r b Gel.*:
in(h *B*)iberi *VB*.   10 henemate *V*, enémate *B* (*Gel.*), ene-
matẹ *b*, enigmate *r*.   11 came(i *B*)melo *VB* (camemillo *r*,
camomillo *b*, chamaemeli *Gel.*).   in *r V B Gel.*: *om. b.*   tribus
(*sic*) *VBrb Gel.* (*scil.* ternis).   13 temporibus (*sic*) *V B r b Gel.*
16 pannis — certe ex *b Gel.* (*ubi sic b:* tunc (*iterum*) p. d. v. t.
oleo roseo infusis. calida media eorum i. s. et i. vel certe lini
s. et ordei p. cum oleo et aqua *etc.*): *om. r VB.*   18 ut moris
est adhibendum ex equo. precordiorum loca iuvanda sunt ut *b*
(ut moris est adhibendum est cataplasma ex quo aut *Gel.*): ut
moris est. Praecordiorum loca iuvanda sunt. Ex quo aut (ut *r*)
VBr. ubi ex quo p. l. i. s. *uncis inclusi* (*quae delevit Gel.*).
20 ignis illius commocionem *b*, ignem illius commotionis *r Gel.*,
ignem illius comminationis *VB* (—nes *ante ips. corr. V*).   23
profecto: *sic VBrb Gel.*

spectione supradictae aegritudinis maturitatem sic considerare debere. advertendum est itaque ex urinis naturalibus
et consuetis, quantum in contrariam partem natura deviaverit, ut ex hoc quid aut praesens status aut futurus
5 aegritudinis exitus allaturus sit instruaris. est autem urina
naturaliter quae corporis quietem et sanitatem manifestet,
rubra mediocriter, subpinguis et tactu calida, habens naturaliter nebulas summa quam maxime appetentes. quantitatem vero ex accepto nos potu advertere conveniet.
10 haec itaque cum inspexeris, de maturitate aegritudinis bene
confidens adiutoriis competentibus visitabis.

7 superveniente igitur declinatione temporalis commotionis et iam prioribus adiutoriis procurata, tunc et linguae
curationi et ceteris quae cibos praeire consuerunt ser
15 viendum erit. aliquando etiam lexipyreta tempore cataplasmatis adhibita quam maxime profuerunt, quae infundere
et nutrire qua infrigidare corpora ardentia videantur. quae
conficere hoc modo consuevimus. spumae argenti uncias III,

1 considerare (sic) *VBb Gel.*: —ri *r*. 4 quod *Vbr*. aut
adpraesens *VB*. 5 sit *Neu.*: est *VBrb Gel*. 6 quietem
et s. *rb Gel.*, qui &emit s. *V*: qui emittit s. *B*. manifestet
rgb Gel.: manifesta et *V*, manifestat *B*. 8 nebulas: —ā *r*.
in aquam maxime appete(a *V*)ns *VB* (appetente *Gel.*), in aqua
m. apetenti *g* (*hic deficit Vindob.*), inqua maxime (inq̊ m̊) appetentes *b*, una quā maxime appetentes *r*. *cf. s.* 4 (*vid. e. g.
Galen. IX*, 596. 605 *Lips.*). 9 ex accepto nos conveniet *VB* (*g*),
ex accepto nos poto advertere c. *r*, ex accepto potu adhibere
nos c. *b Gel.* (*qui lacunam diverso loco explent*). *cf. Ps. Gal. de
ur. XIX*, 596 πλῆϑος δὲ πρὸς λόγον τοῦ πινομένου. 11 visitabis *VBg* (bene instabis *b*, imminebis *r Gel.*). 12 temporalis commotionis (—nes *ante corr. V*) *r VGel.* (temperabis commociones *b*): temporales comminutiones (*sic*) *B*. 13 procurata
VGel.: —to *B* (—tis *b*, —tur *r*). 14 cibos (—us *B*, cib *r*, cibū *g*,
ubi culus *Vindob.*) p̄ire *r VBg Gel.* (*ubi* et ceterios cibos quos
p̄ire *b*). consuerunt (—sueverunt *b*) *r Gel. g*: consuerit *V*, —vit *B*.
15 lexipyreta *V*: lixoperita *Bb*, lexiopyrota *r*. tempore:
sic *r VBb* (*cf. mox* in vicem c.). cataplasmat=e *V*, —tis *Bbr*.

17 nutrire quam infrigdare (*sic*) *r VB Gel.* (q̊ frigdare *b*), *ubi*
magis quam *Neu.*, ego quâ. 18 uncias (*mox* unc̄) *V*: ÷ *r B* (*b*).

mellis unc̄ III, suci lini seminis unc̄ VIII, cerae unc̄ III, olei rosei vel chamaemelini libras II. conficies ut moris est, et uteris in vicem cataplasmatis, commotiones competenti tempore iuvaturus. his igitur adhibitis simplices has aegritudines sic visitare consuevimus usque in plenam 5 declinationem, quo etiam lavacris adhibitis et reparare sanitatem et reparatam custodire possimus.

igitur quoniam huius aegritudinis species, quae solis 8 febribus cum propriis accidentibus designatur, hac pagina compendiose composui, insequenti ordine acutas omnes 10 passiones propriis cum nominibus et accidentibus designabo. sumimus itaque initium de freniticis febrium acutarum necessitate fluctuantibus adiungentes adiutoria competentia.

II. De freniticis.

Freniticorum causam certa accidentia manifeste de- 9 signant. sunt enim acutae febres cum terribili mentis 16 alienatione, sunt iuges insomnietates ex meningae tensione vel indignatione venientes, et quod speciale accidens his tantummodo manifestum est, de parietibus aut straminibus veluti paleas vel floccos intentius legunt. 20

1 suci *B* (succi *b*): suco (sucu *ante ips. corr.*) *V* (sucus *r*). cera *V* (*r*). 2 oleo roseo *V*. chamaemelini: camile *V*, camimuli *B* (camomili *gr*, —milli *b*)(*cf. Gal XII,507*). libras (liberas *Vb*) II. *VB* (lib *r*): sextaria II. *g*. conficis *VBrg*(—ies *Gel.*). 3 in vicem *VB Gel.*: ad invicem *r*, in modum *b*. commotionis *V* (*r*). 4 simplicis *V*. 5 aegritudinis *V*. 6 declinationem *b Gel.*(*g*): visitationem *VBr*. adhibitis diligenter et r. s. et r. cum diligentia cust. *g*. 9 designatur *Vrb Gel.*: designantur *B*. 10 composui *rVB Gel.*: exposui *b*. insequenti (*sc.* pagina). 11 cum nominibus et a. *rV Gel.*: cum omnibus et cum a. *B* (pr. nominibus cum omnibus a. *b*). 12 freniticis *V*: —neticis *reliqui*. 15 Freneticorum *hic etiam V*. causa *r* et (*ante corr.*) *V*, causas *Vᶜ Gel.*, causam *Bb*. 16 febris *V*. meningae *Gel.*: emenge *V*, miningae *B*, —ge *r*, imnigne *b*. 17 tensione *VBrb* (*cf. Cael. Aur. ox. 1,116*): incensione *Gel.* 18 quod *V*(*bg*)*r*: quoniam (quō) *B*. 19 de parietibus aut (vel *br*) straminibus ⟨veluti *add. r*, vel *g*⟩ paleas *Vrb Gel.*: om. *b*. 20 vel (fl.) *VGcl.*: seu *b*, aut *r*. intentius *om. Gel.* (veluti intentius *b*).

10   ante omnia, ut superius praemonuimus, commotionum
temporibus serviendum est.   docet natura nihil asperum,
nulla penitus adiutoria admovenda, quae inportunis temporibus quam maxime adhibita nocere probata sunt.   per
⁵ initia itaque huiusce passionis lucidum et temperatum
primo cubiculum providendum est.   ciborum observanda
continentia.   et si supradicta accidentia quibus passio
publicata est intra tertium diem apparuerint evidentia, et
si nulla nos aut aetatis aut temporis ratio removerit, flebo-
¹⁰ tomo subveniemus, licet ad detractionem sanguinis cunctatio
raro peccaverit.   cum enim sanguinis commodissimo elemento corpora laborantia etiam alia possunt invenire remedia, detracto vel amisso difficile reparantur.   ventris
item si constrictum fuerit officium, per clysterem simpli-
¹⁵ cissimum procurabo, melicratum calido oleo tantummodo
admiscens, nil asperum neque pyroticae qualitatis adiciens.
certum est enim febricitantibus omnes iniectiones meningae
sociari.   vini vel aceti penitus in his odor fugiendus est.
cibos umectos et leviores aptis temporibus ministrabo.

        3 admovenda *Gel.*: admovendorum *V*, ammovendo *r*, ad-
movenda eorum *B* (*cf. b* nihil penitus adiutorii adhibendum
que . . .)   4 Per initia *Brb Gel.*: peritia *V*.   5 huiusce *VB*
(huiusque *g*, *ubi om.* itaque): huiuscemodi *r*, huius *b Gel.*
et *V* (*r b*): *om. B.*   7 si (sic *r*) supradicta *Vbr Gel.*: supradicta *g*, si praedicta *B.*   accidentia *Vb Gel.* (adicienda *r*):
adiutoria *B* (*g*).   9 removerit: *sic VB* (*g*) *rb Gel.*   fleobo-
thomo *V.*   10 cunctatio raro p. *rb Gel.g.*: cunctaciora p. *V*,
cunctator p. *B.*   sanguis *V.*   12 aliorum possint *B.*

14 idem *Vr* (idam *ante corr. V*).   15 melicrato calido¯ᵛ
oleum *V*, mel(1 *B*)icrato calido oleum *rB* (aque calide oleum
dulce *b*).   16 pyreticae *Vᶜ Gel.* (peritica aeq. *ante corr. V*,
peritiçe qu. *g*), piroticē *r*, pyrotice *b* (*Garip. I, 8*): diureticae *B.*
17 iniectiones ⟨febribus calefacte *add. r*⟩ *Vrbg*: collectiones *B.*
18 meningae (*sic Vr*, miningae *B*, iniunge *b*) sociari *i. e. communicari cf. Cael. ox. 1, 128.*   18 fugiendus *b Gel.*, Ξfugiendus
cum ras. V: effugiendus *B* (*g*) *r.*   19 cybos umectos (cibos hu-
mectos *b Gel.*, —us *r*) et leviores (lenioris *r*) a. t. ministrabo
Vgrb Gel.: cibus humectus et lenior est adhibendus. Aptis t. *B.*

moneo attamen primis temporibus caput oleo roseo 11
infundendum. et si his adiutoriis contemptis passio augmenta perceperit, ut extensioribus vigiliis et febribus et
alienationibus adhuc molestissimis terreamur, oleo chamaemelino vel anetino calido, ubi papaver vel lactucae semina 5
vel mentae vel hederae sucos coxeris atque miscueris,
eorum capita frequentius rigabis. si vero inpatientius se
iactando quassaverint, ut est omnibus vigilantibus accidens
speciale, mollibus ligaturis fasciarum alligatos quiescere
faciemus. minus etenim incommodi accidere poterit ex 10
vigiliis quietis quam si inter iactationes nimias interceptis
viribus fatigentur. vultus eorum ante cibos aqua calida,
ubi agreste papaver aut lactucae semen et illa cetera quae
significavimus decoxeris, fomententur. similiter etiam articuli eorum, lingua quoque, ex melle et oleo mixto rosaceo 15
aut certe ex suco lini seminis irrigentur. febribus etenim
perseverantibus aegri plus siccitate linguae quatiuntur.
lectus eorum suspendendus est et ad vicem gestationis 12
agitandus. frequenter enim ex illa lecti motione velut
intentis oculis et mentibus occupatis somnos his dulcissi- 20
mos procuravimus. media eorum consideratis temporibus
oleo dulci calido fomentanda snnt, aliquando mixta aqua

1 moneo—temporibus $Vrb\,Gel.\,(g)$: om. $B.$ oleo rose $\overset{\cdot}{\overline{v}}$ $V^c.$
3 perce(iV)perit VrB (perciperet g): ceperit $Gel.$ et (al.):
vel $rb\,(g).$ 4 oleo camemelino (camomillo b, camemillo r) etc.
$Vrb\,(Gel.)$: oleum camimelinū etc. $B.$ 6 mentae $B\,Gel.$: menta
(sic)$\,rVgb.$ atque b (et g): om. $VB,$ vel $r\,Gel..$ miscueris Vb:
miscebis et $B.$ 7 rigabis $VBr\,(g)\,Gel.$: irrigabis b (Neu.).
8 iactando: luctando $B.$ 9 mollibus: cf. Cael. 1, 65.
10 minus etenim rb, minus enim $Gel.$: Etenim (om. minus) V,
ut enim g, Etenim plus (!) $B.$ poterint $V^c.$ 11 quietis
$Vrb\,Gel.$: quieti B, quietes $V^c.$ iactationes $Vrb\,Gel.$: lucta-
tiones $B.$ 13 post quae add. oleo coqui debere r, superius $b.$
17 siccitate l. quatiuntur $VB\,Gel.$: siccitatem l. patiuntur rb
(siccitates l. parti | ⸺tiuntur g).   18 ad vicem $VBr\,Gel.$:
ad invicem $bg.$ 19 velut intentis $b\,Gel.$, veluti tentis r:
velut mentis V, velut ⟨i add. corr.⟩ et mentis $B.$ 21 procuravimus $r\,Gel.$: —bimus VB (— $\overline{b}$ ⹀ —bis b).   21 media:
cf. Cael. ox. 1, 66 (pubetenus h. e. inter umbilicum et pectinem).

calida ptygmatibus infundenda, similiter etiam inguina
eorum proprius huic quam maxime familiariter compatientia
aegritudini. frequenter etiam seminum cataplasmatibus
media eorum iuvanda erunt. iuvat interea multum detonsio
5 capillorum et si raso capite admotis cucurbitis sanguinis
detractio adhibeatur. ex hoc enim adiutorio, quantum saepe
probatum est, ad plenam causae perducti sunt digestionem.

haec est, amice, simplex freniticorum medicina, quae
naturae beneficiis et adiutoriis ita ordinatis competenti
10 tempore adhibitis continetur. his etenim rite custoditis
facilius potest aegritudo victa subcumbere.

III. De lethargicis.

13 ˙ Lethargicis et freniticis capitis est vel meningae simile
sub extensione vel constrictione periculum. utrique acutis
15 febribus agitantur, his tamen accidentibus differunt quod

1 ptygmatibus *Gel.* (tigmatibus *r g*): perty(i *B*)gmatibus *r B*,
pertipnatibus *b*.   inguini *B*.   2 propriis huic q. m. familiariter *r*: proprius huic (hic *g*) q. m. *V B*(*g*), huic q. m. familiariter *b Gel.*   cumpatientia aegritudine *V* (cum patientia
egritudinis *r g*), compatienti aegritudine *B*.   3 seminum—
erunt: *sic r b Gel. V et in ras. B* (*nisi quod* eorum media *b* et
haec eadem media eorum *Gel.*).   4 multum deto(u *b*)nsio
(—sium *r*) *b Gel.*: multa detonsio *V*, multum detonso *B*.
5 sanguinis detractio admotis cucurbitis *Gel.*: admotis cucurbitis (—tas *ante corr.*) sanguinis cum detractione *V*, amotas
cucurbitas cum sanguinis detractione *g*, amotis cocurbitis s.
cum detr. *r*, admotae cucurbitae sanguinis cum detractione *B*
(sanguis eum detractione cucurbite calidissime adhibeatur *b*).
6 adhibeantur *r B*.   etenim *r B* (etiam *b*).   7 perducti
(—ta *ante ips. corr. V*) sunt *V Gel. g* (deducti sunt *r*, perducuntur
b): perductae sunt *B*.   digestiōne. ł decołone (*sic ex glossa,
pro* decoctionem) *b*.   8 amice: amice karissime *b*.   freni-
(e *r b*)ticorum *V*: nefreticorum *B*.   10 rite *r V B Gel.*: recte *b g* (*cf.
infra*).   13 (p. 113, 1. 6) freneticis *etiam V*.   capitis—simile: *sic V B Gel. et* (*ubi* mininge similis) *r b.*   14 utrique
b Gel. et (*Gar.*) *g* (*ubi* iurifq· cautis): utique *V B*.   15 agitantur *V B b Gel.*: exagitantur *g Gar.*   accidentibus *r B Gel.*:
accedentibus *V* (ante cedentibus *g*).

frenitici manentibus insomnietatibus et alienationibus eri-
guntur, lethargici vero sub simili incommoditate vigiliarum
gravedine molestissima et falso veluti somno molestius
deprimuntur. sunt hae differentiae sub simili sorte passionis
in utrisque, ut magis plus lethargici periclitentur. nam 5
frenitici plus gravati lethargicos faciunt, lethargici vero
relevati in freniticos revocantur. una est ergo et aequalis
utrisque causa vitiorum, eademque etiam visitandi diligentia
esse debebit. sed freniticis quies et patientia indicenda
est, lethargicis vigiliae procurandae sunt. 10

  his igitur lethargicis fotus capitis simplex adhibendus 14
est, ut freniticis, exceptis herbis illis vel seminibus soporiferis. utrisque media praecordiorum similiter adiuvanda
sunt. linguae siccitas eodem modo riganda erit, aeque
ventris officium procurandum. caput quoque sic detrac- 15
tione sanguinis relevari debebit. uno eodemque modo vel
tempore etiam ciborum qualitate nutriendi sunt. unum
tamen praecipue, quod frequentibus sternutamentis pinnae
interim admonitione tantummodo relevandi erunt, acutis
dumtaxat adhuc febribus permanentibus. 20

3 gravedine *r b Gel.* [gravedine(s) molestantur *g Gar*]: gravitudine *VB.* sommo (*sic*) *V.* 2 sub similis orte *V* (= sub
simili sorte *r b Gel.*, sub similis fortes *g*): sub simili orte̜ *B.*
passiones (apassiones *ips. corr.*) *V* (= passionis *r b*): passione *B.*
5 magis plus: *sic VB̄r b Gel.* 7 in freneticos revocantur *r Gel.*:
in freni(e *B*)ticos relevantur (*sic, errore ut videtur repetentes*) *VB*
(frenetici relevantur *g*, freneticos faciunt *b*). *cf. Cael. ox. 2, 2*
(deciderunt). 8 visitandi *Vr b Gel.*: —do *B* (in v. *N.*). 9 debebit *V Gel.*: —bat *r B* (—b̄t *b*, —bent *g*). freneticis *etiam V.*
quies *r VB Gel.*: requies *b* (*g Gar.*). 11 adhibendus est ut
freneticis *VBg b*: ut freneticis adhibendus est *r Gel.* 12 ex-
ceptis(*i. e.* sine *Gar.*)*VBg*: sed exceptis *r b Gel.*. soporis ferens
V, sapores ferentibus *in ras. B* (soporiferis *r b Gel.*). 13 utrisque *r b Gel.*: utrique *V*, quibus *B.* 14 riganda erit, aeque
Gel., riganderit aequae *V*, riganda riteque *B*: irriganda erit
r b g. 17 nutriend⟨a *in ras.*⟩ sunt *V* (—di sunt *r Bg*),
nutrienda erunt *b* (—di erunt *Gel.*). unum ... praecipue (precipuū *r*): praecipue unum moneo *Gar.* 18 pinnae
V Gel., sp⟨innae *in ras. corr.*⟩ *B* (penne *r b*, pene *g*). 19 *post*
erunt *add. b*: Sic ferule̜ incense̜ fumus eorum naribus appli-

15   desistentibus vero caloribus, et illis gravationibus perseverantibus, tunc acerbis adiutoriis ptarmicorum imminere nos conveniet, in lucido sane et temperato cubiculo. articulos vero eorum unguo frequenter oleo veteri
5 vel cucumeracio, mixto quipiam nitri aut piperis aut castorei. et uncta solidius defricabo. et si frigidi adhuc fuerint, etiam sinapis pulverem admisceo. nam aliqui etiam sanguisugas fronti eorum vel temporibus recte adhibuerunt.

    perseveranti vero gravedine et sensus occupatione
10 demersis expedit accipere in modum coclearis unius cum melicrato castorei pulverem. expedit etiam apoflegmatizare in oxymeli ysopi aut origani aut thymi aut puleii aut rutae decoctione. et si adhuc illa sub veluti depressione

candus est. Sic lucernę extinctę nidor (ol- *Gar.*)faciendus est [Acutis dn̄ taxat ...] *quae aliis etiam additis manifesto falsis aucta habet Gar. 1, 14.* 20 dumtaxat tamen adhuc *r.* permanentibus—gravationibus *r b Gel.* (*ubi* desinentibus — desistentibus *r* — vero *add. r Gel. cf. b Gar. ubi sic* permanentibus vel caloribus et illis gravationibus perseverantibus *et g* permanentibus caloribus et illis vero gravioribus perseverantibus): *om. V B.*
    2 ptharmicorum *B*, protharmicorum *V* (ptarmicorum *g*). 3 conveniet: *vetat Soranus Cael. ox. 2, 26 (contra Dioclem) 33. (Asclep.) 37—39. (Themison.) 47. (Heraclid.) 54.* cubiculo: sc. oportet iacere (*Cael. ox. 2, 26*). 4 ungeo *V*, unguo *B Gel.* (unguendos *r*, ungere *g*). *cf. 2, 33. post* veteri *add. b*: et oculos eorum simul oleo veteri (vel cucumeratio *etc.*). 5 quippiam *r V B b Gel.* nitro aut pipere aut castoreo *r V B b Gel.* (*ubi genitivos restitui*). 6 solidius *r V B b Gel.*: sollicitius *g Gar.* 7 sinapis *r V*: sinapi *B* (sinap̄ *b*). aliqui *V (h̄)*, aliquis *r*: et aliqui *B* (alii *g Gar.*). 8 sanguissugias *V*. 9 perseveranti *V B Gel.*: —te *r b*. 10 coclearis unius *g Gel.*, cocliadis unicis (*pro* unius) *V*, coclearis unici *B*: coclearii unius *r b*. 11 apoflecmatigare *V* (apoflecmatidiare *r*, apoflegmati dare *b*). 12 in oximeli (*V*, oximelle *B b g*), in hocsimelli *r*: cum oximelle *Gar.* timia *V*. 13 illa sub veluti (illa veluti sub *b*, sub illa veluti *Gel.*): illa sub vetuli *V B* (illa sublevati *g*), illa veluti *r*. depre(ae *V*)ssione *r V B Gel.* (deterseratione *g* [*pro* et si—deponantur *sic habet Gar.* et si adhuc illi s u b l e v a t i non fuerint c a p i l l i s (cum) r a s i o n e depositis, sinapismus capiti adhibendus est (!), *cf. g*: et si adhuc illa sublevati deterseratione capitis deponuntur, etiam s. adh. est]: demersione (dem̄sione = demensione, *ut supra* dem̄sis) *b. cf. Cael. ox. 2, 8. 30 etc.*

capitis deponantur, etiam sinapismus adhibendus erit, unguenta vero ex castoreo et oleo sicyonio. iam tunc etiam
odores naribus admovendi ex castoreo puleio origano thymo
et baca lauri. hoc et ex cornu cervino et galbano fieri
commodum approbavimus.   5

haec igitur gravatis lethargicis adhibenda sunt, ubi
febrium acutarum intervenerit necessitas, quae nos omnia
freniticorum similia adiutoria adhibere compellit.

IIII. De pleuriticis.   16

Pleuriticorum haec est certissima definitio. dolore 10
insustentabili et perseveranti circa interiora lateris afficiuntur, febribus aeque acutis minime desistentibus, tussi
molestissima et sputi varia affluentia. super quod latus
iacere se tolerabilius asseverant. compresso etenim loco
dolente ad saniores partes demigrans pressa materia in 15
tempore locis languentibus moderatur.

febrium itaque temporibus servientes adiutoria et 17
cibos congruos adhibemus. cubiculum procurabo calidum
et lucidum. melicratum ex initio ex despumato melle
suggeram omni aegritudinis tempore ministrandum. interea 20
si minacia nos augmenta terruerint, retractantes aegrotantis

---

1 deponantur *B*: deponuntur *Vb Gel.* (non deponuntur *r*).
4 ex bacu(a *corr.*) *V*, et baca *B*: et bacis *r* (et bacas *g*).
galbano (*rb*): —nae *V*, —ni *B*.   5 commodum *rB Gel.*:
com(m)odius *rb* (*g*).   7 non (*ante* intervenerit) *add. B, sed
om. r V* (*g Gar.*) *b Gel.*   8 freniticorum *V* (*solus*).   *post*
compellit *add. b*: litargum sic excitas . . .   11 perseveranti
B Gel. et (*ubi* —ci | *corr. in* —tae = te) *V*: —te *rV^cb*.
12 tussi *rVB Gel.* (—sim *g*): tusse *b*.   13 et sputis (sputa-
mentis *Gel.*) variis e(a *b*)ffluentibus *b Gel.*: et sputa varia
effluent *V et* (*qui praemittit* compressi) *B*, et sputa varia affluentia *r.* cf. *Cael. Aur. cel. II, 89.*   14 iacere se *r Gel.*(*b*):
iaceris *V*, iacuerint *B*.   loco dolente *b Gel.*, —tes *V*, l. dolent *r*:
loci dolentis *B*.   18 adhibemus *rVb Gel.*: —bens *B*.
19 melicratom *V*: mellicratum *rB*, —to *b*.   ex initio *rVB*:
in inicio *b*, ex hymetio (*corr.*) *Gel.* cf. v. 6 omni *etc.*   19 et
d. m. *rb Gel.*   20 suggeram *VB Gel.*: dabo *r*, offeram *b*.
omnia egr. tempora (t̄p̄r̄ *b*) ministrabo *rb*.   21 minacia *Vb Gel.*
(minatia *r*): in initio *B*.   retractes *V*.

aetatem temporis qualitatem provinciarum naturam, intra
tertium diem flebotomo nos subvenire convenit. item
ventris officium procurandum est aut balano supponendo
aut clystere simpliciore. lateri vero dolenti ex oleo sam-
5 sucino calido fomentum adhibeo, et eiusdem samsuci pulvere vel rutae siccae loca affatim aspergo dolentia. post
vero sucidas aut sulphuratas calefactas lanas appono. variis
et frequentibus ceteris vaporibus loca mitigabo, ut aliquando saccellis ex cantabro aliquando ex milio vel salibus
10 calefactis, aliquando oleo supradicto samsucino vel rutato
adiecto in vesicam, vaporemus. adhibemus etiam ventosa-
rum suis temporibus aptissimum adiutorium. perseverantibus vero doloribus etiam cataplasmata chalastica cum
melle de seminibus superaddo, detrahens speciem faeni
15 graeci, quod, ut expertus sum, febrientibus caput semper
dolore et inflatione sollicitat.

18   cibos vero usque ad aegritudinis digestionem commodis temporibus matutinis quam maxime sorbiles ministrabo et calidos. tunc enim perseverantibus febribus
20 tempus sive adiutoriorum sive ciborum veteres fysici
aptissimum asseveraverunt. semper etenim naturae certa
ratione vespertinae horae crassioris aeris accessu aegros

2 nos subvenire *r b Gel.*: subvenire nos *VB.*   3 procurandum *VBrb*: provocandum *Gel.*   balano *rVGel.*: balanum
B (balamon supponend'ē *b*).   4 clistere simpliciore *rV Gel.*:
clisterē simpliciorē *Bb.*   samsucio *V.*   5 eiusdem *r*: eius
(*sic*) *VBb Gel.*   8 ceteris: *cf. supra s. 5.*   ut *rVb Gel.*: et *B.*
11 in *rVB Gel.*: om. *b* (*Neu.*).   vaporemus: —ramus *VBbGel.*,
—rabimus *r.*   13 calastica i. penetrativa *add. b.*   14 superaddo *rb Gel.*: addo *BV.*   15 quia experti sumus *b*, quod ut
expertus sum *r Gel.*: quod expertus est *V*, quod expertus es
(*sed post* sollicitatur *sic detrudens*) *B.*   16 inflatione *VBb*: inflammatione *r Gel.*   sollicitat: *sic Vb Gel.*, —tatur *B* (*ubi* capitis dolorem et inflammatione sollicitat *r*).   21 *ante* semper
haec sola add. b Tunc enim perseverantibus febribus (*plura et
plena Gel.* Tunc etenim etiam in pers. febribus ... adseveravere):
om. *rVB.*   21 naturae *r B Gel.*: natura *bV.*   22 crassioris
aeris accessu *b Gel.*, crassiores aeris accessū *r*: crassiores ac-
cess⟨a⟩ *V*, crassioris accessu *B. cf. Cael. cel. 2, 192* miti accessu (aeris).

animos ad tristitias quasdam adducunt et veluti initia co-
gunt renasci commotionum. addo interea quod facilius
aegritudinem refrenabis, si per dies singulos semel tantum
modo cibos adhibeas.

sub hac igitur visitatione si necdum aegritudinis 5
augmenta recesserint, diebus pluribus melicrato aut ysopum
aut rutam viridem decoquam et ex hoc frequenter eos
potabo. locis vero inpatienter dolentibus etiam escae
ustiones impono. ita etenim frequenter ad peripleumoni-
corum non permittetur aeger vicina pervenire pericula. 10

dolentes vero latus sine febribus, et ceteris acciden- 19
tibus supradictis pleuriticorum remotis, quos iam non
pleuriticos sed latus dolentes proprius appellabo, ex subiectis alia diligentia visitamus. piper vel cyminum vel
castoreum aut rutam siccam terentes melicrato miscentes 15
potui dabimus. oxyporia quoque adhibenda erunt. item
acopo calido commixto opobalsamo aut gleucino aut laurino
latus ipsum est perunguendum et fricandum. quibus adhibitis si necdum dolor quieverit, super illam decoctionem
quam superius ordinavimus, flogmi radicem aut capparis 20
admiscebo. dabo interea etiam antidota apta frequenter

---

1 initia *rVb Gel.*: vitia *B.* 2 commotionum *r Gel.*: com-
mot(c *V*)ionem *VB*, — nes *b.* quod *r Gel.*: quo *VB*(*b*). 6 in
(mellicrato) *solus add. b.* ysopu(o *V*)m aut rutam v. deco-
(quo *V*)quam(decoco *r*) et *VB*(*b, qui post* ys. *addit* aut origanum
ut 2, 21): hysopo aut ruta viridi decocta *Gel.* 8 escae ustiones:
escas usciones *V*, escas ustionis *r*, ⟨i⟩scas (*ante corr.* escas)
ustionis *B*, estas ustionis *b, cf.* ἴσχαι barbarorum apud *Aet.*
7, 89 lat. p. 408 Lugd. cf. 2, 48. 62 et Alex. Tr. (Anecd. I, 118).
Fraas synops. fl. cl. p. 320. 10 permittetur *VB*: —titur
rb Gel. 13 proprios *rVb* i. e. (o et u *pro more commutatis*)
proprius *B* (proprie *Gel.*). 15 miscentes potui dabimus *rVB*
(damus *r Gel.*): miscemus et potui damus *b.* 17 gleucino
(glaucino *r*) aut laurino *rVB Gel.*: glaucino oleo *b.* 18 est
p. est (*sic bis*) et *V* (est p. et *Br Gel.*, p. est et *b*). 20 flocmi *r*,
flacmi *VB* (phlogmi *Gel.*): flomi *b* (*cf. qui vetat in pleuritide*
Cael. cel. 2, 130. 132 cum Sorano contra Asclepiadem). 21
antidocia *V* (*quorum occasione data exempla* quae a veteribus
scripta probata sunt *addit b* i. trociscos dia spermaton. vel
filonium. aut adrianum aut theodoriton. vel achariston. aut

pleuriticis, superaddens samsuci pulverem isdem semper
adiutorium commodissimum. nam et emplastra vel malagmata his saepissime profuerunt ex rutae foliis viridibus
contritis et axungia, et cetera quam plurima quae sibi quis-
5 que in tempore causae probata et utilia esse cognoverit.

V. De peripleumonicis.

20 Peripleumonicos haec accidentia manifestant. febres
acutae, thoracis pondus quod etiam laterum sollicitet vicinitatem. iacere se supinos non facile patiuntur, sed magis
10 sedendo relevari potius attestantur. infectas veluti quodam
rubore genas habent. anhelitum tardum et suspirium
patiuntur. tussiunt frequenter, sputa sanguinea et sordida
egerunt pulmonis periculum designantia.

21 his ergo primum lucidum et calidum cubiculum pro-
15 videndum est. his febrium temporibus serviens adiutoria
et cibos moderatius ministrabo, sucos ptisanae aut alicae
mellis quippiam habentes despumati. melicratum faciendum est, sicuti etiam in pleuriticis ordinatum est, cui
concoqui debet ruta viridis ysopum vel origanum, aut iris
20 illyrica quae quam maxime perseveranti tussiculae facilius

cetera que pleureticis prodesse cognoveris. superaddens samsuci *etc.*).

  1 isdem *rB*: hisdem *V Gel.* semper *r Gel.* (*b*): super *VB.*
3 ex r. foliis viridibus contritis *b Gel.*: ex rute foliorum viridium contritorum (tritorum *r*) *rVB.*   4 et (*ante* exungia *sic*
rVB) *om. B.*   5 probata et *r Gel.* (*b*): —te et *V*, —tae *B.*
post cognoverit *multas medicamentorum compositiones addit b* (hec
autem utiliter adhibebis ... et lateri dolenti inpones. expertum
est), *deinceps novam rubricam hanc* Sic sanguinem erraticum
curabis. Personatie herbe radicem cum axungia ...   9 se
supinos *V Gel.*: sepius *B*, supinos *rb.* cet. cf. *Cael. cel. 2, 14.*
11 habent *rb Gel. V*: *om. B.*   13 egerunt *b Gel.* (*cf. Cael. cel. 2,
152. 146*): digerunt *VB*, dirigunt *r.*   14 (*post* calidum) utpote calasticum *add. VB*: *om. rb Gel.*   15 serviens *Gel.*, serviemus *r* (servientibus *b*): servens *V*, servans *B.*   16 sucis (sucos *r*)
... habentibus *rVB Gel.* (sucū ... habentibus *b*) *i. e.* cibos sorbiles *ut 2, 18. cf. Cael. cel. 2, 150.*   17 mellicrati *B.* 18 est
(cui) *r Gel.* (est ordinatum *b*): *om. VB.*   19 aut iris illyrica *Gel.*,
aut yris illirice *r* (vel yreos illirica *b*): aut llyrica *V*, aut yllirica *B.*

mederi consuevit. si vero digestio sputuum tarda et difficilis fuerit ut veluti eorum viscosa quadam pinguedine
praecludantur, in modum unius coclearis ieiunos recentis
butyri frequenter eos acceptione iuvamus. ventris officium
assidue procurabo. thoraci eorum, hoc est pectori, adiu- 5
toria omnia pleuriticorum adhibeo tam in fomentis quam
in cataplasmatibus vel ceteris vaporibus constituta. cerotaria quoque ex oleo cyprino habenti sinapis pulverem
adhibenda sunt, quibus ad exteriores cutes pulmonis laborantis causa interior provocetur. nam et ventosae impo- 10
sitae par beneficium etiam mitigando praestiterunt. in
declinatione vero huiuscemodi aegritudinis emplastris et
malagmatibus amycticis uti nos convenit, cibis pro tempore
aptis et humanioribus lavacris et ceteris quibus post tantam
aegritudinem reparare membra lassiora et roborare facilius 15
valeamus.

VI. De synanchicis.

Duplex est synanchicorum species, una quae cum 22
tumore nimio vel indignatione gutturis et uvae et faucium
et vicinarum partium efficitur, altera sine tumore, isdem 20

1 sputuum (sputorum *B*) tarda *VB Gel.*: sputus tardus *rb*.
2 ut *rb*: *om. VB Gel.* 3 unius coclearis (—rii *r*) *r Gel.*: up-
sius cocliaris *V*, suscoclearis *B* (duorum cocleariorum *b*).
ieiunus aecentis (*sic*) buteri *V*, *ubi* ieiunos *BGel.*, ieiuniis *r*,
ieiunis *b*. eos (*ante* acc.) *add. VB et* (*post* acc.) *r*: *om. b.*
5 pectori: pecca | tori *V* (*item* peccatoris *V* 2, 23). 7 vel *b*:
quam (*iterum*) *rVB Gel.* (*cf. Cael. cel. 2, 151*). 8 habenti
(—te *Gel.*) sinapis: habentis (—ti *V^c*) sinapis *rVb*, habentia
sinapi *B*. 9 ad exteriores cutes pulmones laborantes *r*,
ad exterioris cutis pulmonis laborantis *VB* (ad interiora cutis
chaos p.l.*b*). 10 latens (int.) *add. r.* 12 huiuscemodi (*sic*) *VBGel.*:
huiuscę *r*, huius *b*. 13 amicticis: *sic rVB* (*b*), amynticis (*corr.*)
Gel. cibis (ciuis *r*) *rb*: *om. VB Gel.* 14 post *rb Gel.*: est (*ante*
acc.) *V*, ex (c. abl.) *B*. 15 facilius valeamus *rb Gel.*: possimus *VB. adduntur quaedam in b* Nam et galbanum ...
17 De sunancichis *V*, De sinancicis *B*, Degmanticis (a. m.) *r* (De
sinanticis *ind. r*). 18 sinanchicorum *V*, sinancicorum *B*,
sinanticorum *r* (synanticorum *b*). 20 isdem *B*: hisdem *rb Gel. V*.

tamen inhaerentibus signis vel accidentibus, quae plus periculi facere consuevit. meatus utrisque transvorandi difficilis fiet et de conclusione locorum vel suspirio, etiam nausiando, periclitantur.

23   hi hoc modo curandi erunt. cubiculum maius calidum
6 procurandum est. clystere acriore officium ventris cogimus. et si aetas eorum adhuc calidior fuerit, flebotomo liberantur ex venis sub lingua apparentibus, eo sane tempore quo necessitas coegerit. ubi enim febrium timor defuerit, etiam
10 post tertium diem sanguinis detractio non negatur. gargarismatio vero has causas faucium solitas frequentissime tali novimus relevari, melicrato in quo aut cantabrum coquendum est aut fici siccae aut gallae quassatae aut rosa sicca aut lenticula aut omfacium. aliqua ex his aut
15 certe omnia ut superius contexuimus concoquenda sunt. nam et andronius trociscus omnibus medicis approbatus si cum passo vel caroeno teratur et molli pinna his locis adhibeatur, satis iuvat. sic etiam de flore rosarum et alumine scisso et difryge lapide simul combusto confectus
20 pulvis similiter temperatus commodius adhibetur, et cetera medicamenta, ut anthera et his similia anteriorum com-

2 *post* consuevit (*sic Vb Gel.*, consuit *r*, consueverunt *B*) *add. b* hanc autem syquinancē medici appellant = *b Gel.* hanc eandem cynanchen medici appellare consueverunt. *cf. Cael. cel. 3 c. 1.*   utrisque *rb Gel.*: utriusque *VB.*   transvolandi *B.* 3 & exdeconclusione *V.*   6 clystere acriore *rb Gel.* (clistre
acore *b*): clystere adrore (*sic*) *V*, clisteris ardore *B.*   cogi-
mus *b*, cogimur *r*: cogemus *VB Gel.*   10 gargarismatio *Gel.*, —matia *V*, —macia *B*: gargarismate *r*, —matis *b.*   11 fau-
cium solitas *b* et (*om.* faucium) *r*: faucium (*om.* solitas) *VB Gel.* 12 t. n̄ novimus *B.*   13 fici sicci *V*, ficus sicci *r*, ficus sicce *b B.*   · 14 *post* omf. *add. b* aut cimas rubi tenerrimas aut mali granati cortex.   16 et *Vb Gel.*: *om. r B.*   andronius *Gel.*, andronis *r*: andronicus (—cos *V*) *VBb.*   medicis *r b Gel.*: meritis *VB.*   approbatur *V.*   17 vel *rb Gel.*: aut *r B.* careno *codd.*   pinna *V Gel.*: penna *r B b.*   19 diphrige *Gel.* (defrigido *rb*): defrargo *VB.*   conbusto. Combusto (*sic bis*) *V.* 21 anteriorum *VB Gel.*: priorum auctorum *b*, antiquorum *r.* com(con— *V*)positione *rbVB*: auctoritate *Gel.*

positione probata. interea saccellis vel fotibus, cataplasmatibus aeque chalasticis et paregoricis, locis faucium
periclitantibus et pectoris vicinis partibus imminebo. cibis
vero, temporibus competentibus, umidis calidis et tenuioribus nutriendi sunt. acutae enim aegritudines aliter utilius 5
gubernari non poterunt.

VII. De apoplecticis.

Apoplectici appellati sunt eo quod veluti ictu quodam 24
repentino percutiantur vel quod cum totius corporis frigidissimi desperatione et gravedine iaceant sine sensu. etiam 10
haec equidem passio acuta est et temporalis, numquam
penitus sociata cum chronicis, nimium sollicita, sine febribus tamen.

de his igitur Hippocrates noster, huius profes- 25
sionis auctor, ita sic sua sententia iudicavit. apoplecticos 15
inquit graviter occupatos nullo pacto penitus curari posse.
leviores attamen, licet difficile, liberari. huic etiam ego
oboediens hos sic suadeo visitari ut eos quos sine sensu
penitus iacentes inspexeris et nimium frigidos, anhelantes

1 *post* probata *add. b* Nam et ventose inter scapulas cum
sanguinis detractione adhibitę par beneficium prestant. aliqui
simul et in occipitio capitis iusserunt easdem ventosas esse
figendas. 3 pectori *r*. imminebo *Gel.*: bis habent *r V B*
post pericl. *et post* partibus (*utrumque cum intermediis plane
om. b*). 4 tenuioribus *V B Gel.*: tenerioribus *r*, tēm̆ibus *b*.
6 *post* poterunt *seq. in b rubr.* Singultus si innatus fuerit.
Manus eius ambas in aqua calida *etc.* (*per versus 4*). 8 veluti *V B b Gel.*: velut *r*. 9 quod cum *r b Gel.*: cum quod *V B*.
frigidissimi *r V B Gel.*: rigidissima *b*. 11 temporalis *r b Gel.*:
temporibus *V B*. 14 ypocrates *r V b* (*de re cf. Cassius 65 =
Cael. ox. 3, 57*). noster *r b V B*: nostrae *Gel.* 15 auctor
ita sic *b*: auctoritas sic *V Gel.*, auctoritatē sic *et B et r*.
16 graviter (—vit *sic V*) occupatos *r b V B*: gravi ictu perculsos
Gel. pacto *r b Gel.* (*Neu.*): facto *V B*. 18 obediens *V B r b Gel.*
hos *r b Gel.*: hoc *V B*. visitari *V Gel.* (—re *b*): vegetari *B*,
observari *r* (*ut corr. Neu.*). 19 inspexeris *r Vᶜ B*: inspexero *b*
                                    r
et (*ubi* insp. iacentes) *Gel.*, inspeximus *V* (*sed* — emuſ *Vᶜ* sic = eris).

tantummodo, plena sub desperatione pronunties. quos vero
leviores, ut dixi, et aliqua sensum proprium continentes
sono narium respirantes, pinna prolixiore interiora faucium
attingendo, si fieri potest cibos aut flegmata per vomitum
5 provocantes curare debebimus. sternutamentis acrioribus
eorum capita commovenda sunt. unguentis vel fricamentis
acrioribus et calidis omnes eorum articulos mixto nitro
et pipere infundi suadeo. extremitatem vero intestini taurino felle tangendam aut pulvere stafidis agriae, quam
10 silvaticam uvam appellant. balanos supponimus acres et
thermanticos. consueverunt etenim his adiutoriis coacti
scybala vel urinas vel flegmata frequenter excludere.
cognoscentibus vero et respondentibus intrepide° flebotomum adhibebo, si tamen nimium senes non fuerint. sucis
15 eos ptisanae vel alicae cum oxymeli gubernabo, aquam
calidam potui dabo. cum vero transacto periculo praesenti ad paralysin, ut frequenter contingit, causa fuerit
derivata, servato tempore quo de paralysi tractaturi sumus,
etiam eorum ordinabo remedia.

1 sub *r VB*: eos *b Gel.*   pronunt(c *rB*)ies *r VB*: —ciem
Gel. (denuntio *b*)   2 et aliqua s. p.: et aliquo (ex aliquo
*r B*ᶜ) sensum proprium *B*, et aliquo sensu proprium (—io *b*) *Vb*
(et aliquem sensum proprium *Gel.*).   3 pinna *V Gel.*: penna
rBb.   prolixiore *rb Gel.*: —ri *VB*.   4 flegmata *Vb* (*Gel.*),
flecmata *B*: flegma *r*.   5 provocantes curare: procurari *V*, —re
rBb (provocare *Gel.*). cf. *Cass. l. c., Gar. 5, 20.*   sunt nuta-
mentis *V*, Sunt numentis *r* (*pro* s̄tnutamentis *b* = stern. *B*).   8 infundi *rVb Gel.* (*sed* infunde *sic V*ᶜ): infundere *B*.   extremitate *V*, —tem (tē) *Bb Gel.*   9 tancendum *r*, tangendū (—guendū *B*)
VB, —do *b* (—dam *Gel.*).   stafides (staphidis *Gel.*) agriae *V*,
stafisagrię *rB* (*b*).   10 aliqui (*ante* uvam silv. *b*, *post Gel.*)
add. b Gel. (*om. rVB*).   11 etenim *rb Gel.*: enim *VB*.
12 excludere *rVb Gel.*: extrudere *B*.   14 adhibebo *V Gel.*:
—beo *rBb*.   senes (—ex *r*) n. fuerint *rB*: senex n. fuerit *Vb Gel.*
15 cum oximeli *Gel.*, comixi meli *V*: cum oximelle *Bb*, cum
oximellis *r*.   17 apa⟨ra *add. corr.*⟩lisen *V*, ad paralisin *rB*,
ad palysin *b*.   18 derivata *VBb Gel.*: deviata *r*.   quo:
quod (qđ) *B*.

VIII. De hydrofobicis.

Hydrofobicorum causam aliqui ex morsu canis rabiosi 26
aliqui ex serpentum evenire asseverant. sed has origines
sollicite nos scrutari superfluum est. occupatos etenim
hoc morbo molesto nil iuvat originem didicisse. igitur 5
cum initia huius manifesta fuerint passionis, emergit primo
quaedam veluti inrationabilis animi desperatio repentina
et frequentes iracundiae. item pigrescunt ad omnia, insomnietates vel certe somnos terribiles patiuntur. his et
stomachi gravedo cum corruptela ciborum emergit, lava- 10
crorum inconsueta vitatio. aerem serenum veluti pluviosum
perhorrescunt. vitare etiam bibendi eonsuetudinem temptant.
tum etiam quicquid liquidum et umidum horrent, solli-
citi ne forte vel aqua ab aliquo nominetur. at vero cum
hos passio plena possederit, quantum in desideranda po- 15
tione his accesserit desiderium, tantum timor in accipiendo
geminatur.

1 De hudrofobicis *V* (*in ind.* De drofouicis *V*), De ydro-
fóbicis *b B*, De idrofouicis i. morbi serpentis *l* cantū occupatis
r: De hydrophobis *Gel.* 2 Hydrofouicorum *V.* rabiosi
r V B Gel.: rabidi *b.* 3 serpentum *V Gel.*, —tium *r B b.*
evenire *r V B Gel.*: venire *b.* asseverant (*in ras.*) *B et Gel.*:
assueverant (*sic*) *Vb*, asserunt *r.* 5 nil *V B Gel.*: nihil *b*,
nichil *r g.* 7 quędam (quidam *V*) veluti *r V B*: veluti quedam *b Gel.* desperatio *rb Gel.* (*Gar.*): respiratio *V B* (*g*).
8 frequenter (—tes *Gel.*) iracundiae *r V B Gel.*, frequens iracundia *b* (*Gar.*). 9 certe somnos *r*, certe sōnos *b Gar.* (somnos *Gel.*): certe sonos *B*, certissinos *V* (certe sōniis *g*). 11 vitatio *r V B Gel.*: visitatio *b.* aerem serenum *rb Gel.* (*cf. Cael.
ox. 3, 102*): aerum serum *V*, aerem serum *B*. haec (aerem
—temptant *r V B Gel.*) sic contracta habent *b g*: aere (—ē *b*)
sereno (—ū *b*) veluti pluviosum ordinem temptant. 13 tum
—nominetur *post* temptant *inserit Gel. quae praeter eum* (*nam
omiserunt cum r V B etiam g Gar.*) *sic habet solus b*: Timeat
(*l.* —ment) quicquid humidum et liquidum fuerit sollicite ne
forte vel aqua ab aliquo nominetur (*ubi* vel *om. Gel.*). 15 hos
om. B. et quantum *V B.* aquae (atq· *g*) *add. g Gar. ante*
potione. 16 his—timor *om. r.*

27   ad haec flebotomo prius occurrendum est, si nos nulla
prohibuerint cetera praeiudicia et, ut superius dictum est,
quo necessitas coegerit tempore. ubi enim febrium timor
defuerit, etiam post tertium diem detractio sanguinis non
5 negatur. item dabo gentianae radicis pulverem, in melicrato cocleare unum. dabo theriacam, dabo coagulum leporis tritum similiter cum melicrato. dabo etiam canum
catulorum coagulum, dabo etiam cancrorum fluminalium
pulverem combustorum. vulnera autem eorum a plena
10 sanatione ut possumus differemus, admovendo medicamenta
quae debent umectare et sordida eadem vulnera faciant
permanere. admoveo interea etiam sanguisugas, admoveo
caustica. patentia enim diu loca paulatim venenosi minime umoris poterunt prohibere digestionem. pectus eorum
15 vel stomachum seminum chalasticis cataplasmatibus adiuvabo, iuvabo etiam cerotario ex aloe et mastice et nardino oleo temperato. caput eorum oleo anetino vel chamaemelino tepido infundo. vomitibus frequentibus et
clysteribus relevandi erunt. stomacho ventosas impono fre-
20 quenter cucurbitas, et unguentis ex samsuci herba vel

2 prohibuerint *B Gel.* (—r̄ *b*): prohiberent *V*, prehibuerint *r*.
cetera *V B Gel.*: aut etatis aut temporum *b*.   3 quo *r V B Gel.*:
quoquo (q̊q̊) *b*.   5 negetur (*unus*) *b*.   pulveris *r* (*unus*).
6 cocliarium unum *r V* (*Gel.*), coclear unum *B*, coel' *b g*.
dabo tyriacam *r b* (*Gel.*) = da tyriacam *V* (*unde*) diatiriacon (!) *B*.
8 etiam *sic* (*iterum*) *omnes*.   fluminalium *r V B Gel.*: fluvialium *b g Gar.*   9 vulcera (*sic*) *solus g*.   a plena sanatione
V B Gel.: ad plenam sanacionem *b g*, ad plenam sanitatem *r*.
11 quae debitum &ta *V*, quae debent mitti *B*, quę diu et
humectant *b* (quae diu et umecta *corr. Gel.*), quae debent
umectare *r et* (humectari *g*, —re *Gar.*) *g Gar.*   faciant *omnes*.
12 interea etiam *V B*, interea (*om.* etiam) *r*: etiam (interea
add. Gel.) hisdem locis *b Gel.*   13 patenti etenim *r*, patenti
enim *g*.   diu *r V g b Gel.*: *om. B*.   venenosi minimi (*sic V*,
minime *b B*) humoris (—res *b*) *V B b*, venenosi humoris minime *r*:
venenosi ex vulneribus manantis humoris minime *Gel.*   17
camemi(e *ips. corr.*)lino *V*, camimolino *B* (camomillo *r b*).   frequentibus *r b*: *om. V B Gel.*   20 et cucurbitas *b g* (*quod utrumque om. r, ubi* v. freq. impono *eodem ordine quo b*).   samsuci *V g b Gel.*, —cis (erba) *r*: —co *B*

absinthio confectis praecordia perfricabo. cogo interea et
suadeo per intervalla ad balneas ire debere, et solii fomento calido eos posse iuvari asseverabo. procurabo cibos
cum soporiferis speciebus. si in tempore non deerit, etiam
sagapenum aut lasar admisceo.   5

VIIII. De ileo, colicis, strofo.

Ileorum colicorum et strofu similis est omnibus do- 28
loris molestia, diversis attamen accidentibus separantur.

strofos est levis ventris tantummodo dolor, et levi
adiutorio aut vaporum aut ventris expositione aut lava- 10
crorum fomentatione compescitur.

colicorum vero intestini unius querella gravissima est,
et frequenter lege chronica, statutis et praefinitis veluti
temporibus commoventur, ut iam temporis magis molestiam
quam vitae periculum reformident.   15

ileorum autem passio, de qua nunc nobis tractatus
interponitur. acuta est et sub angusto tempore periculosa.
primo quod ventris totius et stomachi ventositate tenduntur, vesicae inguinum coxarum et omnium vicinarum
partium doloribus opprimuntur, scybalorum interclusione 20
nimia conligantur. usque adeo ut etiam clystere frequenter

2 balneas *VB Gel.*: —nea *r b g Gar.*   3 asseverabo *r V B Gel.*:
assevero *b Gar.*   4 soporiferis *r Gel.* = suporiferis *V*: sapori-
feris *B b.*   si *r Gel.*: sise *V*, sed si *B* (sed *g*).   5 lasar
r V B b: laser *g (Gel.*).   6 *tit.* De ileodis (iléocis *B*) colicis
strofo VIIII. *VB Gel.*, De iliodis vel colicis vel trofis theodori
priciani *r*, VIIII. De yleon. colo et stropho. *b.*   7 Ileorum
V B Gel., yleorum *b*, Ili(y *g*)orum *r g.*   strofo *VB*: strophorum
b, strofi *g* (—phi *r Gel.*, strophicorum *Gar.*) *et apud Sim. Jan.*
s. v.   omnibus (—b:) doloris *r V B Gel.*: omnibus doloribus
b g (*Gar.*).   9 strofos *V* (—phos *Gel.*): —fus *B*, —phus *r b g.*
et: qui *b.*   10 aut vapore calido aut ventris exp. *b.*   ventris
exp. (*sic r V B b Gel.*) *i. e.* clystere *cf. Cael. ox. 3, 144.*   12
querilla *V*: querela *cet.*   13 frequenter: plerumque *Gel.*
(*solus*).   cronica *r V B Gel.*: cronia *b.*   14 ut iam *VB Gel.*: ut
etiam *b*, et tam (... reformidant) *r.*   16 iliorum *r g.*   18 ventris
totius et *r V b Gel.*: ventosi totius est *B.*   21 frequenter
r V b Gel.: nimio *B.*

adhibito non fimum sed ventositatem solam inutilem egerere videantur. salivarum frequenti profluvio perseveranti
coguntur in nausias, ut non solum flegmata vel umores
sed etiam, horribile visu, stercora cogantur excludere.

29   ad haec igitur accidentia quantis possumus adiutoriis
6 hoc ordine succurendum est. vaporibus frequentibus et
cataplasmatibus de cymini pulvere et sinonis semine temperatis immineo, iniectionibus quoque ex supradictarum
specierum decoctione confectis, admiscens sucos faeni
10 graeci, quibus ruta viridis decoquenda erit. item etiam
ex oleo roseo mixtis anserinis adipibus, aut castorei pulvere cum oleo vetustissimo, utilius si ex laurino vel cyprino vel gleucino temperetur. utimur ventosis cucurbitis
ignitioribus violentius evellentibus. et si adhuc doloris
15 molestia perseveraverit, flebotomum adhibebo perseverando
tamen fricationibus, manibus vel sabanis calidis. scybalorum vero egerendorum causa primo eos chalastico clystere

2 perseveranti *VB*: —te *rb Gel.*   3 flegma *r* (*ut supra*).
4 horribili visu (visi *V*) *rVBb* (*Gar.*): dictu horribile et visu
Gel. per os (cog.) *add. b Gel.* (*om. rVBgGar.*). excludere *r Gel.*:
emittere *b* (emittant *Gar.*), *om. Vg*, egerere *B.*   6 vaporibus
frequentibus ⟨id est in aqua cocti fuerint frondes lauri . . .
detergis *add. b*⟩ et cataplasmatibus *etc. b.*   7 sinonis: *sic
VBb* (sinoni *r*) *cf. lex. Alfita* (*ap. Renzi Coll. Salern. III, 314*)
s. sinonum i. petroselinum agreste (= *Simon. Jan. s. v.*). *Gal.*
X, 578 τῶν ἀφύσων σπερμάτων σελίνου καὶ κυμίνου καὶ μαρά-
θρου καὶ σίνωνος. post immineo *in b per 13 versus adduntur
remedia.*   9 admiscens *B*: — centes *rVb Gel.*   10 quibus
rVB Gel.: in quo (ubi sucū) *b.*   decoquenda *rVBb Gel.*: concoquenda *Neu.*   12 si *Bb*: sic *VGel.*, seu *r.*   vel cyprino
(cyprio *V*, quiprino *r*) *rVb Gel.*: *om. B.*   13 glaucino *bg Gel.*,
glaucio *VB.*   temperetur *b*: —rentur *rVB Gel. post* temperetur *sic pergit b* sed primo eos...(*v.17*) *intermediis omnibus om.*
14 ignidioribus *V Gel.* (—tioribus *Gar.*), inditioribus *r*, igno-
tioribus *B.*   evellentibus *Gar.* (*om. b*): evellendis *rVB*, —tis *g.*
15 adhibebo *V Gel.* (—bis *g*): —beo *rB.*   16 fricationibus:
perfricatione *r.*   manibus *rGel.*: *om. VB* (*cf. Gar.* perseverantibus tamen fricationibus manuum sanamus = *g* perseverantibus tamen fricationibus sanabis vel manibus. Scybalorum *etc.*).

compello. qui si contemptus fuerit, in secundis acrioribus imminebo, colocynthida decoquens suco betarum et similibus ceteris aspere provocantibus.

si vero ex suspicione potionis venenosae perceptae hoc evenisse cognoveris, theriacam cum vino dare conveniet. ventrem provocabis ex lacte decocto quod schiston aliqui appellaverunt, in quo coqui facies vel dissolvi aut aloen aut scamoniam. addes etiam adiutoria de graeco euporiston compendiosa. 5

X. De spasmis. 10

Spasmus appellatus est ex tensione vel protractione 30 nervorum et vicinorum musculorum cervicis quam maxime inpatienti dolore compatientis, ut etiam ad respondendum os facile aperire non possint. nam sub hoc titulo spasmi variae sunt huius passionis figurae. spasmus per omne 15 corpus extensionem rigidam temporalem quidem habet, sub qua ita tenduntur ut sub uno schemate iacentes tensione molesta et inflexibili teneantur. quos vero pronos con-

---

1 contemptus *b Gel.*: contentus *r V*, contenti (fuerint) *B*. in secundis *r V B b Gel.*: incondo (*sic*) *g* (*opp.* primo). acrioribus *r V B Gel.*: acriori *b*. 2 coloquintida (conloquentida *V*) *V Gel.*: —das *r B* (*g*), ex coloquintida *b* (*om.* dec.). suco *V B b Gel.*: sucus *g*, sucos *r*, cum suco *B*. 3 *post* provocantibus *aliena* add. *b*. 4 si *r V B b*: sin *Gel.* 5 evenisse *r V b Gel.*: —nire *B*. theriaca *V*: tyriacā *Bb*. tiriacā *r* dari *r g* 6 decocto (*sic*) *r V B b Gel.* (decoquis *g*). scisthon (*sic V B*) aliqui appellaverunt *V B* (*g*), siston aliquid appellaverunt *r*: schyton i. divisum vel scissum appellamus *b*, schiston appellamus *Gel.* 7 coqui facies (conficies *g*) *om. b*. 8 esciamoniam *V*, scāmoniam *B* scamonea *r b*). addis (*sic r V B g*) etc.: *his omissis in b additur breve cap. sic* Strofum ne infans paciatur. aut intestina ei torquentur vel ne aliquid mali ei accidat (*hec rubro scr.*). Facies lac caninum suggere... de greco *V B g Gel.*, depreco *r*. 9 euporiston *B* (exponton *g*): euporisto *V Gel.*, euporista *r*. 10 *tit.* Item theodori prisciani de spasmis *r* (De spasmis. et prostotonicis. tetanicis. et opistotonicis. et telu *b*). 11 ex intensione *b* (ab extensione *Gar.*). 13 compatientis (*sic*) *V B g Gar.* (pacientes *b*, compatiuntur *r*): consentientis *Gel.* 14 os: hos *r*.

tractio habet, emprosthotonicos dicimus. quos autem ad posteriora reclinatos, opisthotonicos appellamus.

haec accidentia corporibus frequenter sine febribus evenire consuerunt. quae quibus supervenerint causam 5 solvunt. supervenientes vero febribus vitae semper periculum minitantur.

31   sed haec supradictae discretiones una eademque medicinae diligentia visitantur. primis diebus commodius flebotomo succurrendum est, si tamen post omnia adiutoria 10 competentia minime praetermittas. fricamentis vel unguentis omnia loca diligentius mitiganda sunt vino et oleo temperatis, cubiculo calido et lucido procurato. nervis vero tensis et inflexibilibus fomenta vel solia ex oleo chalastico calidissimo procurabo. cucurbitas cum detractione 15 sanguinis competenti tempore adhibebo. ventrem procurabo ex clystere simpliciore. cibis congruis et digestibilibus nutrio, ut sunt ova thermapala. buccellae candidae in aqua calida maturatae, frequenter etiam melicrato infusae inferendae erunt. et si adiutoriis supradictis rele-20 vati etiam oris coeperint impedimento carere, malvas dis-

---

1 empustotonicus *V*, empistotonicos *B*, inprostotonicos *r* (prostotonicos vel tetanicos *b*).   4 consuerunt *rVB*: consueverunt *b Gel.* (*et ante ras. V cf. 2, 33*).   quae quibus: *sic rVBb Gel.*   5 supervenientes (*sc.* spasmi) *Neu.* (*Hipp. aph. III p. 735 cf. 758 cit. a Cael. Aur. ox. 3, 70 et Aurelio c. 20 = Gar. 5, 2*): supervenientibus *rVBb Gel.*   7 haec (hęc) *rV Gel.* (hęc de supradictis descriptionibus *g*, ex supradicte discriptionis *Vindob. 68*): hę˙ *Bb.*   discretionis *rV Gel.* (—nes *Bb*).   9 succurrendum *V*(*g*)*b Gel.*: suavi utendum *B.* si *rVBg Gel.*: sed *b Gar.*   post *om. b.*   13 inflexibilibus *rgb Gel.*: flexibilibus *VB.*   13 calastico *rgb Gel.*: castico *V*, caustico (!) *B.*   14 et (*ante cal.*) *add. VBg* (*non b Gel.*) procurabo *rVb Gel.*: temperabo *B.*   15 adhibebo *rVb Gel.*: —beo *B.*   16 ex *om. b.*   simpliciore *rVB Gel.*: —ri *b.* et *rV Gel.*: *om. B* (*b ubi* digestibilioribus).   17 thermapala *V Gel.*, termapala *r*, termapula *B* (termantica apala *b*, terna apala *g*, tenera apala *Gar. 5, 1 cum ep. Vind. 68*).   bucce(i *V*)llae(e) *rVB*, bucelle *b.*   18 maturate *rV* (*bg Gar.*): maceratae *B Gel.* cf. 2, 91.   19 supradictis *rVB*: suprascriptis *gb.*

coctas et minutos pisciculos anetino iuscello decoctos plena
iam confidentia subministrabo, frequenter etiam cum embammate ex oenomeli temperato. lactis his copia neganda
non erit. omnibus vero tensionibus post fomenta chalastica ex oleo sicyonio inunctionem adhibebo et acopa 5
calidiora, et cataplasmate chalastico loca diutius mitigabo.
post clysterem vero chalasticum, expositis scybalis, enemate
uti nos conveniet ex rutato oleo commixto castoreo. conveniet etiam locis de salibus calidis adhibere saccellos.
nam et carbonibus proxime calentibus lectos et stramina 10
calidiora procurabo. cerotaria vel acopa ex oleo cyprino
his frequenter adhibenda sunt. et adipes leonum galbano
commixti par beneficium procurarunt. dabo etiam interea
potiones huius modi. castorei pulverem cum melicrato,
aliquotiens piperis quippiam intermiscens. dabo silfium 15

1 decoctos *rb Gel.*: discoctos *(iterum) V B (om. Neu.)*. 2 embammate *(corr.) Gel. (cf. 2, 61)*, emlemmate *(sic) r*: emplasmate
V B (inplasmate) g (om. b Gar.). 3 oenomeli *V Gel.*, ynomelle *B*,
inomelli *r*. 5 sicyonio: aut nardino *add. b.* inunctionem
Gel.: iunctionem *V*, unctionem *B g b*, *om. r.* adhibebo *V Gel.*:
—beo *B b* (adimplebo *r*). aeopa *(sic V*, acopa *r b g)* calidiora
V r g b: cepa calidiore *B (interpolatum est quod sequitur in b*
acopum ypocratis). 6 mitigabo: medicabis *g (medeberis Gar.)*.
7 enematio *V B*, —matę *b* (—tis *Gel.*), emmata *r. cf. 2, 5*.
8 conveniet *r Gel.*: convenit *V B b*. ex rutato oleo *r et (ex om.)*
Gel., & rutato *(sic) V B*: ex oleo ruthacio *b*. conveniet *V B Gel.*:
—nit *b* (—niunt *r*). 9 locis de salibus (salibis *Vindob.*,
—vis *g) r g b Gel.*: de locis salibus *V B*. 11 procura *(sic) V B Gel.*,
—rabis *g*, procuro *r (cf.* lectum straminabo *b)*. 11—12 *om. b*
(quia confudit cum v. 5). 12 et: nam et *r (quod seq. de*
adipibus leonum supra habuit b post acopa calidiora *v. 5 quae*
confudit cum acopis v. 11, ubi aliena addidit. hic item aliena
habet: et equi adipes cum resina et galbano equali pondere in
unum recontuse et decocte nervos et posteriora corporis membra
inuncta solvit erigit et extendit. Dabo interea pociones etc.
galbani *V* (—no *B b Gel*, —nū *r)*. 13 procurarunt *V Gel.* (—ra-
verunt *g)*, —rant *r B* (—rabis *b). pergit unus r*: Hoc addidit
de greco pittacium *(hic aliena seq. in b, cf. ad v. 12: sci-*
licet acopum Hippocratis p. 85, 1). etiam interea *V B Gel.*:
interea etiam *r*. 15 piperis quippiam *b (Gar.)*, piperis quipiam *r Gel.*: piperis *(om.* quippiam) *V*, piper his *B* (piper *g)*.
sequuntur alia remedia in b.

cum pipere et melicrato similiter, dabo etiam diureticas
potiones, dabo somniferas. procurabo etiam aquarum
naturalium beneficia calidarum. per quae post declinationem
aegritudinis his multum naturae eorum venire beneficii
5 consuevit.

XI. De satyriasi vel impedimento usus.

32   Satyriasis gonorroea vel priapismus, quibus similis est
sub inmoderata patratione molestia, his accidentibus disterminantur. gonorroea sine veretri extensione vel usus desi-
10 derio, spermatis affluentissima sub effusione, corpora debilitat, et per chronica tempora producitur. satyriasis vero
ex certa corporis incommoditate, quae etiam mulieribus
aliquando contingit, quam metromaniam aliqui appellaverunt,
et desiderium insatiabile et tensionem particulae cum as-
15 sidua patratione avidissimam facit, et licet sine febribus
attamen inter acutas et temporales aegritudines numeratur.
hanc passionem priapismon aliqui appellaverunt.

    2 aquarum naturalium b. calidarum *rVBg*: aquarum b.
natura calidarum *Gel.* (calidarum vel balnearum beneficia *b*).
3(—5) per quae ... his multum naturae earum ventri beneficii (—ciū *B*) consuevit (*sic*) *VB* (natura earum mederi consuevit *Gel.*), per quę ... his modum naturet earum mederi beneficia consuevit *r* (*pro quibus breviter sic* *b*: ut possint post tam
sevam egritudinem reparare). *cf. g*: qui ... his multum eorum
naturas | uris conveniụnt beneficiis *et Vind. 68*: qui ... his mul-
um naturaeorum ūrīs (vestris) beneficiis conveniet (*Gar. 5, 1*:
quae post declinationes aegritudinis multum eorum naturae
conveniunt). *hic in b additur rubrica nova* Ad telum vel ad
sanguinem erraticum. Pẻrsonatię herbę radix ...   6 De
satyriasi *Gel.* (vel imped. us. *add.* *VB et ind. r*), De s. gon.
vel pr. Quibus s. *etc. bg, rubr. om. r.*   8 patratione *Gel.* (*ut
mox*): paratione *VB*, patrocinatio (molesta) *r* (aspiratione *g*,
speratione *Vindob.*), patrocinatione *b* (*sed infra* patͦcione).
11 cronica *VB Gel.*: cronia *rb.*   13 quam—appellaverunt *habet
Gel. cum r b* (*ubi* matromania *r*, et matromaniam a. appellant *b*):
om. Vbg.   15 et (*ante*) des. *rVb Gel.*: *om. B.*   cum assiduam
datracionem avidissimam (*sic*) *V* (*Vindob.*), cum assidua patratione avidissimā (*sic*) *r B* (avidissimū *om. b Gel.*).   17 priapismon (*sic*) *r VB Gel.*

sic itaque curandi erunt qui sub utriusque cogno-33
mentis aegrotant. fricatione palaestrae per initia omne
eorum corpus exerceo. post identidem penitus quies-
cendum est. vapores stypticos frequentius supponimus sub
tegmine vel munimine totius corporis bene disposito. un- 5
guo sub vapore calefactum ex acacia vel hypocystide cicutae herbae suco contrita et resoluta. tunc ipsis partibus
durarum superaddimus fricationem manuum vel sabanorum
paulo asperiorum. cibos stypticos omnes cum aceto ministrabo, vitans calidos et qui inflationem possint concitare 10
corporibus. hi etenim frequenter usum erigere venerium
consuerunt. sic etiam potus subministrandus erit. sed
tamen omnia haec mediocriter et rarius exhibenda sunt,
ut ex hoc veluti famem vel sitim procurare possimus.

si vero passionis huius molestia diutius persevera- 15
verit, ut et tensio et desiderium inpatientissime proten-
datur, lamminam plumbi renibus et partibus vicinis appono.
nam et ventosis cucurbitis assiduis eadem loca fatiganda
sunt. dropaces quoque imponendi erunt. ab omnibus
carnosis cibis et multum nutrientibus abstinendi sunt, 20
ab odoribus bonis vel thymiamatibus, ab aspectu vel

---

1 Sic itaque (Sicit quae *V*) *VB* (*g*) *Gel.*: Itaque ergo *r*, Hi itaque
sic *b*.   sub utrisque (*add.* his *b*) *b* (*Gel.*), sub utriusque *r*, de
utriusque *VBg* (*ubi* sic sub *r b*).   4 sub vaporem (—rē *B*)
calefactum *VB* (sub vapore calefacto *g Gel.*), ////aporēſ (*cum corr.*
al. m.) calefactum *r* (*qui om.* sub), sub vapore *b* (*qui om.* calefactum).   5 bene disposito (*Vindob. B*, —tū *rg*, —tae *V*) *VBg*:
om. b Gel.   ungueo *r*, ungeo *Vg*, unguo *B Gel.* (ungo *b*).
6 y(i *r*)poquistida *VBr*.   cicutae (*cf. Diosc. 4, 79*): conize *g* (conize i. cicute *Gar.*).   8 durarum *Gel.*: duram *r*, duarum *bVg*,
duabus *B*.   fricationem *rVBg*: —nes *bGel.*   manuum *rb*
(*Gel.*): man; *Vindob.*, manibus *g*: unam *VB*.   10 vitans *rbB*:
urans *V*.   11 usum *VBgGel.* (*et ubi* egerere) *b*: ad usum
Gar. sed *cf. mox s. 34.*   venerium: sic *VBb Gel.*   12 consuerunt *rVBb Gel.* (consuuerunt *ante ras. V*).   potum sub-
ministrandum *V* (*g Vindob.*).   16 ut et *VGel.*: ut *rBbg*.
17 lamminam *V*: laminam *rBb Gel.*, lamnam *Vindob.*   plumbi
Bb Gel.: —bus *V* (—beam *g Gar.*).   appono *VBb*: —nam
rGel. (—nimus *g*).   21 timimatibus *VB* (tymia— *b*, timia— *rg*).

communione pulcrarum penitus figurarum, ut neque tangendi neque visendi eis copia praebeatur.

34   quibus vero aut aetatis vergentis defectione aut morbis
locis residentibus veluti partes frigantes usus venerii offi-
5 cium pernegarint, tunc ita contrario his adiutoriis famulabor. convenit exercitio uti mediocri, convenit in modum
palaestrae manibus fricari femineis, molli et delicata virtute innitentibus. fricationibus inquam quam maxime locorum inferiorum inguinum et femorum unguentis cali-
10 dioribus et mordentibus nitri vel piperis vel euforbii vel
similium specierum, quae erigendo vaporem desiderium
vel usum venerium valeant ministrare. etiam ex his dropaces adhibebo renibus vel inguinibus, et eosdem balanos.
cibis calidioribus utar inflantibus vel erigentibus membra
15 frigentia, ut est vinum boni odoris vel oenomeli alica
amylum, pinus nuclei, porri erucae bulbi, ova recentia

---

1 commonione *V* (*unde* commotione *r Gel.*) = co(m)munione
b B g.   pulcrarum (pulchrum *V*) penitus figurarum *r V B Gel.*
figurarum pulcrarum puellarum penitus vel plene vitandi sunt *b*.
2 visendi *V B Gel.*: videndi *g b* (*om. r*).   5 pernecarint (*sic*)
V B, pernegaverint *g b*, pernagarent *r*.   tunc contrario his
V B (*Gar.*): tunc ita contrario his *r*, tunc ita e contrariū eis
hisdem *b*, tunc e contrario eis his *Gel.*   6 *post* mediocri
quae habent b G convenit in modum palestrẹ ⟨manibus *Gel.*⟩
fricari femineis. molli et delicata virtute. vel actu (*i. e.* tactu)
habentibus (m. et d. virtute innitentibus *Gel.*), ea *om. V B g Gar.*
et (*qui solum habet alterum* convenit) *r*.   8 inquam (inquit *b*)
b Gel.: *om. r V B g*.   9 ingui(e *V*)num & piperis (*sic*) *V B, ubi*
r b (cum *g Gel.* et *Gar.*) habent haec: (et *add. b*) inguinum et femorum. unguentis calidioribus mordentibus (c. et mollioribus *b*)
nitri vel piperis.   11 erigendo vaporem *V B Gel.* (inerigendi
vapore *r*), erigendū vaporē *b* (corporum *add. Gel.*, corporeum *b*).
12 venerium *post* ministrare *habet B* (desiderium *om. b ubi*
erig. v. c. in usum ven. val. min.).   etiam his *r V B b Gel.* (*addidi*
ex).   13 adhibebo *r V b Gel.*: adhibeo *B*.   et eodem balano
V B Gel., et ex eodem ualano *r*, et eorum ualano *g* (*om. b Gar.*).
14 (cibis) vero *add. b Gel.*   15 enomeli *V*, inomelli *r*, ynomelle *B*.
16 pinus nuclei *Gel.* (pineos nuclei *b*): pinos (pinus *r*) nucleos *r V*,
pinei nuclei *B*, lupinus nucleus *g*.   ova recentia et similia
Gel., ova recentia simili etiam *r*, ova recentia | similia etiam
ex *b*: etiam ea (et *B*) similia *V B g* (*qui om.* ova recentia).

etiam et similia quae per potiones accepta virile semper
officium reparaverunt. reparatum est et pipere, satyrio et
scinco et erucae semine, etiam ceteris adiutoriis par beneficium ministrantibus, quae quam maxime in libro fysicorum commodius disponimus. interea eos quiscere 5
convenit non solum noctis spatio verum etiam diei, uti
plumis et mollioribus opertoriis vel straminibus convenit.
interea puellarum speciosarum vel puerorum simile ser-
vitium procurandum est. uti sane lectionibus animum ad
delicias pertrahentibus, ut sunt Amphipolitae Philippi aut 10
Herodiani aut certe Syrii Iamblichi, vel ceteris suaviter
amatorias fabulas describentibus.

XII. De cardiacis qui etiam diaforetici.

Licet quam plurimorum sententiae ita definierint, si-35
cuti haec eadem professio nominis attestatur, cordis vitio 15
hanc aegritudinem fieri, eis ego attamen non facile ad-

1 off. reparant. reparatum est et pipere *Gel.* (off. reparant
incunctanter expertum *b*), off. reparatum est et piperis (satirio ...) *V*, off. reparatum est et pro parte (satirio ...) *g Gar.*,
off. reparaverunt. et (ex *r*) pipere *rB*.   3 erucae *r Vb Gel.*
(*Gar.*): erui *B.*   cetera (ceteris *V*) adiutoria p (*B*, per *etiam*
V, par *r*) beneficium ministrantia *r VB* (ceteris adiutoriis p. b.
ministrantibus *b Gel.*).   5 disponimus *r VBb Gel.*: disposuimus
g Gar.   6 spatio (— tiū *b*) *b Gel. g*: spatia *r V*, spatiis *B.*   8 vel
puerorum simile *r VBb g*: om. *Gel.* (*Gar.*)   simile (semile *b*) *g b*:
similer (= simile—s) *V*, similiter *B.*   9 uti sane (*sc. convenit*)
r VBb): utendum sane *Gel.* (*etiam seqq.* om. *Gar.*).   10 ut sunt *etc.*
VB: ut sunt satyrias. melodimata. que suaviter has ama-
torias fabulas describere curarunt *b* (*qui om. nomina*), ut sunt
satyria eorum melodimata amphopiliti philippi *etc. r.*
amfopoliti filippi *VB.*   11 sirii aut amblii *VB Gel.*, sirii. aut
amplii *r Vindob.*, syrii aut amplius *g.*   vel ceteris ... describentibus *VB Gel.*: vel ceteris qui ... describere curaverunt *r*
(*cf. b*).   13 De cardiacis qui etiam diaforetici *VB* et (*qui
praemittit* eiusdem) *r* (De c. qui et diaf. dicuntur *ind. b*, De c.
sive diaphoreticis *Gel. et* De d. s. card. *in textu b*, De diaforeticorum cura. Quos etiam d. appellant *g* (*cf. Gar.* 6, 24).
16 eis quibus ego attamen *V* (eis attamen ego *Gel.*): quibus
ego tamen *rB* (quibus tamen *b*).

commodabo consensum. numquam etenim claruit indicium
manifestum quod attemptari in aliquo naturam cordis in-
tellegeremus. est autem totius corporis et virium plena
resolutio quam cardiacam diaforesin appellamus. quam
5 sudor viscosus et frigidus perseverans interemptis viribus
manifestat, praeeuntibus attamen acutis febribus et flammarum interiorum ardoribus, quem aliqui causon appellaverunt. haec igitur passio frequentius iuvenibus quam
ceteris aetatibus evenire consuevit, in augmento aegri-
10 tudinis hoc est circa diem sextum et quam maxime eo
tempore quo aestas calidior incanduerit.

36 licet ergo in omnibus generaliter praemonuerimus
ad malarum aegritudinum necessitates gubernandas temporibus serviri debere, attamen magna vi et periculo inter-
15 posito dum sudoris illius emerserit iniquitas cum virium
defectu et ex eo praesens vitae periculum, tunc confusis
et praetermissis temporum rationibus adiutoriis circumvallantibus imminemus, et nunc cubiculum frigidum nunc
lectum straminibus veteribus lineis dispositum, nunc fla-
20 bella ... nunc quoque pannos nardo et vino infusos praecordiis eorum inordinate imponimus. cataplasmata vero
frigida et styptica imponenda sunt eorum praecordiis
strychnum aut aizoon aut rubos aut thebaicos dactylos aut

---

1 consensum *r Vb Gel.*: sensum *B* (assensum *g Gar.*). 2 in-
tellegerem *B et ante corr.* *V* (—remus *V^c*), intellegere *r* (in-
telligemus *b*). 4 cardiacam *VB*: —cin *r* (cardia *b*). dia-
forissim *V*, diaforisim *r*, —forisin *g B* (diaforesis *b*). 5 viscosus
r b (*cf.* viscosis *g Gar.*): viscorósus *VB*. 7 quem *r V B Gel.*:
quas *b*. causona *V Gel.* 8 frequentius (*g Gar.*) *Gel.*: frequenter (—t̄ *r B b*) *r V B b* (in *add. r g*). 9 venire *v*. 12 pre-
monuerim· *b*, —rimus *Gel.*: p̄(pro *V*)monuerit *r V B*. 13
guber | natis *B* (—nandis *ante corr. r*). 14 serviri *b Gel.*:
—re *r V B g*. 15 cum (*sic*) *r V B b*: tum *Gel.* 16 defectu
B b (—tum *r g*): —tus *V Gel.* 17 circumvallantibus *r b g* (*Gel.*):
—vallentibus *V*, —valentibus *B* (*unde* competentibus *Neu.*).
18 et: ut *V* (*om. r, ubi* Tunc). 19 *post* flabella *deesse videtur*
ordinamus *vel tale quid: lacunae signum puncta posui.* 21 inordinate *V*: in ordine *B* (*om. b Gel.*), ordinate *b g Gar.* 23
strignum *Vb* (—non *B*, —no *r*). aut aizoon *V Gel.*, aut

caducum mali granati vel oenanthes habentia. certissimum est etenim singularum specierum quemquam medicum bene merita cognoscentem etiam temperiem vel commixtionem adiutoriorum posse disponere. faciem ergo eorum ex pusca frigida vel vino styptico fomentabo. pul- 5 veribus aspergo membra sudantia murtae vel rosarum foliis siccis contusis et cribellatis, gypsi naxii, mannae turis, gallarum, omnibus singulis tunsis et commixtis cum vino styptico vel eius faecibus. simul mixtis odoribus bonis vel thymiamatibus vires labentes et membra deficientia re- 10 parabo. articulos eorum oleo cucumeracio vel nimis vetusto, mixto pulvere nitri vel piperis, pyrethri vel adarces, vel urticae seminis defricabo vel infundo, quo calorem ingenitum emorientem reparare quatenus valeamus. nutriam sucis modicis sed frequentioribus, frigidis tamen, quibus 15 sudoris feralis nimietate vires emorientes exsuscitem. nutrio potando, ut potero, nutrio similiter per clysterem vel alicae vel ptisanae sucis, ut supra dixi, in quibus un-

taitoon *B*, aut sempervivum i. aizon *r*: *om. b* (aut coniza *g Gar.*). rubos *Gel.*: robos *V*, rubus *B* (—bū *rbg* [aut rubū aut marrubiū *g cf. Gar.*]. tebaicos dactulus *V*, thebaicus dactilus *B*, t(h *add.*)ebaycos dactilos *r* (thebanos dactilos *b*).

1 caducum mali granati *rV Gel.*, caduca mala granata *B* (caducos mali granati *b*). [vel enantes *VB* (vel ynantes *b*): vel solificium ynantē *r*, vel enantē *g*   2 quemquam *rVg* (*Gar.*) *b Gel.*: quemque *B*.   4 adiutoriorum *rb Gel.*: adiutorium *V*, —riū *Bg* (—rii *Gar.*).   6 murtae (myrtę *r*, murtę *g*, mirte *b Gar.*) cf. *Diosc. p. 146:* mentae *VB.*   7 gi(y *g Gel.*)psi naxi *rVBg Gel.* (*om. b Gar.*).   mannae (mane *r*) turis *rVB* (manne thuris *g*): manna libani *b*.   10 defidentia (*sic*) *B.* 11 cucumeracio *rV*, —tio *Bg*, —rano *ante corr. r*, —tino *b.* 12 aut (pyretri) *add. rg.*   adarches *V*, —cis *r*ᶜ*B* (abarces *b*). 13 seminis: seminibus *rVBgb Gel.*   vel infundo: *sic rVB Gel.*, *om. b cum seqq. cet. post* infundo *supplentur in r quae supra v.1—4 omissa erant* Certissimum—adiutoriorum posse facientem (*sic*).   14 qua | tenus *rV*, quatinus *g* (*Gar.*): aliquatenus *B* (quadamtenus *Gel.*).   nutriam: *sic rVB Gel.* (nutrire *g*, nutriemus *Gar.*).   16 feralis *rVB Gel.*: facilis *g* (*Gar.*). 18 vel *V*: aut (alicę) *B*, *om. rg.*   in quibus *rVBg*: quibus *Gel.*

gulas porcorum usque in plenam earum decoctionem concoqui suadeo. aquam frigidam similiter per intervalla subministrabo, et si aetatis adhuc vapor calidior coegerit,
nivatas non aspernabor.

5

XIII. De cholera.

37   Cholera passio molesta sub angusto tempore sollicita
omnibus acutis aegritudinibus velocior. nam haec sub
unius diei spatio frequenter, ut experti sumus, vitae terminum fecit, dum subitanei vomitus, ventris quoque in-
10 numerae effusiones, sub dolore nimio praecordiorum vel
totius corporis interiorem omnem saepe substantiam effuderunt. est etiam hoc simile in diarroea periculum, sed
eo distat quod diarroici sola ventris molestia et sub longo
tractu temporum aliquotiens fatigantur, cholera vero ex
15 utrisque effusionibus saepe et sub angusto tempore homines pernecavit.

38   ergo cum interiora praecordiorum umorum minacium
prius occupaverit conglobatio, ut thlipsis vel angustias,
nimios quoque dolores efficiat, tunc nos aquam calidam

---

1 earum *rB Gel.*: eorum *Vg* (eorum decoctionem eorum
conquoqui s. *sic V*).   2 similiter *rVB Gel.*: subinde *g* (*Gar.*).
3 estatis *r* (*solus*), *ut voluit Reinesius V. L p. 523* (*sed noluit
idem p. 690*).   4 etiam (nivatas) *add. rg.*   aspernabo *rVbg*
(—bor *Gel. Gar.*).   5 De cholera (colera *B*) *VB Gel.*: De
colerica passione eiusdem theodori prisciani *r*, De coleribus *b*,
De colericis *g*.   6 (*item* 14) Cholera *V*, Colera *Bb*: Colerica *rg*.
7 sub unius (hunius *b*) diei spácio *rb* (*Gar.*, sub uno spatio *g*,
sub uno die *Gel.*): sub uno die | speratio (*ex* spatio!) *V*, sub
uno die desperato *B* (*unde* desperata *Neu.*).   8 frequenter ut
b: ut frequenter *rVB g Gel.*   9 *post* fecit *haec addit b*: hanc
aliqui veterem (*pro* —rum) secundum ypocraten cataxin (*i. e.*
catatexin) appellaverunt monoc meron (*pro* monoemeron) pass̄.
[dum . . .   11 saepe *om. rg.*   12 hoc: *sic VBb Gel.*   in
diaroea *V*, inarria (*sic*) *B* (diarriẹ *rb*, diadrie *g*).   13 diarroici *rVB Gel.*: diarrici *b* (diadria *g*).   15 tempore *rBgb Gel.*:
corpore *V*.   16 pernecavit *rVB Gel.* (—gavit *g*): —cat *b*.
18 clibsis *V* (glipsis *r*, clypsis *g*, thlipseis *Gel.*): eclipses *B*
(eclypsos *b*, eclipsin *Gar.*).

in tempore porrigentes per vomitus eis procurabimus
digestionem. at cum se tandem eorum impetus torrens
et repentinus eruperit ut ex utrisque terribilis effundatur,
sic si possumus ita praesens periculum removemus. oleo
calido omne eorum corpus infundamus, articulos fasciolis 5
adstringamus, nervos omnes et loca contrahentia lanis infusis eodem oleo calidissimo muniamus. utimur quoque
etiam cerotrario ex nardino oleo vel cyprino aut glaucino
aut irino temperato. si vero interceptis viribus plena
fuerit desperatio, odores vel thymiamata his propter repara- 10
tionem adhibebimus. cibos dabimus competentes, sucos
lentis cum aceto, ova sic apala, uvam fabriciam, buccellas
mero infusas, ungulas porcorum vel iuscellum gallinarum.
concoques strychnum vel aizoon aut rubum. dabo potum
frigidum, dabo nivatam, columbos matri subductos. his 15
etiam perdices eodem modo convenit ministrari. cata-

1 porrigentes *b*: porrigimus *rVB*, —gemus *g Gel.* eis *g*:
eius *rV°B*(eorum *b*), *sed ante ipse corr.* vomi | tumuſ? *V* (vomitū
eis *g*). 2 se tandem *r*: secadem (*sic*) *VB*, se eadem *Gel. cf.*
b et si tantus eorum impositus torrens *etc.*, *g Gar.* ut cum se
torrens *etc.*). 4 sic si possumus *VBgb Gel.*: om. *r.* ita
rVB: om. *b Gel.* removemus *r Gel.B* (—eamus *b Gar.*), reuo-
mus (*sic*) *V.* 5 corpus eorum *r* (*b*). infundamus *V*:
—imus *rBbg Gel.* 6 ads(as *Bb*)tringimus *rVBgb Gel.* loca
contrahentia *b* (*sic*) *VBb Gel.* (*g Gar.*) *ut infra c. 19. cf.* loca quae
contrahuntur *Byzant. c. 18.* 7 calidissimo *rg Gar.* (calido *b*),
calidissimis *VB Gel.* muniamus *Vg* (muniantur *r*, miniemus
sic b): munimus *B Gel.* 8 ex *rbg* (*Gar.*, e *Gel.*): & *VB.*
vel c. aut glaucino *rb Gar.* (aut .. aut *g*): et . . . et *VB Gel.*
(*sed* aut irino *omnes*). 9 sin *rbg.* 11 adhibebimus *VB Gel.*:
—bemus *rb* (*g*). sucos lentis c. a. *rVB* (sucis i. lente cum
aceto modico *Gar. ms.*, lentis suco modico mixto *b*). *cf. Diosc.*
2, 129. 12 ova sic (*i. e. item* aceto infusa *Cael. ox. 3, 202*)
apala: ova sicra | pula *V Gel.*, o. sic apula *B*, o. frigida
apala *r*, ova apala *b*, ova grapula *g cf. Gar.*). fabriciam:
sic rVBb Gel. (ova fabricia *g*). 14 conquoques *V* (con-
coquis *b*, coquis *g*): concoquens *rB* (concoquendo *Gel.*).
strignum *rVB.* aioon *V*, agaon *B* (aiion *b*), sempervivum i.
aizon (*ut supra*) *r.* 15 subductos: eductos *B.* 16 ministrari:
sic rVBgb Gel.

plasmata vero omnia adhibenda sunt quae diaforeticis
ordinata sunt. febribus vero interpositis consideratis temporibus serviendum est. intentius tamen effusionum sollicitudini militabo, in quibus saepe etiam sanguinis super-
5 venientis effusio vitae periculum procuravit.

(Pars secunda).

39   Transactis acutis passionibus quae sub certa lege aegritudinum propriarum aliqua febribus comitantibus publicatae
sunt, ad chronica descendimus, quibus aliquando febres
10 supervenientes sub longo tractu passionum veluti temporales
commotiones assimulant ⟨quam medici epithesin appellave-
runt⟩. etiam in ipsis ordinem dispositum custodientes initium nunc de capitis querellis vel accidentibus sortiemur.

1 c. v. omnia diaforeticorum a. s. que eis in supradicta passione ordinavimus *b* (*et ubi* suprascripta *Gar. ms.*) *om. g, ubi sic*
cataplasmata interpositis consideratis t. serviendum est *etc.*).
quae diafo ‖ (*huc usque fol. 30ᵇ, abhinc desunt duo folia in V,
ultima sc. quarti quaternionis, ac deinceps integri quaterniones
duo, quintus et sextus. sexti tamen tria adhuc ultima folia ex-
tabant Gelenii tempore, si hoc ipso codice videbitur usus esse.
si non, in codice Gelenii licet eadem fere, aliquanto tamen minora
interiisse dicendum est quam in V (sc. initio chronicorum). hic
enim post p. 88 (c. 13) a verbis* quae diaphoreticis *transit p.* 89
ad c. 19 de paralyticis.   3 sollicitudini (—ne *b*, —nē *r*) militabo: *sic rBb* (medicabis *g*).   4 in quibus *etc.*: Quibus etiam
si sanguinis supervenerit effusio. repentinum frequenter vite
periculum procuravit. *b.*   5 procurabit *B* (—uit *rb*). *iam*
Explicit oxeorum ordo. Incipit de croni | dispositio *B.* pro-
curavit exeorū ordinē. | Explicit lib. II. Incipit lib. III. De cro-
nicis. Dispositio (transactis *etc.*) *r*. (Explicit oxea deo gracias *b,
ubi seq. capitula huius alterius partis, deinde* Proposicio).
6 *cap. XIV—XIX dedi ex codd. rB* (*enotata hic illic lectione
cod. b*).   7 Transactis *rgb*: Translatis *B*.   sub *rbg*: *om. B*.
8 priorum alique febres (aliquę febris *r*, *ubi* febribus *corr.*).
comitantibus *rb*, propriarum aliqua (aliquibus *B*) febribus comitantibus *gB*.   9 cronica *B* (—cā *g*, —cas *r*): cronia *b*.
descendimus *rgb*: —demus *B*.   10 veluti—assimulant *B*:
veluti epytisma appellaverunt *b*, veluti tempores commociones
assimulant quas medici epytisin ap | pellaverunt *r*.   **12** vel
rb: *om. Bg.*   13 initium a (de *B*) c. q. . . . sortiemur *Bg*: nunc
de c. q. . . . ordinemus *b* (nunc capitis querellis v. a. sortiemur *r*).

XIIII. De querellis capitis.

Querellae capitis variis frequenter ex accidentibus 40
superveniunt, ut aliquando de vapore aliquando de frigore
vel de ceteris rationibus accidere videantur.

igitur quando de vapore dolor insederit capiti, tunc 5
accidente illo dolore cum vapore quodam et venarum inflatione concutitur. tunc oculi sanguinei, tunc etiam insomnietates nimiae procurantur.

his gremialis olei infusio adhibenda erit. quae si
forte minus dolorem compescuerit, oleum roseum adhi- 10
bemus. cuius si copia defuerit, gremialis supra dicti
quattuor partibus rosei una erit et aceti una admiscenda.

*seq. ind. capp. in r (qui antecedit prologum in b), deinde
rubr.* Inc. liber eiusdem. De querellis capitis r (De querelis c.
XIIII. *B*). 1 · *Graeca Theodori Prisciani (quoad hoc capitulum)
habes apud Ps. Gal. q. f. euporista (lib. I) c. I.*   2 *Initium
capituli sic habet b*: Emẹrgunt querelẹ capitis frequenter ex
variis accidentibus causis. Nam fit assiduẹ de vapore. fit
etiam de frigdore ceteris racionibus manifestis. fit ex coleribus
fumus quidam. vel ex atonia stomachi demersio capitis quam
medici anatemias appellant. vel certe ex inproviso velut ex-
traneis. vel incertis qui nimios dolores typoribus oel emigraneis
faciat. Quibus hoc pacto subveniemus. si eo sane tempore quo
necessitas coegerit de ipsis typoribus. vel de collo eis per
flebotomum sanguinem det(ra)hamus. [Igitur ...   3 ut *B*:
om. r g Gar.   aliquando de (fr.) *g Gar.*: vel de (fr.) *B*, vel
(frig.) *r*.   4 vel de (cet.) *r g*: vel (cet.) *B*.   videantur *B*,
—dentur *r g*.   5 insederit *B b*: emerserit *r*, fuerit *g*.   6 acce-
(i *r b*)dens ille dolor *B r b*, accedet ille dolor *g*.   vapore
r B b g Gar. (μετὰ πυρώδους αἰσθήσεως *gr*.).   7 concutitur: *sic
r B b g, etiam Gar. (scil. caput). ante tunc add. g*: Quod si fortis
dolor fuerit.   9 —p. 140, 5 == *Ps. Gal. eup. I, 1 p. 315*.
9 quae *r B*: quod *b g*.   10 minus *r*: *om. B*, non *post* dolorem
add. g b (Neu.).   11 gremialis: ὀμφακίνου *Ps. G. (cf. Cass.
p. 4, 11 etc)*.   supradicti *B*: ſſ (suprascripti) *b (g)*.   12 rosei
una erit *r*, rosea una erit *B*, huius rosẹ iungerit *g (cf. Gar.)*.
et aceti una ammiscenda *r*: aceti *g* (acẹto *B*) miscenda *g B. cf. b*
aut ſſ gremialis partes. IIII. et rosei. I. et aceti I. commixtum
capiti infundimus.

si vero maior vis vaporis frigidiora exegerit adiutoria,
superaddimus oxelaeo aut polygoni sucum aut arnoglossi
aut portulacae aut uvarum inmaturarum. quiescere autem
debebunt locis frigidis, quorum pavimentis spargenda erunt
5 folia viridia aut rubi aut murtae aut hederae, quae et
grave olentia non sint et competenter infrigidare sufficiant.

41   si vero de frigore caput fuerit inquietatum, tunc
gravedo quaedam cum torpore venarum et interceptione
contingit, tunc effusio lacrimarum, tunc falsi somni graves
10 et insuaves existunt.

hos anetino oleo vel rutato calido conveniet fomentari, et si superaddi aliquid adiutorio debere caloris ad-
verteris, aut agrestis cucumeris radix aut euforbium vel
certe castoreum superaddendum est. nam et laurinum
15 oleum vel irinum vel gleucinum similiter adhibendum est.

42   quibus autem exhalatione inferiorum, quam anathy-
miasin appellamus, caput fuerit sollicitatum, tunc ille
dolor per intervalla subcutiens cum saltu quodam venarum
caput sollicitat. tunc quam maxime vertigines, tunc ocu-
20 lorum obscuritates emergunt, querellis attamen aliquibus
pulsantibus etiam et praecordiorum loca.

.

1 *a voce* frigidiora *pro langobardica incipit vulgaris scriptura in r (errorum plena).*   2 exoleo *g*, oxileo *b* (τῷ ὄξει *Ps.
Gal. l. c.*): aizo *r*, oleum aizoon *Gar.* (*cf. Gal. XII, 508. Aet.
6, 48*), auxilio (!) *B.*   poligonii *B.*   3 portulae. | (*sic*) *B.*
4 debebunt *rBb*: debent *g.*   5 aut mirtę *r* (aut mirte aut
ruthe *b*): *om. Bg.*   6 et (gravi quidem olentia *r*, gravi violentia *g*): *om. B.*   7 frigore *g*: frigdore *rBb.*   8 torpore *r b*:
turbore *B* (*cf. infra 114*), dolore *g.*   9 s. et graves et insuaves *b*, s. grave(i)s et insuave(i)s *r* (*g Gar.*): s. graves *B.*
11—15 = *Ps. Gal. eup. I, 1 p. 316.*   11 rutato: *sic rBbg.*
12 et si *B*: et sic *g*, et his *r* (et *b*).   15 glaucinum (*ita
semper*) *rBb* (*g*).   est: erit *g.*   16 anathi(e *r*)miasin *r B*
(q. medici anotomias appellant *b*).   inquietatum (*hic*) *b.*
18 subcutiens *Bg*: succut(c)iens *r* (*g*).   19 sollicitat *rBbg*:
inquietat (*hic*) *praefert Gar.*   20 (*post* emergunt) sed hec
accidentia post cibos quam maxime evenire consuerunt (—suevit *r*) *rb.*   querelis *rBg* (*Gar.*): signis *b.*   21 etiam et:
etiam ea *B*, etiam eadem *r* (*om. g Gar.*).

his ergo primo ventris purgatio procuranda est et
cubiculi temperies providenda et ad relevationem eius post
cibos vomitus provocandus et sternutamenta frequentia, si
tamen nullum febrium indicium intervenerit. caput vero
oleo dulci calido adiuvandum est, cui aceti quippiam mis- 5
ceri debebit, ut illius supervolantis ad superiora vaporis
inquietudo aliquatenus reprimatur. somni arcendi sunt
diurni quam maxime et ciborum prohibenda praesumptio.
frequenter enim haec vitia indigestionis causa emergente
contingunt. nam et doloris tunc aliquando nimietate su- 10
bita vocis interclusione periclitantur. quibus hoc pacto
subveniemus, si eo tempore vomentibus, post continuo
eorum auribus oleum irinum vel anetinum vel nardinum
infundatur, capiti etiam ex his fomenta calidiora exhi-
beantur. 15

si vero ex vini potione caput fuerit dolore pulsatum, 43
quod natura vini frequenter evenire consuevit, ea conveniet adhiberi quae is adhibentur quibus ex anathymiasi
caput fuerit inquietatum. olei etiam rosei fomentum est
applicandum. his lavacra serotina permittenda sunt, somni 20
vel quiescendi patientia procuranda. tunc cibi competentes,

1—8 = *Ps. Gal. l. c. p. 316.* purgatio *b g (Gar.):* pro-
curatio (procuranda *etc.*) *B.* 2 relevationem *r:* revelationem *B*
(et alleviatione *g,* quibus alleviatis *Gar.,* om. *b*). 3 provocandus *g Gar.:* procurandus *rBb.* et *b:* om. *rBg.* 5 misceri *rbg:* commisceri *B.* 6 debebit *b:* debet *Bg,* debeat *r.*
ut illius *rbg:* Uti | lius *B.* 7 reprimatur *rbg:* —mitur *B.*
his (arcendi) *add. r.* 9 enim *rg:* etiam *Gar.,* om. *B* (freq.—
cont. *om. b*). 10 tunc *rB:* om. *bg (Gar.).* aliq. nimietate
subita v. *etc.: sic rBbg.* 11—15 *cf. Ps. Gal. p. 317.* 12 vo-
mētibus: *sic rBg (om. b, cf.* praesente vomita *Gar.).* 13 yṛrinū *r,*
hyrinum *b,* yrino *g:* mirtinum *B* (laurinum *Gar.*). nardinum
Bg (Gar.): laurinum *b.* 16 dolore pulsatum *rBb:* sollicitatum *g Gar.* 17 natura (—rae *g*) vini *rbg (Gar.):* naturae
huic *B.* 18 is: his *rBg (al. b).* anathi(e *rg*)miasin *Bg*
(anathemian *b*). 19 inquietatum: *hucusque g et Gar. I, 15.*
19—p. 143, 2 = *Ps. Gal. p. 318—19.* est applicandum *B:*
adhibeo *r* (o. r. infusioṇ adhibenda *b*). 21 cibi c. *sc.* procurandi.

ut ptisanae sucus et ova recentia, panes mundi ex aqua calida, caules decocti, aquae calidae potio et lactucarum beneficium frigidarum. his etenim adiutoriis adhibitis vaporis ad caput ascendentis deprimi inportunitas consuevit.

5   sed quoniam his causis aquae calidae potionem diximus beneficium ministrari, frequentius intendendum est ne ex ea resolutio stomachi procuretur. quae si evenerit, tunc apiorum vel cydoniorum decoctione vini species imitanda est, quae stomachum valeat reparare. omni 10 modo dactyli omnes vitandi sunt. specialiter enim naturae suae contrarietate caput inquietare consueverunt. sin vero somni suavis potiti non fuerint, tunc ad lavacra calida protinus festinandum est, in quibus ore aquam calidam in cellis calidioribus sustinentes vaporem omnem 15 transigant lavacrorum. si ad ciborum continentiam, frequentiam lavacrorum et cetera supradicta adiutoria minus

1 panis ex aqua c. infusus *b* (*vel* elutus *Cael. chr. 1, 12. sed* ἐξ ὕδατος ἄρτος *simpl. et Ps. Gal.* = *G. XII, 516,* ἄρτος πλυτός *Gal. VI, 494. XI, 495*): panes mundos ex a. c. *r*, panes ex aq. c. *B.*   2 caules decocti: *sic rBb* (κράμβη *Ps. G.*). lactucarum *b.* fr. = θριδακίνη τε ὡς ἐμψύχουσα *Ps. Gal.* 3 etenim *rb*: etiam *B.*   5 potionem diximus beneficium ministrari *r*: p. diximus ministrari *b*, p. d. posse beneficium ministrare *B.*   6 fr. intendendum *rB*: cautius attendendum *b.* 7 solutio *r.*   8 apiorum i. pirorum (*cf. Ps. Gal. XIV, 318 ex Gal. XII, 517*).   citoniorum *B* et (*ante ips. corr.*) *b.* decoctione v. sp. emittenda *r*; decoctione v. s. emendanda *b* (*cf. Gal. XII, 517*): decoctioni v. sp. inmittenda *B.*   9 qui . : . valeant *r.*   omni modo *rB*: omnino *b.*   10 n. s. contrarietatē (*sic*) *rB.*   11 caput inquietare *r*: om. *B*, ubi sic *b*: etenim caput inquietare consuerunt (*Ps. Gal. cf. Diosc. p. 140* κεφαλαλγεῖς). et stomacho contrarii probantur.   consueverunt *r*: —suerunt *Bb.*   12 Sin vero somni suavis potiti non fuerint *r*: Sin vero omnibus sua vibus potiones fuerint *B*, Si vero somni suaves non fuerint *b* (*cf. gr.*). *haec mire corrupit Neu.!*   lavacrum calidum *rBb.*   15 transigant lavacrorum *rB*: balnei possint transigere *b.*   si ad cib. cont. etc. *rB*: si ciborum continentia et frequentia balneorum ceterorum adiutoriorum que superius intexuimus m. f. r. *b.*   (ciborum) ergo *add. B* (*non rb*).

fuerint relevati, olei tunc rosei ulterius adiutorium evitandum est et chamaemelini vel anetini est beneficium appetendum.

si vero causis veluti incertis caput doluerit, fronti 44 linimenta haec superadhiberi suadeo omnibus superioribus 5 adiutoriis observatis. cornu cervini combusti cinis cum oleo roseo contritus fronti adhibetur. nam et lapathi folia viridia cum gallarum pulvere trita et ex aqua similiter inlinita iuvabunt. sic iris illyricae pulvis cum aceto inlinitus praestat. et ellebori albi pulvis mixtus cerotario olei 10 rosei in fronte impositus, et acaciae pulvis mixtus similiter cerotario sic medetur.

item etiam hemicraniis haec sunt adiutoria adhibenda. sinapi tritum, et urticae semen ex aequo cum aceto terentes saepe adhibemus. nam et euforbii quippiam super- 15

---

1 ulterius *rB*: iam *b*.　　2 et *b*: vel *B*.　　camemelli *r*, camimolini *B*, camomilli *b et (ante ips. corr.) r*.　　est *b*. appetendum *r*, b. est appetendum *b*: b. est apponendum *B*. 4 *seqq. quaedam habes in graecis Ps. Gal. XIV, 398.*　veluti (vt *b*) incertis: *sic rbB*.　　5 (superaddimus) que a medicis ana colemata appellantur *add. b: om. rB.*　　6 adiutoriis *r* (*b*): *om. B* (omnibus adtamen adiutoriis sup. custoditis *b*).　　combusti cinis *rb: om. B* (*ubi tamen* cornu cervini *sic*).　　7 fronti contritus adhibetur *B*: fronti adhibetur *r*, contritus frontem inlinito *b*.　　lapat(c *b*)ii *Bb*, lappici *r*.　　8 et (ex) *r: om. Bb.* inlinita *r* (illinita *b*): illita *B* (*item* illitus *v*. 9).　　9 yris *B*, yreos *b* (yricis illicae *r*).　　10 olei—(12) cerotario *om. b.* 11 in fronte *r*: et fronti *B*.　　similiter *B: om. r*.　　12 cerotario sic *r* (*b*): catarrosis *B. post* medetur *superaddita in b plurima sequuntur medicamina quae ex Plinio apud Pseudoplinium etiam et apud Marcellum partim recurrunt*: aliqui vero negant caput dolore ei qui se luna XVII. vel XVIII. totonderit ... 13 item etiam *B*: etiam *r*, item *b*.　　emigranicis *rB*, emigraneis *b* (*cf. ind. ad Cass. s. v.*).　　14 u. s. ex equo c. a. terentis s. a. *r*, u. s. tritum ex equo cum aceto contritum *b*, u. s. excoctum cum aceto *B*.　　(*post* aceto) terentis sepe—(p. 144, 2)His etiam gargarisma (*sic*) *r* (*cf. b ad. v. 15*): *om. B.*　　15 euforvium *r*, euforb *b*.　　superadiecimus *r*: sp (semper) addicimus *b* (*qui mox infert aliena multa* Item euforbii scrip. III... *deinde sic pergit* Quibus ex frigdore nimio flegmatis cap̄ residenti causam doloris intellexerimus commoveri. His etiam gargarismata frequenter pr. *etc.*).

adiecimus, quibus de frigore nimio causas doloris intel-
leximus commoveri. his etiam gargarismata frequentissime
profuerunt ex decoctione pyretri, cuius vapor naribus si
hauriatur continuo medetur. et fumigia eodem modo
5 iuvare cognovimus, si melanthium cum fimo bovis vel
asini carbonibus impositum naribus hauriatur.

nam et unguenta haec, ut experti sumus, capitis dolorem sedant. oniscos quos porcelliones appellamus, si in
oleo decoqui facias et ex eo tepido caput infundas. sic
10 peristereon herba oleo infusa medetur. et si storacem
oleo resolvas tepido et ex eo caput infundas, multum
iuvabit.

sunt et cetera adiutoria polyploca quae multarum
specierum congregatione compecta sunt, ut trocisci diversi,
15 emplastra vel antidota vel cetera quae ex variis virtutibus
componuntur, sed haec magis facilia adiutoria adhiberi
suadeo, quae sufficere arbitror causis supradictis capitis
et querellis.

45 in dialimmate vero hoc est intervallo temporis quo
20 causae vel passiones chronicae publicantur, cum quiescente
dolore causa latet, dum commotionibus veluti transactis
aeger sollicitus alias iterum reversuras attonitus formidat,
tunc is catholicis adiutoriis imminendum est, quibus secundum naturam sanitatem reformando securus confidat

2 frequentissime *rB*: frequenter *b*.　3 ex *rb*: et *B*.
5 iuvare *rb*: hos iuvare *B*.　si *Bb*: sic *r*.　8 oniscos *rB*
(*Ps. Gal. XIV, 398 cf. Cael. chr. 1, 119*): sunisces *b*.　por-
cellianos *b*.　vocamus *r*.　10 peristereon: *sic rBb*.　infusa *rB*: attrita et infusa *b*.　storacem: *cf. gr. l. c.*
13 sunt—componuntur *rB*: *om. b*.　poliploca *r*: políplaca *B*.
14 conpecta *B*, confecta *r*.　18 ſſ (suprascriptis) *b* (*item in-*
fra v. 33 semperque sic vel s̄s̄ *compendio scribitur in b*).　capitis
et querelis *Bb*: *om. r*.　19 dialimmate *r*, dialemmate *B*:
declinatione (vero vel tempore quo ...) *b. cf. 2, 117*.　i. temporis *B*: i. t t̄p̄r̄ (vel tempore) *rb*.　eo (interv.) *add. B* (*non r*).
20 cronicae *rB*: croniẹ *b*.　et conquiescentes dolores *r*, et
c̄ū quiescente dolore *b*: dum quiescente dolore *B*.　22—24
formidat—sanitatem *om. b*.　23 is: his *rB*.　24 securus *b*:
futuras *rB*.　confidat *rb*: —dit *B*.

commotiones minime profecturas. ergo omnibus querellis
vel causis capitis indifferenter hoc temporis intervallo uno
eodemque modo haec est cura et diligentia ministranda,
omnibus hic modus est impendendus. vini continentia
supradictis omnibus querellis capitis prodest. lactis aeque 5
similiter acceptio fugienda est, quam maxime si cum febribus doleant. nam et dactylorum omnium multo magis.
ventris purgatio frequentissima procuranda est, fricatio
totius corporis quam maxime inferiorum partium femorum
vel surarum, quibus exercitio calefactis ex superioribus 10
causam omnem devocare valeamus. apoflegmatismos quibus
caput purgandum erit convenit adhibere. convenit de
naribus vel ex fronte sanguinis eos detractione relevari.
nam et post rasuram capitis cucurbitas cum scarifatione
saepe adhibuimus. cui ⟨et⟩ emplastrum infra scriptum con- 15
venit. [emplastrum capitis longa doloris valitudine laborantis
in dialimmate. ficus pinguis in vino infundes unc̄ VI. lasaris

1 profecturas (?): profuturas *rBb*.   4 ⟨similis *add. b*⟩
hic modus *rb*: his modis *B*.   5 aeque (similiter) *B*, adaeque *r*:
om. b.   6 acceptio—nam et *r* (*b*): *om. B* (*ubi sic b*: lactis
similiter acceptio quam maxime fugienda est, si cum febribus
caput doleat. nam et dactilorum omnium fugienda est dul-
cedo. ventris purgacio frequentius fiat. et fricatio totius corporis quam maxime inferiorum partium *etc.*).   9 *post* quam
maxime *in textum rB falso loco inductum est quod margini
infra auctor adscripserit* em(in— *r*)plastrum capitis (—ti *r*) longa
doloris valitudine laborantis (—ti *r*). in diali(e *B*)mmate (*hucusque ex rubrica scribi videtur, sequi ipse textus, quem post v. 15
addidi cum b*) ficos pingues—novaculae.   11 devocare *rB*:
evocare *b*.   12 *post* adhibere *add. b* talibus *longamque
deinceps enumerationem hanc*: Betę radicis sucus ...   convenit *alterum om. r*.   14 scarifatione (—acione *b*) *rb*: scari-
ficatione *B*.   15 adhibīmf (—bemus) *b*.   cui emplastrum
i. s. convenit *B*, aut emplastra infra scripta convenit *r*: cui
emplastrum hoc saepe convenit. qui (q) a nobis hoc modo
conficitur *b* (*quod emplastrum supra habuerunt rB, cf. ad
v. 9*).   17 ficos (*B*, us *rb*) pingues *brB*.   infundes *bB*:
—dende *r*.   unc̄ (÷ *r*) VI. lasaris dragma (ʒ *r*) I. *rB*, VI. ÷
Lasaris ÷ I. *b*.

drachmam I, sagapeni dr. I, storacis dr. I galbani dr. II. omnia contrita fico commiscebis et uteris pro cataplasmate praecalefacto capiti post rasuram novaculae.] et frequentius etiam sanguisugas applicari conveniet.

46   at ego in hoc ordine curae etiam cycli beneficia non
6 aspernabor omnia paene vetusta vitia percurantis, si tamen recto ordine peragatur, ut ieiunia in tempore vomitus ex radicibus, salsis aliquando perceptis, paroptesis, dropaces, sinapismi secundum usum et auctoritatem veterum adhi-
10 beantur, omnibus attamen propriis temporibus custoditis, ciborum quoque qualitatibus et ponderibus moderatis. utilia tamen esse suadeo etiam aquarum calidarum naturalium beneficia. peracto igitur cyclo aliqui ieran adhibuerunt quam Graeci picran appellaverunt, aliqui arte-
15 riotomian, aliqui etiam cauteres, ut ex his omnibus adhibitis confortent supradictarum causarum sanitatem fuisse plenam capiti reformatam, ne variarum curarum vel beneficiorum merita confutentur.

1 sagapini *rBb*.   5 *hic ubique numeris add.* r (*om.* B),
÷ (unc.) *add.* b.   2 trita *B*.   fico comissis *r*, ficū cōmiscę b: sic cōmisces *B* (*cf. Th. Pr. 3, 6*).   et uteris... *B*:
et diutius teris (tīſ). et emplastrū caƚ. prasurā capitis inpones b.
3 capiti *B*: capite *r*.   novaculae inferiorum partium femorum... *rB* (*cf. supra ad p. 145, 9*).   4 et frequentius etiam
(*sic B*, cui etiam frequentius *r*) s. appl. couveniet *rB*: *om.* b (*ubi
statim seq.* Omnibus attamen *proprius temporibus etc.* (*ordine
confuso*).   4 cycli beneficia (*sc. methodici*): *cf. Cael. chr. 1, 29
p. 578—80*.   6 percurantes *rB*.   8 radicibus salsis aliquando perceptio *rB*: radicibus. et cal' aq̊ potata b.   9 si
(secundum) *add.* r (*et b, ubi sic* Hec omnia prospera et manifesta sunt. si secundum usum...).   10 omnibus *om.* r.
12 attamen *r*.   13 iram *B*, geram *r*, yera *b*.   14
greci picran: ceteri picā (*sic*) *B*, ceteri pigram *r* (*et postea
pigr͋ b*).   14 artheriotomian (—ā *r*) *rB*, ortheroto tomiam b.
15 ut ex *r*: ut b, et *B*.   16 confortent (*sic*) *B*, confortet *r*
(confirmant b).   sanitatem fuisset plena capiti reformata
variarum *etc.* (*sic*) *r* (*haec v. 15—18 sic contrahit b*: nt his omnibus adhibitis ne beneficiorum merita confundantur. confirmant capitis sanitatem).   18 confutentur *r*: confunderentur *B*,
—retur *r* (confundantur b).

sed quoniam aliquando aut aegrotantium inpatientia aut inperitia medicorum aut certe dum causarum magnitudini adiutoria non sufficiunt competentia, minime percurantur, et ex eo ad epilempsin supradicta capitis vitia devolvuntur, his etiam quae nunc possumus remedia vel 5 adiutoria componamus.

XV. De epilempticis.

Variis nominibus haec passio pro sui magnitudine 47 nuncupata est. nam cum sit sola capitis causa, epilempsis appellatur eo quod statum sensus penitus alienet et quod 10 mens propriae sedis extermina gravius attemptetur. unde antiquiores sub cuiusdam religionis imagine sacram passionem nuncupaverunt.

hos interea ante commotionem aliquando certa signa praeveniunt, aliquotiens casus occupat repentinus, quos 15 ni hac passione violentius exagitari cognovimus. hi ergo commotionibus imminentibus nunc sua membra gravari praesentiunt, nunc crebris oscitationibus resolvuntur et ad omnes motus pigriores fiunt. tunc etiam oculos terribiles habere incipiunt, tunc stridor consequitur dentium cum 20 praecordiorum tensione. distenti vel contorti cadescunt, diutius colliduntur. tunc omnium musculorum vel ner-

---

3 percurantur *B*: procurantur *r b*.   4 epilempsin *B* (epilepsias *b*), epilempsia *r*.   supradicta *r b*: *om. B*.   5 que *b*: quibus *r B*.   nunc *B*: nos *r* (*om. b*).   remedia *r B*: media *B*.
6 componimus *r B*, per ordinem disponamus *b*.   7 De epylempticis theodori prisciani *r*, De epilempticis XV. *B*.   8 sui *r b*: sua *B*.   9 e. app. eo q. *b* (*Gal*): e. quae ideo app. eo q. *r B*.
10 statutum sensum *b*.   11 propriae sedi (*sic*) *B b*, propriae sedis *r*, *item* proprie sedis *Gal* (*i. e. excerpta Ps. Galeni ad Glauc. l. III. cod. Voss. lat. fol. 85*).   extermina: —nata *r B b Gal*
12 (*post* antiquiores) ypocratis scripta secuti *add. b.*   14 aliqua *b.*   16 hi *r B*: his *b.*   19 omnem motum *b.*   etiam *r B*: iam *b Gal.*   20 consequitur *r b Gal*: prosequitur *B.*
21 cadunt et diutius *b Gal*, cadescunt diutius *r*, cadescumutius (*sic*) *B.*

vorum spasmis et saltibus confringuntur, et vocis articulatae quadam confusione sonos magis et ululatus excludunt,
ore et naribus exsecrabiliter spumant, et veluti dormientes
cum sonitu pectoris gravius comprimuntur. desistentibus
5 vero commotionibus praeteritorum omnium inmemores fiunt.
his licet difficile pro causae magnitudine et pro ipsius
professionis compatientia adiutoria quae competentia didicimus vel exercuimus non negantur.

48   in initiis ergo huiusce passionis frequenter eos vomere
10 compellam, sternutamentis etiam · provocatis eorum capita
commovebo, ventrem his acri clystere procurabo. frequenter adhibebo flebotomum semper huius causae competens adiutorium. temporalibus vero in commotionibus
ora spumantia molli spongia detergam, membra sollicite
15 continebo spasmis commota vel saltibus, et lanis quae frequenter in ipsis commotionibus contorquentur infusis oleo
sicyonio calido fovebo correcta. pinnas admovebo nitro
et oleo infusas, ex quibus faciles vomitus procurabo.
poterunt etenim ex hoc aut cibos aut pinguia flegmata
20 digerentes velocius relevari. exceptis tribus diebus, quibus est in principio curae ieiunium indicendum, sucis
tantummodo nutriendi erunt. aquam solam calidam bibent.

---

1 confringuntur *rB* (confranguntur *Gal*): constringuntur *b*.
et articule vocis et ululatu (—lat *Gal*) excludunt: *sic Gal
cum b.*   3 execrabiliter spumant (spumantes *b*) *rb Gal*: et
sacrabiliter spumant *B*.   4 desinentibus *b*.   6 His licet—
(8)negantur (*sic*) *rB*: His licet difficile pro causę magnitudine
adiutoria competenter tradimus vel exercemus. et quę conveniunt non negantur *b* (*om. Gal*.).   difficile *Bb* (*scil.* cu-
rentur): *om. r*.   8 vel *r* (*b*): aut *B*.   10 provocatis *rB*:
acrioribus *b Gal*.   11 his *rb*: *om. B Gal*.   acri *B*: acro
rb Gal.   procurabo *rb* (*Gal*?): procuro *B*.   12 adhibebo *r*
(—bis *Gal*.): —beo *Bb*.   13 temporalibus *rB*: advenientibus
b Gal. *cf.* 2, 39 *etc.*   in *r*: *om. B*.   14 molli *rb Gal*: uili *B*.
detergo *rb*, —geo *B* (—gas *Gal*).   15 continebo: *sic rB b*.
quae—contorquentur *rB*: *om. b Gal*,   17 correcta *B*, quod
(ꝗ) recta *r*: correpta *b* (*om. Gal*.).   pennas *rB*: ori pennas *b*,
ori pinnam *Gal*.   ad(m *r*)moveo *rBb* (amovebis *Gal*.).   20 digerentes *Bb Gal*..: egerentes *r*.   22 erunt *b Gal*: sunt *r B*.

hydromeli, vel apiata si fuerit, non negetur. in hac enim
sollicitudine vini penitus praesumptio prohibenda est.

quiescentibus itaque commotionibus una cum accidentibus suis, ciborum humanior ordinatio, simplex attamen
et digestibilis ordinanda erit. iam fricari vel exerceri 5
debebunt, usus tamen veneris penitus inhibendus. solis
calor et balnearum calidarum vapor arcendus est. cucurbitarum beneficia cum sanguinis detractione capiti adhibenda ordinamus. ordinabo dropaces, ordinabo etiam sinapismum, et omnem cursum cyclicum adhibendum esse 10
suadeo. item escae locis imponendae sunt ustiones, arte-
riotomiae faciendae, quibus forte si possumus funestae
huius passionis perseverantiam removeamus. huius etenim
causae magnitudini maiora sunt et frequentia adiutoria
providenda. nam quam plurimi sapientiores etiam fysi- 15
corum adiutoria providerunt, in quibus, ut etiam nos in
nostro libello fysicorum comprehendimus, magna et
veluti religiosa remedia procurarunt.

p. 148, 22 solam *r* (*ubi* aquā tē solā), solidam *Ga¹*: tonsilem
B (*om. b*), *ubi* Aquam. hydromell'. vel apiata si f·). bibunt
ante corr. (bibent) *r*.

2 prohibenda *b Ga¹*: adhibenda *B*, fugienda *r*. 3 commotionibus una c. acc. suis *r*: unde commotionibus suis *B*
(3—6 *om. b qui reliqua in brevius contrahit* = *Ga¹*). 6 usus
tamen veneris (cursus tamen vehemens *Neu.*): Ci|sus tamen
ventrius *B* (*om. b cum v. 3—6*). 7 calor *b Ga¹*, calorem *r*: calidioris *B*. et *om. r*. balnearum *rB Ga¹*: —orum *b*.
8 *reliqua* (*post* adhibendum est = *b*) *om. Ga¹*. 10 omnem
cursum cyclum *r*, omne ciclicum (*sc. q. seq.* .iter) *B* (9—10
om. b). 11 (esse suadeo) iter. (*sic*) sed locis imp. s. ustiones *B*,
Item escas loci imponendae sunt ustiones *r* (*cf. b*: Cucurbitarum
beneficia cum sanguinis detractione. capiti adhibenda est.
Item (It̄) escę locis capitis. vel cauteres īponendi sunt. ex quibus ...). arteriotomiā *r*, corteriothomię ustiones arteriothomię
(*sic bis*) *B*. 13 removemus *rBb* (*corr. Neu.*). 13—18 *haec
sic habet b*: Huic etiam causę maiores nostri frequentiora adiutoria provi⟨de⟩runt (!). 14 magnitudinis *r*. 16 nos in *r*:
om. B. 17 fysicorum *B*: fiscicorum (*bis*) *r*. 18 procurare
(*pro* r̄) *r*: procuravere *B*.

XVI. De scotomaticis.

49   Scotomaticorum et epilempticorum paene similis est
in isdem casibus sollicitudo. simili mentis confusione
alienantur, quantitate causae et magnitudine accidentium
5 sola disterminantur. iuvenibus haec quam maxime et otiosis
frequenter evenire consuevit. contingit etiam qui haemor-
roidarum sollemnes evitaverunt digestiones.

curae eorum licet epilempticorum sola sufficiat, tamen
hoc ordine visitandi sunt. cum ergo commoveri coeperint,
10 manibus eos continebo, auribus eorum exclamabo, easdem
fortius defricabo, capillos evellam ex temporibus, odores
naribus admovebo, ex puleio tunso vel origano aut sinapi
cum aceto mixto procurabo sternutamenta. cibos in tempore competenti leviores dabo, et cetera omnia quae epi-
15 lempticis ordinata sunt adhibenda erunt. unum superaddo
quod hos frequenter ellebori acceptio liberavit.

XVII. De maenomenis.

50   Sunt certa insignia quae maenomenos produnt. primo
ut cum sint sine febribus, caput sibi graviter dolore asse-

1 *tit.* De scotomaticis theodori prisciani III. *r*, De scot.
XVI. *B* (*sine num. ut semper b*). 3 isdem *B*: hisdem *r* (*om. b*).
simili *B*: similiter *r*. autem (*post* mentis) *add. B*. 5 sola
disterminantur *rb*: solae terminantur *B*. et oc(c *b*)osis *b Gal*:
perociosis *B*, ociosis (*ubi et pro* haec q. m.) *r*. 6 consuevit:
consueverunt *rB* (solet *b*). qui emorroidarum (etmorroy-
darum *r*) *rb*: quibusdam emorroida verum (*sic*) *B*. 7 sollemnē
digestionē *b Gal* (*ubi* —nes *B*). evitaverunt (—tavēr *r*) *rB Gal*:
—tarunt *b*. 8 cura eorum *rB*, causarum (*ad praeced. per-
tinens*) *b Gal*. licet et *r*. 9 commoveri *rB*:vexari *b Gal!*
10 eos *r* (*b*) *Gal*: *om. B*. auribus e. exclamabo: *sic rBb*
(—bis) *Gal*. 11 evello *rB* (*cum vicinis om. b Gal*)· ex
temporibus *B*: et tempori *r*. 12 puleio *rB Gal*., —egio *b*.
sinapi *rB*, —pe *b*. 13 mixto *r*, commixto *B*: trito *b Gal*.
14 et cetera omnia q. *r b Gal*: et ad cetera q. *B*. 15 ordinata sunt *r*: *om. B* (quae epil. conveniunt *simpl. b Gal*). 16
liberavit *rB*: —bit *b Gal*. 17 *tit.* De menomenis IIII. *r*, De
m. XVII. *B*. 18 menomenus *r*, —nos *Bb*. Sunt certa insignia *rB*: Sunt ergo cetera signa *b Gal*, *cf. 2, 2*. primo
rB: primū *b Gal*. 19 graviter *r b Gal*: *om. b*. dolore (*sic*) *rB*.

verent, sonitus suarum aurium expavescant. cum autem
commoveri coeperint, aliquando cum hilaritate commoventur,
aliquotiens irascuntur.

hos sollicite custodire conveniet et eis flebotomum
adhibere. item post totius corporis varias purgationes 5
fomentandum est caput eorum oleo nardino. et ordinan-
dum est ut frequentius vomant, et cibis levioribus ex
aqua calida nutriantur. alienationes vero eorum si cum
risu fuerint, terroribus coercendi erunt, furorem vero
mollioribus blandimentis lenire conveniet. interea eos liga- 10
turis commodius custodiemus. cubiculum eis in inferioribus
procurandum est, ne per commotiones praecipitio decipiantur. caput eis post fomenta olei nardini vel chamaemelini radendum est, item etiam scarifandum. convenit
interea etiam sanguisugas adhiberi. transactis vero com- 15
motionibus et iam quietis passionis temporibus, ordo eis
cyclicus ordinandus est, ut ex eo magnum beneficium con-
sequantur. et si post haec adiutoria causae vel commotiones adhuc in suo statu permanserint, ut in illo nil

---

1 sonitus suarum aurium r, sonitus aurium bGa^l: sonos s.
aur. B. 2 aliquando cum iracundia b Ga^l. 4 flebotomum
$r(b)$: —mos B. 5 adhiberi b. post B: om. r. 6 est ut r:
Et ut B. 7 et cibis r (libis b): ex cibis B. ex: in (aqua) r,
et Bb. 8 alienationes (—nibus r) vero eorum si rb et (om.
vero) Ga^l: ab alienationibus vero eorum quae B. 9 coher-
cendi (sic) Bb Ga^l (non r). erunt rB: sunt b Ga^l. si
vero cum furore fuerint b Ga^l. 10 lenire B: linire r (liniri b).
11 custodiemus Bb: —dimus r. eis B: eius b, vero eius r.
12 commotiones precipicio decipiantur rb: commotionis preci-
pitia d. B (ne per precipitium decidantur Ga^l). 13 camimolini B (camemilli r, camomilli b). 14 item B: ita r.
scarifandum Ga^l (scarificandum Bb): scarifationes r. 15 adhiberi r (—re b Ga^l.): admovere B. post adhibere b (om. v 15—17)
haec addit (atque eadem fere Ga^l): et si cum febres fuerint
alienati . . . 16 quietis passionis B, quietes passionis (sed
corr. al. m. passiones) r. ordo eis cyclus ordinandus est r:
hordei scicli | ecore (sic) ordinandi sunt B (quae cum asterisco
sic apposuit Neu., nisi quod ecori dedit). 19 permanserint
Bb Gal.: perseveraverint r. ut inullo nichil asperius hęc
ferantur r: in illo nil asperius afferatur B (om. b).

asperius afferatur, ea quae sunt prius adhibita identidem
repetantur. si vero plus fuerint alienati et augmenta causae concreverint, incisio venarum in capite et ustio celebranda est. danda iera, dandum elleborum et cetera quae
5 epilempticorum curis ordinata sunt.

    hanc curam etiam entheasticis adhibere debebimus.

XVIII. De melancholicis.

51   Accidentia melancholicorum haec manifesta sunt. in
principio causae salutis suae desperatione primo propo-
10 nentes mortis desiderium frequenter coguntur in lacrimas,
et deserta loca potius appetentes hominum incipiunt vitare
consortia. aliquando rursus suam sententiam redamnantes
vitae solatio delectantur. circa praecordia vero de assidua
inflatione queruntur, et cum sudore totius corporis inpor-
15 tuno frigidos articulos saepissime patiuntur. privari se
ob hoc etiam viribus naturalibus asseverant. indigestione
frequenter stomachi fatigantur, ructus suos varios et insuaves perhorrescunt. color eorum nigrior fiet, et interiorum viscerum frequentius doloribus attemptantur.

52   unde omnem curam quam maxime stomacho dele-
21 gabo, fomentis vel cataplasmatibus chalasticis imminendo.
ventris officium prius inoffense procurabo, quo facilius
etiam catharticis depurgentur. palaestra vel gestationibus
solidius exerceantur. vini veteris et bene olentis acci-

---

1 ea quę r: et quae B.   2 si vero rb: sin vero B.
alienati b Gal: om. rB (ubi plus fuerint et a.).   4 iera B
(yera b): gera r.   6 in intheacis B, enthea anticis b (enthean-
ticis Gal), intheaticis r.   debebimus r: debemus B (nos convenit b Gal.).   7 tit. De melancolicis eidem prisciani. V. r,
De melancholicis XVIII. B.   9 causae rb: huius causae B.
10 in lacrimas B: et lacrimas r (lacrimantes b).   12 consortia B: societatem rb.   16 etiam B (b): autem etiam r.
17 frequenter rb: —ti B.   18 color eorum nigrior fiet rb
(cf. Cael. chr. 1, 182 color viridis cum nigrore): calor eorum
interior fiet B (cf. Cael. ib. stomachi mordicatione etc.).   19
viscerum B: eorum viscerum r (viscerum suorum b).   doloribus fr. attemptantur B, frequentius doloribus aptantur r,
frequentius attemptantur (om. doloribus) b.

piendi copiam praebeamus. cibos aptos stomacho matu-
riores et largiores convenit ministrare. declinantibus vero
doloribus absinthii pontici decoctione iuvandi sunt. et
aloes pulverem ieiunis in modum unius coclearis in melicrato dabo, similiter etiam et picran. si his adhibitis 5
causa minorata non fuerit, flebotomum sub gemina detractione adhibebo. vomitus eis cum radicibus frequentius
procurabo, etiam elleborum inter cibos aliquando dabo.
misanthropis vero et adhuc hominum societatem fugientibus
longas indico peregrinationes, et aut marina aut naturalia 10
lavacra calidiora exhibebo frequentius.

XVIIII. De paralyticis.

Paralytici multis ex causis fiunt. etenim aut ex se53
haec passio nascitur aut praecedentibus aegritudinibus com-
paratur. quae gravior et difficilior fiet, qua de praefati- 15
gatis corporibus consequitur.

... itaque si odoratus paralysin passus fuerit, caput
prius est detondendum, dehinc oleo sicyonio fomentandum,
praecedentibus interea fricationibus calentium sabanorum.
his cucurbitae ventosae sunt imponendae, et apoflegmatis- 20

1 prebeamus r (potum accipiaut b): —bemus B. 3 Et aloe
(—ę b) pulverem rb: Et aloes iubeo p. B. 4 ieiunis r: —nos B.
4 in modū r, in mod⁵ b: in maio (sic) B (item Neu!). 5 dabo rb:
accipere B. Similiter etiam et pigra b, Similiter pigra r (cf.
2, 92): Similiter etiam ieram quam pigram veteres appellant
(2, 46) B. 7 adhibebo b: —beo rB. vomitus rB: —tum b.
cum rB: ex b. 9 Misántropes B, Misandropis b, Miran-
tropis r. hoīnū b: omnium (omniū B, omiū r) rB. societatem fug. rb: fug. soc. B. 10 indico Bb, iudico r. sed
et maxima aut naturalia lavacra concedo lavari frequentius b.
12 De paralisin. VI. r, De paraliticis. XVIIII. B (et s. n. b).
13 cf. Cael. chr. 2, 1. ex p̄ced. r. 15 quâ: quae rBb.
q. de prefatis (sic) c. consequitur B, q. p̄fatigatis c. consequitur b: q. profatigatis c. superveniet r. 17 odoratus (?):
sic rBb (Gel. Neu.). cf. Cael. chr. 2, 7. 37 (qui inter singulas
partes in passione constitutas cum multis aliis odoratum recenset). itaque ab initio hic intercidisse plura videntur. paralisin B, —lisis r, ex paralisi b. 20 his ventose (om. cuc.) b.

mis competentibus medendi frequentius. sternutamenta
assidue procuranda sunt ex odoribus acrioribus, quibus
facilius possit pressa altitudo cerebri suscitari. nam et
alia naribus eorum supponenda sunt ex vivo sulphure vel
5 castoreo temperata cum aceto.

cynicos spasmos praeterea, qui ex oris vicinitatis
molestia linguae et vocis officium frequenter intercipit,
propriis curis corrigendus erit specialiter, gargarismatiis
ysopi thymi sinapis cum oxymeli. cibis salsioribus nutriendi
10 sunt et catharticis assidue relevandi. si sub hac sane
diligentia parum medicina profecerit, venam eis sub lingua
secabo. nec non etiam tardas confusasque eorum locu-
tiones sub disposita provocatione compello, timores incu-
tiendo ignis aut serpentis, ut correctiorem vocem tandem
15 cogantur expromere. caput eorum liquido cerotario frequenter infundo ex castoreo peucedano et oleo laurino
vel irino temperato. potionem ieiuno dabo ex castorei
pulvere in modum coclearis unius cum melicrato. dabo
19 ieran ex more, dabo et theriacam tempore competenti.
54   si autem frigoris causa paralysis obvenerit, ut plena

1 medendi *B*: mederi *rb* (*sc.* cenvenit).   2 procuranda *rB*:
provocanda *b*.   4 alia (*sc.* odoramenta): allia (*sic*) *B*, colliria
rb. cf. Cael. l. c.   5 cum aceto *r* (*cf. Cael. 2, 37*): om. *Bb*.
6 qnicon spasmus *r*, cenospasmus *B*, Qui cū spasmo *b* (*cf. Cael.
chr. 2, 63 et 2, 8*).   qui *r*: cui *B*, quia *b*.   ex oris vicinitate molestia *r*, ex vicinitatis molestia *B*, (quia) vicinitatis
molestia *b*.   7 linguę et (vel *B*) vocis *Bb*: lingue velocis *r*.
iutercipit *rb*, —itur *B*.   8 specialiter *B*: —libus *rb*.   gargarismatiis *B*, —ciis *r*: —tis *b*.   9 sinapi *rBb*.   oximeli.
cibis *r* (oximelle. Cibis *b*): oximellicis *B*.   11 profe(i *b*)cerit
Bb: profuerit *r*.   12 nec non *r*, nec ñ *b* (*Neu.*): nec (*in fine
versus*) *B*.   confusasque *B*: confusionesque *b*, confossasque *r*.
13 timores *rb*: moris *B*.   14 ignis aut serpentis *r*: ignē aut
serpentes *Bb*.   correctiorem *Bb*: corruptiorem *r*.   tandem
rB: tandem aliquando *b*.   15 exprimere *r*.   17 (pot.)
temperatam *add. B* (*non rb*).   19 ieram *B* (yera *b*), Gera
(*om.* dabo) *r*.   et (t.) *r*: om. *B*.   20 obvenerit *rB*: advenerit *b*.
ut plena pars aliquando corporis (corporis aliquando *b*) attemptetur *rb*: ut lepra aliquando corpus attemptatur (*sic*) *B*.

pars aliquando corporis attemptetur, fricatione calida cubiculo tepefacto et acopis bene olentibus imminebo. conficio interea ex ruta viridi aut marrubio aut artemisia
oleum non solum ad unguendum verum etiam ad lanarum
infusionem, quibus membra post curam semper calidissime 5
munienda sunt. cucurbitas interea locis pinguioribus admovebo. aquis chalasticis fomentabo ex puleio nepeta iri
illyrica ibisco vel seminum decoctionibus. acopa vero adhibebo ex pice resina pipere vel euforbio adarce et oleo
laurino coniectura medici temperata. exercitiis competenti- 10
bus membra recolligo. frequenter ieran his dare convenit.

quibus vero sine sensu partes attemptatae deriguerint
hiemis tempore aetate senili laborantibus, unguenta haec
adhibenda erunt, ex scilla et euforbio thapsia pyrethro
adarce et oleo glaucino. si loca emarcuerint diu hoc morbo 15
vexata, cucurbitas dropaces lavacra et cetera adiutoria similia post cibos adhibebo quam maxime.

significo praeterea aliquando paralysin per solutio- 55
nem obvenire membrorum, aliquotiens per contractionem.
et quoniam haec accidentia sibi invicem contraria non 20

---

1 fricatione (—nē) calida (—ā *b*) *rBb*. cubiculo *rb*: cubili *B*. 3 interea ex *rb*: *om. B*. aut (marrubio) *b*: et *r*,
vel *B*. 5 quibus: *ab hac voce denuo(post lacunam)incipit
Gelenius p. 89*. calidissimis (calidis *B*) munienda *B Gel.*,
calidissime munienda *r*, calidissime nutrienda *b* · 6 pinguioribus:
cf. Cael. chr. 2, 21. 7 ex *rb Gel.*: *om. B*. nepita *rBb*.
i(y *r*)ris illirica *rB* (yreos *b*). 8 acopa *rBb*: acopa vel unguenta *Gel.* (*cf. Cael. in eod. cap. chron. 2, 34*). adhibebo
r Gel.: —beo *Bb*. 9 vel (euf.) *rB Gel.*: *om. b*. et oleo
laurino *rbB*: laurino oleo *Gel.* 11 iera *B*, gera *r* (*om. b*).
12 q. v. sine sensu att. p. (partes att. *Gel.*) diriguer̄ (—rint *Gel.*)
b Gel. (*cf. Gar. 5, 22*), q. v. sine sensu p. a. defruguerint *r*: q.
v. sensum p. a. amiserunt *B*. 13 hiemis tempore etate senili
rb Gar., hiemis tempestate senili *B* (*cf. Cael. chr. 2, 1*): hiemis
tempore aut aestate similiter *Gel.* 14 e scilla *Gel.*: ex squilla
Bb, ex quille *r*. 15 (loca) vero *add. Gel.* emarcuerint
rb Gel.: —runt *B*. 18 significo *rB*: significabo *b*, et significo *Gel.* paralisin *rBb*. 19 obvenire *rB Gel.*: venire *b*.
20 quoniam: quō *B* (*unde male* quomodo *Neu.*). haec *rBb*:
om. Gel. sunt (*ante* non) *add. Gel.*

una diligentia visitanda sunt, eorum nunc curas deter-
minabo.

　　collecta igitur membra et causae vi repentina contractione minorata omnibus chalasticis adiutoriis resolvenda
5 sunt, mollibus manuum fricationibus et unguentis ex diversis
adipibus et medullis quae possunt loca contrahentia relaxare.
utor fomentis similiter aquarum chalasticarum ex seminum
decoctione et althaeae radicibus. indico interea solam
aquam calidam esse potandam, sane concedendum est aut
10 apiatam aut hydromeli.

　　resoluta vero membra omnibus stypticis adiutoriis et
frigidioribus colligenda sunt, siccis fricationibus, unguentis
quoque mordentibus ex oleo cyprino vel calce viva euforbio castoreo adarce et similibus ceteris temperatis. nam
15 et ligna iacentia subinde eos suadeo debere transcendere.
sane si pes ex hac resolutione dimissus usum penitus
denegaverit, lamminam plumbi prius unciarum trium articulis eiusdem pedis admovebo, in tertio die uncias singulas
superaddens. hoc diebus XL servabo, ut illam ponde-
20 rationem quae eo tempore creverit usu noverint sustinere.

　　　1 visitanda *rb*: —di *B*.　　　3 et causa in repentina contractione dominante (*sic*) *b*.　　　5 manum (—nū) *rBb*.　　　*cf.*
Esc. c. 22 (p. 34ᵈ).　　6 possunt *r*, poss̄ *b*: —sint *B*.　　8 decoctione *rb Gel.*: —nibus *B*.　　　potandam *rb Gel.*: bibendam *B*.　　　10 apiatam *rb*: apiatum *B Gel.*　　ydromelli *r*,
ydromellum *B*, —melle *b*.　　12 *cf. Gar. 5, 22 (ubi ex Escol. 22).*
13 colligenda sunt (*post* mord.) *rep. Gel.*　　　15 ligna: *cf.*
Cael. chr. 2, 47.　　　suadeo *rb Gel.*: suadebo *B*.　　debere
ante r Gel., post transc. habet *B, om. b.*　　16 dimissus *rBb*:
om. Gel.　　　usum (—us *r*) penitus *rB*: usum penitus ambu-
landi *Gel.* (gressus penitus *b*).　　　17 denegaverit *rb Gel.*　ne-
gaverit *Gel.*　　lamminam *B*: laminam *rb Gel.* (ad rem *Cael. l. c.*).
plumbi *rbB*: plumbeam *Gel.*　　　18 eiusdem pedis *r Gel.*:
eius pedi *B* (—dis *b*).　　in tertio die *rb*: in tertium diem *B*
(intra t. d. *Gel.*).　　uncias singulas *rB Gel.*: singulas uncias *b*.
19 superaddens *rb Gel.*: —dis *B*.　　　servabo ut illā *rBb*:
serva. illa *Gel.* (*ubi* illa ponderatione).　　20 eo *rB Gel.*: tanto *b*.
creverit *rB Gel.*: —rat *b*.　　usu noverim (*sic*) *B*, usus (usum
Gel., usū *r*) noverit *rb Gel.*

post vero simili detractione plumbi super addita detracturus
sum, quo pes ille qui ut colligeretur pondera sustinebat,
eadem subductione relevetur. interea cotidie horis matutinis
lammina detracta unguentis et ceteris adiutoriis imminebo.

hoc vitium plerumque etiam in oculis evenisse videmus. 56
nam pthisis et mydriasis certissima paralysis oculorum est. 6
pthisis ex contractione vel deminutione pupillae contingit,
ex dissolutione vero vel resolutione pupillae mydriasis,
quam medici platycoriasin appellaverunt. diversis igitur
earum accidentibus diversae curae disponendae erunt, ut 10
altera fomentis et inunctionibus stypticis et constringentibus colligatur, altera chalasticis omnibus et nutrientibus
relaxetur. sed de utrisque difficilis est mydriasis. in
omnibus etenim generaliter causis frequenter facilius
constricta resolvimus quam resoluta constringimus. de 15
aquis vero naturalibus certissimum est quoniam dulcia
semper et calida lavacra corpora relaxarunt, naturalia

1 simili modo d. *r. post* plumbi *add. Gel.* dibeus prioribus. 2 sum *om. b.* quo *r Bb*: quod *Gel.* ille *r Gel.*:
om. bB. qui ut colligeretur *r Gel.*: | ut colligaretur *b*, qui
cum colligaretur *B.* 3 identidem (*ante* relevetur) *add. Gel.*
5 evenisse videmus (*sic*) *B*, ev. vidimus *r Gel.* (*Neu.*): cognovimus evenisse *b.* 6 ptisis (*mox* pthisis) *B*, (ptysis *rb*).
moedriasis *B*, midriasis *r*, mitriasis *b* (*cf. Cael. chr. 2, 6. 16.
Gal. XIV*, 776). *seqq. om. b usque ad alterum* mydriasis.
7 quae (*ante* pth.) *add. B.* constrictione *Gel.* tysis *hic r.*
diminutione *rB Gel.* 8 ex. diss. vero vel res. *r*, ex res. v.
vel dissolutione *B*: ex resolutione *Gel.* medriasis (*hic*) *B*,
midriasis *r. item infra v. 13.* 9 medici *rB Gel.*: alii *b.*
platafchoriafin *B*, platigoriasin *b*, platocoriasin *r.* appellaverunt *Bb*: —vere *Gel.*, appellarunt *r.* 10 earum: eorum
rBb Gel. d. c. disponendae erunt *r B*: div. c. sunt disponende *b*
(diverse disponendum erit *Gel.*). 11 inunctionibus *B*, inunctionibus *r*: unctionibus *b Gel.* 12 ch. o. et n. *B*: chalasticamini-
bus (*sic!*) nutr. *Gel.*, chalasticis rebus | nutr. *b.* 13 difficilis
r Bb Gel. (—lior *Neu.*). in o. etenim gen. c. *rb Gel.*: etenim
gen. c. in omnibus *B.* 14 facilius *om. r.* constricta *rb Gel.*:
restricta *B.* 15 constringimus *b Gel.*: constringamus *rB.*
16 (naturalibus) omnibus *add. r.* quoniam (quō *B*, q̄m *r*)
Gel.: quia *b.* 17 relaxarunt *B* (—averunt *Gel.*): relaxant *r b*,
sed mox collegerunt *r B Gel.*: (Naturalibus vero...) colliguntur *b.*

vero salsa vel bituminea vel sulphurea relaxata corpora
collegerunt.

XX. De catarro.

57   Omnis catarrus sollicite visitandus est, cui origo de
5 capite est et principium. derivatio etenim ex eo defluens
per varias arterias continuo infundit quae attigerit loca et
sui perseverantia neglecta debilitat. nam sub tribus differentiis ex hoc causae fiunt. fit in naribus cui nomen est.
coryza, fit in faucibus qui dicitur branchos, fit in thorace
10 qui si diu permanserit et pulmones invaserit, pthisin penitus insanabilem facit. non praetereo interea quod ad
inferiora cum se praeceps demiserit secum trahens vi et.
pondere materiam vitiorum, laesis frequenter praecordiorum
vitalibus locis aliquas passiones transitu infigit .et tandem
15 desperata pedum loca occupat difficile removendus. sed
quoniam prius omne corpus inquietat, et veluti quoddam
pondus cum dólore omnes particulas corporis sine febribus

3 De catarron XX. *B*, De catarro (*sic b*) VII. *r.*   4 catarrus *r*, catarron *B*, catharrus *b.*   5 atque pr. *b.*   6 infundit: *sic rB et* (*qui seq.* 6—9 quae—fiunt *om.*) *b* (infunditur
Gel.).   quae attigerit *rB*: quae adtegere solet *Gel.*   7 sui
r Gel.: sic *B.*   *cf. Escol. c. 13.*   8 ex hoc *rB*: ex hoc hae
Gel.   9 coriza *rBb.*   qui (*sc.* catarrus): quę *b* (*sc.* derivatio
= influxio *Cael.*), quod *B.*   brancos *rb* (*Cael., Esc.*): bronchos.
B Gel.   fit etiam i. t. *Gel.*   10 qui: *sic rBb Gel.*   invaserit *b Gel.*: inusserit *B*, (in pulmones) venerit *r.*   tysin
penitus ins. *r*, pthisin penitus ins. *B*: phthisin illam ins. *Gel.*
(tysin ins. *b*).   11 non *r B Gel.*: nam *b.*   quod (quia *rb*)
ad inf. cum se *r Gel.* (*b*): cum ad inf. se *B.*   12 se pr. dimiserit *r Gel.*, se pr. dimerserit *B*: se precipitaverit *b.*   13 et
(praec.) *add. r.*   14 aliquas passiones (—nis *r*) *r Gel.*: aquas.
(*sic*) passionis *B* (*sc.* facit et has passiones ut aliquando pleure-
ticos aliquando peripleumonicos faciat *b*).   15 desperata *B,*
desperato *r*, disperato (*sic*) *b*, disperata *Gel.*   sed quoniam
prius *r Gel.*: sed primum quoniam prius (*sic*) *B* (Et quia prius *b*).
16 et *B*, ut *r*: *om. b Gel.*   17 cum dolore *rBb*: cum sensu
vel dolore levissimo *Gel.*

apprehendit consensu eiusdem reumatis descendentis, capite quam maxime prius similiter sollicitato, cui cum ceteris vicinis et proximis membris hanc diligentiam interim ordinamus, insequenti etiam specialem pulsatis vel occupatis partibus designabo. 5

omne igitur corpus calidis et siccantibus unctionibus 58 perunguemus, cubiculo munitum calefacto, operimentis etiam insuper lanarum mollium infusarum. caput quam maxime morborum omnium causam frequentius curo calido oleo cyprino vel laurino sive gleucino. conveniet interea per 10 initia reumatizanti diuturnam quietem indici, conveniet similiter etiam ciborum quam maxime potionis ⟨continentia⟩, sub cuius detractione sitis multum profuit procurata. sed magis longo intervallo vinum largius cogantur accipere, salsos quoque cibos, quo sub utrisque coacta 15 ebriositas siccans protinus medeatur. ventrem prae om-

1 apprehendit rBb: —dens *Gel.* consensu r, consensū b, concensu (*sic*) B: cum sensu *Gel.* descendentis capite rB *Gel.*: de capite descendentis b. 2 similiter rBb: om. *Gel.* cui *sic* rBb *Gel.* *abhinc habemus codicem Vat. cuius incipit* *f. 31* | cui cum ceteris . . . 3 vicinis: *sic* $rVBb$ (vitiis *Gel.*). 4 specialem: *sic* $rVBb$ (*om. Gel. qui post* partibus *addit* quid expediat). 7 perunguemus r (—guimus B, —gimus Vb). munito et calefacto rVB *Gel.* (calefacto et munito b). op. etiam (autem r) super lanarum (lamnarum V) m. i. rVB *Gel.*: Cooperimentis et lanarum m. i. quam maxime toraci ex nardo vel cyprino cerotaria aut anetino oleo (*sic*) b (*cf. Cael. chr. 2, 97* appositis lanis . . . mollibus oleo . . . praetinctis colla circumdantes et thoracem). 8 maxime b, quam maxime r *Gel.*: om. VB. 10 gleucino V: glaucino rBb (vel cucumeracio *add. Gel.*). interea rBb *Gel.*: om. V. 11 reumatizianti V. indici rB *Gel.*: indicii r (indico b). convenit r. 12 ciborum q. m. p. continentia (*sic*) b (cibus sine potione *Gel.*): quam maxime potiones (potio B) VB, ciborum q. m. potionibus r. 14 longo intervallo vinum largius cogantur accipere r *Gel. et* (*ubi* vinum *post* cogantur) b: om. VB. 15 salsos q. cibos rV (b) *Gel.*: salsus q. cibus B. quod r. utrisque coacta ebriositas b, utriusque (utrisque *Gel.*) coacta ebrietas r *Gel.*, utriusque coactio (coactione B) ebriositas VB. 16 siccans $rVBb$: sui natura desiccans *Gel.*

nibus purgandum admoneo. sane cum his adiutoriis humanius causa profecerit, unguentis tunc supradictis cum tali fricatione imminebo ut palaestrae exercitium imitemur, quam maxime ut inferiora fortius defricentur. evocatus
5 etenim de superioribus reumatismus sollicita superiorum loca quae cum periculo attemptare poterat derelinquit, et sub civili aegritudine medicinae iam beneficio repugnamus. unguenta supradicta cum opobalsamo temperata dabo. dabo potionem vini et mellis ex aequo ubi rutam viridem de-
10 coquam, dabo ubi etiam pyrethrum, dabo ubi piperis pulverem aspergam.

59 interea cum nares occupaverit, admotis odoribus ex melanthio mitigabo et easdem frequenter unctionibus superioribus tango.

15 si fauces inquietaverit, gargarismatiis stypticis imminebo quae in primo faenomenon ordinata transegimus, perseverantibus sane adiutoriis capiti totoque corpori unguentis superioribus.

si thoracem occupaverit, loci naturam vel vicini pul-
20 monis intuens sollicitius visitabo unguentis et ceteris supra

---

1 cum $rbVB$: si cum *Gel.*   3 im(n V)minebo $rbVB$: imminendum est *Gel.*   imitemur rb (imitetur *Gel.*): inm(imm. B)inetur VB.   4 quam maxime ut inf. r *Gel.* (et quam maxime inf. b): Quō maxime ut i. V, quō (*i. e.* quoniam) maxime opus est (*add.!*) ut i. B.   7 beneficium V (—io B, —iis r *Gel.*).   8 unguenta —temperabo *om. b* (*ubi* Post dabo potionem vini ... r. v. dequoquam, *omissis q. s. ad v. 12* Interea).   temperata (—to V) dabo VB: temperabo r *Gel.*   9 ex equo (—qui V) $rbVB$: aqua mixta *Gel.*   dequoquam b, decoquo r: coquo VB *Gel.* 10 ubi etiam V *Gel.*: ibi etiam $r.B$.   dabo ubi r: do ubi VB, ubi (*om.* do) *Gel.*   12 admo(n b)tis Bb: amonidis V, ammotis r (*om. Gel.*).   13 easdem rVb *Gel.*: itidem B unct. s. tango rVb *Gel.*: cum unct. s. dandi sunt B.   15 gargarismatiis VB *Gel.*: —tis rb.   16 primo rBb *Gel.*: —ma V.   fenomoeno V^c (*ex* fenno. moneo V), fenomeno B *et* (*qui add.* libro) rb (phaenomenon *Gel.*) *cf. I cap. 17.*   17 totoque (*sic*) rVB *Gel.* (*om. b*).   19 polmones vicini r, vicina pulmonis b.   20 intuens B (considerans *Gel.*): intuentes (*sic*) rVb.   unguentis rb *Gel.*, ingentis V: instans B.

dictis imminendo confectis cum opobalsamo, quo de altitudine ad thoracis superficiem revocare possimus reumatismum.

si tussicula supervenerit, quae mala vicinitate quasi
quadam contagione sollicitat, habita consideratione ad in- 5
feriora umor ille ne in thorace diu resideat deponendus
est. perseverantibus attamen prius adiutoriis ordinatis,
superaddo plantas eorum pice liquida tangi debere, et fricari unguentis supradictis eam partem pectoris admotis
proxime carbonibus, quo plus aut evocare in superficiem 10
aut loco siccare reumata valeamus. interea licet etiam
constrictionis molestia saepe praevaleat, ut flegmata difficilius egerantur quorum digestio tussientes relevare consuevit, his ecligmatia vel potiones dari faciam ex origano
thymo ruta viridi cum melicrato aut melle despumato con- 15
fectas et ex pinguium ficorum decoctione cum oxymeli.
et si identidem, umoribus multum solutis, fluxus sputorum
inquietudines et vigilias procurarit, tunc ad eorum coagulationem vel digestionem sucum ptisanae vel alicae dabo,
aut lentem cum melle coctam, dabo omnes pultes cum 20

1 imminendo: inminebo *Gel.*, inmineo *rb*, inmensa *VB.*
quo de *B Gel.*, quod (q) de *r*: quod (alt.) *V*, quo (q̊) *b* (*ubi*
altitudinē).   2 revocare: *sic rVBb* (evocare *Gel.*.)   4 quae
(qua *r*)—sollicitat *om. b.*   5 contagione *VB Gel.*: concitatione *r.*
sollicitat *VB*: —tet *r Gel.*   ad inferiora *rb Gel.*: *om. V* (*ubi
vel humor*) *et B.*   7 est: erit *Gel.*   prius: prioribus *b.*
ordinatis *rb Gel.*: *om. VB.*   8 sane (*post* superaddo) *add. Gel.*
(*non rbVB*).   9 supra scriptis *r* (ff *b*).   eandem partem
corporis *b.*   10 evocare *rVB Gel.*: revocare *b.*   11 loco
rVB Gel.: locum (siccare a reumate) *b.*   12 constrictionis
r Gel. (*b*): contritionis (—nes *V*) *VB.*   13 tusigentes *V.*
relevare *r Gel.*: revelare (*sic*) *VB.*   14 eligmathia *V* (—tia
Gel.), elimathia *B*, elecmatia *r.*   16 et ex *r*: ex (...decoctione)
V Gel., et (...decoctionem) *B.*   17 solutis *rB Gel.*: solutum
V (*haec in brevius contracta habet b, qui om. quorum—umoribus
v. 13—17*).   18 procurarit *V Gel.* (—raverit *r*, —raverint *b*):
—bit *B.*   19 alicae *rBb*: calice *V.*   20 lentem *rVB Gel.*:
lenticulam *b.*

pipere, dabo salsamenta quae volent, dabo in noctem antidota de pipere murra storace galbano opio cum melle
attico temperata, quae et coagulare valeant flegmata, et
somnos invitent qui sui natura et soluta constringant et
5 beneficio praesentiae tussire minus faciant dormientes.

60   monitum te interea volo omnia loca quae reumate
facilius infestantur, superioribus adiutoriis imminentibus
posse facilius desiccari. quae si forte vetusta et perseverantia exegere adiutoria, tunc ad cycli beneficia decur-
10 rimus. novimus etenim causis difficilibus magnis medicinae
remediis obviari.

igitur quoniam aliquando diu pertinax reumatismus,
adiutoriis medicinae desistentibus, quae aut locorum aut
substantiae aut certe medicorum inopia saepe contingit,
15 pulmonibus ustionem infigens pthisin paene incurabilem
facit, huic nunc pro causae magnitudine vel praeiudicio
temporis curam ut possumus et diligentiam ordinamus.

1 volent *r*: volet *B Gel.*, volit *V* (voluerint *b*).   noctem:
nocte *rVB Gel.*   antidota *rbB*: —dotia *Gel.*, anthodocia *V.*
2 de pipere myrta *etc. r*, e pipere m. *etc. Gel.*, pip m. *etc. b*:
dabo pipere murra storace galbanum obphio *V*, dabo piper
et myrram storavem galbanum apium *B.*   3 temperata
rbB: —tis *Gel.*, —tas *V.*   4 invitant *V.*   qui *rVBb*:
quae *Gel. et Neu.*   constringat *r.*   5 presentiae *r* (praesenti *Gel.*): praestatiae *V* (*ubi sic* praestãtiaetussire ...), —stanti
V^cB (*om. b*).   minime *r.*   faciant *Bb Gel.*: —ciet *V*, —ciat *r.*
6—11 *solus habet Gelenius* (*ex cod. nunc deperdito*) *cf. 2, 6 et
infra 114.*   13 quae (*sc.* inopia) *rVBb*: quod *Gel.* (*Neu*).
aut locorum aut substantia (substantiae *B*) *rVB*, aut locorum
substantia *b*, aut locorum ratione aut substantia *Gel.*   14 inopia *rVBb*: inopia vel imperitia *Gel.*   sepe (—ae *V*) contingit *rVb Gel.*: contingit *B.*   15 infigens et tysin *rb*, figit
pthisin *VB*, infigit et phtisin *Gel.*   incurabilem *VBb*, penè
incurabilem *Gel.*, penę insanabilem *r.*   16 preiuditio *V*,
pręiudicio *B* (*Gel.*): pro(p)iudicio *b.*

XXI. De pthisicis.

Pthisicos et apoplecticos una sub sorte vel condicione 61 medicina desperat, licet et veterum sententia sic fuerit definitum. unde per initia eos ut possumus medicinae remediis iuvamus. chronicos vero plena iam sub despe- 5 ratione, non iam ut medicorum medelis, sed magis tantum amicorum solacio visitamus. ergo per initia spe sub qua futuros nos omnes labores impendimus, hoc ordine pthi- sicos curo.

febrium ergo frequenter his ex necessitate accidentium 10 tempora considerans cibos et adiutoria ministrabo. con- suerunt enim sub quodam veluti typico charactere vesper- tinis magis febribus admoneri, ut aliquando cotidie ali- quoticns circa diem tertium moveantur. cibos itaque sorbiles dabo, et si virium alia nos cura constrinxerit, 15 concedo etiam solidiores, pultes quas volent, agnorum cerebra vel haedorum, acrones caprarum sive porcorum vel sucum ubi supradicta decoxerint aut certe aplozomon ex salibus oleo et aneto et aqua ubi eaedem ungulae supra dictae maduerint. dabo caponum maiorum testes, dabo 20

---

1 *tit.* De tisicis theodori prisciani VIII. *r*, De pthisicis XXI. *VB*, De ptisicis *b*. 3 medicina *rb Gel.*, —nae *VB*. despirat *V*, desperat *rB*: disperat *b Gel.* 4 diffinitum *V.* medicinae *rbBV*: om. *Gel.* 5 remediis *Vb Gel.*: —dio *rB*. iuvamus *rVB*: adiuvamus *b Gel.* (vero) tysicos *add. r.* sub plena d. (*om.* iam) *b*. 6 medellis *V*, medelis *Bb*: officio *Gel.*, offitiis *r*. magis *rVBb*: om. *Gel.* 7 solatio *VB Gel.*: solaciis *rb*. spe sub qua (quo *r*): *sic rVB et* (spei) *Gel.* (*ubi b*: sub quacunque futurorum spe. ōs (omnes) res labo⟨rum⟩ mō⟨rum⟩ impendimus). 8 nos omnes *rVB*: omnes nos *Gel.* 13 ammoneri: *sic VB* (admoneri *Gel.*), āmoveri *r*, admoverim (*sic*) *b*. 15 alia *VBb Gel.*: aliqua *r*. 16 volent *rB*: volet *Vb Gel.* 17 acrones *rVBb Gel.*: acra *Cass.*, *Cael.*, *Musc.* etc. (= capita et pedes — *al.* capita pedum — porcellorum aut hedorum *Esc. 17 = Gar. 2, 5*) = *infra* ungulae (*cf. Esc. 18* pedes porcellorum rostra aures. *Cass. 40 p. 92, 14* cephalo- podas). 18 supra scripta *r* (= s̄s̄ *b, ut v. 19 b*). aplo zo- mon (*sic*) *V* (*Gel.*), aploiomon *r*: apozimon *B*, —ma *b*. 19 oleo et aneto *rVB Gel.*: oleo anetino *b*.

columbos matri subtractos, dabo pisces asperos, dabo con-
chylia in embammate ex aniso ligustico pipere et similibus
ceteris melle et aceto commixto.

62   desistentibus forte iam aliquando febribus, etiam sal-
5 samenta ministro. tunc iam totius corporis fricamentis
siccis prius, ut palaestra, pro virium consideratione uti
conveniet, quam maxime capitis gutturis vel thoracis.
omnibus his utor, omnibus adiutoriis immineo, necubi
natura consentiente corpus omne iam reumatismo plene
10 possessum aliquatenus valeam desiccare. dabo antidota ex
pipere, dabo theriacam cum melicrato, dabo dia prassiu.
adhibeo epithemata simili sub virtute operantia, quae cale-
faciendo loca desiccare contendant. caveant aerum nimietates, caveant aestus et frigora. et si sub proxima despe-
15 ratione iam nos obsederit naturae fragilitas, escas et
cauteres partibus thoracis infigo, necubi factis et patefactis
vulnerum meatibus forsan eorum digestionibus releventur.

1 subtractos *V B b Gel.*: subductos *r*.   2 embammate
sic r V B Gel. (ēbemate *b*).   aniso *b Gel.*: aneso *r V B*.   ligistico *V*, livistico (*sic*) *r*, libistico *B*, liuestico *b*.   3 commixto: *sic r V B Gel.*   4 forte aliquando iam *VB*: forte iam
aliquando *Gel.*, forsitan aliquando *r*, vero iam aliquando *b*.
5 ministro *r V B Gel.*: ministrabo *b*.   iam *rb Gel.*: om. *VB*.
fricamentis *rb Gel.*: siccamentis *VB*.   6 prius ut palestra
rV Gel. (prius palestra *b*): prius ut in palestra *B*.   8 omnibus—adiutoriis: *sic r V B b Gel.*   necubi: *sic r V B b Gel.*
10 antidota *rBb*: —dotia *V Gel.* (*ut supra etc.*).   11 tiriacam
V, tyriacam *rBb*.   diaprassiom *Vb* (—sium *Gel.*), diaprasion *B*,
diuprassium *r*.   12 adhibeo *r V B b*: —bebo *Gel.*   epithima
Vb, epi(y *r*)themata *rB* (—tia, *Gel.*).   13 loca desiccare *V B b*:
desiccare loca *r*, siccare loca *Gel.*   aerum (*sic r Gel.*, cerū *V*,
earū *b*) nimietates (—is *V*) *rVb*: //////uerni & autūni ętates *B* (!).
14 caveant (*iterum*) *r V B b*: : om. *Gel.*   proxima *r V b Gel.*:
summa *B*.   15 escas *r Vb Gel.* (*cf. 18*): iscas *B*.   16 necubi
r V B Gel.: ut *b*.   17 forsan (—am *V*)*V B Gel.*: forsitan *rb*.
releventur *rB Gel.*: revelentur *Vb*. *hic multa adduntur (per
versus 62) in b*: Si nimia tussis fuerit. herbe vethonicę . . .
*eadem inter Prisciani capitula quae Pseudo-Galeni libro III.
Leidensi in fine addita fuerunt, testante indice olim legebantur.
etenim qui ea collegit habuit Prisciani codicem Berolinensi
aequabilem.*

XXII. De sanguinis emissione interiorum.

Sanguinis effusio licet pro locorum qualitate aliquando 63 salubris existat, attamen generaliter omnes cum horrenda et terribili inspectione visitantur. fit itaque locis diversis sanguinem emittentibus sub trina vulneratione causatio. 5 fit primo crepido, fit insequenti putredo, fit ex utrisque superioribus eiusdem loci vel venae patulum orificium incurabile. locorum itaque emittentium nomina curis interpositis designabo.

cum ergo ex meningae partibus sanguis eruperit, qui 10 vapore quodam cum saltu venarum inconsueto et dolore totius capitis publicatur, hoc pacto constringendus vel prohibendus erit. detonsis capillis eidem meningae pulvis turis masculi vel mannae eius aut naxii aut amyli aut lemniae aspergendus est, aut cum aceto mixtus inliniendus. 15 huic fotus ex oleo roseo infrigidato adhibendus est, aut ex sucis herbarum specialiter stypticarum, ut est arnoglossus, strychnum, portulaca, rubus, rosa sicca vel cetera. cibi vero calefacientes meningam prohibendi sunt.

1 *tit.* De s. emissione interiorum *VB Gel.*, De s. em. ex interioribus *b*, De s. effusione de interioribus *r* (*qui tamen in ind. dedit* De s. emissione de interioribus). 4 visitantur *rVB Gel.*: visitamus *b*. 6 utrisque *rVb Gel.*: utriusque *V*c*B*. 7 loci uel: locriel (*sic*) *V*. 10 meninge *Vr*: mininge *bB* (*sic etiam r v. 13*). 11 inconsueto *rb*: cum sudore *VB*, inconsueto cum sudore *Gel.* 12 capitis *rVB Gel.*: corporis *b*. prohibendns *r Gel.*: cohibendus *VBb*. cohibendus culi uel mannae etc. (*sic*) *VB* (*Neu.*), *omissis quae habet cum r etiam Gelenius ex codice qui similis fuerit archetypo codicis b, ubi haec*: cohibendus. Erit detonsis capillis eidem meningę pulvis. libani vel liannę (*sic*) eius aut mirta aut milli aut leminie aspergendus aut . . . 13 pulvis *b Gel.*: om. *r*. 14 turis masculi *r Gel.* (*unde post lacunam* culi *VB*): libani *b*. naxii *Gel.*: naxi (riaxi *V*) *rVB*. amyli *Gel.*: amali *V*, amili *rB*, milli *b*. lemniae: *sic rVB Gel.* (leminie *b*). 15 (asp.) erit *Gel.* (est *rVB*, om. *b*). (inl.) est *rb Gel.*: om. *VB*. 16 infrigdato *rb*. 17 exsucis (exucis *V*) *rVb*: de sucis *B*. stypticarum (estipticarum *V*) *rVb*: et stipticarum *B*. arnoglossus (*Gel.*, —sa *Bb*, —sū *r*) estrignum (strigno *b*, strignon *r*, et nigra *B!*) portulaca . . . *V*. 18 rubus *rVB*: om. *b Gel.*

64　　cum de oculis haemorragia emerserit, aqua frigida vel
pusca defricandi erunt, insequenti vero murra pingui inunguendi sunt, et cetera quae in subiectis venis crepantibus
adhibemus.

5　　cum de auribus sanguis eruperit, aqua his vel pusca
frigida infundenda erit, et cetera quae oculis facienda esse
ordinavimus.

cum de naribus eruperit, faenomenon libellus
superior omnem earum curam edocebit et instructionem.

10　　cum de faucibus vel gutture vel de palato eruperit,
sucis frigidis vel stypticis insistemus.

cum de uva eruperit, pusca primo frigida imminendum
erit. quae si minime valuerit prohibere, virgulam auri vel
argenti ignefactam loco sanguinanti suppono, ut ex hoc
15 cautere protinus compescatur.

cum vero de stomacho obvenerit, dabo ad massandum
glycyrizae surculum, dabo symfyti radicem, dabo cummi,
dabo tragacanthum, dabo puscam frigidam ubi naxii pul-

1 emu(o *B*)rragia *V*.　　2 pusca *V B*: spuca *b* (*item infra
v. 5*), posca *Gel*.　　defricandi *r V B Gel*.: infundendi a foris vel
defricandi *b*.　　erunt *r V B b*: *om. Gel*.　　mora (myrra *r cf. 99*)
pingui inunguendi (—gendi *b*) *r V b*: mora pinguia inunguenda *B*
(*cf. Diosc. p. 81. 78 Lips*.).　　3 sunt *r V B b*: erunt *Gel*.　　et
cetera: *sic r V B Gel*. et (et c̄) *b*. *cf. v. 6*.　　in subiectis (—lectis
V) *r V B* (sub̃tis *b*) = infra (ubi?).　　4 adhibemus *r b* (—bebi-
mus *Gel*.): adhibuimus *V B*.　　8 crepuerit *r* (*solus*).
fenomenis (*sic*, phaenomenon *Gel*.) libellus superior *V B*, foeno-
menus libellus *r*, fenomenus liber primus *b*.　　9 edocebit *r V B*:
docebit *Gel*., te docebit *b*.　　10 de gutture *b*.　　de (*ante* p.)
om. r Gel. (aut de palato *b*).　　11 insistimus *Gel*. (—temus
r V B b).　　12 eruperit *r Gel*., sanguis eruperit *b*: *om. V B*.
13 virgulam *B*: —la *r V b Gel*.　　14 ignefactam *r B*: —ta
r V Gel., ignita *b*.　　sanguinanti *r V B Gel*.: sanguinis *b*.　　ex
hoc *r V B b*: *om. Gel*.　　15 compescatur *r b Gel*.: —pescat (*omisso
compendio*) *V B*.　　16 ad marsandum (*sic*) *V pro* ad massandum
Gel., ad masandum *r*: ad demasandum *b*, ad masticandum *B*
(*cf. διαμασσώμενον Diosc. 3, 5*).　　17 gliciridiae *V Gel*. (gliqui-
riciam *b*), liquiriçie *B*, liquiritie *r*.　　simfite *V*, simphitu *r*,
simphyti *B* (senticis *b*).　　cummi (*cf. Cass. 29 et ib. ind. s. v*.):
cummen *V*, gummen (gūm̄) *r*, gummi *B* (*om. b*).　　tragacantum
V, dragagantum *b*, dragantum *r B*.　　naxi *r V B*.

verem aspergo, dabo similitcr amylum tritum, dabo reum
ponticum. dabo etiam cum sucis herbarum stypticarum
quas superius memoravimus, cibos vero stypticos aut ex
oryza aut ex lente vel sucis earum, in quibus illa styptica concoquenda erunt. dabo interea mala cydonia, dabo 5
thebaicos, sorba quoque et castaneas, vel eorum decoctiones.
his etiam dia codion convenit in noctem accipere. nam
et epithemata styptica conveniunt, ut est aut dia iteon aut
dia foenicon, aut certe barbara quae de bitumine iudaico
conficitur. 10

    cum de thorace emiserint, quod sollicite visitandum 65
est, primo flebotomus adhibendus est, et cibi ordinandi
sunt superiores, qui de stomacho iactantibus ordinati sunt.
eorum vero articulos vel extrema femorum fasciolis competenter astringo, spongiam vero pusca frigida infusam 15
thoracis partibus adhuc calentibus superimpono. imminebo
huic adiutorio diebus continuis quinque frequentius im-
mutando. post vero emplastris uti nos conveniet superius
ordinatis de stomacho iactantibus, super quae commodius
lanas sucidas superimponimus oleo quoque murteo vel 20
lentiscino mixto cum aceto. si his adhibitis sanguinis ad-

---

2 reoponticum V, reuponticum rBb.   cum sucis $rVBb$:
sucos $Gel.$ 3 stipticos rb: tipticos B, tip[o]ticus V.   4 earum:
eorum $rVBb$ $Gel.$ concoquenda rV $Gel.$: coquenda B (b).
5 erunt rb $Gel.$ (—er b): erant VB.   interea: interam V.   6 the|
ibacor (*sic circa finem versus uterque*) VB, thebaicos $Gel.$ (*cf.*
Diosc. p. 250, 3 Lips.): thebaicos (thebaidos r) dactilos rb.
sorba rBb, surpa V (sorpa V^c).   eorum rb $Gel.$: orum V,
horum B.   7 noctem $Gel.$: —te $rVBb$.   8 epithemata:
epithematia r, &himtia *in ras.* V, eligmatia (*ex coniect.*) B
(epytima b).   diaiteon a. diafenicon r, diaueon aut diafinicon b
(dia theon a. diaphoenicon $Gel.$): diateon aut asticon VB.
11 cum B (cum vero rb): *om.* V.   amiserit V, emiserint r (sanguinem emiserint b): emerserit B $Gel.$ 12 est VBb: erit $Gel.$
primo r $Gel.$: primum (*hic*) VBb.   flebotomus B: flebothomū
rb ($Gel.$), flemorthomum (*sic!*) V (*sed* adhibendus VBb, —um
r $Gel.$).   13 superiores—sunt *add.* r $Gel.$ (b, *nisi quod hic* s.
quos d. s. i. sunt ordinati): *om.* VB.   14 fasciolis rb $Gel.$:
fasciculis VB.   20 oleo … mirtheo *etc.* V ($Gel.$), oleo … myr-
tino (mirtino b) rb: oleum … mirteum B.

huc perseveraverit insolentia, detracto aceto vinum est
commiscendum. accedentibus vero febribus si etiam tussicula coeperint inquietari, cataplasmandi sunt de. subiectis,
ut sunt dactyli sorba rosa sicca flos mali granati acacia
5 hypocistis alumen. omnia haec simul aut quae inveniri
poterunt in sucis rus syriaci coquuntur et temperantur.
horis vero is quibus sanguinem emittunt, ex decoctionibus
supradictarum specierum aut inmaturarum uvarum aut
mollium vitium acremonorum aut polygoni aut castanearum
10 ingero potiones.

cum autem de pulmonibus haemorragia emerserit,
quod nimium periculosum est, sub gemina vel trina sanguinis detractione flebotomum adhibere nos conveniet, et
is omnibus imminebo quae de thoracis partibus emit-
15 tentibus ordinata sunt, tam in cibis quam in ceteris adiutoriis. hos interea cum aliquid proficere agnoverimus,
unctionibus et gestationibus vel fricationibus, quibus membra
inania nutriantur, mediocriter perunguimus.

66 cum de partibus sane muliebribus sanguis eruperit,
20 his in gynaeceon libello quid expediat sequenti lectione

1 insolentia rVB *Gel.*: molestia *b.* acce(i rV)dentibus
Bb *Gel.* 3 coeperint: —rit *omnes, sed* inquietari rVB: —re *b*
(*ubi* tussiculā) *Gel.* 5 ipoquistida *B*, ciporcitida *V* (hypo-
cistida *Gel.*), ypoquistidos *b* (*cf. 2, 102*). poterunt *b Gel.*:
poterint *r*, potuerint VB. 6 rus: roris $rVBb$ *Gel.*: et
temperantur *om. B.* 7 is: his $rVBb$ *Gel.* emittunt rb (*Gel.*):
om. V, detraho *B* (*!*). aut mollibus (mollium *B*) vit(c *V*)ium
acrimonio(a *B*)rum VB: aut in molliores vitis cimas *r*, aut
uitium molliores cimas *b* (*quo verbo graecum* ἀκρεμόνας *videbuntur
explicasse*), aut mollibus vitium foliis vel racemis aut capreolis
Gel. 9 poligonia *V*, —ii *Bb.* 11 cum autem de p. hoc
emerserit (ħ merserit *r*) rVB *Gel.* (cum autem sanguiuem de p.
emiserint *b*) *cf. 2, 64 in.* 14 is: his $rVBb$ *Gel.* (*nisi forte
his scil.* emittentibus imminebo omnibus *etc.*) 14 emittentibus *b*: eminentibus rVB (*om. Gel.*). 16 proficere $rbVB$:
nos de eorum salute proficere *add. Gel.* agnoverimus VB *Gel.*:
cognoverimus *rb.* 17 vel fricationibus rV *Gel.*: *om. Bb.*
20 in gynaeceo *Gel.*: in ginecio *r*, in in|(*f. 39ª*)guina inicii (*haec
novo atramento obducta leguntur*) *V*, in inguina inici *B*, inguina et genetia (*dupl. lect.*) *b.* libelli (*sic*) *B* (libello rVb *Gel.*)
quid rVB *Gel.*: quod *b.*

disposui. unum interea hoc generale edico omnibus ex
locis interioribus et quo sanguis poterit eructare, per
initia cuncta adiutoria vel praecepta frigida, quae constringere et glutinare poterunt, adhibenda esse, insequenti
vero cum humanior provectus causarum adriserit, calidis 5
et nutrientibus imminendum.

XXIII. De empyicis.

Empyici frequenter fiunt vulnere in interioribus vel 67
apostemate praeeunte. quibus cum febres supervenerint,
temporibus consideratis et adiutoria et cibi parciores sunt 10
ordinandi, tunc quam maxime cum eos orexis accipiendi
coegerit. cataplasmandi sunt interea ex ysopi pulvere vel
abrotoni mixtis seminibus in decoctione pinguium caricarum. dabo frequenter melicratum simplex, dabo etiam
in quo puleium aut ysopum aut thymum aut ruta viridis 15
aut marrubium decoquendum est. aspergo sane in melicrato ad vulnera interiora purganda pulverem iris illyricae,

1 generale edico *VB Gel.*, generale dico *b*: generaliter
dico *r*. · 2 et quo *Gel.*: aequo *V*, ex quo *r*, ex quibus *B*,
de quibus *b*. poterit *rVB Gel.*: potuit *b*. eructuare *rb*.
3 et (*ante* constringere) *add. rb*. 4 poterunt *B Gel*: —rint *rV*
(possint *b*). 5 provectus *rb Gel.*: proventus *VB*. 6 *post*
imminendum est (est *om. rVB Gel.*) *sequitur in b additamentum
hoc* (II. *vers.*): Nam et omnibus sanguinem ex interioribus locis
mittentibus hec adiutoria superaddo. de quibus effectum sepe
cognovimus. Rubi cimas teneras tundes ... 7 De ēpiciis *b*,
De empsicis XXIII. *VB*, De empiicis theodori prisciani. X. *r*.
8 Empiici *rb*: Empsici (*sic*) *VB*. vulnere *VBb*, (faciunt)
vulnera *r*: ulcere *Gel.* (*item infra*). 9 prꝭeunte *V rb Gel*: prae-
pediti *B*. 11 tunc quā maxime | (f. 39ᵇ) orexis accipiendi
coegerit *V* (*ubi* cum eos *servant r Gel. ante* orexis), Tunc cum
maxime hora eos accipiendi coꝭgerit *B*, tunc maxime horis
quibus accipiendi cooent (*sic*) *b* (maxime horis quibus accipiendi
coheant *Gaᶦ*). 12 cataplasmandi sunt *rb VB*: *om. Gel.*
13 decoctionē *VB* (—ne *rb Gel.*). 15 aut timū aut rutā viridē
(*sic et rB*, ruthā viriꝺ *b*, ruta viridis *Gel.*) *om. V* (*sed in marg.
add. al. m.*). 16 aut marrubium *post* ysopum *Gel.* (*solus*).
aspargo (*sic*) *rVb*, aspergo *B Gel.* in *om. b Gaᶦ*. 17 in interioribus *Gel.* (in interiora *Gaᶦ*).

et electario utor quod ex lini semine fricto cum nucleis
et melle despumato conficitur. Hippocrates vero nucleos
cum galbano et melle attico in his similibus causis ad
depurganda vulnera in interioribus dari praecepit. simi-
5 liter etiam terebinthinam mundam, in modum unius coclearis, ieiunis ab nocte quam maxime. viribus iam reparatis et his adiutoriis relevatis etiam ieran dari conveniet.
iam tunc etiam exercitia et fricationes ad reparanda corpora adhibenda sunt, quibus reliquiae causarum possint
10 mundari facilius. hos etiam aeris mutatio multum iuvat.
cibi vero sint pultes frequentius, quibus piper admiscendum
est. similiter etiam sorbilia, aeque cum pipere. quod
etiam in ceteris dari convenit. nam et antidota quae forte
de experimentis empyicis danda sunt, pipere mixto con-
15 ficiuntur.

XXIIII. De syntexi vel atrofia.

68   Multis praecedentibus causis nascitur syntexis vel atrofia.
fit ex ventris solutione prolixa, fit ex febribus similiter

---

1 electario *V* (*Gel.*): —tuario *rBb.* . fricto *rVb Gel.* (*Ga*͏ᷓ):
stricto *B.*   yppocrate(i *V*)s *rVB* (ypoc̄ *b*).   4 (v.) interioribus *rb*, in interioribus *Gel. et Ga*͏ᷓ: om. *VB.*   5 tere(thyri *V*)-
bintina munda *Vrb Gel.* (terebinthinā mundam *B*).   cocleariis (*sic*)
V, —ris *B*, —rii *r* (cocl *b*): olivae *Gel.*   6 ieiunus ad noctem *r*
(ieiunus *V et* ieiunis *B om.* ad n.): ieiunis et ad noctem *b et Ga*͏ᷓ
ubi sic Gel. ieiunis q. m. danda erit. similiter et contra noctem.
Viribus *etc.*   iam *rVB*: vero *Gel.* (al. *b*).   7 geran *V* (hieran
Gel.), iera *B*, yera *rb.*   tunc *rb Gel. Ga*͏ᷓ: tum *VB.*   9 adhibenda *rVb Gel.*: —dae *B.* reliqui᷒ *b Gel.*: —que *rV*, —quae *B.*
10 mundari *rVBb Gel.*: inundare *Ga*͏ᷓ.   aeres mutati m. iuvant *r*
(*solus*).   11 cibi vero si in pultis *V* (cibi vero eorum s̄ pultes *b*):
cibos vero sive pultes *B* (*ubi* Cibi vero his pultes esse debebunt, quibus . . . *Gel.*).   frequentius *post* piper *b.*   12 similiter—pipere *r Gel.* cum *Ga*͏ᷓ . et (*ubi* enim *pro* etiam) *b*: om. *VB.*
quod *r Gel.* (et *Ga*͏ᷓ, q *b*): hoc *VB.*   13 etiam *rVB*: etiam
et *b Ga*͏ᷓ.   in: cum (ceteris) *sol. Gel.*   antidota *rBb*: anthi-
dotia *V* (*Gel.*)   14 pipere mixto *V Gel.*, pipere commixto
rb Ga͏ᷓ: mixto pipere *B.*   *post* conficiuntur *alia remedia adduntur in b*: Allium in aqua bis coctum cum faba . . . (*7 vers.*),
eadem in Ga͏ᷓ.   17 vel *rVB Gel.*: et (*item in tit.*) *b.*

chronicis, fit ex ustione thoracis, fit ex capite reumatizante
frequenter. quae licet difficile attamen curari potest. fit
etiam post sanguinis emissionem pulmonibus vulneratis,
quibus frequenter illa pthisis inplacabilis procurata est.
aliqui vero medici iactantiores idiotae, veluti suam peri- 5
tiam vel diligentiam diffamantes, syntexin curaverunt quos
pthisicos mentiebantur. nam et praeter sanguinis emissionem hi syntectici vel atrofi ex praeaccidentibus fiunt.
quos tussicula exagitat perseverans, quos deficiens sollicitat sudor, quos certe macies et tenuitas corporis circa 10
dies singulos vires simul elimando consumit.

quorum curam sic plus impendo, ut in eorum virium 69
festinem reparationem, ut vinum lene et album, balneae,
deambulatio vel gestatio, unctio vel fricatio, cibi analemptici
mediocriter ministrentur. frequenter enim membris et 15
viribus reparatis pthisis imminens vel haec eadem perseverans aegritudo depulsa est. iuvantur locorum vel aeris
mutationibus, et his utilius longas peregrinationes indicimus.

1 etiam (ex cap.) *Gel.* (*non rVBb*). 2 licet *rb Gel.*:
tamen (d. att. c. p.) *VB.* 3 post *rVb*: per *B*, ex *Gel.*
vulneratis *VBb*: ulceratis (*ex corr. ut semper*) *Gel.* 4 ptisis
b (*Gel.*): tesis *V*, tisis *B*, tysis *r.* 5 medici *rb Gel.*: om.*VB.*
idiote *r Gel.* (et idiote *b*): ibite *V*, habiti *B.* suā *rVB Gel.*,
snā (*sententia*) *b.* 6 sintexin curaverunt *rVB Gel.*: sinteticos
procuraverunt *b.* 7 metiebantur (*sic*) *B.* 8 atrofi: atrofii *r.*
ex preaccidentibus *r Gel.* (ex accidentibus *b*) *cf. 2, 106*: ex pr̄o
| accidentibus (*cum rasura in litt. r, ante finem versus*) *V*, ex
propriis accidentibus *B. cf. 2, 108.* 11 elimando (*sic*) *VBb*
(*ut de pthisicis Cael. chr. 2, 217*), limando *Gel*: eliminando
Neu. 12—13 *sic praebet b* In quorum cura talis adhibenda
est diligentia ut plus festinemus reparationem eorum viribus
inpendendo. Vinum lene et album ... ministrantur. 12 ut *Gel.*
(*b*): om. *rVB.* eorum *r Gel.* (*b*): earum *VB.* festinem
r Gel. (*b*): om. *VBg* (*ubi* reparatione). balneae d. *rB*: balnea edeambulatio *V*, balnea et d. *Gel.*, balnearum d. *b.* 14 ana-
lemtici *V*, —lemptici *rBb.* 16 separatis (*item pr. m. p. 172, 3*)
B (*non rVb*). pthisis *V* (ptisis *B*), tysis *r.* 18 et his—
indicimus: sic *rBgb Gel.* (*eadem partim — et his utilius — in
ras. partim in margine add. corr., om. pr. m. V*).

adhibebo dropaces et cetera quae cyclo consueta sunt partibus praecordiorum et capiti. viribus vero iam proficientibus
et reparatis, aquis naturalibus uti plus conveniet, et si aliquod adhuc ex superioribus accidentibus perseveraverit
5 symptoma, superiorum aegritudinum remediis adiuvabo.

XXV. De àsthmaticis vel suspiriosis.

70   Asthmaticis vel suspiriosis semper molestissima querella pulmonum est. pingui etenim et frigido flegmate
angustiis cartillaginis pulmonibus adhaerente, cavernae vel
10 meatus ibidem quibus naturaliter spiritus redditur et accipitur concluduntur, et ex hoc impedimento suspirium vel
anhelitus molestissimus nascitur, ut sedendo magis quam
iacendo respirent. hieme et senibus quam maxime hoc
vitium familiare est. contingit aliquando etiam mediis aeta-
15 tibus adhuc calidis.

71   quos flebotomo liberari necesse est. attamen si etiam
et a flebotomo certa ratione prohibemur, tunc ieiuniis continuis frequentibus in vicem detractionis sanguinis uti
conveniet. proderit etiam potandi continentia, proderunt
20 cibi cum oxymeli et pipere temperati. dabo interea ysopi

---

1 adhibebo *rb*: —beo *VB Gel.*   consueta sunt *rb VB*:
conveniunt *Gel.*   partibus *rVB Gel.*: parti *b*.   2 capiti *rb Gel.*:
capitis *VB.*   viribus (vero *add. b Gel.*) iam proficientibus et
reparatis *rb Gel.*: viribus reparatis *VB* (iā *ex corr. al. m. natum
est in r pro aū, ut videtur*).   3 aliquid *rb*.   4 ex *rVB Gel.*:
de *b*.   5 sumtoma *V*, syntoma *B*, sintoma *r*.   6 asmaticis *rVBb Gel. (item v.* 7).   et (susp.) *rbg in tit.(non v.* 7).
7 semper molestissima *rb (Gel.) et Gar. 2,12*: om. *gVB.*   querela *B Gar.*, querilla *V* (—ella *g*): causa *b Gel.*   9 angustis
cartillaginibus (*om.* pulmonibus) *b*, eius angustiis cartellaginibus
pulmonibus *r*: pulmonibus (*simpl., om. a. c.*) *VBg Gar. Gel. cf.*
Cels. 4, 1 (p. 120, 20 Lips.) arteria dura et cartilaginosa . . .
descendens ad praecordia cum pulmone committitur.   10 naturaliter *VB*: naturalis *rgGar. Gel.* (—libus *b*).   et (acc.)—
(12)nascitur *om. r*.   12 magis facilius *r (Gar.*).   13 et (senibus) *rVb Gel.*: *om. B.*   16 quos: hos *b*.   etiam et *VB*
(etiam aetas *r ubi mox* prohibuerit): etiam *Gel.* (*om. b*).   18 et
frequentibus. *br (Gar.*).   20 aut .(ā) ysopi *b*.

aut origani aut rutae aut absinthii aut iris illyricae aut
calaminthae decoctionem ex melicrato calidam. item conficio ex his etiam ecligmatia commoda suspiriosis. convenit etiam guttam ammoniaci dari tritam cum melicrato
vel oxymeli. abrotoni pulvis similiter datur, et castorei 5
pulvis plus commodius operatur. et illa decoctio in qua
faenum graecum cum uva passa enucleata et rutam viridem
coquimus, frequenter danda erit. sunt etiam trocisci magna
approbatione diffamati, qui conficiuntur sic. anisum, sulphur
vivum, gutta ammoniaci, castoreum et melanthium ex aequo 10
omnia tunsa cum aqua miscentur, et fiunt trocisci, quos
postea tritos cum oxymeli dari conveniet.

cubiculum his calidum in superioribus procurandum 72
est. relaxandis enim corporibus et liberandis a conclusione
semper sunt inferiora contraria. lectus orthocathemenus 15
ut potius sedere quam iacere ⟨videantur⟩ adcurandus est.
pectus eorum calidis unguentis et vaporibus defricandum
est. cucurbitam continuo cum detractione sanguinis admovebo. proderunt per intervalla amyctica, etiam dro-

1 origani r (g Gar. Gel.), oricani V, oregani b: orizae B.
2 calamintae Gel., calamente r (calamenti Gar., —tis g): calum
se V, caulis B, nepite b (cf. Garg. Mart. c. 23 p. 157, 5 Graeci
calamitam, nostri vulgo nepitam dicunt). calidam VBg:
calido rb (Gel. Gar.). 3 &limatiam V, eligmatia r Gel.,
electnacia (pro elecmacia) b, eligmata B Gar. ms., malagmatia g).
4 cum melicrato vel r VBg: om. b Gel. (Gar.). 5 et (abrot.)
r Gel. (b), om. VB (g Gar.). et r VB: om. g Gel. 6 plus
commodius r VBg (Gar.): plus Gel. (om. b). 7 passa rb Gel.
(g Gar.): om. VB. 8 quoquemus V. etiam et (tr.) rb. 9 qui
r V gb Gel.: et B. 10 gutta (gaza V) ammoniaca (ā r B) r VB Gel.:
ammoniacum gb (Gar.). 12 dari r V Gel.: —re B g b. 13 et
cubic. Gel. 14 et liberandis a conclusione (conclusionibus
r Gel.) r Gel. Gar., et a conclusione liberandis b: om. VBg.
15 orthocathemenus r Gel. (—minus g), —timenus Gar.: orchi-
the(te B)mus VB (haec om. b). 16 ut—iacere r habet
solus (add. videantur). adcurandus V, accurandus g Gel.
(procurandus r Gar.): accusendus (sic) B. 18 cucurbitam r Vb Gel.:
—tas Bg. 19 amyctica Neu.: anetica (—cae r) r V Gel., ane-
thica B (anetica adiutoria Gar. ubi i. declinativa add. ms.
Berol.), anonice b. haec (proderunt]—proderunt p. 173, 1) om g.

paces adhibiti. proderit sinapismus, proderunt aeris mutationes. iuvat peregrinatio longior, iuvat vomitus radicibus
cum oxymeli acceptis. convenit exercitium. proderit currere cum vestibus laneis quam maxime, si hoc in procli-
5 vitate procuretur. utantur emplastris circa pectus amycticis confectis ex nitro pipere abrotono et castoreo, et
cyprino vel laurino cerotario. ex quibus supra dictis
etiam potiones et unguenta conficio. convenit ieran dare,
convenit acetum scilliticum sorbere in noctem, et ex
10 eodem confectum oxymeli potui dare plus convenit.

XXVI. De epaticis.

73   Epatis indignantis molesta querimonia est, cuius ad
curam adiutoria magis etiam styptica conveniunt. saepe
15 enim nonnulli methodici calidis tantummodo vel chalasticis
adiutoriis imminentes ipsam epatis substantiam dissol-
verunt. oportet itaque in fomentis vel cataplasmatibus
cerotariis et emplastris aliqua styptica chalasticis admiscere, ut est oenanthe, nardinum oleum vel melinum, mala
20 cydonia cocta vel thebaici dactyli et cetera similia.

---

1 proderunt aeris (caris *V*, et aeris *b*, aerum *r qui om.* prod.)
mutationes (—nis *V*) *Vb Gel.*: proderit. Asmaticos [iuvat ... *B*.
radicibus *b Gel.* (ex radicibus *rg*): radicis *V* et (... acceptae) *B*.
3 exercitium *b Gel.* (—tia *r sc. cum seq.* proderunt): exorcitior
V, exorcitium *B* (exercitari *Gar.*, —re *g*).   5 amicticis *rVBg*
(amixti *b*): amynticis *Gel.*   7 cyprino cerotario *i. e.* cerotario
ex oleo cyprino *cf. 86 etc.*   supra dictis *rVB* (*Gel.*): s̄s̄ *b*
(supra scriptis *g Gar.*).   8 etiam *VBg* (*Gel. Gar.*): etiam et *b*.
convenit gerandere *V* (geran dare *r*, hieran dare *Gel.*, —ri *b*):
om. Bg.   9 scilliticum (*Gar. cf. Cael. Aur. chr. 3, 9*): etceleticum *in ras. V* et &celeticū *B* (squilliticum *rb*, —leticum *g*).
in noctem *Gel.* (ad noctem *b*): in nocte *rVB*.   et ex *rb Gel.*:
ex *VBg.*   et ex eodem aceto *b*.   10 dari *b*.   *post* conveñ
seq. alia remedia in b (*per versus 9*) *sic* Aliqui iecur vulpinum
aridum ... *eadem addit Gar.* (*ms., paulo mutata ed.*).   13 indignatio *rb*.   14 magis etiam *VB*: magis *b*, etiam *Gel.*
15 enim *rVB*: etenim *b Gel.*   vel *rVB Gel.*: et *b*.   16 ep.
causam vel substantiam *r* (*sol.*).   18 stiptica *VBb*: constringentia *r Gel.*   19 ut est *rVB Gel.*: ut sunt *b*.   20 et issimilia *r*.

fit interea hoc cerotarium epaticis competens sic. cerae unc̄ IS, nardini olei unc̄ III, mastices personatae unc̄ I, aloes semunc̄ I. hoc epaticis convenit, sed sub quadam solutione laborantibus, ut aliquando et ventris solutione et vomitu et frequenti nausia commoveantur. quibus si haec 5 adhuc perseveraverint accidentia, admisceo cerotario supra-dicto aut lycium indicum aut oenanthen aut omfacium in semunciis singulis. articuli eorum tunc fasciolis constrin-gendi sunt et stomachus alfitis cum vino cataplasmandus.

sed si illa indignatio epatis ex constrictione magis 74 obvenerit, ut cum tensione vel cum duritia loci dolor 11 nimius partes inquietet, qui et iugulo et omni parti dextrae molestiam ferat, febres acutas commoveat, ventris quoque procuret constrictionem, digestionis licet ex levibus cibis non exhibeat officium naturale, interea ructus fre- 15 quenter insuaves habeant, cum virium fatigatione pallore quoque corporis deformentur, hos primo convenit iuvari

1 epaticis *rb Gel.*: *om. VB.* sic *rVGel*: *om. B* (quod sic conficitur *b*). Cere (—ra *r*) ÷ I S *rb* (*Gel.*): ceralırıſ ſemıſ *V*, cere brıſmıſ *B*. **2** nardi ÷ III. *b*, nardinū oleū ÷ II. *r*, nardinum oleum unchi *V*, nardini olei unciā I. *B*. mastiche persocie est (*sic*) I. *V*, masticis persicae ÷ I. *B* (*Gel.*), mastice personatie ÷ I. *b*, mastice personali ÷ I. *r*. *an personatae? Plin. 12, 72.* **3** alloe sem.ūnti. I. *V*, aloes semuncia I. *rB*, aloe ε (= semuncia) *b*. conveniet *r*. sub quadam *b Gel.*: sub cantiam (—ā *B*) *VB*. **4** et (ventris) *rVB*: *om. b Gel.* et vomitu *Bb et* (—tus) *V*, et vomitibus *r*, aliquando vomitibus *Gel.* **5** et (freq.) *VB* (*b*): aut etiam *Gel.* **6** perseveraverint *b Gel.*: —rit *rVB.* accidentia *rb Gel.*: *om. VB.* **7** ynante. ā ōfacıū *b* (*Gel.*), enantē aut onfacıū *r*: oenanthen̆aton faciū *V*, oenanthenuaton facio *B*. **8** admiscendum (*post* singulis) *add. rVB* (*om. b Gel.*). **9** alfitis *rV B* (*Gel.*): —ta *b*. **10** sed si *rb*: sed *VGel* , si *B*. epaticis *b*. **11** obvenerit *rVBb*: obvenit *Gel.* ut *VB Gel.*: *om. rb*. **14** digestionis *B Gel.*, —nes *V*: dissolutiones *b*, et indigestionem *r*. **15** exhibeat *rB Gel.*, exhibit *V*: exigat *b*. naturale *rb VB*: competentes *Gel.* interea *rb VB*: *om. Gel.* **16** habeant ♭*B*: habent *rV*, habeat *Gel.* **17** deformantur *rV*. (hos) vero *add. rb* (*propter ut om. v. 11: nam et commovent v. 13 et procurat v. 14 habet b, non r*).

flebotomo, item oleo ubi **ruta anetum** papaver lini semen
coctum fuerit calido fomentari.

    cataplasmandi sunt tempore competenti commotionis
de hordei pollinibus, ubi diuretica aliqua commiscenda
5 sunt, ut asarum vel petroselinum aut puleium aut daucus
aut feniculi semen et cetera similia, in melicrato in quo
ibiscum vel fici pingues prius coqui debent. utimur cerotario post cataplasma ex oleo samsucino habenti quippiam
salis vel nitri vel nasturcii aut sinapis. semper attamen
10 dia samsucu necessario omnibus epaticis conveniet uti. uti
tunc conveniet etiam dia chylon chalastico, cui adipes com-
miscendi sunt, aut certe dia spermaton.

75   declinantibus vero accidentibus tunc etiam malagmati
imminebo tali. guttae ammoniaci lib̄ I, bdellii unc̄ III,
15 croci unc̄ I, murrae semunc̄ I, cerae lib̄ I, olei cyprini sive
irini unc̄ VIII, aceti quod sufficiat, in quo gutta ammoniaci

    1 rutam anetum *r*: ruta mactum *V*, ruta meantum *B*
(ruthā virid̄. anetū *b*).   4 ubi *etc. cf. Cassii* cataplasma diu-
reticon *p.111,19* (*sed* medicamina urinalia *monstrat Cael.* p. 450).
commiscenda sunt: *sic rVBb Gel.*   5 ut *VB Gel.*, ut est *b*:
aut *r*.   ut (petros.) *VB* = vel *b*: aut *r Gel.*   puleium *B Gel.*:
pulleium *V*, polium *b*, folium *r*.   daucus *B*: —cum *rVb·*
7 hibiscum *B*, eviscum *rVb*.   ficus (ficos *V*) pingues (—is *r*)
rVBb Gel.   coqui (quoque *V*) debent *rBVb*: decoqui debebunt *Gel.*   cerotario *b Gel.*, ceratario *r*: centauria *VB*.
8 cataplasma *Bb Gel.*: —mata *V*, —mo *r*.   habenti: *sic*
rVBb Gel.   9 vel (nitri) *rVB*: aut *b, om. Gel.*   sinapis *hic*
rVBb.   10 samsuci (samsoci *V*) *rVB Gel.*, suci *b. scripsi*
dia samsucu: *cf. Cass. p. 112, 5.*   necessario *V Gel.*: —ri *B*
(—rii *rb*).   conveniet uti. Tunc *r*, convenienti. | uti tunc (*sic*)
VB: conveniunt. uti tunc *Gel.* (sunt *b*).   diacylon chalastico
Gel. (*Neu.*), diacilon calasticū *r*: diachi | castico *b*, dulon ca-
lastico *B*, duro (*in ras.*) calastico *V*.   13 maligmatæ (*sic*) *V*,
malagmatæ *b*, —te *B* (—ti *Gel.*).   14 gutta *V*, —tae *B*, -tā *r*
(*om. b*).   14 (*item 15*) libra *VB*, lib. *rb*   bdelliū *rb*: uidella
(—ae *B*) *VB*.   14 (*etc.*) unc̄ *V*: ÷ *rBb*.   15 croco *b*: crobo *V*,
orobi *B* (c̄c̄. *r*). *ubi* I. *VB*, II. *Gel.*, S *rb*.   myrrae semuntia *r*,
mirra ⌐ *b*: mirte (—ti *B*) semunc̄(ia *B*) *VB*.   cerā (-æ *B*)
libra I. *VB*: cera lib̄. I. *rb*.   oleum (*etc.*) *rVb*, olei *B*.
16 sufficiat *VB Gel.*: suffic̄ *b*, —cit *r*.   in—(p. 177, 1)etiam

et solvenda est et terenda etiam. tunc fricamentis et exercitiis competentibus opus est, tunc potionibus ex decoctionibus absinthii, centauriae, erucae agrestis, seminis petroselini, cyperi vel ysopi, thymi et ceterorum diureticorum. quae potiones etiam vitiosis vesicis semper or- 5 dinantur. nam etiam aloen solam tritam frequenter in melicrato dedi.

declinante penitus vitio hanc incunctanter potionem semper dabo. castoreum, petroselinum, piper album, cyperum, omnia aequis ponderibus tunduntur et cribel- 10 lantur. in melicrato unius coclearis pleni datur, omni probatione firmatum. frequenter etiam lupi iecoris combusti pulverem dedi. aliqui vero amygdala amara cum cymino et apii semine aequa mensura trita omnia cum vino ieiunis dederunt in modum unius coclearis. et semen 15 intiborum cum aqua calida vel melicrato similiter adhibuerunt. sic et aneti sucum cum melicrato, et cetera

VB (*ubi* solvenda et terenda est. tunc fr. *Gel.*): om. *b*, *item* in—(2) competentibus *om.* (*ubi* solvi opus est) *r*.

1 exsolvenda V, et solvenda B: solvenda *Gel.* 2 potionibus ex B: potiones ex rVb. 3 eruce *b* (*Diosc. p. 282*): rutae rVB *Gel.* seminis: semine *r*, semi V, s̄. *b*, sive B *Gel.* 4 ceterorum d. *r*, ceterarum d. VB: cetera diuretica *b*. 5 q̄ poes *b*, quibus potiones *r*: aequis portiones V (aequis portionibus *Gel.*), aequis ponderibus potiones B. semper *r et* (*ubi* viciis vesice semper conveniunt) *b*: om. VB *Gel.* 6 solam tritam rV: solum tritum B (*b om.* solum). 8 incunctanter (incunctanter *b*) rb *Gel.*: intanter (*sic*) V, instanter B. 9 semper dabo $rVBb$: dabo semper *Gel.* 10 (*post* quiperum) *infert* facienda potio *r*. 10(—11) omnia equalia pulue tenue. I. cocl. dabo *b*. et (*ante* crib.) *om.* (*et post* crib. *add.*) B. 11 cocliariis V, coclearis B (—rii *r Gel.*, cocl *b*). pleni datur *r*, plenus datur V, pleni dantur B (quantitas semper bene datur *Gel.*). omni pr.f. $rbVB$: om. *Gel.* (*haec ad superiora trahunt codd. cet. cf. not. ad p. 174, 10*). 12 etiam rVb *Gel.*: etenim B. 13 pulverem datum expertum est *b*. 14 trita *r Gel.*: om. VBb. 15 in modum—(16) adhibuerunt *om. r.* cocli(e B)aris VB: cocliarii *Gel.* (cocl *b*), *ubi add. b*: febricitantibus cum aqua calida vel mellicrato. Sic et aneti sicci pulvis cum mellicrato. Nam et intiba semper a ieiunis c. e. iuvaverunt. 17 aneti sucum rVB: aneti sicci pulvis *b* (*v. supra ad v. 16*).

quae huic passioni alii collegae probasse ⟨se⟩ fuerint
attestati. nam et intiba frequenter comesta ieiunos semper
epaticos iuvaverunt.

76   si duritiam induxerit longo tractu morbi neglectus,
⁵ omnia adhibebo quae difficultatem callositatis resolvere valeant.

    omni corpore compatiente exercitiis omnibus superi-
oribus imminebo, omnia superiora lavacra concedo, salsos
cibos et acres ministrabo. de oleribus autem accipiant
¹⁰ cauliculos, lapathum, radices quas rafanos appellamus. de piscibus asperos sumant, de carnibus quae inveniri poterunt
pinguiores, olivas colymbades, omnia salsamenta, capparim,
vina quae mare transierunt. et omnibus supradictis adiutoriis emplastris vel malagmatibus unguentis vaporibus et
¹⁵ ceteris iam omnibus ⟨ordine competenti⟩ uti conveniet.
his etiam ⟨omnis semper⟩ ordo cyclicus ⟨prodest⟩. aeris

----

1 collegę *rB Gel.*: collige *V* (*om. b*).   probasse ⟨se *add.
Gel.*⟩ fuerint *rV*: proba esse fuerunt *B*.   2 intiua *r*, intiba *b*
(intuba *Gel.*): anthima *VB*.   ieiunos *r* (*cf. supra b*): *om.
VB Gel.*   3 *post* iuvaverunt (*V*, —veŕ *Br*) *haec add. b*:
Centauria cum absinthio equali pondere ex aqua cocta et in
ipsa aqua ieiunis epaticis potui data unice prode est.   4 duritiam *rb Gel.*: *om. VB*.   induxerit *r*, duxerit *bVB*: adduxerit *Gel.* (*cf. 82*).   longo tractu morbi neglectū (—ta *r*)
rGel., longum tractum morbi neglectū (—tus *B*) *VB*, longo
tractu morbo neglecto crescentę *b*.   5 adhibebo *rVb Gel.*:
—beo *B*.   7 omni corpori compacientes *b*, omni corpore com-
(n *r*)patiente *r Gel.*: omni tempore compatiente (—tiendo *B*) *VB*.
9 acres *rBb*: agros *V*.   autem *VB Gel.*: vero *r.*   10 colliculos *V*, caliculos *r*.   lappatum *V*, lapat(c *b*)ium *rBb* (la-
patii *Gel.*).   11 asperos: *citat Sim. Jan. s.* aspratilis.   invenire *rVB* (—ri *b Gel.*).   12 pinguiores (*Neu.*): pinguiora
rVB Gel. (pingues *b*).   colymbades *r Gel. et Neu.*: columbares
(—is *V*) *VBb*.   capparim *V*, —rum *B* (capares *b*), cappare *r*.
13 vina quae *r* (*Gel.*), vino quae (*sic*) *V*: vinum quod *B* (*ubi*
vua peregrina bibant *b, qui om. v. 13—15*).   transieŕ *r* (—runt
Gel.): transieret *V* (—rit *B*).   15 ordine competenti (*post*
omnibus) *solus add. Gel.*   16 Et (his etiam . . .) *add. r.*
omnis semper *solus add. Gel.*   ordo ciclicus aeris *r*, ordo
scilicum aeris *V*, ardor solis (!) cum aeris *B* (*om.* prodest, *quod*
hic praebet solus Gel.*).

mutationibus multum iuvantur. aquarum vero omnium
naturalium vel maris lavacris eos frequenter iuvari suadeo.

XXVII. De ictericis.

Consulte in loco ictericorum ordinavimus passionem· 77
fit enim ex epatis indignatione frequenter. quorum non- 5
nulla similia sunt accidentia, sed coloris deformatione sola
disterminantur. .fiunt equidem ex stomachi vitio, fiunt
plerumque etiam ex ventre inferiore.

ergo cum febribus si de epate factus fuerit ictericus, flebotomandus est et mox omnia epaticorum adhibenda 10
sunt adiutoria. si apyreti fuerint, assiduis purgationibus
cholagogis relevandi sunt, euforbio epithymo aloe petroselino pipere. haec omnia ex aequo miscenda sunt et ex
eorum pulvere unum cocleare in melicrato vel oxymeli
dari debet. purgat eos etiam ciceris albi decoctio, utilius si 15

2 iuvantur *Gel.* (*cf. b* hos etiam a. mutatio satis iuvat):
prodest (*ex super.*) *VBr.* 2 maris *VB Gel.*: marinis *r b.*
eos *rV Gel.*: his *B.* iuvari *rVB Gel.*: uti *b.* *post* suadeo
aliena iterum seq. in b: Et his adiutoriis omnibus epaticis
multum scio sal' restitui. herbe iusquiami sucum datum. unice
sanat *etc.* (*per v. 10*). 3 ectericis *V.* 4 Consulte in loco
V, Iam multo in loco *B* (Cum saltim illo *g*): Consulte in isto
loco (*sic r*, in hoc loco *b*, hoc in loco *Gel.*) *rb Gel.* ic(hyc *b*)-
tericorum *rBb Gel.*: etteriarum *V.* 5 nonnulla *VBbg*: nonnullis *Gel.* 6 sed *rbVB*: et *g Gel.* doloris *Gel.* (*sol.*).
7 disterminantur *r Gel.* (discriminantur *Gar. 5,14*): determinantur
VB (diffiniuntur *b*). 7 fiant (*bis*) *V.* equidem ·*B Gel.*
(&quidem *V*), hęc quidem *g*, quidam *r*: om. *b* (etiam *add. g Gel.*).
8 inferiori *Vg Gel.*, —re *B*: (ex ventris) inferioris *r*, ventris
effusione *Gar.* 9 si de epate factus (si de epatitatus *Gel.*)
fuerit ictericus *bg* (*Gar.*) *et* (*om.* fuerit) *r*: side erate &tericis *V*,
si de epate est ictericus *B.* 11 Si apireti *r*, Si apyreti *Gel.*
(Si apti *g*): Si apiretri (*sic*) *V*, si a veretri *B* (*om. b Gar*: *cf.*
Escol. ap. Gar. 5, 12). assiduis *rb Gel.*: siasdiis (*sic*) *VB*
(ad se diutius *g*). 12 alagogis *V*, colagogis *rB* (*om. b, ubi*
i. tali cathartico quod recipit euf. *etc.*): coleram deducentibus
Gel., colerum *g*. 13 scammonia (scam̄) *post* pipere *add. solus b*
(*cum Gar.*). commiscenda *Gel.* (amisces *b*). 14 cocliare *V*,
cocleare *B*, —rium *r* (coct̄, *ut semper b*, colear *Gel.*). 15 si
etiam *rVB*: etiam si *g Gel.*, si *b*.

etiam ipsum cicer coctum accipiant. iuvantur absinthii
pontici decoctionibus, iuvantur si etiam afronitrum album
in vino solutum accipiant, et sulphuris vivi pulvere in ovo
dato. ego frequenter etiam ieran dedi. sed si forte ali-
5 quid certae obligationis dari cathartica prohibuerit, quae
semper his novimus non leviter profuisse, saltem vel vomitibus relevandi sunt.

78   sollicitius interea praecordiorum cura gerenda est
foventibus epar tumens et incitatum oleo nardino melino
10 oenanthino ex lanis sucidis quam maxime in balneis.
cataplasmabo eos interea admiscens seminibus aut absinthium aut rutam aut centauriam aut cardamum vel cetera
quae epaticis ordinata sunt, quibus urinas provocantes fervorem epatis possumus removere. utor speciali etiam cy-
15 prino cerotario admiscens terebinthinam melilotum irin
illyricam et reliqua similia, quibus aut dia melilotu aut
polyarchion confici consuevit.

    1 vero (abs.) *add. r b.*   2 iuvantur si etiam *etc.*: idem
prestat et afronita (*sic*) alba si cū vino soluta accipiant *etc. r*,
idem prestat et afronitri sucus et sic sulfuris vivi pulvis in ovo
datū *b* (!).   afronitrum album ... solutum *Gar.*: afronitra
alba...soluta *r V B g.*   3 pulverem *r V B*: pulvis *b Gel.*, *om. g.*
4 dato *g V*, datum *b B* (datur *Gel.*), dabo *r. hic in cod. b sequuntur
alia remedia plurima per versus 32 (p. 110—11) usque ad verba
... sanum sit epar. Hoc et ad splen facies].* et yera frequenter
ei dari suadeo. Sed si forte certę aliique legationes. dari cathartica prohibuerint *etc*   Ego *r B Gel.*: Ergo *V.*   hieran
(—am *Gar.*) *Gel.* (*cf. b ad v. 4*), gera *g*, geran *r*: *om. V B.*
5 obligationis *V B*: alligationi(e *g*)s *r g Gel.* (*cf. b*).   prohibuerint
r B b (—rit *V*).   9 foventibus *r V B Gel.*: fomentis *Gar.*, in
fomentis *b.*   10 quam maxime in balneis *r b Gel.*: faminlalreis
(*sic*) *V*, fomentans in balneis *B. cf. infra p 181,11.*   11 cataplasmabo: *sic r V B Gel.* (*ubi* fomento *b*).   12 cardamum *V B b Gel.*:
cardamonum *r g.*   13 ūr *b*, urinā *r*: urinas *V B Gel.* (*cf. Gar*).
fervorem *r V b Gel.*: stidorem (*sic*) *B.*   14 possumus: *sic
V B b g* (possimus *r Gar. Gel.*).   speciale (—li *g*) etiam *V g el*
(*om.* etiam) *b*: etiam specialiter *r Gel.*, specialiter etiam *B* (*et
om.* etiam *Gar.*).   15 i(y *B*)rin i.: *sic V B Gel.* (yris illirica
r g, yreos *b*).   16 thiamelilotum *V et* (dia—) *Gel.*, meliloton *r*,
mellilota *B* (*om. b*).   17 poliarc(t *r V*)ion *r V B*, -archon *b*,
-archion *Gel.* (*cf. Gal. XIII, 184*).

cibis nutriendi sunt ut epatici, exerceri similiter de- 79
bent et fricari. vitio adhuc perseverante coloris omnibus
amycticis imminebo, peregrinationis et solis calidi beneficia sustinere suadeo, aquis naturalibus aeque uti conveniet. si remotis accidentibus adhuc ille malus color per- 5
severaverit, naribus infundo elaterium, infundo betarum
sucum, utrumque muliebri lacti commixtum.

iuvantur interea utilius si hae digestiones vel purgationes in balneis procurentur, in balneis inquam ubi quam
maxime potiones et cetera semper adiutoria profuerunt. 10
nam et illic etiam praecordiorum fotus continuo profuit
adhibitus, et in cortice colocynthidis vinum calefactum
ibidem datum, profuit et struthii pulvis in oenomeli similiter et anchusae pulvis in modum unius coclearis cum
aqua calida et lapathi sucus in melicrato et decoctio radi- 15
cum feniculi et cetera quorum est pretium diureticum.

hanc ego peculiarius potionem in balneis dare con-

1 debent *V Gel.*: *om. rBg.*   *3* amicticis *rBg*, acmicticis *V*
(*om. b*).   2 peregrinationis *VB Gel.*: —nes *rg.*   3 beneficia (—fici *sic B*) sustinere (*sic*) *rVBb*: beneficio sustineri *Gel.*
4 conveniet *B* (*Gar.*): —net *V*, —nit *r* (= n̄ *b*).   5 malus
r Gel.: &multis *V*, aemulus *B* (*Gar.*), emulor *sic g, om. b.*
color *r V Gel.* (*Gar.*), calor *b*: labor *B.*   6 elaterium *rVB, om. b*
⟨hoc est sucum agrestis cucumeris *add. Gel.*⟩   uetarum *r*,
betarum *g et b Gel.* (bletarum *Gar.*), h&arum *V*: elaterii (*iterum.*) *B.*
7 lacti *V*, —te *rBg Gel.*   (*post* commixtum) aut cyclaminis
sucum cum melle commixtum *add. b et* (commixto melle) *Gar.*
8 iuvabuntur *g* (*om. r*).   purgationes procurentur in balneis
ubi... (*brevius*) *r* (*sicut b* purg. in balneo ubi...).   10 epaticis (*ante* pot.) *add. Gel.*   11 et (*ante* illic) *om. Gel.*   illuc *b.*
12 p. adhibitus *rVBb*: p. hẹc (his *Gar.*) adhibitus *g.*   et si
in cortice (—calefactum fuerit *Gar.*, cal. profuit *etc. g*) *g Gar.*
coloquintides *Vg*, —dis *B*, —de *rb.*   13 ibidem datum (*sic*)
rVB: *om. g*, datum (*om.* ibidem) *b*, datum ieiuno *Gar.*
14 cocliaris *V*, coclearis *B* (—rii *r*).   15 lapati *V*: lapacii
Bbr.   decoctio *rBbg*: coctio *V Gel.*   16 est *rBb*: & *V.*
pretium *V°* (*a corr. sic passim in hac parte codicis factum
est, novo atramento ita obductum ut quid habuerit V fere in-
certum sit*): praesidium *B*, precipuum *rgb* (*Gar.*) *et Gel.* (*qui
add.* d. adiutorium).   *hic unus Gar. addit haec*: Decolo-

suevi, euforbium bacas lauri nitrum piper ex aequo contusa et pro causae vel virium qualitate in melicrato, et
cum profuisset in plenam sanitatem imminui.

XXVIII. De spleniticis.

80   In plerisque passionibus, catholicis sive generalibus
6 curis prius adhibitis, specialia vel partilia adiutoria melius
adhibentur. unde spleni nunc adiutoria prius ex catholicis
ordinemus.

oportet initio curae ex ieiuniis et patientia inchoare,
10 item cathartico vel flebotomo relevare. post vero his
specialibus adiutoriis spleni succurrere conveniet. aceto
et oleo aequa mensura commixto calido infusis lanis sucidis fomentandum est, et spongiis pusca calida infusis
similiter locus vaporandus est, cui cinis ex foco tenuis
15 aspergendus erit. et lapides molares ignefacti aceto extinguuntur et operti pannis loco imponuntur. et saccelli de
salibus igneis impositi prosunt, et cataplasmata de hordei
pollinibus in oxymeli, cui admiscendus est radicis tunsae
capparis pulvis.

81   et emplastra haec utilia superaddimus. gutta ammo-
21 niaci nitrum myrobalanus murra sinapi, aequa ponderatione

rato enim homini dabo suci yris ilt. ÷ II. cum una mellis cocti.
hanc peculiarius *etc.*   17 ego *b*: ergo *r V B g (Gar.).*
   1 bacas *r B* (baccas *b*): baca *V (Gel.).*   contusum *r V B*
(—sa *Gar.*): omnia facta *b.*   2 et (*ante* pro) *r Vb*: om. *B Gar.*
causae *r b Gel.*: causa *V B.*   (in m.) dedi *add. rb* (om. *V B Gel.*).
4 splene(i *in ind. V*)ticis *V B* (De spleneticis eiusdem. XV. *r*).
5 c. generalibus *r* (sive g. *add. Neu.*): c. generaliter *V B Gel.* (g. om. *b*).
8 ordinemus *V Gel.*: —namus *B*: adhibemus *r* (v. 6—8 spec.
—ord. om. *b*).   9 initio: initiū *r V B Gel.* (op. ex inicio curę
eius ieiuniū et pacientiā inchoare *b*).   11 spleni (—ne *r*) sic
curari *r b*, splenis sicurare *V*c (atr. obd.), plenis sic curare *B*
(spleni succurrere *corr. Gel.*).   13 fomentandum *r Gel.*: —dus
r B b. exspongia ... infusa *r.*   14 locus *V B Gel.*: locus ipse *b*
(loca ... vaporanda sunt *r*).   15 ignifacti *r V B* (igni *sic mut. b*).
16 operto *b.*   18 radices tansi c. *V* (radicis tunsae c. *B*, radicis
c. tunsę *Gel.*), radices tusi c. *r* (17—19 om. *b*). cf. *Diosc. p. 313.*
21 mirobalanum *r V B* (acc., *ut* guttam ... murram).

omnia miscenda sunt et temperanda cum pinguibus ficis prius aceto coctis et contritis.

aliud emplastrum. hordei farinae unc̄ III, faeni graeci unc̄ III, cardami unc̄ I, herbae parietariae unc̄ I, ficus pinguis unc̄ VI. cum aceto temperandum, sicuti superius 5 ordinatum est.

aliud de expertis. cardami unc̄ I, iris illyricae unc̄ I, guttae ammoniaci unc̄ I, myrobalani unc̄ S, terebinthinae unc̄ I, cerae unc̄ I.

aliud quod cbrysun appellamus. cerae, pityinae frictae 10 uncias senas, sulphuris vivi, auripigmenti unc̄ singulas, olei sicyonii unc̄ IIII, aceti unc̄ VI. tantum.

aliud simile. cerae, pityinae, picis brittiae libras binas, auripigmenti, aluminis scissi unc̄ binas, aceti unc̄ IIII, olei libram I. tantum. conficies et uteris, ut consuetum. 15

---

1 ficis *r V Gel.*: ficubus *B* (caricis *b*). 3 farina ... faen (foeno *r*, feno *B*)greci ... c(h *V*)ardamum (cardamomū *r*) ... herbae paritariae ... ficos (—cus *r*) pingues (*ubi* fici pingues *Gel.*) *r V̄ B.* 3 *sqq.* unc̄ *V Gel.*: *signa ponunt* (÷ *B b*, ⟨ *r*). 7 cardamum (—momū *r*) ... irin illirica (iris illiricae *r*) ... gutta *r V* (*haec sic habet b*: de expertis. Cardamū. yreos. cera. amoniacū ana ÷ I.). 8 g. a. ÷ IS *r* (*ut Gel.*). mirobalanum ÷ IS. (*ut Gel.*). Teruentina ÷ II. cera ÷ I. Aliud quod crison appellamus. Cera pituina [Pice bricia ... *r* (*qui om.* 10—12), Mirob. ÷ S. Terbentina ÷ I. Aliud quod erison appellatur. Resina frixa VI. ÷ *b*: mirobalaat pellanus Cera pithiena frixa ana unc̆. senas V., quod mirobalanum appellamus. cerae. pituinae. frixę ana unc̄ senę *B* (*sic lacunam V explens*). *contra Gel. om. v.* 10—11 *sic exhibens* cera unc̄. I. (*v. 9*). oleum sicyonium unc. IIII. (*v. 12*). 10 chrysun: erison *b* = crison *r* (*certe non* κιϱϱόν *cf. Gal.* 11, 126. 13, 519). 11 sulphor vivum. auripigmentum unc̄. I. *V*, sulphuris vivi a. ana ÷ I. *B*, sulfur ÷ I. aurip. ÷ I. *b* (*om. Gel.*). 12 aceto unc̄. VI. *V*, acęti VI. ÷ *b*: acęti unc̄ III. *B.* Tantum aliud s. *V*, Datum aliud s. *B* (*hoc om. b*). 13 cera pituina Pice bricia ana duas lib *r*, cera pityena pice britti ana libras duas *V*, cerae pituinae picis briciae ana libras II. *B* (c. p. pix brittiana lib. II. *Gel.*). 14 sciscim ana unc̄. II. *V*, scissi ana lib II. *B*, scissū ÷ II. *r* (unc. binę *Gel.*). 15 libra I. *V*, lib I. *rB.* ut consuetum est. aliud (Item aliud *r*) *r Gel.* (*om. b*): et consuetum aliud *VB. cf.* 2. 94. 86 *etc.*

aliud et spleni et epati conveniens in fervore utrorumque praecordiorum. crocomagmatis unc̄ I, cerae lib̄ I, olei
rosei unc̄ VIII, guttae ammoniaci lib̄ I, aceti quantum sufficit ad guttam ammoniaci dissolvendam.

5   haec omnia emplastra vel malagmata conveniunt causa
splenis indignantibus. quibus expedit ab omnibus dulcibus
abstinere.

82   sane si splen duritiam adduxerit, quae de hydropis
nos superventu plus terreat, etiam his potionibus immi
10 nendum est. acetum scilliticum in noctem in modum
unius coclearis sorberi debet. aquam calidam bibant ubi
ferrum igneum extinguitur. aut de utrisque puscam temperatam accipiant. utantur decoctionibus capparis aut lapathi aut tamarici aut ubi forte murram infuderis. in
15 modum palaestrae fricari eos convenit, commodius tamen
si laborem libentius sustinentes suis quam maxime manibus
defricentur. gestationes cursus et ceteros labores appetere
oportet. dropaces impono tempore competenti et cetera
quae cyclo conveniunt. uti lavacris salsis vel bitumineis
20 naturalibus expedit. natare frequenter etiam in mare plus

---

1 crocomagmi *B*, crocum magna *V*, Cō magna *b*: c̄c̄ *r*.
2 cera libra (*om.* I) ... gutta (*sic etiam B*) a. libra I. aceto *V*.
2 VIII. *Bb*, octo *V*: duodecim *r*.   ammoniacam *VB* (—ci *r*).
5 conveniant *V*.   causis splenis *r Gel.* (spleneticis *b*): splenis
V (—nibus *B*).   8 splen *B Gel.* (*et cum* l *in ras.*) *b*, phlenis
V, spleni *r*.   obduxerit *r*.   10 in noctem *V Gel.* (— te *rB*):
ad noctem *b*.   11 sorbi debet *VB* (sorberi debet *Gel.*): *om.*
r b (*ubi* a. squill. in n. dabis in m. u. coclearii *r*, a. sq. dabis ad
n. I. cocl' *b*).   aquam *r b Gel.*: caram (*sic*) *VB*.   bibet *V*.
12 f. calidum (*sic*) igneum *VB*, ferrum ignitum *r* (ferrum *simpl. b*).
utriusque *V*.   13 utantur *r Gel.*: ututantur *V*, et utantur *B*.
lapati *V*, —cii *rBb*.   14 ta(tria— *V*)marici *VB*: —cis *r* (*Gel.*)
ab hac voce in b inseruntur remedia splenetica plurima sic:
Tamarici ligni fasciculos III. in olla rud' cum aceto decoques...
16 si laborem *r Gel.*, si labores *b*: si siborem *V*, si saponem
(!) *B*.   19 cyclo *V*, ciclo *B*, ciclos *r* (*haec om. b*).   vel
VBb: et *Gel.*   20 natare: naturae *r VB Gel.* (*om. b, ubi* vel
bitumineis vel in mari).   in mare *r*, in mari *b*: mare (*om.*
in) *VB Gel.*

placet. ieiunos acceptis radicibus cum oxymeli vomere
cogo. providebo omnes diureticos cibos. vinum stypticum
sumant.

dabo antidota diuretica, quibus et splen et epar fre- 83
quentius percuratum est, ut est apium, cicer, gramen, feni- 5
culum aut semen eius, asarum, daucus, meum, petroselinum,
puleium et reliqua e quibus antidota vel decoctiones conficiuntur. febricitantibus spleniticis vinum vel acetum parcius ingerendum est, apyretos vero his subiectis potionibus
iuvo. lupini amari tribus diebus in aceto infundantur et 10
post ex eorum decoctione unum cocleare vel duo in noctem
accipiant. hoc etiam ieiunis proderit. purgati virides lupini cocti comesti satis iuvant. aliud. cortex salicis arboris semper infructuosae in aqua cocta, et data ut supra
continuo medetur. tunc et turis masculi pulvis cauli- 15
culorum suco commixtus loco appositus perseverando satis
proderit.

1 ieiunas radicibus cum oxymeli ac vomere c. *V*, ieiunos
acceptis radicibus cum oximelle vomere c. *rB* (ieiunos accipere radices c. o. ac v. c. *Gel.*), *ubi sic b*: ieiuni radices man-
ducent cum oximelle et post vomere cogantur), *cf. Diosc. 2, 137.*
4 et splene *V*, et splen *B Gel.*: splen *rb*   5 percuratum *b*):
procuratum *rVB Gel.*   6 daucumeu *V*, daucū meu *rB*.
7 puleium *VB Gel*: polium *b*, folium (*ut supra*) *r*.   reliquę
quibus *V*, reliq; quibus *r* (reliqua ex quibus *b*), reliqua quibus
B Gel.   8 spleniacis *r*, phleniacis *V*, pleuriacis *B* (splene-
ticis *b Gel.*).   9 apyreti | *V*, apyretos *rB Gel.* (*om. b*).
subiectis *VB Gel.*: om. *r* (*b*):   11 cocli(e *B*)are *VB* (—ar *Gel.*,
—arium *r*).   in nocte *rVB*, —tem *Gel.*, (noctu *b*).   12 purgati *etc.*: purgati vero id est (ū idē *sic pro* virides) lupini c.
c. s. i. *r* (Si ipsi lupini purgati a paciente manducentur. satis
iuvat *b*).   13 Corticem s. a. s. i. in aquam coctam et datam
ut supra c. m. *rV*, cortex s. a. s. i. in aqua coctus et datus
ut s. c. m. *B* (nam et cortex s. in aqua decocta. et ipsam aquam
potui dabo et c. medebitur *b*): *ubi Gel.* Cortex ... coqui debet
in aqua quae accepta ut supra contexui continuo medetur.
14 infructuosi *rV* (—sae *B Gel.*).   15 tunc et thuris *Gel.*:
Tun turi *V*, Thuris *B*, et turis *r* (*haec om. b*).   vel ammoniaci
aequis ponderibus (*post* pulvis) *add. Gel.* (*om. rVBb*).

XXVIIII. De stomachi variis accidentibus.

84   Stomachus, de quo nunc mihi tractatus interponitur,
origo est et occasio facilis vitiorum, qui dominium sortitus sit membrorum omnium reliquorum sibimet famu-
5 lantium, potestas virium quibus aut deficitur aut recte
valet. hic de subiectis accidentibus primo quantam molestiam sustineat, advertendum nobis erit. patitur defectum
causis aliquando incognitis, patitur etiam post aegritudinem.
sustinet constrictionem, dolorem cum indignatione vel febri-
10 bus, duritiam, ventositatem, fastidium, solutionem, bulimum,
vomitus ex corruptela ut etiam ex eo ventris effusione fatigentur indigestione, calorem inmensum vel ardorem aut
causon ex quo sitim sustinent molestissimam, frigus, singultus. aliquando eum etiam cholera nigra cum inflatione
15 sollicitat. ex eo etiam lumbricorum origo frequenter est
procurata. quibus omnibus ex ordine adiutoria sic ordinare
curabimus.

85   ergo stomachicos, quos post agritudinem prolixam sto-

---

1 Stomachus (—acus *V*) *r V Gel.*: Stomacho *B* (Stomachi *b*).
2 nunc mihi *r V B*: mihi nunc *Gel.*   3 facilis *r b Gel.*: —lius *V*,
—lior *B.*   qui domnium (*sic V*, quod omnium *B*) sortitus sit
m. o. r. *V B*, qui dominus constitutus sit m. o. r. *r* (eo quod
sordiciis omnium sit membrorum omnium *b*, quod omnium
membrorum sortitus sit dominium reliquorum *Gel.*). *cf. Vindiciani epit alt. c. 17.*   6 valet *b*: valetur *r V B Gel.*   7 nobis
b Gel.: *om. r V B.*   8 patitur (*ante* dolorem) *infert Gel.*
9 sustinent *V.*   11 vomitus *r V B*: —tum *b G el.*   aliquando
(*post* vom.) *habet Gel.*   ex corruptei aut etiamex eo *V*, ex corruptela aut etiam ex quo *B*, ex corruptela ut etiam ex eo
r Gel. (corruptelam ciborum ventris effusionem *b*)   12 fatigentur *V Gel.*: —gatur *B*, —getur *r.*   indigestione (*sic*) *r V B*
(—nē *b Gel.*). calore inmenso vel ardore *B* (—um *et* —ē *r V B Gel.*).
aut *Gel.*: ut *r V b*, ut est *B.*   13 causona *Gel.*, chausona *V*,
causon *r B* (causor *b*).   molestissimum (frigdorem) *V Gel.*, et
m. (frigd.) *r*, (sitim) molestissimam *B* (*cf. infra 93 sed* inmensum
frigorem *etiam b*).   14 c(h *V*)olera ⟨nigra *add. r Gel.*⟩ . . .
sollicitant *r V B Gel.* (*om. b*).   17 curabimus (*b*): —vimus
r V B Gel.   18 stomaticos *b.*   quos *om. Gel.*

machi defectus tenet, quos leves adhuc febriculae infestant,
oleo absinthiato calido fomentabo aut nardino aut sicyonio
aut oenanthino aut lentiscino cum vino mixto. item epithema impono tonoticum de aloe et mastice et nardino
cerotario. sic cataplasma de dactylis vel cydoniis coctis 5
in vino cum stypticis speciebus, sicut in epaticorum ordinavimus solutionem. sed considerandum est praecipue
necubi ciborum sit praesumptio quorum et qualitate et
quantitate laedantur, et ex eo cibi viribus in nullo proficiant. intendendum est itaque ut et congruos et mode- 10
ratos temporibus competentibus sumant. sin vero nulla
sub hac ciborum moderatione proficiant, purgatione opus
est qua umor quisquis ille est superfluus hos defectus
efficiens omnimodo depurgetur. hos etiam et artomeli
curo. his et faenum graecum in vino coctum et tritum 15
cum adipibus anserinis impono.

    moneo interea odores insuaves vitandos semper sto-
machum pervertentes. attestatio manifesta. novimus enim
hos semper bonis odoribus iuvari.

1 quos leves (leve r) adhuc febriculae infestant r *Gel.* (quos
levis infestat febricula b): (et *add. B*) quod leve est adhuc
febriculae infestas (—tae B) VB.   2 absinthiaco (*sic*) VBb *Gel.*
(abscentiaco r).   fomentabo V *Gel.*: —tamus rBb.   4 thano-
tica b, thenitiea (*sic*) r: unicum VB *Gel.* (*cf. Cass.* p. 102, 14).
de aloe *Gel.* (ex aloe r, ex aloen b): delaloten (*atram. ind.*) V,
dedi alteon B.   5 sic VBb (si r): sive *Gel.*   7 solutione rb:
—ne VB *Gel.*   8 sit rB (b qui *add.* prohibenda): *om. V Gel.*
9 ledantur rb *Gel.*: laetantur VB.   et ex eo cybi V *Gel.*
(ex eo cibi r *om.* et), et ex eo cibo B (et ipsi cibi b).   10 est
V *Gel.*: *om.* rB.   et congruore moderatis V.   11 sin rVB:
si b *Gel.*   nulla: *sic* $rVBb$ *Gel.* (in nulla *ante ips. ras.* r).   12 proficiant *corr. Neu.*: deficiunt VBb *Gel.* et (*ubi* inmoderatione) r.
13 quisquis ille est r*Gel.*: quidem illi est V (quidem ille B,
ille *simpl.* b).   superfluus b *Gel.* (superfilios r): superseruus V,
superius B.   hos rB: hoc (defectus) V.   14 et artomeli
V*Gel.*, ex arto melle B: art(h r)omelli rb.   17 moneo—
manifesta (*sic*) rVB, *ubi* esse (vit.) *et* (man.) est *add. Gel.*
(moneo interea odores insuaves vitandos contrarii sunt maxime
teste et lucerne fetidus odor. Novimus enim *etc.* b).   19 hos
VB*Gel.*: eos b.   adiuvari *Gel.* (relevari b).

cum ergo sine febribus plene esse coeperint, viribus
consulentes gestationes competentes indicimus, vina lavacra et cetera quae post aegritudinem possint corpora
reparare.

86   quos vero repentinus dolor stomachi comprehenderit,
6 qui cum gravedine etiam scapulas et dorsum admoneat,
faucium quoque conclusionem et ructus difficiles faciat
interpositis etiam febribus, his flebotomo convenit subvenire. item quietem et patientiam suademus. cibos ut-
10 pote febrientibus leves propriis temporibus subministro,
fovemus calidis mediocriter et stalticis, non tamen frigidis.
cataplasmandi sunt ergo de hordei farina in melicrato cydoniis coctis vel dactylis immixtis, aliquando etiam meli-
loto, item cerotario cyprino habenti masticen et castoreum.
15 utor polyarchio, quam maxime in dorso vel in scapulis,
quibus partibus commodius adhiberi conveniet. frequenter
etiam cucurbitas ventosas imponimus.

declinantibus febribus etiam potiones iam paregoricas
dabo, ut cyminum frictum cum apii semine ex aequo tun-
20 sum et cribellatum, cocleare unum cum aqua calida. sic

---

1 plene *b Gel.*: plena *r V B.*   2 gestationis competentibus *V.*
4 relevare et reparare *r.*   6 etiam et *r.*   admoneat (am-
moneat *r*) *r Gel.*: ammoueant *V*, amoueat *b* (scapulis et dorso
immineat *B*).   7 conclusionem *r b Gel.*: anclusionem *V*, in-
clusionem *B.*   8 convenit: *sic omnes.*   subvenire *r V B Gel.*:
—ri *b.*   9 utpote *r B*, inpote *V*: et potus *Gel.* (*om. b*).   10 et
(propriis) *add. r.*   subministro *r V B Gel.*: ministrabo *b.*
11 mediocriter et s. *Gel.*: et mediocribus s. *r V B* (calida et
staltica *etc. b*).   12 ergo *r V B*: *om. Gel.*   de *r V b Gel.*:
om. B.   mel(l)icrato *r b Gel.*: meliciato *V*, meliciatho *B.*   ci-
d(t *B*)oniis (—eis *r*) coctis *r V B b*: cocto *Gel.*   13 inmixtis *V B*:
mixtis *r b Gel.*   14 habenti *r^c V Gel.*, —te *r B.*   et *r V B Gel.*:
aut *b.*   15 poliarcio *V B* (—artion *r*, —archion *b*).   16 adhiberi *r Gel.*: —re *V B.*   17 imponimus: *hic (per 25 versus) ad-
ditae sequuntur potiones in b* et his potionibus adiuvandos esse
suadeo. Ventrem ossifragia ...   18 etiam *om. Gel.*   paregoricas *V Gel.*: paragoricas *r B.*   19 ut *V B*: vel *Gel.* (*om. r*).
frictum *r V Gel.*: frixum *B b.*   ex aequo tunsum *V B* (ana *b*):
ex eo contusum *Gel.* (tusum *simpl. r*).   20 et *r Gel.*: vel *V B.*

abrotonum cum vino dabo. ipsi vero stomacho pingues
dactylos in oenomeli coctos et contritos impono. si adhuc
dolor remanserit, lac bubulum vel asinae schiston secundum consuetudinem confectum adhibebo.

si nulla sane praeeunte querimonia repentinus occu- 87
paverit dolor, hos continuo post cibos vomere conveniet, 6
tunc etiam ventosas accipere, et supra dictis potionibus
propensius imminere. declinantibus vero doloribus decoctionem absinthii dabo. ieran indico. pro virium qualitate
gestationes et exercitia vel palaestras, balneas et vinum 10
cum moderatione concedimus, quibus vexatum corpus ad
plenam valitudinem valeat pervenire.

si duritia innata fuerit stomacho ex prioribus lan-
guoribus, ficos pingues in melicrato coctas et tritas seminibus misceo et ex his cataplasmabo. cerotario post cum 15
nitro vel salibus utor. aquis naturalibus uti convenit.
holera cum cibis ceteris, nec non et vinum parcius dabo.

si ventositatis molestiam senserint, sicca fricatione
iuvandi sunt, ieiunos vomere convenit, cibos pinguiores
et calidiores accipere, potiones quoque ex aniso dauco 20

1 abrotomum (*sic*) *V*: —tanum *Bb Gel.*, aprotanum *r.* ipsi
vero stomacho (—um *V*) *r V B b*: Stomacho vero *Gel.* 2 et (si) *add.*
b Gel. (*om. r V B*). 3 schiston: siston *r*, yhiston *V*, isdem *B*,
his *Gel.* (*om. b*). 4 adhibebo *r Gel.* (dabo *b*): —beo *V B.*
5 si nulla sane *rB*, senula sane *V* (si nulla hos sane *Gel.*).
6 hos continuo *r Gel.* (Quos ... continuo *b*): hos timtintio (!) *V*,
eosdem thio *B.* 7 tunc etiam *r V B b*: et eodem tempore *Gel.*
supra dictis *r V B Gel.*: s̄s̄ *b.* 8 decoctionē *r b*: —nes *V B Gel.*
9 absinthii—gestationes et *r Gel.* (*ubi sic b* decoctione vero absinthii iuvandi sunt. dabo yera p. v. q. Gestaciones exercicia...):
om. V B. geran *r.* 10 et *Gel.*: *om. r b.* balneas *V B Gel.*:
—nea *r b.* 11 ex quibus *b* (*sol.*). 12 plenam *r B b*: fleg-
mam (*sic*) *V.* 14 ficus *r B b Gel.*, —cos (*ubi* ficos sanguinis
i. m. *sic*) *V.* 16 vel *r b Gel.*: et *V B.* aquis *r b Gel.*: *om.*
V B (*unde* utor naturalibus. Uti c. holeribus *B*). convenit
r V B b: —niet *Gel.* 18 senserint *V B*: —ris *b*, —rit *r Gel.*
19 convenit *r V B b*: —niet *Gel.* 20 accipiant *r.* aneso
V B, aniso *r b Gel.*

castoreo, absinthio pontico, sinone pipere baca lauri ruta
cymino contusis aut singulis aut mixtis sibi invicem aliquibus aut omnibus cum aqua calida in modum coclearis
unius. adhibeo etiam epithemata confecta de seminibus
5 potionum supradictarum mixtis cerotario. impono dropaces,
adhibeo paroptesin. utraque tamen et cetera adiutoria cycli
etiam in dorso vel scapulis applicabo.

90   fastidio incidente locis conveniet habitare aeris salu-
britate temperatis. ab exercitiis vel fricationibus com-
10 modis non quiescant. absinthii decoctionem vel vinum
absinthiatum frequenter accipiant. salsamentis omnibus
nutriantur, acrimoniis, sinapi et aceto scillitico et similibus
ceteris quae stomachi hanc ciborum recusationem valeant
extergere.

15   praeter consuetudinem vero edacibus hoc est bulimantibus ieiunia conveniunt, somni procurandi largiores,
cibi insuaves et inflationem procurantes, et vini meri
potio.

1 sinone pipere *Gel.* (pp = pipere *b om.* sinone)*:* sinon
epipere (*sic*) *V*, Sinonos pipere *r*, sine pipere (!) *B.*   bacu *V*,
bacis *B* (bacas *rb*, bacca *Gel.*).   2 ex (singulis) *r Gel.* (*om.*
VB).   mixtis *VB:* commixtis *r Gel.*   3 aut omnibus *r Gel.*
(*cf. b* omnia . . .)*: om. VB.*   cocliariis *V*, coclearis *B* (—rii
r Gel.).   4 epithe(i *V*)mata *r VB*, epitima *b.*   5 in(m)pono
r VB Gel.: inpanno *b.*   6 adhibeo *r VB b:* —bebo *Gel.*
paroptesin utranque *Gel.:* paropta(e *corr.*)sin. utraque *r*, paroptos
inutraque *V*, promptos in utroque *B* (*om. b*). *cf. Cael. chr. 3, 40 etc.*
7 iterum (*post* applicabo) *stomachica remedia sequuntur plurima*
(*per versus 23: etiam* ad singultum). 8 vero (*post* fast.) *add.*
Gel. (*non r VB b*).   conveniet *r VB Gel.:* —nit *b.*   aeris
Gel., aeres *r:* acris *V*, acri *B* (locis salubribus et temperatis *b*).
9 ab *r VB:* sub *Gel.* (*om. b*).   vel *VB b Gel.:* et *r.*   10 ab-
sentia. Com(frequenter) *V*, absenthiacon *B*, absenthiacum *r*, ab-
sinc(t *Gel.*)iatum *b Gel.*   12 sinapi *VB*, senapi *r:* sinape *b.*
et s. c. *VB Gel.:* et his similibus et ceteris (ceterisque *b*) *rb.*
13 stomachi *r Vb Gel.:* —cho *B.*   14 abstergere *b* (*ubi seq.*
aliena per versus 1½).   15 bulimantibus *r V Gel.:* bouinanti-
bus *B*, pulmentis *b. fort. scr.* bulimiantibus.   16 ieiunia conveniunt *r Vb Gel.:* ieiunantibus veniunt *B.*   somnia procuranda *V* (*non r Bb*).   18 potio sone si *V*, potiones. Si *B*,
potio sane. Si *r*, potio sane si *b* (p. Sane si *Gel.*).

sane si nausiando frequenter flegmata et cibos incoctos 91
excluserint, quo corpus non nutriendo tabidum fiat, hos
cibis nutrio siccis et tostis. acrimonia omnia concedo.
potum frigidum per momenta parum dabo. ieiunos vomere
cogo. per ventrem umorem deduco catharticis. calidis 5
unguentis omnia membra pertracto. absinthii decoctionem
dabo, sucum stypticum mali granati aut solius aut hoc
modo confecti. ad suci mentae viridis partem unam tres
mali granati suci partes admisceo, et coquo ut paulatim
pinguefiat, et ex eo unum cocleare ieiuno pro ecligmatio 10
dabo.

si etiam choleram cum cibis vomuerint, omnia cum
aqua frigida dabo ubi murta viridis cocta fuerit. si una
etiam ventris effusione fuerint fatigati, mala granata decem
cydonia decem in aquae sextariis quinque coquuntur ut 15
penibus maturescant. quae postea exsucata separantur.
sucus vero qui remanserit ad mensuram partem mediam
mellis accipiet, coquetur ut ecligmatium, et operabitur
similiter. aliud. murta viridis in vino coquitur ut tertia

---

3 tostis *rb Gel.*: tosteis *V*, totius *B*. acrimonia omnia
rV Gel. (Omnia acrimonia *b*): (totius) acrimoniae omnia *B*.
4 parum *VBb Gel.*: parvo *r*. 5 et (*ante* cal.) *add. Gel.* (*non
rVBb*). 7 (9) mali granati *rb* (*et infra V*): malo(a*V*)granati *B*.
8 ad *r Gel.*: aut *VB* (*om. b*). (partes) tres (*hic*) *r*. 9 decoquo *r*. ut paulatim pinguae(pingue *B*)fiat *VB*: usque
ad pinguedinem (*formula vulgari*) *rb Gel.* 10 cocli(e *B Gel.*)-
are *VB*, coclearē *r*. eligmatio (—thico *V*) *rVB Gel.*
12 c(h)olera *VBb*. omnia: sic *rVBb Gel.* 13 mirta *rBb*,
myrta *r. deinceps in b sequuntur additamenta plurima per versus 47* (ad cardiacos *etiam* etc.). 14 Si tantum sola effusione
etc. *b*. mala (*V*, —li *rb*, —lo *B*) granata. 15 coquantur
b (*sol.*). 16 maturescant. quae *r Gel.*: maturus. Canc quae *V*,
maturus. Cumqʼ *B* (maturascant colas et ad mensuram parte
dimidiā mellis accipiat. et recoques et ut elegmatium potui
dato. mire operabitur *b*). *cf. supra* 2, 31. 17 qui remanserit
rB Gel.: quae remanserint *V*. 18 accipiet *r Gel.*: acci(e *B*)-
perit *VB*. (et *add.*) coquetur *Gel.* (*b*): — itur *rVB*. eligmatium (—thium *V*) *rVB Gel.* 19 murta *V*: mirta *Bb*.
tertia (*sc.* pars): sic *rVB Gel.* (cocta ad tercias *b*).

remaneat. cui partem mellis similiter miscemus, et conficimus, et utimur.

92   quibus vero flegmate supernatante frequenter acescunt
cibi, his bubulam dari suadeo et cetera agrestia carnosa
5 similiter. post quae continuo aceti unum cocleare dari
convenit. omnes amarissimae ex absinthio expediunt potiones, ut est haec. piperis et aneti semuncias singulas,
cymini unc̄ IIII. tunsa et cribellata reponimus, et ex hoc
pulvere unum cocleare cum aqua calida potui damus.
10 cum humanius hi profecerint, dabo picran, exercitiis et
gestátionibus competentibus imminebo, fricationibus, dropacibus, sinapismo, quibus stomachus siccatus a flegmate
liberari possit.

93   quibus calore nimio inquietatur, ut haec eadem in-
15 flammatio stomachi etiam et superficiem faciat plus calere,
ut etiam choleram frequenter emittant, his hoc remedio
succurrendum est. mastices unc̄ II, rutae siccae unc̄ I.
teres. pulveri ut trocisci fiant arnoglossi sucum admisceo
et eos in singulis drachmis paro, ut ex his unum cum
20 aqua calida accipiant.

---

1 miscemus: mittimus *rVB Gel.*   3 flegmata (fremata *V*)
supernatant (—natante *r*) *rVB*: flegma supernatat et *b* (phleg-
mate supernatante *Gel.*).   acescunt *rVBb*: inacescunt *Gel.*
4 *post* cibi *seq. aliena in b* (*per versus 6*).   et ceteras carnes
agrestes *b*.   5 cocleare: *sic rVB Gel.*   · 6 tunc (*post* omnes)
add. Gel. omnia amarissima *r*.   7 uterest haec *V*, Iterum
haec ˙*B* (*r* ?) (sic pp ÷ I. aneti S ... *b*), nam et piperis ... *Gel.*).
8 ÷ III. *r*.   tunsa et cribellata: *sic rVB Gel.* (om. *b*).
9 coclearium *rV Gel.*, cocleare *B*.   10 hi (in *V*) *VB*, hinc *r*,
hec (h̄) *b*.   picran *Gel.*: pichram *V*, pigram *rBb*.   12 ex
quibus *b*.   siccatus *b Gel.*, siccatus est *r*: *om. VB*.   14 in-
quietabitur *r*.   15 stomachum etiam et superficiem *VB*,
stomachum etiam in superficie *r*, stomachi etiam superficiem
Gel. (stomachi infl. superficiem f. pl. c. *b*).   16 cholera *rVB*
(colera *b*).   17 masticis *rVB* (—tic̄ *b*).   18 teres. pulveri
(*cf. 2, 108*): erupulauest *V*, eurupulau ÷ I. *B* (eorum pulveri
Gel.). ·   18—20 teris cum suco arnoglose (arneglosse *r*) et
facies (—cis *r*) trociscos (añ ÷ II. *r*) et dabis cum aqua calida
sic rb (*contra VB Gel.*).   arnoglosi *V* (—ssi *Gel.*): —glossae
B (*b r*).

si nimius ardor fuerit, quem causon appellamus, sub
quo angustiis intervenientibus et febrium augmenta fiunt,
his aquam frigidam per intervalla dari convenit et similes
cibos frigidos. articulos eorum manibus calefacio. decoctiones dabo cydoniorum mespilorum sorborum mali granati 5
mentae viridis vel oenanthes. si etiam sitire vehementius
coeperint, hoc remedio compescuntur. seminis cucumeris
dulcis unc̄ II, tragacanthi I. in ovi albo liquore infunditur
et cum se resolverit, tunc seminis supra dicti pulvis ad-
miscetur et collyriis ex eo factis, unum sub lingua datur 10
habendum, cuius paulatim umor vel sucus liquefactus
perveniens ad stomachum sitim compescere valeat. aliud
quod et viribus expediat quae forte aquae possunt inopia
laborare, quod sine cuiusque vexatione etiam febricitantibus frequenter ingessi. suci glycyrizae unciis IIII unam 15
seminis supra dicti pulveris misceo, et ovo similiter

1 nimius *r* (*Neu.*): minus *VBb* (minor *Gel.*).   2 febrium
rVB: febribus *b*.   3 dari *VB Gel.*: dare *r*. · et similes
cibos frigidos *VB Gel.*: et similes cibos et frigidos *b*, et similes cibos eque frigidæ (!) *r*.   5 mali granati *rV*, malogranati *B*, mala granata *b*.   6 otenantes *V*, enantes *r*,
ynantis *B*, īantis *b*.   7 *hoc* χαταπότιον *habet Ps. Gal. XIV*,
371. Escol. f. 33a (= *Gar. 2, 40*) *ex Asclep. Gal. XIII, 145.*
ὑπογλωττίδας *tales aiunt sec. Galen. XIII, 31 sqq.*   seminis *b*:
semen *rVB Gel.*   8 tragacanti. I. *V*: draganti. I. (⸔ I *r*) *rB*,
draganti (*simpl.*) *b*.   albo liquore *rVB Gel.* = albore *b*.
infunditur *sc.* tragacanthum (*cf. Diosc. p. 362*). *brevius haec
innuit b, ubi* et catapucias facito et sub lingua teneto.   9 seminis supradicti *r Gel.*: seminibus supradictis *VB*.   habendum *VB Gel.*: tenendum *r* (*b*). ·   11 perveniens *r Gel.*: proveniens *VB*.   12 aliud et (aliud est quod *B*, aliud quod et *r*)
auribus (viribus *rGel.*) expediat quid (quod *rB*, si *Gel.*) forte
ea quid (forte et aliqui *B*, forte ea quae *r*, forte aquae *Gel.*) possunt inopia laborare *rVB Gel.* (*om. b*).   13 viribus *r Gel.*: auribus
VB (ardoribus *Neu.*).   aquae *Gel.*: ea quid *V*, et aliqui *B*,
ea quae *r*.   14 cuiusq· *r*, cuiusq₃ *Gel.*, cuiusquae *V* (—quam *B*).
15 suci *Gel* (suco *r*, sucᭅ *b*): sub *VB*.   glycyridie *V* (liqui-
riciae *rB*), gliquiricie *b*.   unciis *Gel.*: in unciis *VB*, �runciis *r*.
seminis: semis *VBGel.* (supra dictarum specierum I. ÷ *b*, Cucumeris pulverē. ⸔ I. S *r*).   16 supra dictis (*V*, —ti *B*) pulveri (*V*, —ris *B*): supra scripti pulveris *Gel.*   misceo: *sic rVB Gel.*

temperabo et similiter adhibebo. nam etiam sola ova cum vino data par beneficium praestant.

94   quibus autem flegmatis infestatione stomachus infrixerit, calefactionibus, unguentis calidis curandus est, et
5 potione iuvandus superiore, ex mastice menta et arnoglosso, cui piperis et castorei singulae unciae admiscendae erunt. nam et cortex radicis feniculorum in aceti unciis decem et octo coquitur ut illic omnem sucum demittat, et postquam corticem proieceris, huic aceto partem mellis mis-
10 cebis et coques et uteris, ut electario. similiter iuvabunt et oxyporia confecta consuete, hoc est ameos caru ligustici apii semen in unciis singulis cribellantur, his miscentur piperis unciae duae, et mellis despumati quod sufficiat ut pinguescat. oxyporium tempteretur. ex hoc et ieiuno et
15 post cibos unum cocleare cotidie ministretur.

95   sane singultus frigido flegmate stomacho permanente si obvenerit, confecti pulveris ex piperis unciis tribus et

1 temperabo ... adhibebo *rV Gel.*: tempero ... adhibeo *b* (temperabo ... adhibeo *B*).   (*post* ova) incocta recentia *add.* *r b* (*om. V B Gel.*).   2 *post* prestant *add. b* similiter et apii rad'. in aqua decocta⁵ ad tercias bibat sitim compescit. *deinde* Si autem de fervore *etc.* (= 95, *med. om.*).   4 calefa(i *r*)ctionibus: *sic rV B Gel.*   curandus est *r V Gel.*: curandi sunt *B* (*sed* iuvandus *r V B Gel.*).   5 superiore *B* (—ri *Gel.*): superioris *r*, est superiori *V*.   arnoglossa *V B* (—so *V^c Gel.*, —se *r*).   6 singulae —(7)aceti *om. r* (*ubi* castorei ana ℈ XVIII. coquitur ad medietatem ut illic *etc.*).   7 X. et octo *V*, decem et octo *B* (XVIII. *r Gel.*).   8 demittat *V*, dimittat *rB Gel.*   9 miscebis *Gel.*: misces *VB*, ammisces *r*.   10 coques (quoques *V*) *V Gel.*: coquis *rB.*   ut electuario *B*, ut electarium *V* (—tuarium *Gel.*): in modum electuarii *r*.   11 ameos careu(m *B*) liu(b *B*)isticum (ligusticum *Gel*) ap(p *V*)ii semen *VB.*   castoreum (*pro* careum) *r*.   12 ana ℈ I. *r*.   miscuntur *r*.   *pro* 14—15 quod sufficit. et ieiuno et post cibos dabis (*sic*) *r* (*rel. om.*). et (oxyp.) *add. B.*   temperetur *VB*: temperatum *Gel.* (*om. r*: *cf. ad v. 14*).   16 frigidus flegmate *VB Gel.*, ex frigido flegmate *r. cf. Cass. p. 103, 11 sqq.*   in (stomacho) *add. B* (*om.* *r V Gel.*).   17 confectus pulvis *VB Gel.* (dabo potionem confecti pulveris *r*).   unō I. *V*, uncia una *B Gel.*, ℈ I. *r*.

castorei uncia una simul commixtis unum cocleare in aqua
calida dandum erit.

si de fervore autem, ut tempore digestionis, odor
fumosus quidam, quem aliqui carbunculum appellant, dolorosos singultus procuraverit, continuo aquam egelidam 5
bibentes vomant, et sternutamenta provocentur. et acetum
si sorbeant, continuo sedantur. etiam piperis radix massata frequenter singultus compescuit. eidem stomacho
vaporis illius causa folia vitium trita impono.

cum vero nigra cholera stomachum attemptaverit, ut 96
ex inflatione molesta cum aliquibus melancholicorum acci- 11
dentibus publicetur, continuo inter initia spongiam cum
aceto viscido infusam eidem stomacho convenit adhiberi
et hederae foliis in vino coctis et tritis cataplasmari. cibis
nutriantur competentibus, ovis alica iuscellis pinguium 15
gallinarum vel ungularum porcorum. fasianorum vel perdicum carnes accipiant.

---

1 commixtis unum *Gel.* (commixti unum *r*): commixti uinum
V, cummixta ad unum *B*. 2 dandum est *r* (*cf. ad p. 194, 17*).
3 ut *rVb Gel.*: et (&) *B*. 4 et dolor hos singultus *V̇B Gel.*, et
dolor his singultus *r*, et dolopaces (*sic*) simul instom̊ (= isto-
machi) *b* (*cf. Cass. p. 103, 15*). 5 egelidam *V*: gelidam *rBb*.
6 vomant *rb* (*Gel.*): vomas *V*, vomitus *B*. provocentur *rV*,
—vocent *B*, procurentur *Gel.* (sternutacio procuratur *b*). 7 piperis *ego*: paperi (*ips. corr.*) *V*, papiri *r*, papyri *B* (*Neu.*, papaveris *Gel.*). haec om. *b*. cf. *Diosc. 2, 188* ἡ τοῦ πεπέρεως ῥίζα...
ἀποφλεγματίζει ... μασσηϑεῖσα. massata *Gel.*: maxata *V*,
masata *r*, masticata *B*. 8 compescuit *rGel.* et (compescoit
sic) *V*: —cit *B*. eidem (eodem *V*, et eodem *r*)—impono *rV Gel.*:
Item ad stomachi vaporem in pusca sex folia vitium trita impono *B* (Si provocetur ex eodem carbunculo stomachi vaporis
illius causa folia vicium trita inpōta [= inposita] *b*). 10 attemptaverit *V Gel.* (tēptaverit *b*): attemptarint *rB*. 11 ex
inflatione *rB Gel.*, exflationem *V*: inflammacionc *b* (*item infra*).
11 accidentibus *rVB Gel.*: signis *b*. 12 publicetur *b Gel.*:
—centur *rVB*. cum *rVB Gel.*: om. *b*. 15 ovis alica iuscellis *V*: ova alica iussellū *b*: alica iusellis *r* (*om. ovis, item*)
aliqua iuscella *Gel.* 16 vel ungulas *r*.

si illa vero inflatione necdum digesta stomachi adhuc perseveraverit tensio, polii herbae decoctionem conveniet accipere aut calaminthae mixto melle despumato.

XXX. De lumbricis.

97 Cum vero corruptis stomachi umoribus, incompe-
6 tentibus saepe quoque cibis praesumptis, seu per aegritudinem seu certe sine febribus lumbrici innati fuerint, qui aliquando eundem stomachum aliquotiens inferiora possideant, hos sic excludendos esse suadeo.

10 primo advertendum est tres esse differentias lumbricorum. sunt rotundi et rubri, sed minus noxii. sunt latiores et albidiores, sed molesti. sunt minuti et tenues, ut vermiculi, sed sollicitiores.

hi licet omnibus aetatibus semper nasci possint, at-
15 tamen frequenter infantibus familiares sunt. quibus dare convenit centauriae decoctionem vel abrotoni vel santonici, et epomfalium ex lupinorum farina aut absinthii pontici aut melanthii aut abrotoni in melicrato temperatum imponi, cui decoctio ficorum admiscenda erit. dabo myxarum

---

1 inflatione *rV Gel.*: inflatio *B.* 2 tensio *rV Gel.*: densior *B.* polii: *sic VB Gel.* (*om. b*). *cf. Cass. p. 104, 4.* 3 calamintae *Gel.*: calamentis *r*, calamittis *V*, —mitis *B* (diacalamiten antidotū *b*). 4 *tit.* De lumbricis theodori prisciani. XVII. *r* (De lumbricis. XXX. *VB*). 7 certe (—æ *V*) sine *rVB Gel.*: in *b.* 9 suadeo *rVB Gel.*: doceo *b.* 12 latiores et longiores et alb. *Gar.* sed (*ante* molesti) *b*: *om. rVB Gel.* (sed molesti *om. g*). 14 possint *Bb*: possunt *rV Gel.* 15 dare (... *mox* imponi) *codd.* 16 decoctionem *Gel.*, —nes *r* (*et infra b*): *om. VBg.* centauriae *V Gel.*, —reae *r*: —riam *Bg.* vel aprotani *r* (*Gel.*), vel abrotanū *g* (*b*): vel abrosia *V*, vel labruscum *B.* sandonici *V Gel.* (*b*), —cum *B*, santonice *r.* 16—17 *haec sic habet b*: q. d. c. centauream. vel abrotanum., vel sandoni. vel pūta folii decoctione. et l. farinam *etc.* (*sim. Gar. 3,23*). 17 et epanfoliū *r*, & ponfaliū *V*, & eponfalium (—lion *g*) *Bg* (enponfolion *Gar. Ber.*) i. e. κατὰ τοῦ ὀμφαλοῦ ἐπιτεθέντα, *ut ait Gal. XII, 76* (*cf.* epithema *Cass. p. 174, 3*). 18 melancii) pulverem *add. b* = trita *Gar., qui cum g om.* aut abrotani. temperato *rV*, —ta *B* (—tum *b Gel.*). 19 ficorum *rVg Gel.*: ficuum *B Gar.*, ficidis *b.* mixarum *V*: mixtarum *B*, micarum *b* (nixarum *rg*, nuxarum *Gar.*).

decoctionem, et easdem myxas comedendas permitto. dabo passum, et si multi fuerint lumbrici etiam per clysterem curo.

iuvenibus vero nasturcium cum melle coctum dabo. 98 rafanos expedit accipere, et sucum eorum. dabo dia moron 5 pro ecligmatio. et eadem mora convenient. et sinapi cum oleo tritum bene datur, et hydrelaeon tepidum ex veteri oleo temperatum, et sucus ptisanae in quo polypodium coqui debet. et cornu cervini combusti pulvis cum melle datus continuo lumbricos exclusit. sic mentae viridis de- 10 coctio, sic erucae, sic caulium, sic rus syriaci et malorum granatorum inmaturorum. cataplasmata autem adhibeo ex pulveribus sicut supra lupinorum absinthii pinnarum com- bustarum abrotoni et melanthii. nam et pulvis earum pinnarum cum aqua calida datus satis iuvat. epomfalium 15 vero his ex subiectis adhibeo. fel taurinum cum melan- thio, abrotonum tritum cum lacte muliebri, ficos pingues aut dactylos tritos cum melle despumato commixtos. et cerotarium in quo cymini pulvis vel absinthii commiscendus erit. exercitia pro modo virium adhibita proderunt. cibi 20

1 et eadem sedem mixas *V*, et easdem mixtas *B*, et eas- dem nixas *r*, et easdem micas *b*, et eandem enixas *g*. dabo passum ... curo (*sic Vindob.*, curabis *Vindocin.*) add. *g Gar.* *cum b, qui sic habet* ... comedendas. Et si multi fuerint etiam per clisterem curo (*cf. Cass. p. 173, 21*). 6 mora *rGel.* (*om. b*, eedem more *Gar. ms. Ber.*): hora *VBg*. convenient *g*: —unt *rVB* (*sc.* comesta). 7 idreleon *V*, idroleon *B*, idroleum *r*. 8 polidium *VB* (polipodium *rg Gar. bGel.*). 10 exclusit *V Gel.*: —dit *rBbg Gar.* post (mente) viridis decoctionem *aliena ad-* *duntur (per 9 versus) in b, ea autem quae hic sequuntur abi-* *ciuntur (usque ad v. 20).* 11 erucae *rVBg* (*Gar.*): rutae *Gel.* rosis *V*, roris *Vᶜ B Gel.* (ros syriacum *g*, rossiriaci *r*). 13 sicut supra *rVBg*: *om. Gel.* lupinorum farina absenti *etc. r* (*cf. 97*). pinarum *V*, pennarum *rBg* (*cf. Med. Plin. f. 44ᶜ Bas., Cael.* *chr. 4, 126. 129*). 13 earum pinnarum *g Gel.*, earum pen- narum *r*: earum *V*, eorum *B* (lupinorum *Gar.*). 15 &pon- falium *V*, Et ponfalium *B*, eponfalion *g*: et epomfalium *r* (et omphalium *Gel.*) 16 his ex *rVB Gel.*: hęc *g*. 17 ficos *V*, —cus *rBg Gel.* (*ubi* pinguis *r*). 19 quimini *V*, cumini *r*. 20 frequenter (*post* virium) *add. Gel.* vero (*post* cibi) *add. Gel.*

dandi sunt digestibiles. et per intervalla clysteres acer-
biores adhibiti satis iuvaverunt.

99   si illi latiores infestaverint, hos murra pinguis accepta
continuo excludit, et alium frequentius si comedatur. sic
5 his etiam omnia acrimonia profuerunt. nam et vomere
cogendi sunt, et continuo scamoniae purgandi cathartico,
ubi lathyrides euforbium piper nitrum coccum gnidium
admiscebis. ego vero et magistrorum experimento et nostro
longo probato iam tempore hoc cathartico his semper utor.
10 scamoniae unc̄ III, combustarum pinnarum pulveris unc̄ I,
euforbii unc̄ III, nitri partem semunciae unius. ex omnibus tunsis et cribellatis cum melicrato aut vino dulci
unum cocleare semper dedi. salubrius autem continget,
si ante diem alium vel cetera acrimonia edant, alium

2 iuvant *Gel.*.   3 Si illi *rVB*: Si enim illi *g*, Si vero
(lat.) *Gar.*   (latiores) qui molestiores sunt *add. Gel. solus.*
murra *r*, mora *Vg* (*cf. 64*), myrra *B* (mirra *Gar.*).   6 sammonia *V*, scamoneae *Gel.*, scamoniae *r*, scammoniae *B*, escā
admove *g Gar.* (*scil.* purgandū *g*, ad purgandū *Gar.*, *sed ibi
Vindob.* scammoniam admove(nt?) purgandū catarticū).   7 la-
tirides *V* (lactides *b*), lacterida *B*, lateridas *r* (tyriaca addis *g*
cf. *Gar.*): elaterium *Gel.*   nitrium *V* (nit *b*), nitrum *rB* (*Gar.*):
nigrum *Gel.*   coccum cnidium *V*, cocognidium *rBb*.   admiscebis: ammiscens *V* (admisces *Bg*), admiscens *r* (admisce
Gel., amisceo *b*).   9 probato *r Gel.* (*b Gar.*): prolato *VBg*.
his *V* (catirticum his): in his *rg Gel.*, cum his *B*.   10 escamoniae *V*.   unc̄. III. *V*, ÷. III. *B*: IIII ÷ *b* (drach. 4 *Gar.*).
combustarum pinnarum pulvere (—rē *B*) unc̄ I. *VB* (*g*), comb.
penn. (*om.* p.) ↄ II. *r*, p. c. unc. I *Gel.*: coloquint. I. ÷ *b* (colocinthi-
darum pulveris ÷ I. *Gar.*).   11 euforb. II. ÷ nitri IIII. ÷ *b* (III. IIII.
Gar.), euforbiu ↄ II. nitri ↄ *r*.   nitri partem simuntiae (semunciae *B*) unius (semuncia. I. *Gel.*) *VB Gel.*: Nitru ℨ *g*, nitri ↄ
(*item sine num. r*).   ex *V Gel.*: et *B, om. r*.   12 et *rb Gel.*:
om. VB.   13 *post* dedi *add. b*: Pennarum combustarum pulverem subtilissimum facio et cum mellicrato. aut in vino dulci
semper utilius utor (*rel. om. usque ad p. 192, 2*).   14 *haec sic habet
r*: si ante diem alium (*sic*) vel cetera acrimonia olium (*sic*)
maxime comederint. His et oleum *etc.*   purgationis (*post
diem*) *add. Gel.*   edunt *VB* (edant *Gar.*, comedat *g*): in
coena accipiant *Gel.*

quam maxime. his et oleum bibere convenit calidum, sed vetustum ut superius significavi.

minutos vero et tenues ut vermiculos, etiam hos 100 murra pinguis semper accepta exclusit. his etiam per clysterem hoc expediet adhiberi. et omnes decoctiones 5 superiores calidae, et oleum calidum acceptum, et rus syriaci sucus cum aqua calida, et seseli cum melle. his anus felle taurino vel cedria perunguendus erit. si stomachum vero diutius attemptaverint et ibidem frequenter inquietudinem fecerint, semper sales in ore ferre con- 10 venit, ex quibus umor liquefactus descendens et stomachum et omnia intestina a lumbricorum molestia liberare possit.

omnia itaque stomacho supra dicta accidentia, quae cum suis propriis remediis exposui, aut indignante stomacho obveniunt aut quieto sedantur. 15

1 quam maxime *Gel.* (*g*): quod(q̄d *B*) maxime *VB, ubi* comedere convenit *add. VB* (manducare convenit *g*), *quae om.* (*r*) *Gel.* his namque et *Gel.* et oleum bibere calidum (—calidum v. 6 om.) acceptum rossyriaci sucus ... *g* (*Gar.*). 2 significavimus *Gel.* 3 ut *VB Gel.*: om. *r* (*b*). etiam (et *add. r*) hos *rVB*: etiam *Gel.* 4 murra *hic V* (*ut r,* mirra *B*). *cf. supra p. 198, 3.* m. p. s. a. *VB*: a. m. p. s. *Gel.,* p. m. a. s. *r.* 5 hoc *rV* (*b*): om. *B.* 6 calide *rV*: —das *B* (*haec om. b usque ad v. 10*). acceptum: acceptum profuit *Gel.* et ... sucus *Gel.,* et ... sucos *r*: cum ... sucus *V,* cum ... suco *B.* ros *rg*: roris *VB Gel.* 7 sisẹl *V* (*Gel.*) sesel *B* (siseleos *g Gar.*), siscli *r.* his anus *r* (hẹc anus *g,* et anus *Gar.*): insanus *VB* (insano *Gel.*). 8 cedria *Gel.* (*Gar.,* cydria *g, cf. Cass. p. 108, 5*): cedrino *V,* cethrino *B.* 10 sales: grani salis *r,* salis granum *b* (*unde mox ex quo, r b*). ferre id est tenere c. (*sic*) *g.* 11 descendens (et *add. r*) stomachum *r Gel.*: desc& | (*in fine versus*) stomachū *V,* deserat stomachum *B,* descendens in stomacho *vel* —chū (omnia ...) *bg.* 12 et *VBg*: om. *b.* liberare *rVB Gel.*: —ri *gb.* possit *gB Gel.*: —sint *b,* —sent *V.* 13 stomacho (*sic*) *VBb*: —chi *r Gel.* supra *i. e. c. 29—30 quae faciunt unum capitulum.* 14 indignanti *B* (—te *rVg,* —tē *b*). 15 adveniunt *rg.*

XXXI. De dysentericis vel lientericis.

101 Dysentericorum fit causa molestior temporis prolixitate. frequenter enim ventris effusio corpora assidua vexatione debilitat. est namque dysenteria intestinorum vulneratio cnm reumatismo, quae conationibus et veluti desiderio egestionum suavium debilitata membra consumat. dysentericorum ergo adiutoria ex subiectis compendiose percurram. est cibus, est potus, sunt potiones vel antidota et cetera quae nunc nobis ordinanda erunt.

cibus inquam convenit panis mundus siccus aut cyprius aut alexandrinus vel potius africanus, sucus ex alica milio oryza, quibus concoqui debet aut caprarum adeps aut cummi aut symfytum aut rus syriacus aut certe ichthyocolla. sic etiam lac bubulum convenit. oleum vi-

---

1 lientericis *rb*: mentericis *V*, neutericis *B*. fit causa molestior *rVB*: causa molestior est *b Gel.* 4 vulneratio *rVBb*: ulceratio (*ut solet, corr.*) *Gel.* 5 conationibus *rb* (*cf. 104*): conatibus *VB Gel.* 6 egestionum *V*, &gestionum *B* (diggestionum *b*). *cf. Cael. chr. 4, 85. 87.* suavium *rVBb*: suavium assidue cogentium *add. Gel.* debilitata *r Gel.*: debilitate (—tem *V*) *VBb*. 7 compendio semp curaē (.ē. *corr.*). cui⁹ est potus. sunt p. *etc. r, itaque* est ciuus est potus *r*, Est cibus et potus *b*: & cybos est potus *V*, et cibos et potus *B* (e quibus est cibus consuetus et potus *Gel.*). 9 nunc nobis *Gel.*: nunc a nobis *r*, nonnullis *VB* (*om. b*). 10 Cibus (Cybus *V*) inquam. c. *VB Gel.*, Cibus inquit c. *b*: quibus inchoam (Panis m. *etc.*) *r*. aut (cyprius) *rVb Gel.*: ut *B*. 11 africanus *rVB Gel.*: afrus *b*. suci alicae milio oriza (a quibus) *V*, suci alicae milium oriza (quibus) *B*, sucus alicae milio oriza (quibus) *r*, sucus ex alica. milio. origa (quibus) *b*, suci ex alica *etc. Gel.* 12 debeant *r*, debent *b*. 13 adipes *rb*. aut (*ante* cummi) *om. VB*. gummi (gummin *V*) *VB Gel.*, gumen *b*, gūm̄ (gummen) *r*. sinfit(h *V*)on *VB*, sīphitū *rb* (symphyton *Gel.*). ros syriacus *Gel. B* (roxiria *sic V*): ros siriacum *rb*. 14 ictyocolla *VB*, ictiocolla *r* (*om. b*). bubulum: in quo lapides de fluvio igniti extinguntur potui dari *addit solus b, ex infra scriptis quae omittit praesumtum* (*p. 201, 9*). convenit *VB*: convenit accipere *Gel.*, convenit aut certe (o. v.) *r* (potui dari convenit *b*).

ride his frequentius misceo. expediunt caules decocti
plantago portulaca polygonum symfytum, horum omnium
quam maxime folia vel molles cymae oleo et aceto con-
ditae. ova in aceto cocta sorbilia conveniunt, et ex vitellis eorum patellae perfusae cerebellorum pulvere aut 5
gallarum aut rus syriaci. pisces aut capitones aut lepores
aut mugiles et ceteri sicciores. caseus vetustus proderit,
sive recens libuerit. lac asinae in diploangio coctum facit, et bubulum schiston confectioue iuvat ex lapidibus flu-
minalibus. sic etiam caprinum silvestre facit. sic carnes 10
dandae sunt agrestes et sicciores, iuvat fasianus in pusca
decoctus, palumbus matri subductus, turtur et lepus et
cetera silvestria sicciora quam maxime volatilia. quae
enim neque salivarum neque urinarum usum habent, na-

1 misceo *rVB*: ministrandum est *Gel.* (*om. b*). interea
(*post* exp.) *add. Gel.*   2 plantago *rVB Gel.*: arnoglossum *b*.
poligonus sinfitus *B*, polygonusinficus *V*, poligonos simphitus *r*.
3 molles cymae *Gel.*: molles quae *V*, molles cimi *B*, molles
cum *r* (*om. b*).   oleo. ss. = supra scripto *add. b*.   3 con-
diti *B*.   5 profusae *VB*, pfusę *rb*: *om. Gel.*   6 roris *VB Gel.*,
ros *r*.   aut *rVB*: dandi sunt *Gel.*   capitones: *sic rVBbGel.*
lepres (*sic*) *V*, lepores *B Gel.*: *om. rb* (*sed in r mox* Leporina
post sicciores).   7 mugiles (—lem *V*) *VBb*: muli *r*, mulli
Gel.   caseus etc. om. *b* (*usque ad v. 11*).   8 sin vetere recens *V*, sive te recens *B* (sin vero r. *r Gel.*).   in diplo angio
(*sic*) *VB Gel.*: *om. r. cf. I, 37*.   coctus facit *rV*, coctum
proficit *B* (lacte ... cocto facito *Gel.*).   9 *ante* sciston (*VB*)
add. Gel. misce.   confectione *VB Gel.*: confectum *r*.   lap.
fluvialibus (*Gel.*) *sc.* ignitis. *cf. Cass. p. 123, 18*.   10 sic (etiam
add. r Gel.) caprinum silvestrae (—tre *B Gel.*) facit. sic (*Gel.*,
si *rB*) carnes d. s. *rVB* (*fort.* sic caprae silvestris).   11 dandae sunt (Iuvat *etc.*) *VB*: magis agrestes et sicciores expediunt
Gel., d. s. agrestes et sicciores [iuvant. Fas. *etc. r*.   12 palumbus m. s. *VB*: columbos m. s. *r*, columbi minores *b* (palumbus similiter columbus *Gel.*).   turtur et lepus (—os *B*)*VB*:
turtures lepores *Gel.*, turtures lepus *r*, thurtures (*sol.*) *b*.
13 quam *rb Gel.*: *om. VB*.   14 salivarum *Gel. cum r*ᶜ (vil-
larum *Neu.*): silvarum *VB et ante corr. r*.   urinarum *r Gel.*:
urbia | arum *V*, urbanarum *B* (—norum *Neu.*). *cf. Hippocr. peri
dietes l. II. (I, 680 Lips.)* σχεδόν τι πάντα τὰ ὀρνίθια ξηρότερα.
ὁκόσα γὰρ κύστιν οὐκ ἔχει οὔτε οὐρέει οὔτε σιαλοχοέει πάντως
ξηρά.

tura profecto sicciora consistunt. mala cydonia conveniunt
in vino cocta, mespila, mala granata paulo inmatura, amygdala amara, thebaici et his similia.

　　potus vero licet primis diebus aqua bibenda sit par-
5 cius, attamen cum vinum dandum fuerit, tiburtinum sur-
ventinum marsicum siculum, quibus primo ferrum igneum
infundendum est. sin vero confici vina placuerit, fit myr-
tites, fit oenanthinum, fit cum mespilis, fit cum sorbis, fit
foenicium. quae tamen omnia in vasis picatis reponenda
10 erunt.

102　　omnia quidem de cibis dispositis percucurri, sed
utilius si unius speciei subministretur, ut Hippocrates
ait „mixti cibi insimiles veluti reponentes in stomacho
digestiones impediunt.‟

15　　potiones vero vel antidota haec. cornu cervini com-

　　2 (mespila) sorba *add. solus b*. paulo (pralo *V*) *r VB Gel.*:
m̄ (maxime) *b*. amigdala salsicia thebaici (—ca *B*) *VB*,
amigdala amara thebaici dactili *r* (amigdala salsa, thebaici
dactyli *Gel.*, (dabo) amigdalas dactilos thebaicos *b*. 4 potus
VB et (*qui add.* vero) *Gel.* (post vero *b*). sit parcius *B b Gel.*
(sit paratius *V*): sed parcius *r*. 5 vinum *r b Gel.*: unc̄ (*sic*)
VB. 6 quibus: in quibus *r VB b Gel.* igneum *r V Gel.*:
ignitum *B b*. 7 infundendum est *r VB* (erit *Gel.*): extin-
gendum erit *b. cf. 2, 80.* sin *r VB*: si *b Gel.* myrtite *V*,
myrtē *r*, mirtinen *b*, myrtatum *B*. 8 oenanthium *V*, y(i *r b*)-
nantinum *r B b*. 9 foenicum *VB*, fenicenū *r* = de dactilis *b*
(phoenicium *Gel.*). picatis (*rB Gel.*, pictis *V*): fictilibus *b*.
10 erunt *VB Gel.*: sunt *r b. post* reponenda sunt *add. b* (*p. 123,*
2): Qui ita conficiuntur. De dactilis. vel sorbis . . . (*v. 3*).
11 dispositis *r b*: repositis *VB*. percucurri *V*: percurri *r B b*.
12 utilius *b*: utilis *r*, ueillius (*sic*) *V*, melius *B*. spetei *V*,
speciei *B Gel.*: species (ſpēs) *b*, speciem *r*. subministretur
V b Gel.: —trentur *rB*. ypocras *b*, ypps̄ *r*: eppocastes *V*,
ypocasten *B* (Hipp. *ubi?*). 13 ait *r b Gel.*: aut *VB*. mixti
cibi insimiles vel ita reponentes (rep. *inter lin. corr.*) *V*, mixti
insimul veluti reponentes *B* (mixti insimiles veluti stom̊. reponentes *b*): mixtis insimiles veluti sibi repugnantes *r* (m. c.
et similes veluti sibi repugnantes *Gel.*). 15 haec. cornu c. c.:
ex cori cervini cembusti *V*, cornu cervini combusti *B*, ex cornu
cervino combusto *r* (hęc sunt quę dissintericis. celiacis et lientericis novimus subvenire. cornu cervini c. cinis . . . *b*).

busti pulvis in aqua aut in vino styptico datus iuvat. sic
coagulum leporis in vino similiter. sic ventrium caponum
vel anserum vel ceterarum agrestium membranae combustae interioribus conveniunt. et rus syriacus tunsus, et
rosarum flores et mali granati. et suci herbae polygoni 5
et arnoglossi acaciae hypocistidis, ut tibi visum fuerit,
ministrandi sunt, trochisci vero aut melas aut andronius
aut dia spermaton et ceteri de experimentis. et si putredo vulnus attemptaverit, iniciendus est Athenaei veluti
causticus ex auripigmento calce viva sandaraca charta com- 10
busta confectus cum vino styptico vel sucis herbarum similiter constringentium. adiungitur frequenter etiam lac
in quo lycium indicum solvitur, et vinum in quo cantabrum coquendum est, aut rus syriacus aut cetera similia
supra dicta. potionibus vero supra scriptis convenit aro- 15

1 in exaqua V (in aqua rBb). 2 ventrium b *Gel.*, ven-
trē r: venerium VB (*cf. Antid. Brux. 50. 143*). 3 an-
seris (*sic*) rVB (anseȓ b = —rum). ceterarum rVb et (*qui
addit* volatilium) *Gel.*: —rorum B. 4 rossyria | cum tun-
suam V, ros syriacus tunsus B, rossiriacū contusū r (roris siriaci pulvis b). 5 rosarum rb *Gel.* (*cf. Galen. XIII, 288*):
rosiriarium V, roris syriaci B. flores (frores V) VB *Gel.*:
flos rb. suci B: sucus rVb. poly(i B)goniae (—nii Bb,
—ni r) et arnoglossia (—ssae B, —si r) V. 6 ypochistidiae V, ypoquistidae B, —da r (ipoquistide b). ut —fuerit
VB (vel uti visum fuerit b, vel ut tibi v. f. r): uti convenit
Gel. hic potionis formula inseritur in b. 7 aut̄ (autem) |
elasat anthronius V, aut emplastra andronius B, aut malas
aut andronius r, aut melas. ā androniū b (aut Andronius *simpl.
Gel.*). 8 et ceteri (—ra B, —ris r) de experimentis rVB
(interim de expertis *Gel.*): vel diasteros (diastōs) b. et $rVBb$:
om. *Gel.* 9 uulnus (*sic*) VBb: vulnera r (ulcera *Gel.*).
Athenai (*Galen. XIII, 296*): attheneus b, athineus r, athenus V,
athereus B (*cf. Faustinianus Cassii p. 126, 10 = ib. Gal., Escol.
p. 49*[b]). 14 ros sy(i r)r(c V)iacum rVb (—cus B). ceteris V.
15 supradictis B. *ubi* c. supradicta (ff. b) similia rb *Gel. iam sequuntur aliena in b*: huius vero trocisci nomen diacartū vocatur. Et cinus grecum … (*per v. 45 codicis p. 123—25*).
supra scriptis rB: —tas V (supradicta *Gel.*, *om. b qui sic pergit
p. 125, 5 Hȩc omnia stomachi vires nutriunt …*).

matica commiscere quam plurima, quae stomachi vires nutriant. omnia etenim haec etiam ventris poterunt continere resolutiones.

103. et diuretica dysentericis opus sunt, dum per urinae
5 meatus fit illius reumatis derivatio. etiam hypnotica conveniunt, quae somno reparatis viribus corpora demissa constringunt. semper enim inportunae vigiliae corpora reumatizantia fatigarunt.

si in ano his ustio innata fuerit, huius remedium in
10 euporiston nostro invenies. nam etiam unguenta dysentericis frequentius profuerunt ex oleo melino nardino oenanthino. mastice murra oenanthe acacia et cetera similia commiscenda sunt. cataplasmata ex dactylis cydoniis et ceteris mixtis stypticis temperata adhibeo, emplastra
15 vel malagmata, ut dia iteon aut barbara et cetera xerantica. haec omnia dysentericorum etiam coeliacis convenire manifestum est.

104 si conationes vel pondera perseveraverint quas tenes-

3 resolutiones *VB*: solutiones *r Gel* (—nem *b*). 4 opus sunt *VB*: prosunt *rb Gel*. dum per(p)urine meatus *rb Gel*.: dum urinae meatus *V*, dum proprie meatus *B*. 5 fit *VBb*: transfertur *Gel.*, *utrumque* (transfertur. Fit) *habet r duplici ex duobus codicibus lectione*. etiam *rVBb*: nam et *Gel.* ypnotica *B*, ymnotica *r*, pronothicā *b*, epnoticam *V*. conveniunt *rV* (sufficienter conveniunt *Gel. solus*): convenit (*sc.* Derivatio!) *B*. 6 naturali (somno) *add. r*. reparatis *r Gel.*: separatis *V*, superatis *B* (*om. b*). demissa (*sic*) *VB Gel.* (dimissa *r*). constringit (*cf. v. 5*) *B*. 9 si in ano his ustio (si vero in ano infimo haec ustio *Gel.*): sihisimohis ustio *V*, si in fimo his ustio *B*, si infinito ustio *r* (*om. b*). huius *r* (eius *Gel. Neu.*): cuius *VB*. 10 euporiston: eoproristo *V*, euporisto *rB. cf. supra lib. I c. 30*: nascitur in hoc (ano) saepissime indignatio vel fervor *etc*. 11 frequentius *rVB* (frequenter *b*): saepius *Gel*. 12 (similia) supradicta oleo *add. r* (*solus*). 13 commiscenda *r et* (sunt *add.*) *b*: —do *VB*. 14 (adhibeo) et empl.) *B*. 15 diaiteon: *sic VB*, diateon *b*, diaitheon *r* (diatheon *Gel.*). barbara *rb Gel.*: barba *VB*. exeranthica *VB*, serantica *r*. 16 coeliatis *V* (ciliacis *B*), quilaicis (*sic*) *r*. 18 *de tenesmo cf. Escolap. c.30 (Gar. 3,21)*. vero (*ante* vel) *add. Gel*. perseveraveṝ *V*, —verint *rBb Gel*. quas *rVb Gel.*: quae *B*. tenismodis *r*, teniensmodia *V*, tenesmodia *B* (tenasmodeis *Gel.*): thenasmon *b*.

modis appellamus, quae frequenter procurant ventris exponendi suavitatem, vaporibus imminendum est super quos sedentium indignatio saepissime mitigata est. qui aut ex faeni graeci decoctionibus aut althaeae radicibus conficiuntur. nam et cerotario hoc frequenter curati sunt, ex adipibus 5 anserinis cera et butyro. et picis brittiae saepe sedentibus post vaporem fumigia profuerunt. iniciendi sunt aliquando oleo roseo vel murteo, et incontinenti lemniscus supponendus est in basilicon infusus aut cerotario ex oleo plumbato confecto. lana interea sucida superimponenda, 10 quam anadesmus ex more continere debebit. iuvabunt sane etiam saccelli vel cataplasmata sub eodem anadesmo perseverantia de dactylis in passo tritis aut hordei pollinibus cum *oxymeli. lac bubulum potui datum iuvat.

1 exponendi: *sic* r*VB* (= ventris egerendi delectationem *Cael. chr. 4, 87*), deponendi *Gel.* (*om. b*). 2 vaporibus—indignatio *Gel. et* (*ubi sic* vaporibus inminendum. et super quos sedeant. tunc indignatio) *r*: *om. VB. haec si habet b*: si conationes. aut pondus. aut dolor perseveraverit quas thenasmon appellamus. Vaporibus inminendum est i. (id est) in calida decoques. mirthe. salicis. vel olive folia viridia super quę sedentes indignatio illa mitigatur i. fenu grecum. et euiscum. Nam et in tegulas candentes. et eas in scafio ponis. et cantabrum super aspergis. et desuper acętum ita ut super ipsum halitum sedeat. qui patitur. Nam et cerotario hoc frequenter curati sunt... 3 est. qui r*V*: sunt. quae *B*. 5 hoc r*VBb*: *om. Gel.* 6 brittiae *V*, briciae *r*, bricie *b* (pice bricia *B*). saepe sedentibus: *cf. b*: p. br. fumigia super catismata super sedentibus prof. 8 lemniscus *r Gel.* (leniscus *b*): luminicus *V*, luminoso (supponendi sunt...!) *B:* 9 in basilicon infusam (*sic*) cerotario ex oleo plumbato confecto *Gel.*, in basilicon resolutus atque infusus aut cerotario ex oleo plumbato confectus *r*, in basilicon infusam (infusi *B*) cerotario ex oleo plumbeo confecto (—festo *V*) *VB* (*cf. Escolap. c. 30*). 10 plumbato *r Gel.* (plumbeo *VB*): *cf. Gal. XII, 231.* superimponenda *rb Gel.*: suproimponendo *V*, superimponendo *B* (*qui corr.* lanam *etc.*). 11 quam anadismus (*sic VB*) ex m. c. d. *VB Gel.*: *om. r* (*qui simpliciter addit* et liganda est (*om. b*). 12 sub *r Gel.*: *om. VB.* anadismo r*VB.* 14 potui datum linteolo umbilico impositum *etc. VB. lacunam explet ex cod. suo Gelenius = rb, ubi sic*: olera discocta (de caulibus *add. b*) con-

holera discocta conveniunt. item ostrea in melicrato cocta
prosunt. puleium vero tunsum obvolutum in linteolo umbilico impositum sine mora medebitur.

105   lienteria si obvenerit, quae longo tractu effusionum
5 veluti quendam limum intestinis obducit transitu reumatismi, quo ex eo nulla penitus ciborum solemnis valeat
digestio celebrari, sub alio nobis ordine curanda erit. utor
acerbo clystere ex sucis ptisanae, ubi aut colocynthides
aut betarum radices coquendae sunt aut scamonia solvenda.
10 utor his etiam catharticis. dabo cibos acerbos et cetera
quae fuerint acrimonia, ut alium et rafani et cepae, nepetae, sinapi, piper et omnia salsamenta. imminebo interea exercitiis quibus valuerint. impono ventri cerotarium ex oleo laurino cyprino vel sicyonio habenti rutam
15 viridem cyminum bacas lauri nitrum vel certe castoreum.
impono polyarchion aut dia spermaton. aquae tunc iam
conveniunt naturales sulphureae vel bitumineae. dropaces
et sinapismus et cetera cyclica adhibenda sunt.

veniunt. ostria (—eę b) in mel(l b)icrato cocta (—tę b) prosunt.
Puleium vero tunsum (viride add. b) obvolutum (in add. r)
linteolo (linteo r). (et add. b) umbilico impositum . . . .

1 in (mel.) rb: cum Gel.   4 Lienteria si VB: Interea
si b (Si lienteria r Gel.). quae veluti r VB, qui veluti b (quae
longo tractu effusionum veluti Gel. solus). 5 abducit V.
transito(rreumatismi) V, transitu B: transitus r b Gel. 6 quo
exeo r VB (ex quo b, quod ex eo Gel.). scil quo = ut.
8 c(qu V)oloqui(e V)ntida r Vb, —dae B (colocyntida Gel.).
9 radices b Gel.: om. r VB (ubi a. betarum c.). 10 his etiam VB(b):
etiam his r. cat(h b)articis B b, cathartica V, catartico r.
11 rafaniea cepe napici sinapi V, rafani & cępe napae synapi·B
(Rafanos. cepas. Napos. Salsamenta . . . b), rafanos. nępitios.
sinape r. 13 valuerint rb: valuerit V Gel, voluero B.
cerotariũ b Gel., —rii V, —ria B, rio r. 14 habenti: sic
r VBb b Gel. 16 poliarchion VB (—cion r). diaspermatóna
quae (sic) B. 17 conveniunt r Gel.: convenit ut V, convenit
aut B (haec om. b). naturalis sulphore vel bitumineae V,
(aut) naturale sulphur vel bitumen B (naturales sulfureae vel
uitumineae r = Gel.). dropaces—(18)sunt r Gel. VB: om. b.
18 cyclica Gel. (qui ciclo r): scullica V, stiltica B.

ex dysentericis enim lienterici facti et virium fatigatarum intuitu et temporis prolixi praeiudicio difficile
curabuntur. nam ex his hydropes frequentius emerserunt.

XXXII. De hydropicis.

Hydropici et cachectici simili sub diligentia visitantur. 106
qui enim prope ex similibus praeaccidentibus fiunt, aequali 6
sub indignatione tumescunt.

hydropum ergo difficile et periculosum negotium est,
difficilius et indigestius uti totis corporibus superveniat.
labore etenim nimio et continuis quassationibus exercitiorum 10
forsitan curabuntur. hos frequenter febres pertinaces comi-
tantur, quarum oportune temporibus observatis cibos nos
et adiutoria inferre conveniet. febribus itaque sub hac
observatione desinentibus, iam exercitiis ex parvo crescentibus imminendum est, subinde fricationibus, solanis 15
quam maxime, et ceteris vaporibus sudorem provocantibus.

---

1 enim: *sic* $r VB$ *Gel.* (*cf. b*: Multi enim ex dissintericis
facta (*sic*) l. fatigantur *etc.*).   3 curabuntur $r Vb$ *Gel.*: sana-
buntur B.   emerserunt r *Gel.* (*Neu.*): emerserantur V, emer-
serant B (hydropici sunt facti. quibus ut possumus remedia
ordinamus (*sic*) *solus add. b*).   4 *tit.* De ydropicis theodori
prisciani r.   5 Ydropes r.   et (*Gar.*): vel $r VBb$ *Gel.* (*sed
cf. Escolap. p. 57 a*).   cathectici VB, cacectici rb.   5 qui
enim *sic* rVB *Gel.* (Q n. = Quod enim b): qui uno vino g, quia
uno *Gar.*   praeaccidentibus V (p̄cedentibus rg) *Gel*., accidentibus
Bb. et aequali b (*Gar.*).   7 tumescant V.   8 difficilius uti totis
corporibus r, difficilius indagestius utitutis corporibus V, difficilius indigestius ut totis corporibus B, difficilius. si indigen-
tius uti. totis corporibus g (diff. tamen si indulgentius institutis
corporibus *Gel.*, diff. si indigestio totis corporibus s. *Neu. cf. b*

Hydropūm g̊ et pı̄cl'osı̄ negociā ut toti⁹ copib⁹ ſup ueniat): *om.*
Gar.   9 totis corporibus: *cf. Cael. chr. 3, 98 et 107. Escol.*
*p. 57*ᵃ·ᵇ *58*ᵈ.   10 labore etenim nimio VB *Gel.*: laboris sermone (et cont. *etc.*) b, laborē. Sermone ergo nimio g, Labore
sermone etenim nimio r.   12 observatis V *Gel.*: observantes
rBg (*b*) *et ubi* tempora *Gar.*   13 conveniet $r VB$: convenit et
g (—nit *Gel*).   15 est VBb: nobis erit *Gel.*   solanis
rVB *Gel.* (*Cael. chr. 3, 112. cf. 4, 18 etc.*): lanis bg (*Gar.*).

sub quibus omnibus tumentibus locis nitrum aut sales
tritos aspergo. post exercitium vel labores continuo oxymeli dabo aut rafanos ibidem infusos, quibus acceptis ex
more vomere cogendi sunt. lavacris tunc uti conveniet,
5 sed marinis, quibus veluti membra laborantia foveantur.
interea acrimonia omnia et salsos cibos convenit accipere,
caules elixos cum salibus. panis parcitas et potus quam
maxime continentia. sitis etenim his procurata si ani-
mosius sustineatur, grande remedium est. vinum licet
10 per intervalla, austerum tamen et diureticum dandum est.
107   si vero multus umor ex putrefactis eorum carnibus
adgregatus ventrem satis adimpleverit membris ceteris
minutis, saccellos ex tostis salibus vel milio similiter sub
umbilico locis admoveo. et harena calida in litore haec
15 loca detegere maximum interdum est beneficium. aliqui
etiam tritico sic tecti iuvati sunt. interea tunc acetum
scilliticum sorbere convenit. nam et catharticum fre-

1 sale(i V)s tritos VB *Gel* : gallas tritas bg (*Gar.*).   2 exer-
citiam V (—tia B), —cium r, —tium b *Gel.* (*Gar.*).   labores
(—is r) $rVBg$ (*Gar.*) *Gel.*: vapores b.   3 rafano idem infusus
V (rafanum eodem infusum B, rafanos ibidem infusos rbg
(*Gar.*) *Gel.*   ex more r *Gel.* (*Gar. ubi gl. ms. Berol.* penna in
ore missa: *cf. de radicum vomitu Cael. chr.* 4, 118—19. 153),
ex ore g: *om. b*, ex parte VB.   6 convenit: *cf. Hipp. ap. Cael.
chr.* 3, 139. *Escol. p.* 58^d.. 60^c.   7 panis parcitas $r Vb$ (*Gel.*):
parcitas cibi B, parcius (*sic*) g (c. salibus parcis *Gar.*).   8 Sitis
rg (*Gar.*, Satis b) *Gel.*: istos V, (cont.) instet *ad praeced. spectans
B. fort.* sit. Sitis...   10 austere (*sic*) $VBbg$ (—rum *Gar. Gel.*):
abstinere r.   et diureticum $rVbg$ *Gel.*: et quod sit diureticam B.
11 multus humor rg (*Gar.*): multus eorum umor (humor B) VB.
13 minutis *Gel.*: minuatis rV, minutatis B (*om. b*).   14 eadiarena V,
Et de arena B, Et arena rb: harena (*om.* et) g (arena *Gar.*).
in litore (littore r) rVB (*Gar.*): de littore maris b (*cf. Cael.
chr.* 3, 112 ex harena litoris sole ignita. *Escol. p.* 59^a.) arena
calida si obruantur in sole).   15 detegeret V: detergere rB,
deterge g (tegere *Gar. ms.*).   16 sictecti rVB (sintetici *Gar.*,
om. b), sic cocta g, siccati *Gel.*).   Tunc interea g (*Gar.*),
Tunc et b.   aceto scilleticum V, acetum squilliticum rBb,
aceto sublente g.   17 sorbere (—bire g) convenit (—iet rg).
Nam et catarticum gb *Gel.* (uti convenit. Nam et cat. *Gar.*):
om. rVB.

quenter dedi, et siccis fricationibus imminui. imposui
emplastra revocatoria, amyctica maxime infantibus competentia. adhibenda cataplasmata desiccantia ex flore mali
granati et ceteris stypticis, cum lenticulae pollinibus passo
et aceto temperata. aliqui vero scarifaverunt suras eorum 5
et altiores plagas fixerunt de superioribus umorem deri-
vare cupientes, et sub umbilico paracentesin frequentius
adhibuerunt, per quam conveniet exinanire paulatim et per
intervalla dierum, ne subitanea effusio secundum Hippo-
craten continuo periculum faciat. 10

   sane potiones vel emplastra probata saepissime pro- 108
fuerunt, e quibus aliqua compendiosius designabo.

   emplastrum quod etiam spleniticis saepe profuit, hoc
est. faeni graeci pollinis unc̄ IIII, hordei unc̄ IIII, stercoris columborum unc̄ IIII, resinae frictae libram unam, 15
cerae unc̄ VIII, aceti quod sufficiat terendo pulveri, qui
postea solutis admiscendus erit.

   1 amyntica *Gel.*   3 adhibenda *r V Gel.* (—da sunt
g Gar.): —do *B.*   desiccantia *V b Gel. g* (*Gar.*): defricantia *B.*
4 passo ... temperata *V B b Gel.*: ex passo ... temperatis *g* (*Gar.*).
5 scarifaverunt *b*: sacrificaverunt (*sic*) *r V g*, scarificaverunt *B* (*Gel.*).
suras—fixerunt *om. g* (crura eorum *Gar. qui om. rel.*).   6 in-
fixerunt *r* (*sol.*), frixerunt *B.*   7 et sub—(10)faciat *om. b.*
pare(a *Gel.*)centesin *r Gel.*: parocentisis *V*, paracenteses *B*, —sis *g*
(*om. b*).   frequenter *r Gel.*   8 per quam *r g Gar.* (*Gel.*): pro quem *V*,
per que *B.*   sed (*ante* paulatim) *add. Gel.*   et *r g Gel.*: haec *V B*
(humores *Gar.*).   9 subita *Gel.*   yppo(ypo— *g*)craten *V B g*
(ȳp̄p̄em *r*).   11 p. vel palestra *g* (*unde Gar.!*).   posuerunt *B.*
12 e quibus: quibus *r V B* (*Gar.*) *Gel.*   aliqua *r V g*: aliquod *B* (*Gar.*).
13 spleneticis *b g Gar.*: spleniacis *r V B* (splenaicis *ante corr. r*)
14 pollinē *r*, polline *V* (—nes *b g*, —nis *B*): *om. Gel.*   ordei
farine III. ÷ *b*, hordei pollines ÷ IIII. *g.*   stercus *r V g b*
(—coris *B Gel.*).   15 columborum *r B b Gel.*: —barum *V*
(—binū *g Gar.*).   fricte *V*: frixae *B b Gel.*, (resina) frixa *r*
(*om. g*).   16 *ante* acetum q. s. *add. g*: Aloe ÷ VII (*item Gar.*
qui et sequens aliud *in unius medicaminis confectionem miscet*).
terendo pulveri *V B Gel.*: ad terendū pulverē *g*, ad terenda
pulvere *r* (—ra *r°*), ad terendā pulverē *b.*   qui—admiscendus
B: quod—admiscendum *V g Gel. et* (*om.* solutis) *r.*

　　aliud.　semen myrices et galbanum ex aequo tunsa miscentur.　superadditur quippiam olei, ut emplastri temperies fiat.　quod perseverantius adhibendum est.

　　aliud.　pilae cupressi in vino coctae et tritae axun5giae veteri colatae ex aequo miscentur, et imponitur. quod si permanserit, satis iuvat.

　　ficus pinguis tunsae libram unam et nitri et absinthii un͞c ternas oesypoceroto admiscebis ut emplastrum temperetur, et uteris.

10　　nam et stercoris bubuli pulverem hordei pollinibus mixtis cum oxymeli coctis cataplasmabis.　similiter etiam de caprarum stercore frequenter adhibui.

　　et unguenta sunt utilia haec quae tumentibus partibus sub sole adhibita profuerunt.　cimolia in aceto contrita, 15boum stercora cum nitro et oleo sicyonio, mixto et quipiam vini.

　　nam etiam has potiones accipientes saepe iuvati sunt. sambuci radicis sucus cum oxymeli datus est et continuo purgando profuit competenter.　et euforbii granum in ovo 20datum cum pane corpora hydropicorum aliquotiens similiter depurgavit.　aliud maius purgatorium.　stercoris colum-

---

1 myricis *V Gel.* (mirici͡s *r b g*): mirice *B.*　ex aequo *r V B* = ana *b.*　2 miscentur]—(5)miscentur *om. r.*　additur *V:* —to *B b g.*　quippiam (*sic*) *et V cum B b.*　4 pilae (=σφαιρία *Diosc. p. 102,* sperulae *Cass. p. 186,* 4) *V B b* = Gabulas (cypressi) *g.*　exungiae *V B.*　6 *post* iuvat (*reliquis omissis*) *sic statim pergit b*: Nam et his potionibus sepe iuvati sunt... (= *infra v. 17*).　7 ficus pinguis tunsae (ficuum pinguium tunsarum lib. I *Gar.*): ficus pingues tusas (tunsas *g*) libra una (lib *r*) *V B g r.*　8 un͞c III *V B.* (*i. e.*) ternas *Gel.* (ana S III. *r,* nitr͞u ÷ III. absinthi͞u ÷ III. *g*).　ysopocerotum *V,* —to *g,* ysopi ceroto *B,* ysopu cerot͞u *r* (*de oesypoceroto vid. gyn. 25*). admiscebis: —cens *r,* —ces *V B g,* —ce *Gel.*　11 mixtis *Gel.*: mixtis et *r V B,* mixt͞u *g.*　15 bouum *V* (boum *r B g*). *cf. Neue I, 287.*　mixto *V* (commixto *g*): mixta *r B.*　quipiam *V:* quippiam *r B g* (*cf.* copia vini *Gar.*).　17 accipientes saepe *r V B* (*cf.* his potionibus sepe *b*): accipere satis *g* (*Gar.*).　19 in ovo: cum ova *r.*　20 cum pane (con pane *V*) *om. r b.* hydro (ydro *B*) picorum *B b*: ydropum *r V g* (*Gel.*).　21 stercus *r V B b g Gel.*　columborum *r V B g*: —bin͞u *b.*

borum drachmam I, rutae seminibus drachmas duas. in oenomeli similiter datur.

interea haec omnia adhibenda erunt perseverantibus exercitiis et laboribus catholice salutem procurantibus, sub quorum perseverantia hydropum poterit vitari periculum. 5

XXXIII. De renum vitiis vel vesicae.

Renibus longo tempore dolentibus semper vaporis 109 fomenta et cataplasmata paregorica convenerunt. diuretica vero tunc praetermittenda erunt. indignantibus enim et reumatizantibus renibus potionum transitus adversatur. 10

declinantibus sane doloribus beneficiis primo catholicis adiuvandi sunt, fricationibus et unguentis paregoricis et siccantibus. his etiam cyclicus ordo percurrendus est adiutoriorum. emplastrum polyarchion aut dia spermaton saepe convenit. tunc calaminthe tunsa cum axungia im- 15

1 dragma. I. rutae semei dragmas duas V: dragma. I. rutae semen (sem r) dragmis duabus B (℥ I. Piganū ℥ III. g). ℥ *sign.* *habent* $r b$.   2 in oenomeli *Gel.*, in ymnomelli r, in oiei (similiter...) V (in enomelli g): în oximelle $Bb(Gar.)$.   datur VB: VB: datum $r b Gar.$ (dantur *Gel.*). *sequuntur (per versus 30)* *alterius auctoris hic in b remedia* Cucumeris silvatici ... (*cf.* *Plin. iun. med. 3, 22*).   3 interea $Vg Gel.$: inter rB.   5 poterit vitari p. *Gel.* et (*ubi* vitare) r: poteritui p. V, poterit abigi B (pterruit vitę p. g).   6 *huius cap.* (XX. *sec.* rB) *ex* *hibetur titulus in indice capp. cod. b p. 89, textus tamen omittitur.* 7 vaporis (*sic* $r V B g Gar.$, —res *Gel.*) fomenta *i. e.* vaporationes (*cf. Cael. chr. 5, 73 sq.*).   8 convenerunt $r V B Gel.$: conveniunt g (*Gar.*).   9 praetermittenda erunt $Vg Gar.$, permittenda erunt r: preter | inicia tetenderunt B.   10 reumatidiantibus $V (Gel.)$, —zantibus $r B g$.   potionum: hepotionibus r. semper (*ante* transitus) *add. Gel.*   adversatur $r g (Gar.)$: aversatur VB.   12 flebotomo, quam maxime (*ante* fricat.) *add.* *Gel.*, om. $r V B g Gar.$: *cf. Cael. chr. 5, 73. Escol. p. 64.* 13 cyclicus (cyclus g, ciclus r) ordo $r V B g$: dialimma et cyclicus ordo *Gel.* (*cf. Cael. chr. 5, 76* adiectiones cyclicae ac detractiones).   percurandus r.   14 adiutoriorum *Gel.*: adiutorium VB (—riis g, —rius r, om. *Gar.*).   emplastra $r V Gel.$, —tri (*sc.* adiutorium) B.   15 convenient r (—nit $VB Gel.$).   tunc: cum VB, aut *Gel.* (*om. gr*).   cal(b V)amite (—ae V, —em g) $V B g$, calamenta r.

posita multum profuit. dabo etiam potiones ex storace galbano uva passa pingui purgata, mixtis diureticis aliquibus, ut petroselinum meum asarum cyperus daucus amygdala amara cum melicrato. dedi ego frequenter etiam
5 iustianam. interea oportet aquis uti dulcibus et naturalibus et cibis nutriri omnibus digestibilibus.

110 dabitur etiam haec potio omnibus vesicae vel renum causis expediens ... seminis lini, papaveris, cucumeris dulcis, tragacanthi in unciis singulis, amyli in duabus, tunsis
10 et cum aqua diuretica temperatis ut trochisci fiant in drachmis singulis.

fit autem aqua diuretica omnibus probata, in qua decoqui oportet radices feniculorum, apiorum, graminis, et cicer venerium. superadditur saepe etiam asarum et

---

1 etiam Bg (*Gar.*): iam V *Gel.*(*om. r*). 2 uva passa VB *Gel.*: ubi uva passa r, stafide g (*Gar. ms. Berol. c. gl. i.* uva passa). 3 ut: ut $\bar{e}$. g (*Gar. ms.*). ameo asaro cyperinum daucu V, ameos asarum cyperum daucum B, meu asaru daucu r (meū rg *Gel. cf. supra 2, 83 et Diosc. p. 12, sed cf. Diosc. p. 409*). 4 (c. mel.) decocta *add. r.* etiam iustianam (iustiniana *male r*) V, hieram etiam iusti g, yeram iustini *Gar. ms. Bamb.*, Iustianam potionem confectam *Gel.*): etiam iusquiamum (*!*) B. *hieram Iusti vid. e. g in Antidot. Vindocin. c. 99.* 5 et: *sic VB* (*Gar.*), sed r *Gel.* 6 digestibilibus: *huc usque Gar.* (*qui interponit falso hic curam arthriticorum 3, 43ᵇ*). 7 haec potio: *excidisse videtur cf. Cass. p. 119, 19. sequuntur enim trochisci qui apud Cass. p. 120, 3.* 8 expediens rV *Gel.*: et pectinis B. semina (sem̄ B) lini papaveris VB: seminibus papaveris g (*Gar.*), semen papaveris albi (*om.* lini) r. cucumeris r *Gel.* (*Gar. cf. Cass.*): *om. VB.* 9 trachanti V, draganti rB (dragaganti g *Gar.*). ambi V, amyli B (amili rg). 10 diuretica]—(12)diuretica *om. r.* 12 fit V *Gel.*: sit B. omnibus][probata: *inter haec verba inseruntur in g* (*Gar.*) *quae pertinent ad cap. seq. de arthriticis. sic igitur legitur cod. Vindoc. f. 57ᵃ 2:* | aut in aqua diuretica omīb: munitū | te. Interea volo amice km̄e qm̄ gene | *etc.* 13 coqui B. vel appii grana et c. g. gram̄. radices sparagi et c. v. r. gramen (—m̄ r) *sic VB Gel. fort.* graminis *cf. Diosc. 5, 29.* 14 venerium: *cf. Plin. 18, 124.* asarum rg *Gel.* (*Gar.*): masru V (*ubi B post* venerium *sic* Saepe etiam masticet de *sup. sp. etc.*).

de superioribus speciebus quaad tempus aut locus habuerit.

aliud quod et vulnera curet et urinae difficultatem
aperiat. hyoscyami et agrestis malvae semina in drachmis
senis, apii seminis unc̄ I, amygdalarum vel avellanarum 5
semunc̄ singulas. omnia trita melle temperentur.

sunt et ceterae potiones sub renum vel vesicae occasione etiam splenis vel epatis aut hydropis molestias recurantes, quarum in his omnibus experti sumus efficaciam.
fu unc̄ I, celticae unc̄ I, dauci unc̄ I, cinnamomu unc̄ I, 10
piperis drachmas sex, meu dr̄ sex, asaru unc̄ I, petroselini dr̄ sex, opobalsamu dr̄ VI, crocu unc̄ I, glycyrizae dr̄
VI, spicae indicae dr̄ VI, cassiae dr̄ IIII, amomu dr̄ VI,
uvae passae unc̄ I, tragacanthi dr̄ IIII. et vino et melle
potio temperatur, et dabitur. 15

1 quae aut tempus aut l. h. *r* (quae t. aut l. h. *Gel.*): quae
ad tempus aut locus h. *V*, quas ad tempus aut locum h. *B* (quę
ad tempus locus habuerit *g et ubi* locū *cod. Cas. 97*, quas ad
tempus locus habuerit *Gar.*). *cf. 1, 3.* 3 et (vuln.) *om r g.*
uret *Cas. sol. (non g).* 4 hyoscyami *Gel.*: yusquiami *r*, oycyamum
(*sic*) *V*, ozimi *B* (*om. q Cas.*). in dragmis senis (semis *B*)
V B Gel.: ana ℥ VI *r* (℥ VI. *g*). 5 appii semen *V*, apii seminis *B*
(selinu *g Cas.*, petroselini et selini II. *Gar.*). unc̄ I. *VB Gel.*
(℥ II. *g Cas.*), ↪ IS *r.* 6 semunc̄ singulas *V* (*g Cas.*) *Gel.*, se-
muncię singulę *B*, semuntias singulas *r.* m. temp. *r V B* (m.
temperata sint *Cas. g*): in melicrato pro electario ministro
Gel. (*sol.*). 7 sub *om. Gel.* renum (*ut supra*) *r V B*: reniū
g Cas. 8 aut ydropis *r V B Gel.*: *om. g Cas.* molestia recurantes *V*, molestiam recusantes *B*, molestias recusantes *r*:
molestias p̄curantes *g Cas.*, molestias curantes *Gel.* 10 celtica *Vr.* dauci *V B* (daucu *r g*). cinamomu *Vr*: —mi *B*.
11 dragmas sex *V*, dragmæ VI. *B* (℥ VI. *r*). meu: *sic r V B
Gel.* meu—amomi dr̄ VI. *om. g*, piperis—uvae passae unc̄ I.
om. Cas. (*ubi* fu c. daucū aṇ ÷ I). 11 dragis ex *V*, draḡ
VI. *B* (*item infra v. 11. 12*). asaru *V* (—ū *r*), —ri *B*.
petroselinū *r.* 12 apobalsamo *V* (—mi *B*), carpobalsamū *r.*
crocu *V*: —ci *B* (c̄c̄ *r*). 13 spica *r* (*Gel.*), pica *V* (picis *B*).
causia dragi. IIII. *V*, cassiae d̄ IIII. *B*, cassia ~ IIII. *r.* amomu *r*,
amomul *V* (amili *B*). 14 tragacante *V*, dragagantū *g*, traca-
canti *Cas.*, draganti *B*, tracanti *r.* et (vino) *V Gel.*: *om. rB g.*
15 temperatur *r V B*: —retur *Gel.* (—ratā et datā *Cas. et ubi* —ta *g*).

111 interea licet ex omnibus diureticis speciebus superius comprehensis omnes vesicae vel renum causas posse curari significatum est, attamen quoniam speciale et hoc vitium est urinae conclusionem sustinere, huic etiam adiu-
5 toria specialia ordinanda sunt. herba parietaria in aqua cocta teritur cum parvo oleo et inguinibus applicatur. hoc etiam de gramine semper factum est et samsuco in aqua cocto similiter. nam ex his omnibus etiam sedentibus vaporem pati conveniet. cotyledon herba in vino cocta
10 potui datur, et continuo dysuriam patefaciet. nam etiam mulieribus butyrum vetustissimum pro pesso adhibitum dysuriam curavit. et melicratum in quo inmaturi citrei et feniculorum radices et carduus coquitur, datur ad urinarum impedimentum.

1 licet *B* (*Gel.*): licet q͞m *r Vg Cas.* (scilicet *pro* licet *corr.* *Cas., sed fuerit* q͞m *pro* quam maxime). 2 omnes *r V B*: om. *g Gel.* 3 est: *sic r V B Cas.* quoniam (quō *B,* q͞m *r*) iterum *r V B Gel.g.* sp. est et hoc v. *B.* 5 parietarialis aqua *V,* paritarialis aqua *B,* paritaria in aqua *r* (*Gel.*) *g Cass.* (*Gar.*). 6 inguinibus *r Gel. g Cas.*: guenibus (*sic*) *V,* renibus *B.* applicatur *r Gel.* (*g Gar.*): ylicatur *V,* inligatur *B.* 7 samsuco .. cocto *B*: samsucū ... coctum *Gel.* (decoctum *g Cas.*), ramsucū (*sic*) ⟨in aqua coctum *add. corr. inter lin.*⟩ *V,* samsucū pulverē i. a. coctū *r.* 9 conveniet. et c. *r Cas.* cotu(i *r B g Cas.*)lidon *V* (i. cimbalaria *gloss. Gar. ms.*). decocta *r g.* 10 disurinam *V,* dissuriam *B r,* dysirria *Cas.,* dissinteria *g* (*item infra, ubi et g* dysiriā.). (dysuriam) patefaciet *Gel.*: patifaciet *V,* patefaciat *B,* patefecit *r* (patefac̄ *Cas.,* —facit *g*). 11 pro pesso *r Gel. Cas. Gar.* (propessio *g*): prae passo *V,* per passum *B.* 12 curabitur *Cas.* 13 immatur⟨i cit⟩rei (*in ras. ips.*) *r*: immaturiae terei *V,* inmaturi aeterei *B* (*cf. Neu. in marg.*), immaturi cidrię *g,* inmaturi cedrię *Cas.,* immaturi cedri *Gar.* (immaduerint ireos *Gel.*). 13 carduū *r g Cas.,* cardum *V B Gel.* (carduus *Gar.*). coquetur *V,* —itur *B Gel.,* coquuntur *r g Cas. Gar.* et (*ante* datur) *add. Gel.* (*om. r V b g*). urinarum *r V B Gel.*: urinę *g* (*Gar.*). *post* impedimentum *ex ignoto scriptore additur in r et* (*ubi exile Prisciani cap. quod est* de renum et vesicae vitiis *omnino omittitur*) *in b novum c.* XXI *quod male inscribitur* De calculo, *cum sit de vesicae vitiis omnibus Prisciano additum. contra Ps. Galeni liber quartus* (*i. e. Priscianus excerptus codd. Vindobon. Casin. et Vindocin.*), *unde et Garipotus 3, 43ᵇ, sic pergit* (*aliunde*

XXXIIII. De arthriticis podagricis et ischiadicis.

Exuno fonte vitiorum hac passiones de reumate deri- 112
vatae sunt, sed locorum varietate nominibus determinatae
[sunt]. nam arthriticis omnium ex articulorum commotationibus sabito initum passionis emergit, podagricis vero 5
ex uno prius articulo est initium et principium ⟨quod
desidia neglectum⟩ paulatim tempore serpendo gravius
omnibus postea nervis et articulis possidens dominabitur.
ischiadicis vero ex uno coxae articulo tormenta suppedi-
tant. hic itaque reumatismus licet de flegmate speciali 10
natura frigido quam maxime fiat, attamen aliis ex umoribus
calidioribus infectus et calefactus calefacientes aliquando
veluti commotiones exsuscitat. frequenter autem hoc flegma
licet natura subpingue sit, unde est vulnerum sanies, attamen cum se inter articulorum coniunctiones usu com- 15

auctus): Ad cauculi dolorem vel si etiam in vesica lapides
habuerint. et hos frangit et iactat. cannapem redivivam vel
sativam tollis cimas VIIII. piperis grana XXVII. et tollis vesicam de porcello virgine et mittis in mortario piper et cannapem
et teris et addis ibi vinum potionem unam et vesicam primo
supra focum siccas et postea cum ipso in mortario commisces
et sic dabis bibere. Explicit liber IIII galieni.

1 sciaticis *VB*, sciadicis *r*. *huius cap. priorem partem om. b,
habet alteram intra medium cap. de renibus interpolatam Gar.
3, 43.* 2 ex uno fonte: ὁμογενῆ *Gal XIV, 383.* de reumate: reumatis *r*, deramate *V* et (*in ras.* —te) *B*, *om. Gel.*
dirivate *rV*, derivatae *B Gel.* 3 determinatae *VB*: dister-
minate *r*, disperatae *Gel.* 4 *del.* sunt. ex omnium a.
Gel. (*cf. Cael. chr. 5, 27*), omnibus ex a. *VB*, ex a. (*om. omnium*) *r*. 4 commotationibus *r Neu.* (= doloribus *Cael. l. c. cf.*
5, 39 articuli commoveantur): cumutationibus *V*, cōmutationibus
B Gel. 6 et principium *sic r V B Gel.* (qui desidia neglectum
add. solus r). 8 omnibus *etc. r V Gel.*: omnes postea nervos
et articulos *B.* dominatur *Gel.* 9 sciaticis *rVB.* subpeditant *V Gel.*: suppeditantur *B*, suppedita sunt *r*. 10 hic *r*:
sit *V*, fit *B Gel.* specialiter *r* (speciale *V*). 11 frigido *r Vᵒ Gel.*:
—da *VB.* 12 et calefactus *r*: et si defactus *V*, et side-
factus *B* (etsi de factis *Gel.*). calefacientes *V B Gel.*: calentes *r*.
13 veluti *rVB*: *om. Gel.* exsusc(t *V*)itat: *sic rVB* (—tet *Gel.*).
14 subpingue *VB Gel.*: cū pingue *r*. unde *V B Gel.*: ut *r*
(velut *Neu.*) 15 assiduarum (*ante* comm.) *add. r solus.*

motionum viscaverit, tunc tardi gressus, tunc dolores vitandi, tunc tormenta graviora succedunt.

113   curantur etiam haec omnia contrarietatibus suis, ut quod forte et sensu et tactu calidum commotum fuerit, 5 frigidis interim adiutoriis ab augmentis veluti prohibeatur, postea vero sequentibus commotionum temporibus, calidis chalasticis et amycticis recurentur, quibus ille umor viscosus et pinguis interiora˙ iam possidens calefactus vel tenuatus ab articulis possit quatenus evocari. item e con-10 trario pedibus vel articulis per commotiones frigentibus, quibus ⟨frigentibus⟩ tumor est semper inflatus et pallidus color, omnibus incunctanter calidis supradictis adiutoriis et amycticis imminendum nobis erit.

114   monitum te interea volo, amice carissime, quoniam 15 generaliter interioribus omnibus ubique dolor innatus, qui nexu quodam vel collisione umoris ventositatisque colligatae efficitur, difficile aliquando frigidis deprimi potuit

1 vescaverit *V*, viscaverit *r B Gel.*   vitandi (?): *sic r V B Gel.* 3 etiam haec *V B Gel.*: autem hec *r* (*ut Neu., sed ips. corr. r* hŏt). 4 et actu *V Gel.*, et tactu *rB* (*cf. 2, 118*).   cu(o *B*)m-motum *r V B*: *om. Gel.*   5 ab augmentis *r B*: abacmentis *V* (abagmentis *Gel.*).   7 ameticis *V*, amicticis *rB* (amynticis *Gel.*).   recurentur *r V* (—retur *Gel.*): recuperentur *B.*   8 possidens *r V*: —det *B.*   9 teneuatus *V*, tenuatus *rB*, extenuatus *Gel.*   possit quatenus e. Item ut e contrario a p. vel articulis possit *Gel.*, possit aliquatenus e. Item e contrario p. vel articulis *r*: *om. V B.*   e contrario: *cf. Cass. p. 136, 14. Escol. p. 76ᵈ. 77ᵇ.*   11 quibus frigentibus: quibus gentibus (*sic*) *r*, quibus *simpl. V B Gel.*   tumor est semper *Gel.*: tumorem semper *V*, tumore est semper *B* (semper est tumor *r*).   12 incunctanter *Gel.*: inconstantibus *V*, inconstanter *r*, *om. B.* 13 ametticis *V*, amicticis *rB* (amynticis *Gel.*).   14 monitum *etc.*: *haec* (*sub falsa inscriptione*) *habet Gar. 3, 43.*   amice *r V B g*: frater *Gel.* (*ut in inscriptione libri I.*).   15 omnibus *rB* (*Gar.*), omnium *V*: omnis *g Gel.*   qui *r Vg Gel.*: cum *B.* 16 collisione *B Gel.*: consilionē *V*, consilio nec (humoribus ventositas quę c.) *g.*   que *B g Gel.*: qui *V* (sive vent. *Gar.*). colligatae (*cf.* σφήνωσις *Gal. 13, 375*): colligatus *rBg*, conlicatus *V* (*cf. ventositate collecta efficiatur Gar. ms.*).   deprimi *r V B g* (*Gar.*): reprimi *Gel.*   potuit *rg* (*Gar.*): portant (*sic*) *V*, possit *B* (poterit *Gel.*).

aut mitigari. ergo quoniam variae emergunt species commotionum, quae quidem expediant medicorum coniecturis
vel iudicio indulgenda erunt. licet iam ex consuetudine
sibi adhibitorum melius is qui patitur debeat iudicare,
quem frequentes commotiones et adiutoria famulantia me- 5
dicum effecerunt. igitur quamquam rationabiliter omnia
adiutoria quae veluti calidis commotionibus adhibentur,
virtute chalastica et paregorica esse debent, quae nervorum et articulorum nutrire et fovere valeant loca, concedo ut et tactu frigida interim adhibeantur quae torporem 10
magis in tempore quam mitigationem praestare possint.
quibus quidem, ut ille ait, primo relevari videntur, postea
gravius vehementiusque afflictantur. hoc etenim etiam
nostri Hippocratis nos instruxit auctoritas, quod nervis
omnia semper frigida nocuerunt. 15

ergo quoniam et causas et orgines compendiose di- 115
gessi, curae nunc rationabiles et adiutoria ordinanda nobis
erunt. est namque profecto quod omnes aegritudines
particulares totius sub corporis praeiudicio commoventur.
nam ita se singula in corporibus membra nexu quodam 20

1 mitigari *r Gel.*: epurgari *V*, depurgari *B g Gar.* commotionum *r g Gel.* (*Gar.*): motionum *VB.* 2 quidem *V B*:
quibus *r g* (*Gar.*, cui *Gel.*). expediunt *r VB g Gar. Gel.* 3 iam
VB: etiam *r g* (*Gar. Gel.*). ex: in *Gel.* 4 adhibiturum *V*
(—torum *r Gel.*): adhibitum *B*, —tis *g*. melius *VB g Gar.*:
om. *Gel.* is: his *r.* 5 frequentes *VB Gel.*: —ter *r*, —tius *g.*
6 quamquam (*Neu.*, quamvis *Gar.*): quoniam *r VB Gel.* 7 adhibeantur *g.* 8 debent *r g Gel.*, debet *V* (—beant *B*). 9 (art.)
dolentium *add. g* (dolentia *Gar.*). concedeutatu *V*, concede
ut ea *B*, concede ut et tactu *r g* (*Gar.*). 10 turporem *V*
(oportet *g*, om. *Gar.*), torporem *r Gel.*: turborem *B* (*cf. Cael. cel.
2, 105 et sim.*). 12 quidā *B.* utile aut ⟨id *add.*⟩ *r*, utile
ait *V*, ut ille ait *B*, et ait *g* (om. *Gar.*, utiliter *Gel.*). 13 etenim
VB Gel.: enim *r g.* 14 yppog(c *B*)ratis *VB*, ypochratis *r* (*Hipp.
aph. III, 741 Lips.*). nervis omnia: nervus (—os *rB Gel.*) omnes *r VB Gel.* (nervorum causas omnes *g Gar.*). 15 frigida *B Gar.*
(adiutoria frigida *Gel.*): frigide *V*, —dę *g.* 16 digessi. Nunc
autem (dig. Curę nunc *Gar.*) adiutoria rationabiliter ordinabo
g (*Gar.*). 19 totius sub *r Gel.*: sub totius *g* et (*qui om.* totius) *VB.*
corporis — [corporibus om. *VB* (*habent r Gel. g Gar.*). 20 (sub)

familiári amplectuntur ministerio naturali, ut in singulis totius corporis substantia constet et alterum alterius auxilio gubernetur. ideoque nisi praeceptis et adiutoriis catholicis primo iuventur, aliter particulares causae curari non
5 poterunt. qua de re erit nobis nunc curarum praeceptorumque exordium disponendum, insequenti etiam particulis famulabor.

116   convenit in principio arthriticis podagricis vel ischiadicis, quibus de capite reuma resolutum descendens has
10 passiones fecit, prius ipsum caput oleo roseo frigido vel ceteris similibus stypticis fomentando constringi et solidari, dehinc inferiora transitu eiusdem reumatis vel sedulitate vexata calidis resolvi vel depurgari, ut est olei cucu-

corrioribus *V*, (sub) corporibus *B*: (singula) interioribus *r* (inferioribus membris *g*, membra inferiora *Gar.*), (singula in) corporibus *Gel.*

1 ministerio *Gar.*: mysterio *Vg* (*Gel.*), misterio *rB*.   2 alterum (*Gar.*): alt̄ *r*, alter *g Gel.*, altera (*sic*) *VB*.   3 gubernetur *rVBg* (*cf. Gar.*): —nentur *Gel.*   ideoque *VB Gel.*: unde ꝗ (quod) *r*, unde *g* (*Gar.*).   5 poterunt *Bg Gel.*: —rint *r*, potuerunt *V* (possunt *Gar.*).   qua de re erit *om. r.* praeceptorumque exordium disponere *rVB* (disponendum *Gel.*): preceptores qui exordium disponuntur (disponant *Gar. ubi* erunt) *g*.   6 insequenti *rVB Gel.*: in sequentibus *g* (*Gar*). particularis *r*.   8 Convenit ... *hinc capitulum ultimum incipit b.*   vel (pod.) *r*.   9 resolutum *B*: —ta *rV* (dissolutum *b*, dissoluta *g*, solutum *Gar.*).   10 ipsud *V*.   11 consolidari *g* (*non Gar.*).   12 sedulitate *V̄B Gel.*: debilitate *g* (*Gar.*).   13 vexata ut est | olei calidi resolvi vel depurgari. item cucumeracii vel fricatione perunctio. flebothomo perveniendo *V*, vexata aut ex oleo calido *r. v. d.* item cucumeratii vel fricatiōe vel perunctione flebotomum praeveniendo *B*, vexata id est calido resoluit vel depurgari. ita cucumeratii vel fricationes perunctio. fleuothomo subveniendū est *g* (*cf. Gar.*), vexata fotu olei calidi resolvi *v. d.* item cuc. vel fricatione vel perunctione. phlebotomo prohibendū *Gel.* *vitio in his omnibus ex anticipatione in archetypo codicis V erronea verborum ut est olei* nato (*V*= *Bg Gar.* = *Gel.*). *pro his sic habet r et calidis resolvi et depurgari. ut est olei cucumeracii cum fricatione perunctio. cf. b*: vetātū (veteratum) locū rebꝯ calidiˢ dissolvi. † purgari ut ÷ oti cucumeracii cū fricacn̄e pūction adhibn̄da ꝥ flebotomū ꝑveniend̄. (ꝑveniendū *ante corr.*).

meracii cum fricatione perunctio. flebotomo praeveniendum. vinum penitus vel pleno anno vitandum est. sic a carnibus polytrofis, sic ab usu venerio continendum. stomachi prae omnibus bona valitudo custodienda est, quo accepti cibi facilius transigantur. vomitus hos non longa 5 per intervalla multum iuvat, aliquando post consuetos cibos, aliquotiens etiam ieiunos acceptis radicibus cum oxymeli. hoc modo etiam bulbi ex aqua cocti operabuntur. hoc si etiam post cenam alium accipiant, quod parvo intervallo aqua calida accepta vomatur. mutationes aerum vel 10 provinciarum saepe conveniunt. aquae naturales calidae vel vapores earum similiter. exercitia sane et labores vel fricamenta totius corporis procuranda sunt et appetenda. otiantibus etenim umores supradicti pinguiores effecti etiam vexatis articulis dominabuntur. 15

igitur quoniam haec adiutoria compendiose digesta sunt — quae moneo et suadeo custodiri debere. experti

1 flebothomo perveniendo (—dū r) rV, flebotomum praeveniendo B (cf. b). 2 Vinum b (Gar.) Gel.: unum V, uno B. vitandum VBb: vetandum Gel. (Gar. ubi vinum — est om. g). a (carn.) om. VB (non rbg Gel.). polytrophis Gel.: polytrofi V, polistrofis B (polit i. multum nutrientibus b, politrosis id multum nutrientibus r). pro v. 3—4 sic habet g: et si a carnibus politrosophis sed (pro f. = scil.) bonis carnibus valitudo custodienda est (cf. Gar. qui ultima tantum — sic falsa — recepit!). 3 continendo B (—dum rV Gel., —dꝰ b). stomac(h)i rV (B Gel.): stom̊ (—acho) b. 4 quo rV Gel. (qd g): ut b. 5 transi (e V)gantur rV·b Gel.: transeantur B. 6 iuvant r. 7 ieiunus Vg, —nos rB(—nis Gel.). 10 vel provinciarum VBgb Gel.: om. (solus) r. aqua innaturalis (sic) V. 12 Similiter rVB Gel.: om: b (ubi vapores sunt adhibende), diuretica similiter g (Gar.). et . . . vel V: vel . . . vel B (et . . . et rbg Gel.). 13 procuranda sunt: huc usque Gar. 14 otiantibus Gel.: uti antibus V (utentibus ad praeced. referens B), ociosis rb. haec (otiantibus —digesta sunt) om. g. pinguioris V Gel.: plus pinguiores rBb. etiam vexatis: etiam iam sollicitatis vel vexatis r (solus). 15 dominantur B. 17 quae rVBb: ea Gel. custodire debere rVBg (—ri debere Gel., -ri debent b).

enim sumus quod plerique ea cautius ab initio custodientes podagrae venturae seu potius iam praesentis vio-
lentiam vitaverunt. praeiudicatis vero iam tempore et
manifestis podagricis cataplasmatibus semper in his causis
5 appetendis, unguentis quoque vel emplastris seu ceteris
adiutoriis consuetis uti rectius est, vel certe aliquibus
fysicis magna semper potestate praestantibus. nunc vero
transactis praeceptis vel beneficiis catholicis, quibus custoditis etiam adiutoria singulis partibus laborantibus ordi-
10 nabo.

117   ischiadicis conveniunt frequentes vomitus et cetera
praecepta omnium superiorum. coxae vero dolenti fotus
olei sicyonii rutati vel laurini adhibendus est, cataplasmata quoque natura calidiora. cucurbitis ventosis fre-
15 quenter locus relevandus est. acerbiore clystere iniciendum.
his flebotomus in talo adhibendus est. ex hoc etenim frequenter sanguis provocatus ischiadicos liberavit. vaporibus
vel saccellis imminendum est ex puleio salibus vel milio

1 plerūque *g, qui transit ad cap. praecedens (s. 110) sic
pergens* provocata urina in aqua in qua decoquunt radices feniculorum *etc. (cf. Gar.).*   ea *rB:* ec *V* (haec *Gel.*).   3 *post*
vitaverunt *haec addit b (reliquis usque ad v. 11* Sciaticis conveniunt *omissis*): Licet hec adiutoria fenomeno libro huius
egritudinis. quarum efficatia experti sumus multa tradidimus
nunc de sciaticis convenit docere. *quae interpolatoris verba ad
interpolatorem spectaverint in fine faenomenon libri* ad podagram et tumorem pedum *remedia multa congerentem (cod.
Berolin. p. 70—71).*   praeiudicatis *Gel.:* preiudicantes *VB,*
—cantis (temporis) *r.*   *post* tempore *ordo in V confusus
verborum a vetere correctore restitutus est* (= *B*).   5 quoque
vel inplaustris *om. V (sed inter lin. suppl. vet. corr.).*   8 quibus custoditis: *sic omnes.*   11 frequentes *rb Gel.:* prae omnibus *VB.*   12 et omnia supra dicta adiutoria *b.*   fotus
r Gel.: potus *VB* (foto oleo s. vel r. aut l. *b*).   15 acerbiore
(aceruiori *r*) clistere *rVB:* acerbior clyster (clistē *b*) *b Gel.*
iniciendus *V,* —dum *B,* —dus est *rb Gel.*   16 his—adhibendus
est: *haec verba quae post* liberavit *habent rVBGel., suo loco
restitui ex solo b (cf. Gal. XI, 305. XV, 130. Hipp. II, 522. Cael. chr.
5, 23 etc.), qui pergit* Ex hoc enim loco sanguis pr. sepe sciaticos liberavit.   etenim *V Gel.:* enim *rB* (ex hoc enim loco *b*).

fricto. si vero vel stare aut ambulare non potuerint,
acopis calidioribus sole sub ardente fricandi sunt, in quibus et pix liquida et oleum sicyonium vel cetera superius
comprehensa miscenda sunt, ut sales thapsia nitrum vel
opopanax. itineris interea laboribus coacti iuvandi sunt. 5
expedit etiam equi vectatio, expedit iniectio in modica
quantitate ex oleo amaracino aut irino vel laurino vel
gleucino. si vigiliae sane intervenerint doloribus perseverantibus, soporiferas ingero potiones. cum vero minoratis doloribus causa mollior fuerit, tunc utpote per dia- 10
limma dropacibus sinapismis et ceteris causticis imminendum
est. dabo ieran, dabo per cibos elleborum. quae omnia
prodesse poterunt, si catholicis praeceptis rectius serviatur.

haec etiam psoealgicis rite conveniunt, quibus lumbi
dolere consuerunt. 15

igitur quoniam his passionibus supradictis ex una 118
origine descendentibus veluti diversas cognovimus evenire
commotiones ut aliquando frigidas aliquando calidas patiantur, singulis haec adhibenda erunt.

quibus vero sub calido tactu pedum dolor obvenerit, 20
caulium folia in aceto cocta et contrita ovorum coctorum

---

1 fricto *Gel.*, frixo *r*: salso *VB* (vel ex milio frixo *b*). vel
(stare) *om. Gel.* aut *VB*: vel *rb Gel.* non *add. Gel.*: om.
rb VB. 2 solis (*V*, sole *rB*) sub ardente *rVB*, sub sole
ardente *Gel.*, sole fervente *b.* 4 sales (sat *b*) *b Gel.*, salus *V*:
sal ustum *B.* 5 opopa(i *V*)nace *rVB* (—pañ *b*). coaeti *V*,
coacti *rB* (*om. b*): coactis *Gel.* 6 vectio *b* (*qui addit* expedit
deambalucio in mod. qu. et intinctio ex oleo...). 7 maricino *V*,
amaricino *rB* (amaracino *Gel.*): mirtyno *b.* 9 minuatis doloribus c. fuerit minorata (*sic*) *b.* 10 dialimma *r Gel.*: dialemma *VB* (*om. b*). 12 ieran *V*, ieram *B* (gera *rb*). per
cibos elleborum: *sic rVB Gel.* (dabo gera. dabo intermisso
biduo vel triduo elleborū. et cetera quę in fenomeno libro
scripta transegimus. quę omnia prodesse cognovimus *b*). ·om-
nibus *Gel.* 14 serviatur *rB* (*Gel.*), serviantur *V.* 14 psialgicis *Gel.*, psalgicis *VB*: sciaticis *rb* (*pro* psiadicis?). 15 consuerunt *rVB*: (lumborum dolor esse) consuevit *b.* 18 al.
frigidas al. calidas *rb Gel.*: al. calidas al. frigidas *VB.*
20 vero *rVB Gel.*: si *b.* 21 et trita *rb.* cum ovorum
coctorum media duo *V* (et ovorum c. media duo *B Gel.*), cum

vitella duo pro cataplasmate adhibita veluti commotionis vaporem temperant, superaddito quipiam olei rosei. sed saepius tepefacta immutanda sunt. et si cataplasmati consueto hyoscyami folia elixa et trita superaddas, par bene-
5 ficium praestat.

aliud ad impetus eorum vaporeos. tragacanthi unc̄ I ex pridie in aqua infundes, item alia die teres et superaddes aeruginis et afronitri albi unc̄ singulas, teres simul et impones.

10 aliud. lenticulam coctam teres et c̆um oleo roseo mixtam similiter adhibebis. nam et lactucarum folia trita cum infuso pane adhibita magnum ad refrigerandum beneficium praestant. et opium et crocum aequa mensura cum lacte bubulo vel caprino contritum et impositum vel in-
15 linitum similiter operatur. et si ex oleo roseo cerotario misceatur, hoc idem erit.

haec de vapore dolentibus ordinavi. ceterum frigen-

ovorum coctorum vitella duo r, cum ovorum duorum vitella b (*delevi* cum *vel* et).

2 temperant rb *Gel.*: retemperant VB.   quippiam $rVBb$ *Gel.*   3 tepefcata (*sic*) B.   cataplasmata(i *Gel.*) consueto V: cataplasmati consuetudo B, (et sicut) cataplasmatis consuetudo r (si iusq.).   4 osciami V: iusquiami rBb.   elixa et trita VBb *Gel.*: trita elixa r.   5 prestat r: prestas VB *Gel.* (*om.* b). 6 ad impetus eorum vapore ostra canto V (ad impetus eorum vaporeos draganti B), ad impetus eorum ac vapore hos tracanti r (ad impetū dot. et vaporis. D. b).   7 ex pridie VB *Gel.*: ante pridie r, pridie ante b.   infundis r (—es VBb). item *om.* r.   teris rVB (—res b).   8 addis r (—es VBb). afronitrorum alborum VB *Gel.* (afronitri rb).   unc̄ (ias B) singulas VB: ana $\backsim$ I. r (*ubi* eruginis I. $\div$ afronitri I. $\div$ b). teres (—is r) simul rb: *om.* VB*Gel.*   9 impone r.   10 teris rVB (—res b).   et r: *om.* VB *Gel.* (c. ol. m. ro. teres et simul ipones b).   12 adhibita b: et adhibita VB*Gel.* (*om.* r). refrigerando r (ad refr. VB *Gel.*, *om.* b).   ad refrige ‖ huc usque V (*reliqua desunt cum foliis sequentibus XVII*).   13 crocum *Gel.*: crocus B (c̄c̄ rb).   14 inpositum B, illinitum b, impositum vel inlinitum (vel in linteolū r) r *Gel.*   15—16 *om.* b.   cerotario r *Gel.*: —um B.   17 frigentibus rb*Gel.*: refrigerantibus B.

tibus commotionibus vapores cataplasmata unguenta chalastica vel paregorica omnibus et nota sunt et consueta.

1 unguenta *B b Gel.*: *om. r. clausulam sic habet b*: Ceterum
frigentibus commocionibus vapores. et cataplasmata calastica.
vel paragorica conveniunt. que in primo fenomeno libro
scripta docuimus. (*rubr.*) Explicit liber cronia. *nihil subscribitur in B*, Explicit liber tercius. Theodori prisciani. archiatri
logicus. de cronicis *r.*

Theodori Prisciani Euporiston

Liber III

Gynaecia.

1   Intellexisse te non minus nobis arbitror, Victoria
5 artis meae dulce ministerium, omnem mei operis efficaciam, in quo inmemor non sum praefationis meae, qua
duobus libris pares causas proposui, faenomenon euporiston officium, logicam disputationem. sed longe non
abest ab utroque gynaeciorum visitatio. et quoniam haec
10 ratio tota medendi indiget diligentia, solitaneum libellum
confeci de mulierum curis, solitaneum inquam et remo-

1 Incipit prologus theodori auctoris f, Incipit prologus
theodori v, Incipit de ginetia (seq. index capp. X, ut in r) B,
Incipit liber IIII. Geneciarum theodori prisciani r, Geneciorum
libri primi capitula incipiunt (seq. cap. XXI) g (i. e. Bamb.), Incipit eiusdem ad Salbinam de Genetia b (seq. sine numeris capp.,
n. XXIII in c).   4 nobis rB, a nobis fv: om. gb.   victoria B
(cf. infra c. 5 Neu.): salvina rg (Gel.), salbina b, sauina fv.
5 misterium gb.   6 qua duobus rBg, qadub⁹ b, qđ vobis duobus fv.   7 paris fv (partes b).   proposui B (Gel.): pre(e)-
posui rfvgb.   euporisto officium logica disputatione B, foe-
nomeno euporisto officium logica disputatio r, phenomeno
euporiston. officiū. logica disputatione f, pheno méo euporiston
o. longinqua d. v, fenomeno euporisto ⟨offlciū g, om. b⟩ logica
(—cia b) disputat(cb)ione gb (logico disputationem corr. Gel.).
8 longe non abest rg: longe non est fv, non longe abest B,
longe est ab eis b (non abest Gel.).   9 gineciarum B, geneciorum fb (generationum v), gineciorum g, genetiorum r.
quoniam: quia fv.   tota: om. b Gel.   10 solitarium (ut
infra) b.   11 confeci Bf (cū fide m. curas v): conficiam rgb.
curis Bb: curas fv, cura rg.   solitaneum—spectaculo Brg:
in qua mi(y ips. corr.)tre motu aputlico sp. elongavi f, inqua

tum a publico spectaculo. et ego quidem te scientia iuvabo, tu vero cui communis arridet sexus et secretum facile invenit conscientia, cum fiducia exerce sedulo gynaecia proposita meo tractatu tua diligentia.

I. De mamillis post partum dolentibus. 5

Mamillas cum tensione tumentes vel dolentes, quod 2 post partum quam maxime mulieribus evenire consuevit, quas ex eo etiam gravis dolor inquietat, hoc ordine curare debemus.

per initia mediocriter constringentibus uti conveniet, 10 ut est spongia mollis infusa in pusca, quae levi anadesmo continenda erit. sic etiam dactyli cum pane in pusca infusi et contriti saepe par beneficium praestiterunt. si vero certa ratione lac prohibendum erit, cataplasmati superiori admiscendum est aut alumen scissum aut herbae pulicaris 15 semen aut coriandrum aut portulaca. nam et unguenta ex solis earum sucis frequenter adhibuimus pinna molliore loca tangentes.

metre motua publico sp. elongavi *v* (solitarium inquit et a puplico sp. remotum *b*).

1 te *om. rg.*   2 arridet *Brgb*: conpetit *fv*.   3 invenit: invenies *b*.   conscientia *rgb*: tua c̄scientia *B*, tua scientia *fv*.   cum fiducia *Bfv*: confidentia *rg* (confidendi *b*). sedulo ginetiam *B*, sedulo (*om.* gin.) *fv*, sedulo egynetia *r*, sedula ageneua *g*, sedulo officio (*cf. 13*) ad geneciā *b*.   4 propositam *B*: pre(e)posita *fvrg* (p̄positā *b*).   tua: & tua *B* (*solus*).   post dilig. *addunt* adhibet medicinā *f*, adhibeto medicina (—nam *B*) *vB* (imitare *b*) (*om. rGel.*).   6 vel dolentes *om. g.*   11 ut est: id est (spungia molli *f*, —is *v*) *fv Gel.* in poscula *r*.   quae—erit *B Gel.*: et inposita ligato *fv*, et inposita ligatur *rg* (et inp. legetur *b*).   13 saepe—praestiterunt (—re *Gel.*) *rBg Gel.*: sepe partibus (separantibus *v*) ipsis beneficiū prestat *fv* (*om. b*).   14 erit *Bb Gel.*: fuerit *fv*, est *rg*. post erit *haec inserta habet b*: marrubium contusum et inpositum mammis dolorem et tumorem sanat.   16 aut *Bg(b)Gel.*: id est *fv*.   coliandrum *Bfv* (coriandrum *rgb*).   porcacla *rg*. 17 adhibuimus *Brg Gel.*: —bemus *fv (b)*.   cum *Bfv*: *om. rgb Gel.*   molliore *B*: —ri *rg Gel.*, —ra *f (b)*, —sa *v*.

3   si indignatio illa his minime potuerit prohiberi et
lactis aggregatio maximum fervorem locis incusserit, tunc
cataplasmatibus chalasticis conveniet imminere, ut est
panis in melicrato infusus et cum oleo dulci contritus.
5 similiter etiam de seminibus tam lini quam faeni graeci
vel hordei farina, aliquando singulis aliquando commixtis
et cum adipibus saepe porcinis recentibus in melicrato
temperatis.   sane si pondus cataplasmatis tolerare non
potuerint, cum spongiis mollioribus infusis in aquis cha-
10 lasticis dulcibus et paregoricis, quae ex ibisco et seminibus
lini et faeni graeci conficiuntur, loca tantummodo vaporanda sunt, et impositis continuo lanis in oleo dulci calido infusis fovenda erunt. si saniem forte collegerint, iam
suis temporibus et propriis adiutoriis matura aperienda
15 erunt, ut sub una egestione possint penitus percurari. si
vero minime percurari possint, transacto igitur impetu vel
indignatione mammarum simplex cerotarium adhibendum
est usque in plenam sanitatem.

4   sane si per eadem facta nutrire minime decreverit,
20 tunc cerotario supra dicto pulverem molaris lapidis con-

---

1 minime *om. g.*   2 locis: locis ipsis *fv.*   3 convenit *g*
(nos convenit inminere *b*).   inmineri (inveniri *v*) *fv.*   ut
est: id est *fv.*   5 similiter—farina *B* (s. e. de seminibus tam
lini tam foenigraeci vel hordei *Gel.*): similiter & lini seminis
& fenigreci vel hordei (ordei *v*) farinas *fv*, similiter de lini
semine. (et *r*) fenu greci. vel ordei *rg.*   8 sane si *rBg(b)*:
si autem *fv Gel.*   potuerint *rg Gel.* (—rit *rel.*).   9 cum
om. B.   spongiis—(12)sunt *B*: cum spongiis vaporanda (—de
rg Gel.) ex aqua evisci (aquę vesci *f*, aqua visci *Gel.*). lini seminis. et feni (—nu *g*, foenu *r*) greci *rfvg Gel.* (cum spongiis
vaporandę sunt cum aqua lini seminis. et fenugreci *b*).   12
in *rfvg(b)*: *om. B.*   13 fovenda *Bv*: —de *f Gel.*, fouentandę
rg (quae forma propria est codici r).   13 collegerint *rB (b)*,
colligerint *g*: collegerit *Gel.* (colligerit *fv*).   14 mature
a(p *r*)periendę *rg* (maturatę aperiende *b*).   15 ut: & *fv Gel.*
(*cf. v. 3 etc.*).   digestione (—ora *f*) *fv Gel.* . possint curari
fv.   pcurari *b (sol.).*   si—possint (possunt *v Gel.*) *Bfv Gel.*: *om.*
rg(b).   16 igitur *fv (rgb)*: *om. B.*   17 mamillarum *b.*   simplicem
fv.   19 per eadem (eandem *g*) facta: sic *Brfv(gb) Gel.*   m. decreverit *rBfvg Gel.*: non pot(u)erit *b.*   20 pulverem contusi m. l. *B.*

tusi admiscebo, anadesmum quoque mediocriter stringo
lactis impetum prohibiturus.

quod si lactandi arripuerit facultatem, tunc anadesmus laxior, tunc fomenta chalastica adhibenda erunt quae
lactis non prohibeant copiam ministrari, sed magis, prae- 5
euntibus fomentis et vaporibus supra dictis, cypero ovo
et croco in unum contritis mamillas unguendo adiuvabo.
alii pumicem cum oleo cyprino tritum imposuerunt, alii
cyminum cum aqua tritum. alii vero fabae pollinibus
uvam passam purgatam et contusam miscuerunt et ex his 10
cataplasmando lactis auxerunt fecunditatem. sic sesamo
trito cum oxymeli, sic cantabro cocto similiter in oxymeli,
sic de hederae foliis tritis, sic de ficis pinguibus tunsis, sic de
caseo recente trito cum oxymeli cataplasmata confecerunt.
quibus his omnibus lactis fecundum officium procuratum est. 15

1 admiscebo *rB*, amiscebo *g*: admiscebis *fv* (āmiscetur *b*).
anadismum—stringo *B*: et desuper ligabo (—bis *fv Gel.*, ligetur *b*) *rgfvb Gel.* 2 impetū prohibiturus *Brg Gel.* = impetū
prohibetur *fv* (lactisque impetus prohibetur *b*). 3 anadismus
laxior *B*: ligatura laxior *rg*(*b*), ligatura laxat *fv*, ligatura
laxata *Gel.* 4 tunc (fom.) *Brg* (i. *b*): om. *fv Gel.* prohi-
[beant— fo]mentis (*med. om.*) *v*. 5 ministrari *Brfv Gel.*:
—re *g* (*b*). 6 vaporibus supradictis *Brg*(*b*): vaporationibus
dictis *fv* (*Gel.*). 7 croco [in unū—alii] ciminū (*med. om.*) *v*. in
vino *b*. contritis *B*: tritis *fvrg*(*b*) *Gel.* adiuvabo *Brg*(*b*):
—bis *fv*. 8 alii—imposuerunt *B*: om. *fvrg*(*b*) *Gel.* Item
Alii *f* (*Gel.*). 9 contritum *rB*. vero om. *rg*(*b*). fave *r*.
10 uvam—contusam *B*: uva passa trita *r*, uvam tritam *g̊*, et
uva passa trita *fv Gel.* (cum uva passa trita com- *b*). mis-
cuere *Gel.* 11 adauxerunt *fv* (—re *Gel.*). sic sisamo
rBf Gel. (si̊ siasamo *ips. corr. v*): (sic samū *b*) sic sanio *g*.
12 sic cantabro c. similiter in oximelle *B*, sic c. c. in o. *rg*,
similiter c. c. in oximelli *v*: om. *fb Gel.* 13 sic de h. f.
contritis sic de ficis pinguibus t. sic de caseis recentibus tritis
B: sic et hedere (sic edere *rvg*) folia trita. sic de caricis
(*cf. II, 81*) tunsis. sic (tunsis. & *fv*) caseū recentē tritū *rfvg* (sic
hederę folia trita. sic caricas tunsas. sic causeū recente tritū *b*).
haec etiam om. Gel. 15 quibús *om. Gel.* (*ut* his *om. Neu.*).
his omnibus *Brvg*: hominibus *f* (quibus—est *om. b, qui hic
talia infert*: Radices feniculi cum aqua cocte et aqua ipsa
potui data. et omnia s̄s̄ lactis augeat fecunditatem).

15*

5   si lactis interea nimium pondus etiam duritiam procuraverit, foliis apiorum vel mentae vel caulium cum pane
tritis et melicrato illam duritiam resolvemus.

   ergo per initia generaliter omnibus mediocriter styp-
'5 ticis obviandum est, per augmenta vel impetus chalasticis
et paregoricis. et licet omnibus hac lege medendi serviendum sit, attamen mamillarum mollium *intuitu omnia
moderatius feminis adhibenda sunt.

II. De praefocatione matricis.

6   Sunt variae et diversae causae matricem frequentius
11 attemptantes, quae sub duabus praecipue principalibus
passionibus constrictionis vel laxationis etiam partiliter sub
certis accidentibus alias causas efficiunt. ergo haec sub
definita lege professionis quae constricta sunt solvo, reso-
15 luta vero quibus quam maxime defectus et lassitudo sociatur, stypticis quam maxime et mediocriter frigidis
stringo.

7   quibus autem repentina commotio matricis innascitur,
hae musculorum omnium contractione totius corporis do-
20 lore nimio quatiuntur, et hac vi saepe intercepto vocis

1 si lactis—procuraverit (—rarit *B*) *rBg*: si nimium interea l. pondus duritiam fecerit *fv Gel.* (si n. lactis pondus
dolorem vel duriciam provocaverit *b*). 3 et *rB fvg Gel.*: in
(mel.) *b*. resolvemus *rg* (—vetur *sc.* illa d. *b*): —vimus
B fv Gel. 4 generaliter *om. fv Gel.* generaliter omnibus
B b: omnibus generaliter *rg*. 10 causae *rB f Gel.* (c. vel
dolores *b*): *om. vg.* matricis *fv*, —ces *Gel.* 12 vel laxationis (relaxationis *Gel.*) *B*: om. *fvrg* (*b*), *ubi* constrictiones *rfg*,
—nibus *v* (*b*). 13 certis—sub *Brg Gel.*: om. *fv*. ergo
hec *rg* (*b*): haec ergo *B Gel.* 14 solvo. resoluta *B Gel.* (solvo.
soluta *b*): solvere. soluta *fvrg*. 15 quam maxime *Brg*:
maxime *fv* (*om. Gel.*). 17 stringi *fv*. 18 autem: forte
Gel. 19 hae *B Gel*, h (*sic*) *g* (hec *b*), haec *r*: & *fv*. et
totius *B Gel.* dolore n. quatiuntur *B Gel.*: dolorē nimiū
patiuntur *fvrg* (paciuntur *etiam b*). 20 et hac vi *Bg* (*b*): et
hec *fv*, et hae *Gel.* interceptū v. officiū (—um *r*) *rB fvg* (*b*):
per i. v. o. *Gel.*

officio sub horrore causae veluti paralyseos mentiuntur imaginem, quam passionem in graeco opere ysterican pniga appellamus. quo tempore ad illa duo praesidia principalia omnibus conclusionis necessitatibus subvenientia recurremus, flebotomi praesens beneficium et ventris purgationem, specialia vero fomenta olei dulcis calidi et aquarum consueta chalasticarum, cataplasmata de seminibus paregorica cum melicrato, emplastra ut dia chylon, cerotaria simplicia ex adipibus temperata et medullis, pessaria ex melle et butyro, item libianum et cetera quorum confectiones in subiectis adiungo, encolpismos vero ex sucis ptisanae aut faeni graeci aut olei dulcis.

 his articuli et calefaciendi sunt et mollius constringendi. ventosis quoque admotis inguinibus vel femoribus

20 orrore causis *r*, horrore (orrore *vg*) causas *fvg*, horrore casus *B* (errore causę *b*).   paraliseos *rBg*: paralypticas *f*, paralysi eas *v*.   mentitur *solus B*.   2 in greco opere ... appellamus *B* (*cf.* alibi *11*): greci ... appellant *rfvg* (*b*) *Gel.* stericham nican *B*, stericam nica *f*, sterigā nicā *v*, sterican pnican *r*, stèrian pagā *g* (stīcū ran *b*).   3 *post* appellant *add. b*: Ut etiam tam manus quam pedis cum dolore nimio et veluti ululatu exterminatę vocis contractione paciantur. [tunc in primis flebotomo presenti beneficio subvenire convenit et ventris adhibere purgacionem.   4 omnium *fv*.   5 recurremus *B*: —rimus *rfvgGel.*   6 specialia v. fomenta olei dulcis calida (calidi *r Gel.*) et aq. (consueta *rBb*) *rB Gel.* (*et om.* spec. vero *b*): speciali vero fomento olei dulcis calidi et aq. consueta *g*, specialia ergo fomento olei dulci calida aq. consueta *fv.* 7 et (cat.) *add. Gel.* catapl —(8)melicrato *om. b.* 8 paregorica c. mel. *om. Gel.* emplastrum *g.* ut *B: om. rgfv* (Emplastra diachylon adhibeo et etc. *b*). diaquilon *Bfv*, diacilon *rg*. 9 adipibus: salibus *Gel.* temperata *om. r.* et medullis *B Gel.: om. rfvg*(*b*).   10 item libanum *B*: et libianum *r*, et libano (et liviano *Gel.*) *fvg* (haec *om. b*). et cetera *rfvgb*, ceteraque *Gel.*: et cęra (*in ras.*) *B*. 11 in *b*: *om. rBfvg*. adiungo *sc. p. 236,13*. adiungimus (*sic f*) —tysane *om. v.* encolpismos: encolpismis *Bfg*(*b*), incolfimus *r* (incolfilmis *g*), encolpismi *Gel.* vero *rfg*(*b*): *om. B.* 12 aut ptisanae *B.* 18 mollius: forcius *b* (*sol.*) 14 ventosis—femoribus *B Gel.* et (*om.* admotis) *rg* (ventosas q. earum ing. vel femoribus frequentius applicabo *b*): inguinibus quoque ventosis positis vel femoribus *fv*.

recursus vel inclinationes matricis recuremus. fumigiis
bene olentibus ad inferiora naturam provocabo. odoribus
enim insuavibus repecutitur.

minoratis vero supradictis accidentibus, plena quoque
5 declinatione manifesta, conveniet iam exercitiis aptis sexui
commoneri et aeris vel locorum mutatione iuvari. his
cibi humaniores, his iam lavacra concedenda, omnia tamen
sub moderatione procuranda sunt.

III. De inflatione vel tensione matricis.

9   Inflationem vel tensionem si longo tempore matrix
11 aegra conceperit, omnibus superioribus chalasticis aptis
constrictionibus imminebo, superaddens cataplasmatibus
ficos tunsas, absinthii pulverem vel eius decoctionem,
epithemata amyctica ex pulvere lauri bacarum pyrethri
15 castorei nitri et ceterorum similium cerotario commixto.
expedit frequenter polyarchio uti. encathismata vero vel

1 recursus vel inclinationes (—nes *r*, —ne *f*, indeclinatio *v*,
indignationes *g*) *rgfv*: recursui vel inclinationi *B*.   recuremus: recurrimus *Bfvg*, occurrimus *r*, recorrigimus *Gel. haec
sic praebet b* (*post* applicabo) teptatiri (*l.* tēptari) iubeo necubi
collis vel orificium matricis inclinatus sit seu tortus vel clausus).
2 naturalia (*sic*) *rBfvg*(*b*) *i. e.* naturam = matricem (*ut scr.
Neu.*).   provocabo *rBg*(*b*): —cauimus *fv*, —camus *Gel.*
3 insuavibus *rg Gel.*, insuau(b *v*)ilibus *fv*: suavibus *B* (*b*).   re-
percutitur: reperiuntur (*i. e.* repercutiuntur) *r* (*sol.*).   5 conveniet iam (conveniet etiam *f*, convenientiam *b*): convenit iam
rBvg Gel.   6 commoneri *r Gel.*, —nere *f*: commoveri *Bg*,
—vere *v* (āmovebo *b*).   7 omnia tamen (Oīa tū *b*): vini (vim *v*)
ad(t *rB*)tamen *rBfv*, vini tamen *g*.   8 pro(*b*, pre *f*)curanda
fb, percurrenda *v*: procurandae *B*, — de *rg*. *his alia addit b*:
Sed et hec superaddo que ad matricis dolorem scripta prodesse
frequenter cognovimus. lapidem gagaten mitte in vinum vetus
coque et bibat. ipsumque lapidem in pede dextro liget . . .
9 De inclinatione matricis *f*.   11 et (*ante* aptis) *add. B*ᶜ.
13 ficos: ficus *omnes*.   14 epithemata *B*: epithema *r*, epithima *gb*, epy(i *v*)tima *fv*.   amictica (*sic*) *rBfvgb*: amyntica
Gel.   ex bacis lauri *r* (*sol.*).   15 ceterarum *Gel.*   commixto *rfvg* (—tū *b*): —torum *B* (=tarum *Gel.*).   16 poliarchion
B, —arcion *rg*, —ciu *f*, —cio *v*.   uti *rBg*(*b*): *om. fv*.

vapores ex decoctionibus stafylini dauci puleii vel ceterorum similiter diureticorum procurabo.

inflationibus diu permanentibus artemisiam misceo 10
aut marrubium aut ysopum aut bacas lauri, aliquando
cassiam et celticam, ex quibus etiam pessaria conficienda 5
erunt. nam et ruta viridi trita cum melle pessario semper
utor temperato. superaddo nitrum vel afronitrum, puleium,
ficos pingues purgatas et contusas, cyminum, sed ad eorum
sensum mordacem et calidum temperandum lactis temperabo commixtione.   10

si duritiam vero contraxerit, quam alibi mylen ap- 11
pellamus, hanc primo sicuti contra inflationem ordinando
adiutoriis chalasticis contexuimus, imminendo solvere la-
borabo.

omnibus supra dictis constrictionum accidentibus mino- 15
ratis iam convenit ex parvo leves attemptare gestationes,
et sub certa declinatione passionis appetere iam lavacra,
cibos humaniores praesumere et post resumptionem corporis aneticis temporibus omnes ex ordine cyclicas dis-

1 cetera s. diuretica *rfvg* (ceterorum s. diuretica *sic b*),
ceteris s. diureticis *B Gel.*   3 artemisia admiscenda (aut m.
et sic in rel. nominat.) *B.*   misceo: miscebis *fv.*   4 aut
(ys.) *om. rB.*   6 et: ex *rB.*   8 ficos: ficus *omnes.*   eorum *b*:
earum *rel.*   sed—(10)commixtione *B* (sed earum sensum m.
calidum lactis temperabo commixtione *Gel.*): sed earn̄ sensūm
mordacē cal(l *v*)idū temperandū est ex (et *f*) lactibus *fv* (sed
eorum sensus mordax et callidus temperandus est ex lactibus *b*),
sed earum sensū m. et c. temperandum est (tempero *g*) ex
lacte *rg.*   11 si duritiam vero *Br Gel. g et*(matrix egra *add.*) *b*:
si vero d. *fv.*   mylen *B Gel.* (milen *b*): milin *r*, mi(e *v*)line *fv*,
milio *g.*   appellamus *Br*: appellavimus *fvg*(*b*) *Gel.*   hanc
primo *Brg Gel.*: a(n *v*)primo *fv* (*om. c. seqq. b*).   13 o. adiutoriis calasticis cont. (*sic*) *Brgfv Gel.*: o. contexuimus, adiutoriis chalasticis *ord. inverso Neu.*   laboro *Gel.*   15 (omnibus) itaque *add. Gel.*   16 ex parvo leves *Bgb*: ex parbo
labis *f*, ex parvo labore *v.*   17 declinatione *Bb*: delibatione
rf, deliberatione *vg.*   18 c. humectiores *Gel.*   resumptionem
Bfvrb: resolutionem *g.*   19 anet(h *B*)icis *Brg*: acreticis *fv*
(*om. b*).   ciclicas *B Gel.*: cy(i)cli *rfvgb.*

ponere curationes inguinibus adhibendas. has semper soli-
dabit etiam et lavacrorum frigidorum consuetudo disposita.

IIII. De atretis.

12　　Contingit interea frequenter certa et specialis haec
5 passio feminarum ut aut naturaliter aliquando clausae nascantur aut vulneribus praeeuntibus cicatrice interveniente
clausae fiant aut praesentis indignationis interventu penitus
concludantur.

quae si ergo causa praesentis indignationis obductae
10 fuerint, omnibus chalasticis adiutoriis ex lege resolvendae
erunt. sed si ex vulneribus obducta cicatrice aut nescio
qua illa lege nascendi clausae fuerint, quod tamen aut
digitis aut oculorum possit fide probari, tunc a chirurgicis
considerata mensura reserandae erunt, ea tamen ratione
15 ut haec patefactio linteolis aut aliis adiutoriis patefacienti-
bus diutius disterminetur, ne obductae in se identidem scis-
surae recentiores occasionem claudendi protinus sortiantur.

1 adhibendo *Gel.*, —da *rb.*　　sol(s *g*)idabunt *fvrg*
(—dabo *b*): persolidabit *B* (solicitabunt *Gel.*).　　2 etiam et:
etiam ad *rg*, etiam *B*, ad (etiam a *v*) *f* (*qui deinde* disponimus
revertere. *cf. Gel.* etiam ad l. fr. consuetudinem revertemur).
3 atretis *rg* (*Gel.*): artriticis *B*, artetricis *f* (artetrix *b*).
5 clausae: causẹ *fv* (*b*).　　7 causẹ *iterum fv* (*b*).　　aut (pr.) *b*
et (*in ras.*) *B* (ut *Gel.*): *om. fvrg.*　　interventu—(9) indignationis *om. f* (*non v*).　　9 quasi ergo *v*, Quæ si ergo *rg* (Quae
ergo *Gel.*): Si ergo hẹ (*in ras.*) *B* (Si vero he *b*).　　causa *rB*
(*sed e in ras. add. corr. B*): causẹ *vg* (—se *b*).　　10 ex lege
resolvendae(ẹ) *Brg*: ex ligere ṣolvenda (*sic*) *f*, ex lege resolvenda *v* (e. l. curande *b*).　　11 obducta cicatrice *rgfv* (*b*):
obductae circatrices (fuerint *add.*) *B*.　　13 possit fide *Brg*
et (*epit. Bamb.* ⸗) *e* (fide possit *b Gel.*): (possit *om.*) fide *fv.*
tunc archirurgicis (a chir. *Neu. Gel.*) considerata mensura ⟨rese
in ras.⟩randa (—dae *Neu.*, resecandẹ *Gel.*) erunt *B et* (*unde?*)
Gel. (*qui pergit* adhibita tamen ratione ut...): tunc chi(cy *r*,
gy— *f*, ci— *v*)rurgia adhibita *fvrg* (tunc chirurgia est adhibenda *b*).　　14 ea tamen: adhibita tamen *Gel.* ratione *fvrg Gel.*
(*cf.* et tamen rationabiliter *b*): intentione *B.*　　16 inse iden-
tidem *Bg*: in sedem | idem *f*, insident idest *v* (p̂ inse *b*).　　17
recentiores *B* (*b Gel.*): recensioris *r*, retentiores *fvg.*

V. De conceptione.

Aliquae mulieres quae voto posteritatis longo tempore 13 desideratae afficiuntur, medicas accerserunt, quas effectus elaboratae conceptionis felices et peritas exhibuit. nosti itaque, Victoria, professionis communis hoc magis esse 5 necessarium ministerium, quae ex tuis officiis sedulis in his magis rebus experimentum habes, quantum aut gratiae aut gloriae accrescat medicae promittenti a suspecta conceptione. unde licet inscia non sis huius curae conceptionem procurantis, attamen disposita tibi consideratis om- 10 nibus ordinavi circa quae curandum erit.

prius inquirendum est necubi orificium matricis aut 14 inclinatum sit aut conclusum. unde aut modicis purgationibus apparentibus impeditur aut eo tempore purgationis internorum dolore nimio conquassatur. quod si forte ita 15 se res habet, flebotomanda erit de talo quam maxime, quo ad inferiora vicinior materia provocetur. sic deinde ad

---

3 desiderando efficiuntur *b*.   accerserunt *r B f Gel.*: accesserunt *v g* (ad m. accesserunt *b*).   4 nosti *B*: nostri (n̄r̄ī) *r f v*, nostrę (n̄r̄ę) *g Gel.* (n̄r̄ā *b c*).   5 victoria *r g f v* (*b*, -ā *c*) *et* (ó *supra add.*) *B*: Salvina (*e sua sc. corr.*) *Gel.*   esse: est tibi *Gel.* 6 ministerium *om. f* (*non v*).   7 rebus *om. f v et* (*ubi* maius) *Gel.*   habes: habens (h̄n̄s) *B r g* (h̄m̄s = habemus *b*), habent *f v*.   8 medicae—conceptione (medico p̄mit̄n̄tiā suscepte conceptioni *b*): aut medicę (—ę in *ras. B*, —o *v*) pro(prę *f*)mittenti aut (p̄mittentiā *g*) susceptę (—ti *f*, —te *r v*) concipienti *B f v r g Gel.*   10 attamen *B g*: ac (hac *v*) tamen *f v*.   consideratis *om. r g*.   11 curandum *B*: —da *f v r g et* (*qui ad seqq. trahit* Circa eam quae c. erit, prius...) *Gel.*   12 officium *B* (*et fort. ubi lectio propter membranae detrimentum incerta est f v*).   13 indeclinatum (*sic*) *f v*.   sit *b et* (*in ras.*) *B Gel.*: est *r g, om. f v.*   post clausum (*sic v. 13*) haec infert *b*: et post collirio facto de galbano ei subpones. et vide si vertex capitis eius estuatur concipere potest. Si vero non. difficile est. Si vero facil' fuerit [modicis purgationibus *etc.*   14 apparentibus *r f v* (*be*): aperientibus *B Gel.*   eo: *sic B f v r g* (*b*) *Gel.* 16 se (*post* res) *add. g* (ita se habent *b*, istas res habet *e*): *om. B f v r Gel.*   15 quo *B* (*b*) *Gel.*: quod (ꝗ *r*) *r g*, ut *f v.*

ordinationem curae advertendum nobis erit quae conclusum prius moderate orificium patefaciat, ut purgatione solemni inoffense disposita et desiccari et calefieri matrix possit. his etenim rebus ita dispositis conceptionis vota facilius
5 subsequentur.

15   si flebotomo adhibito necdum tempus sua secreta cognoverit, tunc oleo dulci vel anetino vel rutato inguina fovenda erunt et post lana in eodem oleo calido infusa contegenda. tunc cataplasmatibus chalasticis calefacienda,
10 quibus admiscemus aut artemisiae pulverem aut dictamni, quarum etiam in aqua decoctarum frequenter vapores adhibeo. nam et fumigia vaporatis partibus supponi conveniet ex supradictis herbis lapide gagate subiuncto.

16   si his omnibus rite adhibitis naturalis circa purga
15 tionem ordo permanserit, matricis orificio mediocriter relaxato iam adiutoriis conceptionem procurantibus imminendum est. continuo igitur cum se purgatio inoffense transegerit, ex dia chylon pesso vel libiano, cum nardino aut roseo oleo resoluto prius, encolpismo uti· conveniet,
20 et post matricis delavationem ex eodem medicamento spis-

2 officium *rf*(*v*), *sed* orificium *hic etiam B* (*cf. p. 233, 12*). patefaciet *Gel.* purgationes sollempnes. i. disposit*ę* (... possint) *g* (*sol.*, disposite *etiam fv*). 4 enim *fv.* 5 subsequentur *B*(*b*): —quantur *fv Gel.*, —quatur *r*, —quuntur *g.* 7 anetino *Bfvrg*(*e*): ȳnantino *b.* rutato *Bfvr*(*b*): rutaceo *g*(*e*). 8 post *Brg*(*b*): posteus *f*, post eius *v* (praeterea *Gel.*). 10 admiscimus *fv* (miscebimus *Gel.*), āmiscemus *rg*(*b*): admiscebo *B.* 11 quarum etiam *B*: *om. fvrg*(*b*), *sic autem Gel.* ex quorum aqua decocta *etc.* in: ex *b.* coctarum *B.* adhibeo *rg*(*b*), exhibeo *B*: adhibemus *fv Gel.* 12 conveniet *b*: —nit *rel.* 13 subiuncto: *sic omnes* (adiuncto *Gel.. Neu.*). 14 rite *B*: recte *fvrg*(*b Gel.*). 15 orificio *Gel.*: officio *Bfvrg*(*b*). 16· iam: Nam *fv Gel.* 17 continuo igitur *B g*(*b*): et continuo *fv Gel.* 18 diacy(i *rg*)lon *rgb*, diaquilon *Bfv.* pusso *f.* libiano *b et* ⟨passo *add., sed* pesso—passo *in ras.*⟩ *B*: leuiano *fvrg.* nardino *B*(*b*) *Gel.*: nardo *fvrg.* 19 oleo *v*(*b*) *Gel.*: *om. Bfrg.* 20 delavationem *Bf*(*v*)*g*(*b*), delabationem *r*: dilatationem *e.* spissiore (—res *v*) *rfv* (spisso *b*): & pesso priore *in ras. B*, spissius *g* (post m. dilationem spessiorem pessarium adhibere *e*).

siore pessario. adhibere haec continuis diebus triginta
conveniet usque in diem venturum alterius purgationis.

quibus transactis libiano nitrum conveniet commis- 17
cere. quod adhibendum erit post encolpismum ex subiectis
speciebus disponendum, cardamo dictamno artemisia iris 5
illyricae radice rutae semine. omnia tunsa et cribellata
oleo dulci plurimo miscenda sunt, ut ex his ante pessarium fomentum adhiberi possit. commodius interea fiet
si huic fomento recentes porcinos adipes aut anserinos
admisceamus. post quod continuo pessario tali uti ex- 10
pediet. ficos pingues in aqua decoctas et tritas melli misceamus et ex hoc pessarium supponamus. desuper vero
libianum superimponi conveniet. deinde intersecti nitri
glebam accipiemus et in modum balani collyrium factum
molli lana contegemus, quod superillitum libiano ini- 15
ciemus. nullo etenim remedio meliore et innoxio aut cor-
rigi matrix poterit aut purgari quam huius nitri suppositione.

1 pessariū adhibere. Haec c. *r fvGel.g(b)*: pessarium adhibere c. *B*.　　triginta *rB*: XXX *fvg(b), ubi add. Gel.* adhibenda sunt (*om.* conveniet).　　3 libiano nitrū *Bg*, libiano
(liviano *r*) nitro *rfv*: libano et nitro *b*　　conveniet *rg*: —nit
Bfv (—n̄ *b*) *Gel.*　　commiscere *rBfv* (—ri *gbGel.*).　　4 est
Gel.　　5 cardamo *b* (—mum *Gel.*): c(h *B*)ardamomū *Bfvrg*.
diptamno *fvgb*, dictamnū *rB*.　　artemisiā *rB* (—a *fvb*).　yreum
B, yrios *f*, yreos *vrgb* (*om.* radice, *ut solent*).　　6 semen *rB*
(sem̄ *fvb*). *ubique nomin. habet Gel., accusat. Neu.*　　7 plurima (*sic*) *b*, et plurimo *B*, et plurior(1 *f*)i *fvrg* (puriori *Gel.*).
8 foventum (*ut solet*) *r*, fouendū *g*. fiat *Gel.*　10 expediet *B*:
—dit *fvg(b)Gel*　　11 ficos: ficus *codd.*　　melle *b*.　　12 et:
ut *b*.　　sup(b *rf*)ponamus *fvg(b)*: (pessario) iniciamus *B*.
13 libianum *Bvg(b)*, livianum *r*: libanū *f*.　　superimponi
(inpotu *g*) conveniet (—nit *Gel.*) *Brg Gel.* (super imponimus *fv*):
inici conveniet *b*.　　intersecti *Neu.*: interiecti *B*, interiectis
fvrg(b)Gel.　14 accipiemus *fvrg*: —pimus *B Gel.* (—piamus *b*).
15 contegemus: —gimus *Bfvrg(b)Gel.*　　illitum *Bvg*, inlitum *r*: in(l *b*)linitum *f(b)*.　16 etenim *Brg*: enim *fv(b)*.
meliore (—ri *rgb*) et innoxio *Brg(b)*: meliori innoxio *fv Gel.*
17 huius nitri *rfv* (nitri *om. g*): usus nitri *in ras. B.*　　suppositione *r* (*solus*).　　quam—suppositione *om. b cum reliqua
parte huius cap., subiungit quae infra s.* 18 Cerę albę. adipis

18   postquam vero his adhibitis quae sufficere arbitror
ad omnia corrigenda quae impedimento conceptui esse
possint, iam uti conveniet his duobus sequentibus pessariis
aromaticis conceptionem maturantibus. fit autem prius
5 hoc modo. cera alba, adipe gallinarum, terebinthina et
nardino oleo, his omnibus ex aequo solutis coagulum leporis admiscemus et hoc post encolpismum supponimus.

aliud vero omnibus experimentatum usibus sequens
hoc est. cassiam fistulam, folium, spicam indicam, amo-
10 mum in unciis singulis omnia cribellata cnm stafylino aut
nardino oleo accepto coagulo leporis admiscemus. et hoc
pessario ordine adhibito rite est maturata conceptio.

19   iam nunc et superiorum pessariorum convenit subiun-
gere compositionem. pessarium dia chylon contra omnes
15 conclusiones utilissimum et probatum. lini semen althaeam

(—p̄) gallinarum. terbentinę olei nardini his omnibus ex equo
solutis. coagulum leporis āmisceamus. et hoc post encolpismum
supponemus. (*deinde nova haec:*) Nam et masculum concipiet.
gallorum testes si subinde acceptos mulier devoret masculum concipit. Item si voluerit mulier gravida fieri. aliquid de membris corvorum duorum secum habeat. (*sequitur*
De aborsu).

    1 postquam (*malles* post) . . . his adhibitis (haec adhibita
corr. Gel.): sic *Bfvrg Gel.* 2 conceptui *Bg*: —tus *fv*, —tu *r.*
3 possint *Gel.*: possunt (—s̄t) *g*, n̄ possunt *rB*, n̄ possit *fv.*
conveniet *Bfrg*: —nit *v.* 4 prius *Gel.*: prior *B*, primus *fv*,
primū *rg.* 5 cera alba *Bfvrg*: cerę albę *b* (*v. ad p. 235,17*).
adipe (—pes *rg*, —p̄ *b*) gallinarum *Bg(b)*: adipis (alapis *f*)
gallinaceos (—tios *v*) *fv.* terebentinacia *f* (—na *rel.*).
6 nardinā oleū *rfv*(—o *B*). 7 ad(ā— *g*)miscemus *Bg Gel.*,
—cimus *fv*: āmisceamus *b.* supponimus *fvrg Gel.*: —nemus
Bb. 9 cassiam *etc.* (*acc.*) *B*: cassia *etc.* (*nom.*) *fvrg.* fistulam *B*: om. *rfv Gel.* 10 in unciis singulis *B* (*Gel.*): ana. una
unc̄. *f*, ana ⚌ I. *vrg.* cribellata *B Gel.*: om. *rfv.* 11 admiscemus *B*, —cimus *fv*: cōmiscemus *rg.* 12 o. adhibito
rite est maturata c. *B*, o. adhibito recte est maturata c. *rg*
(erit maturanda *Gel.*): o. adhibitū (—tu *f*) si recte (—ta *v*) est
maturata c. *fv.* 13 et superiorum *B Gel.*: et superiori *r*,
ex supernorum *g*, et superioribus *fv* (*cf. p. 229, 11*). 14 diaquilon *Bfv*, diacilon *rg.* 15 seminis *fv.* altea *fvg.*

faenum graecum, omnia aequis ponderibus in vas novum mittimus, ubi oleum dulce et aquam aequa mensura adiciemus ut semina pertegantur. quae cum molli vapore coqui et bullire coeperint, undatio vel spuma quae supernataverit colligitur. cui anserinos vel gallinaceos adipes 5 et cetera iungimus, ut pessario moderamentum faciamus. sic nos dia chylon pessarium conficimus. quod solutius si fuerit temperatum, unguentum magnum chalasticum vel paregoricum faciet.

libianum vero sic faciemus. cerae · ponticae $\div$ IIII, 10 mastices chiae $\div$ II, storacis $\div$ I, adipis anserini $\div$ III, butyri $\div$ III, medullae cervinae $\div$ IIII, olei nardini $\div$ IIII, haec omnia secundum consuetudinem tunsa soluta miscebimus, ut pessarii temperies procuretur.

haec est ordinatio curae omnibus mulieribus adhi- 20 benda concipere cupientibus, quam breviter contexuimus. 16 sunt etiam alia quam plurima ab aliis variis coniecturis composita, quae magis causticis adhibitis forsitan possint

1 vas novum *Brg*: vaso (—se *v*) novo *fv* (vasum novum *Gel.*). 2 mittimus *BrgGel.*: mittis *fv*. 3 quae cum molli vapore coqui et bullire ceperint *B Gel.* et (*om.* vapore) *r*: quę cum (que *add. f*) molliter coquis et dum bullire coe(ce— *v*)perit *fv*, quę cum molliter coqui et bullire ceperint *g*. 5 vel *Brg Gel.*: et *fv.* 6 pessario moderamentum *Brg Gel.*: pessariorum odoramentum *fv*. 8 paragoricum (*ut semper*) *Bg*, paregoricum (*ut saepius*) *r*: paregoriticum *fv*. 10 libianum *Brg*: libanum *fv*. faciemus *fvrg Gel.*: facimus *B*. ponticae *B*: punica *r* (*Gel.*), punecę *g, om. fv* (*ubi* cera $\div$ II.). 11 masticechia $\leftarrow$ II. *r* (*Gel.*), masticis $\div$ I. *B, om. fv* (*in fine cum* storacis cal'. $\div$ I. *habet g*). storace—cervina $\div$ III. (*sic v*) *om. f*. adipis anserini *Bg*, adipes anserinos *rv*. 12 buty(i *B*)ri *Bg*, butyrū *rv*. medulla cervina *rv* (—ę *Bg*). nardini olei *B*, oleum nardinum *r*, olei nardini *g*, oleo nardu *v*, oleu nardu *f* (*haec secundum pondera aequalia addito* ana *ordinat g sic* cerę p. med. cerv. olěi n. ana $\div$ IIII. *etc. usque ad* stor. cal'. $\div$ I). 13 tunsa—procuratur *B Gel.* (*ubi* soluta autem m. *B*): pessarium faciemus (*tantum!*) *fvrg*. 17 quam *om. Gel.* (variis) ex *add. Gel.* 18 magis causticis *Br et* (*om.* magis) *Gel.*: magis calasticis *vg*. forsan *solus r*.

purgationem sanguinis extorquere. at ego blandis quam causticis magis conceptionis causa procurandae purgationem sedare volui quam extorquere. commodius est enim sic impendere officium medicinae ut cum susceptam causam
5 curare coeperis, alia non creetur.

21   sunt alia duo genera pessariorum, quibus etiam **magister meus** et purgationem inoffense se procurasse frequentius testaretur et conceptionis officia perfecisse. quae sic conficiebat.

10   opobalsami ÷ I, peucedani ÷ I, aristolochiae ÷ I, murrae et croci semuncias singulas, medullae cervinae et adipis anserini uncias singulas semis. seorsum quae tundenda sunt cribellantur et solutis ex more miscentur ut pessarium fiat. hoc primum pessarium expleto mox tem-

---

1 at ego—quibus et magister *etc.*: *haec ordine membrorum perturbato (quem correxit Gelenius) sic leguntur in B f v r g (post* extorquere). Commodius est enim ... creetur. Sunt alia duo genera pessariorum. At ego ... extorquere. quibus (et) magister *etc.*   blandis quam causticis magis *f v r g* (bl. magis q. caust. *Gel.*): magis blandis quam causticis *B*.   2 causa *B f ᶜ r g Gel.*: cause *f*, cure *v*.   procurandas purgationes *Gel.*   3 volui *f r g* (voluit *v*): voluero *B*.   4 suscepta (—te *v*) causa *f v et* (*qui curari coeperit*) *Gel.* (—am *B r g*).   5 creetur *B* (*cum rasura inter* e—e) *et r g*: creditur *f v* (curetur *Gel.*).   6 (Sunt) et *add. Gel.*   etiam: iam *B*, et (z) *r g*, *om. f v Gel.*   7 inoffense (—sa *r*, —se *g*) *B f g*: in offensione *v*.   se *B r g*: *om. f v* (procurare se *Gel.*).   8 perfecisse *B g Gel.*: —set *f v r*.   10 opobalsami *etc. genitivos habent B g, gen. et acc. mixtos r f v* (*ordinem pro ponderibus sic mutat g*: Opobalsami aristologie aū ÷ I. peucedani ÷ S. myrre c̄c̄ aū ʒ. IIII. medullę cervinę. adipis anserini aū ʒ. VI.)   peucedani unc. IS *Gel.* (*cf. g, sed* ᔑ I r *i. e.* ÷ I. *r*).   11 myrrae et croci semuncias singulas *B*: murra drāg (2. *v*) IIII. croco (—ū *v*) drāg (d. *v*). IIII. *f v*, murram et c̄c̄ ana. ʒ. IIII. *r* (*g*).   medulla cervina drāg (d *v*) V. adipes ansa-(e *v*)rinos drāg (d *v*) VI. *f v*, medulla cervina adipes anserinos ana. ʒ. VI. *r* (*g*).   12 (m. c. et a. a.) uncias singulas semis (ana unc. IS *Gel.*): semuncias singulas. Semina (seorsum...) *B*. 12 seorsum—fiat *B Gel.* (*!*): pessū facis (*tantum!*). Hoc [pessum facis hoc. *r*, pessū | oc facis *g*] *r g f v*.   tundenda *Gel.*: addenda *B*.   13 ut. p. fiat *Gel.*: ut sic tusis pessarius fiat *B*. 14 Hoc primo pessario exempto mox tempore *B f* (*r g*), Hoc

pore secretorum post balneas supponendum est, quod duabus horis continendum erit.

post vero detracto pessario, hac sequenti confectione 22 fysin vir eius linire debebit, et continuo mulieri commiscendum est. opobalsami unc̄ I, opopanacis ÷ I, turis masculi ÷ II, cinnamomi ÷ IS, murrae ÷ I, costi semuncia, 5 croci dr̄ VI, cassiae dr̄ VI. haec simul contrita oleo irino commiscentur, ut paulo pinguefiat. cum vero utendi tempus advenerit, post purgationem et balneas et pessarii prioris usum uteris necessario linimento. 10

peregisse me arbitror quam plurimas sub constrictione mulierum aegritudines. quibus si quam forte minime comprehendimus, sub uno et simili relaxandi beneficio visitandae erunt. variae etenim pro causarum temporibus

primū pessariū ex tempore v, (hoc.) Primo p. exempto mox tempore rg (ubi scripsi͞ expleto).

1 balneas fv Gel.: —ea Brg. item infra. 3 pessario hoc. sequens confectio si sit. vir eius l. B, pessario. ác sequenti confectione fisin vir eius l. fv', pessario hoc (ħ r, ħ g) sequenti confectione fisin vir l. rg. 4 lenire f Bᵒ. debebit et c. mulieri fv, debebit mulieri et c. B, debebit. mulierique c. g (debebit mulierinos. ⸹ II. cinnamomū ⸹ IS etc. r cum lac.). commiscendum B: —dus fv g (miscendus Gel.). 5 est B fv Gel.: erit g. ante opob. haec (ex marg. sc.) addunt verba sequens linimentum hoc Bg, s. linimentum. hoc fisin fv. opobalsami unc̄ I. opopanacis ÷ I. B: opopanace ÷ I. opobalsamu(ū) ÷ I. fv. turis masculi ÷ II. B: libanu (—ni g) arrenos (arenos g, arabicū v) fv g. 6 cinnamomu ÷ I. fv, cinnami ÷ II. B, cinnami ÷ I. et S g (Gel.), cinnamomū ÷ IS r. mirrę ÷ I. B (rg Gel.): om. fv. costi semuncia. I. B, costo. S. f, costū ÷ I. v, costū ÷ S r, costi ÷ S g. 7 croci cassie ana semuncia. I. B, c͞c cassię (casia r) an̄ ꝫ. VI. rg, crocu (—um v) draḡ. (đ. v). VI. cassia draḡ. | (đ. V. v) fv. ordinem specierum secundum pondera hic etiam mutat g (sic: opop. opob. mirre an̄ ÷ I. libani arenos ÷ II. etc.). hęc similiter contrita oleo B Gel.: teris (tere g) cum oleo fv rg. 8 commiscentur B: om. fv rg. ut B g, aut r: & fv. paulo B rg: modice fv. pinguē (—e v) fiat fv, pingue fiant B: pinguius fiat rg Gel. 12 quibus f: e quibus Brg v Gel. quam Gel.: qua Bv rg (f detr.). 13 visitandae (—dę) erunt Br fv, —de erit g.

adiutoriorum species proderunt, eadem attamen medendi
omnibus virtus.

VI. De aborsu.

23   Abortivum dare nulli umquam fas est. ut enim
5 Hippocratis attestatur oratio, tam duri reatus conscientia
medicorum innocens officium non decet maculari. sed
quoniam aut matricis vitio aut aetatis impossibilitate, sub
qua causa praepropere frequenter partus evenit, feminae
periclitantur, expedit praegnantibus in vitae discrimine
10 constitutis sub unius partus saepe iactura salutem mercari certissimam, sicut arboribus arescentium ramorum
accommodatur salutaris abscisio et naves pressae onere
cum gravi tempestate iactantur solum habent ex damno
remedium. unde breviter huic loco adnectenda continuo
15 designabo.
24   si ergo necessitatibus urgentibus aut aetatis inmaturae
aut vitiorum superius comprehensis pecus molliter sub-
trahendum erit, his quam maxime consentio faciendum ut

1 proderunt *Gel.*, prode erunt *fv*: proderunt adhiberi *Bg*,
adhiberi proderunt *r*.   eadem attamen (*in ras.*) *B*: eadem
enim adtamen (attm̄ *g*, adagmen *v*) *fvg*.   2 virtus (*sic*) *Bfvrg*:
ratio *Gel.*   3 De aborsu *b Gel.* (De aruosu *e*), De avorso (—su
ind.) *r*, Ad aborsu (m) *fv*, De abortivis mulierum *B* (de abortu
ind. B), De abortivo non dando *g*.   5 yppo(ypo *g*)cratis *Brg*
(ypocras *fv*). cf. *Hipp.* (*iusiur.*) *I, 2 L*.   oratio *Brg*, ratio *b*:
om. *fv Gel.*   7 quoniam *Brg*(*b*): quia *fv*.   ınpossibilitas *fv*
(*hic mutilus Gel.* aut aetatis propere *etc.*).   sub qua p̣p̣pere *B*,
sub qua cū p̣p̣pore *r* (*ubi* cū *pro* cā), sub qua cū ppere *g*, sub qua·
(e *v*) cūq· ppere *fv* (sub q̄c̄q; causa pferre *b*).   8 evenire
fv Gel.   10 mercari *Brg*: merear *fv* (mergi *b*).   11 sicut
—(15) designabo: *pro his sic habet b sicut navis onere pressa*
cum gr. t. iactatur. nihil aliud nisi solum dei remedium (!).
14 unde *Brgv*: munde *f sol.* (modum *Gel.*!), om. *b*.   16 in(ī)-
maturae (—e) *fvrg Gel*: immaturitate *b et* (*in ras.*) *B*.   17 vitiorum *fv Gel.* (humorum *rg*): viciis *Bb*.   comprehensorum
Gel.   pecus: metus *v* (foetus *Gel.*).   18 his: 'hinc aliena
multa praebet b.   quam maxime *B*: quā *fv*, qua *g* (*ubi sic*
moll. his subtr. erit. qua consentiendo faciendū ut ...), om. *r*
et (*ubi* sic consentio f.) *Gel.*

cataplasmatibus chalasticis artemisiae sucum aut tuusae
pulverem misceamus. dictamni quoque similiter. sic aristolochiae, sic rutae seminis. sic et fomentis ex supra
dictarum specierum decoctionibus factis uti conveniet et
quae scripta sunt in cura conceptionis ad sanguinem in- 5
noxie provocandum.

his vero sequentibus aliqui usi remediis duris forsan 25
corporibus minus obfuisse videntur, ut qui vi sanguinem
extorquentes simul etiam venientia pecora pertraxerunt.
sucum rutae viridis potui dederunt ad neofyta excludenda. 10
hanc eandem rutam viridem cum rancidis nucibus et cum
melle tritam dederunt, asseverantes pro pessario apponendum. interea etiam murram et artemisiam et violae
semen ex aequo cum suco mentae potui similiter post
balneas dari debere asseveraverunt. item lupinorum ama- 15
rorum pulverem murrae et violae semen, quae omnia ex
aequo cum mentae suco temperaverunt ut trociscos conficerent, quos cum decoctione artemisiae aut dictamni dari
constituerunt. alii radicem panacis murram aloen ex aequo

---

1 sucum *fvrg(e)*: sucos *B.*   2 dictamni *B(e)*: diptāni
(—tami g) fvg.   3 seminis *fvrg Gel.*: seminibus *B.*   4 decoctione *Gel.* et quę *fvrg Gel.*: quae (*om.* et) *B.*   5 ad...
provocandum *fvrg Gel.*: ac...provocantibus *B.*   7 aliqui.
usi *Brg*: aliquibus *fv, om. Gel.*   forsan *Brg Gel.*: forsitan *fv.*
8 minus obfuerit uti quae vim s. *etc. Gel.*   videntur. qui
(qui vi *Bᶜ*) sanguinem *Bg,* v. qui vi sanguine *r,* videnti. ut qui
vim sanguinis *fv.*   9 pecora *Bfvrg*: (—tes) foetus *Gel.*
10 neof(ph *v*)ita *Bfvrg.*   11 cum melle: *cf. e* aut ipsum sucum
cum nocibus rancidas ad mellis spissitudinem pro pessarium.
12 ap(d *fv*)ponendum (*sic*): supponendam *Gel.*   13 violę(e)
fvrg: leucon (*i.* leucoiu) *B. cf. supra 22* libanu arrenos (*fvg*).
14 cum suco mente [—(17)cum suco mente *om.*] temptaverunt
(*sic*) *r.*   15 balneas (*sic*) *fv (ut 22*).   dari debere *Bf(v)*, dari
bibere *g.*   asseveraverunt *B*: adseveraverint *fv,* adseverant
Gel.   item *etc. B*: et *fvg Gel.*   amarorum *B: om. fvg Gel.*
16 mirrae *B: om. fvg Gel.*   violę(e) *fvg Gel.*: leuco (*sic*) *B.*
quae omnia ex *B: om. fvg* et (*praeter* ex) *Gel.*   17 cum suco
mente *fv.*   tentavere *Gel. (ut r ad v. 14*).   ut trosciscos con-
fecissent (*sic, ubi* conficerent *Neu.*) quos c. d. ... dari constituerunt *B*: et trociscos c. d. ... dederunt *fvrg.*   19 alii ra-

similiter cum suco mentae viridis temperaverunt. alii collyrium suppositorium facientes sic se haec innoxie ex-
torsisse testati sunt. murrae absinthii iris illyricae radicis panacis uncias singulas, cummi ÷ II. quae in suco
5 faeni graeci infuderunt, ex quo mixto cum pulvere supradictarum specierum collyria vel balanos confecerunt, quos
post balneas supponebant. nam et dictamnum cum vino tritum
post balneas potui dabant et continuo paene iam maturas
animas excludebant. nam et ovium fel in melicrato dederunt
10 aeque violentum. sic fel taurinum cum nitri combusti pulvere oesypoceroto miscuerunt et pro pessario supposuerunt.
        aliud. oesypoceroti, nitri, cymini uncias singulas,
26 ficus pinguis albae bene tritae ÷ II. cum lacte muliebri
pessarium supponendum temperaverunt. nam et nostro

dicem panaci mirrae aloes ex aequo similiter sucum mentę viridis
temperaverunt *B*: alii radicem panaci(e)s murra aloe equalia
cum suco mente dederunt *fvrg Gel.*
    2 supposto(u)rium *rfv,* suppositum *g.*   3 murra absen-
tium yreos radices (—cis *r*) panaces (—cis *r*) *fvr* (myrrę absinthii y.
radicis panacis *g*), mirrae et absinthii yris illiricę radicis panaci *B.*   4 singulas uncias *fv Gel.*, unc̄ singulas *B* (aā ÷ I.
rg). et gummi uncias duas *Gel.*, et gummenoli *f*, ęt gummę
XII. *v*, gummi ÷ II. *Brg* (gummę II. ÷ *b*). cf. *Cass. ind. s. v.*
quae in suco ... supponebant *B*: in suco f. gr. omnia infusa
(infusas omnia *r*) commiscentes c. vel b. fecerunt et post balneas
supposuerunt *fvrg Gel.*   7 balneas *fvrg.*   supposuerunt—
(8) balneas *om. v.*   nam et (cf. e facit ad hoc et diptamnis sucus
potum et fel ovium in melicrato datus): nam (*om.* et) *B f.rg Gel.*
8 balneas *frg.*   iam maturas *fv Gel.*: inmaturas *Brg.*   ovium
fel in mel(l)icrato *Brg*: ovillum fel et maligranati (sucum *add.*
Gel.) d. *fv Gel.*   10 cum nitri combusti pulvere *B*: cū nitrū
(—o *v*) combustū .(i *v*) pulvere *fv*, cum nitro combustū *rg.*
11 ysopi ceroto (ceratū *v*) *Bfv*, ysopocerotŏm (ysopoceroto *ante*
corr.) *r*, ysopo ceròto *g* (ysopum cerutis *e*). *Gal.* X, *965* (ἡ δι᾽
οἰσύπου κηρωτή) *cf. Diosc. p. 206.*   12 aliud *Brg*: item *fv.*
ysopi cerotū nitrū tostū ciminū anā unc̄. I. *B*, ysopū cerotū n.
c. ana ÷ I. *r*, ysopi ceroti nitri cimini ana ÷ I. *g* (*b*), ysopū
cerotū nitrū ciminū singulas uncias *f*(*v*)*Gel.*   13 ficus pingues
—tritas ÷ II. *B et* (*om.* bene) *r*, ficus pinguis albę tritę ÷ II. *g*,
ficus pinguis (*om.* a. tr.) II. ÷ *b*: *om. fv Gel.*   mulieris *rfv Gel.*
14 temperaverunt *Bfv* (*al. b*): (pessario supponendū) temptaverunt *rg* (cf. *Gel.*).

pesso utebantur ex solis pinguibus ficis tunsis balanos vel collyria supponentes, quibus nos etiam nitri speciem admiscuimus. sed innoxie ex hoc purgatio procuratur.

aliud inquiunt exclusorium violentum, quod murram tritam et elleborum felle taurino miscentes et temperantes 5 pro pessario supponebant.

aliud. murrae ÷ I, ficus pinguis tritae lib I, galbani ÷ I, afronitri ÷ III. omnia trita commiscebant. cum usus exigebat, cum melle pessarium temperabant.

his etiam ptarmica adhibuerunt ex elleboro struthio 10 castoreo, ut membris omnibus exagitatis pecus facile extorquere valuissent.

coacti etiam aliorum scripta legimus, inlicita quidem 27

---

1 ex solis pingues ficos tunsas *r*, ex solas (ex solo *v*, ex sole *g*) pingues (—is *f*) ficus tunsas *fvg*, ex solis pinguibus ficubus tunsis *B*.   balanos *Bg*, —no *r*: —nū *fv Gel*.   2 nos: ros *r* (*solus*).   4 quod—supponebant *B* (*cf. e*): murra elleborū fel taurinū ex hoc pessum supposuerunt *fv Gel.*, murre ellebor̄. fel taurinum (myrtẹ ellebori fellis taurini *g*) ex hoc pessario supposuerunt *rg*.   7 aliud *Brg*: item aliud *fv Gel*.

murra ÷ I, ficus pingues tritas l͞i͞b I, galbanū ÷ I., afronitrum ÷ III o. t. c. cum usus exigebat (exegisset *fv*) p. temperabant *rfv* (murre ÷ I. ficuum pinguium tritarum lib̄. I. galbani ÷ I. afronitri ÷ III omnia commiscebant. cum usus exigebat. cum melle temperabant *g*): mirre unc̄ I. ficus pinguis tritẹ lib. I. g. ÷ I. a. ÷ III. omnia trita tunsa fi⟨cui commiscebant *in ras.*⟩ et cum usus forte fuerat necessarius pessarium (—us *ante ras.*, *sicut f*) ab isdem temperabant *B*.   8 afronitri VI. ÷ *b* (III. *rel.*).   4—9 *pro his sic habet e*: aliud inaqua exclusorium violentum murra elleborum fel taurinū omnia ista simul mista et pro pessarium adponatur & tarmica provocanda erunt . . . 10 His etiam ptharmica *B* (*supra* *B°* i. sternutamenta): His etiam sternutamenta *rg*, His itaque exsternutamenta *fv* (his etiam sternutaciones *b*, *cf. supra* et tarmica *e*).   ex *Br Gel.*: et (ex lebore *f*, ellebor4 *v*, *deinde* cū membris) *fv*.   11 ut (ū *g*) *Brg*: cū *fv*, tum *Gel.* (om. *b*). *cf. ad v. 11*.   11 extorquere *B rfv*: —ri *Gel.*(*b*).   12 valuissent *B*: potuissent *r*, —set *g*, potuisse *f*(*v*)*Gel.* (possit *b*).   13 legimus *rg*: ⟨eli⟩gimus (*in ras.*) *B*, erigimus *fv* (transivimus *b*), *unde* exegimus *Gel*.   in(l *g*)licita *rfvg*(*Gel.*): inclita *B* (inclinata *b*).

non adeo sub illis necessitatibus salutis, si vel non inportunis mensibus ingerantur. sed quoniam his inconsiderate frequenter ita rebus gestis, vi et vapore adhibi-
tarum specierum haemorragiae provenerunt, per quas et
5 vulnerationes paene incurabilis cursus laesas feminas occupaverunt, ad haec nos quibus valemus tandem adiutoriis
salubribus obviamus.

VII. De haemorragia matricis.

28 Haemorragiae matricis licet etiam ex aliis fieri soleant,
10 attamen quoniam omnes una lege medendi curandae sunt,
in subiectis earum causis adiunctis, omnibus ut arbitror
sub constrictione passionibus praetractatis, ad resoluta et
sub effusione laborantia descendemus. quae quam maxime
saepe chronicarum more causarum difficiles liberatu sunt.

1 non adeo *Brfvg*: nec adeo *Gel.* (*om. b*). salutis: salutem *rfv* (salutem apantibus *g*), salutaria *Gel.* (*cf. b*), saltem *B*.
si vel non inp. *Brfvg* (si oportunis *b*, si vel importunis *Gel.*).
2 inconsiderate *Brg*: —ranter *fv*. his ... ita: *sic omnes* (*cf. e*:
Omnia tamen hec diligentius sunt facienda ne ...) *praeter Gel.*
qui om. sed—inconsiderate. 3 adhibitarum *Gel.*: adhibita *rfv*, —to *Bg*. 4 emo(r)rogiae *Brg*: emorroy(i *v*)de *fv*
(morroide *b*, emorroidas *e*). pvenerunt *B*. per quas—
occupaverunt *om. v.* et vulneratio *rfg* (—ones *B*): exulcerationes *Gel.* 6 nos *B*: om. *rfvg Gel.* adiutoriis (—ribus *V*)
salubribus obviamus: *hic* (*post lacunam*) *incipit f. 78 cod. V,*
cuius ultimis fŏliis quae sequuntur servata sunt. 8 De emor-
racia (emorrogia *Bg*, emorroida *be*) matricis (vel fluxu sanguinis *add. b*) *V* (*Bge*), De fluxu sanguinis (id est · emorroide
matricis *add. v*) *rfv* (de fl. s. mulierum *g*). 9 Emorragiae m. *V,*
Emorrogiae m. *rB*, Emorroides *b*, Emorroide̞ m. *f.* (*om. v cf. tit.*)
ex aliis: in alii(s) locis *e.* soleant *VBrg*: solebat *fv.*
10 medendi (*om. Gel.*): meditandi *fv.* curandae sunt (erunt *g*)
Brfvg Gel.: curae fiunt *V.* 11 in subiectis (*b*): subiectis
VBrgfv. causas adiunctio *V,* causis adiunctisque *B,* causis
adiungo *r*(*b*), causas adiungo (—e *v*) *fvg.* 12 passiones *f,*
—nis *v.* praetractis *Vfv* (praetactis *Gel.*), pertractatis *Brg.*
ad: hac *r,* ac *f* (*om. v*). 13 di(e *B*)scendimus *VB,* dis-
cedimus *rgfv.* quamvis maxime *Bv*(*f*). 14 difficiles liberatu sunt *Gel.*: difficile liberati sunt *V* (—te̞ sunt *rgfgb,* —te̞
sint *B*).

vaporibus constringendae sunt ex decoctionibus spe-29
cierum omnium stypticarum, quas etiam nunc subiectas
admoneo. murta viridis, flos mali granati, cortex arboris
pini, siliquarum folia· vel bacae lentisci, similiter rosa sicca
et galla et ros syriacum et cetera similia. item encol- 5
pismis imminere convenit ex croco hypocistide acacia om-
facio lapide haematite lemnia sfragitide, omnibus tunsis et
mixtis decoctionibus supra dictarum specierum aut sucis
polygoni vel arnoglossi temperatis. post vero spongia infusa in puscula supposita muniendae erunt. inguinibus 10
vero lanas sucis supra dictis infusas imponi suadeo.

expedit interea omnibus superioribus locis usque in
mamillas cucurbitas stalticas ignitas imponere, sic etiam
inter scapulas diu perseveraturas sed molliter detrahendas.
epithemata vero omnia staltica, ut dysentericis sunt ordi- 15

2 quas e. n. subiectas ammoneo *B*: quae e. n. subiectis
(subiunctis *fv*, in subiectis *b*) ammoneo (adm. *fv*) *Vfv*(*b*) *et*
(etiam *om.*) *rg*, quas e. n. subiungo *Gel.* 3 mirta virides f.
m. cortix a. p. s. f. vel bace lentes. Similiter ossa s. galle &
rosiriacū & c. s. *V*, murtę viridis f. m. cortex a. p. s. f. vel
uace. lentis. scimiliter rosa s. galla et r. s. & c. s. *r* (*et similiter
nomin. casu gb et e, ubi est* qualis est mirta virides. et flores
m. et pini cortices. s. f. vel vace lintisci s. rosa s. gallaro si-
riacos et c. s.): murte viridis (—es *v*) f. m. cortice et a. p.
cortice et s. f. vel u(b *v*)ace lentisci s. uacas (baces *v*) rosę
siccę & galla ros syriacu (siriacum *v*) & c. s. *fv* (*unde Gel.*), mirti
viridis flore m. cortice et a p. s. foliis vel bacis lentisci s. rosa
sicca et galla rore syriaco et ceteris similibus *B*. · 5 item *VB*(*e*):
et *rgfv*(*b*). inculpismis *Vv* (incupismis *f*), incolpismis *re*,
encolpismis *Bg* (encalpismis *b*). 6 hypocestistida *V*, ypoquistida *Brfv*. 7 lemnias frigida *Vrv* (limnias frigidos *e*),
leminias frigitida *f*, lemnia fragitida *B* (lepnas fragida *g*).
8 specierum *rgfv*(*b*) *Gel.*: superius *V*(*e*), superius specierum (!) *B*.
9 arnoglossi *Vf*(*b*), arneglossi *r*, —sa *v*, — sę *Bg*: plantaginis *e*.
10 in puscula posita *V*, in puscula supposita *r* (in puscula
superpositum *e*), in pusca sub(p *v*)posita. muniendae *VB*(*b*):
minuendę *fv*, īminende *g*. 11 in sucis *e*. infusas *om.* *V*
(*solus*), *post* lanas *habent fv Gel.* (*non r*). inponi suadeo
VBrg(*b*): inponis *fv*(*e*), *unde* impones *Gel.* 12 in mamillas
VBrg (—lis *fv*): ad m. *b* (usque mamillis *e*). 13 stalticas *Bf*
(tautica *v*) *gr*: *om.* *V*(*e*). ignitas: agnitas *f* (*om. Gel.*). 15 ut d. s.

nata, imponenda sunt, quam maxime ex dactylis thebaicis in vino vel aceto decoctis et cerotario commixtis, speciebus quoque quas nosti competenter posse constringere.

VIII. De vulneribus matricis.

30 Si vulnerata ex his matrix fuerit, quibus vulneribus
6 internis putredo frequentius sociatur, advertes ex egestionibus quatenus debeas causae succurrere, adhibendo dia chartu Athenaei trocisco ex auripigmento calce viva sandaraca pulvere chartae combustae et ceteris similibus ita
10 confecto et temperato ex sucis omnium specierum supra dictarum.

VIIII. De fluxu reumatis quem run appellamus.

31 Si ex his fluxus perseverans sanguinis vel umoris colore variantis molestiam fecerit, quem nos run appel-
15 lamus, his omnibus superioribus imminendo constringendus

ordinata: a disinthericis ordinata *V* (et dissentericis ordinata *b*, sicut disinterici | sunt ordinata *e*), dissintericis ordinata *rg*: que disintericis ordinavimus (ordinavi *Gel.*) *Bfv* (*Gel.*).
1 dacti(u *rfv*)lis *Bfvg*: om. *V*. 2 et (cer.) *b*: ex *VBfvrg* (*Gel.*). ex speciebus q. n. *b*. 3 quoque *VB* (*Gel.*): vero *rfv*. nostis c. que possint c. *fv*. 4 VIII. (*item postea* VIIII. X) *numerum solum sine rubr. habet V*. 6 internis *Vfvrg* (*be*): interius *B*. advertes *rgv*: —tis *VBf* (*e*). 7 dia chartu Athenaei trocisco (*Gel.*): aut (*pro* aut̄?) diuartu uthineo trochisco *V* (aut di | artuathineo. trocisco *e*), diucarui atineos. trociscos *b*, aut diacardii. aut athineu. trocisco *r*, aut dia cardiu ā athineu trocīs *g*, aut diacartum (—tu *f*, diacostū *v*) aut trociscos (—co *v*, troschiscos *B*) *Bfv*. cf. *Galen. XIII, 296. Cass. Fel. p. 126, 10.* 9 pulvere charte (carte *Be*) cōbuste *VB* (*e*): carta com (con *f*)busta *rgfv*. 11 *in fine add. b*: et sicut dissintericis ordinavimus uteris. 12 quem run (*e*, q̄ run *b*): quem rom *B*, quarū *f*, quā rū *v*, quem runa *r* (q̄ reuma dicitur *g*). 14 colore varianti *V* (colores variantes *e*), colore (—rem *B*) variantis (is *in ras. B*) *Brg* (col'e variatus *b*), cholera variantē (*corr.*) *Gel.* run *V* (*b*): rūna *r*, ruma *g* (strumam *Sim. s. strumas*), rum *f*, rū *v* rom *B*. 15 his: *sic omnes. cf. infra p. 247, 15 (scil. 3, 29).* imminendo (*sic, sine puncto hic desinit v*).

erit vel desiccandus. si quis vero etiam potionibus curare velit, habet has potiones a nobis similiter ordinatas in is qui sanguinem vomuerint aut dyssenteriae vitio laborarint.

si humanius res profecerint, ut veluti in chronicis 5 mos erat, aliquando commoveantur aliquando sub blanda dimissione releventur, quo tempore cycli nobis iam omnis ordo intendendus erit et accipiendus, vomitus prius frequentius adhibendo quam maxime post radicum acceptionem, exercitiis paulatim crescentibus imminendum est. 10 aeris mutationes appetendae, locis isdem psilotra paropteses dropaces et sinapismos appono. quibus omnibus perseverando vim magnam reumatis magnis valeamus adiutoriis superare. sane si sanguineus et cum dolore fluxus fuerit, etiam flebotomo eas expedit relevari, omnibus his 15 supra dictis stypticis imminendo.

X. De gonorroea id est spermatis. effusione.

Effusione aliquando etiam spermatis spontanei et inportuni feminae fatigantur, quod in graecis nostris 32

1 desiccandus $VBrg(b)$: siccandus $f(Gel.)$.   quis: qui V. 2 has potiones Bf: dispositiones b, has dispositionis (—nes g) Vg. 3 in is qui: In his autem qui $VBfg(b)$, *ubi* quae *corr. Gel.* q. s. vomuerint Vfg (vomuerunt Br, evomuerint b): emoptoycis e. laboraverint (g): laborar̄ V, —runt Br, —raver̄ fb.   5 profe(i rg)cerint $VBrg$: profecerit $(b$, —ficerit $f)$.   7 dimissione Bfg: demissione V (remissione b).   cicli nobis VB: nobis cicli (cycli b) $frg(b)$.   11 mutationibus. Spetēde V (appetendis $Gel.$), inmutationis appetende r.   isdem Brg: hisdem Vf.   psi(y r)lotra Br: pesilotra V, desylotro f.   paropteres VB, parop(bg)tesis frg.   12 et VB: om. $rf(Gel.)$.   sinapi(e V)smos VB: —mū $frg(b)$.   13 reumatis magnis VBr $(b$, r. malignis $g)$: reumatismis f.   15 expedit $VB(eb)$: —diet rgf.   his: cf. *supra p. 246, 15* (omnibus—imminendo *om. b*). 17 gonorria B, —rea fb.   id est Bf: hoc est r (*tit. om. V cf. ad p. 246, 4*).   18 Effusione (*in ras.*) B (Effusio e): om. Vrf, *post* v. inportuni *habet b* (*ubi* fluxu *Gel.*), *post* feminę g.   spontanea et inportuna B (*solus*).   19 in grecis nostris g. appellavimus (—bimus V, appellamus B) $VBrg$ (in grecis libris nos g. appellamus b): greci g. appellant f (*cf. e* hoc enim greci g. vocant).

gonorroean appellavimus. ea quae in viris hoc vitio laborantibus superius ordinata sunt, etiam feminis convenit
adhiberi.

Ordinata gynaeciorum dispositioni sufficere arbitror,
5 principalium passionum constrictionis et relaxationis causis
ex parvis omnibus adiutoriis competenter adiunctis. cetera
vero quae artis officio parturientibus aut disponenda sunt
aut facienda, usu magis quam lectione debes advetere.

1 gon(m *V*)orroeam *V*, —rea *frg*, —ream *b*, —riam *B*.
ea: et *b*, haec (hec *f*, h̄ *g*) *VBrfg* (*cf. e* hac ratione curari debet
sicut in viris…). 2 etiam: etiam et *f*. 4 Ordinata gineciarum dispositionis afficere *V*, Ordinatas gineciarum dispositiones sufficere *B*, ordinavi geneciorum dispositione s. *f*, Ordine
genitiorum dispositione s. *r*, Ordene geneciorum dispositione s. *g*
(Ordine gonorreorum dispositione s. *b*). 5 *post* passionum
add. b in oxer. libro dispositis. constrictiones et laxationes *f*.
causis *B*: causas *Vfrg*(*b*). 7 aut *Bg*: que (quae *r*, que *fb*)
aut (*iterum*) *Vrf*(*eb*). 8 debes *VB*: debebis *fg*(*eb*). *post*
advertere *addunt Bf* ut intelle(i *B*)gas quae pertinent (*sic*) ad
salutem mulierum. *subscriptio nulla in VB*(*b*). *at in f.* Explicit genecia theodori auctoris. *contra in g continuo seq. c.* XI
De menstruis provocandis *etc.* (*ut* Theodorus priscianus ad octavium filium. De sanguine menstruali provocando… *et cetera
in b*) *capitula gynaeciorum aliunde addita.*

Theodori Prisciani

Physica.

Scribenti mihi de fysica scientia, qua te maxime 1
delectari intellego, sufficere arbitror ad commendationem
operis Menandri comici insigne argumentum. apud cives 5
cum studiorum annis magnae scientiae laboraret invidia,
produxisse in theatrum fertur suem partu plenam, hoc
enim in loco celeberrimum atheniensis eloquentiae audi-
torium erat, produxisse inquam exspectantibus auditoribus
plenam suem ibique eius exsectum uterum in Euripo 10
    fuisse. cumque interfecti paene doctu tamen
naturae agerentur, Athenienses inquit viri, si in parvis annis
scientiam meam miramini, istos natare quis docuit?

hinc advertere datur, Eusebi dulcissime filiolorum 2
meorum, gratum mihi testimonium. plus enim in te amo 15
laboris mei operae pretium et quod tu mihi nunc scribenti contigeris auditor. dixi datur advertere, quantum
naturae vis pateat in omnibus elementis eorumque se-

---

1 *Huius libri fragmentum quo uno extat codice Bruxell.
s. XII (B), hoc sic inscribitur* Incipit de fisicis ad octavium
eusebium filium eius. *Eusebium ipse libri textus attestatur,
Octavium finxisse videtur librarius propter Octavium Horatianum,
quem putabat libri patrem. sic etiam gynaeciorum liber II. ab
alio quodam additus ad Octavium scribitur. ego ipsum codicem
unicum (licet incertae fidei testem) sequor (collatum a. 1876),
expulsa Hermanni de Nuenar emendatione arbitraria.* 4 ad
comm. operis om. *Neu.* 5 cives [suos *add. Neu.*]. 10 *post*
euripo *album in cod. (i. e.* fuisse proiectum *add. Neu.: sed
multo plura exciderunt).* 11 doctu *B*: ductu *Neu. (recte fort.).*
14 filiorum *Neu.* 15 Plus *B*: Valde *Neu.* 16 opere (—rae
Neu.) precium *B.*

mine atque animantibus, cuius virtutes non frustra inter
se dissentiunt aut secum copulantur. alcyonio herba pastae
oves periclitantur, mox radice eius assumpta liberantur.
mulorum sumere potus venenum est, carnes eorum cibo
5 datae remedio. medentur ventris tormento canes pastae
gramine, et horridus sus nebulam discutit campo pabu-
latus. et iacta theca per dictamnum excluduntur iacula.
et cervi longaevi vita adhaesis mutatur cornibus. et
communis chelidoniae cognomines herbis pullorum suo-
10 rum declarant oculos. ad postremum natura omniparens
veluti adiuncta granditate cuncta animantia prosecuta est.
quae enim nascendi sortem tribuit, vivendi ac valendi substantiam non negavit. est enim in omni mundo natura
quae operetur grande secretum. sed illud mirari non
15 desino cur irrationabilia et vagae aves et agrestes ferae
ad beneficia naturae propius accederent.

3   supra contexti dabitis mihi veniam operis, patres
priores. disputationum enim vestrarum rationes atque
morbidorum animalium genus et his similia aetas mundi
20 rudis ignoravit. Pythagoras aegyptiae scientiae gravis
auctor, scribit singula nostri corporis membra caelestes
sibi potestates vindicasse. unde fit ut aut contrariis quibus vincuntur aut propriis quibus placantur conemur. hinc
est quod et Romani febri aedem statuerunt et quod cer-

2 alchionio *B*.   4 *fort.* mullorum (*cf. Plin. 32, 91 cum
eiusdem 32, 25. 44*).   sumere *B*: sanguis *Neu.*   5 [sunt]
remedio *add. Neu.* (remedio medentur *coniungit B*).   canis
paste *B* (*f. corr.* pasti). *cf. Plin. 25, 91.*   6 horridus ... pa-
bulatus: *sic B* (—a *Neu.*). *cf. Plin. 18, 364* (?).   7 theca *B*:
om. Neu.   iacula *B*: tela *Neu.* (*Plin. 8, 97. 28, 92*).   9 adesis *B*
(*cf. Plin. 8, 116*).   9 communes celidoniae cum omnibus
herbis *B* (*ubi pro* cum omnibus *scr. Neu.* communibus). *cf.
Plin. 25, 89. 8, 98. Apul. c. 73 Ack.*   11 granditate *B*: chari-
tate *Neu.*   16 accederent *B*: —dant *Neu.*   17 patres *quos
infra citat* Pythagoram *inprimis dicit et* Democritum (*cf. Plin.
24, 156*):   18 atque *B*: *om. Neu.*   19 similia *ante corr. B*:
similis *B° Neu.*   20 egiptiae *B*.   24 aedem *Neu.*: eadem *B*.
certanas (*sic*) *B*: Quartanas *Neu.* (*fort.* tertianas? *cf. Ps. Plin.
med. 3, 15 Rose in formula magica*).

tanas Saturni filias affirmavit antiquitas. in quarum curatione Democritus inquit pollutione opus esse, ut sunt
caedis culpae et menstruae mulieris et sacrarum avium,
vel vetitorum animalium carnes cibo datae et sanguinis
potus. nam et epilempsin, quam ieran noson appellavere, 5
sic curare praecipit, efficaciae potentiam praeferens et
vetans inquiri rationem. sed haec non nos primi prodi-
mus. fateri non paenitet, communia sunt quae cum veteribus sentio. mea quae scripsero, aeque in his dumtaxat
et nos magis posteris placebimus. nec mirum si nulla 10
circa vivos fama est. sua tempora lector non amat. hinc
est illud clarissimum satyrici distichum

> parva coronato plausere theatra Menandro
> riseruntque suum saecula Maeoniden.

nam et magister meus quo me usum esse praemiseram, 15
dum viveret bellus habebatur, qui nunc orbis totius Vindicianus celebratur, et profecto nullius umquam virtus
digne suo saeculo honorata est, vel quod invidiae fortu-
naeque locus inter vivos maneat vel quod a miseria orto
desiderio celebretur post fata probatio. 20

⟨I. Caput dolentibus.⟩

Herba polygono coronatus quam quis luna decrescente 4
sustulerit dolore capitis caret. similiter etiam herba illa

---

2 Democritus: *cf. Plin. 23, 7.* 3 caedis culpae: cędes
& culpę *B (in quo tamen corr. erasit c ut fiat* ędes). *cet. cf.
Plin. 23, 7. 34.* 3 menstruae: *sic B (menstrua Neu.). cf. Plin.
7, 64 sq. 28, 77 sqq. (83).* 4 carnis *B (—es Neu.)* 5 epilempsin *B (ut et graece* ἐπίλημψιν). gera noson *B.* 7 vetans: vitans *B (et Neu.).* 8 quae... sentio *Neu.*: qui... sensio *(sic) B.*
[Atqui] mea *add. Neu.* aeque: atque *B*, om. *Neu.* 10 nulla
—amat: *sunt verba Martialis ep. 5, 10 v. 1 et 2.* 12 satyri
disticum *(sic) B (scil. Martialis epigr. 5, 10 v. 9 et 8 inverso
hic ordine). cf. A. Meineke, Men. et Philem. rel. 1823 p. XXXI.*
15 usum esse [praeceptore] *add. Neu.* p̄miseram: *sic B.*
16 orbis totius *B*: orbe toto *Neu.* 19 amiseriae: *sic B (Neu.).*
21 *abest rubrica, licet album unius lineae spatium prostet in cod.*
23 *cf. Marc. p. 35 Bas. v. 6 (et v. 1) quam rubiam (Pl. 24, 94) vocamus
(ex confusione).*

quae forte inventa fuerit in capite aenearum statuarum.
nam et reliquias bovis potantis si quis biberit molestia
capitis relevabitur. spuma vero eius fronti illita lege
secretiore naturae graves inquietudines capitis sedat. et
5 cornicis cerebrum quoquo libet genere acceptum paria
facit. similiter etiam muris cerebro comesto natura omniparens magnum remedium caput dolentibus praestitit.
ferulae quoque combustae cinis oleo mixtus fronti vel
capiti illitus inquietudines capitis saepe sedavit. attamen
10 etiam de vulturis cerebro mixto oleo perunctum caput
frequentius liberatum est. o quantum naturae venerationis,
cum magnetes lapis admotus capiti ex altitudine latentes
morbos eripuit, et nidus hirundinum mox expositus omnis cum aceto contritus fronti illitus par beneficium pro-
15 curavit.

haec fysica remedia sufficere arbitror caput dolentibus. exhinc etiam de epilempticis ordinabimus.

1 *cf. Ps. Plin. med 1, 1 (ex Pl. 24, 170), Marc. p. 35, 1.* 2 *cf.*
Ps. Plin. l. c. (ex Pl. 28, 166). Marc. p. 35 (v. 11 inf.). 3 spu⟨ma
—illita⟩ *in ras. B.* 5 cornicis: *cf. Marc. p. 36, 12.* quoquo libet *B*: quolibet *Neu. (cf. infra quoquo pacto).* 8 ferulae *etc. sequentia Galeno veteri latino (qui de febribus vulgo*
inscribitur) addita legit Garipotus II, 14. at non habentur in
Gal. cod. Leid. 9 illi⟨tus⟩ *in ras. B.* sedavit: sedabat *B*
(*Neu.*). attamen: tantum (*sic*) *B* (*fuerit scil. sedaū attm̄*).
ceterum cf. Marc. p. 36, 14. 11 *vulturis cerebro Garipotus*
subiungit haec: sanguis asini cum suco herbae cocodrillae (cro-
codileam *dicit Plin. 28, 108*) commixtus et infusus capiti mire
subvenit. venerationis [debetur] *add. Neu.* 12 cū (*sic*) *B*:
Nam *Neu.* magnetes *B* (*sic et Marc. p. 36, 1:* magnes *Neu.*
(de magnete om. Gar.). 13 nidus: nidis *B* (*Neu.*). omnis *B*
(*sc. cum lapillis de quibus Marc. p. 36, 9*): atque *Neu.* 14 fronti[que] *add. Neu.* 16 haec physica dolori capitis sufficiant
sic Gar. (fisica *B*). 17 exhinc: & hinc *B* (*Neu.*). ordinabimus: —vimus *B* (*Neu., qui add.* quaedam ord.).

⟨II. Epilempticis.⟩

Remediorum recte adhibitorum efficacia semper cau- 5
sarum bonos exitus confirmavit.

latentes epilempticos gagatis lapidis admotum fumigium semper repentinis casibus publicavit. hoc de araneis 5
parietum, hoc de stercore canum fumigio similiter fieri
constat. nam et opertos caprarum pellibus si in aquam
ingredi facias litoris infusis plantis et tectis, epilempsiae
passio commovebitur. similiter etiam si nares eorum opobalsamo tangas, sollicitos epilempticos publicabit. et aca- 10
ciae pulvere cum aqua calida accepto continuo correpti si
fuerint, insanabiles erunt, sin vero febrierint, facilius liberantur. hoc de prodendis vel cognoscendis epilempticis
scripsimus, remediorum nunc opus est ordinatione.

paeoniae radix magnum praesidium praestat, si collo 6
alligatam frequentius odoretur. sic halicacabi, sic lathy- 16
ridis radices medentur. et contusum tithymalum cum alfitis

1 *A linea nova scribuntur haec in cod., sine rubrica tamen.
sequitur enim cap. de epilempticis, eodem quo supra ordine
de chronicis cum diceret.* 4 *ex eis quae hic prostant excerpta
sunt quae tacito auctore in additamentis Galeni vet. lat. exhibet
codex Leidensis atque ex simili Galeni exempluri Garipotus
I, 6.* 4 gagatis: *cf. Alex. Trall. ed. Bas. p. 78 (lat. I, 72).*
6 stercoris etiam columbini canini *etc. Gar.* fumigium *B*
(*Neu., qui mox pro* fieri *scripsit* facere). 8 opertos *etc.: cf.
Alex. l. c. (Cael. chr. 1, 126).* 10 sollicitus (*l.* —tos) ep.
publicavit (*l.* —bit) *B*: sollicitius ep. publicabis *Neu.*
11 pulvere ... accepto *etc.* (*cf. Gar.* et acaciae pulvis c. a. c.
acceptus cum corripiuntur continuo liberat): pulveres cum
a. c. acceperint. continuo corr. si f. *B* (pulveres si cum a. c.
acceperint et si continuo correpti f. *Neu.*) 13 prodendis
Neu.: profundendis *B*. 15 *de paeonia i. glycyside v. Alex.
p. 83. 85 Bas.* collo alligatam (*sic Garip. l. c.*): continue potata (*inepte, ut solet*) *B* (*Neu.*). addit Gal. hoc auctor experi-
mentatorum affirmat *aut potius, sicuti habet cod. Leid.* auctor
expertus. 16 alica cacabi (*sic*) *B* (*corr. Neu.*) i. e. strychni:
cf. Alex. l. c. lathyridis (*cf. Plin. 26, 62: inutilis quidem
si non magico, tamen medico lathyridis radix sec. Dioscoridem
p. 658*): nysteridis (*sic*) *B* (nycteridis *Neu.*). 17 et contusū
titimulū — sic odoratur (—t²) *B*: haec om. *Neu.*

et aceto si odoratur. ex corio frontis asini facta veluti
fasciola eorum articuli constringendi sunt, et dextri eius
pedis ungulae portatus circulus pari condicione medebitur.
interea caprinas tunc tantummodo carnes comedentibus
5 camelorum medulla oleo roseo resoluta tempora capitis
stomachus et totum pectus matutinis horis perunguendum
est. ex sanguine mustelarum unguentum eo modo adhibitum par praestitit beneficium. in ipsis vero commotionibus, si sanguinem de eius pedum digitis elicias quo-
10 quo pacto, et eius frontem ex eo tangas et labia, continuo
exsurget. tunc etiam asini lotio aspergi conveniet.

7 addo interea, quod ille ait si mihi fas audita loqui,
quod necessitas procurandae sanitatis extorquet, eodem
lotio asini potari eos debere, et hirundinum sanguinem
15 cum turis masculi pulvere aequa sub ponderatione cum
oxymeli similiter sumere. sic alii veteriores sub certo
secreto naturae excepto capite et pedibus ceteras mustelae
reliquiarum partes corporis obtulerunt, ex cuius cibi beneficio molestiam passionis frequentissime declinarunt. aliud.
20 mulsa vini acri horis matutinis data diebus XXX continuis
profuerunt. pari forma etiam ex testa cerebri asini combusta cinis datus profuit. sic althaeae sucus, sic coagulum
leporis in modum grani ervi per dies XXX ministratum
horis matutinis epilempticos liberavit. nam et mulieribus
25 menstruantibus hoc vitio laborantibus coire conveniet.

1 si: sic B. ex corio: cf. Alex. p.84. 4 capr. carnes habet
etiam Plin. 28, 226. 5 timpora B. 7 eo modo (sc. quo supra) B:
commode Neu. 9 de eius in ras. B. cet. cf. Alex. p. 79
(Plin. 28, 43). 11 exurgit B (Neu.). 12 ille sc. Vergil.
Aen. 6, 266 (sit mihi etc.). 14 hir. sang. Plin. 30, 91.
15 aequa sub B: sub aequa Neu. 16 oximelle B. 17 et
B: ac Neu. mustellae reliquiarum B: mustelae reliquias
atque Neu. (mustelae cineres Plin. 30, 34). cf. Cael. chr. 1, 128.
19 declinaverunt Neu. 20 mulsa vini acri: Multum vina
acria B (Vina multum a. Neu.). triginta Neu. 21 pari
sc. mulsi (cf. Plin. 28, 225. etiam Alex. p. 82). 22 altee B.
coag. l. habet etiam Garip. l. c. (qui addit expertum est). cf. Pl.
28, 224. 23 ervi: orobi Gar. 25 Garip. (qui diverso

haec epilempticorum praecepta ex probata remedii cura disposita, deinde reliqua ut potero vaga et disseminata remedia designabo collecta ...

ordine singula remedia proponit) l. c. haec etiam addit quae ignorat eod. B: Cor vulturis tritum cum aqua dabis bibere et sanabis. Item vulturis cor et epar et pulmo levi pruma vaporentur et conterantur et cum oxymelle potui dato statim epilempsia excluditur (*ex al. f. fonte*). *cf. Plin. 30, 22.*

1 ex:. et *B*.   3 collecta designabo *Neu.*

Ex cod. Lugd. Bat. Voss. lat. fol. 85 (ad finem cap. de epilempticis libri III. Ps. Galeni) f. 7b: (... sicut supra diximus stomaticis.) Gagatis lapis ammotus fumigium semper repentinis casibus maiores nostri publicabit. hoc et de araneis parietum. et de stercore canis fumigium fieri constat. et acacie pul(verem) si cum aqua calida acceperint. dum correpti fuerint continuo liberantur. Cor vulturis tritum ex aqua dato bibere. et mox sanabitur. Item vulturis cor et epar. et pulmon leni pruna vaporetur. et in unum contritum cum oximelle potui dato. statim epilempsia excluditur. Sic coagulum leporis in modum grani herbi per dies. XXX. horis matutinalibus ministratum epylemticos liberabit. expertum est et peonie radix si lunatico dum correptus fuerit iacenti in collo ligetur statim sedebat. ut sanus et quamdiu eam radicem secum habuerit. numquam ei aliquid malum accidet hoc expertus auctor affirmat.

Sequitur Item de epylemticis. Variis nominibus hec passio nuncupata est ... (*ex Th. Ps. 2, 15*).

Ex reliqua Physicorum libri parte deperdita ipse Theodorus haec commemorat

praeter c. II quod servatum est de epilempticis, de quo sic

l. II. c. 15 (48):

... huius etenim causae magnitudini maiora sunt et frequentia adiutoria providenda. nam quam plurimi sapientiores etiam fysicorum adiutoria providerunt, in quibus, ut etiam nos in nostro libello fysicorum comprehendimus, magna et veluti religiosa remedia procuravere.

l. II c. 11 (34)
de satyriasi vel impedimento usus:

... reparatum est (virile officium) et pipere satyrio et scinco

et erucae semine, etiam ceteris adiutoriis par beneficium
ministrantibus, quae quam maxime in libro fysicorum commodius disponimus.

l. I c. 25 (75)

de stirpibus vel ossibus infixis:

... si vero in faucibus os aut aliquid inhaeserit, aquam et
oleum calidum contineat in ore et spontaneum exiliet sine
mora. sunt et alia fysicorum beneficiis publicata, sed suo
loco et tempore conscribentur. *ubi pro ultimis verbis sec.
cod. Berol. haec subiunxit recentioris editionis Priscianeae auctor*
[sunt et haec beneficia fysicorum optime comprobata quae
huic loco adiuncta a nobis profiteor esse *etc.*

cf. l. I c. 21 (66)

de vulneribus variis causis inflictis corporibus (ubi et secundum
fysicos *quaedam, ut* de experimentis *I, 2, 7 etc.).*

———

*Ad Antidotarium quoddam deperditum (non quod extat
Physicorum fragmento Bruxellensi adnexum et pro libro quarto
additum) pertineant quae sic citantur:*

primum ab ipso Prisciani l. I c. 7 (18) de alopeciosis

... ieran dabo quae post ordinabitur.

ἡ ἱερὰ ἡ διὰ κολοκυνθίδων *habetur graece in Eupor. Ps. Gal.
(XIV, 327), sed aliam confectionem Theodoro supplet ed. sec.
(bcr) quae sic conficitur . . . convenientem cum Gera Vindiciani
in Antid. Vindoc. 109 f. 108ᵃ 1:* Ant Gera vindiciani qui purgat
omnia vitia corporis. Facit ad menamenis et melancolicis.
hictericis et epaticis. spleneticis. elefantiosis. et ad cataractas
oculorum et ad paralisin. Das infantibus d̄. II. Mulieribus d̄. III.
Viris ÷ S. ℞ hec. Coloquintida. Aloe. Gingiber ana d̄. I. Piper
album. Piper longum. Piper nigrum. Camidreos Scamonia. Cassia.
Costum. Euforbium. Mastice. Salis ammoniaci ana ÷ S. Myrra.
Crocum. Cinnamomum ana d̄. II. Epithimum d̄. VI. Absinthii
sucus d̄. V. Mel despumatum quod sufficit in mulsa.

*praeterea apud Garipotum 3, 24 ad finem capituli exscripti
Ps. Galeni (III)* de colicis *subiungitur*

Conditum colicis expertum Prisciani Theodori. quod recipit petroselini macedonici *etc.*

*quod paululum in brevius contractum assumit ille ex codice
quo utitur Ps. Galeni additamentis ex Theodori Prisciani
editione secunda aucto, qualis extat cod. Lugd. Bat. fol. 85, ubi
sic legitur in cura colicorum (cap. 70 explendo verba textus*

omissa et cetera his similia quę experimentis huic causę profuisse cognoveris):

nam et radices appii et feniculi inquoques in aqua et potu dabis ieiunis. Nam et antidotum ad colum ita facies cuius virtutem sepius probavi. Petroselinum macedonicum. Puleiu acapnu iuniperi uacas ana ꝶ (semunciam). ortice semen. myrta. cassia fistula. struthium. spica nardi. marrubium. ros marinum. hinnula. Ciminus panu ana ꝶ. Zinziber. Samsucu. Bettonica. costu. ana ꝶ I. piper nigru ꝶ IIII. ex omnibus pul(verem)facis et in duleolo vitreo reponis. et cum opus fuerit conditum facis talem. mel dispumatum lib. III. vinum optimum ꝶꝶ VI. piper nigru. ꝶ ꝶ et ex eo condito mittis pot. I. in calicem. et suprascripto pulbere plena cocl(iaria) II. et ieiunus in balneo in solio stans bibit. —

Praeterea in antidotariis medii aevi incipientis, qui ex singulorum medicorum libris collectam propagant remediorum materiam, variae citantur confectiones Theodori, quae ad Priscianum partim pertineant, velut Ant. Gera logodium teudori medici ad omnes mortiferas passiones et diuturnas ... *in Antid. Vindoc. 175 c. 83 f. 121 (eadem fere iera sine nomine legitur apud Cass. Fe. c. 73 p. 176, 12).*

in cod. Vat. reg. 1143 (post Priscianum) f. 81 a vetere manu additur

Antidotus teodori qui facit ad omnes dolores capitis *etc. atque in multis collectionibus est*

theodoricon dianacardium (*antid. cod. Aug. 120 f. 4ᵇ, antid. Hafn. etc. etc.), cuius confectionem reperit, ut bis ait Simon Januensis (s. alakion et s. kerbes) in antidotario Theodori Prisciani. quod sane fieri potuit ut extiterit in remediorum quadam appendice codici quam legit Prisciani (fere ut in Brux.) fortuito subiuncta.*

PSEUDO-THEODORUS.

Ex ignoto auctore, ante Pseudo-Theodori aetatem, augmentum q. s. capitulo satis exili Prisciani XXXIII additum videtur (cf. supra ad p.214, 14), quod in editionem aeque secundam recepit Pseudo-Theodorus, qui multis omissis aliisque (de cauculo specialiter) additis pro more mutavit (vid. infra Add.).

De vesicae vitiis.

Adveteratum vitium vesicae, quod diuturno tempore perfrictionibus et gelidissimo assiduo potu increvit, cum saevire coeperit, non tantum in se sed in vicinis partibus nimios facit dolores.

cum vesicae multae passiones eveniant, id est fervura collectiones vulnera durities cantabricia urina capillatura atonia paralysis calculus haemorragia dysuria stranguria hydatides, inhumana haec vitia his signis ostendi consuerunt. assidua libido meiandi cogit homines frequentius stillatim urinam facere. interdum cum difficilis est, et abstinetur. cuius cum facilis exitus non sit, pondere in-

1 · 5 · 10

1 *Hoc capitulum additur in duobus codd.* r b *(textu passim corrupto), citat etiam Sim. Jan. s. agripnia. tit.* De cauculo b, De cauculo. XXI. r.   2 Adveteratum v. vesice r: *om.* b (*qui inc.* Quod diuturno ... *sed in ind. libri legitur p. 89* De cauculo adveterato).   3 perfricationibus r, infrictionibus b. assiduo r: *om.* b.   increverit b.   4 partibus b: *om.* r. 6 multae p. *cf. Cael. Aur. chr. 5, 60.*   eveniunt r b.   id r: *om.* b.   feruuhra r, febura b.   7 durit(c b)ias r b.   cantabritia r: *om.* b (*ubi* urine attonia. Capillatura ...).   8 cauculus r b. emorrogia r: Emorroide b.   dissuria r, Dissurię b.   stringuria r, strangiria b.   9 ydatides r: ydatitis b.   humana r b. h b: *om.* r.   ostendi consuerunt r: cognoscuntur b.   10 assiduę b.   meiandi r b.   frequentibus r, frequenter b.   12 cuius —sit pondere r: (cuius)pondere (*rel. om.*) b.   facile r.

consueto renes sive lumbi laborare cum coeperint, dolorem
statim generant, vehiculo etiam si commotum corpus col-
liserint. quae eadem vesica difficile et cum dolore san-
guinolentam urinam facit. et cum gemitu quidam ex-
5 cludere volentes pro lotio quasdam mucillagines exprimunt.
pori etiam naturae ipsius interdum potionibus assiduis dolorem accumulant. hoc vitium et ventrem stringere consuevit et scapulae generare dolorem. conclusis igitur praefocatis aditibus ut etiam ventus reddi non possit, nimios
10 dolores patiuntur non tantum vesicae quantum vicinae
partis, renes lumbique magno pondere gravantur, sed et
ilio sinistro tensura aliquando et dextro intolerabilis dolor,
reiactationes etiam subsequuntur, quibus stomachus vexatus
etiam febricula movetur. confusis itaque crebro dolore
15 corpore et anima aliquibus etiam mens alienatur. assiduus
incursus doloris et iter intercidit et vultum macrum faciet.
is et agrypnias hoc est vigilias praestat, et ardoribus hoc
est siti urget. unde frequenter inquietatum corpus in-
19 validum efficitur.

2   itaque in dolore interiorum hoc genere boethematum

---

1 renes sive *r*: senes sui *b*.   cum *om. b*.   2 Vehiculo—
(3)dolore *om. b*.   sive commotū corpus *r*.   3 sanguinulen-
tam *r*, sanḡ *b*.   4 faciant *b*.   et—volens (*sic*) *r*: om. *b*.
quidam: quodam *r*.   accludere *r*.   5 quodam mucillagines exprimuntur *r*, quadam mucillaginem exprimunt *b*.   6 Pori—
assiduis *om. b* (*ubi simpl*. et dot acc.).   7 et *om. b*.   stringere *b*: abstinere *r*.   8 scapul' *g*. dolorem *b*: scapula generare *r*.   conclusis—aditibus *r*: om. *b*.   9 ut nec ventum
parum reddere possint *b*.   vento *r*:   nimios—partis *om. b*.
10 vesicā *r*.   11 sed *om. b*.   12 ilio *r*, ylio *b*.   aliquoties *b*.   intollerabilis—subsequuntur *r*: intolerabile nascitur *b*.   13 reiactationis *r*.   quibus *r*: unde *b*.   vexatus
etiam f. m. *r*: vexatur. et a febr. m. *b*.   14 confusis—anima
om. b.   15 aliquibus: quibus etiam *r*, Aliquocies et *b*.
assiduos inc. dolores et iter intercidit (*sic*) *r*: om. *b*.   16 et
vultum acroū (*sic*) faciet *r*: et multū macres esse (ēē) facit *b*.
17 id (*sic*)—est (vig.) *r*: om. *b* (*ubi* et v. pr.).   et ardoribus
—urgentur (*sic*) *r*, et ardorē i. sitī urget *b*.   18 Unde—efficitur
om. b.   *pro* 20—*p. 263, 3 sic habet b* Itaque in dolore calido
tactu manuum vel sabanorum calidorum. aut cantabrū cal*

adiuvandi sunt. [interdum cum dolore] calido tactu vel
sabani vel manuum, cantabro etiam tepido pectinem cale-
facere oportet, vel certe calido oleo vesicam porcinam aut
bubulam inguinibus aut pectini pro lenticula adhiberi non
nimium repletam, quo possit omnibus locis diffusa pro- 5.
desse, incipiente dolore. si nimius dolor fuerit, flebeto-
mandus erit, et post tertium diem flebotomi oleo calido
absinthiato fomentabis, ex ipso et toto corpore perungueri
eodem oleo facies et detergi statim sabano calido. praeterea hydrelaeon calidum fiet, quo in vase adiecto patiens 10
supersedere debeat et vaporari. cibis autem utimur sucis
alicae aliquando et ptisanae, et ovis thermapalis. et calidam aquam bibat, ad modum tamen, ne inflatione eius
rursus vesica tendatur. et augmentet quousque dolor desinat. si fieri potest, inter diem accipiat. si autem per- 15
severaverit dolor, cataplasmate uteris id est malactico ex
melle et seminibus lini faeni graeci et polline tritici. impones etiam et cucurbitas hoc est cufas ventosas. atque
si in tantum perseveraverit, etiam scarifabis, et post

pectinē cale faciat (interiorum—dolore *om.*). boethamate
adiuvanda *r.*

    1 Interdum cum dolore (*sic iterum r*) *delenda videntur.*
2 tepidius pectine *r.*   3 vel —(6)dolore *om. b.*   4 non nisi
dum repleta *r.*   6 incipientē dolorē *r.*   fuerit *r*: sit *b.*
7 et *r*: sed *b.*   8 absint *b*: *om. r.*   fouentabis (*sic, ut solet*) *r.*
ex ipso—facies *om. b.*   9 et cum fabano (*sic*) cat deterges *b.*
Preterea ydreleum *r*: et post ydromeleon *b.*   10 fiet in vas
in quo paciens sedere d. et v. *b.*   quod in v. adiectum pa-
tens *r.*   11 suco *b,* sucus *r.*   12 aliquantum *r* (*om. b.*).
ptisane *b*: tysanae *r,* et ovister mapalis (*sic*) *r*: Ova termantica
apula *b.*   et (cal.) *om. b.*   13 bibant *b.*   tamen ne *r*:
tānē *b.*   inflatione: inflammatione *rb.*   eius *om. b.*
14 rursū *r.*   et augmentet quo *r*: *om. b.*   15 inter.
diem *r*: in tercio die *b* (*cf. Cael. chr. 5, 74* intervallis dierum).
cibum accipiant *b.*   16 dolor pers. *b.*   i. malacteriis *r*:
om. b (*cf. Escol. ap. Garip. 3, 35*).   17 lini sem̄ (*om. et*) *b.*
foenugreci et polluines (*sic*) *r,* fenugreco. et poll' *b.*   Inponis
etiam et *r*: et inpones et *b.*   18 hoc—ventosas *om. b.*   atque
si in t. *r*: Si dolor *b.*   etiam s. *r*: scari fabit eum locum in
quo dolor est *b.*

scarifationem spongia calida cicatrices vaporabis. certe si timuerit scarifari, sedenti super hydrelaeo calido in vase sanguisugas pectini impones. at si nimius dolor perseveraverit, adhibebis vehemens et experimentatum in dolore praesidium.

3   cum coeperit dolore molestari, si ante dolorem ven-
6 ter minime fecerit, ita clysterizari debebit. · olei lib I S, aquae calidae lib I. et cum venter fecerit, statim post hoc aliud adiutorium adhibebis, id est anodyni coclearia duo. quod solvi debebit in oleo rutato, cui cyminum ad-
10 miscebis et simul decoques in linteolo ligatum cum modica aqua, cum qua decoquatur. ita tamen si clysterem diligenter noveris eventare, ne vento dolor peior adcrescat, mittes butyri ÷ I et commiscebis omnia, et inicies. quod si ante dolorem venter fecerit, ex anodyno oleum tantum,
15 id est secundo clystere inici oleum modo debet. in ipso autem dolore si ninium ventum reddere non potest, lanae floccellum opobalsamo modico infusum inicies. vel si clyterizari noluerit, sunt enim quidam qui hanc curam pro vitio vitent, ipse qui patitur summo digito modicum ano-
20 dyni semel atque iterum per anum sibi iniciat, et cerotario quod dia tessaron dicitur dolentes partes aut pectinis aut

1 scarifationes *r*.   vapor. cic. (*sic*) *r*.   2 timueri scarifari *r*: scarifari timuerint *b*.   sedentis *b*.   ydroleo calidū *r*, —leon cal' *b*.   vase *b*: vas *r*.   sanguisugias *r*.   3 imponis *r*, īpones *b*.   at *om. b*.   dolor fuerit adhibebit *b*. 4 vehemens expertum *b*.   5 dolor *r* (dot *b*).   ministrari *b*. ventrem *r b* (*item infra v. 7. 14*).   6 clisterizari debebit *b*: debebis clisteriare *r*.   IS *r*: S *b*.   7 aq̄ lib I. calide inice *b*. 7 statim *hic b, ante* ventrem *r*. · post *om. b*.   8 id est *om. b*.

9 II̊ *b*: I (*sic*) *r*.   debet *b*, debebis *r*.   cui ciminum amiscens *r*: cum cimino *b*.   10 et simul decoquis—ligato (*sic*) *r*: *om. b*. 11 clistere bene eventare noveris *b*.   12 ne dolor peior adcrescat *r*, ne vento peior dolor acrescat *b*.   13· mittis butyri. Si et commisses omnia *r*: ℞ Butiri ÷ omniaque commisces *b*. quod—(17) inicies *om. b*.   14 ex anodyno oleo tantum id est secundo clistere inicies oleum modo debet (*sic*) *r*.   17 flocellum in apobalsamo *r*.   18 quidam *om. b*.   19 vitant *b*.   ipse *b*: idem ipse *r*.   modico anodino intincto semel *etc. b*.   dr̄ *b*: *om. r*.   aut (*ante* pectinis) *om. b*.   pectini *r*.

iliorum vel etiam renum panno inducto contegat, et lanis
superimpositis fascietur. miraberis hoc genus curae. hanc
partem ego de experimento posui.

cum autem declinaverit dolor, tunc potiones diureticas
dabis, tempore oportuuo hoc est quo dolor desierit. si 5
autem dolor cessaverit et urina secuta non fuerit, postremo
iniciendus est per veretrum cathetere. oleum inicies calidum.

Ut autem tam saevissima passio averti et solidari 4
possit, cura ordinabiliter adhibenda est ita. is patiens 10
cubiculo calido et aere temperato iacere debebit, observare abstinentiam cibi et ut quietus sit et ab omnibus
sollicitudinibus securus, a venere abstinens. primo renes
fomentari debent, qui ex propinquitate iniuriae maius
nutriunt tormentum, oleo dulci anetino calido coactili im- 15
posito contexto secundum modum spaerae, triduo certe vel
diebus quinque, ita ut in olla maiore calefiat. ne virtutem
amittat in calida fieri convenit. post deinde uno die inter-

1 panno *r*: pone patio (*sic*) *b.* inductum (—ū) *r b.* contegat. et lane superinpositis f. *r*: etiam latus contegat superpositum et sic fascietur *b. hic sequuntur in b medicamenta varia,
quorum priora ex seqq. excerpta, plura aliunde congesta (usque
ad imam pag. 129 v. 4 ante fin.), deinde ad Prisciani textum
redit per ultimos tantum 8 capituli versus (v. 10).* 2 hoc
genere curae | anpartē (*sic*) ego de *etc. r (ubi expectaveris mi-
raberis—effectum).* 4 dioreticas *r.* quod (q) *r.* 7 cata-
tere *r.* 9 *hinc novum fragmentum videtur subiungi (quod
usque ad finem pertinet):* 10 Itahis p. (*sic*) *r.* 11 Cubiculo
et seqq. habet etiam b (in fine cap.). 12 cibi et a venere et
ab omni sollicitudine securus permaneat. Renes *etc. b.* 13 primo
om. b. 14 quae ex pr. m. maiore n. t. *r*, qui maius nutriunt
tormentum *b.* 15 et (anet.) *add. b.* quattili *r*: aquatili *b
qui sic pergit* posito trid vel .V. diebus. ut in olla maiore in
uino calefuciat. | (*p. 130*) aut in cat ne virtutem amittat. *cf.
Cass. c. 42.* 16 spaerae: debere *r (cf. Cass. p. 97, 18 in modum
spere et ind. s. sphaerula).* triduo *iam ante* contexto *exhibet r.*
17 maiores *r.* 18 calda *r (haec corrupta vel nimis contracta
—vult enim in olla ferventi calidae summitti oleum de quo
foveas, ut Cassius p. 98, 16).* deinde *om. b.*

misso saccellari debent triduo. quarto die ventosae cum
scarifatione adhibendae sunt, suspensis et levibus admodum
plagellis, quia si vastae fuerint plagae, contrarium erit.
eodem die cerotarium impono, atque uno die intermisso
5 utimur cataplasmate ex melle et lini seminis polline faeni
graeci tritici, admixtis si volueris ammoniaci cocleariis
duobus, quod spleni proderit. cui addes terebinthinae
unc̄ I diurnam et cerae ʒ II. quod cottidie recoctum
fervens ita ut non aduratur imponi debebit et super-
10 fasciari diebus plurimis quoadusque dolor desinat. post
deinde malagmate dia tessaron utimur triduo, atque ita
dia chylon alio triduo, et posteaquam videris omnem dolorem pausasse atque ad consueta easdem partes consen-
sisse, dropace medicinali. his oleo calido utimur semel
15 atque iterum diurno, quod triduo observari debebit. postea
sinapismo ex pane infuso in aceto vel polline admixta,
eodemque secunda vice sine polline quia opus sit et altius
penetrare. certe si volueris tertia vice uti, fico in aceto
decocta permiscebis et ita teres, et uteris ita ut ab om-
20 nibus diebus balneo utaris. post haec omnia sympasmate
omnibus diebus lavatum eundem locum renum fricabis,
quotiens tamen non dolet, sed et omne corpus.
5 et post haec potiones dabis quae nefriticis faciunt.
quae conficiuntur sic. cassiae ÷ II, salis ammoniaci ÷ I,

---

1 sacellari *rb*. debent triduo *r*: triduo debebunt *b*.
3 plagulis *b*. quia *r*: Nam *b*. (si v.)plage fuerint *b*.
c. est. et eodem die. vel uno intermisso. cerotarium interpone.
cath̄. ss̄ utamur. *sic b, qui reliqua omnia omittit, subdit autem
cap. de condolomatibus articulorum seu nervis dolentibus.*
5 utitur cataplasmata *r*. 6 amixti (*sic*) *r*. 7 addis *r*.
8 ʒI diurna (*sic*) *r*. quod (q) *r*. recocta *r*. 11 diates-
seron *r*. 12 diacilon aliud triduo *r*. 13 consuetas (*sic*) *r*.
14 dropacē *r*. his (*sic*) *r*. sinapismum *r*. 16 ammixta
(*sic*) *r*. 17 eademque *r*. quia: quæ *r*. 19 decocto per-
misces ... teris *r*. 20 sinapismate ... lavat. eunde ... *r*
(*cf. Cass. p. 8, 20*). 23 nefreticis *r*. *hanc potionem habet
etiam b p. 129, 5 post p. 265, 2 (fascietur).* 24 Cassie ʃ II *r*,
Casie II. ÷ *b*. sales ammoniacos *r*.

murrae euforbii mastices ⟨singularum specierum⟩ 3 IIII,
cinnamomi semunciam, thymi semunciam, piperis ÷ I S.
haec omnia tundes et cribrabis et mittes pulverem cum
melle despumato. dabis autem singulis quos causa compellit scripulos IIII cum melicrato, admixto salis modico. 5
purgat caput epilempticis et cephalargicis, et ad dolorem
stomachi et ad eos qui longa infirmitate vexantur ut con-
firment stomachum, facit digestionem, deducit flegmata et
choleram maxime nigram. facit et malis coloribus et ad
omnes causas. dabis autem digesto mane et hydropicis et 10
flegmaticis et spleniticis. dabis omnibus, ut supra scripsi.

compositio dropacis metasyncritici ad causam perti- 6
nentis. cerae lib. I, resinae lib I, picis durae lib I, bituminis lib I, adarcis ÷ II, cachryos ÷ II, ellebori albi ÷ II,
sulphuris vivi ÷ II, piperis ÷ II, stafidis agriae ÷ II, nitri 15
rubri ÷ VII. resina cera pix cum fuerint soluta, mittes
tritum bitumen et repones in foco ut misceatur. nam si
ferverit erumpet. deposito ab igne addes reliqua pigmenta
quae extrinsecus triveris. postea mittes in coctura totius
operis olei cyprini ÷ I.   20

---

1 Myrra. euformio. mastice. ana 3 III. *r*, Mirre. Euforbii.
Mastic̄ ana I 3·*b*.   2 Cinnamomū. semuntia. Timū semuntia.
Pip. SI.ↄ. *r* (*ubi* Cynnām̄ ÷ I. Thimi ÷ I. Piperis II ÷ Mell'
dosis. IIll. 3. cum mellicrato mixto modico. Hoc antidotum caput purgat *etc. b*).   3 tundis et cribabis (*sic*) et mittis ...
dispumato *r*.   5 modice *r*.   8 egestionem *b*.   et col'a
nigm̄ *b*, et pilemaximæ (*sic*) nigracum felle (*sic*) *r*.   9 coloribus (*sic*) *r*.   10 digesto *b*: digestissimis *r*.   11 spleneticis *r b*.   dabis o. ut s. s. *r*: *om. b*.   12 metasincretici *r*
(*haec om. b*).   pertinentis: *cf. p. 265, 14.*   13 cera ... ra-
sina *r*.   nitum̄ *r* (*item infra*).   14 adarces ... cacrios ...
ellebo⁊ albū ... sulfur vivum ... pipis *etc. r*.   staphisagriae *r*.
16 rubei *r*.   r. c. pice cum fuerit solutum *r*.   mittis ...
reponis in foco (!) *r*.   18 f.uerit (*corr. ips.*) *r*.   addes ...
mittis *r*.

Additamenta

Pseudo-Theodori

ad Theodorum Priscianum
(editionis secundae).

Ad I, 2 (6).

(III)   Crispos sic facies (capillos)... Cupressi pilae cum acri
tritae aceto, et capillos illinito. et lentisci folia cum aceto
trita. lumbricos terrae cum oleo conterito et illinito.

5   *Ad I, 3 (8).*

(IIII)   Calvis ut capilli nascantur. Harundininas radices
combures teres et cernes -:- III. folia olivae combusta et cribellata -:- III, polytrichi herbae, callitrichi combustae similiter
ana -:- III, ladani libram I, adipis ursini de renibus quod
10 satis videtur, commiscebis omnia, et ex eo in balneo intus
caput lavabis.

             Ad I, 5 (12) De pediculis *(post fricabis).*

(VI)   Radices ellebori -:- I, stafisagriam -:- I in unum conterito
et admixto oleo totum corpus perunguito. etiam si cum tu-
15 nica dormierint omnes pediculos necat. stafisagria trita addita
ruta cum oleo et aceto commixto totum corpus fricato ex-

2 Cipressi *b (semper).* cum aċ tritẹ et aceto *b,* cum aċ
trite aceto *r.*   4 terrẹ—illinito *b:* terrestres *(cet. om.) r.*
7 teres *b,* teris *c: om. r.*   foliorum olive combustẹ et cribel-
latẹ *r.*   8 callitrici *bc (cf. Plin. 25, 132):* gallici *r.*   9 adipes
ursinos *bc,* adeps ursinus *r.*   10 commiscis *cr.*   *cum v. 13
—15, p. 269, 1—4 cf. quae ex eodem fonte habet Marcellus
p. 46, 16—20, 23—28 (Helmr.).*   13 Rad' *b,* Radices *r.*
stafisagria *br.*   in unū *r:* in vinū *b.*   conterito: contrita *br.*
14 amixto *b:* īmixto *r.*   15 dormierint *b:* —ris *r.*   16 comixtū *b,* cōmixto *r.*   fric;(—cet) *b,* frecato *r.*

cepto capite, mox pediculos necat. detracto caseo relictum
serum adiecto exiguo salis potui sumptum pediculos extirpat.
cornu cervini limata scobis ex vino potata pediculos lendesque esse non patitur. oleo viridi cum aceto mixto caput vel
corpus inunctum pediculos occidit. betae viridis suco caput 5
perunguito. aqua marina assidue caput lavato. felle taurino
caput unguito. hoc et furfures de capite tollit. sulphuris vivi
libram I, stafisagriae ÷ IIII aceti cyatis VI in unum conteres, et omne corpus perunctum pediculos lendesque esse non
patitur. 10

De pulicibus et cimicibus.

Pulices consumit aqua aspersa marina. in lixiva sanguinem
caprinum misceto, et sparge in loco ubi pulices esse noveris.
vas fictile cavum ac patulum sevo hircino perungue et in terra
obrue, ita ut labia vasis cum terra aequalia sint. tanta vis 15
est ut ex vestibus cimices et pulices in ipsum vas transeant.
sub lecto fossam non grandem facies et in eam sanguinem
caprinum mittes. omnes pulices ibi convenient. sub lecto fos-
sulam facies et carbones vivos in eam mittes, et costum storacem et sanguisugam simul in ea incendes. undique conducti 20
cimices necabuntur ibidem.

1 relicto sero *b*, relictos. ero *r*.   2 exiguū sale *b*, exi-
guum sales *r*.   pediculos stirpat *b*, peduculos ex°tirpat *r*.
3 cervi *b*.   limata scab'. *b*, limatas cuius *r*.   · pediculos
lendinesque *b*: pediculos lendecusque *r. (cet. cf. Marc. etiam
p.43, 6.* lendines *legitur etiam ap. Alex.*).   4 oleum viride...
mixtū *b* (cōmixto *r*) *br*.   5 occidit *b*: *om. r*.   sucum capite *r*.   6 fel taurinū (—ō *r*) *br*.   · 7 sulfur (solphor *r*)
vivum lib (℔. L *r*) *br*.   8 stafisagria *br*.   cyatis: cyatos *b*,
ciatus *r*.   conteres *b*: —ris *r*.   9 pediculos lendinesque *b*,
peduculos lindinesque *r*.   11 *tit. habent bc, om. r*.   12 P.
et cemices *r*.   asparsa aqua marina *r*.   lexivo *b*, lexiva *r*.
13 miscito *b*, cōmixto *r*.   asparges in locum *r*.   noveris *b*:
nolueris *r*.   14 vas *b*: vasum *r*.   hyrcino *b*, yrcinā *r*.
in terra (*ante ips. corr.* interea) *b*, in terram *r*.   15 vasis *b*:
vasi *r*.   equalis sit *r*.   16 vestibus *b*: bestiis *r*.   · in ipso
vas *r*.   17 (18) Subiecto *r*.   18 (19) mittis *r*.   conveniunt *br*.   19 vivas *r*.   et (*post* mittis) *om. r*.   20 simul *r*: *om. b*.   incendis *r* (*et sic semper fere r, cum b prae-
ferat* -es).   conducte *r*.   21 ibi denegabuntur *r*.

immixtam imponito. argemonia trita et imposita ferbunculos
et strumas et parotides sanat. iecur talpae tritum impone,
circumlines ita ne per triduum levetur. calcem vivam quae
adhuc non est extincta cum resina liquida et adipe porcino
5 cum melle mixtam imponito, ferbunculos strumas et omnem
duritiem solvit et sanat. galbanum solum imponito. caprinum
fimum cum aceto coctum imponito. idem et bubulum ex oleo
coctum facit. chelidoniae radix ex aceto trita imponatur.
quinquefoliam herbam coques ex aceto, teres et quasi malagma
10 impones, statim supra scriptas durities et condylomata sedat.
strychnus herba in pane infuso trita aut cum axungia recenti
imposita strumas et supra scripta sanat. fici folia aut poma
ipsa inmatura trita impone, statim omnes tumores sanat.
iuniperi semen tritum ex oleo et aceto mixtum imponito.

15 *Ad idem I, 10 (29 et 30) — vid. ad textum (tribus in locis)*
Theodori.

Ad I 12 (38) De oculorum causis *(ad caligantes oculos post*
purgat).

(XIII)   Sal Cappadocum quod foditur fricas in cute cum aqua et
20 immisces collyrium diarodon et inungues. feniculi semen tere
diligenter, et immisces mel, et iterum teres et immisces et
ungues. expertum est.

Membranum sive album de oculis tollendum. faeni graeci
semen de aqua lavas novies et in aqua X coques. dactylos III,
25 mellis coclearia III, feniculi sucum quantum volueris simul

---

1 argemonia herba *r (Diosc. p. 326 Lips.)*: agrimonia *b.*
et *(bis) om. r.*   2 parotidas *(sic) br (ut supra).*   taupę *r.*
pone et circumlini *b,* impone circum. lenis *r.*   4 extincta
(sic) r.   5 cū melle | mixtū *b (cf. Marc. p. 146, 15)*: (porc.)
comixto *r.*   6 duriciem *b:* —tiam *r.*   impositum *r.*   7 cum
b: ex *r.*   decoctum *r.*   8 celidonię *br.*   imponito *(hic) r.*
9 quinquefolię herbā *(ips. corr. ex* herbe) *b:* quinquefolia herba *r.*
   maligma *b.*   10 s̄s̄ *b.*   duritias et condilomata *r:* do-
lores | condolomata *b.*   11 strignus *br.*   cum pane in-
fusa *r.*   recenti *b:* —te *r.*   12 et supra scripta *(sic) b:*
(strumas) f̄f̄ *r.*   13 sanat *b:* stant *r.*   19 *haec non habet r,*
qui inde ab initio huius capituli alio textu usus esse videtur,
nec prostant in c quia in hoc codice exciderunt (inter fol. 24—25)
a verbis Si cui oculi reumatizaverint *(ed. Arg. p. 11, 8)* | *usque*
ad v. | aut arboris pini folia molliora aut anetum...*(p. 14, 16).*

coctum commisces, et rosas. ‖ *(p. 35)* omnia simul teres ut unum
corpus fiat et penna inungues. expertum est. ros de cauliculo cum
melle inungues. vulturis oculos inspectos ... caliginem et
suffusionem nasci prohibet. fel caprinum cum melle mixtum
inunguito. chelidoniae sucum ÷ I, feniculi sucum ÷ I, rutae 5
viridis sucum ÷ I, fel caprinum ÷ ʒ I, cymini ᴸ I. melli commisces et uteris.

ettannari ygrocollyrio uteris, quod haec recipit. atra-
menti ad caligarios partem I, centauriae fasciculum I ... mittis
omnia in vas fictile mundum, et ad carbones cum viridi canna 10
agitas. subinde incides cannas, et tam diu coques agitando
ut ad spissitudinem mellis perveniat. et modice solutius.

Ad I, 13 (43) De narium morbis *(post cannulam solus cod. b
—de lacuna in c vid. supra).*

Porrum virginem de ligno in ligno teres et in suco eius (XIIII)
licinium tortum infundes et nares ex eo obturabis. et tamdiu 16
erecto capite contine, donec senserit pondus sternuti. et mox
subduces licinium et sternutabit et foris polypum eiciet. hoc
saepius est expertum.

caseum viridem tritum cum melle dum vadit dormitum 20
noctu in superioribus labio pone, et observabis ei, et mox
exiet ad escam. et tu ad busenas mox eum subducito. hoc
mire expertum est.

Ad I, 14 (44) de fluxu sanguinis narium *(post* meruerunt
solus b—de lacuna in c vide sapra). 25

Alii papyri cortices ligaverunt. mulieribus vero de ube- (XV)
ribus capitellum ligaverunt. nam et costi pulverem naribus
insufflato, et sanguinem sistit et ulcera narium sanat. porri
sectivi sucum cum chalcitidis pulvere mixtum inicito, hoc et
polypum curat et sanguinem sistit. et pulverem chalcitidis 30
solum insufflato.

1 ɾRosas *(sic) b.* 2 caulico | *sic b: cf. Ps. Plin. p. 21ᵇ Bas.*
(caulium rorem). 3 inunges (-gito) *ut semper b.* inspectos.
caliginem *sic b.* 5 celid⁷ *b.* 6 ᴸ *(i. e. semuncia) b.* mell' *b.*
7 uteris. ɾtannari ydrocolliriū *(sic) b (?) fort. nom. propr.*
8 atramentū ad caligarios *(sic) b.* 9 *lacunam ipse indi-*
cavi. 10 vase *b.* viridi⸗ canna⁸ *b.* 11 tandi *b.* 12 solutius
(sic) b. iam seq. textus Theodori Si haec caligo senectute magis...
15 *etc.* teris *b.* 16 obturabis *(sic) b.* 18 sternutat *b.* 20 vadit
ad dormitum *b.* 23 *sequitur* Fetorem vero naris ... *(I, 43).*
28 exsuflatū *b.* 29 sucus c. calcitis *b.* 30 pulipum *b.*

vermem invenies in cicere viridi, quem tollis et in vas
vitreum mittis, similiter et farinam et aliquot grana ciceris
viridis, et cooperies vas. et post dies XXX aperies vas et invenies de verme muscam. quam tollis et includis in lupino
5 aureo, et ligas in capite viro, mulieri ad ventrem. haec res
tantam virtutem habet ut si hoc ad aquam currentem posueris
mox statuet eam. sed anno uno tantum valet, alio anno renovabis rem de alio verme. hoc et ad mulieris profluvium prodest.

10   item si de dextra parte cucurrerit sanguis, in sinistram
dicis Surgur.

     item scribis de sanguine eius in fronte ipsius cum grano
turis nomen eius inversis litteris, et mox stabit.

     gallinae quae pullos exclusit testas ovorum leviter tostato,
15 terito et tenuissime cribellato. ipsius pulverem per cannulam
insufflato. mox stabit.

     item corrigia canina in collo ligata mirum est.

     in tria folia lauri scribis de sanguine ipsius Tantale pie.
Pie tantale, Tantale pie, et de suco porri virginis lavas folia
20 ipsa, et das ei bibere.

     item in chartas ad aurem ipsius Sanguis, imperat tibi
Apuleius madaurensis ut cursus tuus stet.

     item ut supra ad aurem dicis Fix. fix. fixon.

     nam et fimus asininus tritus cum sanguine hominis ipsius
25 in mortario et fronti cum hemicraniis illinitus sanguinem sistit,
candelam tollis et naturam viri ligabis, mulieri capitellum de
titina. lappa capiti circumdata mirum est. ruta cum aceto
trita et lana obvoluta naribus inserta sanguinem reprimit.
rutae semen tritum naribus applicatum prodest. coagulum
30 agninum ex aqua solutum fronti illinito. lana sucida aures
eius inculcato. cocleas tritas fronti illinito. in charta scribe
MalNω̄N. MalNω̄al. ΗalNω̄N.

     cretam argentariam cum aceti cocleario tritam et modico
aquae potui dato, et quasi sanguinem vomet.

1 cice *b.*   7 renovabis: removebis *b.*   12 *cf. simile
quid in physicis subiunctis Th. Prisc. Brux. (l.IV) p. 90ᵈ ed.
Arg.*   13 nomen eius: n̄n̄ et⁹ *(sic) b.*   14 t. ovorum eius
(sic) b.   18 *de Tantalo cf. Antidot. exc. Leid. (cod. Apulei.)
185 (ed. Piechotta 1887).*   21 aurēs *b.*   22 medaurensis *b.*
23 fixon *(ancip. litt. ult.) b.*   25 emigraneis (—nīs) *b.*   27 lapa *b.*
31 incucato *b.*   33 cum aceto coclaria trita et modice aq̊ *b.*

sucum rubi tenerrimi in sole positum ut in mellis crassitudinem redigatur potui dato, et quibus supra validissime
prodest.

Ut iterum currat sanguis per nares. marrubii sucum
si quis naribus sorbeat, mox prosequitur sanguis de naribus. 5

Ad I, 15 (45) de labiis crepantibus (*post* imbecillitatem *et
ante cap.* de dentium causatione).

Costum et bacas lauri simul commisces et teris. et cum (XVI)
melle commixto uteris utilius.

Oris odorem suavem et dentes facies candidos, farina 10
hordei sale et melle commixtis si inde saepius dentes frica-
veris. oris umores siccabis si pyrethri radicem quis in
sole submasticet, et aperto ore sedeat. omnis umor capitis
detrahitur. aciem oculorum clariorem facit, sed et dentes confirmat, si eius pulverem quis gingivis apponat. oris ulcera 15
sanat, si oleum roseum facies in ore teneri. et plantaginis et
portulacae vel intibi sucus similiter operatur.

Ad I, 16 (48) De dentium causatione (*post* mitigabo).

Cucurbitae sativae decoctae sucus tepidus in ore tentus (XVII)
dentium dolorem prohibet et mobilitatem eorum statuet. la- 20
pathi radix commasticata dentium dolorem tollit, et sucus
portulacae decoctae. si cruda comedatur, motos dentes confirmat, ligatos ex quocumque cibo umores factos solvit et tumores gingivarum tollit. alumen umectum in testa super carbones imponis et pari pondere piper tritum, et misces, et in 25
dentem qui dolet imponis et mox sedat dolorem. lac caprifici denti cavo impositum idem facit. pyrethri radiculam cavo
denti inicito et super de cera cooperito. sic chelidoniae
herbae lac.

gallae et bacae lauri pulvere aequali pondere in unum 30
commixto, cum digito saepius dentes fricato. dolorem tollit
et umores desiccat.

---

2 datū et quibus *b.* vallissime *b.* 8 cōmixtū et tritū
et . . . comixtū *b (c).* 10 si farina ordei sal et melle commixtū si inde *b (item c).* 13 et *c*: ei *b.* humor (*semper) b.*
14 detrahit *c.* 16 facias *c.* 19 sective *b.* cf. (*Ps. Plin. f. 25ª
Bas.) Marc. p. 123, 22.* 20 lappatii *b.* 22 crada (*sic) b.*
23 ligatos *sic b.* umores (?): amoros *b.* 25 miscis *b.*
28 inicito: mitto *b.* 29 *post* lac *signum paragraphi in b.* 31 et
cum d. *b.* 32 *post* desiccat *sequuntur dentifricia Theodori I, 49.*

Ad idem cap. I, 16 (49 post colluere oportet).

Et caprifici radix vino decocta, et ipsum vinum ore contineatur. idem praestant et radices eius contusae, si super
maxillas imponas.

5   gagatem lapidem ustula et pone in dentem qui dolet.

Ne os male oleat, sal ieiunus sub lingua teneto. lingua si tumet vel dolet, pumicem combustum terito, et
murra et puleio quantum tibi videtur simul trito linguam fricabis. si os intus combustum fuerit, lac caninum vel
10 caprinum assidue in ore contineat.

Ad idem I, 16 (49, post haec omnia c. sec. Hippocratis ...
profuerunt).

Infans ut bene dentiat, lapidem gagatem ad
collum suspende ei. lapillum de miliario excute et in linteo
15 ligatum collo suspende. pecudis cerebro cuiuslibet gingivas
confricato. viperae dentes in collo ei suspende. lapillum limacis collo ei suspende. lupi dens alligatus mirum est. pavorem ei prohibet. polypo marino vivo dentes tolle et collo
suspende ita ut ipsum vivum dimittas. facile et sine do-
20 lore dentiunt infantes, si dentem equi qui primo cadet ei
collo suspendas, sed melius est si ipse dens terram non tangat.
hoc catuli dens facit.

Trociscus Musae *describitur ad I, 17 (52).*

Ad I, 17 (53) De vitiis faucium vel oris (*post* ros sy-
25   riacum).
(XVIII)   Sic sales triti cum melle multum prosunt. sic radicum
caulium combustarum cinis. sic aneti sicci cinis. herbae cyclaminis radicis sucus — cum cocleario ter in die tangis, mirum est.
hirundinum combustarum cinis cum melle mixtus mire uvae
30 et faucibus succurrit. urticae sucus idem praestat. rubi folia
in umbra arefacta in pulverem redacta, uvam si tangas prae-

---

2 cf. Marc. p. 123, 26 et Ps. Plin. f. 25ᶜ Bas.   6 haec
iam pertinent ad caput seq. 17 de vitiis faucium vel oris.
6 liga (bis) b (item v. 8).   8 puleiū ... tritū b.   15 cere-
brū b.   17 Pavore b.   18 Pulipū b.   19 facile: Fascl' (sic) b.
haec ex eodem fonte quo Ps. Plin. f. 26ᵈ.   22 eadem omnia
add. ad c, 16 habet c, quae des. f. 28ᵃ catuli dens faē.   26 cf.
Theod. 1, 53 extr.   28 sucᵍ (us) cum ... b.   29 cf. Theodor.
1, 53 (gr. Gal. XIV, 361). Marc. p. 133, 3.   30 ortice b. cf.
Marc. p. 133, 14.   31 cf. Marc. p. 133, 1.

sentaneum est. araneum vivum in collo suspende, digitis
duobus medianis in dextra manu ligatis. hoc et lippitudini
medetur.

[nam et gargarismum his adhibe tepidum aqua vel melicrato ubi decoxeris aut lenticulam vel sorba aut mespila vel 5
gallam vel murtam vel cetera similem virtutem habentia.

Ad I, 19 (60) De ustione calidae (*post* adhibentur).

Recipe adipem berbicinum i. ē. mellis unciam aceti unciam (XX)
in unum ad tertias decoque et in modum ceroti linteolo inductum impones. combusta de calida vel de igne facta 10
sanat. folia cauliculorum ⟨cum⟩ oleo roseo impone. lactucam
tritam assidue imponito, nec cicatricem relinquit. tumore et
suppuratione deusta sanabis, si herbae urceolaris folia superimpones contrita. hoc et liliorum radicis bulbus contritus et ·
impositus facit. pustulas ex combustione non patitur exire, 15
si murtae foliorum cinis aspersus fuerit. usta sanat et pilos
revocat ranae combustae cinis aspersus. stercoris caprini combusti cini efficax est impositus. lilii folia trita imponito.

Ad I, 20 (62) De carbunculis (*post* liberant).

Nam et apes quae in melle moriuntur tritas impone.(XXI)
fimum columbinum tritum recens impone. stercus ovinum 21
contritum ⟨cum⟩ melle impositum mire carbunculos discutit,
praecipue eos qui in veretro nascuntur. et sine melle idem
facit. stercus caprinum tritum cum melle impone. caricas
pingues et saponem et lasar pari pondere separatim teres et 25
in unum commisces terendo, imponito, aperit, claudit et sanat.
potentissimum remedium si cum nuce purgata carbonem conteras et imponas.

Ad I, 21 (65) de vulneribus (*post* baccas c. res. tunsas inponito).   30

Si vero ferro incisum vulnus vel apostema fuerit, lin- (XXIII)
tea infusa acri aceto cum sale mixto imponito, et desuper

---

1 *cf. Marc. p. 139. 19.* Suspend'; digiti duo mediañ...
ligati *sic b.* 4 *his iam redit ad Theodorum.* mellicratū
6 mirta *b.* 8 ℞ *b: om. c (quem vidi, non contuli).* i. ē.
Mellis -·. Acceti -÷ *b.* 11 cum *om. b.* 13 deustata *b.*
orciolaris *b.* super īpone *b.* 16 mirte *b.* 17 stercus
(—cᵠ) caprinum combustum *b.* 22 carbunculum *b.* 23 ve-
retrū *b.* 25 sapones *b.* 27 cȧbonē *b.* 32 acro *b.*

fasciola linea ligato. quod usque triduum inde ne solvas, sed de supradicto aceto semper infunde. hoc vero adiutorio adhibito nec in tumorem plaga veniet, et postea celeriter sanat.

Ad I, 21 (68) clausulam (quam sic mutavit b: Sunt etiam haec
5 adiutoria his causis aptissima sub una virtute medentia, sed varie composita, quarum perseverantia effectum facillimum experti sumus:)

Verbena herba contrita et imposita mirifice prodest. aqua ubi caules decocti sunt tepida si loca ipsa fomentes, et ipsos
10 caules detritos bis in die imponas, vulnera recentia et vetera et fistulas sanat. bulbi triti soli ad vulnus glutinandum adhibeantur, experimentum est. rubi flos vel mora imposita trita, sine collectione vulnera recentia sanat. lintea aceto infusa sale trito ammixto imposita per triduum, vulnera
15 ferro secata intumescere non patitur et ad sanitatem cito perducit. vena incisa si fuerit, floccum purpureum alligato, et mox claudit. calcis pulvis appositus hoc idem facit. venae solutae si fuerint aut ferro incisae et sanguis restringi non poterit, plantaginem tritam super alligato, probatum est. folia
20 verbenae trita cum axungia imponito, statim sanat. si scillam purgas et interiora eius tenera in pilam mittis et ex oleo et vino psyllium contusum pro malagmate imponis et tertio die resolvis, vulnera recentia quamvis periculosa et nervos incisos et ossa consolidare expertum est. fimum bubulum cum melle
25 recentes plagas ferro factas sanat. viscum axungiae in unciis binis simul contritum alligato, aperit expurgat claudit et persanat. item mellis butyri resinae uncias ternas simul decoquis et commisces donec in se coeant, et linteolum intingis et vulneri imponis, carnes de loco suo remotas intra | (p. 47) tri-
30 duum glutinat et comesta vel cava replet, et mira celeritate sanare certum est. fimum scrofinum illitum vulnera sanat. herbae verbenae folia sive ramulos eius tenerrimos vino bono coctos et tritos imponito, vulnus aperit et expurgat. item

---

2 supra dictis *b.*   3 *seq. ap. Theod.* Glutinantia vero...

15 secata *(sic) b.*   19 sup alligatā ♭ ÷.   20 trite *b.*
squillam *b.*   21 mittes et olei et vini psillium *b.*   22 ĩpones
... resolves *b.*   24 expitū ē *b.*   fimum *(sic) b.*   26 ana II ÷ *b.*
cludit *b.*   27 Bitiri *b.*   ana III ÷ *b.*   decoques *b.*
28 coheant *b.*   intinges ... ĩpones *b.*

ipsam herbam crudam tritam ⟨cum⟩ melle imponito, statim
sanat. haec et omnia vulnera seu ferro seu morsu canum vel
undelibet sint facta sanat. bulbos cum melle tere et impone
et quarto die solve. vulnera quae tardius sanantur, ex
optimo sapone aut de urina infantis vel de lixiva prius la- 5
ventur, et sic medicamen impone.

Si quis clavum vel vitrum vel os calcaverit aut in capite
fractum os habuerit quod medici tollere non possunt, vel si
quis de grafio vel acu caprina aut de spina alba punctus fuerit,
argemoniam tritam cum axungia ad omnia suprascripta im- 10
pone. hoc et vettonica herba facit.

Ad humanum et simiae morsum rubi folia vino cocta
et trita assidue impone in ulcus, sanum fiet. de aqua frigida
primum plagam tange, et dices graece KYWNꓳ-CWPONTO a:
Pꓳ-CWPWKYNWCWaꓳ-CWPWNEWNWʮ, et post haec verba em- 15
plastrum impone quale volueris. herbam nasturcium tere et
⟨ex⟩ vino ieiuno potui dato. et ipsam contusam in vulnus impone, morsum canis rabidi sanare expertum est. fel ursinum
bibat cum III unciis aquae pluvialis, non plus, et vulnus ex
ipsa aqua lavato per triduum ternis unciis, sine periculo sanus 20
fiet. ipsi autem cani rabioso si fel ursinum in potione dederis,
remediasti eum. canis numquam rabiet in domo, si pellem
canis rabiosi sub limen obliges vel in porta figas. absinthium
in vino tritum potatum muris et aranei morsum sanat. coagulum agninum in vino potui dato, rutae agrestis semen et 25
aristolochiae aequa mensura in vino trita potui dato.

Spalangionum et araneorum morsus fimum caprinum vel
cuiuslibet pecudis ex aceto conspersum et impositum curat.
sic faex vini in lana illita et imposita facit. fimum gallinae
recens super idem vulnus impone et alliga, et intervallo facto 30

---

2 ℞ ad oīa *b.*   5 lixiva *b.*   7 S *rubro scripsit b. in-*
cipit enim proprium capitulum rem. contra morsus animalium
varios.   9 acrimoniam *b* (argimonia *ap. Marc. ef. Diosc.*
p. 326).   10 ℥ss. *b.*   11 bethonica *b (Ps. Plin. p. 110, 23).*
12 Humanū. et symie morsū. rabi≡ *b. (rubricae quae fuerit*
addidi Ad).   14 dicis *b.*   18 et vino *b.*   ipsa contusa *b.*
19 III. ÷.   pluviali.   20 uncii *(sic) b.*   22 rabiat *b.*
23 obligas: obluas *b.*   26 aristologie ana in vino *b.*   27 Pa-
langionum *b (om.* S *littera quae rubrica scribenda fuit ut fieret*
Spalangionum).   fimi caprini ... consperſꝰ et īpositꝰ *b.*
29 fimꝰ *b.*   ſupidꝛ *(sic) b.*

renovas, continuo et dolorem et timorem tollit. vel si ex sui
cuiusque sexus fimum imponis. stercus caprarum quae in mon-
tibus morantur tritum cum vino et saepius in plaga spalangionum vel araneorum impositum bonum est. crabro si quem
5 morserit, lacte arboris fici perunguito, mox dolorem sedat. sic
lana sucida in eodem suco intincta et imposita et septimo
die soluta dolorem sedat. coaguli haedi vel leporis scripula
tria ex vino potui dato. hoc et contra pastinacam marinam
facit. ranae rubetae morsus vel afflatus sanas, si ovum cum
10 aceto et vino coctum dabis. et aquam ubi plures sunt ranae
sorbendam dato, remediasti. salamandrae venenum si in aquam
ceciderit et bibenti nocuerit, sanguis testudinis terrestris cum
farina sparsus et in modum panis factus et sumptus | (p. 48),
vel tritus potui datus veneno laborantibus mire remediat.
15   Vulnus quod sine ferro aperire velis, lauri folia ex frigida
intincta impone et obliga; aperit et discutit.

Ad I, 23 (73) de igne sacro (*post* vasorum fictilium flos cum
aceto).

(XXIIII)   Nam et scribis in ipsum locum qui patitur Ignis sacer
20 fuge, Livor pater te sequitur. item scribe hoc et ad capitis
dolorem YGωBEVICI alR. item scribe AOPOMalaω. [Nam et
olivae folia in vino cocta et trita et imposita, expertum est.]
Faecem aceti cum ovis crudis commisces et de penna illinies,
vide ne laves donec sanetur. item polentam milii distempera
25 cum albumine ovi et oleo, perunge, mirum est. porcinum fel
illinies de penna in balneo, saepe expertum est. ricini sanguis illinitus valde prodest. strychni sucum illinies. chelidoniam tritam cum pane infuso in aqua ponito. vituli fimum
recens sive bubulum impositum prodest, vel cum aceto si
30 misceatur. stellionem sursum versum repente manu dextra vel

---

1 ſſ c̊q;   3 spalangionum *(sic) b.*   4 Scabro *b.*   5 arbore *b.*
6 vīı *b.*   7 Coagulū *b.*   edi *b.*   8 data (a *ex* o) *b².*
11 aqua *b.*   14 remediat] *his desinit Chisianus.*   19 acer
(*semper*) *b.*   20 sequitur *i.* persequitur *cf. et infra alia et for-*
mularum exempla gemmis inscriptarum, velut (Revue arch. 1892
p. 55) φεῦγε ποδάγρα, περσεύς σε διώκει [*W. f. kl. Ph. 1892*
p. 637] cf. Marc. p. 379, 19.   21—22 *haec ex Theod. 1, 73.*

23 cōmiscis *b.*   26 balneis (—is *del. corr.) b.*   27 celid' *b.*
29 bubulinū *b.*

inistra pollice et digito medicinali prende, et in nucem regiam
d est triangulam excavatam ante solis ortum mittis et de
tagno claudis, et in brachio dextro ei suspende, ita ut
uotiens est opus hanc nucem cui vis portandam des. faecem
ini boni et ova cruda misce, et de penna illinito, nec 5
aves donec sanetur. nam et haec verba non praetermittas
ncantare ad ignem sacrum Ignis auget, foris urit, aqua sitit.
uo modo hoc mendum duc, sic nec hoc doleat nec rubeat nec
a malum se vertat.

ld I, 24 (74) de percussibus apum etc. (*post* statim curat). 10
      Sic bulbi triti et impositi. hoc et dolorem tollit. et si (LII)
entisci ramum sinistra mana teneant, desinet dolor. cetam de
ure in morsum scorpionis pone, et eandem tritam cum vino
otui dato. gallinarum fimi cinis illinitus, scorpio in oleo de-
ritus et penna illinitus mox subvenit. panis in vino infusus, 15
t portulaca imposita ita subvenit. [nam et his semper potioni-
us ... *pergit Theod.*

ld I, 25 (75) De stirpibus vel ossibus vel telis ... re-
eptis et celatis in corpore (*ad finem, ubi clausulam sic*
                          mutat b: 20
      Sunt et haec beneficia fysicorum optime comprobata, (XXIII)
uae huic loco adiuncta a nobis profiteor esse.]
      Si spinam piscis vel ossium assulam tollis et super caput
ius ponis et ipsa re scribis in cerebro ΑϹΦ. ΤΥΧϹΑ. item in-
antas et dicis nomen matris eius et dicis. Ille Gaius Seius, 25
uem peperit illa Gaia Seia, in mente habeto illum Gaium
eium. item incantes, digitis medicinalibus iosum versus de-
luces, hoc sermone Pallas Gorgonis ostan caɛepieni. item in-
antas lasana piscator exi foras, et fac quod tibi iussit Iupiter.
tem pedes eius in aquam frigidam mittis. item si panis vel 30
aseus vel ovum inhaeserit, ex ipsa re in aurem sibi ponat.

                           i
· 2 ɪnuc regia i. tanglē excavatā *b.*   5 illinita *b.*   7 *f.*
istit?   8 duc (*sic*) *b. f.* ducis?   9 *seq.* Si sub cuiuslibet ... *ap.*
Theod.   12 Cetā (*sic*) *b: i. e.* sordes *Plin. n. h. 28, 40 (Ps. Pl.*
. 112, 7).   14 illinito *b.*   22 a nobis est (÷) profiteor
sse *b.*   23 *cf. Marc. p. 152, 15* Si de pisce os faucibus hae-
erit, spinam ...   hastula *b.*   25 gaius eius *b.*   26 gaius.
aius *et mox* gaiū. saium *b.*   28 h. sermone: ħ | mone *b.*
orgoni⁹ *b.*   30 inpiͭ *b.*   31 cases *b.*

De singultu.

Singultus si natus fuerit, manus ambas in calida teneri
facies. item anulum assidue cum digitis medicinalibus de
dextra in sinistram et e converso inducat. item nomen eius
5 in manu eius rectis litteris scribe, et legere illum hoc ipsum
nomen cogis. si autem illitteratus fuerit, ipsum nomen ex
aqua lavabis et ei illud potui dabis. et piper et castoreum
aequa mensura tritum cum aqua calida potui dato. vel cum
adriano adiuncto summe facit. sic et loco calido si iaceat
10 satis iuvat. et pectus eius oleo nardino fricato. sic et dia
trion pepereon datum satis iuvat.

Ad I, 26 (76) de testium indignationibus vel vitiis *(extr.).*
(XXV)   Cupressi bacae vino coctae et tritae recte conveniunt.
bulbi triti ex mulsa et illiniti prosunt. ruta cum cymis lauri
15 tenerrimis trita et imposita testium dolorem efficaciter tollit.
fabam vino coctam et cum aqua tritam pone. lini seminis farinam cum resina et murra pone, mire facit. feniculi farinam
cum hydromeli coctam, ad omnes testiculorum dolores tumores-
que facit. fabam fresam cum cymino et lotio detritam impone.
20 cupressi bacae cum vino coctae et tritae et impositae, ulcera
testium sanat. radicis cicutae cortex tunsa, ablata folia cinere
calido appositaque testibus ⟨prod⟩est.

Ad I, 27 (78) de veretri causatione *(extr. post* tangendum
erit).
(XXVI)   Plantaginis suco tepido fomentabis, et si tumor fuerit
25 ipsam tritam impone. si ulcus in veretro fuerit, murtae pulvere asperso sanabitur. et acaciae pulvis sic et lycium et glaucium facit. murtae folia commanducet, et salviam cum digito

1 *ita seq. inscr. cod. b (sine rubr.).*   2 in cal' tenū *b. cf.
Marc. p. 176, 5.*   5 rectis *(sic) b.*   8 aequa mensura
(*vel* aequo pondere *vel* ex aequo): ana *b (ut supra).*   9 adriano
adiunctio *(sic) b.*   11 pipereon *b.*   13 Cipressi baccas vino
coctas et tritas *b. cf. Scribonius 233.*   14 trita ... illinita *b.
cf. Ps. Plin. p. 63, 14.*   ruta: *cf. Ps. Plin. p. 63, 15.*
15 efficiat *b.*   16 faba *etc. b. cf. Ps. Plin. p. 63, 19.*   lini
s. f. *cf. Ps. Plin. p. 63, 18.*   17 feniculi *cf. Ps. Plin. p. 64, 5.*
18 ydromelle *b.*   19 faba *etc. b.*   20 baccas *etc. (ut supra
v. 13).*   21 sanat: *huc usque c (Chis.).*   ablatis foliis cinire
calido appositoque testibus ÷ *(sic) b. cf. Marc. p. 343, 33.
344, 4.*   25 sucū tepidū *b.*   26 mirte pulverē aspersū
sanab'r *b.*   28 glaucia *b.*

aut cum penna sibi illiniat. ervum molitum admixto turis
polline in vino veteri coque et tepidum pone et obligato.
cui si mel coctum adicis, celerius sanat. item scrofae sanguis
illinitus optime facit. dentium equorum combustorum cinis
aspersus prodest. spumam argenti et aloen ex aequo teres, 5
et cum uti volueris prius de vino mixto cum calida lavabis,
tunc supradictum pulverem asperges. argemoniam in vino coque, et inde fomentabis. postea ipsam viridem tritam imponito,
vel eius siccae pulverem asperge. thymi Ⴐ II in vini cyato I
ieiunus bibat, tumorem veretri sanat. 10

Submeiulos vero sic remediabis. si in lecto suo in sago
vel in racana aut tunica sua vel quolibet panno meiaverit,
lava ipsum locum aceto et nescienti potui dabis, mire remediasti. rutae agrestis semen contere, et ex aqua calida
ieiuno potui dato, remediasti. leporis vesicam in vino austero 15
decoque, et potui dato, remediasti. leporis cerebram coctum
et tritum in vino potui dabis, probatum est. leporis vesicam
assam nescienti dabis edendam, liberasti eum. piscis vesicam
ieiunus glutiat, hoc et splenem curat. verris vesicam assam
nescienti dare convenit. item filicis libram I. decoquas in IIII 20
vini SS, facies inde potiones VIIII, et ieiuno bibere dabis.
simulac ex eo biberit, sterilis efficitur.

Ad I, 28 (79) de herniosis *(extr.)*.

Cicutas, et bacas de cupresso virides inpari numero (XXVII)
luna decrescente, et uvam passam sine granulis tunsam cum 25
axungia sine sale, et impositum ramicem et tumores testiculorum
⟨sedat⟩. cupressi virides pilas numero XL coques in vini IIII
SS tam diu quousque siccet, et sic tundes et immiscebis
postea betas et axungiam veterem lib̄ II, mandragorae suci
lib̄ II, galbani lib I. primo axungiam teres, et sic omnia com- 30

1 herbum *b*.   2 tep pōn *b*.   3 Q̇ semel *b*.   addicis *b*.
| S åcfe *b*.   5 aloes ana tīs *b*   7 ℔ pulvē *b*.   acri-
moniā *b*.   9 vino sciato *b*.   11 saga *b*.   15 haustō *b*.
17 in *om. b*.   ᵇ ÷ *b*.   18 edendo *b*.   19 te splen curat
(*sic cum albo*) *b*.   verri *b*.   20 clare convertit edendam *c,*
qui hic desinit.   lib̄ ÷ I *b*.   21 pones (*sic*) *b*.   22 simul' *b*.
stīli⁹ *b*.   24 Cycutas et baccas…*etc.c.accus.b sc.*℞. *cf.Marc.p.344,*
4.7.   testiculorum. Cipsi *sic (sine albo) b*.   27 vino *b*.   28 tundis
et immiscis *b*. 29 *sic b*.   sucus *b*.   galbanū *b*.   teris *b*.   commisces *b*.

miscebis, et uteris medicamento his omnibus supradictis sub ligatura. probatum est. item ramum diffusum novellum quaeres de quali volueris ligno et findes et per ipsam fissuram puerum transduces qui ramicem patitur. postea recomponas et liges 5 ramum. dum coeperit ramus cohaerere, puer sanabitur.

Si mulier vesicam ruptam habuerit vitio obstetricis et herniam non contineat, argemoniae fasciculum I, pulei fasciculum, nepetae surculum I in vini veteris aut aceti acerrimi SS IIII. bulliat in olla usque ad heminas III, addes pusillum 10 salis triti, et potui dabis. mire sanasti.

nam si mulier sanguinem vel purulentum meiaverit, murtae ⟨surculos⟩ ad quartas decoques in olla nova ex aqua lota, et exinde tertiam partem potui dabis per triduum, ita ut prima die nihil aliud bibat, et mire sanasti eam.

15 *Ad I, 30 (81)* de div. vitiis in ano nascentibus (*post* indicum ammiscendum est).

(XXX)   Lentem combustam bene tritam cum melle imponito, omnes ani tumores et fervores sanat. fel taurinum peerunctum, et super lanam sucidam ex aqua frigida impone, expurgat fervores et ad sanitatem perducit.

Ad I, 30 (83) De ragadiis in ano nascentibus (*b post* consumentur).

(XXXII)   Item fimum canis album tritum et cribratum et cum melle illinitum ragadium curat. berbicini sevi -:- I, mellis -:- I, 25 aceti acerrimi -:- I in unum ad tertias decoques et linteo inductum loco impones. hoc ragadium et haemorroides curat. passum mel et lixivam aequa mensura addes et samsucum coques simul. postea vero cum tepuerit sessum sibi lavet. tanta vis est remedii, ut statim curet et exochadium latens 30 incidat. ovi decocti vitellum et spumam argenti aequa mensura ex oleo roseo simul contere, et lana involutum subicito. prius de lana penicillum intinctum ac melle expressum deterge.

1 h̄ oīa s̄s̄ *b*.   ᵖ̌ d' est (*i. e. inter* probatum *vel* prodest *incertus*) *b*. cf. *similia apud Marc. p. 343, 26—32.* 2 queris *etc. b.* 4 recompones et liges *b.* 7 c̄tin& *b.* acrimonie *b.* 8 nepte *b.* vetī *b.* 9 eminas *b.* 11 mirti mascl'i | ad quartas *b.* cf. *Diosc. p. 717.* 14 eū *b.* 24 berbicinū. I. -:- sevum (*sic*) *b.* 26 emorroidas *b.* 27 lexiva *b.* ana (*item 30*) (= aeq. m.) *b.* 28 sessum (ἕδραν): secessū *b.* 29 latentem *b.* 31 et oleum ros. *b.* 32 pinnicellum *b.* intinctum?: τ̄tinctū *b.*

item si quid intra anum innatum fuerit sanat. semen aneti
mittes in ollam novam et claudes diligenter eamque in furnum
mittes cum incenditur. postea favillam ipsam tundes et cernes,
et imponas, omnia vitia ani sanat. picis resinae cerae butyri sevi caprini unc̄ singulas, spumae argenti unc̄ I commis- 5
cebis, omnia vitia ani si linieris sanat.

   ani vitia si qua ex ulceribus facta sunt et siccanda erunt,
fel taurinum siccum suprascriptum tenesmon factum mire sanat.
folia plantaginis trita cum oleo veteri imponito, bonum est.
item ebuli sucus illinitus ani prurigines sanat. caseum salsum 10
et aceti pusillum simul contritum ulcera ani curat illinitum
et neque tumorem neque suppurationem facit.

   Mulieribus circa corpus ipsum solent ragadia nasci,
quae ita curantur. medullae cervinae ÷ VI, olei rosei ÷ III
ad focum lenem resolves et commiscebis, et refrigerato uteris. 15
qui assellari non possunt, mellis salis triti coclearia terna
simul deferveant in trullione ita ne nigrum fiat. facies dum
tepuerit collyria et in ano singula subicies, mox assellatur.
muris stercus, ⟨piperis⟩ grana XV, aluminis pusillum, mellis
coclearia II, salis triti cocl. I teres simul et commiscebis, et 20
collyria facies et in ano subicies.

   Ad I, 31 (85) De syringiis *(fin.)*.
   Nam et chalcanthum cum aceto vel vino styptico tritum (XXXI)
syringiis optime facit. sic et cocleas sine testa terito et syringiis adhibeto, curasti. dactylos XX et V, vel XV, in trul- 25
lione ferreo combures teres et diligenter cernes et cum melle
aequa mensura miscebis. prius vero de calida fomenta et de
sabano terge, post de vino veteri lava, et impones medicamentum cum linteo. cures mane et sero, in die VII sanabitur.
caprifolia quae cadunt, sicca et in pulverem redige. deinde 30
ad setam praecides syringium, et vino veteri lavabis et linteo

---

   2 mittis . . . claudis *b.*   5 aⁿ. I. ÷ *b.*   commiscebis: Re-
missis *b.*   6 linueris *b.*   8 tenasmon.   10 b ÷ *b.*   11 anni *b.*
13 Mulieribus—curantur *rubro scripta sunt.*   ragadie *b.*
15 refrigeratū *b.*   16 assellare *b.*   ana coclearia III. *b.*

17 deferveat in trublione *b.*   negrū *b.*   18 āno *b.*   19 stercus gñā *(sine lac.) b. addidi* piperis.   20 teris . . . commiscis *b.*
21 anno *b.*   24 *(etc.)* siringiis *(sic) b.*   26 comburis teris
. . . cernis *b.*   27 c. m. ana misces *b.*   de sabano *hic etiam b,
ubi* de *videtur dolendum.*   31 deinde: inde *b.*   p̄cidis *b.* lavas *b.*

siccabis, et super pulverem mittas, et mirifice curabis. in mortario pulverem ex pistillo plumbeo facies et mittes in eo
oleum cyprinum. quod si non est, oleum de lucerna ardente
mittes, et cerussam bene tritam terendo in mortario diutissime
5 commiscebis, et uteris. item marrubii -:- II, axungiae veteris
-:- III, picem candidam infusam in vino veteri, omnia teres et
commiscebis, et uteris, mire curat.

　　　De physicis. Picem liquidam cum manna turis aut cum
ceroto commixtam intra syringia mittes, et optime curasti.
10 quinquenerviae sucum intra syringia mittes, sanasti. item
marrubii folia et stercus soricinum, semen de avena, piperis
grana XXI, omnia aequis ponderibus miscebis, bonum est.
item olivae grana plura ustula, teres et pulverem facies, et
aperies caricam et supra de pulvere superasperges, statim
15 sanabit. nam et syringium et corcum et strumas sic curas.

　　　De expertis. dactylorum ossa, brassicae radices satu-
reiae radices, | (p. 55) olivae ossa, omnia aequis ponderibus
exusta et in pulverem redacta vulneri imposita, mire curat.
canis fimum album cum oleo roseo tritum syringium curat.
20 humanum stercus combustum et cum melle tritum syringia
curat.

　　　Ad I, 31 (86) De syringiis (*post* impedita).
(XXXIII) Palumbinum fimum siccum teres cum aceto, impone choe-
radi, et illam tolles.
25 　　... Cynoglossae radices in mortario diutius tere et dabis
bibere in vino veteri. et abstineat usque ad VIIII ⟨diem⟩.

---

1 sucas (*sic*) *b.*　　　curas *b.*　　　in m. *etc.*: Mortariū pul-
verem | & pastillū plumbeū facis. et mittis in eū (*sc.* mortariū) *b.*
　　　et cerusa bn̄ trita ī mor tēndo ī mortario *b.*　　　5 cōmi-
cis *b.*　　　6 teres et cōmisces *b.*　　　8 de phisicis *rubr. scr. b.*
9 cōmixtū *b.*　　　siringias (*sic hic et v. 10*) *b.*　　　10 mittes:
missū *b.*　　　12 misces *b* -:-. *b.*　　　15 syringiū. et carcū *b* (*cf. de
corco Marc. p. 220, 11 sqq.*).　　　16 de expertis *rubr. scr. b.*
rad' *b.*　　　satię̃ *b.*　　　18 in: m̄ (inde) *b.*　　　19 siringiā *b.*
20 siringia *b.*　　　21 curat: *hinc seq. in b* De ragadiis in ano
nasc. *et quae supra apud Theodor. 1, 82—84 usque ad v.* impedita *cf. ad 1, 84.*　　　22 *hoc corrupte inscribitur in Chisiano*
(*ut in indicis cod. b c. XXXIII*): De fistulis in ano et intestini reumatismo.　　　23 īpone caradice.　　　eillas toll'
(*cum albo*) *b. post v. 24 in b seqq. ultima s. 86* Quibus vero
intestinum exierit...　　　26 VIIII. *b* (diem *addidi*).

hoc et syringio et omnibus ani vitiis, sicut supradicta, ita medetur, expertum est. item asfodeli radices colliges, rades et quantum necesse est ligabis in syringium usque sanetur.

De ischiadicis (XXXIIII).

Brassicae semen tritum cum aceto acerrimo tamquam ma- 5 lagma panno inductum in loco doloris impone, et alia die solve. et batrachion herbam optime tunsam linteo sicut medi- camen inductum imponito, et signato ne solvatur, usque ad aliam diem, et lavabis de vino veteri, et sic relinquitur. vide ne aliquid medicaminis seu unguenti adhibeas. hinc omnis 10 umor dum exierit, mire sanabitur.

hoc satis bene expertum est. hoc facis vel in geniculo umero cubito vel talo qui nimio dolore contrahuntur. ba- trachion herbam tundes de ligno iligno et implebis inde con- culam de nuce, et pones super talum in quo loco dolet et 15 alligabis, et alia die solves. postea dum ⟨se⟩ vesica erexerit, cum spina quali volueris aperies. tamen vide ne cum ferro tangas.

Ad omnem membrorum dolorem vel quicquid doluerit (XXXV). 20

Herbam bryoniam minutim decoques in oleo, postea co- labis et miscebis cerae quantum tibi videbitur et perungues dolorem, remediasti. adipis anserini vel haedini ÷ I, bacarum lauri tunsarum ÷ I, iunci radicnm ÷ I, medullae cervinae ÷ I, resinae terebinthinae ÷ I, rasurae navis marinae ÷ I. 25 facto ceroto, si superunxeris, sanasti. cupressi pilas XXX con- tusas diligenter cum olei SS III decoques super carbones lentos, postea dum frigeraverit, per linteolum colabis et mis-

1 syrigio (*sic*) *b.*   supā *b.*   2 asfodilli *b.*   3 ligas *b.*
4 de sciaticis *rubr. b* (*est indicis cap.* XXXIIII).   7 botracion *b*
(*item infra v. 13).*   sīc medicām *b.*   8 solvat *b.*   9 aliam:
aliū *b (cf. v. 16).*   lavas *b.*   9 relīqt *b.*   12 Ḣ *b.*   ge-
nucto *b.*   14 ī lignū *b.*   īples *b.*   16 alligas *b.*   solvis *b.*
addidi se.   17 quale *b.*   20 *hoc est indicis b cap.* XXXV.
21 brioniam *b.*   minutā *b.*   22 misces *b.*   cerā *b.*
punges. hōrē *b.*   23 Adipē anserinū t. hediū *b.*   bacas l.
tunsas *b.*   24 rad' *b.*   Medullę *etc. sic b.*   25 resīn tēben-
tina *b.*   rasure *etc. sic b.*   27 oleo *b.*   28 dū frigāūit *b.*
colas *b.*   misces *b.*

cebis cerae liquidae libram I et facies cerotum tenerum. item
radicis iunci, murrae troglodytidis, storacis, lauri bacarum uncias singulas, omnia tenuissime trita miscebis, et uteris.

Ad omnes nervorum duritias perfrictiones con-
tractiones et dolores (XXXVI).

Acopum quod suprascripta mira celeritate sanat, et ad
plethoram et ad calores. foliorum lauri et bacarum lauri,
faeni graeci, samsuci, cupressi bacarum, murtae, roris marini uncias singulas, haec omnia tunsa in vini veteris ꝫ I infundes
diebus III, quarto miscebis olei lib III in ollam ubi species
suprascriptae sunt, et leni pruna coques usque quo vinum
consumetur. colabis, foco impones. et addes cerae ponticae
∻ VI, resinae terebinthinae ∻ VI, et uteris. hoc expertum
et valde mirificum est. item olei veteris lib IIII, cucumeris
agrestis radicum lib I coques usque ad oleum et adicies ccrae
lib I et pro acopo uteris. caro palumbina cibo prodest data.
aqua in qua caules decocti sunt loca fomententur. hoc et ad
pedum dolorem facit. stercus caprinum montanum cum axungia tritum linteo inductum et calefactum sanat. stercus caprinum decoctum cum aceto et melle tritum imponito. hoc et
articulos dolentes curat. abrotonum cum oleo decoctam et
tritam imponito. hoc et mala medicamenta excludit. gagaten
lapidem ustulabis teres et in oleum mittes, adicies et ceram
ita ut fiat cerotum, et uteris. hoc cuiuslibet membri et renum
dolorem curat. quinquefoliae herbae sucum potui dato. hoc
et laterum et coxarum dolores sanat.

De lumborum dolore (XXXVII).

Git quantum tribus digitis tollere poteris tritum in passi
cretici cyatis duobus cum aquae calidae cyatis duobus potui
dato, potenter facit. lanam sucidam in oleo et pice liquida

2 rad' *b.*   mirre trocliten *b.*   baccas *b.*   3 ana .I. ∻ *b.*
misces b.   4 perfricationes *b* (*item in ind. cap.* XXXVI).
6 ꝫꝫ. *b.*   7 pletora *b.*   folia . . . baccas *b.*   8 baccas
Mirtę Ros marini *b.*   ana .I. ∻ *b.*   10 Quarto misces *b.*
11 ꝫꝫ l̄t *b.*   12 Colatis *b.*   14 Cucumeris suc' agrestis rad'
lib I. *b.*   15 usque ad ol'm (*sic*) *b.*   18 dol' *semper b.*

21 Abrotanū *b.*   decocta et trita (*sic*) *b.*   23 ustula^B tīs *b.*
25 dol'.   26 dol'.   27 *est indicis c.* XXXVII. *cf. Ps. Plin.
2, 14 et Med. Plin. 2, 36. 54^b Bas.*).   28 Gitti *b. cf. Marc.
p. 251, 33.*   29 aqua cal' *b.*

intinges et impones. adipes vulpinos inunguito. inulae herbae
folia vino trita imponito. nasturcium cum polenta calidum
cum aceto impositum prodest. sulphur vivum ... et vitellum ovi
cum caroeno commixtum imponito. semen asparagi tritum vel
radicem eius cum vino aequa mensura potui dato. sucum porri 5
sectivi cum hemina ⟨vini⟩ potui dato. nuclei amygdalorum
triti ex aqua potui dati mire prosunt. millepeda trita et suci
eius denarii pondus unius cum vini cyatis duobus medetur.

Ad coxarum dolores (XXXVIII).

Populi germen in vino coctum et expressum adiecta aqua 10
bibat, sanus fiet. ursinum fimum cum axungia bene tritum imponito. ei parti quae dolet testudinis coxam abscisam
alligabis. cucumerem erraticum ligno effossum cum axungia
veteri contritum et per diem noctemque unam impositum, mire
prodest. herbam polygonum, quam nos sanguinariam dicimus, 15
tunsam impone. item artemisiam contusam et in aqua ferventi dimissam tolles, et supra polygonum quam primum
imposueras antehac, impone calidam et bene alligatam. hoc
per triduum facito, prodest. facit hoc ad quamvis vetustissimum dolorem et sanguinem erraticum et ad tubera in cor- 20
pore et ad nervorum contractiones et ad podagram. sed artemisiae lacte maceratam impones. cucurbitae semen cum oleo
et aceto tritum et unctum sanat. vettonicae pondus duorum
denariorum in mulsa calida potui datum. hoc et lumborum
dolores tollit. git quantum tribus digitis tollere potes tritum 25
in passi cretici cyatis duobus potui datum prodest.

1 intingis et īponis b.   Innulę b.   3 Sufur vivū. Cimis (sic) et
vitellū ovi b.   4 sparagi b (cf. Ps. Plin.).   5 an̊. potui d. b.
Suc⁹ b.   6 cū emin̊ potui b (cf. Ps. Plin.).   7 dato b.
millepedia b.   suc⁹ b.   8 pond⁹ b (cf. Ps. Plin. p. 125).
9 in ind. XXXVIII. De coxarum dolore b.   cf. supra c. XXXIIII.
10 Pupuli b.   11 fiat ante ips. corr. b.   bene: neñ b.
12 Eı⁹ p^{tis} b.   abscid'. et alligā b.   15 polegonus b.   san-
ginariā b.   17 quam: īaq̊ b.   18 añ h̃c b.   19 Fac b.
21 arthemisię sic b.   22 īpōmıſ b.   23 vetonicę b.
24 dot b.   25 gita b (cf. idem supra p. 290, 28).

19*

De genuum dolore (XXXVIIII).

Bulbos rusticos tundes, adicito sales frixos et nitrum combustum pari pondere et tritum ovorum albumen. simul omnia commixta panno inducta impones, alia die solves. hoc
5 facies donec incipiet tumor sedari, usque ad sanitatem. probatum est. item prassii ʒ X, axungiae veteris ʒ V. herbam suprascriptam coques sub cinere calido in foliis malvae involuto, et cnm sudaverit tolles et tundes cum axungia suprascripta, et addes panem quem infundes in vino veteri, teres
10 simul omnia et linteo inducta impones, et sanabitur. probatum est. fel taurinum linteo inductum impone. stercus canis album cum oleo roseo impone. stercus humanum siccum melle tritum imponito. rutam viridem cum alio et sale et mellis pusillo tritam panno inductam impone, statim sanat. fel ursinum
15 cum adipe scrofino tere et impone. hoc et ⟨ad⟩ cicatrices facit. hederae bacarum heminam, ficus siccae libram I, axungiae libram I. cum vino veteri contusa et linteolo imposita sanant.

Ad varices sine ferro curandas et malandriosos qui
20 per tibias et corpus ulcera faciunt (XL).

⟨Ad⟩ varices viri seu mulieris gravidae. bovis masculi fimum calidum cum aceto acerrimo teres, et in balneo prius inductum tunc linteolo calidum impones. sed luna decrescente facies, et haec verba dices Quomodo cornua bovis masculi
25 sicca sunt et stricta, sic et cui fit, illi Gaio Seio, varices siccae et strictae sint. adipem anserinum cum cera tritum imponito, sanasti.

Malandriosis. alii decocti aqua crura ulcerosa fomen-

---

1 *in ind. b* c. XXXVIIII.   2 nit cōͦbti *b.*   3 alb *b (f. in ov. albumine).*   5 donech *b.*   ƀ ÷ *b.*   6 *(etc.)* X ʒ *b (qui solet signo numerum anteponere).*   herbā ss *b.*   7 involutū *b.*   9 ꝉ vinū vetēm *b.*   tīs *b.*   13 allio *b.*   pusillū tritū ...inductū *b.*   15 ad *om. b.*   16 Ed'e baccas eminā. ficus siccas liƀ. I. axungię liƀ. *b.*   17 īposita sãnt *sic b.*   20 *sic b, sed* XXXX De verrucis *(verucibus c, varicis r)* sine ferro curandis *ind. b (cr).*   Qui per tibias et corpus ulcera faciunt *rubr. add. (ante tit.) in textu b et (post tit.) in ind. c, om. (ind.) r.* [sine ferro: cf. Marc. p. 349, 12].   21 Varices *(om. ad) b c.*   22 tīs *b.*   23 īductū *b.*   calid' *b.*   25 tricta *b.*   26 āsinerinū *b.*   28 Malandriosis *rubr. add. c, quod (vacuo spatio relicto) om. b.* (A)llii *(sic incip.) b,* Allii *c.*

tata celeriter sanat. caprinum fimum cum aceto fervefactum
imponito butyrum cum medulla cervina tere et impone. lapathi agrestis radice trita et adiecta aqua et aceto simul ma-
cerata omnes corporis asperitates iu balneo sudore emicante
confricabis. maxillas apri vel scrofae combures et cinerem 5
eius ulceribus asperges, et statim sanabitur. fel taurinum cum
oleo cyprino vel roseo illinies. vettonica in cibo vel potu
sumpta intra VII dies ad salutem perducit.

De articulorum dolore (XLI).

Sinapi tritum cnm aqua et polenta imponito. verbenam 10
cum axungia veteri tere impone et liga. quinquefolia tunsa
cum axungia veteri sine sale imposita ad sanitatem perducit.
beta trita cum suco et melle imposita articulorum dolorem
sedat. columbinum fimum decoctum in aceto tamquam malagma subactum impone. porcinum fimum recens imponito et 15
die tertia solve, sanasti.

De talorum dolore tumore et luxu (XLII).

Virgas de rubo combures et cinerem ipsum oleo roseo
commiscebis, et uteris. plantago aceto trita et imposita tumores tollit. hyoscyamus cum sua radice ... et super pedes im- 20
posita mire dolores et tumores tollit. ibisci radix cum vino cocta
cum axungia veteri et sevo caprino composita omnibus locis
dolentibus seu tumentibus bonum est. fimum liquidum illini,
et quotiens siccabitur, iterum reillini, optime sanabitur. quamvis turgidus sit pes, linteum de aqua cum oleo subactum et 25
impositum mire prodest. caprinus fimus aceto decoctus et
mellis modicum mire sanat vulnera. linguam bubulam in
aceto decoques, tundes et impones, tumorem et dolorem
discutit.

2 Lapii | (*pro* Lapacii) *b*. 3 rad' *b*. maceratū. 4sudorē emi-
cantē *b*. 5 comburis *b*. 6 uulceribus *(sic) b* 7 Bethonica *hic b*. 9 XXXXI *ind. b*. 10 Sinape *b*. Beruenā *b*.
13 dol'. 14 tā͟q a͟q malagma *sic b. cf. Marc. p. 352, 10*
(*in modum malagmatis*). 15 *cf. Marc. p. 352, 12.* 17 De
t. d. *rubr. c, in textu (atr. scr.) b, sed in ind. b* XXXXII De
talorum dolore tumore et luxu. 18 comburis *b*. 19 commisces *b*. 20 iusquiamum *b*. radicé et *sic b*. 21 Evisci *b*.
23 b ÷ *b*. allini *b*. 24 reillṉ *b*. 25 lint⁹ ... subact⁹ et
īposit⁹ *b*. 26 c. fim⁹ *hic b. cf. infra de eadem re p. 294, 2*
(*ex alio fonte*) fimum *b*. uulnā *b*. 28 īponis *b*.

De luxu. porcinum fimum seu vitulinum impositum sanat. caprinum fimum cum melle commixtum idem facit. lilii vel heliotropii herbae folia tunsa et imposita efficaciter ⟨luxum⟩ sanant. tumorem de luxu bulbi triti et impositi sine mora
5 discutient et luxum sanabunt.

Ad I, 32 (88) de pernionibus (XLIII. *post* curat).

Et aqua ubi decoctae sunt rapae assidue fomententur. et easdem rapas tritas superpone, perniones curant. dentis equi combusti pulvis immissus et desuper fasciola linea li-
10 gatus sanat. brassica trita et imposita perniones ac pedes ruptos sanat. caprini cornu combusti cinis ⟨ex⟩ oleo impositus sanat. fimum gallinacium vel palumbinum oleo tritum et impositum perniones curat. muli urina cum suo luto imposita callos plerumque in digitis innatos sanat. gutta ammoniaci
15 per dies VII imposita sanat. alium tritum et impositum callos innatos curat.

Ad I, 34 (91) de panariciis et unguibus ruptis et scabiosis (XLIIII. *post* gubernare oportet).

In calida quantum potes ferre, ita ut modice adurat,
20 tertio panaricium mitte, sanasti. nuces rancidas cum cera alba panaricio imponito, mirum est. mox ut balneum ingredieris, ante quam sudes, panaricium in solio calente intingue, diuque ibidem teneto. picem si cum aceto coquas et imponas, ungues scabiosas extirpas. ungues bene nascentur, si sandaracam
25 auripigmentum resinam terebinthinam unciis singulis omnia trita commisceas et imponas. adipem caprinum solum vel cum sandaraca mixtum et impositum ungues ruptos id est scabiosos sanare certum est.

1 De luxu *rubr. add. c (om. b in spatio vacuo).* 3 elio-
tropie *b.* contusa *(ubi infra rep.) b.* luxum *in repetito ad I, 97* eodem loco *add. b.* 4 sanat *(ut solet) b.* T umorē *(pro rubr.) b (item infra b).* et īposita *b (contra infra* trita et impositi *b).* 5 discutiunt *(infra) b.* et l. san. *infra om. b. seq. Theodori cap. de pernionibus.* 7 rappe *b* 8 *(item 13 etc.)* pregmones *b.* 9 fasciolo linea *b.* 11 corni *b.* oleo *(sic) b. add.* ex *vel* cum *(cf. v. 12).* 15 pđ VII *b.* Allium *b.* 20 raucidas *b.* 21 īpōītū (impositum) *b.* ingredieris *(sic) b.* 24 sacabiosas extirpes *b.* 25 unciis singulis: ana ÷ *b.* 26 (si . . .) cōmiscę et īpone *b.*

Ad podagram (XLVI).

Expertum, revelatio Moysi pro coniuge sua. Mense
ianuario toto cata mane VIIII optimi vini cyatum unum semis
accipiat. mense februario betas non manducet. mense martio
alicam coctam cum absinthio aut cum caroeno accipiat quasi 5
ieiunus. mense aprili rafanum non comedat. mense maio caput de nulla re manducet. mense iunio aquam frigidam cata
mane quantum meri est consuetudo accipiat. mense iulio a
venere se abstineat. mense augusto malvas non manducet.
mense septembri quantum meri est consuetudo cata mane 10
ieiunus accipiat. mense octobri porros non manducet. mense
novembri non lavet. mense decembri caules non comedat. hoc
toto anno servantes pedum sanitas comitatur.

Nam et ovorum vitella et mel simul commisce, et pedes
illinito, desuper lana sucida involvito et linea fasciola ligato. 15
et vide ne lanea fasciola sit. hoc mox dolorem et tumorem
sedat, ut mireris virtutem huius adiutorii. herbam portulacam
tritam imponito, dolorem et tumorem sedat et mire sanat.
cucumeris silvatici radicem coctam et tritam in modum ceroti
illinito, bonum est. hoc pedum et articulorum sedat dolorem. 20
sic et rubiolum unde ⟨libri⟩ illuminantur in aceto bono decoques et frequenter ad pennam illinies, et mox pedum dolorem sedat. item spumae argenti unc̄ I, cerussae unc̄ VI,
afronitra alba numero V, ovorum V albumina, salicis sucum
conficies et uteris. spumae argenti, sulphuris iudaici uncias 25
singulas, cerussae unc̄ III, calcis semunciam cum oleo rosaceo

1 *rubrica haec* Ad podagram—sua *nunc extincta et deleta
in textu b, servata est in c. indices habent sic* XLVI. Ad podagram de expertis *bc*, XXXVIII De expertis ad podagra *r*.

3 vIIII (*i. e.* novies) *b*.   4 accipiant *b*.   5 q̇sieiuṇ⁹ *b*.   ma-
dio cap̄ *b*.   8 (*item 10*) mer̄ *b*.   10 setḃrio *b*.   11 octo-
brio *b* (*item* novembrio ... decembrio).   se (*pro* M̄se) noū-
brio *b*.   13 servantibus *b*.   14 ꝯmisces *b*.   15 lanā
succidā *b*.   inuoluto *b*.   lineā fasciolā *b*.   16 (*item 18*)
dol' et tumorē *b*.   19 *f*. aceto coctam: *cf. Ps. Plin. f. 67ᵈ Bas.*
20 b ÷ *b*.   peduū *sic b* (*item v. 22 et p. 296, 2 ut in tit. c.*
XXXXIIII *ind.* De ragadiis peduum).   21 unde pedes alumi-
nantur (*sic*) *b*.   22 ad pnnā *b*.   23 ceruseꝫ VI ÷ *b*.   24 nomo *b*.
Ouoav̄ *b*.   Salicis sucū τ ficis τ utis *b*.   25 ana ÷ *b*.   26 Ce-
ruse III. e̅ (*pro* III ÷) *b*.   Calcis ℥ *b*.   oleo tı̅s ras|aceo. et...*b*.

teres et in modum ceroti illinies. hoc pedum dolorem et tumorem vel qui cum scabia dolent sanat.

Ad malos pedum dolores, ad reuma omne corporis et ad pruritum et ad papulas minutas et sciae et renum dolorem,
5 omnia desiccat et ad sanitatem perducit. hoc utatur in balneis. quod conficitur sic. piperis unc̄ III, alii pro pipere cyperum dixerunt, sulphuris vivi unc̄ III, ovorum inanium combustorum cineris unc̄ III, afronitri matronalis unc̄ III, nitri alexandrini combusti unc̄ III, alii VIII dixerunt. nitrum co-
10 ques super carbones et vino veteri extingues, et iterum coques et in pilam mittes et omnia ad pulverem tundes et cribro tenui cernes, et in balneo uteris. etenim in una lavatione tantum sudabit quantum in quinque balneis sudare non poterit. et omnem umorem usque de medullis mire siccat et
15 maculas tollit et omnem dolorem sedat. hoc experimentum omnes auctores affirmant.

fimus gallinarum illinitus ad pedum dolorem mire facit. pilae cupressi in aqua marina decoctae ita ut molles fiant, tundes in pila et subinde aqua asperges. malagma fiat, im-
20 ponito, pedum dolorem tollit. stercus columbinum in pila tundes, et pulvere ipso creto fiat sextarius I, axungiae veteris libram I, olei cyprini semunciam, olei nardini semunciam, omnia tundes miscebis et impones. et hoc medicamine sanus eris per annos plurimos, si deo placuerit. vitium cinis cum
25 axungia veteri impositus dolorem et tumorem tollit. cupressi folia contrita unc̄ II, panis medulla unciis quattuor cum axungiae veteris unciis II in unum contrita et imposita mire dolorem tollunt. caules sambuci cum sevo hircino triti et impositi vehe-

---

3 Ad—(5) balneis *rubr. scribuntur (unde dedi) in c, quorum primam partem (Ad—pruritum) om. b, ubi talis est rubrica:* Et ad papulas et scie et renum dolorem om̄a de sicat et sanat | *(p.62 sine rubr. pergit)* oo utatur ... 3 reumam omnem *c.* 6 cypm *b.*   7 Sulfur vivū III ÷ Ova inania combusta cinis ÷ III *b.*   11 pilū *b.*   12 carnes *b.*   13 sudat *b.* 16 autores *b.*   18 molli fiant *b.*   20 peditū *(pro peduū) b.* 21 pulverē ipsū cretū fit sextariū. I.   axungia veteri lib I. *b.*   22 ℥ *b* (bis).   23 misces et inponis *b.* 25 īpositum hoc (h̄) d. *b.*   26 folia contrita II. ÷. P. me-
or
dullā IIII ÷ Axungia veteri. II. ÷ in unū contritū et īpositū *b.* 27 toll' *b.*

mentissime prosunt. item semen genistae et folia salicis cum
axungia contrita et imposita pedum et geniculorum tollunt
dolorem. ursinus adeps illinitus podagram sanat. vituli marini adipe pedes ungue et de corio eius caligis utere, statim
sanasti. bubulum fimum cum faece aceti impositum prodest. 5
catulum antequam hirundinem videat occides et de sanguine
ipsius per triduum pedes perunguito, vitium incidisti. catulum
canis crassum occides, et axungiam eius tolles, et in cacabo
ferventi pones ut discoquatur donec ossa remissa sint. postea
per triduum in eadem aqua pedes fomentabit, et cum pedes 10
de aqua tulerit, de adipe eius sibi pedes perunguat, et sanabitur. mire expertum est. ranae rubetae combustae cinis cum
axungia veteri impositus prodest.

Ad noda solvenda de manibus sive pedibus (XLVII).

Bitumen cum oleo roseo terito ut sit spissum, et confri- 15
cando illinies noda. et pone desuper lanam sucidam, et de
lanca fasciola ligabis. ferulae radicem ad tertias decoques et
ipsam aquam calidam in vino mixtam bibat, et omnia noda
exsolvet.

Ad I, 35 (93) De pruritu vel scabie totius corporis 20
(XLVIII extr.).

Nam et axungiae veteris uncias II, sulphuris vivi uncias II
tundes et cum axungia miscebis terendo, et pruritum illinies.
item aluminis liquidi uncias II, mellis uncias III in unum commiscebis, et in balneo papulas et pruritum illinies. item sul- 25
phuris vivi uncias II, nucum rancidarum purgatarum unciis IIII
separatim diligenter tritis et commixtis in balneo priusquam
sudet totum fricabis. radices cauliculorum id est thyrsos ipsos
vetustissimos siccos combures et cinerem eorum cum sale diligenter teres et in balneo corpus fricabis. aqua marina ca- 30

---

1 cf. Marc. p. 372, 15. 2 peduū genuculorum b. toll' b.
4 cf. Marc. p. 371, 31. 5 bubulinū b. 6 catulus . . . occisus.
et . . . b. yrundinem b. 7 incisisti b. 8 cacauo b. 10 fo-
mentab (bis) b. 11 tuleris b. 13 īpositū b. 21 XLVII Ad noda
solvenda q̄ in manibus nascentibus (sic) ind. b. 19 sequitur (sine
rubr.) indicis cap. XLVIII de pruritu . . . (Theodori c. 35).
23 tundes et c.: et tunsa c. b. misces b. 25 cōmisces b.
    Sulfur vivū ÷ II. Nuces rancidas purgatas IIII est (sic
pro ÷ = unc̄) s. d. tritas et cōmixta . . . b. 28 rad' b. tyrsos b. 29 9buris . . . teris b.

lida, frequenter exinde corpore loto, pruritum et scabiem et
livorem tollit. stafisagriae uncia I, nitri uncia I simul diligenter
contritis in balneo uteris. alumen scissum ex aqua calida
teres ita ut sit tamquam gluten, et in balneo cum sudare coe-
5 perit corpus fricato. oleum in quo pastinacae marinae iecur
decoxeris, si inde corpus perunguas, pruritum et scabiem sedat.
plantaginis suco pruriginem per triduum inunguito. terram
quam formicae effodiunt cum aceto et oleo terendo commiscebis et ungues, statim sanatur. caninus sanguis illinitus pru-
10 ritum et scabiem sedat. asininum lotium cum luto suo illinitum idem facit. bubulum fimum cum aceto illinitum pruritum
et scabiem et ignem sacrum tollit.

Ad scabias id est papulas.

Lupinorum farina aceto subacta in balneo illita papulas
15 et pruritum sanat. bulbos tritos cum vino veteri illinito, et
dum laveris item de eodem medicamine taliter perfricato, ita
ne oleum tangas, papulas et pruritum sanat. scrofinum fimum
combures, cinere eius cum aceto in balneo corpus et papulas
perfricato. cimolia post balneum illinito, papulas sanat.

20 ⟨Ad⟩ pustulas graves et ea quae suppurata sunt.
ibisci radicem cum hydromeli coques addita farina hordei et
sale, calidum impone. nam et foenicine medicamentum omnem
pustularum acredinem curat.

Si impetigines innatae fuerint, chelidoniae suco
25 assidue loca fricabis. scarabaei intestina loco infricato, mire
sanat. racemos de uva tolles viva et sanguinem eorum cum
lasare vivo miscebis, et illinies, amplius non nascentur. lapathi radicem contusam cum modico aceti vel solam induc in
die, cum tetigeris impetigines curat.

---

1 exiñ corp⁰ lotū b. cf. v. 6.   2 toll' b.   3 ɔ tritū b.
4 tañ͡q b.   5 cf. Ps. Plin. p. 100, 13 (Lips.).   7 sucū b.
8 ɔmisces b.   12 acrum b.   13 tit. Ad om. b.   pupulas hic b.
14 cf. Ps. Plin. 3, 27 p. 100, 8.   illitū b.   18 ɔbᵇtū. nis eı⁹
(sic) b.   19 cymolia b.   20 addidi Ad.   21 evisci b.   ydromelle b.   ordei b.   22 sal calid' b.   fenicene medicam b. cf.
Cass. p. 119, 8 etc.   23 postularū b.   24 celid' b.   25 Si
scarabagii b (ubi del. Si).   īfricatū////. mire s. b.   26 Ra-
cinos d' boŭᵉ | (p. 64) toll'. vıuı b.   27 lasere uino b.   lapacii b.
28 mod'.acęto b.   solaↄ (a ex u corr. ut sit solā pro soluↄ) b.

Verrucarum genera sic curabis et clavos. Murinus
sanguis illinitus verrucas tollit. intibi erratici florem mane
ieiunus legito et ex eo verrucas confricato, cito sanat. canini
fimi pulvis cum cera illinitus verrucas sanat. ex urina canis
lutum impositum verrucas et clavos extirpat. verrucae ex se 5
cadunt, si cum cunila viridi eas frices assidue. verrucas extirpas, si noctu stillam quamcumque decurrere videris, eadem
loca ubi verrucae sunt detergas. quod si nuda manu terseris,
in manum transeunt. lapillum qualemcumque in folio hederae
involutum inveneris, in verrucas admoveto atque celebri loco 10
proicito, ut eum quicumque invenerit, statim in eum transeant
qui eum levaverit, ita tamen ut quantae verrucae sunt tot
lapillos in eodem folio involvas, de quibus prius verrucas
tanges. fel scorpionis marini illinitum verrucas tollit. fimum
columbinum cum aceto acri decoctum ad mellis crassitu- 15
dinem leni igne, perductum verrucas sive clavos extirpat.
fici inmaturae lac cum axungia mixtum impone. vitulini fimi
cinerem ex aceto verrucis impone. heliotropii herbae suco
confricatae verrucae cadunt. fabas nigras in panno quolibet
involve, tanges de singulis fabis singulas verrucas et dices 20
Titi quomodo hae in fumo siccantur, sic et illae verrucae sic-
centur et ducant se. et tollas ipsas fabas et in furnum mittas.
statim recedas ne sonum vel odorem earum sentias.

Ad I, 36 (94) De maculis in corpore nascentibus
(XLVIIII). 25

Sed et haec adiutoria maculis supra scriptis propensius
sunt adhibenda. porri folia trita et imposita varos emendant.
tithymali ⟨lac⟩ cum farina impositum maculas tollit. avenae
farina cum aceto maculas tollit. columbinum fimum aceto tritum et illinitum maculas et lentigines de facie tollit. napus 30

1 Verrucarum—clavū *(sic b,* clavos *c) rubr. scr. bc. — ad
rem cf. Ps. Plin. 3, 29 (unde et Marc. c. 19 p. 186, 21 sqq.).*
6 cunula *b.* 9 manu *b* ed'e uolutū *b.* 11 transeunt *b.*
14 tangis *b.* 15 acro *b.* grassitudinem *b.* 17 īmaturi
(sic) b. vituli *b.* 18 cinis *b.* helyotropię *b.* 19 confri-
catœ *(i. e.* o *in* e *add. corr.).* 20 dicis. titi *b.* 21 ħ *b.* 22 du-
cāt se *(sic) b.* tollas…mittat…recedat…sentiat *b.* 23 *seq.
Theodori cap. 36 de maculis etc.* 27 varios emendat *b. cf. Ps.
Plin. p. 100, 21.* 28 Titimali cū farina īposita *(sic) b. f. add.*
lac *cf. Apul. c. 108.* (lacrima) *Cass. p. 20, 10.* avenae…
cf. Ps. Plin. p. 101, 4.

crudus cum melle tritus illinitus idem facit. cocleas minutas qnae passim inveniuntur combures, cinis earum cum melle inductus maculas et lepram ex facie tollit.

cicatrices nigras candidas facies, si spumam argenti bene contritam cum oleo inducas. item. sevum asininum illinitum idem facit. faciem splendidam facies, si uvae aminaeae radicem cera et melle conteras, ita ut sit in specie ceroti, et adnoctem inducas, et mane aqua delaves, miraberis. cygni adeps illinitus faciem purgat atque erugat.

10 *Ad I, 38 (97)* De luxationibus vel eiectionibns articulorum (LI)
eadem repetit quae iam supra apposuit in cap. XLII De talorum dolore, ubi de luxu (Fimum porcinum — sine mora discutiunt). deinde nova rubrica sequitur:

15　　　Ex alto lapsis quibus membra collisa sunt.
Rutae ÷ III, olei ℈ I. calide membris perunctis optime convenit. idem praestat et lixiva ad heminae mensuram potata, contusum et emotum sanat. verbena cum axungia veteri trita et imposita bonum est.

20　　　　　　　Ad fracturam sive luxum.
Facies embrocen, vinum acetum oleum aequali mensura, et admiscebis saponem ova et afronitrum, ex lana sucida impones. si costa fracta fuerit aut articulus vel quodlibet os, et cohaerere non potuerit, collectione facta periculum maius 25 fuerit, tunc stercus caprinum cum vino veteri imponito. mirabiliter non solum aperit et expurgat, sed et os fractum foras evocat. item vettonica herba cum axungia trita similiter imposita operatur. sic et dracontea herba medicabitur.

Ad fervorem vel contusum, ad morsum, ad incisum 30　vel si quid aliud provenerit, ne dolorem sentiat.
Accipias sal aut oleum, antequam plagam aqua aut aliquid contingat, et super vulnus de manu confrices. fractura

2 cōburis *b*.　　et cinis *b*.　　inductū *b*.　　4 facis *b*. 5 ꝯtritas *b*.　6 aminee̡ *b*.　7 r. cera…: rad' ctās ɩ melle ctās *(sic bis) b*.　8 delavas *b*.　　adipes *b. cf. Ps. Plin. p. 34, 17*. 9 *seq. Theod. c. 37* (de elef.).　16 calid' *b*.　17 lexiva *b*. 19 b ÷ *b*.　20 fractum *(sic) b c*. 21 embroce *b c*.　22 āmisces *b*. ex: & *b*.　24 *addas* et *ante* coll'one.　27 betonica *b*. 29 contusum *c: eius loco* album *(post* † *) in b*.　32 confricás *b*.

numquam homini proveniet, si herbam chamaepityn secum
habuerit alligatam. si quis aliquid fregerit, ut sine dolore vel
spasmo curetur, sinapis grana aliquot et fimum caninum in
linteo ligabis et in brachio vel crure aut ad umbilicum ei qui
dolet ligabis. miraberis remedium. radicem herbae confervae 5
tunde, et stercus ovillum et axungian in se misce, et loco vel
ossi fracto aut contuso impone et panno constringe. vermes
terreni triti cum melle impositi etiam ossa fracta extrahunt.
lardum elixum alliga et mira celeritate fractum consolidat.

De percussionibus apum scorpionum et ceterarum 10
      serpentium (LII) — *vide supra Ad I, 24 (74).*
      *huic capitulo 52 (= Theod. 24) ad finem ita (post et con-
tinuo desinit dolor) subscribit Chisianus (rubr.)* Fenomenus
liber primus explicit. Incipit oxeorum liber secundus. Cuius hec est continentia. *multa vero praeterea in* 15
*cod. Berolinensi sequuntur sine ordine (nec in indice notata sed
post quae, omisso illo* explicit libri primi, *addatur altera tantum
pars rubricae* Incipit liber. II. oxea. Cuius hec est continentia
p. 71) quasi Addenda addendis haec (p. 67 inf.):

Ad dolorem qui ex plaga aut ex tumore provenit. 20
      Vitem albam combure et fac pulverem, et axungiam ur-
sinam misce et impone. ex ipso cinere lixivam fac et lava,
certissimum est. item ad plagam. millefolium cum axungia
trita et imposita bene sanat. plantago trita cum axungia porcina plagae frequenter imposita in paucos dies sanat. item 25
infusura ad plagam. vinum et oleum fac bullire insimul
et misce cum pice graeca et pulverem super plagam semina.
item ad carnem putridam. ficus siccas tragacanthum et
sal tere fortiter et pone super malam carnem.
      item ad plagam celerius sanandam, et sanguinem vo- 30
mentibus. mirifice stringit. detur cum vino austero. gypsi
cocti ÷ II, mastices ÷ II, libani ÷ II. tere diligenter et cerne
et mitte in plagam, bonum est. item pulvis ad cicatrices

1 camepiten *b.*   5 ligabis *sic b.*   conferbe *b.*   7 osso *b.*
11 *rubr. dedi ex* c (*non plena extat in* b De percussionibus apd
scorpionis). *sed cf. ind. b.*   **20** ex humore *b.*   **25** item
etc. rubr. scr. b.   **27** pisce *b.*   **28** item *etc. rubr. scr. b.*
drag *b.*   **31** gypsū coctū . . . mastic . . . libanū *b.*   **33** b
÷ *b.*

inducendas et concavitates replendas. testarum ostrearum combustarum ÷ III, libani ÷ II. tere subtiliter et impone. item emplastrum quod facit ad omnes plagas, ad pectus, ad epar et ad splenem, maxime ad os fractum certissime pro-
5 batum est. recipit aloes mastices murrae libani ... auri-pigmenti pulveris nitri antiqui ana ÷ IIII, cerae et picis quod sufficit. pone ad lumborum dolorem, renum nervorum poda-grae ilii et ad omnes dolores corporis. item ad carnes iungendas subito. recipit picis de nave [chalastici quidem
10 confecti] ÷ IIII, mastices aluminis gypsi cocti ana ÷ I, turis murrae aloes tragacanthi cummi fellis taurini ammoniaci pe-trae focariae boli ana ÷ V, gypsi vivi VIIII, vermium terrae quantum sufficit, anagallidis ÷ VIII, sanguinis hominis libram I, galbani ÷ III. pellem vervecis spoliatam pilo coque ut lique-
15 fiat. postea coque in vicem in olla, abstrahe ab igne et mitte ipsam aquam in ollam, claude, deinde cooperi vas, mitte quantum inter conventionem positum fuerit. hoc medicamen si in oculis positum fuerit, statim iungentur palpebrae, si in-cisis membris, tertia die sanat, ⟨cicatricis⟩ nullum vestigium
20 cognoscitur. item ungue ad plagam. mel, piculam aequa-liter, et fel et de farina volatica parum et acetum. mina for-titer et impone. item salviam silvaticam et domesticam, herbam dolavento, gallicentrum et urticam et millefolium. cum suco omnium horum mitte sagimen frictum ceram et mel, et
25 fac bullire insimul, et impone. unguentum ut cicatrix non appareat. sevum porcinum lava in novem aquis et mitte in vase super carbones, et super mittes cerae parum et olei, fac fervere simul, postea cola et adiunge libanum masticen et piculam, et fac parum bullire in olla, postea tolles ab igne et

---

1 testas o. combustas *b.*   5 ℞ *(hic primum) b.*   Aloe Mast̄ Mirre Libani. ŭmenu (boli armeni?). Auri p. *b.* 8 ylii *b.*   9 ℞ *b.*   calastici q̇ confecti *(sic) b (cf. Diosc. 1, 98). del.?·*   10 Gipsiaci *b.*   11 draganti *b.*   Gūmi *sic b.* 13 anagállici *(sic) b.*   14 pilo q̊ *b.*   15 īvicē *sic b.*   16 claude m̄ caŏpi vas *b.*   19 cicatricis: si nixculsa *(sic) b.*   20 pegulā *b (infra* piculam).   21 acęto *b.*   mina *sic b.*   23 dola-vento. gallicent̂ *(sic) b.*   25 unḡ *b.*   26 vīm *(sic) b.*   28 oli-banum *b (ital.* olibano).

refrigerare sine, et sic inductum in fronde rubi plagae impone.

Ad truncum vel spinam eiciendam. lac caprinum desuper mittens apertum liga fortiter, et in crastino invenies truncum aut spinam. item arundellos integros combure et 5 pulverem cum aceto superliga. item polypum tritum cum axungia veteri superliga, statim eiciet sagittam vel quicquid fuerit. si vis de alia parte certa ligare, ibidem facies exire.

Ad inflationem. dracontea imposita statim sanat.

Ad ignis dolorem. lini semen cum aceto et oleo coctum 10 superpone.

Ad anhelitum qui fugit. de pyrethro pipere melle fac potionem bibere sero calidam cum adipe, et mane frigidam per dies tres.

Ad ilii dolorem. Quando Christus natus est, omnis 15 dolor passus est. exi dolor, Christus te sequitur.

Ad eos qui sanguinem mingunt. aliorum capita cum eorum radice coque in aqua in olla rudi usque ad tertias, et inde bibe. trifolii | (p. 69) radicem similiter.

Ad eum qui cum muliere non potest. satureiam com- 20 misces albilonis coctis in vino et oleo. bibat in balneo.

Si partus mortuus fuerit in utero. satureiam cum calida bibat mulier, statim eiciet. item ad partum mortuum expellendum. verbenae sucum cum frigida bibat, statim liberabitur.   25

Item si lac mulier non habet. feniculi semen cum butyro et melle commisces, bibat.

Item cum parere non potest. aquileiam argentillam ad renes ligabis. item. artemisia ad inguinem suspensa statim pariet. et cito illam solve, ne sequatur matrix. item. dictam- 30 num da bibere, sine periculo pariet.

Ad ... mulierem. cymas XXVIII de persico et totidem de rubo tamdiu coques in vino forti, donec tota vis herbarum ibidem remaneat, et inde mane et sero bibat.

---

3 Ad tryncum ul'. Lac ... fortiter. Spinā eicienda | *sic* *dispertito titulo* b.   8 p̅ᵗᵉ b.   facis b.   9 *sequuntur varia.*

13 bibere: et bibe b.   15 ylii b.   X̊ b *(bis). cf. supra ad* *p. 282, 20.*   20 cū miscis albilonis *(sic)* b.   23 eic̅ (-cit) b. 27 cōmiscens b.   30 diptamnum b.   32 Ad Φ Ɔ–C *(sic)* b.

Item ut mulier corrupta virgo appareat. recipit mirram libanum colofonium picem auripigmentum bolum gallam aloen gypsum cornu cervinum incisum aristolochiam rotundam. pulverem fac et utere.

5　　Ad stomachi dolorem. argentillam cum vino bono et pipere bibat.

Epithema quod ventrem plus solvit quam cerotum. recipit cyclaminis radicum, elaterii et foliorum eius, ellebori albi et nigri, scillae nitri scamoniae euforbii ana ÷ I,
10 stafisagriae ÷ I, cerae et picis ana ÷ V, olei veteris ÷ IIII. tere et misce cum suco herbarum, addens fellis taurini Ɔ XXX. induc linteo ut totum ventrem teneat et post galli cantum impone. cum sellas perfecerit, intret balneum.

Antidotum ad memoriam revocandam. recipit spicae
15 agarici zingiberis ana ʒ I, piperis ʒ II, costi aloes alexandrini seminis absinthii prassii hyoscyami ana ʒ I, mellis despumati quod sufficit.

Fumigium ad haemorroides mirificum. pone cantharidas, spolia serpentis, peucedanum aequaliter, ita ut fumus
20 ibidem ascendat.

Unguentum mirabile quod facit arthriticis ischiadicis paralyticis colicis et ad omnem dolorem et ad omnes guttas. recipit salviae sabinae calaminthae puleii rutae samsuci chamaemyli scillae absinthii ireos acori cyperi ysopi aneti lauri
25 foliorum sambuci herbae ... althaeae radicis bryoniae radicis prassii abrotoni foliorum aristolochiae rotundae serpylli inulae aristolochiae longae cum foliis artemisiae antulae. omnes herbas pista, et in vino optimo diebus tribus maneant. tunc coque illas in eodem vino et torque in panno ut omnis umor
30 exeat, et tunc adde oleum.

---

1 Ū Ɔ—Ƈ cor vir appareat. ℞ b.　　2 colofoñ b.·　　3 aríſt o. Pulverem ... b.　　7 Epithima b.　　8 ℞ b.　　Ƈ. radices. Electerii. et folia b.　　9 squille b.　　10 ol'o b.　　11 fel taurinū b.　　īdul | b.　　15 ʒ̄ʒ̄. ana ʒ. Pipis ... b.　　aloe b. 16 iusquiami b.　　18 emorroidas b.　　19 spentis (sic) b. peucidanum b.　　21 artheticis. sciaticis b.　　23 Sauine b. Calamentis b.　　Sansuci b.　　Camomille b.　　24 Squille. Absincii b.　　25 sābucii b.　　Herba luía. Altee b.　　26 Prassū Abrotani. Foliorum aríſt o. Serpilli. Enulę. Ariſt. L cū f. b. 27 Antule (sic) b.　　28 pista b.　　29 q̊q; (quoque) b.　　illā b.

Unguentum ad omnes 'dolores. satureiae viridis manipulum, lauri bacas XIII, eius foliorum lib II, rutae viridis tantundem, cymini quantum sufficit, salviae viridis ÷ III, verbenae ÷ III, oleum quantum sufficit, cerae libras duas, | (p. 70) agrestis cucumeris radices XIII. omnia bene coque in oleo, et 5 colatis adde ceram. ubicumque unxeris habebit effectum.

Ad tumorem tibiarum et pedum. olei partes duas, aceti tertiam, salis coclearia III. simul misce. tibias frequenter frigido aut calido perungue, postea per horas faece aceti lava tibias. 10

Item ad dolorem pedum et tumorem. herbae caligulatae folia in panno nudo impone et sub cinere calido pone et subliga. dolorem tollit.

Unguentum probatum ad dolorem manuum et podagram. urinae muli castrati accipe lib IIII, spumae argenti 15 lib II, olei vetustissimi libram, axungiae veteris lib II. spumam argenti tere et sic misce lotii modicum in vase aereo et coque donec colorem mutet. postea adice oleum et axungiam et coque modicum super carbones quamdiu colorem rubeum faciat, et repone. quando opus fuerit, induc in aluta et impone. 20

Item unguentum ad scabias et tibias ruptas. iuulae radicem contere cum axungia porcina et adiunge sal et fuliginem, et ex hoc ad ignem unguatur.

Item unguentum ad vulnera crurum. mastices ÷ S, libani ÷ S, lithargyri ÷ V, cerussae lib S, olei fialas XV, 25 aceti acerrimi fialas XVII. omnia confice et utere.

Item ad tumorem podagricorum. recipit artemisiam et folia hederae. cum aceto diligenter tere et sic emplastrum impone. exsiccat et stringit, et omnem dolorem mirifice tollit. probatum est. 30

Item ad podagram et tumorem. plantaginis folia contusa cum modico sale imposita, optimum est.

Item ad pedum dolorem et tumorem nervorum. senecionem herbam cum axungia tritam et impositam, mire sanat. 35

---

2 mani pl' *b*.   folia II. lib. *b*.   8 simul misce. fece aceti *etc. (sic bis ex v. 9) b*.   9 frigido aut cat *b*.   11 caligiate *b*.
13 dol' & | toll' *b*.   15 Urinā *b*.   Spumā *(etc. acc.) b*.
17 luti *b*.   18 calorē iutet *b*.   20 aluea *b*.   21 scab *b*.
22 Enule *b*.   25 Olibani *b (ut supra)*.   27 R *b*.   31 contunsa *b*.   34 Senicion. Herbā *b*.   trita et īpoītā *b*.

Item ad tibias ruptas et si taenias habuerint.
cinis abellanae et albae vitis cum axungia verrina miscentur,
et unguatur.

·. Item ad tumorem pedum. lenticulae farinam et mo-
5 dicum panis˞et vini modicum et olei commisce, et tepide sic
· fascia.

———

Ad caliginem et maculas. chelidoniae sucum ovo
pleno, feniculi duobus ovis plenis, mellis uno, lactis mulieris
tribus, aloae ꝛ I, croci ꝛ II. haec omnia terendo commisce.
10 bonum est.

Ad serpentem eiciendum. recipit corticem mali pu-
nici siccatum et in pulverem redactum. potui tribue. membratim per secessum eicietur.

———

Vomitus .Constantini probatissimus. ˙recipit tapsiae
15 liḃ I, croci ÷ VI, condisi III, cymini ÷ II, mellis quod sufficit.
detur ad instar castaneae cum calida.

Item alius. vomitus imperialis et sine labore.
recipit seminis atriplicis et condisi ʒ IIII. mitte in panno et
in aqua calida frica. et adde siropi acetosi ÷ I, et bibat.

20   Vomitus suavissime et sine angustia purgans coleram rubeam. recipit tapsiae ÷ XII, castaniolae, condisi,
cymini, lacteridarum purgatarum, croci hortulani ana ÷ VI,
mellis ⟨quod sufficit⟩. dosis in modum nucis minoris, cum
calida detur.

25   Vomitus. recipit tapsiae liḃ. I, croci hortensis ÷ VI,
cinnami ÷· III, mellis ⟨quod sufficit⟩. ut castanea detur.

Vomitus. tapsiae liḃ II, croci liḃ I, condisi ÷ VI, cinnami ÷ III, mellis quod sufficit.

———

1 teneas b.   2 avellane b.   ūrina b.   4 et molli | cā-
panis b.   7—10 cf. Petronc. q. d. ap. Renzi Coll. Sal. IV, 201.

7 suco b.   8 mel. I. b.   lactę ꙮ—C ͤ III b.   9 aloę b.

11 Ad Ꞩꝑntē eiciente (sic) b. (cf. Coll. Sal. IV, 287).   13 pᵉᵉ-
cessū (sic) b.   14 iam sequuntur recentissima (et Salernitana).
c̄stantini sc. Africani (nam arabica sunt condisi sirupus etc. cf.
Simon. Ian. s. v.).   19 syropi b.   22 v. Sim. s. lacteris
(λαϑϱίς).   ortolani b (cf. Sim. s. crocus).   23 Mell'. Dosis
. . . (sic) b.   25 ortensis b.   26 cinn̄ III ÷ b (item v. 27,
cinnaṁ p. 307, 2).   addidi (ut supra) q. s.

Vomitus bonus. lacteridarum mundatarum lib I, cinnami ÷ VI, agarici ÷ III, mellis quod sufficit.

Vomitus. elleborum album bene mundatum per triduum
in aqua dimitte. quarta vero die quanta·est illa aqua consi-
dera, et bis tantum mellis ei adiunge et fac bullire usque ad 5
aquae consumptionem, ita quod semper elleborum ibi iaceat.
hoc facto et elleboro ablato et siccato, usui serva. sic et liquorem ipsum in vase vitreo conde. coclear unum dato. sine
periculo vomet. si modicum croci addatur, ut siropus esse
videbitur. si pulvis specierum, ut electuarium fiet. 10

Ad II, 2 (12) De freneticis (*post* subcumbere)
nam et somnus et patientia his indicanda sunt.

Ad somnum.

Pampini virides de vite contriti et ex aqua calida potui
dati somnum invitant. chartam quamlibet combures, et ci- 15
nerem eius cum calida potui dato. idem facit et potio in ca-
liculo papaveris data. et papaver silvaticum ex aqua decoctum
et potui datum mirum est. cancri oculum sinistrum ad caput
ligato. lactucam integram mox uti de horto versaveris, non
lotam ignoranti sub cervice pone. scobem cupressi in vino 20
macerabis et colabis, et vini potione data mox conquiescet.
herbam mandragorae coques ex aqua, et potui dato ei quem
voles salvum fieri. scribe in charta pura in silentio nescienti
aegroto ⲒⲱⲒⲱⲔⲞⲚⲚⲒ ⲇⲇ C. ⲘⲚⲞⲨⲈ. ille quem peperit illa, et
pones nescienti sub capite. item scribe in tria folia lauri In- 25
ceptat, et nescienti sub capite pone. item in charta scribes
ⲔⲞⲔⲞⲧ ⲒⲈⲞⲚⲇ, et nescienti sub capite lectuli pone. lactucam
cum terra sua evelles et quattuor folia tolles et in singulis
scribes ⲨⲇⲇⲚⲞⲤ, et singula folia ligabis per singulos pedes
lecti. item in cultello scribes ter Occidi somnium, et nescienti 30

---

6 ꝯsupc̄nem *b*.   ell' *b*.   8 coclear *(sic) b*.   10 pul-
ủẽ (pulverem) sp̃erum *b*.   10 *sequitur rubrica libri II Theodori*.   14 C̄*(rubr. scr.)*ampinos ... contritos ... datos ... *b*.
15 comburis *b*.   17 salvaticū *b*.   19 ut iꝺ ꝺ orto *b*.   ·
21 maceras ... colas *b*.   22 conquiescit *b*.   23 nesciento *b*.
25 ponis *b*.   inceptat *(sic) b*.   26 cap̄ *b*.   poñ *b*.   scribis *b*.
28 evellis *b*.   tollis *b*.   29 *i. e.* ὕπνος.   ligas *b*.   30 so-
nium *b*.

pones sub capite. item in folia lauri scribes, et pone nescienti
sub capite, et dices nomen matris eius cum facis ⲁ SS Ⲕ ♭ ΙΙΙΙ.
tyono ⲪⲚn. item scribes intra calicém nomina infra scripta
Dormiat ʼille Gaius Seius somnum humanum. ⲔⲤⲈ ⲘΙⲨⲨⲤⲁⲤⲂ
5 ⲤⲞⲚ. dices in calice et dabis ei cui voles, et statim dormiet.
ⳐⲁⲬⲞⲨⲁⲨⲁⲱⲤ⸗ facies pilam de cera, et scribe in ea obʼacta
ⲌⲞⲚⲦⲞⲚⲬⲞⲤⲁΙⲚⲁΙⲦⲁⲚ ⲦⲁⲬⲈΙ aⲃ. ⲂⲁⲦⲨⲁⲌⲞⲁⳐⲈⲚⲞ ⲤΙⲈⲦⲞ
ⲁΙⲃⲇⲈⲚⲞⲤⲚⲢⲁΙⲱⲈⲈ ei dormiat ille quem peperit illa et ad
nasum sibi teneat et olfaciat. cocleam africanam inanem id
10 est testam eius vacuam quaeres et mittes in ea oleum et
lychnum, et sic lucernam incendes, et nescienti aegroto sub
lectum pones. quamdiu arserit, ille dormiet. argemoniam
nescienti ad caput ponito, et nisi eam tuleris, non evigilabit.

Ad II, 2 (15) De lethargicis (*post* compellit).
15   Lethargum sic excitabis, si cimices VII in aquae
cyatis quinque mittas, et des potui antequam cibetur. testudinis sanguis in fronte [ligato] illinitus prodest. rutam ex aceto
tritam eorum naribus odorandam applicabis. sisymbrium ex
aceto tritum et lethargo in capite infusum mirum est. pulmo
20 pecudis calidus si circa eorum caput ligetur, expertum est.
caprini cornu odor lethargum dormire non patitur. euforbio
in aceto soluto si eorum nares contingas, bonum est.
    Obliviosum emendabis, si oculos milvi ligatos in foe-
nicio portet in collo.

25   *Ad II,*4 (19)* De pleuriticis (*post* cognoverit).
    Haec autem utiliter adhibebis. faeni graeci ÷ VIIII, castorei
÷ XII. pulverem facies et commiscebis. dabis autem exinde
cocleare unum cum mulsae cyato uno, si ⟨febris⟩ fuerit, cum
aqua calida, curasti. epithema tale facies. cerae pondo II,
30 butyri ÷ I⸗, sevi taurini ÷ II, rutae viridis foliorum ÷ II,

1 scribis *b.*   2 dicis *b.*   3 scribis *b.*   4 Seius: eius *b.*
6 pila *b.*   9 innaué *b·*   10 queris *b.*   mittes *b.*   11 lignū *b.*
12 ponis *b.*   acrimoniam *b.*   15 litargum *(et sic infra) b.*
    excitas *b.*   cimices VII: *cf. idem apud Ps. Plin. f. 64ᵇ*
.*Bas.*   17 ligato *(sic) b.*   18 sisymbrium: spondilium *Ps. Plin.*
20 peducis *b. cf. Ps. Plin. l. c. f. 64ᵇ et ᵈ.*   21 corni *b.*
Euforъ . . . solutū *b (cf. Ps. Plin. l. c.).*   23 Obl. emendas
(rubr. scr.) b.   feniceo *b.*   27 comisces *b.*   28 cū mulsa
cyatū. I.   Si fuer̄ cū aqua calʼ *b (addidi* febris).   29 facis *b.*
30 folia II ÷ *b.*

adipis porcini ÷ I. stercus caprinum in silva inventum conteres cum oleo et colabis linteo, et potui calidum dabis. dolores lateris sanat; diatessaron quod sic conficitur. lauri bacas, murrae, aristolochiae, gentianae ana ÷ I, mellis ⟨quod sufficit⟩. dabis exinde cum calida potui, mirum est, vel loco pro malagmate imponat. herbam verbenam viridem tritam cum vino, si non febrit, bibat, bonum est. hoc et ad pectoris dolores et ad convulsos facit. gentianae ÷ II, iris illyricae ÷ III, murrae ÷ S, piperis ÷ S. separatim trita permiscebis melle. dosis ad magnitudinem abellanae, cum calida bibat. fabae lomenti heminam I, lauri bacarum ÷ I, mastices ÷ I, ovorum vitella VII. conteres separatim et commiscebis terendo in unum, linteo induces et lateri dolenti impones, expertum est.

Sic sanguinem erraticum curabis. personaciae herbae radicem cum axungia veteri teres et impones. picem virginem, et sulphur vivum in liquata pice immiscebis, et nitrum tritum superasperges, et charta virgine inductum calidum impones. herba perdicalis tunsa et imposita sanguinem erraticum mire dispergit et curat.

Ad II, 5 (21) De peripleumonicis (*post* valeamus).

Nam et galbanum cum melle in foco resolutum et duobus cocleariis potui datum optime facit. et pthisicis idem medetur. feniculi semen tritum et cum calida bibitum bonum est. herbae hyoscyami sucum tepidum potui dabis, cum summa admiratione sanabitur. trociscos diaspermaton potui dabis.

Ad II, 6 (22 et 23) De synanchicis (*post* gubernari non poterunt — *vid. etiam ad Theod. p. 120, 2. 14. 121, 1*).

Singultus si innatus fuerit, manus eius ambas in calida diutius et frequentius teneri facias. piper et castoreum

1 adipes porcinos ÷ I.   conteris *b.*   2 colas *b.*   cal' *b.* 4 ana ÷ Mell' *b.*   6 malagma *b.*   verbenam: *cf. Marc. p. 244, 18.*   8 gentianae *etc. hoc idem plenius habetur apud Marcellum c. 24 p 244, 10—16.*   hiris ul ÷ III. *b.* 9 trita pmisce⁶. Mell'. Dasis ad ... *b* (*sic dosis cf. 1, 97 etc.*). 11 lumentū *b.*   bac *b.*   mastice *b.*   12 ꝯtīs ... cōmisces *b.*   13 induc *b.*   15 Sic—curabis *rubr. scr. b.* 17 inreliquata *b.*   īmisces *b.*   18 cal *b.*   22 duo cocl' *b.* 24 bib *b.*   25 H'iusquiami *b.*   26 amiroē *b.*   29 *haec rubr. sic b.*

aequali pondere tritum cum aqua calida potui dato. et loco
calido si iaceat satis iuvat. et pectus eorum oleo nardino
perunguito. et adrianum vel dia trion pepereon cum aqua calida potui datum summe facit.

5   *Ad II, 9 (29)* De ileo (*post* vaporibus frequentibus)
    id est in aqua ⟨ubi⟩ cocti fuerint frondes lauri vel cu-
pressi puleii nepetae absinthii abrotoni missum in semicubio
frequentius vaporabis, et sabanis calidissimis post eum deterges.

10   *ib.* (*post* immineo).
    Nam et puleium et cyminum aequali mensura in se teres
ex aqua et super umbilicum impones, et cito sanabitur. et
hae potiones omnibus inflationibus ventris et stomachi conveniunt. apium anetum et puleium aequis ponderibus decoctum
15 potui dato. et solum apium idem facit. ruta ex butyro et oleo
decocta et edita omnium interaneorum inflationem tollit. feniculi et apii radicem in vino albo infundes die una, et modice
decoctum potui dato. vituli fimum recens ex vino potui datum
umores ventris et flegmata et biles atras a periculo liberat.
20 aneti semen contritum ex aqua potui datum mire prodest.
coagulum leporis tritum ex vino tepefactum potui datum
grandes ventris tortiones sanat. item anatis venter appositus
mirum est. verbenam tritam cum radicibus suis inpari numero
ex aqua potui dato. herbae verbenae radicem commasticet et
25 ipsam salivam glutiat, statim ventris et intestinorum tollit
dolorem. aniso et asaro in se ex aqua cocto potui ipsam
aquam dato. lapidem gagaten super umbilicum impones, et
statim remediabitur. cucurbitam medicinalem maiorem super
umbilicum impones, et diu ut sit permittes. [iniectionibus
30 quoque enematis i. clysteris ex decoctione fomenti supradicti
admiscentes *etc. Th. Pr.*].

2 q̈ satis *b*.   3 pip. *b*.   4 sume *b*.   7 nepta *b*.   abro-
tanu *b*.   8 vaporibus *b*.   sabinis *b*.   detergis *b*.   11 tīs *b*.
13 Ḱ *b*.   16 edita *sic b*.   17 infundis *b*.   19 acras *b*.
21 t. vino (*iterum*) potui d. *b*.   22 τ̇c̈ziones *b* (et torciones,
ut desit aliquid, fort. dolores et t.).   23 Berbena trita *b*.
rad' ſſ *b*.   24 rad' *b*.   26 anisū. ꝛ asaᵣ̄ ... coctū *b*.
27 īponis *b*.   29 īpoñ *b*.   permittis *b*.

Ad II, 9 (29) ib. (post provocantibus).

item enema id est clyster colicis probatissimum.
storacis nardi olei cyprini ana ÷ VI, diachylon ÷ IIII, melilotum, basilicon ana ÷ IIII, oleum sabinense pondo VII, ibisci
manipulos III, faeni graeci ÷ III, adipis anserini vel fasianini 5
÷ VI, colchici ÷ II, olei chamaemelini ÷ III, aneti puleii ana
fasciculum I. ibiscum et faenum graecum infundes in oleo
sabinensi diebus VII, et si senseris esse flegmonem i. indignationem vel fervorem intestini, auferes nimie calidae virtutis
species et sic decoques, et dum omnia fuerint optime tempe- 10
rata et dissoluta, tunc admiscebis olea suprascripta. et tunc
haec facienda scito, quando dolor intolerabilis et acutissimus
fuerit.

Ad II, 9 (29) fin. (post scamoniam).

Strofum ne infans patiatur aut intestina ei tor- 15
queantur, vel ne aliquid mali ei accidat, facies lac caninum
sugere. item ad strofum. murem prendis et filum decocto albo
in se torques, et in acu inseris, per anum muris | (p. 84) mittis
et per eius os tollis, et ligas ad collum infantis, prodest.

Nota ad eos qui per dolorem obmutescunt. si quis per 20
dolorem obticuerit, puleium in aceto mittes, et naribus appli-
cato, mox loquetur.

Eneamus antidotus potui datus omnibus ventris vel stomachi
inflationibus mire succurrit. herbam tithymalum teres et in
vini cyatis II ieiuni potui dabis, sanasti. plantaginis sucus 25
potui datus mire facit. rutam mentam apium anetum puleium
decoques ex aquae ꝶ I, ita ut ad heminam redeat. exinde
potui datum mirum est. hoc et ad interaneos dolores, id est
quibus dolor intus girat, facit.

*Sequitur c. de spasmis (p. 85), quod ut est mire inter- 30
polatum, ex altera parte integrum appono.*

2 It i. clistē. Enema...*b* (i. cl. *glossa, ut supra p. 310, 30).*
probatissima *b.* 3 storace *b.* 4 basilicon *sic (id est* me-
dion *Diosc. p. 520 sec. Simon. Ian. s. v.).* eivisci *b.* 5 adipes
anserinos *etc. b.* 6 colchici?: colicū *b.* ol'm camomillū *b.*
7 ol'o sauinense *(hic) b.* 11 amisces *b.* s̄s̄ *b.* 15—16
haec rubr. scr. b. 20 dol omutescunt *b.* 21 mittis *b.*
23 Eneam⁹ antidot⁹ p. dat⁹ *(sic) b.* omīs *b.* 25 succū
. . : datū *b.* 27 eminam *(ut semper) b.*

Ad II, 10 (31) De spasmis.

... Omnibus vero tensionibus post fomenta chalastica ex
oleo sicyonio aut nardino unctionem adhibebo, et acopa cali-
diora ex oleo cyprino confecta. nam | (p. 85) et adipes leonum
5 galbano mixti par beneficium procurarunt.] et acopum hoc
Hippocratis quo usus est ad cervicis dolores et ad nervos
obligatos et ad omnem duritiam. faeni graeci heminam I,
althaeae radicum manipulum vel fasciculum I, aquae cyatos III.
coques ad tertias. vini veteris cotylam I, olei veteris ℈℈ I,
10 cerae pondo II, resinae frixae pondo II, galbani ÷ II. coques
in olla fictili tamdiu quousque se misceant, conficies et uteris.
[et cataplasmate chalastico loca diutius mitigabo. post clysterem
vero chalasticum... nam et carbonibus proxime calentibus lectum
straminabo] et equi adipes cum resina et galbano aequali
15 pondere in unum contusae et decoctae nervos et posteriora
corporis membra inuncta solvunt erigunt et extendunt. [Dabo
interea potiones huiusmodi. castorei pulverem cum melicrato,
aliquotiens piperis quippiam intermiscens.] sic et lotium caprinum potui tepidum datum validissime prodest. sic castorei
20 piperis ana ÷ I. simul tritum colliges cum melle, eximes inde
unum coclearium et potui cum aqua calidum dabis. item
castorei, piperis albi, petroselini ana ÷ I. tritum optime cum
melle colliges et exinde cum aqua calidum potui dabis ieiuno.
[Dabo et silfium cum pipere ... procurabo etiam calidarum
25 vel balnearum beneficia frequentius adhibebo ut possint post
tam saevam aegritudinem reparare.]

Ad telum vel ad sanguinem erraticum. Personaciae herbae radix cum axungia veteri contusa et imposita
sanat. picem virginem in chartam puram induces, et sulphur
30 vivum et nitrum tritum superasperges et calidum impones.
herbam filicem siccam tundes et pulveris eius coclearium
plenum ieiuno cum vino dabis.

3 acopa calidiora: *hic propter homoioteleuton acopa transit
ad longe infra ap. Th. sequentia. cf. supra ad p. 129, 12.*
5 mixtos. par *b.* procurabis *b.* 6 ypocratis quod *b.* 8 altę
rad' *b.* 11 tandiu *b.* misceat *b.* conficis *b.* 12 cataplasma calastica *b.* 15 recontusę *b.* 16 solvit. erīg. et
extendit ℈. 20 eximis *b.* 21 I. coct. *b.* 22 I. *om. b.*
23 cal' *b.* adhibebo *etc. sic b.* 27 *eadem iam supra ascripta
legisti capitulo* IV *de pleuriticis (paulo aliter expressa).* 29 sur-
fur *b.* 30 aspergis ... ĩponis *b.* 31 pulverem *b.*

Ad II, 14 (44) De capitis querellis (*post* cerotario sic medetur).

Aliqui vero negant caput dolere ei qui se luna XVII vel XVIII totonderit. corona de puleio capiti dolenti imposita prodest. hoc et a sole dolenti facimus. rubi folia trita cum oleo illinita. ossum de capite vulturis capiti dolenti impositum prodest. puleium sub aure vel sub anulo tecum tritum porta, et neque ab aestu neque ab hieme gravedinem senties. herbam hederam contusam in oleo coquito et per linteum colato, et ex eo frontem et tempora et nares perunguito. hoc et ad medii capitis dolorem facit. cuculas caprinas IIII in aceto solves et fronti illinies. cretam figuli cum aceto solves et fronti illinies. bacas lauri inpari numero oleo tritas capiti illinito. folia trita ex aceto et oleo, capiti stillatum mirum est. lasaris modicum in aqua solve, et in aurem eius partis quae dolet III guttas cum digito stillato. ipsa quidem hora caput vexat, sed in perpetuum sanus erit. de cornu pecudis vivi pectinem facies et cum ipso pectines, vir de masculo, femina de femina. porri sectivi suci coclearia II, mellis cocleare I, permixtum in naribus ant in capite infundis. calculum limacis eximes luna XVII et hunc in foenicio ligatum a capite porta, caput dolorem non patitur. lapilli in ventre hirundinis inventi, maxime albi, in capite ligati vel in manu portati vetustissimos capitis dolores tollunt. surculum de nido milvi in pulvino pone nescienti, et cum tuleris, ne post te respicias eunti dormitum. porri sectivi suci II coclearia et I mellis, commixtum in aures vel in nares infundis. intibi suco cum oleo roseo et aceto caput perunguito, vertigines et capitis dolores veteres curas. mali persici nucleus contritus cum aceto et fronti illinitus statim sedat dolorem. bacas lauri VIII et album ovi in mortario tritum et fronti illinitum, a multis expertum est. herbam quae in capite statuae invenitur, luna decrescente tollis, et in panno lineo ligatum de lino rore capitis dolorem statim sedat. araneum linteo prendis, ligas de

7 l tecū *b.*   8 ab yeme *b.*   10 tympora *b.*   11 Cuculas (*sic*) *b* (ungulas? *cf. Diosc. 2, 46*).   12 solvis *b* (*item infra*).   19 sucū ... mel *b.*   20 cauculum *b.*   21 finicio *b.* 22 *cf. Marc. p. 35, 22.*   23 porta *b.*   26 suc⁹ *b.*   27 sucū *b* 28 vertiginis *b.*   32 Herba *b.*   33 decrescenti *b.*   rore (*sic*) *b. cf. Ps. Plin. p. 11, 16. Marc. p. 33, 33. 40, 23* (lino rufo).   34 prendes *b.*

tela, ita ut nesciat ille quid ei ligas. herbae cyclaminis radicem de cultello super carbones radito, et fumum eius naribus
ducito, omnia suprascripta mitigat. si caput dolet a sole,
coronam de intibo silvatico sibi imponat. lapis gagates ca-
5 piti impositus mox dolorem sedat. corniculae cerebrum coctum
in cibo sumptum quamvis graves et invetustatos ⟨dolores ca-
pitis⟩ sanat. nam in charta scribis ꝺ φ lina, et capiti suspendis.
item scribis in charta BꝺPBꝺTO e u-θ-θ-e. item scribis in charta
ſꙍlꝺſ. item scribis in charta vvſNꝺNosho. item scribis ♌♓
10 OꝺꝺOYθ. item scribis in charta ꝺ capꝺ TꝺPXM╫ kacta pꝺC
ꝺꝺ╫. haec omnia de lino rore de tela ad caput ligabis. [Item
hemicraniis etc. Pr.].

Ad II, 14 (44 ib. post euforbii q. s. adiecimus).
Item euforbii scrip̄ III, crocomagmae scrip̄ IIII terito cum
15 aceto, et fac trociscos. cum opus fuerit, ex vino tritos inducis,
si sinistra pars dolet in dextra, si dextra in sinistra. item
croci ÷ II, murrae ÷ II, chalcanthi ÷ II, opii ÷ II, crocomagmae ÷ II, turis ÷ I. trita omnia austero vino colliges, et
inde frontem illinies, intermissa semita super nasum. prae-
20 cluso enim itinere quo oculos umor vexare consueverat, viam
facies qua de cerebro per nares fluxus et morbus omnis decur-
rat. hinc in perpetuo decursus fiet. hoc et ad lippitudines
oculorum facies, vel ad eos quos nimium reuma vel dolor
perurget, sed in aceto acerrimo ipsum trociscum resolves. nam
25 erucae semen contritum ex aceto temperabis, et ipsam partem
quae dolet vel totam frontem et tempora de penna illinies.
sucum hederae terrestris et betae albae sucum et oleum roseum omnia aequali mensura per fistulas in nares coicito, ad
solem candentem tempore aestatis. mox enim tantum sternu-
30 tabit ut vermem per narem emittat. nam et scribes ad hemi-
cranii dolorem, si dextra pars dolet scribis in cute hyoſ, in
siuistra ceal hhhc. item scribis in charta ꙍhti ꙍ σι ꝺꝺ loti
poca zonie ho ꙍꝺΛΥΡΙΖΕ. [Quibus ex frigore nimio etc. Pr.].

1 ligas: sic b.   3 s̄s̄ b.   4 gagatis c. ῑposito b.
5 coruicul (sic) b (cornicis Marc. p. 35, 27).   6 dolores capitis om. b.   11 delino rore (sic) b.   14 Croco magne b
(item infra v. 17 croco magna).   t to b.   18 thuris ÷
trita (sic) b.   21 morbus: moribus b.   23 quos: qui b.
24 resolvis b.   25 temperas b.   26 tympora b.   27 Sucus…sucus b.   28 aequali mensura: ana b.   30 emigranei b.

Ad II, 14 (45 ib. post convenit adhibere)

talibus. betae radicis sucum cum melle aequali mensura quis naribus ducat, caput optime deplet. sic et de cyclaminis radicis suco, cum melle simul potentius est. sic pyrethri pusillum masticatum capitis et oculorum gravedines et dentium 5 dolores omnes mitigat, dum per os apertum umor capitis in terram defluxerit. ysopi vel origani cymas in aceti quartario et mulsae ad tertias decoques, et tempera. contra solem gargarizet. alia die haec cura sequatur. infundes sinapi in aceto acri, post teres et sumen per linteolum exprimes, et cum 10 mulsa tepida resupinato capite gargarizet, et| umor crassus in capite qui fuerit digeretur. ℞ ysopi origani stafisagriae glycyrizae polii ana ÷ ℒ. infundes in aqua ex aceto temperata quantum offerre possit ℈ III die ac nocte. alia die in cacabo novo coques ad tertias, lento foco ne comburas, postea co- 15 labis diligenter, et remittes in ipso cacabo. addes sapae ℈ I et recoques usque ad spissitudinem sapae lento igni, et uteris tepido ut supra. item. ysopi ÷ I, ireos ÷, caricas pingues ÷ I. dum volueris fortius purgare, sinapi teres et admiscebis in calicis mensura coclearia II. nam omnia in sapae infundes 20 ℈℈℈ III, aceti hemina I, mellis pondo III. triduo infundes et decoques, exprimes diligenter, et gargarizet aut ad solem aut in cubiculo calido, prima die VIII, secunda VI, tertia III ℈℈℈ et aquae ℈ III per triduum. postea coques ad tertias, et quantum aceti remanserit addes mel et sapam aequali men- 25 sura, et recoques, lento igni ne comburas, et ad solem gargarizabis. hoc autem visum oculis caligantibus restituit, auribus auditum acutissimum praebet, fauces curat, capiti sanitatem praebet et reuma mordet. cyclaminis radicis suci partes II, mellis partem I. tepidum naribus inicito, ita ut os plenum 30 calida aqua teneat et postea verset. omnia vitia capitis supra scripta et ventris dolores et epilempticos curat. item alia maxima purgatio. stafisagriae ÷ I, pyrethri ÷ I, ysopi ÷ I,

2 sucus *b*.   7 cymas: comas *b*.   9 infundis *b*.   10 teris *b*. acro *b*.   13 liquiricię *b*.   polios *b*.   infundis *b*.   aqua et *b*. 15 cacavo coquis novo *b*.   colas..: remittas *b*.   17 ad *om. b*. 18 tepidum *b*.   yreos *b*.   19 sinapē *b*.   teris et amisces *b*. 20 sapa infundis *b*.   21 p̊ *b*.   infundis *b*.   22 exprimis *b*. 23 tercia. VIII ℈℈℈ III. et aqua ℈ III *b*. 25 sapa *b*.   27 gargarizas *b*.   restituet *b*.   29 sucus *b*.   32 alia: dia | *(sic) in fine versus b*.   Stafisagria *b*.

tragacanthi ÷ I. trociscos facies de singulis argumentis, siccabis, et dum opus fuerit singulos masticabit, sed in sole calido vel in balneo. lasar cum lacte mulieris solve, et si hemicranius dolet, in eius partem mittes. [Convenit de naribus...*Pr.*

5 *Ad II, 17 (50)* De maenomenis (*post* sang. adhibere).
Et si cum febre fuerint alienati, ut et vigiliarum assidui-
tate fatigentur, odoriferis virtutibus eis somnus est invitandus.
id est frons eorum cum temporibus et naribus est inunguenda
ex trociscis hypnoticis, qui ita conficiuntur. mandragorae cilii
10 ÷ I, opii ÷ I, hyoscyami seminis £, asari £, castorei £, croci
£, storacis £. trita omnia colliges cum suco papaveris vel
hyoscyami suco, et trociscos facies. dum opus fuerit, cum caroeno solutum inungues. hoc et freniticis et ad capitis dolorem
adhibebis. nam et his vinum omnino negandum est, quoniam
15 febrem inflammat et somnum fugat, alienatiouem irritat, ar-
mdoremovet. [et si post haec adiutoria ... *Pr.*].

Ad II, 21 (62) De pthisicis *(ad finem)*.
Si nimia tussis fuerit, herbae vettonicae ÷ X cum melle
per dies VIIII. nam et pulmonem pecudis et cornu cervinum
20 simul combustum et tritum dabis in vino, et mox sanabitur.
alium in aqua decoctnm et mel admixtum sumptum sedat
tussim, et purulenta excreantibus medetur. corrigia canina
collo suspensa aut digito ligato sedat tussim. masticen tritam
et cum melle mixtam cum aqua calida bibat. facit hoc et ad
25 defectum stomachi. oleo vinum misceto et in eo panem in-
tinguito, et ad edendum dabis. nam effectum senties. hoc et
maioribus aetatibus prodest. nam et diatessaron vehementer
prodest, quod sic conficitur. aristolochiae rotundae, gentianae,
bacarum lauri, murrae uncias singulas. tunsa et cribellata
30 cum melle optimo miscebis et dabis in hydromeli. hoc et

---

1 dragaganti *b.* facis *b.* argūtis *b.* 3 emigraneus *b.*
6 cū febres *b.* 8 i. *b.* cū tympora et nares *b et (qui om.*
cū) *Ga^l.* 9 mandracore cylii *b* (cilii *Ga^l.*). 10 sem̄ ℥
(= seminis semunciam) *b.* y. semen. asaru castoreu. c̄c̄. storace. ana £. *Ga^l.* 11 colligis *b.* 13 inungis *b* (—ges *Ga^l*).
freneticis *b Ga^l.* 14 vino *b,* —num *Ga^l (ubi* nam et
vinum his n. e. omnino). 15 febrem *Ga^l:* febres *b.* 19 vetonicę *b.* 22 corrigiā *etc. b.* 23 masticen tritū...mixtū *b.*
25 stomachū *(sic) b.* 29 uncias singulas: ana ÷ I b.
30 misces *b.* ydromelle *b.*

pleuriticis magnum est adiutorium | (p. 102) vel ad vena. lenti-
culam frictam cum melle tepido edat. alium cum faba fricta
mixtum cum melle tepido edat.

si vero ad perniciem tussis venerit, equi salivam dato.
bibat ex aqua calida per triduum, expertum est. nuces III de 5
intus combures, et piperis grana III in se teres, et mellis
coclearia tria. per triduum singula coclearia dato. stercus
corvi in panno ligatum et collo suspensum prodest. coclea
vacua mundata combusta trita cum melle mixta, dabis gar-
garizandum. lapis de spongia exemptus et linteo ligatus pueris 10
tussientibus collo suspensus unice prodest. item galbani ÷ I
in pultario coques, et ex eo dabis in modum abellanae. ventris
gallinacii membrana sicca et contrita, vel si recens sit in
potione vini falerni data mirifice prodest. cocleae crudae tritae, cum tepidae aquae cyatis tribus bibat. 15

Item ad tussim et pulmones. ireos illyricae radices
tritae et cum melle mixtae abellanae magnitudine. mane
ieiunus et sero cum passo cyatis duobus si febris non erit,
si febrit ex aqua calida cyatis tribus data bibat. cupressi
bacas minutas teres et in vino potui dabis. nucem pineam 20
viridem frange et in aquae ℥ I decoque, donec hemina remaneat, et cum puleio veteri agito, et ex eo singulos cyatos
cotidie bibat, expertum est. de resina terebinthina facies pilulas quasi faba, cum melle teres et per triduum dabis.

Item ad tussim et qui pus expuunt. vettonicae herbae 25
pulveris scrip VIIII et mel atticum commixtum ieiunus accipiat, donec expurget. leporis stercus in vino aut in aqua ad
noctem potui detur. semen cauliculi teres cum melle et pipere
et inde cocleare I mane et sero accipiat. porri sucum expressum cum oleo decoctum sorbeat, prodest. alium in aqua 30
bis coctum [cum faba addito melle, et exinde mane et sero
bina coclearia accipiat. hoc et purulentas excreationes sanas.
ficus aridas coques, et ipsam aquam bibat. item. turis, colo-

1 pleureticis b. cet. cf. p. 309, 3. † aduena; lenticulam...
(vel ad ventrem?) b. 3 eadat b. 4 idem apud Marc.
p. 166, 24 = Ps. Plin. f. 40ᵇ Bas. cf. 30ᵇ. 6 teris b.
8 Coclea etc. (sic) b. 11 galbano b. 14 Cocleę etc. b.
16 tusses (rubr.) b. 18 īeiuñio (= ieiuno) b. 23 pillulas b
(item infra). 24 teris b. 25 tussem (rubr.) b. 26 pulvis b. 28 adnoctū b. teris b. 32 p. et excitaciones b.

foniae, mastices, piperis uncias singulas. omnia cum melle trita. I cocleare mane et sero accipiat. lapidem gagaten in aqua fontana bibat.

Ut vocem claram facias. raucedinem emendas, si in
5 balneo clames aut oleo gargarizes vel si tragacanthum in ore tenueris, vel si ova trita ieiunus cotidie absorbeat. piperis grana in ore teneto diu et salivam assidue devora. cirros porrorum cum aqua fontana coques eosque cum melle manducabis, et ipsam aquam cum melle potabis

10 Tussim magnam excitat resina pituina masticata et glutita. idem facit seminis rutae folliculus masticatus sucusque glutitus.

Item ad tussim. vettonicae ʒ III cum melle ieiunus glutiat. trociscus diaspermaton ad multos | (p. 103) usus ne-
15 cessarius. feniculi seminis ÷ I, aneti seminis ÷ I, opii ÷ I, sed opium semotim teris, tunsa et cribellata in pilulas ex aqua colligis ad lupini magnitudinem et das patienti in calida aqua ieiuno. testarum de cocleis cineris cocleare I cum vino potui datum prodest. adipis recentis ÷ I decoques in vini
20 cyntis tribus et addes mellis pusillum, facies pilulas et ut glutiat dabis, prodest. sevum caprinum in pulte alicae decoctum dato, edat. parietariae herbae sucus cyati unius mensura potui datus, mirum est.

Item ad pthisicos et thoracis dolores. folia mar-
25 rubii cum semine cum aqua coques et ipsam aquam potui dabis. pineam et tragacanthi ÷ I in vino veteri decoques ita nt assidue de surculo agites, et postea adicies piperis triti grana C, spicae nardi scrip̄ II, storacis scrip̄ V, mittes in mortario, et vini modicum mittes, et conteres storacem ut se
30 commisceat, et mittes quae cocta sunt. adicies mellis despumati acetabulum I, et denuo recoques ut fiat mellis crassitudo. in se coclearia singula mane sumat et sero, sive terna. hoc et ad eos qui purulentum excreant facit.

1 masticis *b.*   ana ÷ I. *b*   2 sero. I. *(iterum)* acc. *b.*
4 clamis *(sic) b.*   5 drãg *(sic) b.*   8 manducas *b.*
10 Tussim *(hic) b et mox (in rubr.).*   13 Betonicę *b.*   18 cinis *b.*
19 adipes rĕctes *b.*   20 addis *b.*   facis *b.*   22 paritàrię *b.*
sucū ... datū *b.*   24 typsicos *b.*   26 drãg *b.*   27 pip̄
tritū *b.*   28 mittis *b.*   29 mittis *b.*   conteris *b.*   30 ɩmittis
q̄ coctã *(sic) b.*   mel despumatū accitabulū *b.*   31 denuo[8] *b.*

Hyoscyami aneti papaveris nigri opii uncias singulas. haec
omnia in unum contundes et tenuissime cernes et vino con-
sparges. trociscos facies ut singuli denarium ponderent. febricitanti ex tribus cyatis aquae calidae dabis, ¡homini sincero
ex vini veteris cyatis tritus dabis. caseum ovillum vetus cum 5
sevo ovium vetusto decoctum vino austero permixtum si in
esca detur, mirum est. herba argemonia trita cum vino veteri
discocta ieiuno potui data unice prodest. lacae cyatos III,
passi ℈ I, aquae VI ℈ mittes in cacabo, et tamdiu coques
donec consumatur, et admiscebis lactis caprini vel ovilli adiecto 10
modico melle, et fervefactum dabis potionem. sane expedit
ei in aqua marina lavari, et vinum lene et album bibat.

Ad II, 22 (65) De sanguinis emissione interiorum
(ad fin.).

Nam et omnibus sanguinem ex interioribus locis mitten- 15
tibus haec adiutoria superaddo, de quibus effectum saepe
cognovimus. rubi cymas teneras tundes et sucum exprimes,
et cum melle potui detur, efficax est. nam herbae symfyti
radix in cibo sumpta mire facit. millefolium herbam cum
aceto sumendam dato. cornu cervini cinis cum vino potui 20
datum. castaneae quam plurimae manducatae mire curant.
coralium cum aqua tritum potui datum, unicum est. porri
sucum potui dato. herba polygonum sumpta vel sucus eius
potatus, mirum est. coaguli haedini scrip̄ I ex aqua potui
dato, optime facit. cymas rubi teneras in aqua decoques, et 25
cymas ipsas edat et vinum potet, prodest. coagulum cervinum
sive leporinum in potione resolves ac potui dabis. cauliculum
ex aqua marina elixum terito, et sucum eius potui dato.
cocleae ex aqua marina decoctae et editae summe proficiunt.

---

1 ana ÷ I. *b.*   2 cernis *b.*   conspargis *b.*   3 facis *b.*
5 cyatos. III. *b.*   7 Herbam acrimoniam *etc. (acc.) b.*
8 dicutā *(sic) b.* | lacę *(sic) b.*   9 mittis *b.*   10 āmisces *b.*
lactis *etc.* sic *b.*   12 bibant *b.*   17 exprimis *b.*   18 sim-
fiti *b.*   19 mille folia herbam *b.*   21 dato *b.*   22 co-
rallū *b.*   23 poligonū *b.*   sucū . . . potatū *b.*   24 Coagulū hedinū *b.*   27 resolvis *b.*   29 editę *(sic) b.*

Ad II, 23 (67) De empyicis *(ad fin.)*.

Alium in aqua bis coctum cum faba addito melle, exinde
mane et sero bina coclearia accipiat. quamvis malas excreationes
hoc sanat. pineam et tragacanthi -÷- I in vino veteri percoques
5 ita ut de surculo assidue agites, et post adicies piperis triti
grana C, et spicae nardi scrip̄ II. storacis scrip̄ V in mortario
pones et de vino modice mittes, et conteres storacem ut
se commisceat, et mittes quae coxisti. adicies mellis despumati acetabulum et denuo decoques ut fiat mellis crassitudo,
10 et exinde mane et sero coclearia singula sumat sive terna.

Ad II, 25 (71) De asthmaticis *(fin.)*.

Aliqui iecur vulpinum aridum cum vino potui datum
unice prodesse confirmant. sic herba peristereon hyptios cum
vino potui data spiramenti plenitudinem tenuat. item herba
15 suprascripta, si sucum eius cum melle bibat, indefensa est.
hoc vitium celerius tollis, si hac usus fueris confectione. elaterii Ɔ, afronitri Ꝉ, sinapis Ꝉ. trita omnia et cribellata cum
aqua colliges et trociscos facies, et per dies singulos dato.
facit hoc ad anginas et ad subitaneas suffocationes, ventrem
20 purgat. veretri exulcerationes quas iam cancer tenet cum
melle impositum sanat. et opobalsami coclearia singula per
triduum accepta, optimum adiutorium est.

Ad II, 26 (76) De epaticis *(ad fin. cf. supra ad p. 178, 3)*.

Et his adiutoriis omnibus epaticis multum scio salutis
25 restitui. herbae hyoscyami sucus datus unice sanat. nasturcium herba edita mirum est. item herbae paeoniae ꝫ II, cyperi ꝫ I cum aqua calida bibat, optime facit. buxi folia
contundes sucumque per linteum exprimes, et per triduum
bibat. masticen teres et cernes et cum suco brassicae in genus |

---

1 *eadem (cum Prisciani capitulo) leguntur ad Gal. lat. l. III*
cod. Leid. c. 55. 4 dragagantū *b. hoc idem remedium supra*
posuerat ad II, 62. 5 pip̄ tritū *b.* 7 ponis *b.* conteris *b.* 8 mittis *b.* mel despumatū accit. *b.* 13 peristeron
hyption *b (cf. Diosc. 4, 61).* 15 ꝼꝼ *b.* si: et *b.* īdefensa
(sic) b. 16 Electerii Ɛ *b.* 19 angenas *b.* vere cīu exulc |
exulcātiones *b.* 20 q̃ (quam) *b.* 22 acceptū. aptimū ... *b.*
25 sucū datū *b.* 26 herbā edita *b.* 27 bib. *b.* 28 con-
tundˀ *b.* exprimis *b.* 29 masticē *b.* ingeñus | malˀ. *b.*

malagmatis facies, ac mundo panno induces. calefactum impone,
ut adunet ad se carnem et potum. VII diebus tolles. etiam iterum
fac. numquam tibi epar dolebit. cornu cervino combusto, cum
modico pipere et melle contrito, et per triduum potui dato,
ita ut in ipsum latus iaceat, mox sanus fiet. plantaginis sucus 5
tepidus potui datus mire succurrit.

    Ad II, 27 (77) De ictericis (*post* in ovo dato).
    Radicis sucus potui cum dulci ante balneum datus pro-
dest. cimices inpari numero cum pipere triti ex vino potui
dantur. lupini crudi triti et tenuissime cribrati cocleare I in 10
aquae calidae quartario bibat, et in ea parte recumbat, epar
curat. pulverem sileris montani cum vino veteri bibat. si frigus
fuerit, tantum pensum piperis misces, et in ipsum latus recumbat, mire epaticis prodest. item sagapenum in modum
fabae in aqua calida per triduum bibat, et intermisso die ut 15
supra similiter, et in ipso latere iaceat. hoc facto quamdiu
dolor de epate pauset, herba lychnitis quae habet lanuginem
mittatur pro licinio in lucerna. corticem radicis eius conteres
et sucum eius quantum potio meri est, per triduum potui
dabis. item expertum. cymulas rutae duobus digitis pollice 20
et minimo dextrae manus leges XI et piperis grana XI, quod
si hiems fuerit, XV grana mittes et trita cum vino aminaeo
dabis, et in ipso latere iaceat. item expertum. herbae flomi
radicis corticem tritum ex vino aut condito dabis per dies V
aut VII aut satis VIIII, et sanabitur. item. murrae costi folii 25
ana ℒ, trita et in pulverem redacta cocleari I in passi potione
et parum aquae calidae potui dato, statim sanat. in musti
ex uvis albis congio cydonia V non purgata coques, et mala
punica V et sorborum sextarium, rus syriaci ℈ I, croci ℒ in
| *(p. 111)* eodem musto coques usque ad crassitudinem mellis, 30
et in vase vitreo servabis, et cum opus fuerit propter dolorem
epatis, ligulam sumes. item. apii seminis scrip̄ XVIIII, petroselini scrip̄ XV. trita in vino optimo melleque despumato colliges et in vitreo dolio repones, exinde post balneum in tepida

scrip̄ VI miscebis et potui dabis. item. gentianae, murrae, aristolochiae rotundae, bacarum lauri ana ℥ I. omnia in pulverem redacta cum melle colliges et in magnitudine abellanae cum aqua calida potui dato, epatis dolorem sanare expertum
5 est. cicer album, asparagi silvatici cymas et betae albae semen cum aqua ad tertias decoques et per triduum bibes, mire sanasti. item. herbam vettonicam ex vini cyatis III siccam et in pulverem redactam frequenter sumptam proficere experti sumus. herbae lapathi radices conterito et cum vini cyatis VI
10 potui dato, mire persanabis. herbam sabinam et absinthium ex aqua ad tertias decoctam, et usque sanus sit tepidum potui dato. ut experimentum habeas, porcello da exinde bibere et occide eum, et splenem ei non invenies. dabis hoc homini per triduum et in ipsum latus iaceat. hoc et splenem potenter
15 curat. herbae sabinae pulverem, hiemis vero tempore addes et piper aequali mensura, in vino per triduum potui dabis, usque sanum sit epar. hoc et ad splenem facies. [et hiera per triduum . . . *Pr.*

Ad II, 28 (82) De spleniticis *(fin.).*

20 Tamaricis ligni fasciculos III in olla rudi cum aceto decoques ad tertias, et exinde ternos globos per triduum bibe, et sanasti hominem. fabam frixam in aceto per triduum infusam post in mortario teres et induces in panno mundo et super splenem impones, et admiraberis. dolorem quidem facit,
25 sed summe sanat. epar et splenem curat, si herbam erucam tundas ac suci eius cyatos quattuor et vini cyatum I potui des, et in ipsum latus iaceat, vitiumque sanabis. hoc maxime d e e x-
perimentis est. herbam sabinam et absinthium ex aqua ad tertias decoques et ex eo calido facto ieiuno calicem plenum potui
30 dabis, et in ipso latere iaceat. hoc splenem et epar optime

---

1 misces *b.*   2 ana ℥ .I. ÷ Oīa . . . *(sic) b.*   4 eparis *b.*
5 sparagi s. comas *b.*   6 biƀ. mire s. *b.*   7 herbe vetho-
nicǫ *b.*   sicca . . . redacta . . . sumpta *b.*   9 lapacii *b.*   con-
tritǫ *b.*   cū uino cyatos VI *b.*   10 savinā *b.*   11 decocta
. . . tepid' *b.*   13 occid' *b.*   o. cū et splen ei *b.*   14 splen *b.*
15 savine *b.*   addis *b.*   16 et in *b.*   17 splen *b.*
20 Tamarici *(sic) b.*   22 Faba *etc. (pro —ā) b.*   23 teris *b.*
inducis *b.*   24 splen *b (sic semper).*   26 sucū *b.*
dato *b.*   27 ℏ m̃ *b.*   28 *cet. cf. supra idem* de ictericis
p. 322, 10.   29 decoctū *b.*

⟨curat⟩. ut experimentum habeas, porcello da exinde bibere et occide eum et splenem ei non invenies. hoc per triduum. salicis cymarum faciculos III decoques in ʼaqua ad tertias, et diebus V potui dabis calicem plenum diurnum. radicitus eum siccat, sed post non gravabitur, | *(p. 113)* sicut supra scriptum 5 est hac potione ita experimentata. herbae cyclaminis radix collo suspensa et super splenem|̣ de fasciola ligata prodest. vesicam bubulinam sive porcinam aceto acerrimo implebis et calidam spleni impones. cinerem ex aqua consperge et super splenem horis duabus impone. ervum vel eruca prodest, si 10 cotidie spleniticus manducet ieiunus. ad splenem et media tumentes. perdicalem herbam tunde et sucum per linteolum colato, et luna decrescente per tres dies Iovis potui dato. lolium friges et teres, eiusque pulverem ieiuno potui dato. caricas in aceto infusas teres, et in panno inductum mire pro- 15 dest. bitumen liquidum in pellicula pilosa de utre vinario inductum imponito. item. gypsum in aceto maceratum in panno inductum imponito. hederae bacas per triduum in aceto infusas et cum axungia veteri contusas in novo panno in- ducito et imponito ita ne per triduum solvat. rutam cum 20 axungia teres et panno inductam impones. brassicae semen cum aceto tritum et tamquam malagma in panno inductum aut in charta spleni imponito. si aestas est, ab hora prima usque ad VII pones quamdiu sufferre possit, si hiems, tota die, sane luna decrescente. pedem sinistrum in arborem capri- 25 fici pones, et vestigium pedis de cortice eius tolles, et ipsam corticem in fumo suspendes. lacertam viridem in vase fictili novo mittes, et per medium limen pendeat, ubi spleniticus manet, et condes. dum exit sive ingreditur, idem vas tangat,

---

1 curat *om. b.*   3 cimas *b.*   4 diuturnū *b.*   5 gña- bit *(sic) b* (= generabit). | sic sup̂. ss̄ ē hanc porcionē *etc. b.* 6 *cf. Marc. p. 236, 26.*   7 ligato *b.*   8 īples *b.*   9 ci- nus *b.*   conspalge *b.*   10 herbū t erucā *b.*   11 sple- neticus *b.*   Aplen τ media tum̅ts *b.*   14 teris *b.*   15 teris *b.* 19 inducto et īposita *b.*   20 *cf. Marc. p. 240, 31.*   in- ducta īponis *b.*   22 inducta *b.*   23 et spleni *b.*   ad hora *b.* 24 ponis *b.*   hyemps *b.*   25 *cf. Marc. p. 241, 1.*   26 ponis *b.* tollis *b.*   ipsā *(sic) b.*   27 suspendis *b. cf. Plin. ap. Ps. Plin. f. 42ᵇ etc. Marc. p. 239, 11.*   28 mittis *b.*   splene- ticus *b.*   29 eundem vas *b.*

mox ab eo morbo liberabitur. alii capita XX contusa cum
aceto et in panno inducta imponito. lotio eius qui dolet cinerem cribratum consperges et in panno calidum spleni inductum saepius imponito. ebuli radicem contunde et in pulverem redactae coclearia III ex vini cyatis III in limine stans
per triduum bibat, et ebulum sine ferro collectum secum portet.
herbam sabinam ex aqua ad tertias decoques et ex aqua calida calicem plenum, addito quippiam piperis si hiems fuerit,
per dies XI vel XVII potui dabis. bacas lauri XXI, piperis
grana LXI in aceti acerrimi hemina mixta, et ex eo cotidie
singula coclearia ieiuno potui dato. lasaris radicis pulveris
cocleare I, aceti coclearia V, mellis cocleare I, omnia commixta
potui dato. stercoris caprini pulverem in vino misceto, ex vase
picato potui dato. hoc et ad renum dolorem prodest. cum
cuppa de hedera quisquis potaverit, ab omni splenis molestia
securus servabitur. pulmo in fumo | *(p. 114)* siccatus et in pul-
verem mollissimum redactus, et ex eo modice in pusca ieiuno
potui dabis die Iovis luna minuente. et ut potionis effectum
mireris, porcello de eodem in potione dato bibere, et post
occides eum, splenem aut nullum aut satis parvum invenies.
salicis viridis folia cum modico sale diligenter trita, in modum
emplastri super splenem impositum prodest. si autem citius
et plenius curare volueris, cortices viridis salicis diligenter
tunsas in melle decoques, et ex eo duo coclearia ieiuno prae-
bebis. cornu cervini combusti cinerem ex aceto potui dato.
lapidem gagaten accendes et in acetum mittes, et exinde
calefacti dabis V singula coclearia, bibat, et ipsum lapidem
in splene per triduum alligatum habeat. diatessaron in
modum abellanae potui cum oxymeli dato. gagaten in vino
decoques ad tertias, et bibat. leporis iecur crudum glutiat, si
vir de masculo, si femina de femina. accipitris iecur crudum
glutiat. vulturis iecur crudum cum sanguine edat. potentissimum
est herbae verbenae flos sine ferro collectus, libras IIII S de-

1 abo *b.*   contūsa *b.*   2 inductū *b.*   lotiū *b. cf.*
Marc. p. 237, 32.   et cinerem *b.*   3 conspergis *b.*   4 he-
buli *b. cf. Marc. p. 237, 15 (235, 32).*   5 redactā *b.*
10 mixtū. et ex eo *b (sic saepe).*   11 pulverem *b.*   13 miscito. et v. *b.*   19 de eadem in potione *(sic) b. de experimento
cf. supra (bis).*   23 vol' *b.*   corticis *b.*   25 cinis. ex . . . *b.*
26 accendıs *b.*   cal' factū *b.*   27 bib *b.*   28 insplen *b (ut* super
splen 22 *etc.).*   Diät. | *b.*   29 oximelle *b.*   30 bib *b.*   31 aucipitris *b.*

coques ex ℥ VIIII. caelestis sane aqua ad tertias decocta, et
ex ea per triduum ℥ singulos potui dabis, prodest. [Haec
omnium commodis operabuntur si labores frequenter libentius
sustinentes . . . *Pr. p. 184, 15.*

 Ad II, 29 (86) De stomacho et eius querellis. 5

 [Impono frequenter cucurbitas ipsi stomacho.] et his
potionibus adiuvandos esse suadeo. ventrem ossifragi re-
sectum terito et cum vino potui dato, sedat dolorem. ferrum
candens in vino extingues in gabata arretina, et potui dato,
stomachum confirmat. rutae liḃ I, bacas lauri numero XXVII, 10
guttae ammoniaci ÷ II, caricarum liḃ II. simul in panno inductum stomacho impositum dolorem frigus tussim et flegma
sine more sedat.

 mira potio ad suprascripta. folii seminis mastices croci
piperis ana ÷ I, bacarum lanri ÷ I. omnia in pulverem re- 15
dacta cum vino afro colliges et trociscos facies et ieiuno vel
post | *(p. 115)* cenam per dies V vel VII potui dabis, et sa-
nasti. herbae senecionis flores cum carica, bene subactum et
impositum summe sedat stomachi dolorem.

 refrigeratorium stomacho in febre. cerae liḃ I, lithargyri 20
liḃ I, adipum porci liḃ I, mellis liḃ I, conficies et uteris.
item rosae folia VIIII, piperis grana VIIII. conteres in vino
vel in calida aqua, potui dabis, stomachi dolorem tollit.
lenticulam in aceto coctam edat. cocleas crudas III sublatis
testis glutiat. satureiam cum vino tritam potui dato. erucas 25
virides ieiunus edat. lac bubulum mox mulctum sic tepidum
ieiunus bibat, quamvis exulceratum stomachum sanat. probatum
est. item mastices pulvis et albumen ovi si contritum in panno
inductum stomacho imponatur. stercus mustelae cum aceto
contritum et corpus perunctum. faenum graecum coctum et 30
ius eius potatum rigorem et perfrictionem stomachi discutit.

<hr>

 7 ossifragia *b.* 9 candentē *b.* extinguis *b.* aritina *b.*
10 Rutha *b.* 11 gutta *b.* 12 frigdorem *b.* 14 Mira p̄c̄
(*pro* p̄o̅) *b.* ad ss *b.* Folii sem̄. Masticis *b.* 15 bacas *b.*
16 et cū vino *b.* colligis *b.* 18 senecion *b.* subiectū *b.*
21 conficis *b.* 24 sublatas testes *b.* 28 p̊ ÷ (*ex corr.,*
cum prius habuerit p ÷). It mastic̄ pulūē . . . *b.* 31 perfricationem *b.*

Ad stomachi dolorem et ructus amaros quos nec potio nec cibi iuvant. centauriae tritae scrip̄ VIIII in vini cyatis III per triduum bibat. hoc et lumborum et lateris dolori prodest. rutae semen cum sulphure vivo in aceto contritum ieiunus
5 gustato.

Ad inflatioues et acriores stomachi dolores. feniculi et apii radices in vino veteri albo infundes, et ieiunus exinde cyatos duos bibat. rutae paululum in cibo aut in potione sumito. fimum vitulī ex vino potui dato, omnibus stomachi
10 querelis subvenit. lapidem gagaten in aqua fontana decoques, et bibat. diatessaron suprascripti antidoti cocleare I cum vino aut calida aqua ieiunus bibat, omnibus stomachi querelis subvenit. hoc si tertio quis in anno biberit, semper stomachum sanum habebit, probatum est.

15 [Declinantibns vero doloribus cyminum frixum ... *Pr.*

Ad id II, 29 (89 post applicabo).

et herbae victoriolae suci cyatos III cum melle potui dato ieiuno, mox incidet flegma.

Quibus autem ex flegmate inflatio fuerit et sto-
20 machus infrixerit, calidae unctionibus curandus est. mastices mentae arnoglossi piperis castorei ana ÷ I. nam et corticis radicis feniculi libram I et S, aceti SS II coques usque ad medietatem, et huic aceto partem III mellis admiscebis, iterum coques, et in modum electarii uteris. similiter adiuvabunt oxy-
25 poria ex ameos ⟨semine⟩. item. ligustici apii seminis ÷ I, piperis ÷ II cum melle despumato colliges, et post cibos bina coclearia ieiuno dabis.

Si vero inflatio stomachi cum tensione fuerit, fasci-culum puleii, herbae nepetae tantundem decoques in aqua
30 diutissime, piperis ꝫ I teres, mellis cocleare I miscebis in aqua suprascripta, et bibat. et aforis epithema impones Nileos vel diasamsucu.

1 Ad st. d. *rubr. in b.* 4 Ꝫ *b.* contrito. et ieiunus *b.* 6 Ad infl. *rubr. b.* 7 infundis *b.* 11 bib̄. *b.* ṡṡ anti-dotū *b.* 12 bib̄. *b.* 17 *Ps. Apul. c. 59 (!).* 19 Quibus etc. *rubr. b.* 20 Masticę. menta. arnoglossa pp. castoreo *b.* 21 cortices *b.* 23 p̄ᵗᵉ mmelī amisces. Iꞇ *b.* 24 el'ect *b.* oxoporia exameos *b (om.* ṡ). 25 liuestici *b.* 28 *rubr. b.* 29 neptę *b.* 30 teris *b.* misces *b.* 31 ṡṡ *b.* bib̄. *b.* epytima īponis Dianileos l' dia samsucū *b.*

Item. si dolor stomacho evenerit, tali oleo fomentabis. ℞ storacis, absinthii, aloae, mastices ana ÷ I. haec linteolo ligata infundes in olei ℥ I et vini hemina, et coques usque vinum consumatur. hinc diutissime stomachum fomentabis. epithema diamelilotu. dabis etiam eis bibere cymini 5 assi cocleare dimidium et seminis apii tantundem ex aqua in qua rosa decocta est.

Sane si singultus frigidus ex flegmate permanente stomacho obvenerit, hanc dabo potionem. piperis ÷ III, castorei ÷ I, in pulverem ⟨redacta⟩. dabis in aqua calida 10 cocleare I.

Item aliter ad singultum. piperis, castorei ana ÷ I cum calida bibat. item manus eius ambas in aqua calida facias tenere. item anulum assidue cum digitis medicinalibus de dextra manu in sinistram duces, de sinistra in dextram. 15 item nomen eius in manu eius retroactis litteris scribes et legere illum hoc nomen facies. si autem litteratus non fuerit, ipsum nomen de manu eius ex aqua calida lavabis, et bibat. nam et loco calido si iaceat, multum iuvat, et pectus eius ex oleo nardino vel cyprino fricabis, et adrianum optimum potui dato, 20 seu diatrionpepereon vel diatessaron summe facit.

[Fastidio incidente ... *Pr.*

Ad id. II, 29 (90 post valeant abstergere).
Rafanum cum melle et aceto edat. vettonicae ʒ II cum aquae mulsae cyatis III bibat, mire sanabitur.
25

Ad id. II. 29 (91 post murta cocta fuerit).
Si nimietas vero vomitus fuerit hominemque vexarit nihilque cibi continere poterit. ℞ aneti ʒ I, piperis ʒ quattuor, cymini ʒ quattuor. haec omnia trita tenuissime dabis cum aqua in qua coxeris mentam et mala cydonia vel summitates 30 teneras de vitibus aut murtam viridem. addes ius etiam et

---

1 *rubr. b.*   stom̊ *b.*   2 storace *b.*   aloe. mastice. *b.*
4 stoṁ *b.*   5 Epitima dia melilotū. *rubr. b.*   8 *rubr. b.*
10 Ī pulvē dab *b.*   12 *rubr. b.*   13 bib. *b.*   15 duc̄ *b.*
16 retratis *b.*   scriptis *b.*   18 bib *b.*   20 nardo *b.*
adrianum *b* (*sc.* vinum).   21 pipeon *b.*   24 vetŏnicẹ *b.*
cū aᵛ̃q mulsa cyatos. III. ℔℔. *b.*   27 Si | mietas *(sic) etc. rub. b.*
fuerūt *b.*   31 mirthā virid' *b.*   addis *b.*

vinum, et ita dabis maxime euntibus dormitum. et aforis
cataplasmabis palmulas in vino decoctas et mala silvestria
similiter, adiecta farina de pane transmarino vel de oryza. et
alium coctum in melle manducet, et vitium sedat. feniculi
5 semen tritum in vino aut aqua bibat, et vomitum stringit et
nausiam sedat. pectoris dolorem et linguae tolles, si nasturcium herbam ex aqua decoctam potui dabis. herbam nastnr-
cium ex lacte caprino decoctam bibat, bonum est. cruditatem
tolles piperis et puleii pari pondere cum vino potato.

10　　　Ad eos qui cibum non digerunt, ad inflationem et
ad colum tale facies oxyporium. ℞ piperis ⟨grana⟩ XII, ligustici seminis ÷ IIII, petroselini macedonici ÷ IIII S, thymi
÷ I, cymini ÷ I, puleii acapni annotini, mentae ana ÷ III.
omnia in pulverem redacta cum melle colliges, et uteris.

15　　　Cordis dolorem et praecordiorum emendas, si cor
pullinum siccum Ɔ I piper Ɔ I in vino bibat. cucumeris semen
et salicis semen et piperis grana XL simul conteres, et cum
vino afro ieiuno per triduum potui dabis. herbae bliti sucum
per dies quattuor potui dato, bonum est. mane ieiunus panem
20 super carbones tostet, in vino afro infusum manducet et
diastema faciat, miraberis effectum. hoc et spleniticos curat.
ovum crudum ex una parte aperis et evacuas, et imples cum
lotio pueri virginis admixto, | (p. 119) et potui dato. hoc et
ardorem praecordiorum sanat et lumbricos occidit. bacas
25 lauri III in vino coctas tritas bibat, cordis dolorem mire remediabis. cyminum aethiopicum commanducato. sucum eius
glutiat. acuculas pineas virides tritas cum vino bibat, et a
cibo pingue abstineat, liberabitur.

　　　Cardiacis subvenis, si aqua ubi holera cocta sunt
30 addito sale potui detur. ruta ex aceto et melle cum farina
hordeacia, pectori impositum prodest. vinum calidum cum
spongia impositum mammae sinistrae. mentae semen cum polenta et vino mammae sinistrae calefactum imponito. folia

　　　5 bib b.　　　6 toll' b.　　　8 bib. b ÷ b.　　　9 pulegii b.
potatū b.　　　10 *rubr.* b.　　　11 Piperis XII ÷ Livestici s̄ IIII.
P. *etc.* b.　　　13 pulegiū acapnū annotinū b.　　　15 *rubr.* b.
16 bib b.　　　17 XLᵃ b.　　conteris b.　　18 blite b.　　19 b ÷ b.
20 infusā b.　　21 diastema *(sic)* b.　　spleneticos b.　　23 p.
v. ana mixtum. | b.　　dato (—v̄ *corr.*) b.　　26 commanducatū b.
28 pinguę b.　　29 *rubr.* b.　　coċta cocta b *(i. e.* olera c. *Ps. Plin.*
3, 20).　　30 abdito b.　　31 ordeacea b.　　32 m̄tę b (murtae *Pl.*).

rubi trita viridia in pectus imponito. sucum mororum quae in rubo nascuntur, potui dato. rutae fasciculos in rosaceo et aceto decoques et immiscebis ⟨aloes⟩ ÷ I et exinde eum inungues, et sudorem sistit. radice ferulae ex aceto et oleo cocta perunguito, sudorem sistit. cornu caprini cineres ex oleo murtino 5 adversus sudorem perunguito.

Praecordia ⟨si⟩tumebunt, bulbi triti pro cataplasmate impositi mire curant. feniculi seminis ℥ I ex aqua mulsa, et in panno inductum calente stomacho saepius imponito. feniculi farina cum pari mellis mensura decocta, ceroti 10 modo panno inductum imponito, mirifice sanabitur.

Pulmonis dolorem tollit feniculi semen tritum cum aqua calida potatum, sive sucus eius potatus. trociscos diaspermaton cum aqua calida potui dato.

Si vero stomachus fuerit nimio calore vexatus, 15 hanc potionem dabis. mastices ʒ II, mentae siccae ʒ I, anisi ʒ I. haec trita et suco plantaginis collecta in modum abellanae cum aqua frigida resolves et potui dabis. et aforis frigidis uteris cerotariis. cognosces ex eo nimium calorem stomachi, quia interdum choleram movet et ardorem continuum 20 in ipso stomacho vel ore ventris sentiant patientes cum punctione atque dolore. nam et tactu manuum probatur, ardet nimis extra naturam. si vero ex ipso calidus singultus fuerit et quasi mordens, et comedi sibi stomachum senserit, dabis aquam tepidam bibere, et iuvabis eos pennis oleo infusis 25 provocans vomitum. si singultus et sternutus frequens fuerint, aquam frigidam et acetum nitro commixtum potui dabis. et aristolochia et abrotonum similiter prosunt. [Si tantum sola effusione ventris fatigati fuerint ... *Pr.*

1 sucus mo♃ qui ... nascitur *b.* 2 rosaceo *b.* īmiscis ÷ I *(deest* aloes, *ut habet Plin.) b.* 3 inungs *b.* 5 mīrtino *b.* 6 sudorēs *b.* 7 si *om.* b (tumebunt *rubro scr.*). pro cathaplasma *b.* 8 curat *b.* 10 farina. porri mell' mensura decocta *b.* cf. *Ps. Plin. p. 44, 6.* 12 *rubr. b.* toll' *b.* 13 pot& *(cum corr.) b.* 15 *rubr. b.* 16 mastiū *b.* anisíí *(sic) b.* 17 coľla *b.* 18 resolvis *b.* 19 cognoscis *b.* colorē *b.* 20 coľa *b.* 21 os vets *b.* pacientis *b.* 23 calido *b.* 25 eos vomĕ. Pennis ... b *(ubi omisi* vomere). 26 si: S; (set) *b.* 28 aristologia *b.* abrotanus *b.*

Ad id. II, 29 (92 post acescunt cibi*).*

[Quibus vero flegma supernatat et cibi frequenter acescunt,] calidis curabis medicamentis sive extrinsecus adhibendo
sive per os dando. et si nimium flegma in stomachum sen-
5 seris vel in os ventris esse congestum, oxymeli conficies tale.
feniculi radicis corticis ÷ VII, mellis lib I, ireos illyricae ÷ I,
ysopi ÷ IIII. haec tunsa in aceti ℥ I pridie infundes, deinde
lento igni coques usque acetum ad medium veniat. colabis
munditer, sicque mel addes suprascriptum, et rursus coques
10 donec acetum consumatur et ad mellis spissitudinem redigatur.
hinc dabis coclearia IIII cum aqua calida, et aforis epithemate
polyarchion uteris. [his et bubulam dari suadeo . . . *Pr.*

Ad II, 30 (98) De lumbricis (*post* mentae viridis decoctio).
[Similiter mentae viridis decoctio] operatur. rafanus cum
15 sale sumptus omne genus perimet lumbricorum. in sapa ferrum
aeruginosum extinguito candens ac potui dato. afronitrum in
vino solutum potui dato. vel ipsa herba sumpta summe facit.
betae cum alio decoctae sumendum cum oleo et sale conditum
dato, lumbricos et taenias eiciet. lupinorum aqua ubi decocti
20 sunt addita ruta et pipere, potui dato. mala punica ad tertias
aqua decoques et ipsam aquam potui dato. hederae albae
bacas tere et in oxymeli potui dato. inulae viridis sucus de
radice eius tepidus potui detur. . . . . . . herbae decoctio po-
tui | (*p. 122*) detur. coriandri grana XI cum aqua pisile crebro
25 destillato. [Cibi dandi sunt digestibiles . . . *Pr.*

Ad II, 31 (102) De dysentericis (*post* reponenda sunt).
quae (*sc.* vina) ita conficiuntur de dactylis vel sorbis ut
ante pridie dactyli in vino infundantur et alia die levi pruna
coquantur modice, et colato vino ipsi dactyli a patiente man-
30 ducentur, et vinum calidum potui detur.

4 *haec rubr. scr. b.*   in stom̊ *b.*   5 congestā *b.*   oximel *b.*   6 cortices (*ips. corr.*) *b.*   7 in: et in *b.*   infundis *b.*   9 addes. ℔. *b.*   11 epytima poliarchor *b.*
14 rafanū . . . sumptū *b.*   16 candentem *b (ut supra ad 2, 86).*
17 herba (*sic*) *b (om. qualis).*   19 tineas *b.*   20 additi
Rutha τ pipe *b.*   21 decocta et . . . *b.*   22 oximelle *b.*
ynule *b.*   23 Tytaritę herbę *b: nomen h. corr. omisi.*   24 pisile (*sic*) *b (aquae pusillo?).*

Ad id. II, 31 (102 post cetera similia supradicta).

huius vero trocisci nomen diachartu vocatur et cinis graecus. axungiam sine sale in patella nova liquidas, et cum cinere infermentas, ita ut sit liquidum, inducis panno et ad ventrem imponis, et post triduum sanasti. taeda de pino igne 5 perusta, carbo tritus minutissime cum vino, cyatis II potui dato, valde miraberis. testas ovorum unde pulli nati sunt tritas minutissime in ovo sorbile cum sale seu cum vino potui dato, probatum est. columbini ⟨fimi⟩ sicci triti partes duas in pulverem redacti et mellis partem unam commisces ut sit 10 malagmatis genus, linteo inducis et imponis, unum ad ventrem et unum ad renes, probatum est. item verrinum fimum comburis, piperis grana XI simul teris, et cum vino veteri per triduum potui dato, mox sanus fiet. vaccinum iecur assum edendum si dederis, liberabuntur. | *(p. 124)* vel si pulverem de 15 speculare vitreo facias, et ibi intinctum iecur manducet. herbam vettonicam ex vini cyatis tribus frequenter potui dato. ovillum sevum in vino austero decoctum bibat. coagulum haedi vetus potui dato, sanabitur. ovum decoctum in vino veteri vel aceto edendum dato. palumbus agrestis decoctus 20 ex pusca per triduum edendus datus prodest. lentisci folia cum vino potui dato, mire prodest. cinerem calidum cribratum aceto mixtum impone ventri et renibus. limum de cucumere exime, tere diligenter et in aqua calida ieiuno potui dato. mali granati flores siccatos tundes, et cum vino potui dato, 25 dysentericos a morte liberat. rubiae denarii unius pondus febricitanti ex aqua calida conteres, et cum vino potui dato, mire prodest. singulare remedium, si ovum in fictili vase novo infundas, et tantum, id est ovi mensura, adicias oleum mel et acetum, et subinde in prunis agitatum cum tepuerit edat. 30 turdus cum bacis de murta assus edatur. pruna silvatica vel radicis eius cortices in vino austero usque ad tertias coque,

2 diacartū *b.*   cin⁹ ɔrecū *b.*   3 Axungia *b.*   cū cin⁹ *b.* 7 testes *b.*   8 in: et in *b.*   Sorbile *b.*   9 columbinā (*om.* fimū siccū tritū . . . redactū *b.*   11 malagme *b.*   16 de peculare vitreo *b.*   17 vetonicā *b.*   22 cin⁹ calidū *etc. b.*   23 m. ventri. et īpone renibus *b.*   24 dato: dabo *b.*   26 dissṅtericos *b.*   robię danarii *b.*   27 conteris *b.*   28 s. r. *rubr. b.*   29 msurā *b.*   31 mirta *b.*

et exinde cyatum unum potui dato. vinum ubi pira agrestia fuerint decocta, potui dato. murtae sucum potui dato, et vinum ubi eandem murtam decoxeris. iuniperum tritum ex vino nigro expressum potui dato. rubi cymas in vino decoctas
5 edendas dabis. vel ipsum vinum potatum optime facit. ficata omnium rerum assata et edita ventrem stringunt. ficatum bubulum expurges et in aceto infundas et assum in cibo dabis. hoc et sanguinem assellantibus facit. fimum columbinum siccum tritum cum vino potui dato. turdus assatus sive merula gra-
10 vissimum ventris vitium sistit. hircinum iecur siccum ex vini SS II ad heminam decoctum bibat. coagulum leporis in pane commixtum in cibo datum mirifice facit. fici folia in sole siccata trita et in pulverem tenuissimum redacta in potione dato, quamvis dyssenterici et coeliaci a medicis sint derelicti,
15 salutem restituet. paleas in vase combures et facies hominem coopertum supersedere, ut fumum ex ipsis quantum potuerit capiat. mox stringet, mirum est. hoc saepius facito. herbae proserpinacae sucum aequa mensura cum aceti cyatis IIII ieiunus mane et sero bibat, mox sanus efficietur. hoc et san-
20 guinem assellantibus facit. si vero ex ea potione non strinxerit sanguis, morietur. hoc et ad haemorroides facit. item ad ipsum. |(p. 125) lauri bacas numero XLVIIII, cymini SS I simul teris et cum aceto temperas in modum malagmatis, et ventri ac stomacho impone, et sanabitur. lapidem gagaten in vini SS I
25 coques et potui dabis. herba polygonum viridis trita cum aqua tepida potetur, bonum est. item puleium commanducato et umbilico imponito. senectam serpentis cum rosaceo decoquito in vase stagneo, et ventri illinito, probatum est. [Haec omnia stomachi vires nutriunt . . . Pr.

30   Ad id. II, 31 (104) — vid. ad textum Prisc.

   Ad II, 32 (108) De hydropicis (ad fin.).

[Stercus columbinum ℨ I, rutae seminis ℨ II in oxymelle datum purgatorium maius est.] Cucumeris silvatici lib I S decoques in olla nova in vini SS I et S ad tertias, et exinde
35 paulatim sumat, et sorbeat, nimis purgabitur. lotium caprarum

7 expurges?: apungis *b*.   10 hyrcinū *b*.   14 ciliaci *b*. 15 comburis *b*.   18 Suc⁹ añ cū . . . *b*.   19 ieiuno *b*. 20 strinxerit *(sic) b*.   21 emorroidas *b*.   22 auri *(sine litt. in.) b*.   23 malagme *b*.   24 vino *b*.   25 poligonia *b*. et cum *b*.   26 pulegium *b*.   34 vino *b*.

agrestium potui dato iuvenibus cyatos IIII ... cum melle
cyatos minores III, mirum est. apii seminis triti coclearia II
ligas in linteo, et graminis radicis... mittis simul in cucuma
fictile, et ex aqua decoctum potui dato, et quotienscumque bibere voluerint. paulatim hydropicos vel cachecticos exinanit. 5
hoc spleni medetur. alium viride cum fico duplici sumptum
purgatorium est. harundinis summitates tritas et cum vino
decoctas, sucum earum cum melle ieiuno potui dato. in sablone maris calido eum saepius volutatum seu obrutum, satis
iuvat. sinapi et cyminum et ficus, aequis ponderibus tritum 10
super ventrem imponito. caricas et absinthium cum vino coques addita farina hordeacia et nitro, omnia simul commixta
in genus malagmatis, in plagella inductum ventri imponito.
ibisci radices in vino coques et teres et sicut cataplasma impones. ex vino ipso primum lotum fomenta. item ebuli vi- 15
ridis radicem exime et terram excutito, et noli lavare radicem,
et quod duobus digitis ex vino veteri comprendis sextario di-
lutum calido, ieiuno potui dato, bonum est. herba nasturcium,
quam nos ecaticum dicimus cum vino trita potui data sanat,
et edita hoc idem praestat. ysopum et murram, ex vino con- 20
tritum potui dato. herbae vettonicae ℈ II ex vini nigri cyatis
III per triduum calido potui dato. salicis hastulas ad tertias
aqua decoctas prout poterit bibat. cancros marinos aut flu-
viatiles assos assidue sumat. testudo praecisis pedibus cauda
et capite, abiectis interaneis ita condita ut sine fastidio edat. 25
scillam purgabis et interiora eius in aqua ad tertias decoques,
inde scripulum I cum melle vel aceto potui dabis, per urinam
purgabitur. sambuci radicem cum vino decoques, inde cyatos III
bibat. hederae quae chrysocarpos vocatur pro eo quod aureo
colore grana afferat, huius ergo grana XXX in vini ЅЅ I con- 30
teres et ternos cyatos bibere dabis, et mox per urinam ibunt.
in furno planipedio bene temperato hominem nudum in tabula

1 dato | iuvenibus cyatos IIII cum melle cyatos m. III. *b*.
2 ℈ tritū *b*.   3 radicis mittis *b*.   voluer̄ *b*.   7 arundinis *b*.
8 suc͛ *b*.   sablone *(sic)* *b*.   9 voluptatū *b*.   10 sinape *b*.
12 ordeacea. et nitrum *(sic)* *b*: cf. *Ps. Plin. med. p. 95, 19 (r).*
13 malagme *b*.   14 evisci rad᾽ *b*.   teris *b*.   sīc cath̄.
īponis *b*.   19 ecaticū *(sic)* *b*.   da sanat *b*.   20 et mirra *b*.
21 vetonice *b*.   ex vini n. cyatos *b*.   25 *sic b*.   26 squillā
purgas *b*.   28 hedera *b*.   29 crisoconos *b* (chrysocarpos *Plin. et
Ps. Plin.*).   30 XXX. *b* (XX *Pl.*).   31 cyatos *add. ex. Plin. (om. b).*

sisti facias. ne calcat utique quamdiu sufferre poterit sedeat
furno subclauso. tantus ei umor erit quod ad nativitatem redigetur. alia die hac ratione eum potabis. accipies gramen
nodosum de agro, illud quod super terram eminet, et amputes
5 radices subterraneas, scilicet quae sub terra sunt, et in vase novo
in VI 𐆍 aquae pone et ad tertias usque decoque, admisces
aquae 𐆍 I, lotium caprarum quae lentiscum per triduum pa-
verint, et per triduum ieiunus bibat. cibos vero carnes su-
mant assas et salsos pisces, vino optimo nutriantur, | *(p. 128)*
10 id est vinum bibant. de aqua et holeribus abstinendi sunt et
de carnibus pinguibus.

Ad II, 33 De renum vitiis vel vesicae

i. e. ad II, 33ᵇ Anonymi capitulum de vesicae vitiis = IIᵃ
c. 21 De calculo *(post* fascietur, *ubi primum sequitur potio*
15 *qua caput purgat, ex parte posteriore capituli Barberin., deinde)*

Item. istius potionis effectum saepius probavi, quae sic
conficitur. ammoniaci, saxifragae ana -∴- VI, radicis verbenae,
chelidoniae ana -÷- VI, piperis libram. omnia tunsa et cribrata.
de pulvere dabis cocleare non bene plenum febricitanti in
20 aqua calida, sano in condito aut in vino. huic valitudini valde
prodesse scio.

Rafani cortices in vino decocti et ieiuno cyatis tribus
potui dati calculos comminuunt, et mulier si habuerit.
saxifraga cum mulsa potui data tepida [cum vino vel cum
25 mulsa], valde mirum est. vel si in vino decocta fuerit, idem
facit. rubi radicem lavas et siccas, et facto pulvere cum vino
aut condito aut aqua calida bibat. hoc probatum est. nucleos
pineos XLV, piperis ⟨grana⟩ XLV simul teres, et cum iactabit, vino aut condito aut calida bibat, omnes petras iactabit
30 et sanus erit. minori aetati nucleos XV, piperis ⟨grana⟩ XV
dabis. semen apii tritum potatum calculos frangit. ligusticum
coctum cum aqua datum bonum est. decrescente luna die

---

1 utique (u̇q;) *b.*   3 r̄o̅e̅ *b (nisi f. vol.* p̄o̅e̅ = potione).
4 emánat *b.*   7 caprinū *b (sc.* caprarum). 8 ieiuno *b.*
9 sumunt *b.*   10 bibant. *(sic b, om. quale v.).* 17 amoníí *b.*
20 huic valitudo *b.*   22 *hinc vere incipit cap. additum* De
cauculo *atque huc pertinet rubrica in b longo ante posita.*
23 cauculos *b.*   24 *haec uncis delevi.* 28 grana *addidi.*
30 nuclei XV piperis XV *b.*   31 caulos *b.* levesticum *b.*

Iovis, si quis calculum patitur, eat in balneum et supra solium descendat, et sanus erit. hoc ter oportet fieri, quotiens dies Iovis fuerit. et in mulieribus hoc expertum. verbena trita, et cum vino bibat. nam radix eius tunsa cum mulsa potui data incredibiliter prodest, et urinam statim educit. artemisia cum 5 murta trita, cum mulsa cyatos IIII ieiunus calidum bibat. hoc calculum frangit et urinam provocat, vesicam ab omni iniuria purgat, et mulieribus nimis aptum est. [Cubiculo calido et aere temperato iacere debebit . . . *Pr.*

Ad II, 34 (De arthriticis (= *II²* *c. 22 cod. b p. 130:*) De 10 condylomatibus articulorum seu nervis dolentibus.

Nervis igitur potestas frigida data est, et ideo nervis adiutoria frigida prohibenda sunt. nunc autem ad condyloma remedia ordinabo. acopum valde certum. medullae cervi et eius adipis, resinae frixae, picis, cerae ana ┈ III in aereo 15 vase lento igni decoques diuque agitabis, et refrigerato utere. nam et serpyllum cum vino austero coctum probatum est.

si condylomata in cruribus fuerint, medullam canis cum vino tere, bonum est. argemonia trita cum adipibus anserinis mixta prodest. herbam urceolarem in olla nova coques et im- 20 primes ut demadescat. post aceto trita, bonum est. brassicam et radicem cum stirpibus suis combure, et cinis ceroto mixtus nervos fortissime consolidat. item. stercus capri melle mixtum nervos expurgat.

si contractio nervorum dolorem excitaverit, lumbricos 25 terrestres melle contritos impone, tremulis utile est.

praecisis nervis terrenos vermes combustos cum melle impone, bonum est. axungia vetus et senecionis ⟨folia⟩ et cacumina buxi tenera et rutae cymae, pariter contrita et imposita praecisis nervis et vexatis optime subveniunt. 30

1 (*item* 7) cauculum *b.* 2 quocies *b.* 4 bibat *b.* tunsas *b.* 6 Arth' cum mirta trita cum mulsa ciatos IIII ieiuno cat b. *b.* 10 condolomatibus (*sic semper*) *b.* cf. *Ps. Plin. III, 15 Bas., de re Cels. 5, 28, 2 p. 206, 27 Dar.* 13 Nā (*pro* N͞c) *b.* 14 cervinȩ et eius adipes *b.* 17 serpillum *b.* 19 acrimonia *b.* 20 orciolarē *b.* imprimis *b.* 22 cenis *b.* 23 cap *b.* 26 dolor *b.* 26 terreni v. combusti *b.* 28 v. et senicioni. et b (*ubi* folia *add. ex Diosc. p. 591*). 30 subveñ *b.*

turis pollinem impone et tertio die solve. nam ad paralysin fidum expertum est valde.

item. euforbii, turis, murrae, guttae ammoniaci, piperis albi, opopanacis ana ÷ IIII, sulphuris vivi, nitri ana ÷ V, me-
5 dullae cervinae ÷ VI, arsenici ÷ II, galbani ÷ VI, axungiae, olei laurini ana lib I, cerae lib II, olei cucumeracii lib I, olei murtini, peucedani, celtici ana lib I, adarces, castorei ana ÷ II, resinae frixae albae ÷ I. regelata cera cetera in pulverem redacta super asperges, et super oleum miscebis. pro-
10 batum est in pluribus passionibus. omnes resinas cum cera prius solves et terenda super asperges, post olea pones.

item hoc expertum. adarces ÷ III, cerae ÷ II, piperis albi, euforbii ana ÷ I, olei gleucini p̊ I, malabathri p̊ I. trita et commixta utenda sunt.

15 aliud probatum ad omnium nervorum querelam seu paralysin. gagaten lapidem in mortario tritum mittes in cacabo novo cum oleo, et bulliat. postea ceram mittes ut stringatur, et sic repones. omnia suprascripta dissolvit et sanat.

ad omnes perfrictiones acopum. olei, cerae, | *(p. 131)* re-
20 sinae ÷ II, roris marini ÷ VI, euforbii ÷ I, lauri bacas p̊ I S, ireos illyricae ÷ II, galbani ÷ I. conteris omnia et cum cera liquefacta commisces. item. acopum simplex et efficax. radicem aridam cucumeris silvestri p̊ I in olei pondere I coques adiecta cera pontica, et uteris.

25 tenue corpus si fractum fuerit, abrotonum, piperis albi grana VII vel VIIII tere et ieiuno cum calido vino dabis. miraberis effectum, dum saepius dederis.

sideratis. sulphur vivum et fel taurinum cum oleo coques et corpus inde perunguito saepius. miraberis effectum sanitatis.
30 *seq. Pr. cap. de arthriticis.*

1 palisin. et fidū *b.*   3 thuras *b.*   7 Peucidani. Celtici *(sic) b.*   Adarci *b.*   8 Regalata *b.*   9 misces *b.*

10 Om� resinę *b.*   11 solvis *b.*   12 ep *b.*   adarcis *b.*

13 ana ÷ *(om.* I) *b.*   glaucini *b.*   Malabat *b.*   15 palisin *b.*   17 cera mittis *b.*   18 reponis *b.*   ss *b.*   19 perfricationes *b.*   20 rosmariñi (i *del.) b.*   21 yreos conteris *b.*   23 ol'o pond'e *b.*   24 punica *b.*   25 abrotanum *b.* 28 Siderati *b. cet. cf. Ps. Plin. 3, 16 Bas.*

Ad III, 1 (2) De mamillis p. p. dolentibus (*post* lac prohibendum erit).

marrubium contusum et impositum mammis dolorem et tumorem sedat.

Ad III, 2 (7) De praefocatione matricis (*post* appellant 5 — *vid. pauca ad textum Pr. p. 229, 3*).

Ad id. III, 2 .(8) ad fin. (*post* procuranda sunt).

Sed et haec superaddo quae ad matricis dolorem scripta prodesse frequenter cognovimus. lapidem gagaten mitte in vinum vetus, coque, et bibat, ipsumque lapidem in dextro 10 pede liget. flos faeni et faenum graecum et malvam silvaticam | (*p. 135*) in se coques, et inde se sublavet. vulva mnlieris, suffocata respirat nidore capillorum mulieris ustorum. si mulieris vulva laesa est, aut tumor intrinsecus fuerit vulvae ipsi, vettonicam tunsam et colatam cum mulsae parte tepidam 15 bibat. hoc et ad omne interaneorum vitium facit.

Ad III, 5 (14) De conceptione (*post* clausum — *vid. pauca ad textum Pr. p. 233, 13*).

Ad id. III, 5 (18 post encolpismum supponemus *cf. ad p. 235, 17*).

nam et masculum concipiet, gallorum testes si subinde 20 acceptos mulier devoret. item si voluerit ¦mulier gravida fieri, aliquid de membris corvorum duorum secum habeat.

Ad III, 6 (24) De aborsu (*post* pecus molliter subtrahendnm erit).

quia abortivorum ratio omnis periculosa et difficilis 25 est, nisi suo tempore et certis diebus adhibeatur, primo vel III mense aut V vel VII aut VIII faciendum est et in illis diebus, in quibus eius menstrua venire consueverunt.

Ergo mulierem aqua calida fovere necesse est, aut post balnea dum adhuc corpus calorem in se retinet. et si unam 30

---

11 flos feni ᵷfenuḡr et malū silvaticū *b* (fenu grecū et florem feni et malvam salvaticum ¦ *Vat. Reg. 1756 in quo post haec ipsa patet lacuna duorum foliorum*).　　12 Ɔ–C (*sic ter*) *b.*
13 respirᵃet *b.*　　nido *b.*　　usto *b.*　　15 betĦ *b'.*　　p̄ teᵗᵉp̄ *b.*
21 devoret masculum concipit (*sic iterum*) *b.*　　25 *hoc cap. deest in cod. Vat. Reg. 1756 (cf. supra ad v. 11), Bambergensem autem in hac parte libri Prisc. neglexi.*

pessi subiectionem vel potionis non scnserit, secundo et tertio
repetatur, quia multae mulieres sicco corpore duriores sunt
et multae teneriores. unde evenit ut medicina adhĭbita incerta esse videatur. primo igitur chalasticis pessariis quibus
5 Arsinoe et Salvina utebantur. ellebori nigri ℥ III, murrae
℥ IIII, sandaracae ÷ IS. lupinorum farinae ℥ I in vino infunde et cum speciebus suprascriptis misce et digitis quattuor
collyrium facito, et in umbra sicca usuique serva, et cum opus
fuerit, mulieri I subicies. item. ellebori nigri ℥ VI, galbani
10 ℥ V, murrae ℥ VI, ut supra. item pessus qui anabrosin dicitur.
cerussae, ges samiae, molybdaenae, olei veteris, lithargyri ana
÷ VI. omnia singillatim tundes et commixtis ursini adipis
÷ VI addes. adipis pullini ÷ VI, anserini ÷ V, olei rosei,
cerae ana ÷ VI. omnia ad ignem resoluta cum speciebus mis-
15 cebis et diu teres et in modum pessi subicies.

rutae sucum cum melle mixtum conceptum excutere constat. rutae viridis commisces radicem, idem facit. artemisiae
sucus et folia, murtae viridis sucus aequa mensura in lana
subiectus et conceptum discutit menstruaque deducit. arte-
20 misia viridis cum nitro et bacis lauri et murta viridi tunsa
cum aqua pessi more ingesta conceptum excutit. tithymali
lactis scrip̄ IIII et fellis bubuli | (p. 138) scrip̄ VII simul tere
et linteo digiti mensura umbilico impone. artemisiae sucus cum
murtae tenerae foliis viridibus in lana subiectus et conceptum
25 et menstrua deducit. [oesypoceroti nitri cymini ana ÷ I, ficus
pinguis ÷ II cum lacte mulieris, omnia trita et in pesso
subiecta. item ficus pinguis ÷ II, nitri I, est suppositum in-
noxium. murrae, ellebori nigri, fellis taurini, suppositum exclusorium violentum est. item murrae ÷ I, ficus pinguis ÷ II,

1 subtonē. ł pōīs. *b* (*cf. infra* suͣta). 4 chalasticis:
calci⁸ *b.* q̄ *(acc. ut saepius) b.* 5 arsenios *b*, arsenois *c*
(sc. cod. Chis. ad hunc locum inspectus f. 171ᵃ). salbina *bc*
(sabina *a in prf. III, 1*). 7 s̄s̄ *b.* 9 mulieri .1. *b.* 10 anabrosin *(sic) b* (ambrosia?). 11 Ceruse. Gosamie. Molibdine *b.*
12 cōmixta ursinas adipes *b.* 13 adipes *b.* Olei R. | *b.*
14 misces *b.* 16 sucus . . . mixtus *b.* 17 cū miscis rad' *b.*
artħ *b.* 18 mirthe *b.* aequa mensura: ana *b.*
20 bacas *b.* 21 titimalli *b.* 22 tere: trita *b.* 23 *idem
paulo ante positum est remedium.* 25 ysopi ceroti *b. haec ex
Pr. s. 26.* ana ÷ *b.* 27 subta *b.* 27 ē suppositu ÷ noxiū *b.*
28 exclusorū *b.*

ladani ÷ I, afronitri ÷ VI, omnia trita in pesso subicies.
his etiam sternutationes ex albo elleboro struthio et castoreo
procurandae sunt, ut membris omnibus exagitatis pecus facile
extorqueri possit.]

[item rutae sucum post balneum bibat, eiciet. item murrae 5
artemisiae violae semen aequa mensura cum suco mentae post
balneum bibat, eiciet. lupinorum farinam, violae semen et
sucum mentae cum artemisiae decoctione vel dictamni post
balneum bibat, eiciet.] panacis radicem, murrae, aloae, cha-
maedryos, cum suco mentae post balneum bibat, eiciet. pu- 10
leii manipulum I cum tribus ſſſ aquae coque ad tertias, et
in balneo sudans bibat, eiciet. hoc secundo et tertio facies.
huius potionis facilis effectus erit, si conceptus numquam
duorum fuerit mensium. argemoniae ramos ad medium usque
decoctos et quousque nigrior aqua fiat, bibat, eiciet. [arte- 15
misiae sucus vel eius pulvis potatus. sic aristolochiae, sic
rutae sucus,] sic inulae pulvis cum aqua potatus. item murrae
÷ I, absinthii ireos, opopanacis ana ÷ I, cummi ÷ II. omnia
detrita misceo ac trociscos facio, et post balneum bibat,
eiciet. ovium fel in melicrato bibat. item murrae ÷ I, ficus 20
XXX, galbani ÷ I, afronitri ÷ VI. omnia mixta et cum melicrato bibas, miraberis [Coacti etiam ⟨aliorum⟩ scripta transivimus . . . vid Pr. s. 27 usque ad finem.

2 strucio b.　　3 ut om. b.　　5 sucus b. cum seqq. cf.
Prisc. s. 25.　6 a. m.: ana b.　7 farina . . . semen . . . sucus b.
8 diptamni b.　　9 camedreos b.　　12 II et III b (ut supra
p. 338, 2).　13 nūq (sic) b.　14 acrimonie b.　15 cf.
Prisc. s. 24.　19 misco b.　20 cf. Pr. s. 26 (ut supra).

Ad lib. III, 10 (27 post finem). Sequuntur nova capitula (sine numeris) quae leguntur etiam in cod. Bamb. L III. 11 (g) s. XII, quorum titulos legis in indice communi libri III Pseudo Theodori in cod. Berolin. p. 132 et (quo excerptus idem liber continetur)
5 *Vat. Regin. 1756 (= a) f. 44. prologum brevem, quo liber novus distinguitur, cum titulo omisit Bamb., qui capitula male numerat quasi eiusdem libri XI—XX (addit XXI). hic multa omisit.*

Theodorus Priscianus ad Octavium filium.

In hoc vero loco cum cogitationibus vacarem, congregatis
10 mecum aliis auctoribus utiliter visum est nobis quae ad curas mulierum pertinent res fisicas tractare eorum exemplo conscriptas, et quae didicimus eorum exemplo et tuo experimento poteris adhibere.

I. De sanguine menstruali provocando.

15   Sanguinem menstrualem provocat nitrum et farina munda ex oleo murracio. teres et suppones in capite matricis. hoc etiam et umorem et sanguinem detrahet. nam et vinum et apium in se teres et cataplasma super umbilicum mane et sero per aliquot dies impones et sic menstrua provocabis.
20 puleium sine fumo aut viride bene tritum cum aqua mulsa calida potui dato. lana mundissima in suco marrubii vel artemisiae intincta et supposita umorem et sanguinem detrahit. his et flebotomus in talo recte convenit.

II. De muliere quae tarde parit.

25   Scribes in charta pura de uva tincta Casta fave Lucina, tuus iam regnat Apollo, et de licio dextro femori alligabis,

---

8 octauū *(sic)* b, octavianum a.   12 earum exempla conscripta b *(corr. ex a).*   et ea quę d. addimus. quorum exemplo. et tu in experimento p. a. a.   14 *rubr. ex b a,* de menstruis provocandis g.   *addo ipse numerum capituli.*   16 murracio a, mirracio b: mirtino g.   teris et supponis b, tere et suppone a: trita et supposita g.   17 etiam *om.* a.   et tumorem a, et humorem b g. *cf. v. 22.*   18 in se *om.* b.   teris b a: trita g.   cataplasmata g.   19 īpones et b, inpone et a: *om.* g.   sic a: *om.* b g.   provocat g.   21 potui dato a g: bibat b.   22 humorem *hic omnes.*   23 his b a: sed g. flebotom̄ b, flebothomū a, —mus g.   in b a: de g.   24 XII. de dolore in partu g.   25—p. 341, 3 *om.* g.   25 Scribis b, Scribe a.   de uñ b, Denua (.stincta) a.   26 iam regnat tuus apollo a.   de b: cum a.   l. cartam in d. femore a.

et cum enixa fuerit, statim solves. nam et radix cyclaminis dextra manu parturientis tenta mulieres sine dolore parere cogit, et dum enixa fuerit, mox eam dimittat.

item. si mulier in partu laborat, verbenae sucum cum aqua frigida potui dato, et statim pariet. si autem non pur- 5 gatur, eadem ratione dato, et celerius purgabitur. idem de artemisiae suco facito. nam et rutam viridem vel puleium in nocte super pectine si ponat. et infans dum natus fuerit, cito non tollatur, nisi mulier secundas emiserit, et ideo in indumento seu molli faeno vel palea mulier pariat, ne infans qui 10 nascitur frigus sentiat.

item. scribes in charta pura, dextro femori alligabis Helisabet peperit Iohannem bb. aperi te mater illa eius, quia nomen facit quae parturit, et emitte ex te pecudem de homine creatum. 15

item. coriandri grana XI vel XIII in linteo novo obligata puer aut puella investis ad inguinem sinistrum teneat, et dum enixa fuerit, tolles, ne intestina sequantur.

item. ad periculum si venerit moram faciens, et non peperit, aliquis subito ille eius sive vir sive pater seu mater 20 vel frater aut filius mortuus vel occisus nuntietur.

item. ut mulier cito pariat, lumbricos desub terra III vel V ei super cerebrum pone, et cum enixa fuerit, tolle.

---

1 et cum enixa *a*: et exinixa *b*.   solvis *b a*.   2 mulieris *ante* dextra *add a*.   mulieres *b*: eam *a*.   3 dum *b*: cum *a*.   f. dimittat eam (*om*. mox) *a*.   4 Item *om. g*. si—laborat *om. a*.   berbenę *b*, herbenę *a*, herbe verbene *g*. cum *b a*: ex *g*.   5 potui dato *g* (*cf. a*): bibat *b*.   et *om. b*.   4—5 *sic habet a*: Item sucus herbenę cum aqua potatus. statim parere cogit.   5 purgaverit *a*, purgabitur *g*. 6 e. r. d. e. c. p. Idem et bene radix facit et artemisię sucus similiter *g. brevius a*: e. r. detur arthemisie sucus. 7 Nam et rutam viridem super pectine sibi pone *a* (*qui om. seq. v. 8—15*), Nam et ruta viridis vel pulegium viride si super ponatur pectini in nocte idem facit *g*.   8 et infans dum *b*: sed dum infans *g*.   cito non *b*: non cito *g*.   9 *post* secundam (*sic*) emiserit *add. g*: et pulegium bibitum in aqua vel vino optimum est (*om. rel. usque ad c. XIII = III*). frigdorem *b*.   12 Helisab *b*. iohm. bb. (babtistam) *b*.   13 aperi: api (*pro* api) *b*.   illa eius (*cf. infra v. 20*): ille ius (*sic*) *b*. 16 XI vel XII. *a*.   17 aut: ad *b*, vel *a*.   18 toll' *b*, tollat *a*. 19 Item si ad p. si v. *b*.   facies *b*.   19—23 *om. et a*.   illi eius *b*.

III. Si mulieri pecus in utero mortuum fuerit.

Dictamni sucum cum vino ⟨bibat⟩, si febrit cum aqua
calida, et mox eum sine dolore eiciet. puleii fasciculos III
virides tere districtos in vini veteris quartario, et potui dato,
5 continuo mortuum pecus eiciet. papaveris nigri grana si mulieri super cerebrum ponas, mox eiciet, et statim ut exierit,
tolles. lac mulieris cum oleo potui dato, mox edet mortuum
partum, ut nec moram faciat. absinthii fasciculum sumes et
florem eius omnem distringes et in olla heminis tribus ad
10 tertias decoques, et cum melle mixtum ut supra potui dabis.
item. seminis brassicae -:- II, apii seminis -:- I, cymini scrip̄
VIII, opii ad fabae magnitudinem. omnia trita cum vini mulsi
cyatis II ieiuna mulier bibat. item ut sine dolore conceptum
excutiat. bacarum lauri, spondylii seminis, ammoniaci ana
15 -:- I. omnia trita cum vini cyatis II in balneo cum mulier
sudaverit bibat. item. cocci cnidii grana XXV, murrae scrip̄ IIII.
similiter trita cum vini cyatis II post balneum bibat. artemisiae sucum in balneo cum sudaverit bibat, et si una potio
propter duritiam ventris nil fecerit, secundam et tertiam ex
20 illius suco potionem bibat. item. sulphuris vivi, aristolochiae

1 XIII. de partu eiciendo sine dolore g.　2 Diptāni b,
Diptami a g.　bibat g: om. b (D. sucus si febrierit c. aq. c.
si non cum vino mox eiciet a, D. s. c. v. bibat aut aq. c. si
febrit et mox eiciet sine dolore g).　3 item add. hic et infra a g: om. b.　4 terat district̄a b: contere g, distringe et
contere a.　in vino veteri g.　et potui da g, et da potui a.
5 c. m. p. e. b: statim abortum eiciet a, om. g.　6 supra g.
ponis a.　et mox g.　et—tolles om. a, et—faciat (8) om. g.
7 lacte b.　datum. mortuum fetum mox eicit a.　8 fasciculum unum a, f. I g.　sumis b: sume a, om. g.　et f. e.
o. d. et b: cum flore sua g. 9 omnem—olla om. a.　distringes:
distingues b.　eminis tribus (sic) b a g.　ad tertias b g: ad
tertiam usque a.　10 decoque a g.　da g.　11 item om. g.
s. appii -:- II a.　Ə a g.　12 ad a g: om. (f. magnitudine) b
(ad modum fabę a).　vino mulso a g.　13 ieiuna—(17)cyatis
II om. a.　14 bacas g.　15 vino g.　in b. potui dato cum
sudaverit g.　16 item—(17)bibat om. et g.　cocognidii b.
17 tritū b.　bibat b: potui dabis a.　Item art. g, vel arth. a.
18 in balneo post sudav. a.　et si etc.: haec brevius g et bis
et ter si in primo non profecerit.　19 ventris b: corporis a.
nichil profuerit a.　secundo vel tertio bibat a.　20 sulfuris b, sulphuris a g.　ar. s. b a: bituminis aristol' g.

siccae, sandaracae ana ÷ I. omnibus tritis pastillos facito et
siccos repone, et cum opus fuerit, carbones in scafio mittes et
I trociscum vel II ibidem intra scafium supra carbones pones,
et mulier supra dimissis vestibus apparata sedeat, ut ipse vapor ad eius interiora perveniat.   5

item. emplastrum ad menstrua provocanda. faeces vini et
apiorum folia viridia simul trita, et calidum circa umbilicum
imponito. item. nepetae sucum cum melicrato bibat. item.
alii purgati ÷ I, piperis ÷ I, bacarum lauri ÷ IIII, castorei
÷ IIII, opii ÷ IIII, rutae viridis, picis liquidae ana ÷ II, bu- 10
tyri ÷ I, olei rosei quantum sufficit. omnia diligenter trita
sint, et quantum nucis est magnitudo, mulier sibi subiciat.

vulturis stercus in scafio super carbones impone, et desuper mulier dimissis vestibus sedeat, mox purgabitur. inulam
et rutam cum passo cretico in pultario coque, et ieiuna mulier 15
bibat. satureia viridis trita et cum aqua potui data menstrua
deducit. gramen in aqua decoques, et ex ea mulier aqua calida foveat. nitri flos cum farina triticea et oleo amaracino
conteratur, et mulier sibi subiciat diebus quinque quibus ha-

21 omnibus tritis *a*: omnia trita *b g*.   fac *g*.   2 scafio *b g*:
casio *a*.   mitte *a g*.   3 unum tr. vel duo *a g*.   ibidem
intra scafium *om. g*.   ibidem—pones *b (g)*: suppone *breviter a*.
super *g*.   4 supra *post* vestibus *a*.   apparata *b*: aperta *a g*.
ipse *om. g* (i. v. *post* interiora *a*).   5 eius *om. a g*.   6 Item
—provocanda *om. g*, *qui hic tamen habet rubricam* XIIII De
purgatione provocanda.   Emplastra *(sic) b*: cataplasma *a*.
7 ap. f. simul trita viridia *b*, appiorum viridiorum folia simul
trita *a* (*ubi sic g*: Appiorum folia cum fece vini trita).
calidū *g*, cal' *b*, calida *a*.   8 impone *g*.   Nepte *b*, nepite *a g*.
bibat *b a*: potui dato *g*.   9 allii purgati. piperis. butyri
ana ÷ I. rute viridis picis liquidę ana ÷ II. bacas lauri
castorei opii ana ÷ IIII *(sic sec. pondera ordinat) g*.   castorei: camphore *a*.   10 picis liq. ana *om. a*.   11 sint *b a*:
om. g.   12 q. nux est *a g*.   sibi *om. g*.   13 Item *add. a*
(*saepe etiam in seqq.*).   scaphio *g*, casio (*ut supra*) *a*.
pone. et super sedeat ut dictum est superius mox purgabitur *a*.
14 *post* purgabitur *add.* Item probatum est *a*, Huius rei maximum probamentum habeo *g*.   15 et bibat ieiuna *a*.   16 sa-
turegia *a*.   potui *om. g*.   17 educit *a*.   gramen—(*p. 344, 3*)
subicies *om g*.   granum in a. decoctum et potatum. et de
ipsa aqua vulva lavata prodest *a*.   18 Item flos n. et f. tr.
cum o. a. *a*.   19 quibus: que *b*.   s. quinque d. et habebit
menstrua *a*.

bere menstrua consuerit. hoc et noxium umorem matricis exsiccat. puleium acapnum aut viride cum murra teres et mulieri subicies. violae seminis, murrae ana ÷ I simul tere et
cum vini quartario misce, et potui dato. si autem partum ex-
5 cutere volueris, superiori potioni piperis grana V aut VII aut
VIIII commisce. herbae vettonicae pulveris scrip̄ III cum vini
dulcis cyato I et aquae calidae cyatis IIII potui da, menstrua
deducit. ⟨artemisiam tritam cum hordei farina coque et super
pectinem impone⟩. mulier facile purgatur, si lauri bacas tritas
10 cum vino bibat.

IV. De sanguine menstruali constringendo.

Quod quaedam volunt feminae quae sibi menstrua differri
desiderant propter aliquam occupationis causam, eas his rebus
constringi oportet. fici folia contere et cum vini nigri hemina
15 potui dato. haec potio etiam profluvium reprimit. item. mali
granati corticem teres et cernes et picis tantundem in se
commiscebis et ex eo quantum tribus digitis apprehendere poteris in vini optimi ℥ II infundes, et exinde singula quartaria mulieri potui dabis. item git, murrae ana ÷ I cum vino

1 eiciet *a*.   2 puleium—(4) dato *om. a*   acapnū *b*.
3 Item v. s. *g*.   contere *g*.   4 vino *b*, vino veteri *g*.
qu. *om. g*.   partum *ag*: ℃ (mulier) *b*.   emittere *a*.
5 supradicte *ag*.   quinque aut novem *a*.   6 vetonice *b*:
betonicę *ag*.   h. v. (b.) pulvis *bg*, pulveris *b. a*.   vini dulcis *a*:
vino dulci *g*, vino *b*.   et a. q. ciatos *a*: a. c. ciatos *b*, a. c.
ciatis *g*.   7 potui da *b* (p. datum *g*): *om. a*.   m. educit *a*
(*om. g*).   8 (Item *add. a*) art.—impone *ag*: *om. b*.   9 m.
satis cito et f. purgabitur *a*.   tritas *b a*: caricas *g*.   10 bibat *ga*: potet *b*.   11 XV. De dilatione purgationis *g*.
12 Quedam feminę volunt differri sibi purgationem pro aliqua
o. causa. his oportet constringentia talia dari *g*, Quędam mulieres sunt que sibi menstrua volunt deficere propter a. o. c.
quę his rebus c. o. *a*.   differre *b*.   14 fici *b a*: ficus *g*.
15 da *g*.   hoc etiam *a*, hoc etiam et *g*.   Item *om. a*.
teris *etc. b*: tere *etc. (imp.) a g*.   16 in simul *a*.   17 cōmisce *b*
(—ce *a g*).   ex eo *om. g*.   quantum *ag*: q̊ *b*.   apprehendere *b*: levare *a*, *om. g*.   18 sextariis duobus *a*, ÷ II *g*.
et potui dabis *breviter a*.   quartaria *b*: fiala *g*.   19 da *g*.
item *b a*: *om. g*.   git *a*, Gitti *b*, Gipti *g*.   *pro ana bis habet a*
÷ I, *item v. seq.*

commiscebis et pessum ex eo factum subicies. cymini, narcissi floris ana ÷ III, turis, murrae ana scrip III, piperis scrip III, trita cum vino miscebis, et ex eo collyria facta digitis tribus subicies. item elaterii, nitri ana scrip III mulieri digitorum trium subicito. 5

Mulieri si pecus versaverit, terram de cardine ubi ostium girat tollis, et super caput eius tenes, et mox loco suo redit.

Mulier quae cito post partum non purgatur, puleii scrip II in duobus cyatis oxymeli ieiuna bibat. et arte- 10 misiam cum qualibet potione bibat. et peucedano si eam suffis per triduum, mire purgabitur.

Ad partem excludendum dicas in aure sinistra ter Camelle exi foras, fratres te ad lumen vocant. item ut cito pariat mulier, scribes in limine superiore ostii Oceanum in- 15 terea surgens Aurora reliquit.

Menstrua mulierum sic stringes. faex aceti in ventrem illinita.

Ut mulier purgetur. radix intibi silvatici contrita et ex vino mulso potui data. 20

Mulier ut cito pariat et secundinae sequantur. herbae cyclaminis radicem in femore sinistro ⟨eius illi⟩

---

1 commisces (a, —ce g) om. b. subiciam b (—cies ag). item add. a. cimini—(5)subicito om. g. 2 floris a, —res b. thuris b: olibani a (qui om. mirre ana). Piperis scrip III b: ficum sine granis Ɜ III a. 3 omnia trita a. misces b, modico misce a. et facta c. ad modum digitorum III mulier subicito a. 4 item—(8)redit om. a. elacterii b. Ɔ–C digitoȓ tᶦtī b. 6 sequuntur additamenta miscellanea. 7 hostium bg. toll' b, tolle g. super eius tenes b, super caput teneat g. loco suo redit b: redit in locum suum g. 10 ϡS b, Ɜ II g, Ɜ I et (in d. c.) a. oximellis bg: cum oximelle a. et art. —bibat om. a. 11 et peucidanum—(20)potui data om. g. peucidanū si eā sufficis (i. e. suffis cf. Diosc. p. 428) b, p. si ei subicias a. 13 Ad—(16)reliquit om. a dīc b. 15 scrib b. hostii b. 16 reliquid b, item c (Verg. Aen. 4, 129. 11, 1). 17 Mulierum m. constringit fex aceti in ventre inlinita a. 18 illinit⁰ b. 19 radix om. a, ubi intiba salvatica conteratur et in v. m. p. detur. 21 Item ut m. g. et s. s. om. a. 22 cyclamini b, —minos g, -minis a. in femur sinistrum g (non ba). eius illi g, sibi (liga) a: om. b.

colligato, mox liberabitur, et statim solve ne loca sequantur.

Secundinas mulierum expellit, si plantaginem tritam
cum vino potet post partum. inmaturum extrahit cum aqua
5 potata plantago. ⟨si gula asinina eam suffumigas post partum,
idem facit⟩.

Si mulieri mortuum pecus in utero fuerit, butyrum
vaccinum et mel in acetabulum temperabis et in lana ad matricem pones ⟨et liberabitur⟩. hoc et si secundae non se-
10 quantur facies.

Ut mulier facile purgetur, lauri bacas tritas cum
vino potet. item. de lapide gagate teres et cum aqua fontana
ieiunae dabis, statim purgabitur.

Mulier ut concipiat, lac asinae cum lana sucida super
15 umbilicum ei pone, et sic ea utere. item. sedeat super fru-
ticem absinthii, et sic cum viro coeat. item. storacem cala-
mintham in scafio super carbones imponito, et super sedeat,
et suffiat, et sic cum viro coeat. item. de catulae lacte loca
sibi tangat. herbam mercurialem et verbenam in collo portet.
20 item. ovis ruminantis spumam cum digito de ore eius tolles,
et cum vino nescienti mulieri potui dabis. item. tolles corticem arboris a fulgure percussae, et piperis grana XXVIII
teres simul, et die Iovis luna decrescente potui dabis. item
de talo venam tangat, et coagulum leporis in calida disso-

1 (et *add. a*) mox l. *etc. b a*: et mox ut l. solve *g.*   ne
loca s. *bg*: *om. a.*   3 Secundinas—(p. 347, 2) concubent *om. g.*
Secundinas *b*: Squibalas *a.*   plantago si trita c. v. bibatur *a.*
4 Post partū maturat extrahit *etc. b, ubi breviter a* et aborsum
expellit.   5 Si gula—facit *a*: *om. b.*   7 Si mulieri in utero
mortuus fetus fuerit *a.*   mulier *b.*   b'acinū *b*: *om. a.*
8 in aceto distempera *a.*   temperas *b.*   9 ponis *b*: īpone.
et liberabitur *a.*   hoc—facies *om. a.*   11 Ut—potet *om. a.*
12 (item *om.*) lapidem gagatem tere. et in aqua de fonte ieiuna
bibat *a.*   14 Ut m. c. *a.*   asininum *a.*   cum l. succida *b*:
om. a.   15 impone *a.*   16 item st.—(18) coeat *om. a.*
16 calimiten *b.*   18 sufficit *b.*   19 item h. m. *a.*   ber-
benam *a.*   in calceo *a.*   toll' *b*, tolle *a.*   21 mulieri
nescienti p. dato *a.*   item—(23)dabis *om. a.*   24 item
ut concipiat de t. vena tangatur *a.*   coagulus l. in aqua
dissolutus ... detur *a.*   dissoluto *b.*

lutum cyati mensura potui dato, tam mulieri quam viro, et utrique concubent.

Ut scias si mulier concipere possit, super malvam silvaticam faciat urinam, et si infra triduum arida facta fuerit, scias eam non posse concipere, si viridis fuerit, omnino concipiet. 5

Si quis ad mulierem non poterit praevalere, herbae priapisci radicis testiculum dextrum qui maior est teres et piperis grana XLVII, mellis ÷ II in vino resolves, et facies pensum. hoc per triduum sumat.

V. De lacte provocando.

10

Mulieri lac sic provocamus vel si causa sit exsiccamus. ptisanam feniculum et butyrum simul coctum bibat. item si ei mammae intumuerint post partum ex abundantia lactis, spongiam ex pusca infusam impone, aut dactylos cum pane ex pusca tritos. si vero lac volueris exsiccare, alumen 15 coriandrum portulacam · et sinopidem, in se omnia contrita impone. quod si tumor ingens fuerit vel fervor et dolor grandis advenerit, ut reliquis tumoribus censeo utendum oleo calido cum aqua adiecto pane mundo, et cataplasma aut farinae triticeae aut faeni graeci aut lini seminis calefactum im- 20 ponis. ante tamen spongias bene calentes expresso omni umore apponis. ut dolor acquiescat, et cerotario simplici uteris. in-

---

1 tam viro q. m. *a.* et utq; c̄cubant *b*: et postea concumbant *a.* 3 scias *a*: sciat *b g.* 4 salvaticam *(sic) b a*: silvestrem *g.* 4 facta *om. g.* 5 scias *etc. b a*: non poterit concipere *g.* parere *a.* Si vero *g*, Sed si *a.* omnino *om. g a.* concipere potest *a.* 6 Si quis—(10)sumat *om. a.* h. satirion *g.* 7 teris *b*, tere *g.* 8 LXVII *g.* mellis ÷ II *b*: mel *g.* resolvis *b*, —ve *g.* et pensum fac *g.* 10 *sic tit. in ind. b a (in textu b ipsa prima verba rubrica scribuntur),* XVI De mamillis dolentibus *g.* 10—11 *om. a g.* 11 exicemus *b.* 12 bibant *a.* 14 spongia in aqua suffusa supponatur *a.* ex *b*: in *g.* appone *g.* aut—tritos *om. g.* vel *a.* cum pane *om. a.* 15 ex *b*: in *a.* volueris *a*: —rint *b*, —rit *g.* exiccare *b*: desiccare *a*, siccari *g.* 16 et sinopidem *b*: sinopide *g*, cum sinopide *a.* omnia in se contrita *a.* 17 impone *om. g.* 18 ut in r. tumoribus tunc utendum est oleo ... *a* (utendum. Oleum ... *b*, utendum oleo ... *g*). 19 et cataplasmā *b* (—ma *a g*). farina *b g*: —nam *a.* triticea *b*: tritici *a g.* 20 fenugreci *a g*, fengreci *b.* 21 spongiis *b.* calentibus expressis *(sic) b a g.* 22 ut d. acquiescat *a g*: et d. quiescat *b.* et c. s. uteris *b a*: *om. g.*

fans vero qui natus et alterius lac accipere debet, quia illius
lac concretum est.

Mulieris lac si bonum est ita probatur, ut sit candidum
et spissum et sine ullo odore. supra ungulam stillas unam
5 guttam, et videbis si bonum vel spissum est. talis enim debet
esse nutrix, pectore ampla, aetate media, mollis cute, in
mammis valida, et oblonga capitella habeat. nec sint primi
fetus ab infantula vel aıun. castae sint ante omnia et mundae
omnes quae infantes nutriunt. aquam vero penitus non bibant
10 usque in dies XXX. nam si matris colostram simul biberit
infans cum lacte nutricis, in omnibus validior et formosior erit.

VI. De muliere quae in corpore pruriginem patitur.

Faeces vini combures vinoque suavi commiscebis, et calefacto fove, post corticem pini tunsum et cribratum super
15 asperge. frumentum vetus in aqua decoques, exinde fove, similiter operatur. si anus doluerit, marrubium combure et pulverem factum asperge.

Si mulieris vulva clausa fuerit, vel si loca ei dolent ita

1 qui n. e. *b a*: eius *g*.   lacte nutriri *g*.   quia—(11)
erit *om. g*.   3 Si bonum est m. l. *a*.   4 et (sine) *om. a*.
guttam u. supra u. stilla et v. s. b. est vel sp. *a*. 5 enim
om. a.   6 pectoris sit ampli. etatis mediȩ. molli cute *a*.
7 capitella *a*: *om. b* (*ubi* et oblongahant).   7 nec sit p. f.
aut infantula *a*.   8 vel aıuɴ *(sic) b*: *om. a*.   ante o. sit
casta et munda. omnis q. i. nutrit *a*.   10 matris *b*: matrix *a*
(*qui corr.* nutrix).   colostrā *a*: colost *b*.   11 erit *b*: efficietur *a*.   11 *rubr. ex b, qui male addit* aut si ulcera (*cf.
ad v. 18*) ei innata fuerint. *tit. om g* (*ut semper a*), *qui habet*
XVII. *in indice duo capitula ponunt, b* De muliere si pruriginem in corpore habuerit (De prurigine mulieris *a*). De m.
cui sifin (= fisin) i. corpus dolet (De dolore silingi i. corporis *a*).   13 combures *b*: —is *ga*.   et vino *g*, et cum
vino *a*.   commisces *b a*, — cens *g*.   et cal' *b*, et calefactum *a g*.   14 postea *a g*.   cbatū *b*, cribellatum *a g*.
super asperge *b*: in ea loca asperge *a*, pulverem in ea loca
asperge *g*.   15 decoques et fove *b*, decoque exinde fove. similiter operatur *a*, coq̄ exinde coques *(sic)* similiter facit *g*.
16 si—asperge *om. b*.   si anus *a*: si cui anus *g*.   17 super
asperge *g*.   18 Si: *hinc novum capitulum litt. initiali S rubro
scripta significat a*.   vulva clausa *a*, vidua *(sic)* clausa *g*,
vulnera in causa (fuerint) *b*.   et 1 eius doluerit *g*.   dolent *b*:
dolentia sunt *a*.   ita ut *etc. b*: et v. p. c. p. sentit *a*.

ut in vulva per coitum punctionem sentiat, sciat sibi vulvam
in tumore esse. sed magis foris huius rei signum erit. oculorum anguli dolebunt, et facies ignea et subinde pallida eis
erit. et ob hoc vitium medico dicere erubescunt. curabitur
vero sic. artemisiam coque in aqua tritam, inde se foveat. 5
lac mulieris quae puerum nutrit, et oleum aequali pondere
mixtum, et calefactum inicies usque ad caput vulvae. item
ad vulvae dolorem et perfrictionem. adipes anserinos et medullam cervinam aequali pondere et ovi vitellum et oleum roseum et pusillum mellis insimul, inde vulvam pessabis. 10

VI. De muliere quae integrum partum non ponit.

Hoc signum est eis. ex ipsa vulva umor maximus et
crassus descendit, et ab eo viri semen impeditur. et aliquotiens viros in culpam ducunt. est autem umor ille ut pus,
quod autem suscipit ad foras proicit. quod sic curabitur. 15
equae lotium, mulieris et viri, in unum commisceas, ita ut
viri amplius facias, et in vas aereum mittas, deinde calefacias.

1 in (*ante* v.) *om. g.*   sciat—esse *a*, sciat illam esse
in t. *g*: Si autem sibi vulnera in t. esse cognoveris *b*.
2 s. m. foris signum rei erit *g* (*qui add.* tale, *ut et a*).
3 eis *om. g*, eis erit *om. a*.   4 et ob hoc *etc. b*: et v. hoc
e. d. medico *a*, et hoc v. medicis erubescunt confiteri *g*.
5 vero *b*: autem *g* (*ubi* cura est hec *a*).   a. c. et contere
aqua et inde f. se *g*, arthemisia bene teratur et in aqua
cocta inde f. *a*.   6 nam et lac m. *ag*.   puerum *a*: masculum *ag*.   cum equali pondere mixtum *b*: ex equo commixtum *ag*.   7 et *om. ag*.   8 i. ad eiusdem d. *g*.   perfrictionem *a*: perfricationem *g*, fricationem *b*.   adipem
anserinum *ag*.   9 equali *b*: pari *ag*.   et o. v. simul contere et p. m. (*om. et ol. ro.*) *g*, et o. v. tere et olei rosei parum et mellis tantundem *a*.   10 pusillum *ag*: psillinā *b*.
et (inde) *ag* (*om.* insimul).   11 XVIII De non concipientibus
m̄. ut concipiat *g* (De illa que partum corrumpit *a in ind.*).
12 in eis est *ag*.   ab (ipsa) *a*.   13 grossus *a*.   d. a
quo *a*.   14 deducunt *a*.   est—(14)proicit *om. g*.   est *a*.
semen illud ut pus *b*, est *a*. humor ipse quasi pus *a*.   15 quod
quando semen suscipit aforis errat *a*.   curabitur autem sic
ag.   16 Eque l. eius et viri i. u. c. equali mensura. sed
amplius viri facies *g*, Equẹ l. et viri i. u. c. sed a. viri *a*.
commisces *bg*: —ce *a*.   17 et in vas eneum mitte *a*, et
mittes in vase ereo *g*.   calefacies *g*, calefac ad ignem *a*.

lapidem de veteri mola in ipsumque vas mittas, et mulierem
super scafium sedere facias, eamque cooperias. et cum tepuerit,
inde se foveat et in lectum se calidum proiciat, et cibos amulatos accipiat, et mire sanasti eam. probatum est.

5 VIII. De vitio quod spaerulus dicitur et viduae aut
virgini evenire solet.

Hoc mulieri viduae aut virgini contingere solet, dolor
aliquis circa corpus aut tortiones aut pruritus si fiat. si vidua
fuerit, ipsa sibi subiciat, et fricet. virgini sic. fiat illi simi-
10 litudo viri de cera, quae nitrum et cardamomum accipiat.
adversus aetatem puellae sic facies naturam cerinam, et medicamento suprascripto linies, et sic facies ut salvetur.

VIIII. Si post partum venter crepuerit.

Cerotum ex oleo roseo facies, et cerussam et lithargyrum
15 et stypteriam admisce, et ungue loca ipsa et fascia illa.

X. De muliere quae saepius abortat.

Cancrum teres fluvialem, cum vino veteri bibat, bonum
est. leporem vivam praegnantem ⟨apprehendes⟩, illius catulos

1 de mola veteri *g.*   et mitte in ipso vase *a g*:   et
fac mulierem super casium (*sic a,* vas *g*) sedere *a g.*   2 ea-
que cooperies *b*: et cooperi bene *a,* et operis eam *g.*   et
cum intemuerit *g,* que cum intepuerit *a.*   3 exinde s. f. *g,*
om. a.   (intep.) in l. se proiciat. Cibos . . . *a.*   amilatos *b a.*
4 sanabis eam *g,* curabitur *a.*   expertum est *a,* qua expertum est *g.*   5 *rubr. deest in textu b (quam ex indice*
praemisso addidi). De vitio virginum et viduarum *ind. a. tria*
quae seq. capitula om. g (cum in fine addat c. 21).   (*tit.*) spe-
rul' *b.*   euimere (*sic*) *b.*   7 solet. ut c. c. aut pr. aut t. illis
fiant *a.*   8 Si vulva fuerit *b*: Curantur autem sic. vidua sibi
subiciat . . . *a.*   9 virgini fiat nature viri ad similitudinem de
cera et nitro et cardamomo pulverizata. et ex hoc illinita XX.
δ. subiciatur *a (rel. om.).*   11 &atē (*sic*) *b.*   cirineā *b.*   12 s̄s̄ *b.*
13 *rubr. ex b et ind. b a.*   14 c. facies ex o. r. *a.*   et cerusa
et litargiro et stipteria ammices *b*: et adhibeas cerusam. et
lithargirum. stipteream *a.*   15 illa *om. a.*   16 abortat
(*etiam in ind.*) *b*: abortit *a in ind.*   17 C. fl. contere et in
vino v. potui da. nec faciet postea abortivum. Mulieri que cito
abortit leporem *etc. a.*   18 apprehende *a*: *om. b.*   i⁹ ca-
talos (*sic*) d. v. t. *b*: et tolle ei catulos de v. *a.*

de ventre tolles et coagulum eius ieiuna in vino bibat, mirum
est. item. millepediam in foenicio collo ligatum portet. item.
lanam de ove quam lupus comederit collige ⟨et fac eam tribus
sororibus lavari, carminari, pectinari et filari. et texant inde
cingulum, et per novem menses ad ventrem mulier eum de- 5
portet, ita ut numquam eum in aliquo loco deponat, nec faciet abortum⟩.

XI. De profluvio mulieris.

A partu sive aborsu vel plenitudine corporis aut sanguinis abundantia profluvium mulieris fieri solet. quam curare 10
sic suadeo. cymas de rubo teneras purgabis et coques in
aqua, et dabis ei in conditura minima manducare, et ipsam
aquam bibat. item lanam torquebis et omnes eius articulos
colligabis, et ei lanam sucidam subicies cum oleo murtino, et
manna turis super asperges, et super pectinem eius linies. 15
item. gypsum in aceto contritum et folia rubi tenera cum
aqua decocta intus per vulvam in corpus mittes. carbones
vivos in testam mittes et super eos stercus bubulum impones, et mulier super sedeat et suffumigetur quamdiu sufferre
poterit. probatum est. ad idem aut de naribus. amuli ÷ I cum 20

1 et coagulum eius iuvenem *(sic)* bibat m. e. *b*: et c.
ieiunae in vino potui dabis. et ultra non eiciet. probatum est *a*.
2 item—portet *om a*.   feniceo *b*.   3 colliges ut supra probatum est *b qui om rel. quae supplevi ex a*.   4 carpinari *a*.
texat *a (cf. Grimm· Myth.*² *383. 1053)*.   5 (6) eum *(sic) a*.
8 XVIIII De profluvio sanguinis *g*.   9 A partu—(10)habun-
dantia *b a*: *om. g, ubi tale initium* Profl. sanguinis mulieribus
fieri solet. quę sic curandę erunt.   aut *b*: vel *a*.   10 profl.
sanguinis mulieribus sępe solet fieri. quas sic curari s. *a*.   fieri:
si fieri *b*.   11 coq̄ *b*: decoques *a g*.   12 dabisque *a*.   ei
om. g.   in condituram (—ra *g*) minimam (—ma *g*) *b g*: cum
conditura *a*.   13 bibant *a*, bibere *g*.   14 (et *g*) subicies ei
(eis *g*) l. s. *a g*.   et manna thuris *g*: et manna et thuris *b*,
et manna et olibano *a*. 15 super asperge *b*: super sparge *a g*
linies *b*: ligabis *g* (et ligabis ei super p. *a*).   16 cum *b*:
ex *g*, in *a*.   17 per v. in corpore intus mitte *g*, p. v. in corpore mittat *a*.   17 pro vulnā *b*.   item (carb.) *a*.   18 in
testam mitte *g*, ei in testa mitte *a*.   18 bubulinū *a g*.   imponis *b*: impone *a g*.   et supersedens m. quantum pati poterit fumigetur *a*, et m. desuper sedeat quandiu potuerit *g*.
20 p. e. *b*: hoc expertum est *a g*.   item ad profl. mulieris
sive de n. *a g*.   amili ē *(pro* ÷*) b*, amili ÷ I *a g*.   cum *b a*: ex *g*.

aquae calidae cyato I ieiuna bibat. item. arboris mori radicem
pusillam colliges et linteo obvolutam loco impone. sistitur omnis
profluvius sanguinis, si radicem herbae cunilae quantulam-
cumque brachio ⟨ligatam circumdas. et si volueris eius radicis
5 virtutem scire, solvito, et denuo manabit, alliga iterum, et
cessabit. item. mori arboris radicem superiorem ad collum
suspende. item. graminis nodos XXI cum suis virgulis super
umbilicum alligato. item lapide gagate suffumiga eam, et
cessat.

10 ad profluvium mulieris et fluxum sanguinis, ad omnia vitia
pectoris, ad splenem et ad epar, ad calculum, ad stranguriam
et hydropem, ad pleuresin, ad omnes spiritus inmundos, ad
umbras immissas, vel si quis defixus fuerit, scribe hoc signum
[·] in stagnea lamina et liga patienti ad collum⟩.

15 **XIII. De pessis qui faciunt ad matricis dolorem.**

Lanam mollem collectam in se ita ut matricis introitum
claudat, certum est prodesse eis quae matricis dolore praefo-
cantur. aliquotiens enim huiusmodi mulieres hoc patiuntur,
quomodo semina proiciuntur. si sine vulnere matrix intumescat
20 vel doleat, hoc medicamine uteris. picis siccae ÷ XIII, adipes
porcinos recentes, aut oleum roseum pro adipe, et ovorum vi-

1 aqua calida cyato I (ciatū unū *g*) *b g*.   ieiuna bibat *a*,
iuvene bibat *b (ut supra)*: ieiuno potui da *g. sequentia om. g*
(praeter Item 1. gagate eam subfumiga). . arboris mori *a*:
artɫ̄. mori *b*.   2 colliges *b*: tolles *a*.   in linteo involutam *a*.
loco impone *b*: collo suspende *a*.   Sistitur *etc. b*: et sic
omne proflurium s. sistit *a*.   3 cymule *b*, cunnule *a*.
brachio *b (sic textu abrupto, nam sequitur nova rubrica cap.*
seq.). sequentia usque ad v. 14 solus habet a.   8 *hoc unum habet*
et g (cf. ad v. 1 sup.).   11 splen *a*.   cauculum. stranguiriam *a*.
13 umbras: *cf. Pelag. app. (453 Ihm)* ad umbras εxpulsandas
de stabulo.   15 De pessibus *etc. b in rubr. (et item ind. b*
De pessibus ═ De pestibus *a*). XX. De diversis vitiis matricis *g*.
16 Lana mollis collecta . . . claudat prodest *a* (prodest *sic*
etiam g cet. cf. p. 337, 8).   17 qui *g*.   18 Aliquocies—(19)
proiciuntur *om. g. sic autem habet a*: Aliꬰ enim sunt que hoc
paciuntur et semen proiciunt. et matrix tumet sine vulnere et
dolet. hoc utere med. *etc*.   q̊m̊ *(sic) b* (═ ubi, quando.
19 si *etc.*: Item ad matricis vel dolorem sine vulnere. picis *etc. g*.
intumescat vel dolet *b*.   20 XIII *b a*: XIIII. *g*.   adipem recentem porcinum *g*.

tella XXI. sed prius fomentabis loca ex aqua faeni graeci, et
cum spongia fomententur, et sic suprascriptum pessum calefactum subicies. item ad dolorem sive ad tumores matricis.
cerae ponticae ÷ X, medullae cervinae ÷ XIII, adipis anserini
recentis ÷ VIII commisces et in pesso uteris. item ad ma- 5
tricis dolorem et praefocationem et nervorum passiones, conficies acopum. cerae dr̄ XIIII, medullae cervinae ℥ VIII, rosae
siccae tritae et cribellatae ℥ IIII, adipis anserini ℥ VI, suci
herbae salviae cyatos IIII. omnia lento igne͗ solves et sucum
admiscebis et recoques, et tunc repones in vase stagneo, et 10
uteris in pesso, et diligenter curabis. nam si matricis dolor
intolerabilis fuerit, herbam salviam cum radicibus suis decoques, et exinde mulier se in balneo vel in tina foveat, sine
mora liberabitur. vel si eius decoctionem ei potui dederis.
item ad matricis dolorem. herba moly contusa ⟨in oleo⟩ et 15
pessi modo imposita dolorem matricis sedat, vel si quid interius mali habuerit, omnia expurgat. nam et semen eius tritum et cum vino aut mulsa potui datum hoc idem facit. nam
et cordis dolorem, si tritum semen eius cum vino dederis,
mire sanasti. item ad matricis et omnium interaneorum do- 20

1 XXI *b*: XI *ag.*   fenugreci *ag*, fenḡr̄ *b*.   2 et c. s. f. *b*: cum
spongia *simpl.* ā*g.*   ſſ *ba.*   pessarium *a.*   3 d. seu (sive *a*) tumorem *ag.*   4 Cera *etc. b.*   punicȩ (—ca *b*) *bag.*   XIII *bg*:
XIIII *a.*   adipes anserinos recentis (—tes *g*) *bg.*   5 VIII *b*:
VIIII *g*, XIIII *a.*   commisce *ag.*   in pessum *b (om. g)*:
in pessario *a.*   6 p̄ssiōes (pressiones) *b*, passionem *ag.*   conficis (a.) *b*, confice hoc (a.) *g: om. a* (ubi
Acopum).   7 dr̄. XIIII *b*, ℥ XIIII *a*: ÷ XIII *g.*   ℥ XIII *a*,
℥ VIIII *g*,   8 tritȩ *g*, et tritȩ *a: om. b.*   adipum anseri-
norum *a.*   su(c)ci *bg*: de suco *a.*   9 herbe *b: om. ag.*
ciatis *g.*   solvis *etc. b*: solve *etc. ag.*   et s. āmices *b*,
et sic s. āmisce *g*, post s. āmisce *a* (*qui pergit* et reconde. et
sic in v. s. repone).   11 t u. impessum et d. curas *b*, et in
pessario utere *a: om. g.*   nam *bg*: et *a.*   12 suis *a*: ſſ *bg.*
coque *a.*   13 vel (aut *g*) in tina *bg*: vel in aqua *a.*
et s. m. *a*, et mox *g.*   14 ei *om. g.*   dederit *g.*   15 item
—(20)sanasti *om. g.*   herba *om. a.*   īmolū *b*: inula *a. cf.
Ps. Apul. 49. Diosc. 3, 47.*   contusa *a*: ītunsa *b.*   in
oleo *a: om. b.*   16 pessimo *(sic) b*, pessarii modo *a.*   intrinsecus *a.*   17 purgat *a.*   18 potatum *a.*   19 et *om. a.*
si *a*: sic *b.*   tr. cum v. s. e. d. *a.*

lorem. herba artemisia monoclonos sicca et in pulverem redacta cum mulsa potui data matricis dolorem et omnium
interaneorum tollit. item ad dolorem matricis. potio ad somnum
et omnem dolorem. apii seminis, opii ana ÷ I dabis in vino
5 dulci. item ad matricis dolorem et praefocationem et nervorum passiones. spicae indicae, folii, stafidis agriae, cassiae
ana ÷ I, costi ÷ III, croci ÷ I, murrae ÷ II, cyperi scrip̄ IIII,
ireos ÷ I, medullae cervinae ÷ I, cerae ponticae ÷ II. decoques cum defricto in modum mellis, postea medullam et
10 ceram commiscens pessum facies, et uteris.

     Explic̄ Theodori Prisciani archiatri Gynaecia.

    1 herba artḣ ... siccă *etc. b et (om.* herbā) *a.*   mono-
clonos (—donos *g*) *b g (cf. Diosc. 3, 112): om. a.*   **2** cum
aqua et mulsa *g.*   data *b:* da *g, si dederis a.*   matricis—
tollit *b:* valet *a, om. g cum seqq. usque ad finem. qui codex g
eorum vice haec aliena addit:* Item ad vitia omnia que in vulva
fuerint storacem cum oleo roseo pessum inice. Item ad volvam
que putet. auripigmentum. cartam combustam. sulphur vivum.
tunde ut lenia sint. intus asperge. et lana cooperi. Item ad
eiciendum partum optimum. Accipe sucum porri et intingue
lanam ex eo. et suppone *(seq. c. XXI).*   **3** potio *etc. b:* et
somnum capescendum potio *a.*   **4** *pro* ana *a habet singulas
uncias (÷ I ... ÷ I).   * in v. d *b:* cum v. d. in sero *(add.) a.*
6 Spic̄ indice. Folii indici stafinis. Cassiẹ ana ÷ I *b:* Spica
indica. Stafisagriẹ ÷ I. Cassie ÷ I *a.*   **7** costi *et* croci, *item*
ireos *et* medulle *om. a.*   scrip̄ *b:* Ɔ *a.*   **8** punice *b a.*
9 coque *a.*   **10** commiscens *b:* adde *a.*   et in se pessum
fac. et utere. Genetia explicit *a.*   **11** *sic b (ubi* Geneciẹ
cod., in quo leguntur postea additi versus quattuor plane alieni
De vino). *haec om. g ubi novum cap. sequitur* XXI De mulieribus ut non abortent *pro c.* X *supra omisso additum, sequuntur
deinde post finitum librum primum* geneciorum, *capitula* libri II.
theodori prisciani *cum prologo et textu capp.* 28 *(ind.* 26) —
spuria haec omnia vel potius dupliciter spuria, quae licet ad
Wolfii gyn. editionem intelligendam faciant, hic omitto.

Additamenta codicis Barberiniani

ex Pseudo-Plinio (Pseudo-Paulo).

Ad I, 13 (43) De narium morbis *solus r habet haec (non bc)*
(*post* superius memoravi).

Item de domni Gaudiosi de expertis ad ulcera narium 5
et omnibus vulneribus vetustissimis. aristolochiae đ. LXXXIIII,
cerae đ. XX, mannae turis đ. X, terebinthinae đ. LIII, iu đ. VII,
olei veteris, đ. LX. sicca umectis misces, et uteris in omnibus
ulceribus.

Item ad fetorem narium. 10

Costum in pulverem redactum mittis aut certe cum melle
mixtum penna inducis. item carica contrita in olla nova cum

5 de dōni gaudiosi de expertis *(sic) r. haec sine auctoris
nomine extant libro I c. 24 Medicinae Plinii quae edita
est Romae 1509 (repetita Bononiae 1516 per Hieron. de Bene-
dictis — ut addo eis quae dixi Hermes VIII, 60: cuius editionis
exemplum tenet bibliotheca Taurinensis — corrupta autem et interpolata Basil. 1528)* = P. *ibidem autem eodem fere tenore extant
etiam quae sequuntur omnia, ita ut quod ex libro Gaudiosi de
expertis sumptum fuisse perhibeatur, ad haec omnia pertinere
verisimile sit. Gaudiosus autem sive medicaminis solius auctor
quod proxime subditur sive totius ex Medicina Plinii (sc. Ps.
Plinii II) capituli adiecti idem erit episcopus ille animarum
et corporum promptissimus medicus quem laudat qui vivo
locutus est auctor anonymus (saec. V/VI) disputationis Augustini
et Hieronymi de origine animae (Migne 30, 272). episcopus
autem no. XIII refertur Gaudiosus in veteri quodam catalogo
episcoporum Brixiensium (Cappelletti, Chiese d' Italia XI,
546. cf. 560), decessor scil. Optatiani, cuius nomen subscriptum
comparet in actis synodicis anni 451 (M. 54, 950).* 6 aristo-
logiç... Cera *r* (ar. *habet XXX Ps. Plin. qui deinde addit* galbani XXII). 7 terebentinç *r.* iu. đ. VII. *r: yo. VII. P.*
8 humectis miscis *r.* 10 Item... *haec rubr. scr. in r. etiam
sequentia omnia sic extant in Med. Plinii lib. I c. 25 ed. Rom.
(= cod. Bamberg. f. 137ᵇ).*

23*

pusca decocta emendat fetorem, si ipse sucus cum cocleario
mellis mittatur. item hederae sucus colatus naribus infunditur.
item aristolochiae sucus cum cypero, vel draconteae semen
cum melle inditur. item ad narium graveolentiam draconteae
5 sucus cum melle infunditur, quae res etiam carcinomata sanat.

Item ad polypum.

Aeraminis rubei limaturae ÷ I, ammoniaci ÷ II, aluminis
rotundi ÷ III et aceti acris cotylas VI. omnia sicca teris cum
aceto diligenter, mittis in pyxidem aeream et agitas de virga
10 aerea ad solem usque dum siccetur. deinde teris in mortario
thebaico et reponis in vase fictili. quando autem curas, mittis
pulverem in penna ⟨vel in canna subtili⟩ et sufflas in naribus,
ita tamen ut os eius prius aqua frigida impleatur diebus
canicularibus. mense vero septembri curare incipies ita per
15 dies tres. a vino et carne et a frigidis abstineat, quarta die
non cenet. quinta vero accipiat hieram Archigenis. post dies
autem tres purgas caput eius sic. ieiunus per triduum masticen
commasticet. cum iam spuere coeperit, addis illi stafidos agrias
granum unum, post modicum alterum, deinde tertium, ad ulti-
20 mum quartum. inde vero secunda die incipies ab uno per
ordinem, sicut heri, usque ad quintum perveniet, et hoc quo-

1 si ipse *(cod. Bamb.)*: supse *(sic)* r (supsae *ed. Plin. Rom.*).
cum melle et cum cocleare *Bamb.*   2—4 *haec ex Ps.*
Plin. p. 23, 19—24, 3 Lips. habet Marc. p. 112, 16—19 H. (ubi
ex al. fonte eadem praecedunt p. 112, 7. 13—16). cf. supra ad p. 45, 5.
3 astrologiẹ *r.*   4 inditur *P:* medetur *r.*   item *(ex al. f.)* ad narium grave fetorē olentibus *(sic)* r (Item ad narium grave
olentiam *P, ubi* —tium *cod. B).*   7 amoniacu *r.*   8 acris
(Bamb.): acri *rP.*   omnia *om. P.*   9 diligentissime *Bamb.*
et mittis *P.*   buxidem *rP.*   10 ad solem *rBamb.*: in
sole *P.*   siccet *Bamb.*   11 tebaico *Bamb. (qui add.* diligenter): tybaico *r, om. P.*   et *r:* post hec *P.*   vas fictili *r.*
12 vel i. c. subtili *add. P.*   et insuflans in nares *Bamb.*
(aures *P*).   14 septembrio *r,* setembri *Bamb.* (decembri *P*).
curare *P:* cure *r.*   16 cenet *r (P):* cesset *Bamb.*   quinta *P*
(Bamb.): hoc *(sic) r.*   hiera *(sic) Bamb.:* om. *r.*   archigenis: *sic rBamb.* (geram antigonis *P*).   17 autem *(sic) P:*
(post Archigenis) *r.*   masticem *r,* —ces *Bamb.*   18 stafidas
(sic) agrias *Bamb.:* stafisagria *r (P).*   19 post *P (Bamb.):*
per *r.*   20 inde *r:* in die *P.*   secunda die *r:* secundo
Bamb., —da *P.*   21 sicut heri *r:* om. *P.*   quintum: *corr.*
quartum?   perveniet *Bamb. (om. P):* —es *r.*   hoc quoque

que tertia et quarta die ⟨facies⟩. istis quoque diebus a carnibus et a vino abstineat. quinta autem die radis ei caput,
medicamento hoc ungis. acaciae ÷ I, aluminis scissi sem ÷ I,
cimoliae sem ÷ I, nitri alexandrini S I, mannae turis Э VIIII.
haec teris cum aceto usque in spissitudinem mellis, et sic 5
unges caput. post-dies autem tres hoc ipsum facies. sic curare
nares incipies.

Ad I, 14 (44) De fluxu sanguinis narium (post *meruerunt,*
ubi alia habet b) sic r (e Med. Plin. I, 26—28).

Testae ovorum unde pulli excluduntur leviter tostae et in 10
pulverem redactae per fistulam naribus insufflantur, statim
sanguinem sistit. item spongiam cinerem facis et in ipsa nare
mittis, et restringit. item fimum equinum cum aceto ⟨teris⟩
et adiungis his picem virginem tritam. quod uniter subactum
fronti linis et collo ad cervicem ponis. mox clauduntur venae 15
fluentes.

item ad destillationem narium ex umore. ocimi
semen tritum naribus immissum destillationem inhibet, ster-
numentum facit. item porri capitati folia cruda sine pane
eduntur. item aliud. oleum calidum eunti dormitum ⟨cerebro⟩ 20
infundis, et in nares mittitur.

ad sanguinem de naribus eiciendum. nepetae sucum
naribus supino infundito.

tertia die et quarta facies *P*, hoc et ter et quarto facies *Bamb.*:
et hoc usque tertio et quartū diē *r*.

2 abstineant *r*. 3 m. h. unges *(sic) r*: et ungis ad
(a *P*) media fronte totum caput m. hoc *P (Bamb.)*. 3 (27)
ungis *Bamb.*, —ges *r*. 4 fē. ⁒ *(sic) r*, ꜱ *Bamb.* S. ⁒ *(hic) r*.
5 usque ad *P*: in *(simpl.) r*. sic *om. P*. 6 et p. d. tres *P*.
h idsū *(sic) r* (hoc ipsum *P*). 7 narem *r*. 10 et *om. r*.
12 sanguinis *r*. sistunt *P*. spongiae combustae cinerem
in *etc. P*. 13 fimo equino *r (Bamb.)*. teris: trito *Bamb.*
(om. r). et adiungis *r* (iungis *simpl. Bamb.*). 14 uniter
subactum *Bamb.* (teres ut unum corpus fiat *P*): inter iactum *r*.
25 collo a cervici *Bamb.* (in collum ac cervicem *P*). 17 (18)
distillationem *r. cf. Ps. Plin. 1, 11 Lips.* humore *rP*. ster-
numentum *r*, —nutationem *P*. 19 capitati *P*: capiti *r*.
20 celebro *Bamb.* (crebro *P*), in cerebrum *Marc. p. 113, 9*:
om. r. 21 infunditur *P (Marc.)*. 22 *vid. P I, 27*.

Ad 1, 17 (54) post depurgetur *haec habet solus r (e Med. Plinii I, 29).*
Item ad vitia oris.

Sepiarum ossa in cinerem redacta oris asparsa vitia emendant. item coclearum vacuarum cinis cum murra tritus et
5 asparsus vitia oris emendat. item sinapis semen sive rafani ex
vino decoctum uno obulo tantum emendat. item herba cyclaminis trita trociscos facies aequales. cum opus fuerit ex aceto
ad crassitudinem mellis inlinito.

———

Ad I, 23 (73) De igne sacro (*post* variare)
10 *in cod. Barb. solo (non in b c).*

Radicem ibisci cum palo ligneo fossam coqui facies in
vase fictili novo, contusae in duas ⟨partes⟩ adicies unam
axungiae veteris, quousque in modum malagmatis convertatur.
et inductum in linteolum ubi necessarium fuerit ligabis.
15 Item de ficis ficatum contritum in modum malagmatis
medicaminis inducis in linteolum ⟨et⟩ ubi necessarium fuerit
ligabis.

item spumae argenti ÷ II, sulphuris vivi ÷ I, nitri ÷ I,
olei rosei et cerae quantum sufficit. species suprascriptas cum
20 aceto teres.

———

Ad II, 9 (29 fin. post compendiosa).

Item aliud ad colum de experimentis. testas ovorum
unde pulli excluduntur combures et facies pulverem. et grana
piperis quinque teres. haec aequis ponderibus pensabis, tantundem

———

3 et ori inspersa *P.*　　emendat *r (P).*　　4 coccliarium v. *r*
(cocleae vacuae *P*).　　cineres c. m. teres et sparges *P.*
5 senapi *r.*　　6 obuli unius pondere datum *P.*　　7 equales
om. *P, qui pergit* et ex his cum opus est.　　8 inlinitū *r*:
illitum reprimit et sanat *P (sequitur in r c. 18).*　　9 *quae se-*
quuntur unde hausta sint nescio.　　11 Radicibus evisci...
fossis *r (cf. Plin. n. h. 20, 29).*　　12 vel novo vel c̄tusā tunsa *r.*
partes *addidi.*　　una *r.*　　13 malagmę *r.*　　14 (16) linteolū *r.*
15 malagmedicamedicaminis *(sic) r.*　　16 et *addidi.*　　18 spuma
... sulfur vivū ... nitrū ... oleū roseū et cera *r.*　　20 sp. ut
suprascriptas *r.*　　20 teris *r.*　　21 *haec add. unus r (cf. supra*
p. 358, 10).　　teste *r.*　　23 comburis *r.*　　24 teres. haec:
hęc teris *r.*　　pensas *r.*

et fimi bubuli sicci pensabis, et misces in unum, et in ovo sorbili calenti pro salibus dabis edendum.

Ad II, 26 (76) De epaticis (*ad fin. post* suadeo).
Item aliud de experimentis. costum epatorium, aloen
epatitem. aequis ponderibus tusum et cribellatum dabis in 5
vino veteri una potione Ꝫ II ieiuno, interiectis diebus tribus. si
enim balneum fuerit, intus in solio dabis.

1 et in ova sorbilia calentis p. s. d. edenda *r.*   4 *haec
unus r (ubi alia multa add. b, cf. supra).*   epatorum *r.*

ANTIDOTARIUM BRUXELLENSE.

Antidotarium Bruxellense.

1   ... ibiscum et caricas discoctas et tritas diligenter, ubi admisces passi calicellum plenum, modicae axungiae porcinae quasi unciam et pollinem de hordeo, ita ut ibisci triti uncias II caricarum uncias II non febricitanti admisceas cum quantum merum est, febricitanti autem aquam 5 de ibisco et caricis ubi bullierunt. hoc cataplasma impones, et usque in alterum diem mane habeat. et item alia similiter facias per dies V. postea diameliton solves cum ceroto et pones, deinde iunges in ipso diameliton et 10 aliquantum diaspermaton. et cum meliorata erit, das potionem athanasiam in aqua calida et cocleare unum mellis et cocleare unum aceti. hoc per triduum facis, et si usus exegerit iterum repetis cataplasma.

2   Ad vesicae autem dolorem facis aquam de faeno 15 graeco cum ibisco et fomentabis super pectinem de aqua calida, ita ut ante oleo calido omnia loca quae patiuntur perunguas. quae cum facis, sedebis super pelvim maiorem.

---

1 *Antidotarii titulo appello quae in cod. Brux. excerpta remedia sequuntur ex variis auctoribus (cf. c. 71. 130. 142. 143 etc.) congesta (saec. fere sexti). cf.* deus 88.   2 hibiscum: *sic B (in marg. III.) post Prisciani extrema verba* (... designabo collecta) *subicit remediorum congeriem, quam ex ipso codice collato repeto leviter correctam. in qua re quae inconsulto confunduntur praeteriti et futuri temporis in scribendis remediis formae, eas hic consulto intactas reliqui, ut arbitrii quandam habeas imaginem, quam non corrigas nisi arbitrio.*   3 exungiae *(ut infra semper) B*. 4 hibisci *(ut infra semper) B*.   5 unc̄ ᴜ ... unc̄ U (V?) *B*. 10 ipsa *B (ed.)*.   11 despermaton *B*.   meliorata erit *B (melius habere coeperint ed.)*. *fuit igitur ant. ad muliebria*.   12 (13) coclear *B*.   15 fenogreco *B (item infra)*.   18 pelvim *corr. ed.*: pellem *B*.

et leviter fomentabis, ne loca contundantur. postea detergis diligenter et facis cataplasma de faeno graeco et lini semine et polline hordeacia in aqua et oleo modico melle cocta. cataplasma inducis et ponis. omnia loca cum testibus percooperis. hoc tamdiu facis quamdiu dolor recedat. 5 deinde decoquis adarcem origanum et petroselinum, et sic dabis potionem cum modico melle. medicamen autem diameliton solves cum ceroto mollissimo et cum adipibus pullinis vel porcellinis et medicamen basilicon, ita ut ante clystere ⟨ei⟩ qui patitur exinanias stercus totum, et sic 10 curabis eum.

3   Confectio medicamenti ad matricem curandam vel menstrua provocanda. primo suffumigatur mulier sedens de storace, ante quinque dies quam menstrua ei solent venire, et encolpidiatur pigmentis quae inferius scripta 15 sunt. diachylon uncia una, basilicon semuncia una, cerae ponticae ÷ I, adipis anserini ÷ I, oleum liliacium quantum necessarium fuerit. species autem solves cum oleo liliacio ita ut zema cum aqua super focum bulliat, et alterum zema cum supradictis medicamentis ex olei vapore facias 20 calescere ut sic solvantur. et cum coeperis velle encolpidiare, antequam encolpidies ventrem eius cura de sucis ptisanae nimium discoctae, inmixto clysteri oleo anetino. et post istam iniectionem si purgatio menstruorum plena non fuerit subsecuta, dabis ei pulverem picrae cum vino 25 et melle et calida permixtum. sed ante quartum diem consuetae purgationis ita cura ut antequam encolpidies, primo de suco ptisanae discoctae cum anetino oleo ventrem cures et sic encolpidies. et hoc usque ad diem purgationis, si necesse fuerit, bis in die facias, et numquam anhelitum 30 vel dolorem stomachi patietur.

6 adarce B.   7 diamelitos B.   10 ei *addidi.*   exinanies B. 13 diffumigatur B.   15 encolpizatur *ed (item infra).*   16 diaquilon B.   uncia. I. *(sic)* B.   17 pomicae B (*punicae ed.*). 19 zema B (*medietas ed.*).   alteram zemam B.   20 ex: et B. 22 encolpidare *(sic)* B.   23 nimium B (*fortiter ed.*).   25 pigrae B.   26 sed—(29)encolpidies *eicienda videntur (ex dittogr.).*

4   Hygra dicitur quasi solutum collyrium. nam dicitur
panchreston. facit autem multis passionibus approbate.
ad synanchen. penna illitum faucibus solvit. ulceribus
vero aurium prodest cum melle attico et vino aequali
pondere solutum calefactumque, ad otenchyten inmissum 5
et non effusum. ulcera locorum omnium emendat, praecipue tamen oculorum oris illitum. duritiis etiam palpebrarum sic quomodo confectum se habet ut pyrene meles
intinguatur vel tangatur. asperitates vero deintus veteres
palpebrarum sanat, albedines, suffusiones membranorum de 10
oculis expurgat omnes ad pyrena meles inunctum. morsus
omnium serpentium curat, sive intrinsecus potu datum in
vino et oleo bono pari mensura quantum sufficit calefactum, seu deforis penna illinitum.

cuius compositio talis est. aeraminis combusti unc̄ II, 15
miseos assati semunciam, murrae troglodyticae unc̄ I, croci
semunciam, passi cretici heminam, piperis communis semunciam, vini aminaei candidi quod sufficit. universa cum
dimidio vini in mortario teris per dies numero XXII.
proinde reliquum vinum permiscens cum passo cretico 20
coque. agitatum transcolas in trullionem, sed et inmittis
simul supra memorata de mortario in ipsum trullionem.
tunc vero levioribus carbonibus supradatum [hoc est in-
positum] trullionem omni hora agitas, ne illa quae graviora esse videntur in fundo remaneant et comburantur. 25
ergo movenda sunt sine intermissione. et cum fervendo
in modum mellis devenerit, infrigidatum vase vitreo servare debebis.

5   Ad conceptum. leporis vulvam assam teris et dabis

1 Ygna *B.*   2 pancristum *B (cf. Aetii 7, 99).*   appro-
batae *B.*   3 sinancem *B.*   illita ... solvitur *B.*   5 Ad
otenitem missum *B.*   8 pyrena mellis *B.*   10 suffusionis *B.*
11 Ad pyrena mellis *B.*   14 penna linitum bene sanat *B.*
16 myrrae troclites *B.*   17 eminā *B.*   19 teris per *(sic) B.*
XXU *B* (XXV?)   23 hoc est inpositum *ex glossa addere vide-*
tur B.   25 infundere maneant *B (corr. ed.).*   29 *(et mox iterum)*
Ad concipere *(sic) B* (sed ad conceptum *135) cf. 163* ad emendare.
in marg. hic codex habet VI *(neque ultra extant numeri capitulorum).*

in vino mero in balneo in sabanis sedenti bibere ieiunae.
si ipsa die vel nocte tacta fuerit a viro, concipiet.

Ad conceptum experimentum. nardum asianum et
uvam passam creticam veram, purgabis ut tollas grana
quae habet, et murrae troglodyticae modicum. teris dili- 5
genter more collyrii. sic enim probabis. ad rostrum applicas
et labia inde fricas. si dulce est, sic mulier utatur. si
vero amarum, adauges uvam passam, et in lana pessarium
factum supones per dies XXX. etiam si stira est, concipit. et pariter praeparamus par viro. rutam agrestem 10
tere et inde veretrum lini, statim excalescit. postea si
non pausaverit veretri tensura, idem veretrum oleo ungues.

6   Inguina si a caballo doluerint, oleo rosacio tan-
guntur in balneo et extra balneum. si autem cum rubore
nimio aut ustura fuerint, cum cerussa permixta linantur. 15

7   Ad perniones. alumen scissum in aceto acri infundis et post diem agitabis et in pede perungues [id est
linies].

8   Ad lumbricos. in ollam fictilem mittis mentam usque ad medias, et desuper micas usque ad summum. et 20
implebis ipsam ollam aqua, et decoques omnia. bibere
dabis habenti lumbricos ieiuno. omnes per inferiora egerit.

9   Ad menstrua mulieri provocanda. rutae suci
cyatum unum calefactum ieiuna bibat. fortius autem provocat, si ieiuna levetur et sic biberit, ante tamen sine 25
balneo accipiat. sanguis si huius currere coeperit, surculos
ipsius rutae, de cuius foliis sucus expressus est, in ignem
mittat, et sanguis se stringit.

10   Potio ad luem. cucumeris silvatici radicem ad
quantum habueris mittis in mortarium et teris cum foliis 30

1 mero B.   ieiunae sic B.   4 veram (sic) B.   5 mirrae
troclitis B.   9 post factum inter lin. add. corr. et B.
scira B (στεῖρα ed.).   10 par sic cod. (om. ed.).   13 rosaceo B.   15 cerusa (sic!) B (corr. ed.).   17 id est linies
(quasi glossam) om. ed.   20 micas (sic) B (myricas ed.). cy-
athum: sic semper (ut docte solet) B.   25 levetur B (lavetur
ed.).   antequam balneum intret corr. ed.   26 surculus (sed
o ex u corr.) B.   29 ad (q. sic) B om. ed.

tenerioribus sempervivae apii et coriandri. cum bene triveris, adicies mel et grana piperis imparia quanta volueris
et universa temperabis et stagno servabis, et ieiunus uteris.
et si quis apprehensus fuerit, hanc potionem cum acceperit, statim foris exit omnis lues ab illo, et sanus erit. 5
nam qui epulatione usus fuerit et qui servierit ei qui lue
tenetur, numquam noceri poterit.

11   Chalasticum quod ostendit Vindicianus vir
clarissimus. imponendum in aluta pedibus dolentibus et
ligandum fasciola, et desuper udones induendi. cerae pon- 10
ticae unc̄ I, resinae frixae p̊ I, resinae terebinthinae ÷ I,
axungiae porcinae sine sale de porcilla virgine, etiam si
de pluribus, p̊ I. haec omnia in cacabo solvis, mittis postea
ceram, et desuper nitri alexandrini bene triti ÷ I, et agitando commisces. servabis in fictili.   15

12   Ad hemitritaeum, unde fiunt cardiaci et frenitici.
mala cydonia sicca trita lavato, et mittes in ollam novam
aquam fontanam, et decoques, et ipsam aquam bibere
dabis.

13   Antidotum diorobu. facit ad pectoris dolorem et 20
stomachi et iocineris, splenis, vesicae, ad haemoptyicos
⟨id est⟩ qui sanguinem vomunt vel expuunt, ad indigestionem, inflationem stomachi, tussim siccam, et ad
tussim suspiriosam id est qui fortiter suspirant. nausiae
prodest et salivis abundantibus. in his necessitatum uni- 25
versis doloribus cocleare plenum ieiunus manducet per
triduum. senties beneficium.

cuius compositio talis est. mastices, petroselini macedonici, oxypiperis quod in usu est unciae singulae, item

2 quanta *(sic)* B (quot *ed.*).   3 stagno *(sic)* B *(corr. ed.)*.
6 Nam *(sic)* B (Sed et *ed.*).   8 Vindicianus *(v. Hermes VIII,*
(42: titianus B.   10 induendos B.   pomicę B.   12 por-
cilia B (porcella *ed.*).   16 emitriteum B.   chardiaci B.
frenetici B.   17 cytonia B.   20 diarobum B.   21 ioci-
noris B.   emoptoicos B.   22 *ante* qui *addidi* i. = id est.
28 mastichis B.   29 oxypiperis *sic* B. *cf. 40.*   unciae singulae ... unciae binae *(sic)* B *(pro acc.). cf. 3. 40. 59.*

ysopi cretici, iris illyricae, rutae viridis unciae binae,
nuclei pinei unc̄ IIII. quae sicca sunt tundi et cerni debent, rutam autem cum nucleis pineis et masticen in
mortario fictili aspero detere. haec cum bene fuerint malaxata, postea quae sicca sunt iungantur et terantur simul. 5
desuper autem mitti oportet mellis summi quantum sufficit. universa in se creta confecta in vas vitreum missa
signata servari debent.

14   Decomai antidotos Terentii Eutychiani diatessaron. facit ad digestionem et ad urinam provocandam 10
et colum. cuius confectio talis est. petroselini macedonici,
piperis, inulae, feniculi semina aequis ponderibus tunsa et
cribellata, melli bono sufficienti despumato terendo iunguntur et dolio vitreo signata servantur.

    cum necesse fuerit, dabitur ita. ad digestionem cocleare 15
plenum comedendum. si autem mane stomachum indigestum
habet, similiter cocleare plenum comedat. ad urinam vero
provocandam in balneo in solio stanti cocleare plenum
solvis in duobus cyatis aquae calidae et bibendum dabis.
colicis quoque in aqua calida ubi apium fuerit decoctum 20
solutum plenum cocleare bibere dabis, post triduum tribus
cyatis aquae salitae.

15   Decomai titianos προcyαnιτeos quod latine dicitur
ad omnem passionem dolorum omnium seu interiorum
sive exteriorum, etiam quartanariis vel qui coeperint fe- 25
brire. haec nomina scribes de atramento in charta pura,
quae in tribus cyatis aquae calidae delavabis et ipsam
aquam bibendam dabis. res est ultra experimentata. acko
ΜΕΠΕΙΒΟS cvpω ΑΔΟΡΝΕ ΑντνΡΑ. fekevιωlk.

---

2 nuclei pinei *B (cf. Cass. p. 184, 7).*   3 masticem *(sic) B.*
7 insecreta *(sic) B (om. ed.).*   9 Decomai *(sic) B (item infra).*
euthiciani diathesseron *B. cf. aliud med. (apud Marc. p. 140, 8)*
quod ab Eutychiano archiatro primum traditum fertur.   12 hinulae *B.*   13 melle *B.*   18 in balneo in sole vero(û) stanti
(sic) B (in b. vel in sole s. ed.). cf. p. 359, 7.   22 saltae *B*
(salsae ed.).   23 *hoc totum cap. (consulto) omisit ed.* titianos *B:*
Vindicianus? *sic (scriptura semigraeca) B, scil.* προς παν παθος.

16   Antidotos faciens ad omnes dolores interaneorum. ysopi cretici ÷ II, calaminthae creticae, pulcii sine
fumo, petroselini macedonici, siseleos unc̄ ternas, apii seminis unc̄ I, ligustici semunciam, thymi hispani florum ÷ I,
piperis semunciam, zingiber semunciam. tunsa creta com- 5
misces cum melle bono despumato, et confectum vitreo
signatum servabis. ex hoc ieiuno dabis cocleare plenum.
17   Diamoron aplun id est simplex. mora silvatica triduo in cacabo mundo habentur. postea exprimuntur ex his
sextarii sex, quibus iunguntur mellis sextarii III commixti. 10
simul colantur et in cacabo stagnato coquuntur ad tertias.
servatur in dolio vitreo. datur ex hoc ad vulnera faucium,
dentium dolori. in acerrimis febribus constitutis temperatur
ex aqua calida vel ex frigida. sed et auribus ulceratis ad
cocleare fundetur, et obturatur lana.   15
18   Diamoron sceuaston id est sucus de moris sil-
vaticis quae collecta in cacabo triduo sint. quarta die ex-
primendi ex his sextarii sex. croci unc̄ II, aluminis scissi
÷ II, corticis mali granati ÷ II. sucus de moris et mel
et sucus labruscae bene commiscentur et colantur, et de- 20
super accipiunt trita et cribellata, et teruntur et iunguntur.
crocum ante triduum infunditur in suco labruscae ut facile teri possit. decocta simul usque ad tertias vitreo ser-
vanda sunt. facit ad faucium vulnera et totius oris, sed et
ad carnes quae supra dentes nascuntur.   25
19   Acopum diacissu. bacas lauri numero C, pilas cupressi num̄ XX, herbae sabinae foliorum libram I, resinae
pituinae liƀ I, germinis hederae unc̄ IIII, olei sabinensis
liƀ IIII, faeni graeci sextarium I, cerae rubeae liƀ I, praeter
haec cummi. resinam et ceram in cacabo infundis in aquae 30
fontanae sextariis II et olei libris IIII per triduum. quarta

1 anthidotos *B*.   2 calamentis *B*.   puleii *B*.   4 libistici *B*.   tymi spani *B*.   5 gingiber *B* (item infra).
16 Diamaron aplon *B*.   15 obduratur *B* (obturabitur *ed.*).
16 Diamaron *B*.   19 malogranati *B*.   melle *B*.
22 crocū *B*.   26 diacissū *B*.   cipressi *B*.   27 sauinae *B*.
30 gummi *B* (item infra).

die decoques quae infusa sunt leni foco, quamdiu aqua
absumatur. cummi vero teres cum oleo modico iam cocto
usque ad levitatem. resinam autem et cetera cum reliquo
oleo resoluta leni foco colabis, et tepefactum supra cummi
inmixtum agitabis de fecula. quod medicamen dolio vitreo ₅
servabis. facit autem ad totius corporis frigorem, et ad
sciam et podagram utilissime prodest.

20   Ad sanguinem vomentes. semen salicis unc̄ I tritum
cum vino austero permixtum ieiunus accipiat. sanguinem
restringit et vitium emendat. ₁₀

21   Confectio saccomeli. uvae acerbae suci sextarios II,
quem sucum cacabo stagneo per triduum servabis, supra
missis granis salis marini tribus, ita ut omnes faeces in
fundo resideant. exinde mittis suci limpidi sextarios II,
mellis despumati sextarios III. coques leni foco usque ad ₁₅
tertias. quod de ferula agitabis. frigidum factum vitreo
servabis. facit ad nausiam restringendam et ad ventris
fluxum et initia eorum qui sanguinem vomunt. sed et
dysenteriae incipienti cum aquae purae mensura dabis,
febrientibus tepidum, ceteris frigidum. ₂₀

22   Ad sanguinem de ano fluentem. mali granati
corticem tunsum et bene cribellatum in aquae calidae
cyatis II totidemque vini, et coclearia singula pulveris per
triduum da bibere, et restringit.

23   Ad dysentericos. ovum gallinacium cum aceto friges. ₂₅
et da manducare ei qui patitur per dies septem.

24   Item ad dysenteriam. fragmenta de mola ignifera
facies, et cum bene incaluerint, lapides ipsos in lacte caprino extingues, et illnd lac bibere dabis.

25   Ad eos qui cum tormento urinam faciunt. ₃₀
sisymbrium ex aqua decoque et tere limpide et da. bibat
cum caroeni mero ieiunus, ex aqua supra memorata.

    1 leni (cf. apud Anthimum ind. s. focus): levi B (item infra
4. 15 etc.).   5 frigdorem B.   7 schiam B.   9 austere B.
11 saccomellis B (f. stactomeli).   sucum B.   15 leui B.
19 disenteriae B.   21 malogranati B.   25 dissintericos B.
27 dissinteriam B.   31 sisinbrium B.   32 cum caro enim
ero ieiunus (sic) B.   & B (corr. ed.).

Ad lumbricos. herbam centauriam decoques ex aqua in olla nova et dabis per triduum. bibat cyatos ternos vel quinos. ad omnia etiam interanea facit.

26   Ad capillos in capite rasos ut spissi renascantur, qui ex infirmitate gravi ceciderunt. caput nova- 5 cula erodendum et liniendum ex hac unctione, cuius compositio talis est. tus dacicum, gallas, inulam, murtae nigrae seminis uncias singulas. omnia tundis, cribellas. post ladanum in vino vetere infusum, id est unc̄ II, per triduum desuper in mortarium missum adicis et simul con- 10 teris usque ad limpidinem, cumque spissare coeperit, tantum nardi boni campani desuper mittis ut in modum ceřoti strictioris deveniat. perfectum plumbeo reponitur • vasculo. uteris post rasuram quousque capilli densentur.

27   Ad nigrandos capillos. gallas acerbas numero X, 15 spicam celticam, muscum gallicum, murtae nigrae seminis uncias singulas, ova corvina tria. gallas, spicam, semen murtae tundis, cribellas, et postea in mortario medicinali teris cum vini veteris quartario uno per triduum. quarta die desuper adicies ova et in vino commiscebis. con- 20 fectum plumbo servabis.. quando uti opus est, oleo lentiscino et vino veteri resoluta infectione uteris, ita ut solutior sit et possit omnibus adhaerere capillis. sane sub hora infectionis oleum intra os habendum est ne dentes nigrentur.

28   Medicamentum Philosophiani quod dicitur 25 cysofarmacum unicum faciens ad passiones has. ad ulcera chironia, ad ulcera recentia, ad luxum, ad praecisuram, ad scabiem in capite, ad parotidas seu glandulas, ad ulcera naturae, ad contusionem et tumorem, ad deiectum et fracturam, ad carbunculum et furunculum, etiam si in 30 mamillis mulierum ulcera vel duritiae natae fuerint, ad

---

7 thus daciscum *(sic) B (corr. ed.).*   myrte *(vel infra mirtae) B.*   16 seminis uncias: semuncias *B.*   25 phisophianum *(sic) B* (Phisophiani *ed. cf. Philosophi apud Aetium 16, 55. 80. 88. 94. 15, 24 etc.).*   26 cysofarmacū *(sic) B* (κυσοφάϱμακον).   27 unicū. *B.*   27 loxsum *B.*   30 contunsionem *B.*   deiectā *(sic) B.*   31 duricies *B.*

ad faucium tumores aforis, ad scabiem, ad ragadium, ad
exochadium.

cuius medicaminis compositio talis est. cerae rubeae
et cerae ponticae libras singulas, opopanacis unc̄ II. oleum
autem secundarium pinguissimum tantum mittere debes, 5
ut pigmenta tegantur. resoluta in cacabo mundo colabis
et ad supra memorata uteris.

30   Diaherpyllu acopum. serpillum, faenum graecum,
iunci radices, roris marini libras singulas. haec omnia in
vini veteris sextariis V infusa sint diebus V, die sexto olei 10
sabini mittis sextarios quinque. leni foco impositum eo usque coquitur ut vinum absumatur. postea mittis cerae
ponticae uncias XIIII. facit autem podagricis, arthriticis,
spinae dolori, sciaticis omnibus mirifice prodest. et diacitriu acopum ad hoc facit.   15

31   Diacitriu acopum. cuius confectio talis est. in cacabo aquae ferventis deponitur alia ollicula aerea, ita ne
aqua illic intret olliculae. cui haec mittenda sunt. citreum

viride acerbum, peucedani viridis p̊ I, olei sabini sextarii II.
sub ipsa die simul coquuntur, supra fervorem aquae fer- 20
ventis ut ollicula habeatur ubi citreum cum ceteris est.
postquam haec decocta fuerint, oleum colatur in cacabo
et desuper mittitur cerae ponticae lib̄ I. agitatur quousque solvatur cera. confectum in vas vitreum reponatur.
facit ad ea quae et diaherpyllou, id est podagricis, arthri- 25
ticis, spinae dolori, et sciaticis.

32   In aure vulnus si fuerit, excavas malum granatum
et mittis illic myrran piesten mel et acetum et ad cynisam
coquis. ex eo mittis tepidum per folium lauri aut otenchyten. sanat. alii pro murra afronitrum mittunt.   30

---

4 pomicae *B.*   8 Diaherpillum *B.*   11 leui *B.*   13 pu-
micae *(hic) B.*   14 sciaticis *B (cf.* scia *19) pro* ischiadicis.
14 (16) diacitrium *B.*   15 ad hoc—acopum *B (om. ed.).*
21 ut *om. ed.*   23 ponticae *(sic hoc loco) B.*   25 diaherpillon *B.*   28 myrram piasten *B (== στακτή cf. Diosc. 1, 77
unde suum duxit ed.* pediasimos).   ad cynisam *(sic) B (ad
dimidium ed.).*   29 othentyten *B.*   mirra *B.*

33   Ad hydropem. vituli masculi stercore cum aceto acri permixto spisse venter liniendus est, ita tamen ut ante ipse hydropicus toto corpore dropacetur.

34   Ad hydropem. squilla id est bulbus prunis vel furno assatur, deinde circumpurgatur et medietas eiusdem bulbi 5 in aqua coquitur. posteaquam coquendo colorem mutaverit, tollitur. ex quo bulbo scripulus unus et dimidius teritur cum oxymeli. tribus cyatis calefactum bibendum datur. omnem calamitatem per urinam evacuat.

35   Ad hydropem. lomentum fabacium bene cretum et 10 cineres de fornacibus optime cretos aequis ponderibus adunatos in aqua calidissima conspergis et facis cerotum in modum cataplasmatis. inducis pannis duobus, ita ut unum habeat inante et alterum aretro. omnem calamitatem umoris aut per peditum digerit aut per urinam.   15

36   Ad hydropem, quod monstravit Leoparda de lupo, si viro de masculo, si mulieri de lupa remedium faciendo. cor seca totum et pulmones. omnia simul comburas, ita ut carbones fiant. quae teri, cerni id est cribellari, et in pulverem redigi debent et vitreo servari signata. cum ne- 20 cesse fuerit, vinum bonum, sed non vetus, mittis in ollam fictilem novam, et de puleio quod fumo tactum non est, facies fasciculum, et ex eo facis agitari ipsum vinum. posteaquam perbullierit, facies potionem, et tepefacta potione cocleare plenum pulveris das bibere ei qui patitur, 25 per triduum.

37   Ad hydropem, quod monstravit uxor nomenculatoris. in ollam fictilem novam mittis unam radicem de costo et de folio malobathri tres surculos grossos et fasciculum qui de publico emi debet feniculi. bulliant haec 30 omnia in olla cooperta. ex eo mane unam potionem bibat et sero qua hora se collocat unam.

38   Ad hydropem potio experimentata Cornelio. squillae

4 prunis vel: pruinosus *(sic) B* (sub prunis *ed.*). *cf. 38.*
8 oximelle *B.*   15 pedum *(sic) B (ubi* anum *corr. ed.).*
27 nomen culatoris *(sic) B.*   29 malobatro *(sic) B.*   30 quod
B (corr. ed.).

purgatae id est bulbi prunis minutatim secti p̊ I, vini
aminaei vetustissimi sextarios III. in fictili per triduum infundis et vas die quarto foco leni inponis et coquis quousque vinum ad tertias veniat. sublato vase de foco, partes
squillae proicis expressas, sucum vero vitreo servabis. ex 5
hoc quando opus fuerit quartarium hydropico ieiuno calefactum dabis. locis autem deforis tumentibus aut inflatis
aut umore plenis stercus bubulum cum faece aceti resolutum spisse amabis tam diu quousque ad limpidam sanitatem patientia loca perducas. sane de suco priore ter 10
singulos quartarios dabis, id est triduo intermissis singulis
diebus.

39   Ad hydropem, quam frequenter experimentavit Eugamius confectio. columbi agrestis vivi integri cum pennis
suis exusti in olla fictili in cineres conversi, ex his 15
quantum tribus digitis levare potueris, et herbae sabinae
tunsae cribellatae tantundem, et murrae troglodyticae
quantum tibi videbitur, in vini meri afri calefacti cyatis
duobus ieiuno digesto bibendum dabis. primo tamen die
sentiet beneficium potionis, ita ut per urinam satis mittat. 20
alii incipiunt subito et per nares emittere umorem.

40   Ad dolorem ventris et ad tortionem experimentatum a Cornelio. calaminthae, nam sic est herbae
nomen, puleii sicci sine fumo, petroselini, ligustici unciae
singulae. siseleos, apii seminis, zingiber, iuniperi, thymi 25
hispani, piperis quod in usu est unciae binae, mellis
optimi despumati quantum tibi videtur. omnia haec tunduntur, cribellantur et in melle despumato coniunguntur.
reponuntur in vitro. quando vero opus est, in aquae ca-

---

1 bulbi prudilus inminiutatē facti *(sic) B.* (crudi minutatim concisi *ed.). cf. Diosc. 2, 202. Plin. 20, 9 s. 39.*
2 aminei *B*   3 leui *B.*   8 faece: peste (aceti) *B* (parte
corr. *ed.*).   9 amabis *(sic) B.*   14 uini *(sic) B (corr· ed.).*
17 mirræ troclites *B.*   23 calaminae *B (corr. ed.).* · herbae:
sc. nepetae *Garg. I, 23.*   24 libistici *B.*   semen *B.*   gingiber *B.*   thimi spani *B.*

lidae cyatis tribus, ubi apium fuerit decoctum, dandum antidotum modo nucis abellanae.

41   To dialthaeas. si sub hirco scabies exierit, ad duraniolos facit et ad loca dolentia universa, praecipue tamen ad umores et duritias et apostemata. prodest aeque 5 carbunculis clavulis et furunculis.

    ·cuius compositio talis est. spumae argenti, olei communis libras singulas, galbani ÷ IIII, cerae rubeae, resinae terebinthinae libras singulas, ibisci radicum fasciculos IIII. spumam argenti cum oleo in mortarium mittis et teris 10 usque ad summam limpidinem. resinam, ceram cum galbano foco leni impositam solvis in cacabo, proinde colas et iungis cnm spuma argenti et oleo detritis. ibisci autem radices detergis et postea lotas in pila tundis et in mortario fictili pistillo ligneo teris, quousque bene sit detritum. 15 paulatim iungitur cum supra memoratis, et terendo adunantur. confecta in fictili servantur.

42   Musae trocisci virtus prodest his passionibus. capitis dolori et oculis saepe reumatizantibus, ex aceto resoluto tota frons linatur. auribus umore plenis aut vul- 20 nera habentibus, ex vino austero et melle resolutus auribus infundetur. gingivis putridis aut sanguine plenis vel dentibus fluxis, in pulverem detritus aut digito aut mele intra os mittitur. narium ulcera inveterata diuturno umore ex vino austero resolutus et intromissus sanat. ulceribus om- 25 nibus forensibus cum linteolis linitus et impositus prodest. fluxu ventris et sanguine assellantibus seu rasuram cum putredine facientibus ex vino austero cocto in murta quantum modum aestimaveris, vel certe quasi mero, in

3 Todia althea *B.*   aut duraniolos *(sic) B.*   9 hibisci *B.*   radicis *(ex* raᵭ*) B.*   12 leui *B.*   18 Musa virtus trocisci *(sic) B.*   19 ex *ed.*: et *B.*   21 austere *B.* 23 fluxis *(sic) B.*   detritus *ed.*: retritus *B.*   melle *(sic) B.* 25 austere *B.*   resolutū et intromissum *B.*   26 linitum et impositum *B.*   27 fluxu v. ex sanguine *B.*   28 austere *B.* mirta *B.*   29 merum *B.*

pessarium missum inicis, mirifice prodest. ad ulcera chironia linteola infusa imponuntur, et ad carcinomata et ad omnia vulnera vetera. ad naturam dolentem in aqua tritus spissus linatur, et linteolum infusum ponitur. paronychiis ex aqua tritum saepe inungues. 5

    cuius compositio talis est. aluminis scissi $\div$ III, aloes indicae $\div$ III, murrae $\div$ II, croci $\div$ II, crocomagmatos $\div$ III, chalcanthi II, mali granati corticulos qui primi nascuntur antequam poma fiant $\div$ IIII, aeris floris $\div$ II. cortices tundis et teris, crocum autem vino aminaeo aut 10 falerno infundis. quod alio die tollis de vino et in mortario teris. cum tritum fuerit, adicies et ceteras species desuper et in modum coclearis conteris, cum melle sufficiente et vino bene subactum. ex eo trociscos facis siccatos, et in aluta molli servabis, et loco sicco reponis in 15 vitro. ad supradicta de experimentis.

43   Ad lumbricos. cornu cervinum secas et scobem ipsius cum mellis modico in aquae calidae cyatis tribus dabis bibere.

44   Ad profluvium a me tertio haec duo remedia 20 sunt experimentata. de capillis ipsius mulieris qui ei cadunt quando se ornat, facit mataxam et in medio nodum, et in arbore quacumque pomifera ligat de ipsis capillis unum nodum. quos capillos illic relinquit in arbore aliena. mulier manifeste sanatur, arbor autem arida fit. 25

45   Ad vesicam. carbones de arbore persico $\div$ I, picem p̊ I, resinam astulosam p̊ I, oleum $\div$ II, ceram $\div$ II, aceti potionem, lamminam cyprinam $\div$ II. quae terenda sunt ⟨teris⟩ cum aceto in mortario medicinali per triduum, quarto autem die decoquis. his in cacabum missis, resolutis cum oleo, 30

---

1 cyronea *B.*   2 *post* carcinómata *add. B* id est (et ad o. v. v.).   4 Panariciis *B.*   8 calcanti *B.*   malogranati caliculos *B.*   20 a me tertio *sic B et ed. (latet nomen pr.).* haec duo: *sed unum tantum revera subicit (ex auctore cuius verba repetit)!*   26 persico *(sic) B.*   pice *B.*   27 resina asclosa *(sic) B.*   oleo *B.*   cera *B.*   28 potionem *(sic) B.*   lammina cyprina *B.*   teris *addidi.*   30 His *(sic) B.*

transcolatis, misceri illud oportet quod in mortario fuerit tritum. adunatum exagitatur, quousque in modum emplastri deveniat, linteolo inductum ponitur.

46   **Ad epar et ad splenem.** cupatorium, costum, gentianam, aristolochiam longam, aristolochiam rotundam, 5 bacas lauri mundas sine cortice, piper. omnia aequis ponderibus tundis, cernis, vitreo servabis. cum necesse fuerit, dabis in tribus cyatis meri vini veteris calefacti cocleare plenum. si autem febriunt, in aquae calidae cyatis tribus.

47   **Ad coli dolorem.** thymum hispanum tundis et mol- 10 liter cernis, et das die primo cocleare I, die secundo II, die tertio III. si febriunt, in aqua calida. si minus, in vini veteris cyatis tribus.

48   **Ad dysentericos.** conchylium, anchusam, amylum alexandrinum. aequis ponderibus tunsa et cribellata in 15 ovo sorbili dabis. cocleare plenum ieiuno et post cenam dabis.

49   **Aliud Eusebii ad dysentericos.** uvae silvaticae adhuc acerbae folliculos cum granis suis, proiectis vero sucis. sicca utraque tundis, cernis et in vitreo dolio ser- 20 vabis. ex hoc in tribus cyatis vini veteris meri cocleare plenum, febrientibus vero cum omfacomeli.

50   **Ad idem.** membranas exteriores ventris gallinacii, quas coci semper proiciunt, ad solem siccabis, ita ut sint XXV. tundis, cernis, cum gallis asianis II. ex quibus pul- 25 verem factum pariter miscebis cum amylo alexandrino. cocleare plenum semel.

51   **Ad colum.** in balneo posteaquam te lotus per sabana vestiveris et sederis, dicito intra te, per te diachylon diachylon diachylon. 30

4 epar *B.*   8 calefacti *(sic infra c. 118):* calastici B. 14 *cf. idem remedium infra (c. 140) ex alio fonte traditum.* disintericos *B.*   amilū *B.*   18 eusebi *B.*   *idem remedium infra c. 142.*   22 cū unfaco melle *B.*   23 membranā exteriores *(sic) B. cf. infra ubi idem remedium c. 143.*   24 quas: quā *B.*   27 *infra ad alia pergit auctor exscriptus de dysenteria.*   29 per te *(sic) B.*   30 diacholon *B.*

51   Ad calculum Porfyrii. brassicam bene siccatam teris et piperis pondus duplum, itaque cribratis et in se mixtis cocleare plenum dabis in potione caroeni. salvus fiet.

52   Ad fluxum sanguinis de naribus, experimentatum. de ipso sanguine nomen eius cui fluit litteris latinis in 5 fronte scribis ad cannam, et statuisti.

53   Ad idem, experimentatum. chalcitin tritam si linteolo in cortinae extremitate tetigeris et in narem miseris, statuisti. hoc et si de diachartu feceris, idem valet. si autem nimium sanguis currit, ipsius hominis pedes in 10 aquam frigidissimam depone, et statuisti.

54   Ad idem, experimentatum. de cacabo sive aereo sive fictili fuliginem tritam per cannam perfusam si intra nares miseris, statuisti sanguinem.

55   Decommai ad hordeolum qui in oculo ab se 15 nascitur. galbanum, tus et mannam in se ex aequo pondere commisces, et in linteolo inductum pone.

56   Ad epar. coctum eupatorium, lupinum crudum aequo pondere tunsum, creta commixta. dabis cotidie in vino cocleare plenum in tribus cyatis melicrati calidi.   20

57   Ad idem. guttae ammoniaci ÷ III, costi ÷ I, petroselini macedonici ÷ I, feniculi ÷ II. haec quattuor tunduntur, cernuntur. mellis autem attici librae II semotim bulliunt, et sic desuper supra memorata mittuntur. ex eo ieiuno danda sunt II coclearia. intermissis iterum duobus 25 diebus accipiunt usque quater.

58   Ad lateris dolorem, ad perstrictiones, sed tamen recenter bibendo. ysopum, origanum coquis pultario novo. bullit ter aut quater, et mittis acetum in mortarium, mel, et mane coclearia duo vel tria utitur.   30

---

1 porfiri *B.*   3 caroeni *etc.*: caro enim salva fiet *(sic) B (om. ed.).*   4 *idem remedium ex eodem fonte apud Marcellum p. 110, 18 Helmr. simile etiam in Ps. Theod. ad I, 14 (44).*   5 literis *B.* 7 calchiten *B.*   linteoli *B (corr. ed.).*   8 narē *(sic) B.* 9 diacharto *B.*   10 minus *B* (nimius *ed.*).   15 hordiolū *B.* 16 manna *(sic) B.*   20 mellicrati *B.*   23 libras *B.*   29 in mortariū mel *(ubi* 1 *in ras.) B* (cum melle *ed.*).   30 utitur *(sic) B* (sumat *ed.*).

59 Ad calculos expellendos, etiam infantibus. unum calculum porcinum, seminis cauliculi, cymini, bacarum lauri siccarum mundarum, piperis unciae binae. haec separatim tunduntur et bene cribellata in unum rediguntur in dolio vitreo. dabis cocleare plenum in caroeno mixtis 5 cyatis tribus.

60 Ad cordis dolorem, etiam si spina doluerit. lasaris cyrenaici grana tria detrita, mellis et aceti aequo pondere ut faciat cyatos tres, bibat.

61 Ad auriginosum. herbam aristolochiam, muscum de 10 tecto quem fumus non tetigit, in se teris, et spargis in corpore. vel pulverem ipsum dabis, cum vino veteri bibat.

62 Ad auriculae dolorem. malum granatum siccum exinanis, et mittis mellis coclearia duo et aceti glutum unum. bulliat in se ipsum malum granatum. de argilla 15 deforis linis ut bene bulliat. etiam tepidum per folium lauri mittis in auriculam.

63 Ad intestinorum dolorem. brassicam britannicam conteris et sucum eius in aquae calidae cyatis tribus dabis bibere. aut cyminum hispanum dabis. 20

2 porcini *B.* sem . . . cyminū bacae l. siccę mundae *B.* 3 bine *(sic) B.* 5 in caroeno mixtis: in coclera mixta *(sic) B (ubi male legit ed.* in* codera). *cf. infra* 129. 18 stantinorum *B (corr. ed.).* 20 *hic sequitur in cod. Brux. sine discrimine insertum fragmentum notissimum qnod ex Dioclis ad Antiochum epistola graeca derivatum est* Corpus igitur hominis dividimus in quatuor partes caput pectus ventrem atque vesicam . . . (*des.*) reliquum tempus facile transibis sine vallatione medicorum (*ed. f. 91ᵇ—93ᵇ*). *idem eodem ambitu fragmentum extat in cod. Hafniensi vet. reg.* 1653 *sic inscriptum (f. 75ᵇ)* Item dogma Ippocratis (*post* librum artis medicinae) *eiusdemque particulas insertas habes in excerptorum medicorum congerie, quam Sorani isagogen dixit editor A. Torinus (Bas. 1528) f. 3ᶜ—4ᵇ + 2ᵈ—3ᵃ. sua autem inscriptione* Ypocratis epistola ad regem Antiochum *quam plurimis exemplis et repetita et mutata legitur. post hanc igitur epistolam altera remediorum series sequitur, quam priori subiungo.*

Antidotarium Brux. secundum.

64   Ad capitis dolorem ut in sole non doleat. radicem puleii post auram sinistram baiulabis. Item. quando te levaveris, antequam ⟨in⟩ solium descendas, de manu sinistra haurito aquam et supra cerebrum ter mittito. Item aliud. papyrum tenes in manibus tuis et nominas septem viduas quas nosti, et facis septem nodos in eo, et in fronte ligabis. Item. vitis albae corticem comburito et miscens cum vitello ovi linias in fronte.

ΠΡΟСΤΑΝΤΑΕΟС.   10

65   Ad morsum serpentium. gentianam, aristolochiam rotundam, lauri bacas purgatas, murram aequis ponderibus tunsas admisces melli optimo.

66   Ad hemicranium. canis mortui capillos de capite tollis de duobus digitis et pulli mortui, et die sequenti minimo in linteolo de licio in collo suspendis. Item. radices salsas rafani tere, quae adhaeserint tolle et tere cum aceto acri, et lini hemicranium.

67   Ad gravedinem aurium. fel caprinum, mel atticum quantum et fel fuerit, murram, oleum rosacium, ⟨rad⟩ de chesisboum factis simul, in carbonibus calefacis, et in aurem mittis.

68   Ad vermiculos qui in auribus nati fuerint. amurcam calefacies, et mittis in aurem.

69   Ad auriculae dolorem. porri sucum cum nardo calefacies, et intus mittis.

---

3 baiolabis *B.*   10 *sic rubro scriptum legitur (idem quod supra c. 15), sed nihil additur (linea non expleta).*   14 emigranium *B.*   18 emigraniā *(hic) B.*   20 rosaciū de hespono factis simul *(sic) B (ubi ed., ut solet, delet quae non intelligit).* *cf. Cass. Fel. p. 165, 15* radices de cesisboum (bonum *codd.*).

70   Ad aurium dolorem et vulnera. herbae samariae sucorum coclearia duo, mellis coclearia II, olei coclearia II, suci porri virginis coclearia II. haec omnïa simul commisces coquens igni leni, et intus mittis.

71   Ad infirmum ut dormiat. semen zizanii cum aqua 5 teris, et facies grana minuta in modum ciceris, et das infirmo ut dormiat. ad causas supradictas ut dormiat, grana bina vel terna glutiat.

72   Ad tussim. semen cannabis, fabam combustam, puleium, irin illyricam, piper, ysopum, semen de urtica et 10 aneti radicem. omnia haec semis ad scripulum mittis, et teris in aqua calida.

73   Ad tussim. herbam marrubium decoques ex aqua ad tertias, et mel despumabis. dabis bibere.

74   Ad tussim electuarium. petroselini unciam I, zin- 15 giber ÷ I, piperis ÷ I, cydoniorum coctorum pondo duo, mellis II. pariter omnia commisces et coquis. dabis ieiuno cocleare.

75   Ad tussim. nuces grandes sine nucleo coques in olla nova et aquam quantam volueris. dummodo sextarium bibat 20 ex vino, sanabitur.

76   Item. sinapi alexandrini unciam friges, et piperis unciam, atque in unum conteris, et contritum in pultarium mittis adiciens mellis pondo I, et coques usque cum spissum sit, et refrigescat. ex hoc ieiunus sub lingua 25 teneat, et dum se coeperit solvere transglutiat. hoc et noctu cum dormire coeperit, faciat.

77   Ad idem facit, et maximum remedium est. equi salivam ex aqua calida bibat per triduum. is qui tussierit vivet, equus morietur.   30

78   Ad idem. aneti seminis cyatos tres, piperis scri-

---

1 sama | riae *(sic)* *B* (sanguinariae *ed.*).   4 igni *(sic)* leui *B.*   5 zizanii *(sic)* *B* (sesami *ed.*)·   6 et das i. u. dormiat *B*: om. *ed.*   7 supradictas: *sc. supra in textu auctoris hic excerpti!*   11 semis ad scr. *(sic)* *B.*   16 citoniorum *B.* 28 *idem aliis verbis ex Plinio remedium apud Ps. Plin. med. I, 23 p. 37, 19 Rose.*   30 vivit *B (corr. ed.).*

pulos XII, mellis sextarium I. tundis et cribras, in melle commisces, et sic uteris, mane coclearia tria, et alia die similiter.

79   Ad idem. irin illyricam dr̄ I, mellis quod sufficiat, quousque sit eliquata spissitudo.

80   Ad coli dolorem. azymum panem tundis et per cribellum cernis. et das die primo in vino cocleare unum, die secundo ⟨duo⟩, tertio tria, febricitanti in calida, sano ut dictum est in vino veteri.

81   Ad colum. siliquas afras tres, piperis albi grana XXI, costi scri̅p IIII. post omnia haec trita et cribellata, in vino ignito potionem facis, et dabis ei cocleare unum. hoc per triduum, si dolet. ignitum ferrum sic in vino extingues.

82   Item. lavabis radicem, combures. grana LXXVIIII in mortario teris in vino, et dabis potionem diebus VIIII.

83   Item. lignum nodosum sambucineum mittis in focum, et dum coeperit exuri, paulatim favillam de eodem extinguis. colligis in vasculo mundo. et rursus apposito ligno ad ignem, iterum et frequentius hoc faciendo colligis usque ad cocleare plenum. cuique pulveri adicies grana XIIII, cymini grana XVIIII. contrita simul cum pulvere adicies in calida potione facta. da ieiuno ut bibat plurimis diebus.

84   Item. testas ovorum gallinae, cum primum ova fuerint supposita post exclusionem collecta. omnia uris, et teris diligenter in mortario. adicies piperis grana XXI. simul diligenter conteris. et dabis in aqua calida cocleare plenum. hoc facies per triduum.

85   Item. caput sardae decoques diligenter in aqua nimfali, quam colatam calidam dabis ei bibere.

86   Item. sanguinem anguillae, cum rubello vino, aequis mensuris cum aqua tepida mittis.

87   Item ad colum. afronitra matronalia duo. in aqua dabis.

2 alia *(sic)* B.   4 irin ... dragm̄ B.   6 azimū panem: tymum hispanū *(sic) supra in c.* 47.   8 duo *om.* B *(add. ed.).* 14 Lavabis *(sic)* B (Canabis *ed.*).   15 pot̄ B.   16 sambucineū B (sambucinum *ed.*).   20 grana *(sic)* B, canabis grana *ed. (propter c. 82).*   28 nimfali *(sic)* B.

87   Ad mamillarum dolorem. terrae tubera viridia et axungiam veterem sine sale tunde, et panem. facies cataplasma et impones.

88   Ad cancrum in mamillis. submittes illi pedes de lecto quae necessitatem patitur, ita ut terram non tangat, et facies pugnos pollicis intus, et dices in manus, hoc est inclusum in pugnis Asca. basca. rastaia. serc. cercer. recercel. nihil est, nihil est, nihil facturum erit. quod ego ille aut illa | *(f. 44ᵇ)* filius gaiae seiae mamillis si pectus habeo a te, deus peto praestes. expues in manus semel et deduces ab umbilico sursum versus per mamillas. ter hoc ter ternis facies, et remediabis.

89   Quibus ungues dolent sive paronychia. mel coquens despuma, radices ad aequam spumam argenti et aeris florem tritum simul commiscens, et unguibus in linteolo impones.

90   Ad eructationem vel stomachi inflationem. murtae nigrae bacam contritam dabis cum vino veteri.

91   Ad stomachum confirmandum diatessaron. cyminum, rutam, bacam lauri aequis ponderibus trita. melle mixto, cocleare plenum ieiunus bibat.

92   Ad formidinem cordis et spasmum. folia persici trita ponentur ad cor, et sucus horum.

93   Item. rutam ex aceto et melle cum farina hordeacia pectori impones.

94   Ad cordis dolorem, etiam si spina doluerit. lasaris cyrenaici grana tria detrita in melle et aceto aequo pondere, quo faciat cyatos III, bibat.

95   Ad formidinem cordis et spasmum. rutae fasciculos in rosacio oleo et aceto decoquito. et ungue eum,

---

4—12 *hoc totum (consulto) om. ed.*   3 exungiam *B.*
5 quae: qui *B.*   6 pollicis: pollinis *B.*   9 filius gaia esse iaebo. mamillis *etc. (sic) B.*   10 pectum habeo ate. Deus peto p̄stet. Expues *etc. (sic) B.*   13 sive parohicia *B.*
14 radices ad aequam *(sic) B: om. ed.*   18 vet̄. *B.*   19 Ad s. diatessaron confirmandum *(sic) B.*   24 hordeacea *B.*
26 laseris *(hic) B.*   28 bib̄. *B.*

ut sudor desinat, quia cordis vel animi angustiae sudorem frigidum generant.

96   Item. vino mero spongiam macera, et sinistrae mamillae imponito.

97   Ad fluxum ventris. gallam et testam de locusta 5 teris, et mittis in ovum sorbile, et dabis.

98   Ad ventrem ut faciat. betam ex aqua mulsa decoques, sparso nitro. cum manducaverit, impensam ipsam bibat.

99   Ad lumbricos. coriandri semen cum melle dabis 10 manducare.

100   Ad fluxum ventris. lenticulae agrestis semen teris, et dabis in aqua calida, et mox restringit. etiam si infans lactans patitur, bibat nutrix eius, et lactet infantem, et statim infans sentiet.   15

101   Ad ventrem faciendum. rubricam mittis in aquam calidam, iuxta modum potionis. dabis potum. etiam si lumbrici sint, subsistent.

102   Ad eos quibus venter iuxta consuetudinem non facit. bitumen virginem, herbam mercurialem, apium, 20 damascena quinque in aqua nimfali discoque. quam diligentissime colas et facies ex ipsa aqua drogari, in quo modicum olei adicies. datur ei potum.

103   Ad duritiam ventris. in tribus caricis pinguissimis exprimis lac, et dimittis in ollam, ita ut paene sit plena. 25 dabis hoc manducare.

104 ·   Qui sunt pinguissimi corpore ut extenuentur. ossifragi avis ventriculum siccum ad ventrem alligabis, ita ut corpus contingat et cum homine maneat. ad exilitatem, quantum voluerit, veniet.   30

105   Ad ventris strictionem. castaneae coria tria et mali ac piri, et rosae flores. in aqua calida dabis bibere.

---

3 Item *B*: In *ed.*   7 ut faciat *(sic) B*: *om. ed. (qui* ad ventrem *trahit ad c. 97).*   10 coliandri *B.*   14 lactens *B.* 21 nimphali *(hic) B.*   22 drogari *(sic) B* (potum *ed.).* 23 potū *B. (hic om. ed.).*   28 ventrem—(29) maneat *in ras. B.*

Ad solutionem ventris. ovum et butyrum in se coques, et in linteolo inductum ad praecordia imponis.

106 Ad suspirium. lapidem modicum de fluvio, qui teri potest, de manu sinistra tollito, et in vino dabis. aut certe tria grana alii ad tertias decoquito, et bibat. 5

107 Ad suspirium. aquam quae in arbore invenitur in lacunis cavisque corticibus consistens, suspirioso potum dabis.

108 Item. vettonicam cernis, cretam repones. cum opus fuerit, drachmas tres cum lacte caprino ieiunus accipiat. 10

109 Item. centauriae herbae sucum nucis abellanae magnitudine in oxymeli cyatis tribus da. bibat, sanus erit.

110 Ad lateris dolorem et ad perstrictionem si = 58) tamen arcentem nimium. ysopum, origanum coques in pultario novo. bulliat ter vel quater. acetum mittis in pul- 15 tarium et mel. et mane coclearia duo vel tria utitur.

111 Ad lateris dolorem. petroselini fasciculos sex semis, piper tritum. dabis in vino, et in ipso latere recumbat.

112 Item. semen absinthii tundis et facis pulverem et commisces cum axungia veteri. inducis in pannum et in- 20 ponis.

113 Ad lateris dextri dolorem et ad epar. piper, costum, apii semen aequis ponderibus tundis et cribellas. in aqua calida potionem dabis, mittis autem cocleare unum. 25

114 Ad lateris dolorem et si quis pondus levaverit. sulphur vivum, picem, resinam astulosam, bitumen tritum. in charta in se inponis in balneo in loco ubi dolet, si multum dolet. et postmodum triduo a balneo se abstineat. 30

115 Ad lateris dolorem. herbam chelidoniam tritam cum axungia inponito.

5 allii *B.* 9 betonicam *B.* 10 dragmas *B.* 12 oxymellis *B.* 13 ad perstrictionem si tam̄ arcentē nimium *(sic) B.* 16 coclearia . . . utitur *(sic) B* (sumat *ed.*), *ut c. 58.* 17 faculas *(sic) B (corr. ed.).* 27 masculosam *(sic) B* (maculosam *ed.*). 32 exungia *B.*

117   Item. tritam cum vino da ieiuno. bibat, sanus fit.

118   Ad epar. linum, eupatorium, costum, gentianam,
46) aristolochiam longam, aristolochiam rotundam, bacas lauri
mundas sine cortice, piper. haec omnia aequis ponderibus
tundis, cernis, servabis. cum necesse fuerit, dabis in tribus 5
cyatis meri vini veteris calefacti cocleare plenum. si autem
febricitet, in aqua calida trium cyatorum mensura.

119   Ad epar. costum, eupatorium, lupinum crudum aequis
ponderibus tunsum, cretum, commixtum. ex hoc dabis in
tribus cyatis melicrati calidi cocleare plenum, per triduum. 10
sic potio danda est ieiuno.

120   Item. guttae ammoniaci ÷ IIII, costi ÷ I, petroselini
57) macedonici ÷ I, feniculi ÷ II. hae species tunduntur, mellis
autem attici libra I semotim bulliat, et sic desuper me-
moratae species funduntur. ex hoc ieiuno dantur coclearia II. 15
intermissis iterum duobus diebus accipiant usque quater.

121   Item. piperis grana XXX, bacas lauri mundas sine
cortice [grana] X. simul in mortario teris, et dabis in vino
veteri cyatos tres, et in eo latere recumbat. hoc per triduum. si febricitaverit, in aqua calida dabis. 20

122   Item. corticem radicinae abellanae in vino terito, et
dabis.

123   Item. vulpis splenem siccas, et dabis tritum ieiuno
in condito. aut certe costum, faenum graecum, oryzam,
piper aequis ponderibus tundis et in condito dabis. 25

124   Ad spleniticos. ficus et pilulas cupressinas decoque cum aceto, et facis cataplasma, et imponis.

125   Item. polii cyma quae prius nascitur, teritur. et in
vino dabis.

126   Item. radicina ebuli sicca aut certe radicina salicis 30
coquitur in aqua. et dabis ieiuno vinum vetus.

127   Stipitem novissime purgatum bene combures et pulverem facies, et dabis.

2 eupartorium *(sic)* *B.*   13 fenuculi *B.*   15 funduntur:
tunduntur *B.*   17 mundas: mundi *B.*   18 grana *delevi.*
21 radicinae *(sic)* *B* (rasum *ed.*).   23 tritam *B (corr. ed.).*
26 spleneticos *B.*   28 policima *(sic) B.*   32 Stipitem *(sic) B.*

128 Si infanti vel maiori ad assellandum intestinum descenderit, facies hoc. stercus asini comburis. bene facto pulvere in olla, proicis eum in dentes et ipso pulvere intestinum aspergis. de aqua non lavas. posteaquam pulverem asperseris, videbis si ipse intestinum detergas. 5 hoc assidue facis, usque dum cesset descendere.

129 Ad intestinorum dolorem. brassicam britannicam
= 63) conteris, et sucorum eius in aqua calida cyatos tres dabis bibere.

130 Si infanti vel maiori ad assellandum intesti- 10 num descenderit, sive sanguine puro sive cum stercore assellatus, sublavet se de aqua suprascripta cum acacia. postquam delotum fuerit, inicis sevi hircini calefacti in aqua calida coclearia duo. vel suci oryzae coclearia duo et acaciae cocleare dimidium in clystere commixta 15 inicis. caulis cum poli tritus esse debet.

131 Ad iocineris dolorem. lupi cor siccnm teris cum pipere, costo, petroselino. ieiunus ex mero bibat.

132 Item. vettonicae fasciculum et mellis sextarium decoques ad medias. et dabis per triduum. 20

133 Ad nausias et vomitum. alium coctum tritum ex melle ad cocleare manducet. vel anetum ex aqua mulsa dabis

134 Ad sanguinis vomitum. glutinis libram. ex aqua potionem dabis. bibat, et curatur sine periculo. 25

135 Qui escam non continet. stercus passeris parietarii teris. dabis in vino veteri ad potionem coclearis unius. mox escam tenet.

136 Ad renum dolorem. picem, bitumen iudaicum, sulphur vivum, nitrum. trita omnia mixta in se imponis. 30

---

3 proicis—dentes et *B*: *om. ed.* 5 videbis ipse in testa. anū d. *(sic) B* (v. ipse ne intestinum d. *ed.*). *cf. c. 170.*
8 sucorum *(sic) B* (sucum *ed.*). 12 suprascripta *(sic) B, sc. ab auctore exscripto, quam omisit compilator.* 13 agacia *B.*
delotū *(sic) B.* sẹvi *B.* inicis *(sic) B* (mittis *ed.*).
16 caulis cum poli tritus esse debet *(sic) B: om. ed.* 19 bethonicae *B.* 21 alium: oleum *B.* 26 paretarii *B.*

137   Item. herbam artemisiam a pridie ubi nascitur in-
quires, et alia die ante solis ortum inclinatus de sinistra
manu velle. sine nodo concingis te.

138   Ad hircosos. tus masculum et alumen tere, et ascellas hircoso line. aut murta sicca.   5

139   Ad renum dolorem. ieiunus puscam tepidam bibat,
et inambulet. aut certe sevum bubulum manducet, aut certe
suinum virginem. ad renem ligabis.

140   Ad dysentericos. conchylium, anchusam, amylum
= 48) alexandrinum. haec omnia aequis ponderibus tunsa, cri- 10
bellata servabis. in necessitate dabis in ovo sorbili cocleare
plenum mane ieiuno. in ovis tribus singula coclearia, hoc
est per diem unum ovum unum.

141   Item. coagulum leporis ex vino veteri delotum tepefactum dabis ieiuno bibere. et continuo sanat, etiam si 15
carnes mittat.

142   Item. uvae silvaticae adhuc croniae folliculos cum
= 49) granis suis, prolatis sucis, siccas. utraque tundis, cernis,
in dolio vitreo servabis. in necessitate dabis ex hoc tria
coclearia in vini veteris mero frigido vel tepido. febri- 20
citanti cum omfacomeli modico, ut supra memoratur.

143   Item. membranas exteriores ventris gallinacii, quas
= 50) coci semper proiciunt, maxime de pluribus pullis. has
sole siccabis, ita ut sint XXV. tundis, cernis, cum pilulis
quas dicimus asianas gallas, numero V. ex quibus pul- 25
verem factum pariter miscebis in vino, et aeque amyli
alexandrini cocleare unum. permixta omnia in vase vitreo
servabis. cum necesse fuerit, in ovo sorbili dabis cocleare
unum, in die semel. si autem ita fuerit solutio ventris, ut
cum stercore soluto sputa remaneant et generent conatus 30

      3 velle *B* (evelle *ed.*).   7 sevum *ed.*: senem *B.*   14 ve-
tere *(hic) B.*   17 uvae: uiuae *B (corr. ed.).*   crome *(sic) B*
(recentis *ed.*).   21 omfaco melle *B.*   supra m. *sc. ab auctore
qui exscribitur.*   22 exterioris *B.*   ventris uua gallinatii
(sic) B.   25 afnaf| gallif *(sic) B* (anagallidos *ed., sed cf. supra*
c. *50*).   26 amuli *B (qui* amilum *supra semper*).   30 sputa
(sic) B.

et libidinem, tunc oleum sive vermiculus ad haec diri-
menda datur...

    et huius clysteris compositio talis et. mali granati
corticem, rubi cymas murtasque leves, run syriacum. omnia haec mittis in ollam, et excoquis. in vino supramemo- 5
rato cocleare mittis cum pulvere.

    cuius pulveris compositio talis est. acaciae nigrae
xeropiae pulverem factum conteris ÷ I, struthii ÷ I, seminis asparagi ÷ I, ligaminis hederae ÷ I, ra pontici cum
puleio ÷ I. omnia tundis et cribellas subtilissime. dabis 10
cocleare unum cum melle calido.

144   Ad geniculorum dolorem. genistam tunsam vel
semen eius cum axungia malaxata impones.

145   Ad omnem passionem interaneorum vel febres.
spinae minutae flores et rosae ana colligito et siccato at- 15
que contribulato et melli commisceto. grana etiam piperis
parce misceto pariter. si non febricitat, in vino dabis. si
enim febres sunt, in aqua calida.

146   Ad inpacta tibiae vulnera cuti sive geniculo
⟨sic⟩ occurrendum erit. lomentum fabacium cerne et 20
acetum simul in mixtum et diligenter coagitatum. ut coeperit siccare, ex ipso suffundis usque in diem tertiam. si
autem cutis separata fuerit, reponenda est et non temere
resecanda. et hoc super imponendum quod scriptum est,
ita ut cum coeperit siccare, acetum suffundendum sit.   25

147   Ad strofum. dicis haec verba Quid iracundiaris?
quid sicut canis iactas te? quid sicut lepus resilis? quiesce
intestinum et sta crocodille.

---

1 oleum sive vermiculus (sic) B.   3 Et huius etc. B. antea
lacunam significavi.   4 rorem syriacum (sic) B.   5 supra:
ubi?   7 agacię B.   8 xeropiae (sic) B: om. ed.   strucii. I. B.
9 ligamen (sic) hederae B.   reupontici ÷ I. ra⟨p add. corr.⟩-
pontici cum puleio etc. (sic) B (cf. Dioscor. 3, 2).   12 ge-
netā (sic) B (genestam ed.). cf. Ps. Th. ad I, 91 p. 297, 1.
13 exungia B.   15 ana (sic) B id est aequa mensura.   17 si
enim febris sunt (sic) B.   19 cuti: coti (sic) B.   20 addendum
sic (vel his, ut ed.): om. B.   21 acetum ed. (cf. infra): acrū
(sic) B.   23 cutis: cotis B.   ñ temerescenda (sic) B (non
temere movenda ed.).   27 lepos B.   28 crocodrille B.

148　　Ad talorum tumorem et plantae. pampinum vitis
viridem aqua ferventi perfunde. quem conteres et super
impositum colligabis.

149　　Ad luxum. pumicem combures, facies cinerem, et
cum oleo maceratum calidum impones.　　　　　　　　　5

150　　Ad ventris dolorem. minoris altilis pullos qui sanguinem habent teris, et potui dabis.

151　　Ad febres vel hemitritaeum. ova frangis recentia,
vinum et oleum rosacium. agitas in se et cataplasmas
ventrem eius qui patitur. superimponis linteolum, et cum　10
siccaverit, aliud imponis.

152　　Ad hemitritaeum et ad omnem ardorem. oleum
rosacium. et addis aquam, quam ad focum facies ut ferveat. supermittis lini semen tritum bene, ut faciat se sic
quasi cerotum. et in pannum inducis et ad media imponis　15
et fascias.

153　　Ad febres. adipem de ansere, aut certe de porcello,
crocum, oleum rosacium et chamaemelinum. adipes bulliant, et oleum per linteolum colas. ea omnia in mortario
teris, et linis omne corpus eius qui patitur, et de sabano　20
tergis.

154　　Ut non infirmeris. violam cum videris, digito medio
et pollice decerpe florem, et unum devorato, deinde alterum
et tertium. quotquot annis hoc feceris, non aegrotabis.

155　　Ad febrem discutiendam. nitrum et tus teris, et　25
adicies oleum, et vinum tepidum, et sic perungues.

156　　Ad febrem medullarem. lacertum prendis die Iovis,
oculos ei tollis et in linteolo ligas per singula genua.

157　　Ad somnum. vitem succides et aquam eius suscipies
ad potionem, et calidam adicies sic quasi in vino tem-　30
peres. et ⟨non⟩ aegrotabis.

4 loxum *B*.　　8 vel hemitritaeum *ed.*: evelle mittit eam
(sic) B.　　9 *(etc.)* rosaceum *B*.　　10 ei⁹ *B (non* ei, *ut ed.*). *item
infra c. 153.*　　12 emitriteū *B*.　　14 faciat se sic *B (cf. 174):*
fiat *ed.*　　18 camimolum *B*.　　30 calidam *ed.*: —dū *B*.　　31 et
aegrotabis *(sic) B (om. ed.)*.

158   Item. caput canis comburito, et pulverem eius ad caput ponito.

159   Ad auriginem. herbam aristolochiam et muscum de tecto quem fumus non tetigerit. in se teris et spargis in corpus ipsius. vel pulverem ipsum dabis cum vino veteri, 5 ut bibat.

160   Item. git quod nascitur in segete, friges et in testa teris et bibere dabis.

161   Ad paniculam. meum et cedriam cum axungia imponis.   10

162   Item. pilas cupressi sic decoques bene quasi cerotum, et semen eius deintus proicies. cetera teris et axungiam sine sale in se diligenter. panno nigro imponis. . aut spargit aut rumpit.

163   Ad pediculosos emendandos. radicem syriacam da 15 in balneo. manducet autem de ave silvatica, et infricet.

164   Ad tineosos. oleo de perna vetere facto illi calvariam linas. tineas capitis persanat.

165   Item. facias ei calvariam, et de stercore bubulo linas caput tineosi. etiam capillos restitues, et valitudinem tergis, 20 si adipe ursino saepius caput unguas et muscarum sanguine perfrices.

166   Aeris floris partes sex, aluminis scissi unc̄ II. acetum acerrimum in⟨fun⟩de. in aquam autem mittis squillam et rutam silvestrem et corticem pini interiorem. his omnibus 25 diligenter contritis et in unum redactis nudum perfricabis. similiter et tertio facies. et illud quod primum imposueris, spongia deterges, et iterum fricabis. similiter et tertio facies. post haec oleo rosacio perunguas.

167   Item ad eandem valitudinem, ubi et vulne-30 rati sunt. etiam si cava sint vulnera, et medicamine re-

5 vetere B.   7 gitter B.   9 Meu B.   exungia B (item 13).   11 sic: si B (ed.).   14 peduculosos B.   emendare B (om. ed.).   15—16 sic B.   16 infriget B.   17 tiniosos B.   18 tineas c. persaniat (sic) B. 20 tiniosi B.   & v. tergis. & si (sic id est cum puncto delente) B (ut v. deterges. Et si ed.).   23 partes sex: praesex (sic) B (praesegmina ed.).   24 inde. In aquā aut mittis (sic) B.   31 st̄ (sunt) B (sint ed.).

plentur, et ad sanitatem perducuntur. cerussae lepides, cortices roris marini, spumam argenti aequis ponderibus tundis in pulverem delicatum, et ex eo pulvere vulnera curabis. etiam omne corpus perfricabis. sic sanus fiet.

168   Ad ignem sacrum. caseum mollem, coriandrum 5 teras et linas. iterum bitumen iudaicum et acetum bonum in mortario teris, et de penna linas.

169   Si quis haemorroides patitur, uireasemora non manducet, et cessat dolor.

170   Item. stercus bubulum calido cum aceto mixtum 10 linas. et post, si laverit, iterum linas. et sanus efficitur.

171   Vulneribus antiquis, quibus umor assiduus medicamenti impositi beneficiis obstat, facies hoc. cum albo ovi pulverem factum ulceri imponito, usque ad sanationem.   15

172   Ad furunculum. dactylos et saponem teris, et pro cataplasmate calefacies, et imponis.

173   Ad vulnera pedum. heracleae carpis folia septem, sicca teris et in vase plumbeo condis. et cum coeperit umor ille curari, pulverem eius in vulneribus spargis, et 20 ad pennam fricas. et salvus efficitur.

174   Ad vulnera pedum sive in tibia. bulbum liliacium coques ex aqua donec faciat se quasi cerotum. in ollam novam mittis bulbum et teris, oleum rosacium adicies quasi ceroto, et inducis, et ponis ad vulnera stercus ca- 25 prinum cum conio arsum. cum vino impositum quam vis a medicis desperata ulcera persanat.

175   Ad solutionem membrorum. olei pernae elixatae p̊ I, adipis taurini p̊ I, ysopi suci scripulos IIII, medullae cervinae scripulos VI semis, olei cyprini p̊ I, cerae uncias 30

1 cerosae lepidos *(sic) B.*   5 coliandrum *B.*   8 emorsóidas *(sic) B.*   uireas emora nón m. *(sic) B.* (viridia mora *ed., qui om.* non *coll. c. 188).*   18 Heracleae (?) *ed. (propter Diosc. 4, 33. sed cf. 3, 26 et infra p. 412):* Herliaq. *B.*   20 humor ille *(sic) B.*   22 libiacium *B (corr. ed.—cf. tamen Diosc. 2, 200).* 25 ceroto: —tum *B.*   26 cū conio *B (om. ed.).*   29 scripulis *B.* 30 scripulis *B.*   unciis *B.*

VI semis, resinae albae p̊ I S, panacis II, casei caprini recentis ÷ I. facies cerotum, et perungues loca quae videntur esse soluta.

176   Ad somnum. non dormientem salvabis sic. opii ÷ III, murrae et rutae, turis singulos sextarios. et cera mixta 5 pastillos scripulares efficias, et pro chalastico umbilico imponas. tam somnum praestat quam etiam ventrem movet.

177   Ad quartanas. absinthium aqua decoctum datur, et dextra pars capillorum cera imposita signatur. nonnulli ita ut ea die remedietur aegrotitas.   10

178   Serpentes fugantur cornu suffitu cervini. idem facit sandaraca et galbanum, et adipes caprini. sane non erunt in aedificio serpentes, si absinthium circa aedificium seras vel artemisiam herbam vel abrotonum. si autem vasa calefacta in quo putaveris loco suffoderis, ita ut vasorum 15 labra terrae aeques, omnes illuc serpentes conveniunt. quos cum incluseris et obvius deferaris, ne intremneris. ad scorpiones et cetera similia. isdem enim remediis pelluntur quibus supra.

179   De pilis contrariis oculorum. evulsus oculo pilus 20 niger, canos recinos indocto nasci non sinit, si sanguis eius loco pili evulsi inponatur.

180   Ad renum dolorem. muria stativa dolorem renum tollit.

181   Ad caliginem. fel testudinis melli mixtum caliginem 25 tollit.

182   Ad dentium dolorem. uncus appositus dentium · dolori subvenit.

183   Ad stomachum. ursi natura stomachi dolorem curat.

184   Ad digestionem. digestionem praestat, si in sum- 30 mitate qua gracilius est caput lupi ex auro accipiat, et

---

8—10 *hoc totum om. ed.*   9 signatur n̄nulli ita... ęgrotitas. *(sic) B.*   11 *cf. Geopon. 13, 8, 1. 2.*   17 *fort.* inclusis obvius d. *(ubi* deféreris *B).*   21 recinos indocto *(sic) B (om. ed.).*
23 Murię stativa *(sic) B*: Muria *ed., qui om.* stativa).   27 Uncus *(sic) B* (luncus *ed.).*   29 curat et digestionem praestat *etc. ed.*
31 et ad partem vascione leonis et *B*: et vascione *ed. (cet. om.).*

ad partem ⟨vastiorem iliorum⟩ et circa stomachum suspensa
collo lino portetur, ita ut nec aqua contingat nec terra
ipsam naturam ursi.

185   Ad conceptum. gramen corio canis curato ut oportet
illigatum steriles concipere facit. idem efficiunt mercurialis 5
et verbena herbae, quae tam masculinae sunt quam femininae.

186   Ad dysentericos vel qui nimium fluxum ventris patiuntur. semen de lapatho agresti teris et mundas
et in vino veteri nigro dabis hoc signum reddenti. 10
quotiensque assellatus fuerit, totiens postea ex ista confectione curabis.

187   Item. cocleam cum testa et carne comburis et teris,
et lentem nostratem et ipsam comburis et teris, piper
simul tritum mittis, et dabis potionem in aqua calida.   15

188   Ad dysentericos vel quibus nimium venter
fluit ita ut fatigati ad periculum perveniant, facies, admiraberis. mora silvatica tempore suo colligis cum suis
foliis et reponis. quo tempore aliquis necessitate retinetur,
in cacabum rudem mittis, coques illud diligenter usque 20
ad tertias, et das ei potum, et continuo stringit fluxum
sanguinis qui in ventre est.

189   Ad dysentericos et qui sanguine vel mucilla-
gine assellantur. gallam rubeam et cummi album
alexandrinum aequis ponderibus tundis et cernis et dabis 25
cocleare unum in ovo sorbili.

190   Idem et herba argemonia faciet, ut eius sucum vino
mixto accipiat. etiam si aliquis ferro fuerit percussus, cum
axungia tunsa curabis. etiam ad vulnera pariter facit.

191   Idem plantago facit, ut aceto coquatur, si modice 30
exinde bibat.

8 disintericos *B* *(item infra)*.   9 lapatho *(vulg.* lapatio)
ed.: inpatio *B*.   10 vetere *B*.   hoc s. reddenti *om. ed.*
23 sanguine vel muccillagine *(sic) B*.   24 gummi a. alexandriū
(sic) B.   27 Idem ex h. a. facies *B*.   agrimonia *B*.
29 exungia *B*.   etiam—facit *om. ed.*   facit: *scil.* argemonia
(Diosc. 2, 208.).   30 facit *(sc.* dysentericis).

192   Ad calculum. brassicam siccam et piperis pondus
duplum. utrisque cribratis et simul mixtis mittis cocleare
plenum, et das in potione caroeni cocleare pariter.
193   Ad calculos expellendos etiam infantibus.
59) unum calculum porcinum, seminis cauliculi unc̄ II, piperis 5
÷ II. haec separatim tunduntur, et posteaquam in unum
redigantur, servantur in dolio vitreo. cum necesse fuerit,
tribus cyatis mixtis calidis caroeni plenum cocleare dabis.
194   Item. calculum quem primum miserit tolle et tere,
et nescienti in aqua calida dabis bibere.   10
        Item. semen de herba personacia tere, et dato sive
ex melle sive in aqua.
195   Ad calculum et colum. semen pastinacae siccae
ventilatum diligenter purga. nam vigesimam partem piperis
optimi in mortario teris, et in dolio vitreo conde et signa. 15
ex hoc si dolorem febrium habet, in aqua calida quantum
tres digiti capiunt, ieiuno dabis. sin vero sine febre fuerit,
lavet, et ea die in piscinam non descendat, et in sabano
in condito accipiat. in diebus XXX ter hoc accipiat, omnino numquam dolebit.   20
196   Item. semen claone nascitur et in locis humidis et
similis est sinapi. cuius semen quantum digitis tribus poteris comprehendere, cum XXX granis piperis inmittas in
calida, et da. bibat ieiunus per plurimos dies.
197   Item. semen cauliculi, cyminum, piper, bacas lauri 25
siccas mundas sine cortice. aequis ponderibus singula
tunduntur et in unum miscentur. desuper adicitur lapis
qui in vesica porcina invenitur, et ipse teritur cum supradictis speciebus. confectum servatur in dolio vitreo. cum
necesse fuerit, dabis in tribus cyatis caroeni mixta calida 30
per triduum coclearia singula.

        1 brassicā sicca *(sic) B*.   2 mittis *om. ed.*   3 & *om.
ed*.   caréni *(sic) B*.   5 porcitum *(sic) B* (porcinum *ed. coll.
c. 59*).   12 ex melle *(sic) B* (oxymelle *ed.*).   14 nam *(sic) B*
(deinde *ed.*).   16 dolorem *(sic) B*.   21 claone *(sic) B*
(cleomae *ed.*).   nascitur & in l. *(sic) B*.   22 synapi *B*.
26 sicca munda *B (et ed.)*.

198   Item. herbam quae appellatur graece petrocopos,
nascitur in petrosis locis, hanc tundis, et ipsam dabis
cum aqua bibere ei qui necessitatem sustinet, et expellit
lapidem. huius autem experimenti gratia ipsam herbam in
vesica porcina cum lapide quovis liga. maneat illic triduo, 5
et post triduum aspice, et invenies virtute ipsius disso-
lutum lapidem.

199   Item ad calculum vel qui cum tormento urinam
facit. lotium caprae montanae bibat, et sanabitur.

200   Ad calculum et colum. petroselini ÷ I, saxifricae 10
÷ I, iuniperi ÷ I, asari ÷ I, cassiae ÷ I, pyrethri ÷ I,
ammoniaci ÷ I, schoenanthi ÷ I, prassii ÷ I, roris marini ÷ I, rutae ÷ I, vettonicae ÷ II, zingiberis ÷ II, samsuci ÷ I, costi ÷ I, piperis ÷ IIII, inulae ÷ II, opii ÷ I,
spicae nardi ÷ I, ameos ÷ I, rei pontici ÷ I, bacae lauri 15
÷ I. tritis et in unum redactis nudum perfricabis. in loco
in quo erit tepidum facies, et illic quod primum inposueris
spongia detergis, et iterum fricabis. similiter et tertio facies. post haec oleo rosae perungues.

1 petrocopos *(cf. E. Meyer G. d. Bot. II, 297)*: petrocor-
pos *B (ed.)*.   10 cholum *B*.   10 saxifrice *B (cf. Ps. Plin.
f. 54ᵈ et f. 56ᵇ Bas.)* = saxifragae *ed.*   11 piretri *B*.
12 squinanti *B*.   13 bethonice *B*.   zinzeberi *B*.   samsuci *ed.*: suci *(sic) B*.   14 hinulae *B*.   15 reupontici *B*.
19 rosæ *(sic) B*.

Fragmentum physicum.

Sequitur in codice Brux. sine discrimine insertum mutilum fragmentum et corruptum hoc (. . . perungues. tamquā feminae. Nam si etc), videtur autem in libro quem descripsit scriba unum certe folium defuisse.

. . . tamquam feminae. nam si in coitu mulieres bonae praestantur, ad sexum cui appositae fuerint, iam sectae virilis sunt. nam sponsae feminalis vis magna est, si quidem ex paucis infrascriptis noscitur. nam fabae florentis sum- mitates lectae ac tritae et vasi terrae mandatae et post 5 nonaginta dies exobrutae caput infantis paene cruenti ostendunt. quod si supra scriptos dies retexeris, corpus muliebre formatum deprehendis.

De eruca. erucae viti inclusae, cum feceris viridis farinas, si dies maneant intactae, licurcium cum vite for- 10 matum ostendunt.

De luto. lutum humectum aqua pluviali et made- factum, ita custoditum ut non siccetur, firmatur in muros.

De ocimo. ocimum luna prima tritum et missum in ollam novam florebit permanens usque ad plenilunium. 15 quod si duplato tempore supradicto condatur in nigra terra, generat spiphiones.

Coriandrum dentibus subactum et in sole positum fervescit.

1 tamquam f.: Fabae f. *ed.*   nam *om. ed.*   mulieris *ed.* bonae *hic om. ed.*   2 lectae virides *ed. (qui add.* bonae). 3 Nam *B*: *om. ed. idem argumentum graece habes apud Porphyr. vit. Pythag. 44.* 5 terrae mundatae *B* (terreo mandatae *ed.*).   7 per (*post* si) *add. ed.*   9 erucae *sc.* κάμπαι (cf. Geopon. *XV, 1, 21*).   vi- rides *ed.*   10 *fort.* lyncurium.   12 De lotio. Lotium *ed.* 13 *fort. l.* formatur.   *fort.* mures.   14 ozimo. ozimum *B (et ed.).* 17 spiphiones *(sic) B* (scorpiones Diosc. *2, 170.* Plin. *20, 119*). 18—19 *om. ed.*   18 Coliandrum *B.*

Appendix miscellaneorum.

201   Ad coli dolorem. coli dolorem avertis, si caudae lacertae summitatem ipsam auro clausam ligaveris circa umbilicum. et si restem intuleris, in qua suspendio quis finierit vitam.

202   Ad morbum regium. regio morbo tentus asinum diu et frequenter intuens remediabitur.

203   Mustelas a pullis avertit os de armo asini casu inventum et in domo vel in villa collocatum.

204   Ad scabiem equorum. equo scabiem tollit, si vituli marini adipe contra pilum unxeris, aut anetum cum piculae pari mensura aereo coquas vase et eodem inducas modo.

205   De rigoribus. antachates lapis omnem rigorem ligatus avertit.

206   Ad oculorum dolorem equorum. suffusionem oculorum equi tollis, si suco hederae et melle attico inunguas.

207   Ut equo pavorem tollas. equo pavorem tolles, si in dextrae auris summitate caudam caponi vivo sublatam suspenderis.

208   Vinum bonum fieri. vinum insuave bonum facies, si decimam dulcis aquae addideris et coquas fortius ad focum, donec ad tertias coquatur.

209   Oleum bonum et clarum fieri. oleum bonum et clarum fit, si in fundo anetum et salem colloces. oleum nigrum et sordidum clarum reddis, si nitri libram coctam

---

5 asinum: *cf. Geopon. 15, 1, 24. 13, 9, 4.*   6 remedicabitur *(sic) B.*   9 *cf. Pelagon. 359.*   13 anta cotis *(sic) B* (antachates *Plin. 37, 10, 54).*   15 Suffusionem *ed.:* Diffusionem *B. cf. Pelag. p. 119, 18.*   16 et meiatico *(sic)* inunguas *add. corr. B.*   20 *sic B.*   23 Oleum—fieri *om. ed.*

carbonibus tunsam et cretam in vas miseris. si autem vis idem iam bonum reddere, oleastri folia commode tunde et massam libralem in vas mitte. si autem suavissimum vis facere, folia viridia oleastri tunde et in linteolum mitte et per idem linteolum oleum colato. eodem modo iterum 5 oleastrum tunsum macera et patere dies aliquos permanere et traici. et putorem oleo tolles, si oleastrum sine semine tunsum diligenter vasi submittas, et in sole colloces ut calefiat, et post in aliud vas transferas.

210   Pili ne nascantur. corpus pueri vel puellae, prius 10 quam pilos emittant, ovis ornigarum linito. in perpetuum nitidum praestas, si saepius in locis consuetis perfrices.

211   Confectio liquaminis. mororum partem unam, duo vini dulcissimi permisce. liquamini bonum saporem facies.

212   Confectio passi. ysopi fasciculum, tyci mala orbi- 15 culata. de ce mellis et malis XI coque per triduum igne lento, ita ut tribus horis diurnis ferveat.

213   Ad hemicranium. hemicranius pausat, si vermes pari numero sinistra manu lecti et in aceto optimo per- mixti, in limine eadem manu linantur loco dolenti.   20

214   Aurigini. auriginem pari numero cum pipere triti rumices ex mero pellunt.

215   Ad alopecias. muscarum capita testae et calvis locis capitis illita vestiunt capillis. item. muscarum capita com- busta cum melle aucta alopecias tollunt. murium etiam 25 stercus aceto tritum auxiliatur. si autem volueris auxilium fortius dare, canis venam cervicis solve, et excepto san- guine inducis. item muscis suprascriptis inductum calvo etiam capillos restituet.

2 cõmade *(sic) B.*   7 Et . . . tolles *(sic B):* Ut . . . tollas *ed.* 11 orni | garum *(sic) B* (ortigarum *i. coturnicum ed.).*   13 dua *B* (duabus *ed.).*   15 tyci *(sic B, quod om. ed.)* mala orbiculata *sunt* mala epirotica *Plin. 15, 51.*   16 de ce mellis & malis XI. coque *(sic) B* (decem in melle *ed.).*   18 emigranium *et* emigranius *B.*   20 in limine *B:* om. *ed.*   21—22 om. *ed.* 21 Aurigini: Amemgeni *(sic) B.*   22 rumices *(cf. Diosc. 2, 140):* humices *B.*   23 alopitias *B (item infra).*   testae et om. *B.*   25 aucta *(sic) B:* om. *ed.*   28 de (muscis) *add. ed.*

216　　Ad dentionem infantium. catuli dens si casu de-
cidat, dentientibus infantibus auxilium praestat. et equi-
nus dens seu canis vel vituli auxiliantur. et si muri vivo
licium per acum in ore traicias et per intestini postre-
mam partem adicias et filum collo suspendas.　　　　　5

1 dentionem *(sic)* B (dentitionem *ed.).*　　2 auxiliatur *ed.*
5 susspendas *(sic)* B. — *hic sequitur in cod. Brux. alius operis
longe diversi de placitis medicorum fragmeutum (cf. Aristot.
Pseudepigr. p. 379), quod hoc uno libri huius quasi quarti loco
rubrica cum littera praegrandi textus initiali* A *discernitur:* Hic
de semine dicit. quid sit. vel unde nascitur. Alexander amator
veri appellatus... *(f. 48—52^b). quod postquam finivit, proximo
uersu adnectit scriba* Yppocratis genus. vita. dogma*(f.52^b 2—53b).
.quod fragmentum ubi deficit pagina vacua relinquitur. sequitur
in folii 54 (cuius item prima pagina alba est) pagina altera* liber
aurelii *etc.*

In his excerptis medici citantur hi:

Cornelius 38. 40. *(cf. Garg. 30).*　　Musa 42.
Eugamius 39.　　　　　　　　　　　Nomenculator 37.
Eusebius 49.　　　　　　　　　　　Philosophianus 28.
Terentius　Eutychianus　*(cf.*　　　Porfyrius 52.
　Marc. 14).　　　　　　　　　　　Titianus (?) 15.
Leoparda 36.　　　　　　　　　　　Vindicianus 11. (15?).
Metertius (?) 44.

PSEUDO-THEODORÍ

i. e. Anonymi ex libris Galeni epitomae

DE SIMPLICI MEDICINA

in brevius contractae

textus codicis S. Galli 762 (G) s. IX

(p. 138—184: cf. Anecd. Graecolatina II p. 121 sq.)

Incipit liber
de virtutibus pigmentorum vel herbarum aromaticarum.

1   Aloe virtutem habet calidam, et confortat et siccat stomachum, curat vulnera, praecipue   naturae, facit et ad 5 tumores narium vel oris vel oculorum.

2   Absinthium calidum quidem est mediocriter, siccum vero est vehementer. et sucus eius multo calidior est quam herba. confortat stomachum et fel rubeum, per ventrem et per urinam deducit, venas quoque epatis purgat, et est maximum 10 adiutorium ad constrictionem epatis.

3   Atriplices umidae sunt quidem nimis et frigidae mediocriter. stypticen quoque virtutem ⟨nullam⟩ habet, et est aquosa, quemadmodum malva. facit ad tumores, si quis eas tunsas veluti cataplasma imposuerit. semen ipsarum ad auri- 15 ginem facit, si quis coclearium triti in calida aqua dederit.

1 Incip̄ Lib III^{ns} (sic corr. in ras. pro L . . .). Uirtutes p. vel herbarum aromaticas (sic cod. G, ubi rubricas, satis inscite has quidem, et numeros adiecit librarius).   4 Aloen G.   (etc.) stomacum (sic semper) G.   5 precipua. pinimię nature G (καὶ μάλιστα τὰ καϑ' ἕδραν τε καὶ αἰδοῖον).   7 Absentium G.   7—9 cf. Theod. di. 10. Orib. simpl. (ex Gal. cf. Anecd. GL. II, 114). 9 rubium G.   10 hurinam G.   10—11 haec sic ipse addit epitomator (ut in sequentibus quae diductis litteris significavi).   12 humide G.   13 stiptice G.   nullam addidi ex Orib. (Gal.).   abet (sic saepissime cod.).   14 quemadmodū alba G.   15 cataplasmam inposuerit G.   16 cocliarium G.   tritum G.   calda G.

26*

4   Afronitrum diaforeticnm est, et prurigines exsiccat et curat.

5   Auripigmentum calidum est et ustulat, sicut res ipsa
·declarat. quoniam si quis·calore facto diutissime dimiserit,
comburitur.   5

6   Artemisia virtutem habet calidam et siccam nimium, et
lapides renum purgat, si quis apozema ipsarum acceperit in
potione.

·7   Aqua virtutem habet frigidam et umectam. denique febricitantibus adiutorium optimum est, si tempore competenti 10
biberint.   ·

8   Acetum virtutem habet compositam, et frigidum est et
calidum, et magis obtinet frigidior virtus quam calidior.

9   Apium virtutem habet calidam in tantum ut et urinam
et menstrua provocet. et ventositatem curat, sicut et semen 15
ipsius.

10   Asarum virtutem habet calidam, plus quam acorum. ·
·constrictiones epatis et renum solvit et per urinam purgat.

11   Amygdala amara calida sunt parum, et extergunt
umores spissos et viscidos epatis et pulmonum. et specialiter 20
epatis constrictiones solvunt et curant. faciunt etiam et ad
splenem et intestinum et ad renes. nam et arboris tota virtus

---

[*Simon s.* Mologlonos est species artemisie sec. Diasco-
ridem. Item Th. Prisci. libro de simplici medicina mologlonos
quam aliter artemisiam vocant etc. *(μονόκλωνος Diosc. 3, 117)*]
[*Simon s.* Fetalogo grece secundum Theodo. Prisci. de
simpl. med. vocatur aristologia. et dicitur aristologia ·secundum
ipsum ab ariston quod est utile. *quod pertinet ad Diosc. 3, 4.*]
[*Simon s.* Ferraria minor vocatur sec. Diasc. (?) agrimonia. Theo. Prisci. idem dicit. *de ferraria cf. Ps. Apul. c. 72
Diosc. 4, 33. Orib. s. Sideritis.*]

---

1 diafreticum *G.*   prorigines· excicat *G.*   4 colore *G.*
5 *cf.* χρονίσειε *Gal. XII, 212.*   7 apostimā *G (cf. Diosc.)*
a. inpositione *G.*   10 conpetenti biberit *G.*   12 Acetus *G*
(*sed* De acetum *rubr.*).   conpositam *G.*   14 De apium.
Apius *G* (σέλινον *Gal. XII, 118*).   hurinam *G.*   17 De
asaro. Asarus *G.*   acorum (*Gal. XI, 840 cf. 819):* apius *G.*
18 hurinam *G.*   19 Amicdala *G.*   20 humores (*sic fere
semper*) *G.*   ẹpatis *G.*   21 solv& et curat *G.*   Fiunt *G.*
22 splene *G.*   arboris: aborto (*sic*) *G.*

ipsius ⟨eadem⟩ est. denique radices ipsius si quis coxerit et faciem linierit, lentigines et livores tollit. amygdala vero dulcia minoris virtutis sunt.

12   Anetum virtutem calidam habet et sicciorem. et si quis hanc coxerit aut infuderit in oleo et unxerit, umores frigidos et crudos maturat atque dispergit.

13   Abrotonum virtutis calidae et siccae est. et lumbricos occidit, menstrua provocat. similis quoque absinthio est. hoc quoque solum nocet quia stomacho adversatur.

14   Agaricum virtutis est mediae temperationis. est enim radix et nascitur super radices et dispergit umores vel spissitudinem praecordiorum. denique ad auriginem facit quae ex constrictione.

14   Alium calefacit et siccat, urinam provocat, ventrem mollit et flegma deducit.

16   Acorum virtutis calidae est, et provocat urinas, et splenis duritias curat, si quis scripula tria cum oxymeli biberit.

17 · Andrachne virtutis frigidae est. denique facit ad ignem sacrum.

18   Anesum virtutem habet calidam, urinas provocat et ventositatem curat.

19   Asfodelus virtutem calidiorem habet, et si quis eam triverit, pulveres eius faciunt ad tineas capitis.

20   Balsamum calefacit et siccat. denique ad duritias splenis et epatis facit.

21   Balaustia flores sunt quidem mali granati agrestis, quales sunt mali granati domestici flores qui appellantur cy-

---

1 eadem *add.* (ὁμοίαν).   2 livores *G (sic semper).   rubr. et numerus (XII) addit G.*   4 De anetum. Anetus *G.*   5 hunc *G.* infunderit *G.*   unxerit umores *G.*   6 crudos (ὠμῶν): surdos *G.* 7 Aprotanum *G.*   8 absentio *G.*   9 oc quoque solū note est *G (cf. Gal. XI, 801).*   10 Agarico *G.*   11 humores *G.*   12 precordiarum *G.*   qui *G.*   14 De alium. Alius *G* (σκόροδον).   14—15 *haec ex pleniore Galeno (cf. Oribas. lat.).*   17 oximelle *G.* 19 De andraten. Andraten *G.*   20 i. acrum *G.*   21 De aneso. Anesus *G.*   [⟨h⟩]orinas *G.*   23 De ·asfodillum. Asfodillus *G.*   24 tererit *G (ex inscitia scribae Germani).* 25 De balsamo. Balsamus *G.*   ad: & *G.*   27 De balaostium. Balaostiū *G.*   floris *G.*   male granate *(hic) G.*   28 qui: quia *(comp.) G.*   apellantur citini *G.*

tini. virtutem habent frigidam et siccam, faciunt ad femoris substrictionem, faciunt ad dysentericos, si ventrem deforis curaveris.

22   Bulbus in comedendo frigidus est, et facit umorem spissum et viscidum. nam et indigestus est et ventositatem facit. hoc solum, ad usum veneris, prodest. si quis vero deforas uti voluerit, et extergit et siccat.

23   Blitum virtutem habet frigidam et umectam. denique et ad tertianas facit optime si comestum fuerit.

24   Bryon, quod appellant sphagnum, invenitur aut in robore aut in populis albis. et mediam virtutem habet, et magis siccat quam calefacit.

25   Bdellium virtutem calidam habet et malacticam. strumam gutturis curat et digestionem ventositatis, et dolorem lateris sedat.

26   Butyrum calidam virtutem habet, et dispergit umores aurium vel inguinum, oris. denique infantibus dentientibus utile est, si frequenter gingivas leviter adfricaveris.

27   Calamintha virtutem habet calidam et siccam nimium. et si quis cocta aqua biberit, calefacit et sudores provocat. idcirco facit et ad frigorum typum, si quis herbam in oleo coxerit et unxerit.

28   Cannabis. semen eius siccat et ventositatem dispergit in tantum ut si satis comestum fuerit, veneris usum exsiccet.

---

10 *Simon* s. Brion. Theodorus Priscianus libro de simplici medicina vocatur inquit stagnus in quercubus et populis albis etc.

---

1 femorem substrictione *G.*   2 dissintericos *G (ut semper).* 4 De bulbo. Bulbos *G.*   frigidū *G.*   6 hoc solū . . . prode est *G.*   deforas *(sic) G.*   8 De blitum. Blitus *G.*   umecta est. *G.* 9 obtime *G.*   comestus *G.*   10 De brion. Brion *G.*   apellant splagnum *(cf. Plin. 12, 108. 24, 27) G.*   in robes aut in puplos *(ante corr.* plupes) albos *G.*   11 vertutem abet *G.* 12 quē *G.*   13 De Bidellium. Bidellius *G.*   malaticam *G.* 14 et digestionem et ventositates *G.*   16 De Butirum. Butirum *G.*   umores *(sic) G.*   17 horis *G.*   19 Calamite *G.* 21 ad frigorem tipum *G* (πρὸς τὰ κατὰ περίοδον ῥίγη *Gal.,* ad periodicas febres *Orib.).*   erbam *G.*   22 uncxerit *G.*   23 De cannabo. Cannabus *G.*   sicce & vent. *G.*   24 comestus *G.* ex[c]iccat *G.*

29   Capparis virtutem habet calidam et acriorem, et facit specialiter ad duritiam splenis, si quis cum aceto aut melle apozema biberit, aut extrinsecus aliis medicamentis commixtis spleni imposuerit. curat et dolores dentium, si in aceto cocta fuerit, et acetum ipsum in ore tenuerit.   5

30   Cardamomum nimium virtutis calidae est, in tantum ut si quis pulveres eius disperserit... denique facit ad ischiadicos linitum. habet et amaritudinem quandam, per quam lumbricos occidit. facit ad scabias extergendas, si cum aceto tritum fuerit.   10

31   Castoreum calefacit et siccat et fortiter extenuat. et est necessarium valde quibus ex abundantia umorum spasmus fit. facit et ad tremulos vel ad omnes passiones nervorum sive cerebri mirabiliter.

32   Centauriae maioris radices acriorem et calidam virtutem 15 habent, et provocant menstrua et abortiones deponunt. facit et ad eos qui sanguinem expuunt, si sex scripula aut in aqua aut in vino acceperint, id est febricitantes in aqua, alii in vino.

33   Cera virtutis mediocris est et neque calefacit neque in- 20 frigidat neque umectat, sed adiungitur adiutoriis quae extrin- secus imponuntur.

34   Cucurbita virtutem habet frigidam et umectam. denique facit rasura ipsius ad tumorem aurium qui ex fervore nascitur,

---

1 *Simon* s. Kapara quam multi cinobatos (κυνόσβατον) aut caprion (καπρίαν) vocant etc. Theodorus Prisc. libro de simpl. med. *hic errore Simonis videtur auctor appositus Th. pro Dioscoride. cf. Diosc. 2, 204 et Sim. s.* cappāris.
[*Simon* s. Othonion. Theo. Prisci. celidonia maior quam multi othonion vocant. *(Diosc. 2, 211. cf. 213)*]

---

1 De capparo. Cappares *G.*   2 especialiter *G.*   spl. Et si quis ... *G.*   3 apotimā *G.*   4 inposuerit curat. Et *G.* 5 et aceto ipsum *G.*   6 De cardamomu. Cardamomu *G.* 7. disperserit denique. *(sine lacuna) G.*   sciaticos *G.*   9 sicum acetū *G.*   12 habundantia *ante corr. G.*   13 tremolos *G.* neruuum sive cerebrum *G.*   15 De centauria. Centauriis *(sic) G.*   17 scripulas *G.*   18 acceperit *G.*   20 infrigdat *G.* 21 adiutorii *G.*   22 inponuntur *G.*   23 humectam *(hic) G.* 24 rasurā *G* (τῶν ξυσμάτων αὐτοῦ ὁ χυλός).   ad humorē *G.*

mixta cum oleo roseo. facit et ad **nimias febres,** si per anum
in ipsis sucis et oleo infusa et praecordiis aut thoraci
imposita fuerit.

35   **Casia** calefacit ac siccat nimium, et tenuem et acriorem
virtutem habet. idcirco **praecidit** et dispergit corporis umorem, 5
provocat et menstrua.

36   **Coriandrum** virtutis tepidae et magis umectae est. facit
et ad fervores.

37   **Cicer** lac et semen generat, provocat et menstrua. cicer
nigrum provocat urinas et renes purgat. 10

38   **Costus** virtutem calidam et acriorem habet, ideo et com-
burit. omnia medicamenta quae fiunt aut ad ⟨ischiadicos aut
ad⟩ paralyticos costum accipiunt. provocat urinas et menstrua,
et dolores lateris curat.

39   **Caryophyllum** nimium virtutis calidae et acris est. 15

40   **Crocum** habet virtutem calidam, unde et virtutem hábet
maturandi. est ex aliqua parte stypticum.

41   **Cepae** calefaciunt vehementer. unde et haemorroides solvit, et si cum aceto trita fuerit, lentigines de facie tollit, si
inlinieris et sol steterit. facit et ⟨ad⟩ tineas capitis, ⟨si⟩ quis 20
fricaverit loca ipsa.

42   **Caules** siccae virtutis sunt, et si combusti tursi eorum
fuerint, nimium siccant, quoniam prope ustulant. idcirco commiscentur caulibus adipes porcini, et faciunt ad pleuriticos,
diaforeticum adiutorium. 25

43   **Cymini** semen virtutis calidae est vehementer, et ventositatem minime facit, et urinam provocat.

44   **Cyperum** radices ⟨maxime⟩ necessarias habet. calefaciunt

---

1 pérannos *G.*   2 infusis *G.*   toracis inpositus *G.*
4 acriorem tutem *(sic) G.*   5 p̄cid& & disperg& c. humorem *G.*
7 tepidū *G.*   humecte *G.*   9 lactem *G.*   menstruā *G.*
10 *rubr.* De nicrū cicer. Cicer nigrū *G* (κριός *Gal. Diosc.*).
hurinas *G.*   11 De costum. Costum *G.*   conburit *G.*
12 aut ad paraliticos *G.*   14 doloris *G.*   15 De cariofile.
Cariofilum *G (Plin. 12, 30 — non apud Gal. Diosc.).*   acre
(id est acrae) *G.*   16 De crocū. Crocus *G.*   17 stipticum *(sic) G.*
18 De cipe. Cipe *G.*   emorroides solv& *G.*   19 si: sic *G.*
tritum fuerit *G.*   20 ἐν ἡλίῳ *Gal.*   ad *om. G.*   si *om. G.*
22 combustitur. | si eorum *G.*   23 conmiscunt caulis a. por-
cini *G.*   25 pleuriticos diaforitico *G.*   26 De cimini. Cimini *G.*   28 De ciperum. Ciperū radices *G.*   maxime *add.*
Gal. XII, 54.   habent *G.*

et siccant. faciunt ad umecta vulnera et cicatrices difficiles iuvant, quoniam virtutis styptkae sunt. et ad renum lapides faciunt, vulnera quoque ⟨oris⟩ curant.

45   **D a u c u s,** qui nuncupatur pastinaca, virtutem calidam habet ⟨et⟩ extenuat. radix vero eius ventositatem facit et ad 5 venerem provocat. semen itaque ipsius, id est domestiei, idem facit ·quod radix, agrestis vero omnino et ventositatem sanat et urinam provocat et menstrua.

46   **D i c t a m n u m** calidum est et extenuat umores veluti puleium. 10

47   **D i f r y g e s** mixtae virtutis est id est calidae et frigidae. est enim et stypticum et acre. idcirco et difficillimis et malignis vulneribus est medicamen optimum.

48   **D a c t u l i** calidae virtutis sunt, et impositi triti stomachum confortant qui cibum reiciet. 15

49   **E l e b o r i** habent virtutem calidam, et extergunt umorss, et faciunt ad lentigines et scabias et impetigines. niger eleborus syringa extenuat, et ad dentium ⟨dolores⟩ facit coctus in aceto, ita ut ipsum acetum in ore teneat. **e l e b o r u s v e r o niger umorem nigrum deponit per ventrem, albus per** 20 **vomitum purgat ipsum umorem melancholicum.**

50   **E r p y l l u s** in tantum calidae virtutis est ut et menstrua et urinam provocet.

51   **E u p a t o r i u m** herba extenuat et dispergit umores, urinas ·

---

4 *Simon s.* Stafilina grece. Theo. Pris. est pastinacha agrestis quam multi ceras dicunt.

add. Simon s. Ceras. Theodorus Priscianus libro de simplici medicina sic vocatur a multis staphilina agrestis id est pastinaca *(cf. Diosc. 3, 52. Ps. Apul. de herbis c. 80).*

---

1 facit *G.*   2 iubant *G.*   stiptice est *G.*   ad renes lapides facit *G.*   3 oris *add. Gal.*   curat *G.*   4 bastinaca *G.*   5 et *om. G.* 6 ventrem *G.*   idem: id *G.*   7 quod: quo *G.*   orina *G.* 9 velut ipolegium *G.*   13 obtimum *G.*   14 De dactali. Dactali *G̃ (Gal. XII, 151 cf. Orib.).*   inpositi *G.*   15 confortans q. c. reiciens *G (cf. Th. de diaeta).*   16 De elibori. Eliborus ab& *G.*   17 scabies et inpetigines *G.*   18 siringa *G.*   dentium *(om.* dolores) *G (cf. Orib.).*   20 humore nigrum *G.*   vomica *G.*   22 De erpillo. Erpillus *G.*   in tantum *etiam Or. (quia* εἰς τοσοῦτον *Gal.).*   23 horinam provocat *(sic) G.*   24 erba *G.*   d. humores hurinas q. *G.*

quoque provocat sine calore et epatis constrictiones purgat. et
est stypticum et viscera confirmat.

52   Euforbium causticum est et umores extenuat.

53   Epithymum virtutem calidam et siccam habet nimis,
et si quis cum aqua coxerit et dederit potionem, 5
melancholicum umorem deducit, aut si pulvere facto
scripula tria dederit in calida aqua.

54   Eruca virtutis siccae et diaforeticae est. et quam maxime
ntendum est foliis et floribus eius. facit ad faucium tumores
et dentium dolores.   10

55   ·Folium calidam virtutem habet, quemadmodum spica
nardi.

56   Fu calidam virtutem habet, quemadmodum spica nardi.
et radix ipsius odorabilis est.

57   Flommus herba virtutis siccae et austeris. idcirco fluxum 15
ventris constringit, et aqua ipsius cocta ad dentium dolorem
facit.

58   Ferulae semen extenuat umores, medulla vero ipsius vi-

---

8 *Simon s.* Cizomo *(pro* Euzomo) apud Theodorum Priscianum li. de simplici medicina est eruca que zeuzomum *(sic
ed.)* dicitur *(cf. Simon. s.* Eruca . . . euzomium vocari reperi in
quam plurimis locis).

[*Simon s.* Fccula Theo. Prisci. li. de simplici medicina est uva pinguis cocta usque ad crassitudinem mellis et
refrigerata.]

18 *Simon s.* Cachreos Theodorus Priscianus li. de simplici medicina. ferula inquit cuius semen acrocis etc. deinde
immediate facit aliud cap. de ferula cum quo concordat
cum D(ioscoride) de ferula. quare videtur quod sit alia species
ferule. liber antiquus de simplici medicina ferula quam greci
nartecos vocant cuius semen cachrios sucus galbanum dicitur.
sequitur apud Sim. Cacrios = κάχους *i. e. semen libanotidos ex
Diosc. 3, 79 (de galbano v. Diosc. 3, 87). Simon. s.* Kagechiron
est species aromaticorum sed Theodorus Prisc. l. de simpl.
med. dicit quod kakrios est semen ferule.

---

1 & istipticū *G.*   3 cau | ticum *G.*   4 Epitimum *G.*
ab&. velut *(quod omisi)* nimis *G.*   6 pulveres f. iscripula *G.*
7 calda *G.*   8 De eruce. Eruce *G.*   diaforitice *G.*   9 utendus *G.*
11 φύλλον (μαλαβάθρου) *Gal. XII, 153.*   14 odorabili *G*
(ἀρωματώδης *Gal.*).   15 erba *G.*   austeris *(sic) G.*   18 De
ferula. Ferula *G* (νάρθηξ *Gal.*).   humores *G.*   19 istipticam *G.*

ridis virtutem stipticam habet, et facit ad eos qui sanguinem
expuunt aut fluxum ventris patiuntur.

59   Ficus virtutem habet mediocriter calidam et ventrem
⟨purgat⟩. sicca ficus id est carica calidiorem et diaforeticam
habet virtutem.   5

60   ⟨Glycyriza virtutem⟩ tepidiorem habet, et oris et arteriae
asperitates temperat vel sitim compescit.

61   Glycyside paeonia nuncupatur virtutem habet siccam
et umores extergit. et magis sicca est et. ad extergendos
umores utilis, quam ut calida. facit ad menstrua provocanda, 10
si quis in modum magnitudinis amygdali cum mulsa dederit
potui. purgat quoque et epatis constrictiones et renum. et
ventris fluxum retinet, si coctum in vino austeri biberit.
dicitur etiam, si alligata collo fuerit, ⟨quod⟩ infantibus epilempticis remedium praebeat.   15

62   Glaucium virtutem habet frigidam et stypticam, et curat
ignem sacrum.

63   Gypsus virtutis siccae est, terrae adfi⟨nis⟩. denique facit
ad sanguinem narium constringendūm. ustulata plus siccat.

64   Gingidium virtutem habet amaram et stypticam, est et 20
calidum et frigidum..et siccat magis et est stomacho aptum,
quoniam stypticum, caloris vero parum habet.

---

8 *Simon s.* Glicidis et gliciscidis est peonia Theodo. Prisci.
Item Alexander . . .

20 *Simon s.* Gingnidium est fumus terre ut Theo. Priscia.
libro de simplici medicina.

---

3 De fico. Fica *G.*   ventrem siccat. | ficus id est carica
calidiorem *G* (*ubi pro* siccat *scripsi* purgat. sicca).   4 *post*
calidiorem *iterum rubr. ponitur* Fico (*sic*). Fica & diaforiticam
etc. G (*ubi rubrica duplicata pertinere videtur ad ficum siccam
i. caricam, omissa vero esse novi capituli propria sc. glycyrizae
cf. Gal. XI, 858. itaque ad c. 59 pertinent verba (rubricae interpolatione abrupta)* et diaforiticam ab& virtutem, *ad novum
cap. sequentia* tepidiorem ab&t et oris *etc.*   7 conpescit *G.*
8 De glicisius. Glicisius peonio n. *G.*   9 & ⟨ma *add. al. m.*⟩gis *G.*
10 umores (*hic*) *G* (*sed v. 9* humores, *ut vulgo*).   12 potū *G.*
et: ad (renum) *G.*   13 si coctam: & cocta *G.*   14 quod
addidi.   14 epilēticis *G.*   15 preveat *G.*   17 igne agrum *G*
(ἐρυσιπέλατα *Gal.*).   18 sicci est aere adfixus denique *G.*
19 ustulata: καυθεῖσα (δὲ γύψος) *Gal.*   20 De gingidum. Gin-
gidū *G.*   21 sicca *G.*   estomaco apta *G.*   22 istipticum *G.*

65   Galla virtutem frigidam et siccam habet. unde et fervores faucium curat.

66   Graminis radix mediocriter sicca est et frigida. unde et
plagas recentiores consolidat, si tunsa imposita fuerit velut
cataplasma. ignem sacrum vehementer infrigidat. apozema quo- 5
que ipsius renes purgat, si quis biberit.

67   Hedysaron quod appellatur pelecinus. huius fruticis
semen colorem quidem rubeum habet, ex utraque parte vero
acutum est quemadmodum bipennes, quos Graeci peleces appellant. amarum quoque est et stypticum. nam ad bibendum 10
stomacho aptum est, et viscerum constrictiones solvit.

68   Herba senecio virtutem mixtam habet, et frigidam simul et mediocriter umores dispergit. et facit ad indignationes nervorum, si quis eam cum axungia veteri imposuerit. 15

69   Hippuris virtutem habet stypticam cum amaritudine.
idcirco siccat umores asperitudine nimia, vulnera etiam recentia et maxima cataplasmate facto consolidat, etiam si nervi
incisi fuerint. et ramicellos curat, et sanguinem iactantes, nec
non et fluxum muliebrem rubeum continet, et dysentericis re- 20

---

7 *Simon s.* Hedicorion Theo. Prisc. li. de simplici medicina hediscorion quod appellatur pellecinus huius fructus
semen colorem quidem ruffum habet ex utraque parte acutum
est quemadmodum bipennis quas greci pellecas vocant amarum
quoque et stipticum etc.
[*Simon s.* Eraclea . . . Theo. Prisci. li. de simplici medicina Eraclion inquit quod alii abrotanum dicunt etc. *confert
idem etiam Diosc. 3, 26.*]

---

1 De galla. Gallae *G.*   2 facium *G.*   2 De gramen.
Graminis *G.*   4 consoldat *G.*   inposita *G.*   5 igne agrū *G.*
    infrigdat *G.*   apotima *G.*   7 De hetisaron. H&isaron *G.*
    pellicenos *G.*   huius: usus *G.*   frutici *G.*   8 & utram-
que partem *G.*   9 pelicas *G.*   11 constrictionesolvit *G.*
12 De sinition. Erba sinition *G* (Erigeron *Gal.*, Hirigeron *Orib.*).
ad v. 13—15 cf. Ps. Apul. c. 75.   14 nervorem *G.*   acxungia
v. inp. *G.*   16 De hipporis. Hippuris *G.*   istipticam *G.*
17 umores *(sic)* asperitudinem nimium *G.*   18 consoldat *G.*
19 ramos cellos *G* (ἐντεροκήλας *Gal.*, introcellicos *Orib. ed.*) =
ramices.   non et: noc& *G.*   20 desintericis *G.*

medium est. si cocta in vino austeri fuerit in potione data, fluxum ventris continet.

70   Isatis qua tinctores utuntur, virtutem nimium siccam habet. et vulnera consolidat et fluxum sanguinis constringit.

71 .   Hordeum virtutem habet siccam et frigidam. plus vero 5 polenta sicciorem habet.

72   Herba siniaca virtutem habet frigidam.

73   Iris virtutem habet calidam mediocriter et temperatam ex austeri et dulci. est tamen siccae virtutis, et curat vulnera, et constrictionem pectoris solvit et curat.   10

74   Ibiscos. id est althaea, quae est malva agrestis, virtutem habet malacticam et diaforeticam. denique et duritias mollit, si etiam tunsam cum axungia imposueris.

75   Isopyrum id est fasiolum semen virtutem habet mixtam, etenim amaram et austerem. denique spissos umores spargit 15 vel resecat, praecordia quoque purgat, facit et ad sanguinem iactantes.

76   Herba iu virtutem habet frigidam et umectam. deinde folia ipsius contusa tumores qui ex fervore nascuntur consolantur, id est aut singula imposita aut certe commixta cum 20 polenta.

----

3 *Simon s.* Hysatis dicitur rubea tinctorum secundum Theo. Priscia. libro de simplici medicina.

14 *Simon s.* Hysoperide fasilium semen virtutem habet mixtam est enim amarum et austere etc. Theo. Pri. libro de simplici medicina.

----

1 potionem *G.*   3 De hisitis. Hisitis quati tontores *(sic) G.* 4 consoldat *G.*   5 De hordeum. Hordeus *G.*   6 polenta ($\tau\grave{\alpha}$ δ'$\check{\alpha}\lambda\varphi\iota\tau\alpha$ $\pi o\lambda\grave{v}$ $\varkappa\alpha\grave{\iota}$ $\tau\tilde{\omega}\nu$ $\varkappa\varrho\iota\vartheta\tilde{\omega}\nu$ $\xi\eta\varrho\alpha\nu\tau\iota\varkappa\acute{\omega}\tau\varepsilon\varrho\alpha$ *Gal. XII, 45*). 7 De herba siniaca. Herba siniaca *(sic) G* (?).   8 De hiris. Hyris *G (deest Gal. et Orib.).*   11 De ibicoss *(deinde in ras.)* Ibiscose id est altea *G^c* ($\dot{\varepsilon}\beta\acute{\iota}\sigma\varkappa o\varsigma$ $\ddot{\eta}$ $\dot{\alpha}\lambda\vartheta\alpha\acute{\iota}\alpha$ *Gal.*).   mala agreste *G.*   12 diafor&icam *(hic) G.*   13 tunsa *G.*   acxungia inp. *G (cf. Ps. Apul. 39).*   14 De isopo. Isopo neuasilinon semen *G.*   virtute hab& *G.*   15 austeram *G* (austere *Sim. cf. supra 37. 61. 69. 73).*   [e]spissis humores [e]spargit *G^c.* 16 precordiam *G.*   17 lactantæes *G.*   18 De herbam. Herbā virtutē *etc. G (cf.* Iu i. viola *Orib.).*   19 consolantur *G* ($\pi\alpha\varrho\eta\gamma o\varrho\varepsilon\tilde{\iota}$ *Gal.*).   20 inposita *G.*   conmixta *G.*   21 pulenta *G.*

77   Idaeaé herbae radix virtutem habet stypticam nimium, et fluxum sanguinis ventrisque fluxum et dysentericos et pro-fluvium mulierum curat, si aut in potu dederis aut cataplas-mate facto imposueris.

78   Ladanum virtutem habet calidam et temperatam, et 5 mollit tumores et furunculos commixtum cum cera, quemadmodum aliis medicamentis commixtum facit.

79   Lapathum virtutis mediocriter calidae est, et dispergit umores. semen eius stypticum est, et facit ad fluxum ventris vel ad dysentericos.   10

80   Lapis haematites virtutem habet frigidam et stypticam, facit ad conficienda collyria trachomatica. ipse quoque tritus in mortario diligentius facit ad eos qui sanguinem per orem mittunt, si datus fuerit in potione, omnia quoque vulnera ex-siccat. facit ad oculorum dolorem, si fricatus in cote infusus 15 oculis fuerit. — lapides qui in scorpionis marini cauda inveniuntur virtutem habent extergendi, denique lapides vesicae minutatim confringunt.

81   Lini semen virtutem mediocriter calidam habet, et est umectum. unde et tumores consolatur.   20

82   Lycium virtutem habet siccam et acidam et stypticam. facit ad dysentericos et tumores ani, facit et ad subtritiones femorum vel paronychia.

83   Mastice composita est ex contrariis virtutibus, et constringit

---

1 De ide erbe. Ide erbe *G* ('Ιδαία ῥίζα *Gal.*).   istipti-cam *G*.   3 in potū *G*.   4 inp. *G*.   5 De ladanum. La-danus *G (Gal. XII, 28)*.   6 moll& *G*.   furuncolus *G*. conmixta *G*.   7 conmixta *G*.   8 De lapatium. Lapatium *G*. 9 istipticum *G*.   10 desintericus *G*.   11 De lapisematis. Lapis ematis *G*.   istipticam *G*.   ad conficiendos collirios traco-maticos. ipsos quoque tritos *G*,   13 per | gremit tunc si d. f. *etc. G* (per ore *cf. Anthim. p. 55*).   14 ex⟨sicc⟩at *Gᶜ (in ras.)*.   15 in cute *G* (ἐπ' ἀκόνης *Gal.*).   16 oculus *G*. scorpioni *G* (τοῦ θαλαττίου σκορπίου *gr.*). *haec aliunde addita, non ex Gal. cet. cf. Gal. XII, 205 = Orib. 141.*   19 De lini semen. Lini semen *G*.   calida ab& *G*.   20 consolantur *G*. 21 De licium. Licius *G*.   accidam et istipticam *G*.   22 & hu-morem ani *G*.   facit eit s. f. *G*.   subtrictiones femorum *G* (παρατρίμματα *Gal., Orib. lat.* = intertrigines).   23 paroni-tias *G*.   24 consita *(sic) G* (σύνθετος *Gal.*).   & c. v. & ex constring& *G*.

et mollit. facit ad stomachi et ventris et epatis vel omnium intestinorum tumorem. calefacit enim et siccat nimium. solvit et ventrem, si quis scripulum mastices collatum cum calida aqua biberit.

84   Melanthium, quod appellatur git, virtutis est calidae 5 et siccae, et spissitudinem umorum extenuat, denique catarrum calefactum ligatum in linteamine exsiccat. tritum quoque si quis biberit, ventositate caret. lumbricos sive in potione datum sive deforis impositum, id est tritum, occidit. lepras etiam et clavulos pedum et verrucas curat. menstrua quoque provocat. 10

85   Mel calefacit et siccat nimium. habet etiam acritudinem, nam vulnera sordida purgat.

86   Melilotum virtutis est mixtae. et maturat umores et dispergit. et plus calidae virtutis est quam frigidae. ad oculorum indignationem aqua ipsa cocta utimur.   15

87   Meconi nomen est papaver. frigidam virtutem habet, et semen eius somniferum est. agreste papaver plus quam domesticum infrigidat.

88   Mora natura habent mediocrem calorem et ventrem relaxant. inmatura vero virtutis frigidae et siccae sunt. unde et 20 suci ipsorum tumores faucium curant. si quis quoque mora ipsa siccaverit et pulverem fecerit, et dederit unum coclearium dysentericis, magnum remedium est.

89   Murta ex contrariis virtutibus composita est, et obtinet

---

4 *Simon s.* Melantium (*post* Diosc.)...Theo. Pri. melantium quod appellatur git *(cf. Orib. 153)*.
[Mala persica *Simon s.* Kariana vocantur persica secundum Theo. Prisci.].

---

1 istomaci *G.*   2 istentinarū tumorē *G.*   3 scriptum masticem collium *G.*   4 calda *G.*   6 humorem *G.*   deneque *G.*   7 ligato *G.*   exiccat *G.*   8 ventositatem car& *G.* Lumbricus *G.*   in potionū *G.*   9 inpositum *G.*   occid& *G.* 10 clavulos: acutos *G* (ἥλους *Gal.*).   verrucas *G* (μυρμηκίας *Gal. et lat. Orib.*).   13 mellilotum *G.*   mixti *G.*   14 quem *G.* 15 aque ipse cocte utim⁹ *G.*   16 De miconi. Miconi *G.*   domesticus infrigdat *G.*   19 De mora. Mora *G.*   hab& *G.* relaxat *G.*   21 ipsarum *G.*   21—23 *cf. Theod. de diaeta p. 243ᵃ.*   morā ipsā *G.*   22 siccaverint *G.*   pulver *G.* 23 cocliarium *G.*   dissintericis *G.*   24 De murta. Murta *G.* obtinet *G* (ἐπικρατεῖ *Gal.*).

frigidior virtus quam calidior. habet quendam tenuem calorem. unde et nimium siccat umores. compescit diversis modis habita nimios quoque sudores ipsius constringit.

90 Medulla virtutem habet mediocriter malaxantem tumores et duritias membrorum. idcirco meliorem medullam cervinam 5 iudicavimus, exinde vitulinas. hircorum vero et taurorum acriores et sicciores sunt. denique hircinis medullis ad dysentericos utimur cum sucis oryzae.

91 Meon calidam et siccam virtutem habet. unde et urinam provocat et menstrua. 10

92 Marathrum, quod appellatur feniculum, virtutem calidam et siccam habet mediocriter. unde et lac generat et menstrua provocat et urinas. radices vero ipsius si quis coxerit et deinde fomentaverit, acumen oculorum reddet.

93 Nitrum virtutem habet siccam et umores dispergit. 15

94 Narcissi herbae radix virtutem habet siccam in tantum ut vulnera maiora recentia consolidet et tenontum praecii siones.

95 Nymfaeae herbae radix vel semen virtutem habet siccam ut minime urat. continet etiam ventris fluxus et insomn⟨i⟩ari 20 minime permittit. iuvat et dysentericos. nymfaea vero herba quae radicem albam habuerit, virtutis fortioris est, et facit ad profluvium mulieris, si ⟨quis⟩ radicem coxerit in vino nigro austeri et dederit potionem. facit hoc etiam nigra similiter radix ad dysentericos data. 25

1 frigdor. virtus q *G. cf. c. 8.* colorem *G* 2 conpescit *G.* 3 abitam *G.* ipsius *(sic)* contring& *G (lac.).* 4 mediocriter. & malaxant tumores *G.* 5 melior ámedulla cervina *G.* 6 iudicavimus *G. sic interpres Galeni auctor* (καλλίστου δ' ἐπειράθην ἀεὶ τοῦ τῶν ἐλάφων *XII, 332). sed Oribasius lat. p.202ᵈ* utilior autem probatur, *itemque Th. de diaeta p.243ᵃ.* 6 Et inde *G* (ἐφεξῆς δὲ *Gal.).* ircorum *G.* 7 ircinis *G.* 8 dissintericos *G.* orize *G.* 9 De meon. Meon *G.* urina *G.* 11 De maratrum. Maratrum *G.* fenuculum *G.* 12 ab& *G.* lactem ienerat *G.* 13—14 *cf. Diosc.* 15 De mitrum. Mitrus *G.* 16 De narcissi. Narcissi erba r. *G.* 17 ut *om. G.* consold& & tenat precitiones *G (cf. Gal.).* 19 De niffe. Niffe erba r. *G.* 20 & m. urent continentia v. fl. *G.* insomnari *sic (vid. Gal.).* 21 iub& & dissintericos. *deinde iterum rubr.* XCVI. De ninfi. Ninfi iam vero erba quem *G.* 22 abuerit *G.* 23 *addidi* quis. nigri *G.*

96   N u c l e u s virtutis mediocriter calidae est. et si quis exinde frequenter acceperit, ventositatem patitur. generat etiam semen et ad venerem provocat, et si quis perseveraverit edendo, umores pessimos facit.

97   N u c e s virtutem habent calidam et mediocrem, velut 5 oleum dulce. cortex vero earum viridis habet virtutem siccam et stypticam nimium. et sucus eius ad tumores faucium et ad putredines facit.

98   N a s t u r c i u m virtutem habet calidam et acrem, et ventositatem solvit et urinas provocat et lumbricos occi- 10 dit, ⟨si⟩ et contusum super umbilicum posuerit.

99   O r i g a n u m virtutem calidam et siccam habet, et spissos umores attenuat et praecidit. denique facit ad catarrum et dolorem lateris, si quis cum oxymeli coctum dederit. tragoriganum vero habet quandam partem stypticam. 15

100   O l e u m dulce mediocriter calidum est. hispanum vero quod ex viride vel inmatura oliva colligitur frigidum est.

101   O r y z a habet stypticam virtutem, denique et ventrem constringit.

102   O r c h i s, quae etiam serapias nuncupatur, virtutis siccae 20 est. hortatur ad venerem, si quis eam dederit cum vino bibendam. tumores quoque exsiccat, si cataplasmata fuerit. sordes etiam vulneris purgat. facit et ad ignem sacrum, constringit et ventrem.

103   O p o p a n a x virtutem calidam et siccam ⟨habet et⟩ ma- 25 laxat duritias totius corporis et constrictiones n e r v i calefacit et spargit et siccat.

104   O l e a s t r u m virtutem habet calidissimam, semen vero

---

1 De nuclu. Nuclu G (cf. Theod. diaet. p. 244 Arg.).   4 pessimo G.   6 dulcem. Cortix G.   7 nimiā G.   9 De nasturtium. Nasturtius G.   10 solv& G.   hurinas G. occidit & c G.   12 De origanum. Origanus G.   13 adtenuat G.   precid& G.   14 oximelle G.   15 tragrorizanus (—n') G.   quendam p. istipticam G.   16 Oleū dulcem G. ispinum G.   17 frigida G.   18 De oridia. Oridia ab& istipticam G.   denique: διὸ καὶ Gal.   20 De orcisq: Orcisq; G.   sarapias nuncupantur G.   21 ei addiderit c. v. bibendum G.   22 exiccat G.   23 ad igne agrum constring& G.   25 De opopanice. Opopanicus G.   habet et addidi.   26 nerviā calefacit. & ispargit G.   28 De oleastrū. Oleastrus G.   ab& G.

ipsius calidioris virtutis est. renum lapides ⟨in⟩arenam
confractos deducit.

105　Opus cyrenaicus omnium calidior et tenuis est, unde
et tumores spargit. nec non et ⟨alii⟩ nimium calidi sunt et
ventositatem faciunt, id est medicus et syriacus.　　　　5

106　Ostreae testa sive conchylii seu coclea, omnia combusta
virtutis sunt nimiae praecipue　　　　si quis ostreae testam
combusserit et pulverem fecerit, facit ad fistulas vel ad alti-
tudinem vulneris. omnium vero testarum pulveres dentes niti-
diores faciunt, et gingivas consolidant, tollunt etiam cru- 10
ditiones ventris post partum mulierum.

107　Petroselinum virtutem habet calidam et siccam. nimie
etiam acre et amarum ⟨est⟩, menstrua quoque et urinas provocat. et renes purgat et ventositates solvit.

108　Pix sicca quidem calefacit nimium et siccat. liquida vero 15
extenuat, denique facit ad suspirium ⟨et⟩ ad eos qui pus
eiectant, si quis ex cocliari cum melle mixtum et despumatum
velut electarium dederit. ungues quoque leprosos cum ceroto
mixta purgat, impetigines curat et tumores indigestos praecordiorum durat, si cum cataplasmate commixta fuerit. for- 20
tiorem ergo liquida virtutem habet.

109　Pomfolyx si lota fuerit sicciorem virtutem habet et ad
omnia maligna vulnera. et sine acritudine siccat, et aptum
maxime medicamen cancromaticis.

110　Piper longum quod primo nascitur sicut nuclei flores, 25
est virtutis umectioris ad comparationem. piper vero album

　　　1 l. & arenam confractos *G.*　　3 De oposcirine. Opus ciri-
naie | cuius omniū *G.*　　4 ispargit *G*　　alii *addidi. cf. Orib.*
Nam alia *(p. 203).*　　5 medicos est | siriaticus *G.*　　6 De
ostrie. Ostrie testa sive conciliis eocloclea *G.*　　conbusta *G.*
7 | *(p. 172)* virtutis s̄ nimie precipue Si quis *G (Gal. XII, 346*
cf. Or. desiccativa).　　ostrie testū *G.*　　8 fistolas *G.*　　vel adti-
tudinem *(sic) G.*　　9 testorū pulver *G.*　　10 consold at toll& enim
eruditionis *G.*　　12 De petrosileno. Petrosylenus *G.*　　14 solv& *G.*
15 De pice. Pice sicca *G.*　　16 qui osse iactant *G* (ἐμπυικούς).
17 ex cocliari os | *(p. 173)* cum melle *G.*　　dispumatū *G.*
18 elactuariū *G.*　　lebrosos *G.*　　19 mixtū *G.*　　inp. *G.*
p̄cordiū *G.*　　20 cataplasma conmixta *G.*　　21 liquidam *G.*
22 De pomfolia. Pomfolia si lata *G* (εἰ πλυθείη).　　23 apte
maximum *G.*　　25 De piper longum. P. l. *G.*　　nucli flores &
sic G (florescit *Orib.*).　　26 ad conparationem piper[is̄] *G.*

acerbum est et habet virtutem calidam acriorem et austeriorem
nigro pipere. stomachum confortat. nigrum vero piper
siccum. et tamen nigrum et album virtutis calidae et siccae
nimium sunt.

111   Prasium herba calida et sicca est nimium. epatis et 5
splenis constrictiones solvit, pectus quoque et pulmones purgat, menstrua etiam provocat, et per nares aurigines purgat,
et ad diuturnos dolores aurium facit.

112   Pyrethri radix causticam virtutem habet. denique dentium dolores qui per frigorem eveniunt sanat, si quis eam 10
coxerit in vino et dederit in ore tenendam. facit et ad
frigora, si quis eam coxerit in oleo et ante accessionem fricaverit. facit etiam et ad stuporem et paralysin membrorum.

113   Propolis calefacit et spargit et extenuat. facit etiam et
ad tumores et duritias, tam sola quam etiam cum aliis com- 15
mixta. sed specialiter facit ad furunculos, si tunsa imposita
fuerit.

114   Quercus [quae] appellatur graece drys. omnes partes
huius arboris virtutem stypticam habent, plus vero membranum quod subtus cortice et infra glandem stypticum nimium 20
creditur esse. facit ad profluvium mulierum, ad eos qui sanguinem dant et ad dysentericos et ad ventris fluxum. folia
vero arboris faciunt ad vulnera recentia, si tunsa cataplasma-
veris.

115   Radix id est rafanus calidam et siccam virtutem habet 25
nimium. semen quoque eius fortius ipsa radice est. radix etiam
umores dispergit et urinas provocat et livores de facie tollit,
si tunsa cataplasmata fuerit.

[*Simon s.* Psillium ... antiqui vero latini pulicariam dice-
bant ut Theodorus Priscianus.]

1 acervum *G.*   et *om. G.*   acrior et austeriorē. Nigro
piper[is] stomacū *G.*   2 nigro v. pip *G.*   5 De prasia.
Prasiā (—a *corr.*) erba *G.*   isplenis *(ante ras.) G.*   7 menstruā *G.*   9 De piretri. Piretri *G.*   cauticā *G.*   10 fric-
dorem eve | nimus *ante corr. G.*   11 tenendū *G.*   12 fricora[s] *G.*
13 [i]stupore ... paralisim (—in *corr.*) *G.*   14 De propodis.
Propodis *G.*   [i]spargit *G.*   15 solā cimā &iam ... conmixta
sale *G·*   16 [i]specialiter *G.*   forunculos *G.*   tusa *G.*
18 De querco. Quercusq; a. g. dris *G.*   19 uius *G.*   [i]stip-
ticā ab& *G.*   membrarū *(sic) G.*   20 est infra. claude
[i]stipticum *G.*   25 De radices. Radices *G.*   26 fortior *G.*

116   Reum ponticum mixtae virtutis est et habet in se
quendam tenuem frigorem et calorem, et extenuat spissos
umores. facit etiam ad anhelitum, tollit quoque et livores, et
cum aceto tritum impetigines curat. facit et ad eos qui sanguinem iactant, fluxum ventris patiuntur aut dysenteriam. si 5
quis pulveris fecerit in potionem scripula tria cum
vino austeri, etiam et ad epar facit.

117   Rosa mixtae virtutis est et constat ex aquosa et mediocriter calida. habet etiam stypticam et amaram.

118   Resinae omnes virtutem habent calidam et siccam et 10
diaforeticam quandam plus aliae aliae vero minus. et ante-
ponitur omnibus scinina, quae appellatur mastice, quoniam
paucissimae stypticae virtutis est, unde et ad stomachi et ad
ventris et ad epatis defectiones et tumores adiutorium optimum
est, et leniter siccat, quoniam virtutis acrioris minime est. 15
terebinthina tenuiorem virtutem aliis habet et melius spargit et vaporat mastice. idcirco et scabias curat et de profundo
ad se trahit.

119   Storax calefacit et mollit et maturat. idcirco et tussim
et catarrum et pituitam et raucos curat et menstrua provocat, 20
si quis triti in potionem cum vino dederit scripula tria.

120   Schoenuanthus virtutem habet mediocriter ⟨calidam et
stypticam⟩, et provocat urinas, et menstrua facit. etiam ad
tumores stomachi ventris et epatis.

121   Scilla virtutem habet calidam, et incidit spissos umores. 25
idcirco melius est eam assare aut coquere et ita uti, quoniam
acritudo eius nimia est.

1 De reupontico. Reupontico *G.*   2 frigorem *(sic) G.*
3 anelitum *(om.* ad*) G.*   4 inpetigines *G.*   6 pulver *G.*
[i]scripula *G.*   7 austerio .*(sic) G.*   8 acosa *G.*
9 istipticam et amarū *(sic) G.*   10 De resine. Rasine *G.*   11 quendam plus aliis vero minus *G.*   12 omnibus. CXX De scinina.
Scinina que *G.*   qm̄ pιcrſ | summi [i]stιptιce v. e. (πρὸς γὰρ
τῷ τῆς στύψεως ὀλίγης μετέχειν) *G.*   13 istomaci *G.*   15 (m.) est:
sunt *G. sequitur* CXXI De terebentina. Terebentina tenuorem...*G.*
16 allis *(sic* ante corr.*)* ab& *G.*   [i]spargit *G.*   17 mastice
(i. e. μᾶλλον τῆς μαστίχης) *G.*   [i]scabias *G.*   adsetant
(*pro* ad se trait) *G.*   19 De storace. Storace *G.*   20 pituitam:
pepitatem *G.*   21 tritū in po[si]tionem *G.*   22 De scibantiā.
Scibantiā *G* (squinantum *Orib.*).   mediocriter &p. *G.*   24 tumo-
rosi|stomaci *G.*   25 incid& *G.*   26 quoquere *G.*   27 eius: &as *G.*

122   Smyrna, quae appellatur murra, calida et sicca nimium est. et plagas capitis pulvis ipsius consolidat et lumbricos interficit, si quis scripulum in potionem dederit.

123   Stear, id est adipes diversi. adipes virtutem porcini habent calidam et umectam, sicut et oleum. faciunt ad omnes 5 tumores, si cum cataplasmatis commixti fuerint. adipes hircini sicciorem virtutem habent quam porcini, unde morsus intestini qui ex acritudine umorum vel dysentericos cum clysterio curamus, et solacium praebetur doloribus. adipes anserini tenuiorem virtutem habent. denique causas coli cum clysterio 10 curamus vel oleo anetino. similis virtutis sunt et adipes gallinacii. taurini adipes calidiorem virtutem habent et sicciorem. sed adipes leonini, ut taurini, calidiores. et siccescunt et plus calefaciunt et spargunt et extenuant leonini adipes quam adipes omnium quadrupedum. ursini vero calidam virtutem et 15 tenuem habent et tineas curant. omnes itaque adipes quantum inveteraverint, tantum calidiores fiunt ⟨magis⟩ et extenuant et siccant umores.

124   Smyrnium, id est semen holusatri, calidum et siccum et umidum, et urinas et menstrua provocat.   20

125   Tithymali omnes virtutem calidam et acriorem habent, et fortior est primo liquor eorum, secundo fructus et folia, tertio

---

[*Simon s.* Sion ... Theo. Pri. li. de simplici medicina Sisimbrium multi cardaminem alii sion dicunt etc.]

19 *Simon s.* Smirnion... Theo. Prisci. li. de simplici medicina dicit smirnion esse semen alexandri. videtur per huius descriptionem quod vel est olixatrum seu alexandrum *(sic)* vel sibi simile.

---

1 Smirna *G.*   mirra *G.*   2 pulver *G.*   consoldat *G.* 3 interficiunt *G.*   4 De stamidem. Stamidem adipes diversos adipes virtutem p. abent ... *G.*   5 humectum. siccat & *G.* 6 cū cataplasmata conmixtum fuerit *G.*   CXXVII. Item. Adipes ircinos *G.*   7 intestine q;(que) ex acritudinem humorū *G.*   8 cū clisterio *G.*   9 solatium *G.*   anserine *(hic) G.* 10 abent *G.*   colicū clistirio *G.*   11 uetoleo an&ico s. v. sunt. Et ad. g. *G.*   galinatii *G.*   13 & taurini *G.* 14 ispargunt *G.*   quam: quatuor *cod.*   16 tineas (ἀλωπεκίαις *Gal. XII, 331*).   17 magis *addidi.*   19 CXXVIII De smo(y *corr.*)rnium. Smo(y *corr.*)rnium *G.*   olisátri *G (cf. Scribon. 126).* 20 humidum *G.*   orinas *G.*   21 De titimallo. Titimalus o̅m̅s̅ *G.*

radices. unde coctae in aceto ad dentium dolores faciunt,
praecipue ad comestiores eorum. liquor vero ipsorum capillos
vellit, et si frequenter unxeris, capilli ipsi arescunt et pereunt.
tollunt etiam verrucas, curant impetiginem.

126   Titanos, quae appellatur calx viva, vehementer com- 5
burit, extincta vero fideliter urit sed parum.

127   Tragacanthus similis in virtute cummi est. et similiter
lenius aegritudines umorum exsiccat. ad renes.

128   ⟨Terebinthus ...⟩ nam et cortex et fructus virtutem
stypticam habent, sed et calefaciunt et siccant. et nimium 10
virides si fuerint, minus calefaciunt et siccant. et si siccae
fuerint, et urinas provocant et splenem curant.

129   Tribolus virtutem habet frigidam. et agrestis habet siccam et stypticam virtutem, alter autem umectus est. et facit
agrestis ad lapides renum, si coctus in aqua datus fuerit.   15

130   Uva passa virtutem calidam et stypticam habet, et maturat umores corruptos et stomachum confortat. denique et ad
potiones stomachi et epatis commiscetur, et est adiutorium
optimum.

131   Venta virtutem stypticam et frigidam habet. idcirco et 20
fluxum ventris continet.

132   Viscus virtutem habet calidam et trahit de profundo
umores, non solum tenues sed etiam spissos, et solvit et spargit. continuo itaque minime calefacit, sed tardius. (133) folia

---

5 *Simon s.* Titanus. The. Pris. libro de simplici medicina
est calx viva idem. Paulus ca. de idropisi. sed libro de doctrina
greca ut supra (*scil.* est calx e gypso etc.). *(cf. Orib.).*

---

2 ad conmestionem (βεβρωμένοις) *G.*   5 inpetiginem ti-
tannos. que *etc. (sine discr.).*   appellantur calcina viva veae-
menter *G.*   6 c. & istricta *G.*   parum: passum *cod. G.*
7 De tragantus. Tracantus *G.*   cummi: gumme *cod.* (κόμμει
Diosc.) G.   8 lanius *G.*   exiccet ad renes Nam et cortix
et fractus . . . *(ubi principium novi capituli om. cod.).*
10 istipticam *G.*   12 et isplen c. *G.*   13 De tribui. Tribui *G.*   14 istipticam *G.*   alter autem: alterita que (humectus) *G.*   16 (20) [i]stipticā *G.*   matura tumores *G.*   17 &
estomacū c. *G.*   18 [i]stomaci *G.*   commiscitur.   19 obtimum *G.*   20 CXXXIII De uenta. Venta *G (fort.* Inante
(οἰνάνϑη *Diosc.* 5, 5).   ab& *G.*   22 De visco. Viscus *G* (ἰξός
Gal. ubi seq. ἴου τὰ φύλλα).   trait *G.*   23 ispargit *G.*   24 . . . tar-

vero ipsius Violae virtutem habent frigidam et umectam. idcirco faciunt et singula et cum polentis commixta ad tumores ex fervore nascentes. faciunt et admixta ... fervorem et oculorum.

134   Xanthium herba, quae et fasganon nuncupatur, id est 5 gladiolus. fructus eius calidus est et umores dispergit.

135   Xyris herba, quae ab aliis appellatur iris, virtutis calidae est et extenuat umores spissos et evaporat et siccat.

---

5 *Simon* s. Xantium herba que vocatur fagasmon *(sic ed.)* i. gladiolus The. Priscianus.

---

dius. Folia vero ipsius viridia *(sic) etc. hic (cf. c. 76) ipsius graeci libri (et translati Galeni) reliquiae latent, quia cum latinarum litterarum ordine concordant.*

1 humectat *G.*   2 cū | roentis (μετὰ ἀλφίτων) commixta *(sic cum albo cod.)* | ad tumores & nervorenascuntur. facit & admixtā fervorem *(scil. et ad oris ventriculi f.).*   5 CXXXV De uanctium. Deuanctiū erbam quam nuncupantur id caudioles *(cf. Sim.).*   6 & tumores distergit iris erba que ab aliis appellatur. CXXXVI De xiridia. Xirida virtutis calida est ... *(sic cod. cf. Gal. XII, 87 ubi male* ξυρίς, ἔνιοι δὲ ξυρίδα *pro* ἔνιοι δὲ καὶ ἴριδα *sec. Diosc. p. 522.*   8 humores ispissos *G.*   sic finitur hicce libellus expleto quaternione X (p.169—184, quem sequitur XI p. 187—202): itaque nihil deficit.

VINDICIANI AFRI

EXPOSITIONIS MEMBRORUM

QUAE RELIQUA SUNT

EX CODICIBUS MSTIS AD LITTERAM DESCRIPTA.

I. GYNAECIA QUAE VOCANTUR.
II. EPITOMA UBERIOR ALTERA.

ADHAERET
EPISTULA VINDICIANI AD PENTADIUM.

Vindiciani

I. G (a. 1868)
ex cod. S. Galli 751 saec. X
(p. 311— 17)
[*Inscriptio sola cum fragmento
quod alio postea loco interpolatum
est, extat libro de incipiente secta
medicina (eidem qui legitur in
cod. Brux.) praemissa in eodem
cod. S. Gall. 751 p. 355 hoc titulo* In
ñ dñi ñri ihu xp̄i incipit vindiciano. Epl'e expositionis de natura hominis aut qualiter conpagine in utero matris suae aut
quomodo numero sunt ossa hominis (Oportet antequam ypo-
cracium precepit iuramento...)]:

II. L (a. 1877)
ex cod. Flor. Laur. 73, 1
saec. XI f. 188
[*ubi praecedunt f. 186ᵇ—187ᵇ
tituli* muscionis auctoris, *sicut
in docti cuiusdam hominis apo-
grapho Vindobonensi cod. lat.
3244 ch. s. XVI post Muscionis
capitula f. 2ᵇ (—6ᵃ)* Incipiunt
dicta vindiciani auctoris de gæ-
nicia felicissimo. *alterum apo-
graphum male scriptum s. XVI
præbet cod. Vat. Pal. 1214. —
idem textus repetitur etiam in
cod. Leopold. Strozz. 70 ch. s.
XV et in cod. Aedil. Flor. 165
m. s. XV cum quinque libris
„Physicorum Plinii", de quibus
codd. vid. Catal. bibl. Leopold
Laur. t. II p. 403 et t. I p. 469]:*

gynaecia.

III. D (a. 1893)
ex cod. Paris. 11218
(S. Benigni Divionen-
sis) saec. VIII/IX f. 16
[inter med. varia, ubi
etiam f. 38 Vindiciani
ep. ad Pent. — idem
fere textus est cod.
Vatic. regin. 1004 s.
XIII (f. 94ᵇ, ubi Inci-
pit liber iusti medici
genicii. Ad compa-
ginem membrorum
id est a c t i o i u-
s ti medici genechie.
Cum in alexandria
sum certatus cum
auctoribus maiores
philosophorum. lu-
pio. et pilupio. ero-
filo. Eresistrato. ypo-
crate. Apollonio. Mi-
chio. Marcello. cum
ceteris anatomico-
rum philosophis. cui
licuit discutere . . .
descr. 1881) *et brevi-*
ter excerptus in Par.
11219 s. IX/X (olim
Epternacensi, ubi f.
210 Incipit a c t i o
iu s ti medici de mu-
lieria. Genechia. Quo-
modo in utero ma-
terno contenimus vel
portemus . . . *quod ad*

IV. P (a. 1881)
ex cod. Paris. lat.
4883 (Colb. 2140)
saec. IX f. 5ᵇ 1:

V. C (a. 1876)
ex cod. Casinensi
97 saec. X f. 4ᵇ 1
(post Vindiciani ep.
ad Pentadium)
[idem textus extat
et in cod. Phillipp.
6925 s. XII (1887)
et in Rom. Angelic.
V. III, 9 s. XIV (1881)
De expositione mem-
brorum et anothomia
et in cod. Rom. Barbe-
rin. IX, 29 s. XI/XII
f. 288ᵇ — 89ᵇ post
Vind. epist. (coll. a.
1881) atque eodem
etiam textu videtur
uti quem inspexi a.
1888 tr. anatomicus
de scemate humano
cod. Bamberg. L III 9
saec. XII qui sic in-
cipit: Legimus quod
antiquitus maioribus
nostris Lyppo vide-
licet et ypocrati et
apollonio et ceteris
anathomicis inciso-
ribus placuit mor-
tuorum viscera per-
scrutari . . .*]:*

Incipit epistola de conpaginibus et de conceptione infantis.

(1) Professa officia nostra nam
in expon(en)tibus omnibus quattuor esse oportet. scientiam
memoriam consilium virtutem.
quam potantis sui cognationibus
et elimentis probationibus tuta-
verunt. ut invenirent tantam
rationem interrogationibus quibus ossibus et nervis vel venis
et quibus commissuris omnes
contineamur. vel quomodo in
utero materno cognuscamur vel
portemus. cum sit huius artis
medicinae grecis actoris placuit
quosdam qui huius modi sermone ignorant in latino inter-
pretari anatomicorum. haec est
superiorum sectarum rationem
vobis exponere.

(2) maiores enim nostri hoc
est priores vel antiquis in alexandria gentibus medicinae lu-
pione uel opphi et erofilo
herasque servatus ascle-
piades et yppocras et apollonio et ceteris anatomicis. id
est securioribus quibus licuit
mortuus aperire et temptarent ut
scirent unde pereclitarent vel

I (G)

Incipit genecia vindiciani
auctoris.

Quibus ossibus vel quibus
conpaginibus vel quibus venis
homines continentur vel quomodo in utero materno in-
fantes quacolantur (coagolan-
tur *v et eᶜ*) vel formantur. cum
sint huius artis medicine. greci
etiam auctores. placuit propter
quondam (quendam *v*, quorundam *se*) huius modi sermone
(—nis *se*) ignorantie (—am *se*)
in latinitatem (latinum *se*) inter-
pretare (—i *se*). et sic omnem
rationem exponere.

(2) maiores (—ibus *se*) enim
nostros (—is *se*) hoc est priores
(—ibus *se*) in alexandria agentibus medicina. id est lupo.
peone. filiatro. erasi-
strato. ypocrate. et apollonio. et ceteris auctores
(—ibus *se*). placuit eis secare
amortuis (= *se*, s. mortuos et
lan⟨i⟩are *v*). ut scirent quo-

II (L)

cod. I propius spectat).
a scriptore cod. Di-
vion. ipse Iustus ci-
tatur in c. 17 et 24. cet.
notissima fuit Hiera
Iusti (Theod. 2, 109
et in Antidotariis va-
riis)]: •

Incipit epistula accii iusti.

(1) nunc in hanc epistula exponere ex libris grecis. in latino sum certatus quibus ossibus vel quibus nervis vel quibus conpaginibus. hominis conteneantur vel quomodo in uterum maternum conteneamur vel furmamur. huius nos anathomi racionem exponere.

Epistola Ypocratis.

(1) De conpagine hominis quomodo formatur in utero materno vel coteneatur. hanc epistolam disponere ex libris grecis in latinum sermonem. quibus ossibus vel quibus nervis. aut quibus compaginibus corpus humanum continetur. quomodo in utero materno formatur. cuius anathomi id est compaginis. ratione exponere non morabor.

(rubr.) Contra dicit scutari viscera.

(1) Expositio membrorum quo ordine. vel quibus nervis. vel quibus iuncturis. vel quo scemate homo in utero ⟨mater⟩no plasmatur. et hoc dcmas exemplum accipite sumentes.

(2) Olim a maioribus nostris. hoc est prioribus in alexandria agentes medicine lupo. phylopio porfireo. heras. stratos epocritus apolonius miccio marcello et ceteris anatomi-

III (D)

(2) fuit olim consuetudo maioribus nostris id est prioribus in alexandria agentilibus medicina. scilicet lupo. porfirio. strado. ypocratum. apollonio. michio. marcello. et cete-

IV (P)

(2) maioreus enim nostri. lypox. yppogrates. apollonius. vel ceteris anathomicis placuit mortuorum viscera perscrutari. ut scirent vel quomodo morirentur. nobis hoc facere ipsa humanitas

V (C)

mortui fuissent homines. sed hoc
nobis facere non licet quia prohibitum est nobis. et ideo haec explicare nobis oportet. rationem
vobis reddimus qnomodo contineamur omnem corpus hominis
et conpo⟨sicionem vene membrorum *sic al. m. in ras.*⟩ quibus articulis quibus conmisuris.
quibus ossibus quibus venis vel
nervis vel conpaginibus. a principio omnium maiorum rationem
incipiamus.

modo quis mortuus est. sed
nobis hoc facere non licet
quia prohibitum est. et ideo
de hoc exemplaria ratio redditur. quomodo contineatur.
quibus commissuris (commensuris *se*) aut compaginibus. vel
articulomentis (= *v*, -amentis
se). vel quibus venis. a principio omnium verborum incipiamus.

(3) c a p u t noster (n̄r) commissuras habet quinque. sicut
diximus simacus anatomicorum
l u p i o et e r o p h i l u s sicatartis.
habent masculi calvariae commissuras quinque arteria continentes. femina vero in circuitu
unde agnoscitur calvariae feminę quod greci dicitur non
uadena et latinae quod est membrano cui superposita est cutis.
habet autem c a p i l l o s non
propter decorem sed a fronte
corpore conspecta membrana
est etiam. ut iberni temporis
cerebrum nostrum bestiendum
calefaciat et extate temporis
spatiose solis calore cerebro ex-
tuare non permittas.

(3) caput vero viri habet commissuras quinque. sic autem
scripsit summus auctor e r o -
p h i l u s sicia. et habet masculus in calvaria commissuras
quinque. alterutre se continentes. femina vero in circuitum
rotundum a quo agnoscitur. habet autem calvaria supra positum membranam. quod greci
metanem appellatur. cui coherent membrana quibus superposita est cutis quę habet
capillos non solum propter
decorem positi sunt. sed ut
frontem cooperiant conspersi
membranis. ut hiberni temporis celebrum vestiendo calefaciat. et ex(sc)tate tempore
solis calorem celebrum ipsum
non vitiari permittat.

I (G)   *II (L)*

cis liquid mortuos exintesterarecit scirent unde et quomodo mortui essent senobis. hoc facere non licit quia proibitum est et ideo de hoc simplaria racio nobis reddetur quomodo conteneantur. quibus ossibus vel quibus nervis. a principium

ris medicis. non solum in alexandria sed in aliis gentibus et linguis mos erat ut diximus mortuos extentinare. ut scirent quomodo mortui essent. sed nobis hoc facere non licet. quia proibitum est. ideo de hoc exemplario vobis reddetur ratio quomodo contineamur. quibus commensuris quibus ossibus quibus articulamentis. quibus etiam venis. igitur a principio membrorum. id est capud nostrum ex quo lenimenta corporis prodeunt. ratio ducat exordium.

prohiuet, eo quod ipsis scrutantibus omnia manifesta atque adaperta sunt. et quid dixerunt.

(3) caput nostrum. cum missuras habit V. sicut scripsit summus anathomi quorum hirofilo masculus. habit. in calvaria. cummissuras V. ut angulos alterutro se contenentes femina vero in circuitu tantum habit calvaria superposita quod greci apellantur mecanem (—ē). quod. coerit membranum. cui superposita est cutes. habet autem capillus non propter sed ut a fronte corporis conpictum membranum extituti verni temporis ce-

III (D)

(3) capud namque nostrum commissuras habet V. sicut cripsimus anathomicorum id est invenitur compaginum y drophilus medicus. masculus habet in calvaria commissuras V. angulosas alterutrum se contenentes. femina vero in circuitum tantum habet calvariam superpositam. quod grece appellatur micharin. cui superposita est cutis. habetque capillos propter decorem ut hiberno temporis spacium cerebro nostro vesti-

IV (P)

(3) caput enim nostrum. commessuras habet .V. angulosas. alterutrum se continentes. sicut summus anathomicus filius memorat dicens. masculus in galea habet commessuras .V. femina vero in circuitu commessuras habet. cui galea superposita est quod greci mecani appellant. quę coheret membrano. superposita est illi cutis quæ habet capillos non causa decoris. sed ut ab aestu. seu frigore oculos custodiat.

V (C)

(4) huic ergo calvariae subie-
cent tempora que continetur
spiritales (spāles) venibus venas
cerebri quibus positae sunt
supercilia. quę sunt capillus
vestitas. quare ipse copiosus
sanguis per fronte discenderit
aposita obtenatione capillorum
continetur. donec apollicio sudor collectus oculis obesse non
possit.

(5) oculi autem ipse conti-
neantur cum exvasisse crebra
hoc est ventris cerebelli. duo
foramina uriuntur per quas singulas radices tenuissimae bene
de parte dextra. in sinistra
autem uului oculorum continetur. tunicas quattuor. quomodo intenditur. prima tunica
cerat uedis dicitur. secunda vero
raguędis tertia vero ministruedis.
quarta autem cristaluedis. ni-
gella vero eorum urbis irę appellantur. in medio autem ur-
bium actus vel pupillę appellantur per quas visum cernimus.
alii autem dicunt non esse in
oculis tunicas sed humorem.
sicat sole in qua balasin nasci.
dominantur autem in oculis humores tres salsus humidus et
frigidus. asclepiades ore suo

I (G)

(4) huic ergo calvarię dextra
levaque tempora que continentur spiritalibus venis celebri. quibus subpositę sunt
supercilia pilos vestitas. pro
qua re? ut si copiosus sudor
per fronte descenderit. ut sudor
ipse abhesitatione pilorum contineatur. ut eos ledere non
posset.

(5) oculi autem ipsi continentur sub vase celebri in duo
foramina per quibus oriuntur
tenuissime venę qui eos dextra
sinistra volvunt conspicientes
ubique.

oculi vero ipsi habent tunicas
quattuor vel quinque et humoribus tribus. quomodo est
intendite. prima tunica est
quę appellatur cerato. id est
secunda reço. id est tertia
trito. id est quarta disco. id
est quinta christallo. id est.

numerus autem sunt tres. his-
quato. id est hylodis. chris-
madis

II (L)

rebrum nostrum ve-
stiendum caleficerit
et statim a soles ca-
lores cerebrum eun-
dem defendat ne vi-
cietur

(4) huic. que con-
tenentur spiritalis vi-
nis cerebri quibus
super posita sunt
supercilia sunt que
pilo vestita ut si cu-
piosus. sudor per
fronte diravatus fue-
rit opposeta stacione
pilorum contenean-
tur amuto polici col-
lictus sudor oculis
subesse. non possent.

(5) Oculi autem
ipsi vulvi contenun-
tur quomodo ex basi
cerebre duo fora-
mena oriuntur per
que tenuissime ve-
nae de parte dextra
in senextra et de
senextra in alteram
partem bulbus ocu-
lorum contenentur.
bulbi autem ipsi con-
tenentur tunicis IIII.
vel V. et humoribus
tribus. prima est tu-
nica que apellatur.
cheratho. id est. se-
cunda. rugo. ides.
tercia aragne. id
est quarta discuides.
quinta capistello. i.
des.

III (D)

---

endo calefaciant. ut
et estum. vel calo-
rem solis viciare ce-
rebro non permittat.

(4) huic ergo calva-
riae subiacent tem-
pora. quae continen-
tur spiritalibus venis
cerebri. quibus super
positi sunt supercilia
pilis vestita. ut si
copiosus sudor per
frontem derivatus
fuerit. posita factione
pilorum contineatur.
donec omnia amato
police collectus su-
dor nocere non possit
occulis.

(5) occuli autem
in se continentur hoc
modo ex base. id est
in fundamento cere-
bri duo foramina
oriuntur. per quem
tenuissime vene in
parte dextera et si-
nistra bulbus ocu-
lorum continet.

bulbi autem ipsi con-
tinentur tonicis quin-
que et humoribus.
prima tonica voca-
tur. cirato. secunda
rogo. tertia archa-
num. quarta disco.
quinta kapister.

IV (P)

---

(4) ubi vero galea
est. subiacent tim-
pora que continentur
spiritalibus venis ce-
rebri. quibus super
posita sunt super-
cilia. ut si copiosus
sudor fronti advene-
rit. obposita osta-
tione pilorum conti-
netur. donec extersus
sudor ab oculis aufe-
ratur.

(5) oculi quoque
iste scemate conti-
nentur. ex vaso enim
cerebri foramina orta
sunt duo. per quam
tenuissime vene dex-
tra levaque alternis
in vicem sic conti-
nentur

tonice sunt. IIII. vel
.V. prima tonica. ap-
pellatur cerotoydes.
secunda. croydes. ter-
tia. honoeroydes.
quarta. discoydes.
quinta. christalloi-
des.

V (C)

dicente humores qui nobis in oculis visum reddit diversis coloribus variantur.

(6) quod sunt vene in gutorc maiores quod sanguineas vocatur quattuor. duo qui organi dicuntur et deavisceribus venientes

(7) subposita oculis quas maculas vocamus. quibus coerit plata noster (n̄r̄) id est et dentium. sed et dentes autem eis habemus XXX et II. et femina vero dentes XXX. de quibus apollonius magnus sic ait ge‹mini *in ras.*› dentes us usque ad caninus. singulas habentes radices. alii vero inferiores qui molares dicuntur habent binas et ternas radices.

(8) nam palatum a quibusdam dicitur oraniscus vel iroa supra iacit lingua cuius radices coperiunt canalem spiritalem et [i]stomacum pataorus simile. qui

I (G)

(7) quibus oculis subpositi sunt ossa quę mole vocantur. coherent autem dentibus. dentes vero viri sunt triginta duo. mulieris autem treginta. apollonius autem medicus ait. gemini dentes usque ad caninos singulas radices habent. alii vero interiores qui molares dicuntur habent binas ad ternas radices. alii vero quaternas per ordinem positi.

(8) nam palatum a quibusdam uraniscus appellatur. huic subiacet lingua. cuius radix ridiaglossa dicitur. sequitur autem canalis spiritalis. qui

II (L)

humoris autem sunt
III. sicadotes. hyo-
lodotes. cristaloides
⟨salsus. geledus. et
frigidus *add. in
marg.*⟩.

humores autem sunt.
III. sciambitis hilia-
tes. cristallo.

(7) subposita sunt
autem ossa oculis
quas mala vocamus
quibus coerint pate
nomi distece. den-
cium. Dentes autem
abemus viri numero.
XXXII. mulieris nu-
mero XXX. Spadones
XXVIII. de quibus
sumimus auctur apo-
lonius medicine sic
ait genuine dentes
usque ad caninus sin-
gulas. habent radi-
ces. alii vero qui mo-
laris dicuntur. abent
binas ternas vel qua-
ternas radices.

(7) subposita sunt
autem ossa oculis
quas mila vocamus.
quibus coeret pala-
tus idest spissa vin-
cula vel vicinitas (in-
tima?). dentes autem
habemus viri XXXII.
mulieres XXX. unde
summus auctor apo-
lonius medicina
dentium. gen ‖‖‖‖ ‖‖
(cavit?) quia gene
grece latini tota fa-
cies cum palpebras.
et gengivas dicitur
eo quod iuxta genua
in utero formentur.
dentes usque ad ca-
ninus singulas ha-
bent radices. aliae
vero interiores qui
molares dicuntur ha-
bent binas. ternas
vel quaternas ra-
dices.

(7) superposita sunt
ossa oculis. quę ma-
las vocamus. dentes
etiam habent viri.
XXXII. mulieres au-
tem XXX. de quibus
auctor appollo-
nius memorat di-
cens. iemini dentes
usque ad caninos.
singulas habentes
radices. alii vero in-
terius qui molares
dicuntur. habens ter-
nas. et quaternas ra-
dices.

(8) Palatus vero
nostro quod oranus
greci dictum est sub-
iacit. illi lingua cu-
ius radex aperit ca-

(8) palatum vero
nostrum quod ora-
num greci dicunt.
subiacet illi lingua
cuius radix aperit

(8) palato enim lin-
gua subiacet. cuius
radix cooperit can-
nulam spiritalem.
quam greci uranos

III (D)

IV (P)

V (C)

28 *

utrumque carnalem modo cludit
modo aperit. aperit autem spiritalem qui (quando *corr.*) loquimur cludit autem quem manducamus. unde. hoc in quibus
possumus scire si quando epu-
lamus. et inter epulas risus
nascitur organę insuitę suco ex
cibo et potu aliquid extraxerit
statim tussis insequitur. donec
implent spirito (s̄p̄o) trahent
quod ęvaserat annestio quid in
suas iterum revocat vocis vel
paris.

(9) huic ergo lingua dextra
levaque sublingua sunt positi
quod autem super pende illis
super alias carnales unum qua
cibo vel potu instomaco membranus dicitur. coniungitur autem gurgulione et pulmone.

se modo aperit. modo cludit.
cum manducare coeperit. stomachus autem petauro similem
coniunctus est canali. unde hoc
possumus scire quod se aperit
canalis ipse et recludit. quando
autem epulamur contingit ut
risus nascatur in hoc canale.
si consuetudo suco quę ex
cibo fit. vel potione aliquid
dex(sᶜ)traxerit. statim tussis
sequitur. interpediente spiritu.
illud quod obheserit nescio
quid donec in sua dérevocetur
parte.

(9) hic autem linguę id est
epyolos (epyglose *v*) se dextra
levaque tuscille sunt posite.
quod autem super pendet illis.
uva dicitur. pendet autem
super duos canales. isti numquam potione et cibus stomacho ferunt quem epigessi
(epyglissi *v*) continent. et spiritalem dicitur. alius vero canalis deretro iunctus est spinę
qui stomachus dicitur. spina
coniungitur gulgilioni. gulgu-
lio vero pulmoni.

I (G)   *II (L)*

nalem spiritalem. et
stomacum stomachus
autem epitharo si-
mele est. utrius quae
canalis modo aperit
modo clu(o *corr.*)dit
aperit autem spirita-
lis quando loquimur.
claudet cum man-
ducamus si quando
epolimur. et inter
epulas loquendo ri-
sus nascitur. in hoc
canalem insuetu si
ex cibo vel ex pu-
cione aliquid extra-
xerit. statim tussis
insequitur donec in-
pellentem spiritum
illud quod evaserat
in suas iterum revo-
cetur. partes

(9) huic ergo lin-
guae id est hypo-
glosides dextra leva-
que tussile sunt po-
sitae. Quo autem
superpendit illis uva
est. Perpendit autem
super duos canalis.
una qua cibus et
potus ad stomacum
defertur quem ipo-
glossa contenit spi-
ritualis dicetur. Alius
autem deretro iunc-
tus spyne stomachus
dicetur coniunggetur
gurgulio pulmone.

canalem spiritalem.
et stomaco similis
est. pitharo id est
fauce utraque cana-
lis modo coperit.
modo claudit. aperit
cum spiritalia loqui-
tur. et claudit cum
manducamus et epu-
lamur. inter epulas
risus nascitur. et hoc
canali spiritale. exin
sumpto cibo vel potu
aliquid receperit. sta-
tim tussis insequitur.
donec inpellente spi-
ritu que illud gluti-
verat in sua parte
revocetur per quod
esca deducitur.

(9) huic ergo lin-
gue stibulose dextra
levaque truxille sunt
posite quod autem
superpendit uva est.
pendit autem super
duas canales. quo-
rum una per qua ci-
bus et potus in stho-
maco defertur. quem
picolasim continent
spiritalis dictus. alia
autem deretro spine
quod sthomacus di-
citur. coniungitur
autem gurgulio pul-
monibus.

dicunt utrasque ca-
nales. modo aperitur.
modo clauditur. com-
plectens. aperit enim
spiritalem canale
cum loquimur. clau-
ditur cum manduca-
mus. quomodo pro-
bare possumus. cum
forte cibo. vel potum
utimur et risus oc-
currerit. et supra
dicto (dīct) cibo spi-
ritalis canalis ali-
quid aperitur. statim
tussis consequitur.
donec inpellente spi-
ritu illud quod re-
parat in propria ite-
rum revocet.

(9) huic lingue dex-
tra levaque parte
tussicule sunt posite.
quod autem super
pendens lingue. uva
apellatur. post quam
caverna sunt duo
quæ fit infusio rup-
tus. quod greci ana-
thimiasin vocant.
nares quoque supra
dictis cavernis infe-
runt. per easdem us-
que ad cerebrum ten-
duntur. aures enim
vię sunt auditores.
sicut rerum nature
composuit ad cere-
brum. et a cerebro
descendente. faciunt
exalationem. coniun-
gitur autem gula pul-
moni.

III (D)   *IV (P)*   *V (C)*

(10) p u l m o autem noster et in modo causae ferrari follis. taliter ipsum trahit et implet pectoris locum. nam ibi et isto-macus et ventre et cor iunctum est inter duas pennas pulmonis ⟨in medium est penne (—n̄) autem pulmonum (pulm̄n̂). IIII. *in ras.*⟩. nam et foramine sunt inpulmones. quatuordecim quas greci principes vocant.

(11) c o r autem nostrum venas habet quattuor duas spiritales et duas sanguinales. qui spiritales sunt continent pulmones que sunt sanguinales continent iecor. hoc est ficato per quam spiritus et corpus factum (—us *ante ras.*) est. congregatio venarum unde sanguis effunditur et sic vene pulsum reddunt. pulsus autem nutritur per modum vene que recipiunt sanguinem vel expellunt.

cor noster (n̄r) ungtus est et ad pulmones et a⟨ca *add. corr.*⟩-cumen eius a sinistro mamille inclinantur in sinistro latere quod greci p r e c o r d i a toracis apellant. habens in circuito membrana velut castra in quo[d] adsidue minuetur inde respiratio nascitur. cingens extremas partes pulmones.

(12) superposita sunt precordia quod greci f r e n a n s v e l d i a f r a g m a vocant. continent pulmones et ficato pennas subie-

I (G)

(10) pulmo autem ipse **in** modum fabri ferrarii follis similis est alterutro spiritum (spū) tradet ⟨alii foras *add. v*⟩ adimplet pectoris locum. nam stomachus ventri coniunctus est. sed inter duas pinnas pulmonis in medio positus est.

(11) cor autem nostrum habet venas quattuor. duas spiritales et duas sanguinales. per quam per totum corpus facta est concatenatio venarum. et per ipsas sanguis effunditur. et sic vene ipse pulmus reddent. pulsus autem nutritur a corde. dum modo sanguinem percipiant. modo repellant.

cor autem iunctus est pulmonis. et in sinistra parte inclinatus est. sub sinistra mamillas. et circa eum locum positus est quod greci pencardiu vocant. cingentes extremas partes pulmonis.

(12) sub his posite sunt precordia quod greci diafragma vocant. continenti pulmonem et cor subiacet autem his venter

II (L)

(10) Pulmo autem
in modum fabri. fer-
raria. follis est. alter-
alteris. spiritum tra-
det adimplet pecto-
res locum. Nam sto-
machus ventri con-
iunctus est. Nam in-
ter duas pinnas pul-
monis in medium
positum est cor.

(11) Cor autem nos-
ter. venas habet IIII.
Duas spiritalis. et
duas sanguinalis. Que
spiritalis sunt conte-
nent pulmonem. Que
sanguinalis. iecor per
qua statutum cor-
pus facta concatena-
cione. sanguis de-
fundetur. Sic enim
pulsus redunt. pulsus
autem nutriet dum
modo recipiunt san-
guinem. modo repel-
lunt.

Cor ergo iunctum est
pulmone. Sed in se-
nextra parte incli-
natum est. sub se-
nextra mamella. Sed
circa eum positum
quod greci. precor-
diam vocant. cingens
extremas partes pul-
monis.

(12) sub his posita
sunt precordia. quem
grece diafraima vo-
cant contenent pul-
III (D)

(10) pulmo autem
in modum fabris fer-
rariae follis est spi-
ritum traens et ad-
implens pectoris lo-
cum. et rursum emit-
tens spiritum sive
flatum.

cor ergo ut diximus
iunctum est pulmo-
nibus sed in sinistra
parte inclinatum sub
sinistra mamilla arca
posita est. quod gre-
ci precordiam vo-
cant. cingens extre-
mas partes. pulmonis

(12) subposita est.
precordia . continet
pulmonis et cor sub-
iacet eis. venter et
IV (P)

(10) pulmo vero in
modum fabri ferrarii
follis est constitutus.
alter alteri spiritum
tradens. et implet
pectoris archana. sto-
machus autem ventri
coniunctus est. qui
inter spinas pulmo-
num medio possidet.

(11) cor vero venas
habet quattuor. duas
quæ spiritum conti-
nent. pulmoni affixe
sunt. quarum facta
concatenatione. to-
tum corpus sanguis
diffunditur. et sic
vene pulsum red-
dunt. pulsus ita nu-
tritur modo recipit
sanguinem vene.

idcirco positum est
quod greci peri car-
dian vocant. cingens
extremas partes pul-
moni

(12) supposita sunt
precordia quę greci
diafragman vocant.
continet pulmonem
V (C)

centes venter et intestina continens latera et espina. vene autem eius abet orificium duos etsi a proximo membrano quod greci procausdion vocant in sinistram partem inclinatur. alia vero in dextra parte circa sedem quos positum est extensus usque ad longum quod greci lacon dicunt. continens renes et ilia et iocinera et vesica viridem plena humorem quod greci colen vocant in sinistra parte positum est splen oblongo coniunctum est ventriculo continens membrana denue. habens pinguissimas venas que intestinas vel ventrem tegent et calefaciunt quod greci epeplus vocant. latinae obmento vel mappa dicitur extensum est usque ad ilia subvocent colo intestino continens longitudinem palmorum quattuor in inguine dextro partis ponitur.

et stentinus continentes latera et spina. venter autem habet orificia duo. unum proximum membranum quod greci protocardion vocant. in sinistram partem inclinatum quod greci pulsurun vocant. alium vero in dextram partem circa iecor positum est, et extensum usque ad locum. quod greci lagon dicunt. latine ilia continent dextra renes sed iocineris fertur. vessicam vero planam. viridem humorem. qaod fel dicitur. in sinistra vero partem positum est. splenem oblongum coniunctum ventri continetur membranis tenuissimis. habentes pinguissimas venas que intestinum tegunt et calefaciunt. quod greci epylon vocant. latine homenaim. extensum et usque ad ilia proxima renum. sinistra autem partem subiacet sub hoc intestinum tenuissimum quod greci tilonnicium vocant. sub hoc collum continens longaonem.

I (G)

II (L)

mone. et cor subiacit. his venter et intestinum lateram et spinam. Venter autem habit urificia duo. unum proximum. membranum quod greci praecardiam vocatur. In senextra partem inclinatum quod greci pulsiro vocant. Alii vero dextera partem circa iecor. Positum est et tensum. quod greci longon. dicitur. latini hilia contenens dexteram partem renis. iocinere. aerit visicam plenam. Viridem humorem quod vocatur. In senextra vero partem positum est splen. Oblongum coniunctum. ventri contenens. membranam genuem. abentem pinguissimas venas que intistinas nostras tegent et calefacient quod greci epeplus vocant latine oblitoentum dicetur extensum usque ad ylea proxima. Renes senextra subiacit autem subas intestinum. quod greci nescian vocant sub hoc intestinum tenuissimum quod crexit in fronte genteron vocant sub hoc est collua longum.

III (D)

stentinus contingens latera et spinam. venter autem habetur officia duo. unum proximum bembranum sinistra parte inclinatum. alia vero dextera parte circa iecur positum est. extensum continens vesica plena viridi humore quod fel vocatur. in sinistra parte positum est esplen oblongo coniunctus ventre continet membra. nam tenuem et habentem pinguissimas venas intestina nostrum tegunt et calefaciunt. quod augmentum dicitur extensum usque ad virilia proxima ad renes sinistra. subiacitur autem sub hac intestina aliud intestinum tenuissimum quod greci nescia vocant. sub hoc intestinum collum continua longatione

IV (P)

subiacet autem venter. qui eius testina continet cui iuncta sunt latera exspina. venter autem orificia habet duo. unum proximum membrano qnod greci procardian vocant. in sinistra inclinatum. hoc greci. epiplon vocant. aliud vero in dexteram partem circa iecur expositu est extentum usque ad longum. quod greci longionem vocant. cingens dexteram partem renum. nervis vero. inest nervis vesice. in sinistram partem positum splen oblongum. ventris coniunctum. continens membrana tenua. hauens pinguissimas venas que intestinas tegunt et calefaciunt. hoc greci epiplon vocant. roboes extensa usque ad renum sinistrum. subiacet autem sub hoc intestinum quod greci testinum hoc subiunctum est loeas. continens longaonem.

V (C)

(13) coniunctum est v e s i c a habet vesica collum longum iuncta deretro illic iuncta sunt foramina tenuissima et vene ab ispine medullis venientibus in testiculi semen administrant quod greci spermaticus purus vocant. haec est seminis foramina testes autem iunctae sunt et nervis vel venis genuissimis inserti sunt.

(14) apeudismemon arcus espinectus dactuleus. si quis greci et cautoris multis nominibus a n u m vocaverunt apeudismenon extalem dixerunt. et quod eustes greci rectum dicatur vel arcus. isfinctus eo quod secundum naturam constringit dactuleos. quod est anulo greci alo dactulędin dicunt. latinae autem anum vocant. eo quod in rotundo constringat in modum anuli.

(15) cui similitudo est m a t r i x conpositione habet cocurbitae medicinales. quod tunicas habet matrix quattuor duas intro carnosas. et duas fores nervosas. cuius mensura est orificium. in corporis puellaris orificium digitorum quattuor mulieris autem digitorum sex ubi positae sunt vel in quale parte corporis ipsius caverna. in dextra parte et in sinistra qui urina dimittunt. sed similiter femina testiculus continere quos dedemus vocant. latine testes.

I (G)

(13) longaoni vero iuncta est vessica habens collum coniunctum veretro. continetur autem vessica inter duos renes recumbens. renes autem recumbentes sunt ad hilia dextra levaque. nervi sunt vero qui testiculi continent. quod grece masteres vocant. et greci nesten dicunt. sub hoc enim est intestinum. illis vero testiculis subiunctę sunt foramina. per quam tenuissime vene. ab spine medullas semen administrant. quod greci permeticon vocant.

(cf. cod. S. Gall. 44 p. 213).

(sunt quaestiones, quales Sorani. cf. Sorani gynaec. I, 10. 9. 12 ed. Lips. 1882).

II (L)

(13) Veretro in ⟨quo⟩ collum. vi-sica est. tenitur. vi-sica autem inter duos renis contenitur de-currentes. sunt illis dextra. levaque nervi qui testicolus conte-nens quod greci oris-matiris vocant illis iuncta sunt duo fo-ramina per que te-nuissime venae ab spina et medulla in testiculus semen ad-menestrant. quod greci permatecus po-rus appellant.

(13) iuuctum est. vesica. vesica autem inter duos renes con-tinetur detur rentis. sunt autem illi dex-tra levaque nervi qui testiculos continent. illis que iuncti sunt foramina. per quem tenuissime vene ab spina et medulla in testiculis semen ad-ministrat.

(13) qui iunctus est vesice collum lon-gum qui veretro in-est. vesica vero re-nibus continetur me-dia utriusque. ex-quibus renibus de-current ad nervum. vel testiculos. que greci cremasteron vocant. quibus iunte sunt vene tenuissime sperman deducunt a cerebro. ori[s]que ex spine medulla.

III (D)   *IV (P)*   *V (C)*

(16) quod similiter feminae sicut viri continent. ita et femine quae habet testiculus denique parandi viris. sed non eius conpositiones habentes sicut viris sed minores et molliores adeo a quibusdam calidam et a quibusdam iurae dicuntur. constat ergo una ratione esse feminis et masculis sed mulieres habent similiter cum tunicas quattuor. prima appellatur fereco. secunda. facon. tertia. perefenion. quarta genuissima arcus apellatur.

(16) similiter et femine testiculi sunt sicuti et viri. sed minores et molliores. ideo quecumque femina prope similis habuerit testiculos ut vir ipse menstruose appellantur. constat ergo una ratione esse viris et femine. sed mulier quidem vulva habet. et testiculi nostri (nr̄i) tunicas habent quattuor. prima quę appellatur syco. secunda solidis. tertia peritorion. quarta autem

(17) similiter vulva prima cuius subiacent membrana vulva qui continet facto quod greci cincion culpon vocant. nam quomodo est masculi deretro sic et vulve collum. sicut minuetur adest vulvę naturaliter mollis. constat autem tuniculis firmissimis sicut duabus extensior. et carnosa est. et carnosa interior et nervosa haec superposita est directa intestina diuscervis vel capita tribus per quas foraminibus porregetur usque·ad longum inque(i *corr.*)ris venerias perfice(i *corr.*)tur.

(17) folliculis hoc est veretrum viri. sic est collum mitre cum tribus foraminibus. porrigitur ad longum virge per quam venerię usus percipitur.

I (G)

II (L)

(16) sed similiter et femine testiculus. sicut et viri habent denique patrant. Sed non huius conpunccionis. habent sicut et viri sed minoris et mollioris adeo que propes similes habuerunt Constat ergo unam racionem esse viris et feminebus. sed mulier vulvam habet. nam et testiculi nostri. hi tunicas habent quatuor prima que vocatur. si hoc. Altera epsitro. Tercia peretonion. Quarta est. tenuissima que vocatur dartus.

(17) Similiter et vulva duabus tunices contenitur firmissimis sicut ait accius iustus. vulva naturaliter mollis est exterior nervosa est. exterior carnosa est. Nam prima subiacit membrana in qua contenitur quod geniocione ulpon vocant. Nam quo⟨d⟩ modo est masculi veretro sic est vulvae collum. Quibus superposita est. Diricta intestino cuius cevix cum tribus foraminibus porregitur. usque ad locum

III (D)

(16) similiter et femine testicula sicut et viri habent denique patrant sed non huius conposicionis habent sic et viri sed minoris et mollioris. masculorum vero testiculi maioris et durioris dicuntur. constat ergo unam rationem esse viri et fe⟨mine⟩.

(17) sed in hoc distat. quia mulier vulvam habet. quae vulva duas tonicas vestitur. una naturaliter mollis est exterior. interior nervosa. nam prima subiacet membra quod greci fenicium dicunt. nam commodo est masculi veretrum. sic est vulve collum. haec superposita est directa intestino. cuius series id est compago cum tribus foraminibus porrigitur usque ad locum in quo rei veretri usus perficitur.

IV (P)

(16) feminis quoque testiculis inesse manifestum est. sed alio scemate formati sunt ut viris. mulierum vero testiculi breviores et fragiliores sunt. namque qui maiores habent. viragines appellantur. igitur manifestum est unam esse viris ac mulieribus internorum viscera compaginata liniamenta. sed multe sunt tonice testiculis virorum. prima. troydes. secunda. prognoydes. tertia. peritoydes. quarta vero tonica tenuissima. arcos appellatur.

(17) similiter et matrix habet subiecta membra quibus continet. quod greci cyneceon vocant. nam ut est masculo veretrum. ita est matricis columna. matrix enim naturaliter fragilis et mollissima est. constans ex nervis. et parvissimis venulis tonicis duabus. exterius nervis est firma. interius carnosa et mollis. que est directa contra intestinum. cui cervix. tribus foraminibus erigitur usque ad longaonem.

V (C)

(18) nam cum concipiamur natura volente ex viri seminę et mulieris sanguinem. quamvis ipsum sanguinem sed unde et maiores nostri quos natos sanguineos vocaverunt. unde summus autor. et yppocrasistratus sic ait. namquę vero ex semine mulieris et sanguine glorior natio esse scio. quid dicant quomodo semen. sanguinem sumpsit cum sanguis sit blabus et semen candidus certum rationem docebo. quem admodum in mare ocianum est vel quod illa natura tribuit. si quando tempestates beneficium inparasset. et inscapulosus fluctus conlesus ispumam magnam facit vel quem admodum vino nigro in calicę quoagito multam ispumam habentem faciat. similiter rationem et sanguis a sublima ossarum repercussus [i]spumam albidam facit necesse est ergo ut concipiamus ex viri semine et mulieris sanguine. nam quotienscumque mulieribus suave abentibus casum facimus. mulieres si conciperent greges etosse ⟨. add. corr.⟩ queruntur infante sed quicquid ego ⟨cū add. corr.⟩ muliere iscrova ha-

I (G)

(18) nam perfecta natura volentis. semen viri cum semine mulieris commiscitur. quod semen mulieris sanguis sit. ideo maiores nostri. cognatus. consanguineos vocaverunt. unde summus auctor homerius sic ait. nescio quo autem sanguine vos semen dicitis esse mulieris. cum vero sit sanguis russeus. viri autem semen sit candidnm. certa ratione doceo quem admodum in matrice commiscitur. dum interaneum sint vel quod illi natura tribuit. velut tempestas maris quando impetus ventorum in scopulis conliditur et spumam candida facit. et quem admodum vinum nigrum missum in calicem coagitatum spuma alba facit. ita necesse est ut semen viri faciat cum mulieris sanguinem hoc est semen. unde semen viri et sanguinem mulieris commiscitur. sed non statim formatur infans in utero. sed singulis mensibus confirmatur. nam quotiens cumque coitum vir cum muliere faciunt. si totiens mulieres conciperent gregis nos infantium sequeretur. certo

II (L)

---

*) Abhinc quae sequuntur (Vind. c. 18—24) inserta sunt (cf. textum P) farragini excerptorum medicorum (Rose, Anecd. II, 169) quae sub inepto titulo Sorani in art. med. isagoge impressa legitur ante Pseudo-Plinii libros V ed. Bas. 1528 quasi c. XVI et XVII Nam concipit mulier natura volenter viri semine et mulieris sanguine . . . (des.) statim morsus cum sanguine sequitur. [quorum passionum curas et diligentiam singulorum in sequenti

in quo rei venere usus perficitur.

(18) Nam cum concipimur natura vocentem viri semen. et mulieris sanguinem. Quamvis et ipsum semen sanguinis sit. unde et maiores nostri. hoc est priores. cognatos suos cum sanguineos vocant hoc agemus. Nam quituos simenis hoc est sanguinem glorioris sed quomodo semen sanguineum est cum sanguis roseos sit et semen sit candedum. Certa racioue docebo quem admodum maris ociani coloris est. vel quod ille natura tribuit. Si quando tempestas impetum impetras. et scupolis conlisus. mox spumam candidam facit. ita ut quem admodum vinum nigrum. in calicem agitatum mox spumam albentemfacit simili racione sanguis noster ad

III (D)

(18) nam cum concipimus natura volente ex viri semine et mulieris sanguine coagulamur. quamquam et ipsum semen sanguis sit. unde cum sanguine vocamur. hinc autem homerus ait. nam mutato semine hoc est sanguinem gloriose scio quosdam dixisse. quomodo semen sanguis est. cnm sanguis sit rubeus. et semen candidum sit. ad haec ergo certam rationem dico. maris oceani naturam. colorem viridem habet. si quando tempestas impetum in petrarum scopulis f.. *(lac.)* conlisus. continuo spumam albentem facit. si vinum nigrum in calice agitatum spumam facit albentem simili ratione et sanguinem nostrum sublime repercussu⚌⟨ram *su-*

IV (P)

sinistra vero est matrix. in qua sperma miscetur.

(18) conceptio celebretur. natura volente. id est viri semine. et mulieris sanguinem quamvis et virili sperma sanguis noscatur esse. unde et maiores nostri consanguineos appellaverunt. et consanguinitate paternalis materna natos. nam dicitur ab imperitis quomodo sperma sanguis esse potest cum sit albe. nos autem certa ratione probamus.mare enim ut ei natura tribuit. est colore viridis. quando autem tempestatibus movetur. spuma emittit. et si nigrum vinum in quolibet vas exagitetur. spumam candidam facit. simili[s] vero ratione et sanguis concussus. in aluitudinem vertitur. dum enim conceptio fit. statim formatur infans. nam

V (C)

singillatim exponam. *pro quibus (cf. v ad c. 25 C) tamen sequitur c. XVIII Quae signa in laborantibus letalia de quo tr. vid. Rose, Verz. der Lat. Hss. d. Berl. Bibl. I, 374ᵇ. ceterum simili exemplo codicis Barberin. IX, 29 appendici quae est fragmentorum variornm med. f. 282—289 manus quaedam recens adscripsit* Isagogicum ad medicinam auctore innominato.]

bente cetum facis non concepit merito maior fuit fortasse pars sanguinis. et minor pars seminis et lavabit illam minorem partem seminis maior pars sanguinis.

autem tempore mulier concipit. aut incipiente sanguinem. aut deficientem. sed quidem ait. ego cum muliere menstrua habentem coitum feci. et non concepi. quare. ideoque non concepit quia pars sanguinis mulieris fortior extitit.

I (G)

II (L)

Quae capitulis 19 sq. Vindiciani, eadem leguntur in codice Bruxellensi IV librorum Theodori Prisciani cum quarto qui

sublima repercussus ossoru(*ante corr.* o)m spumam albentem facit. Necesse est concipemur ergo viris et mulieris sanguinem si non statim firmatur infans. in utero sed temporis confirmatur. Nam quociens cumque coitum cum mulieris facimus. Si mox conceperit. gregis. infantum nos sequentem. Certo autem tempore mulier concepit. atit. incipientem sanguinem aut deficientem sed quidam. aut ergo cum mulierem minstruam habentem coitum faciat. non concepit merito maior fuit pars. sanguis et minor semini. elotum est. Illut autem seminis maioris partis sanguines.

pra lin. add.⟩ spumam albentem facere necesse est. cum conceperimus viri semine et mulieris sanguine. sed non formatur infans in utero nisi temporibus confirmetur. nam quocienscumque coitum cum mulieribus factum fuerit. si mox conceperint. gregis nos secuntur infancium autem certo tempore mulier concipit aut deficiente sanguine. aut crescente. si aliquis cum muliere menstrua habente coitum facit et non concipit. maior fuit pars sanguinis et minor seminis electum est illud minus seminis a maiore parte sanguinis.

si quoties coitus fit. toties conceptio fieret. innumerabilis esse multitudo filiorum. certo enim tempore mulier concipit. aut in initio purgationis. aut in finem. nam purgatio. sperma corrumpitur. plurimi sanguinis usum. materiæ superante.

III (D) *IV (P)* *V (C)*

male dicitur Prisciani libro confusa (ed. Argent. 1532 p. 106 sq.), quae ex ipso codice collato hic repeto: vid. col. VI (B).

. (19) temporibus autem infans componendus. ad que et conlocare in utero materno manifestum est septem dunion sero septem ispatia continetur infans et nascitur. septimo anno infante dentes cadere vel septeno pueresse (puereē) in hoc aliquibus mamillas obingere et tertio septeno .I.(mo *supra add. corr. i. e.* primo) et XXI. anno barbas maturare septimo die egrus pereclitare. qui multi septem estellis omnia ministrare sic infans in utero materno formare. atque conponi cursum et lunae veterum determinare. est autem numerus quod mihi sic videtur fiat septies multiplicatus ita parto consumere sed figuram hominis infans accipiat. primo autem die quadragesima dico. o̅s̅ *(i. e.* hos) autem numerus aut natus daturae septies multiplicamus. oportet ita ergo quicumque vel dies. XXX. in utero materno figuram hominis acceperit septimo mense nascitur. hoc septies duplicit ite-

I (G)

(19) manifestum est tamen infantem ad collum matricis componi. septizonium (septiromus *s*, —mū *e*) vero septem spatiis contineri. septimo mense dentes infantibus nasci. septimo anno eis cadere incipiunt. bis septeni pubescere pueris et feminis nucleatis mamillis semen generare. ter septeni et uno anno pueris barba maturare. septizonios (septimomos *s*, septizomos *e*) periclitari qui multe stellis minsitari. sic infans in utero ferri atque componi. cursu solis ut lune dodecadem determinari. est autem numerum quorum septem et multiplices et ita partum consummari. sed et figura hominis infans acceperit. primo autem quadraginta. aliquando treginta novem autem numerus. ut partu multiplicari oportet. ita ergo quicumque dies treginta in utero materno figura hominis acciperit. nono mense expleto femina pariet. septies duplicabis et efficiuntur dies ducenti septua-

II (L)

(19) tempores autem conpone adque coniocare manifestum est. Septe. zodero. numero. septimo anno contenere septimo mense. et nasci et septimo anno infantes dentes cadere. bis septinus pubiscere. et nuglicantibus mamillis. semen generare. septem et decem anno barba maturare. Septem die egro periculum liberare que multis. VII stillas omnia ministrare sic et infantem in uterum maternum firmare. Conpone cursus. solis. et luna dodiacon numero determinare est. Numerus quod menses VII multiplicatur. rae decum paratus consumatum sed fyguram. hominis infans accepit proximo autem. XL. et .XXX. diae. os autem numerus ut partus. datur sepcies duplicatur. Oportit ita ut ergo quem cumque die XXX. in utero maternum figura. hominis acceperit. VII mense nascitur. oc sepcies duplicas. fiunt dies CCX. qui fiunt mensis VII. Si quis autem die XL. et proximam

III (D)

(19) temporibus autem infantem conponat adquod collocari manifestat elementorum ordo currens per septenarium numerum. constat itaque septem diebus omnem seculum volveri septem species septimo mense nasci. septimo anno infancia consummare bis septenis pubescere. et ennuclientibus(sic) mamillis semen generare. ter septies id est vicesimo. I. anno barba maturare. septimo diae ergo periclitare septem stellis omnia ministrare. sic et in infante in utero materno formare atque conponere manifesta racio probat. [concordat ibi et alius numerus iuxta iudaico ordine id est dierum XL. concursus solis in decima anni colligitur et dierum XXX. qua cursus lune peragitur.] per hos autem numerus septies multiplicatus. editum partum consummare certissimum est. sed figuram hominis primum infans accipit. tricesimo quadragesimo diae. uterque autem numerus et

IV (P)

(19) temporibus autem certis infans componi atque formari in utero materno manifestum est.

omnis enim figura firmatur in XL dies. aliquante in diebus XXX. qui vero in XXX. dies formatur

V (C)

Tempore autem instante concipi atque collocari manifestum est, septidomum ve̜ (i ante corr.)ro septem spaciis contineri, septimo mense dentes nasci, aliquibus nono, septimo anno infanti dentes cadere, bis septenis pubescere et nucleantibus mamillis semen generare, ter septenis et uno anno barbam maturare, septidomi⟨s ≡ (pro mus) egros add.corr.⟩ periclitare. quid minus? septem ⟨st in ras.⟩ellis omnia ministrari sic infantem in utero ferri atque componi cursum solis et lune̜ duodecádio⟨n in ras,⟩ terminare. est autem numerus septies multiplicatus. ita partum consummari. sed figuram hominis infans accipit primo quadragesimo aliquando, aliquando et trigesimo die, sicut ait yppocrates in libro XL^mo nono de infantis natura. et vidi quandam mulierem in partibus gaze̜ XXX dierum abortum fecisse masculum, cuius omnia membra ex integro confirmata conspexi.

VI (B)

29*

rum dies exquod(q;) sunt menses VII. si que ⟨autem dies XL *add. corr.*⟩ utero materno figuram hominis acceperit nono mense intrante decimo nascitur. hoc septies duplicit fiunt dies. CCLXXXᵃ (L *supra corr.*), qui sunt menses VIII. et dies. X. ita ergo ut diximus septimo autem mense qui nati fuerint vitalesunt. qui autem non impleverint numero supradicto legitimus partus non est.

ginta. qui faciunt menses novem dies decem nascitur puer. ut ergo diximus septimo et decimo mense pueri nati vitales esse possunt.

figura hominis acceperit. mens. cintrant tex nascatur hoc sepcies duplices fiunt dies. C.C.LXXX. qui faciunt mensis VIIII. et dies X. Ita ergo ut dixi. qui nati fuerint vitalis erunt. qui non implerent numerus super scripta legitimus partus non est.

(20) manifestum infantem in utero materno sic temporibus formare. et quomodo intendo primo mense iactatur seminis nos-

I (G)

(20) intendite ergo ut scias quomodo infantes in utero formari possunt. primo quidem mense iactum seminis virilis

II (L)

(21) Manifestum est infantem in uterum temporis furmatur. quomodo intendi. et prius lactis. siminis nostri in uterum ma-

III (D)

In c. 19 (B) citatur Hipp. in l. XLIX i. e. περὶ φύσιος παιδίον Opp. I, 392 Lips. cf. 385 sq. de genitura quam auctor vidit sex dierum, ad quem locum commentus de muliere Gazensi supra allata tradidisse videtur sive ipse noster sive nostri fons libri Hippocratici interpres cf. Galen. XVII A, 446. 1006.

Cap. 20 sic reddit cod. S. Gall. 751 p. 357 (medio in libro de secta medic., de quo supra). ... | Iam cum mulier conceperit germinus minus est in albicio colore et cum minstruata lota est et non concepit. In primo mense generat umbilico hoc est partus datus septies multiplicatur. oportet ergo quacumque diae XXX^mo in utero materno figuram hominis accipere septimo mense nasei. XXX^ta autem septies multiplicati. fiunt CC.X. si quis autem die XL^mo figuram hominis acceperit nono mense intrante X^mo qui XLVII^ties multiplicati. fiunt dies CC.LXXX. qui faciunt menses VIIII et dies X. sed illi qui septimo nati fuerint. vitales non erunt quia non impleverunt legittimum partum numerum super scriptum. et ideo non sunt legittimi.

(20) quia I. mensis generat sanguinem. II. expressionem corporis. III. mense quia tunc prius formatus invenitur infans con-

IV (P)

in VII. mense nascuntur. qui autem in XL. die formatur. in VIIII. mense nascuntur.

(20) manifestum est enim infantes in utero materno ita formari. primo enim mense iactus seminis congregatur in um-

V (C)

nam et cor ipsius quasi granum papaveris magnitudine existimavi. hos autem numeros ut partus edatur septies multiplicare oportet, ita ut quicumque die XXX^mo in utero materno figuram hominis accipit, septimo mense nascatur. hos dies septies multiplicabis, et efficiuntur dies. CCX. qui fiunt menses septem. qui XL^mo die figuram hominis acceperit, nono mense intrante, decimo die nascitur. septies multiplicabis dies, efficiuntur. CCLXXX. qui fiunt menses VIIII. itaque die X ut diximus, septimo aut X^mo mense qui nascuntur vitales erunt.

(20) manifestum est infantem in utero temporibus firmari. quomodo? intendite. primo mense iactus seminis nostri (nr̄ī)

VI (B)

congregatus sanguis. Secundus mensis expressionis corporis. Tertius quia formatus invenitur et conceptus tribuat. Quartus unguit et capillos ducit cutem et motum facit. et mulieres nausiantur qui partum abent. Quintus mensis facit caractara cuius pater vel mater similis. Sextus mensis ⟨in ras. aducet nervorum confirmationem. Septimus⟩ [haec in marg. add. corr. medulla consolidat]. Octavus mensis ossa confirmat Nonus mensis maturo movit mater infantem etiam cum terra tetigerit vocem eius prima (haec ultima ex c. 21).

ter (n̄r) in utero materno generat umbilicum et facit mense secundo expressione corporis faciat menses tertius qui priorem formatum. invenit corpus. tribuit enim quarto mense ungulas accepit pectus et capillus ęducit et motum facit infantem. adeo totum quarto mense nausiatur quinto mense facit caracterem similem patris aut matris vel proximum parentem. mense sexto adducit nervorum confirmationem septimo mense medullam confortat. mense octavo ossa dura facit. mense nono maturum movit infantem. et sic perfectum et rerum naturae beneficium de tenebris ad lucem ducit infantem.

umbilicus in matrice mulieris generatnr. et .ita in hoc umbilico congregatio sanguinis est. secundo vero mense fit exprcssio corporis intra umbilicum ipsum qui in matrice formatur. tertio mense formatum invenitur pecus. et cor et tribuetur et anima. quarto mense unguis accipict et capillos ducit. et motum facit in utero. eodem mense mulier nausciatur. quinto mense fiet illi caractere patris aut matris et adulterium demonstrat. sexto mense adducit nervos et virtute accipit et confirmationem. septimo mense medullas implebitur et consolidavit. octavo mense ossa eius (ēi) indurescant et fortis fiet. nono mense maturum erit pecus. femina vero in eodem mense completo nascitur. decimo mense puer de tenebris ad lucem exiet.
Explicit genecia vindiciani auctoris.

ternum veniens. hanima et nunc uni sunt vel nutriantur. hac si navis in portum expectans ventum. alii filiciter navigant. alii infiliciter periunt. Sic et semper infancia aut dimititur acerba aut arboris. invenit qui eam nutriet et costodiat. si demissa ab. hominibus pariet et ipse. hanime. si ab. hominibus nobis. infantibus considerentur que sint. Tunc venientur. et alii suspecti et alii tacite alii tristis. et halii gaudentes. hec signa sunt aut mortis aut vitae. Aut croatus. aut meritis generatum. biliscum. et facti sex. in hoces congregacionem. sanguines. secundum expressione corporis. tercius. Quia prius. firmatus invenitur. corpus. tribuit hanimam. Quartus unguis. accepit et capillus dicit et mutum facit infantem. adeo quinto mense. nausiantur qui facit et caracterem. cui similet patri aut matri. VI. adducit nervorum confirmacionem. VII. mensis medulla consoldat. Octo

I (G)   II (L)   III (D)

ceptus [in spirante deo accipit animam.] IIII. mense ungulas accipit et motum accipit infans habeo. IIII. mense nausiatur. V. mense facit cataracta cui similis erit patri aut matri. VI. mense confirmantur nervi. VII^{mo} mense consolidantur id est aequantur medulle. VIII. mense indurescunt ossa. VIIII mense maturatur infans. X^{mo} die mensis decimi. legittimus nascitur homo. et peractam naturam ordine [dei] beneficio a tenebris in luce quam volvitur infans.

bilico. et facit res. in hoc est congregatio sanguinis. secundo mense expressio corporis animam tribuit. tertio mense ungule atque capilli nascuntur. et motum facit infans. ideoque et IIII mense mulieribus nausiæ fiunt quod greci anaraxion vocant. quinto autem mense. facit caracteris. nodis. atque adulteria demonstrat. sexto mense. facit nervorum consumationem. septim mense medullam confirmat. octabo. cum periculis ossa confirmat. nono vero mense maturum movet infantem.

in utero materno congregatur in umbilicum, in hoc est congregatio. secundo mense expressio est corporis. tertio mense, quia priore formatum est corpus, ei tribuitur anima. quarto mense ungues accipit et capillos ducit, et motum facit infans in utero materno. ideo quarto mense pregnantes nascuntur. quinto mense facit caracterem patris eius aut matris, aut adulterium demonstrat. sexto mense adicit nervorum confirmationem. septimo mense medulla consolidatur. octavo mense ossa durantur. nono mense maturatum movet infantem effectus, naturae rerum beneficiis. decimo mense de tenebris ad lucem exit.

IV (P)   V (C)   VI (B)

menses ossa dura. VIIII. mensis maturum movit infantum. Et peractis rerum naturis beneficiis et tenebris ad lucem convolvit infantem.

(21¹) continetur autem in utero sic summam capitis partem crinibus continetur. genua autem oculi sunt posita *(Isid. XI, 1, 108)* unde hec tumentia et concava oculi adeo quam primo ille nomina rerum natura posuit genu et gene. denique cum agro dolore aut iniuriam acceperint homines ad genua se prosternant. statim lacrimantur *(Isid. XI, 1, 109)* oculi eorum natura movisse ⁸olem in ntero materno. per novem mensis sociatus fuisset. sed multus audio dicentes si natus et infans cum tangit terra vocem dat. hoc se(i *corr.*) essent mulieres qui nave pariant multos (*i. e.* mutos) nutrirent.

(21²) ut scias mulier cum pregnans fuerit in dextra parte constabilit semen suum hæc sí puero habebit mense sexto semis. septimo mense factus ipse octabo habuerit sed in sinixtra parte adhúc oculus tumidus mulier habebit. tunc constabilit in dextra parte puer. deinde puella mense quinto sextosemis vertit in sinistra parte oculus mulier clarus et rubeus habebat.

(21²) in mulieribus pregnantibus. Quid in utero habe-⟨a *corr.*⟩nt. hec sunt signa cum mulier puella in utero habuerit senextram partem. stabilit. Sic et oculus mulier tumedus. habet. et tarde ambulat si autem puerum habuerit mensuum sex stabilit. Si in dexteram partem et oculus mulier cavus habuerit.

(21¹) Infans autem contenitur sic summam partem capitis crinibus contenitur. genua autem oculis sunt opposita. Unde hec sunt tumencia et concava. adeo quantum primum illis nomina rurum natura inposuit genua. et genediue que cum agro dolore aut iniuria accepta. Hominis ad genua se prosternunt. siquis enim lacrimantur voluit eos natura. meminisse se oleum. Cum in utero materno per novem mensis sociatus fuisset. sed multus audeo dicentes tunc infans vocem dat cum terra tetigerit. Hoc si essit mulieris que in nave pariunt motus parirent.

I (G)   *III (D)*

(21¹) infans autem in utero materno continetur hoc modo. summa pars capitis clenicus *(sic)* continetur. genua autem oculis sunt obposita. unde et oculi incavati et infossati. a quo foratu frons dicitur. natura autem rerum illius nomen posuit. genua propter genas id est palpebras. et geni propter genuas. quia illis prementibus incavantur. quia palpant id est defendunt oculos a sordibus vel a calore pulveris et frigoris. infans igitur mox ut terram tetigerit. vocem primam plorans emittit. [quia perpetrata mala querit habiturus in mundo et ipse sibi significat. quod per nativitatem ad mortem tendat].

(21²) infans vero masculus in parte dextra matrici continetur. fæmina vero in sinistra. nam et haec signa procedere solent. quod si masculus fuerit in utero mamma dextra robustior erit. si femina. sinistra.

(21¹) dum ergo infans in utero materno est. oculi ge-[mi]nibus obpositi sunt. unde et probamus. quia ad genua est tumentia. oculi autem concavi ideo cognita rerum natura imposuit genua. et gene quoque. cum aeri dolore vel iniuria percussus homo fuerit. et genua curvaverit. oculi continuo lacrimantur. non vult eos natura oblivisci. societate genuina.

(22) cur ergo infans non loquitur sed magis balbitant.
certa ratio est quia dentes non
habent musigant. dentes autem
nostri ut organi sunt. genus
quibus modolatrix est lingua infantis quam diu duos dentes
non habent vagentur balbitant.
ad ubi duos vel tres vel quattuor habent musicant et adeos
locuntur.

(23) dentes autem nostri qui
sicuidentur cometis qui dati sunt
nobis ad precidendum elimentum. alii vocantur quinodenti
latine canini dicuntur. alii de-
dicuntur. sed dentes nostri quid
esse potatis ossa dicentis ergo
se ossa sunt dentes nostri cur
ergo omnes (o͞ms) ossa rara sanguinem est quam mittunt ergo
si dentes nostri ossa sunt. cur
ergo omnes ossa medulla habent
⟨dentes vero medulla *suppl.*
corr.⟩ non habent quia evores
sunt omnes ossa curantur. et ad
locum revocantur. dentes autem
nostri sublati ad locum revocare non possunt.*)

---

*) cf. cod. *S. Gall. 44 p. 204.*

(22) cum ergo infans non
loquitur sed vagetur. sed bal-
bitat. Certa racione docebo
quia dentis non habit. dentis
autem nostri organi gonus
sunt quod. omo. dolatrix est
lingua. . Infans enim quamdiu
dentes non habet vegetat. Ad
hubi duos vel quatuor dentes
habuerit musitat. adue con-
pleverit rustrum loquitur.

(23) Dentes autem nostri qui
in primo oris. nostri sunt vocamus thobis. dati sunt nobis
ad cedendum. Alii vero dicuntur cinodontes quos latinis.
caninus dicamus. dati sunt nobis ad frangendum. Alii vero
asmalitis vocantur quos latini
molaris appellamus. dati sunt
nobis ad conterendum. Dentes
autem nostri quid esse potan-
tur ossa. si ossa si ossa sunt
dentes nostri. Cur ergo omnia ossa rasa sanguinem. quam.
| are mittunt. si ossa sunt den-
tes nostri cur omnia ossa medulla habent. Aut si ossa sunt
dentes omnia ossa fracta confirmantur et curantur vel in
h(l *corr.*)oc cum suum revocantur. Dentes autem nostri sub
latum ad locum revocare non
possunt.

I (G)

III (D)

(22) ideo autem ut diximus non loquitur. sed vagitat vel balbutit quia dentes non habet. dentes autem nostri vel ut organum sunt. quorum modulat rixem lingua sicut plectrum in cythara.

(22) dentes enim nostri organa sunt quodammodo lingue. infans denique qui dentes non habuerit. vagit. dum vero vel III. habuerit. musitat. dum vero os dentibus impleverit. loquitur.

(23) dentes autem primi apre cedendo vocantur. thonus id est cesoriae. alii vocantur cinodentis quod nos latine caninos dicimus qui dati sunt nobis [a domino] ad frangendum. alii molliete quod nos molares apellamus. eo quòd escam velud mola comminuant. dentes nostri quid esse putantur ossa. si ossa sunt dentes nostri. cur omnia ossa medullam non habent? dentes autem non habent aut si ossa sunt dentes nostri cur omnia fracta confirmantur et curantur vel in locum suum resolidantur? si dentes sublati aut fracti ad locum suum revocare non possunt. [sed in cadaveribus mortuorum dentes putrescunt quod ossa non faciunt. restat ergo nec petra nec ossa dentes esse cum quibus nichil habent in natura commune. sed sicut deus disposuit ossa. tantum ossa. dentes tantum dentes. ungule tantum ungule. sicut in pecoribus cornua tantum cornua. vel in cunctis animantibus caro tantum caro. cutis tantum cutis. unusquisque propriam habens naturam.]

(23) dentes autem nostri [organa sunt *ante ras.*] quod habemus. alii vocantur cynodentes. quos caninos dicimus. quos ad frangendum habemus. dentes enim nostri ossa non sunt neque medullam habent. ideoque omnia ossa confringunt.

IV (P)

V (C)

(24) in dentibus nostris queris
vitia in eis est. reddam vobis
rationem. quia humor est nequissimus*) qui de capite descendit. sicut omnes autores dixerunt
melliadis dixit. me⟨o corr.⟩l-
lidis adsiduae petra curat humida gutta aristoto⟨e corr.⟩-
lis dixit. stilicidia guttandi lapidem cavet. lupio dixit gutta
cavet lapidem non ponere (leg.
pondere) sed potius sepe ca-
dendum tamen capitis humoris
sed se diffunderit facit ulcera
amara in capite. alopicias et
nimius dolores omnia ora pulmonum et tocius corporis vertiginem et tenebras facit occu-
lorum. fistulas sub palpebris
reu[s] matismus generat et lippitudines nutriunt et capillorum
nocet et caligines et alburas
oculorum et cyrirgia in nares
polipum in dentibus cancer sub
lingua quod dicitur rana ibi
nocet et dolor dentium. inde
epilempticis efficiuntur et humores gingivarum et dentium
denudationes et commovent.
fauces exinde obtumiscunt. et
omnes vicinę partes mala omnes
obtineant cum patiantur deinde
fit ut aliquid neque calidum neque frigidum in ore continere
non possunt. et si aliquid gusta-
verint statim morsus cum suo
sanguine incipiunt commedere.

(24) Sed dentes nostras que
res viciat reddo racionem. humor nequissima qui de capite
descendit. unde et auttores sic
dixerunt Iustus dixit maliter
asiduae petra cava. tumidi
gutta. ⟨hic add. corr. inter lin.
Salustius ait stillicidie
gutta⟩ instando lapidem cavet. Virgilius ait gutta cavet lapidem. non viribus. sed
sepe cadendo. Humor ergo capitis cum re semul defudet. sed
in cute facit vulnera amariora.
alopicia. Sive in sporum dolorem capitis vel virginem facit. in oculis fervore(v corr.)m
inpetum lippytudinem. generat
caliginem. si in naris pulyp-
pum si in maxillas fervorem.
obtumiscunt gengive. Tumor
gengivarum donec dant den-
cium radicis inde fit uf quod-
dem cal⟨i corr.⟩dum vel frigidum contenere non possent.
Explicit.

I (G)   III (D)

<hr>

**)Aurelius l. II de tardis passionibus (q. d. Escolapius) haec
sic citat c. X de dentium vitiis . . . quia humor est nequissimus
capitis qui dentes vitiat, sicut comparationem ipsius legendo
didicimus. stillicidia guttando petram cavat. item assidue petram cavat humida gutta, non pondere sed saepe cadendo (cod.

(24) de aegritudine autemden-
tium reddamus rationem. humor
est nequissimus qui a capite descendit. unde auctor ait. molli-
tus assiduae petram cavat. humida gutta non quod dentes
petra essent sed sicut guta plu-
viae assiduae supra stillans cavat eam. ita humor nequissimus
dentes forat. durissimus ergo
humor capitis cum simul infuderit in fauce facit vulnera amariora. vel alupicias in timpore
dolores capitis vertiginem oculis
fervorem et caliginem generat.
si in nares pollipum. si in maxillas fervore (*corr.* i). incarnescunt
giginves tumorem gingivarum
ledit radices dentium. unde fit
ut quidam calidum vel frigidum
continere in ore non possint.

istam ergo ordinationem humani corporis. l u c a s demonstrat. E x p l i c i t.

Incipit dissertio. de anima hominis *sc. quae saepe in vett. codd.*
occurrit Epistola de conflictu Pla-
tonis et Aristotelis (f. 6^b 2 — 7^b 1).
praecedit autem quam respicit li-
brarius, in hoc codice septem fo-
liorum (quibuscum Augustinus
compactus est de quantitate ani-
mae, idem de doctrina christiana,
ex alio sc. codice saeculi item IX)
in fol. 3^a 2

E p i s t o l a   l u c e   a e u u a n g e-
l i s t e   *(excerpta etiam in cod.*
Brux. 3701/15 Epp. med. no. XVI).
Incipit hoc modo.

(24) Sed assiduus humor capitis veniens vitiat. sicut enim
assiduus liquor ex alto in saxum
veniens perforat. ita dentrs vitiantur a capite.

Hic terminatur textus Casi-
nensis, qui paululum refictus,
una cum (Vindiciani) epistula
praemissa, inter Spuria Galeni
olim impressus legitur (opp. ed.
Ven. Iunt. 1576 f. 41—42) quasi
Galeno *ascriptus liber de na-*
tura et ordine cuiuslibet corporis *(inc. Licet te sciam ...*
des. vitiantur à capite). sequi-
tur autem in cod. Cas. addita-
mentum tale:

IV (P)

V (C)

Aug.). in his origo patet versus notissimi Ovidiani medio aevo
amplificati (de quo G. Büchmann, Geflügelte Worte). quem (G. c.
l. non vi sed saepe cadendo) citavit etiam XIII. saeculo Ber-
nardus de Gordonio Lil. med. V, 14 (Lugd. 1550 p. 480). ce-
terum ef. infra ad opusc. seq. c. 13 de uva Aurel. II, 14.

(25) sunt autem naturales officio cum quibus infantes nascuntur. sensus gustus. et⟨s⟩apor.
sunt et alia irę motus. intellectus. et risus. ista omnia et
anima et corporis totius sunt
adiutoria prima corporis sunt
auxilia et ęgestiones preu-
(b corr.)entia quamdiu spiritus
in suo reget corpore.

[Incipit epistola ypocratis de
pectus autem nimium pregra-
vatum . . .

[Quoniam medicus peritissi-
mus debet esse. et dum nos
non errorem. egritudinis ca-
pere potuissemus. festinavi-
mus urinæ diversitates ad-
prehendere. et scito nos urinam cognoscere citius. quia
qualis fuerit ventus. tales sollicitat humores. et tales facit
egritudines. ergo breviter ex-
ponimus tempora eorum atque
dominationes maximas. sanguis dominatur vernum. colericus estate. melancolicus an-
tumnum. flegma hyeme. scito
urinam. colamentum sanguinis
esse. sed dum venerit egri-
tudo quæ ex alia materia procedit. cum illa conlimitat. sanguis. sandaracodes facit urinam. colericus. rubeam. melancolicus. nigram. flegma. alba
atque pinguem.]*)
Explicit epistola vindi-
ciani. seu expositio mem-
brorum.
[Incipit epistola yppogratis.
de fleubothomia . . .

I (G)

III (D)

---

*) *eodem hoc loco addito* Quoniam medicus . . . *finitur cod.*
Angel. V. 3. 9 qui insuper habet: quorum passionum curas singillatim exponam. *cf. Ps. Sor. c. 17 supra cit. p. 446.*

Lucas christi servus et medicus*) omnibus christianis
et medicis haec epistola. constat hypocratem medicum per
tempora sua pagana scripsisse volumina. et ideo ibi aliqua
esse obscura. quedam vero generalia sicut est illud .VII. stellis omnia ministrare. quem gentiles credebant ex sole habere
spiritum. ex luna corpus. ex martes stella fervorem. ex mer-
curii stellam linguam et sapientiam. ex iove coitum. ex venere amorem. ex saturno tarditate. que omnia non sunt
christianis credenda. quia omnis administratio et omnis medicina a deo procedit. et ibi laudabitur medicus ubi voluerit
dominus. Et ideo nos qui artis medicine curam exercemus et
christiani sunt (*sic i. e.* sumus) et libros hypocratis habemus.
quod ille dixit utile. probatum tenemus. quod vero ille aut
minus aut obscure dixit. nos aelucidando transcribimus ut melius legentis intellegat. quod ibi aliquid addamus ex libris
sancti ysidori. aut sancti augustini. aut sancti gregorii.
aut luce euuangeliste. quia toti isti de arte medicina plura
dictaverunt. credentis nobis adfuturam *(sic)* domini nostri
ihu xpi auxilium. ut tamen melius proficiat artis nostrae ope-
ratio. quanto ab eo qui est omnipotens medicus libri nostri
corrigantur omnem carentes mendatium. Explicit.

Textus libri. De origine igitur hominis ita augustinus
scribit de numero loquens. senario *etc. (sequitur de opere sex
dierum disputatio in qua ipsa quae sequitur* hypocratis *epistola
citatur f. 3ᵇ 1 v. 6, deinde de quattuor elementis ex quibus homo,
atque ex Isidoro plurima de partium corporis humani vocabulis
f. 3ᵇ 1—5ᵃ 2 ubi* hec de corporis membris vel vocabulis dicti
sunt, *deinde de aetatibus ... des. f. 5ᵇ 1* quia ista aetas non habet aliud terminum nisi mortis exitum: Epistola ypocratis
(*seq. quae supra*).

IV (P)

---

*) *De Luca medico vid. Harnack, Medicinisches aus der
ält. Kirchengesch. 1 ff. (Texte u. Unts. VIII, 4, 37 ff.).*

VII. E (1893)

ex cod. Paris. 11219 (Epternac.) saec. IX² f. 210 (cf. supra p. 427):

Incipit actio iusti medici de mulieria Genechia.

(1) Quomodo in utero materno contenimus vel portemus cum sit artis medicinae grecis auctoribus placuit preter quod huiusmodi sermonis ignorat in latino. Interpretationem nobis hanc in peioribus in virtute domini agentibus medicina lupi et pilupio erofilo et erasistrado. yppo. et apolon. et ceteri anatomici. philosophis licuit discutere. ut scirent unde et quomodo mortuum esset hominis facere non licuit. Et ideo hoc exemplare. oratio vobis redditur. Quomodo contineamus

(13) longaone vero iuxta est vesica habens collo longo et collo iuncto veretro a quo collo vesica nontenetur. Vesica autem inter duos renes continetur et current illi dextera levaque. Nervia que testiculi continent quod $\bar{g}$ (*i. e.* greci) gremastaris vocant. iuncti sunt foramina per quem lenissime bene ad spinae medulle in testiculis semen administrant. quod greci spermaticus prorus vocant.

(16) Sed similiter et feminae testiculus sicut et viris contere femina inquid habet testiculus denique et parent. sed non huius compositionem habent sicut et viri sed minoris et mollioris. Adeo quecumque similis habent ut viris a quibusdam coliosi et molioso dicuntur. Constat ergo unam naturam esset viris et femini sed mulier inquid vulvam simili. et testiculis tonici vero quantum quorum prima sicut esti dicitur. secunda epe(se)ro. et his tertia petreimon. quarta tenuissima tard appellatur.

(17) Similiter vulva habet. prima autem mollis membranum vulva. et quo continetur quod $\bar{g}$ gention golfon vocant. Sed quomodo est masculi veretrum ita ut vulva collum sicut accius iustus Vulva. Naturaliter mollis est. Constat tonicis duabus firmissimus. exterior nervosa interior carnosa. haec superpositum est. et degesta intestinis. Cuius cervix cum tribus foraminibus porrigit quod ad longationem. in qua regio venerior usus perficitur.

(18) Quam cum concipit naturam volentes inuerissimi Ne in mulieribus sanguine. quamvis et ipse semen sanguini est. Unde et maiores nostros ⟨hoc *inter lin. ips. add.*⟩ priores cognatos. consanguines vocaverunt. Unde sumum auctor. hoc est humerus. greci latini. hoc ait. Nam quomodo semine id est sanguinum. sed cum sit candidum certa ratione abit. sed sicut mare ab africon. hoc tempus rubor. vol quod illi

natura tribuit. sed et quando tempestate beneficium densas et scopulus colesa spuma facit albam. et quem admodum vinum nigrum in calice agitatum spumam albam fecit necesse est. Concipimus autem viris semine et mulieris sanguine. sed non statim formatur infans in utero materno sed temporibus confirmatur. Nam quotienscumque coetum cum mulieribus fiet conceperunt grex infantium sequerentur sicut animalia. Certum autem tempore concipiunt mulieres aut incipientem sanguinem aut deficientem. Sed quidam cum mulierem menstruam habentem coetum faciunt non concepit meritum quia cum maior fuisset pars sanguinis mulieris menstruis et minoris semine elutum est illi aut magis maior pars sanguinis.

(19) Temporibus autem infantum componi atque conlocare manifestum est tempestatis quotiens septimo mense septimo anno infanto dentes cadere. bis. septimo popescere et noclientibus mamillis semen generare. ter septimo. hoc est XXI añ barba maturare. septimo die‾ egros periclitare. Quid multis septimo·est illis omnia ministrare. sic infans in utero mater(no) firmare atque componi. cursus solis aut lunae viam cum eruitur manere. manifestum est autem numerus. q̄ haec fiet septies multiplicare et ita partus consumare. Sed et figuram hominis accepit. Primo autem XL. diebus. aliquando et XXX. intra utero materno figuram hominis acciperit septimo mense nascitur. hoc septies duplicans fiunt dies CCXVI. qui faciunt menses VII. et dies VI. Quae aut die XL figuram hominis acciperit VIIII mense nascitur intrante X nascitur. hoc nonies duplicans fiunt CCLXXX dies qui faciunt menses VIIII et dies X. Quare ergo ut diximus VII mense qui nati fuerint vitales erunt. Qui autem non impleverunt numerum super scriptum. legitimus partus non erit.

(20) Manifestum est infantem in utero sic firmare quomodo intendit primum status seminis. in utero materno generare umbilicum et facit congregationis signum. Secundum mensis expressionem corporis qui exteriora convenit formatum corpus IIII mense annimatus unguis accipiat sic. et capillus ducit. motum facit infantem IIIIᵛ mense contertia mater nausiatur et formatus est infans. quinto mense ossa confirmat nervia et venas per quo salitur fetus. sexto mense medullam confirmat et capillorum adducit quotis sumendi. etiam mulieribus crebriores fiunt nausiae VIIᵒ m̄s nervorum facit fortitudinem et elimentum accepit in quo regitur. VIIIᵒ m̄s maturum movet corpus et accepit anelitum. VIIIIᵛ m̄s perfecta omnia (om̄a) maturitatem evolvit infantem de tenebris adducit.

(21) Nam sic vulvam iactatur. sive in latus aut supine aut summa pars capitis medio ventrem conlocat?(ur). genua autem nostra oculis supposita sunt. et quia sunt eminentia.

concava fasciunt speciem lum̄ vel ad quorum conpressionem
format⁹ nausus. Ideo quae dictae sunt genuę. quā genibus
nixerunt. Hanc rem si q̄ dol' coacta sunt (f̄) potentiorem ro-
gat. Non dicit per culmen corporis caput. sed rogo inquit per
genuam. Continuo etiam oculi lacrimantur quia natum quod
volunt in utero materno quibus sociata fuissent utrum gemit.
Illa dum parit vagit. Ille dum nascitur ament nondum hilari-
tatis vitam adhibiturum etiam luctum gerit oculus quae vix
bene parentibus effundent. Lacrimas vagit una lis suos persequitur. et antequam sciat flore novit. scient videlicet menses
hominum et illa caelestis origo infelicitatem praedicat. sed
multis audio se quando dicentes. Hoc infans cum tetigit terram vocem dat. hoc si scit mulieribus qui in nave pę̃ *(ips. corr.)*-
reunt vitalis esset partus.

(21ᶻ) ut scias quid mulier pregnans in utero habuerit in
dextera parte stabiliet semen suum septimo mense movet. in
sinistra parte et oculus mulier tumidus (—đ) habet ·et tarde
ambulavit. Si puerum habuerit stabiliet semen suum in sinistra
parte septimo mense vertit se in dexteram partem et oculos
mulier clausus habebit.

(22) Cur ergo infans non loquitur sed vagitum. certa ratio
est. quia quę dentes non habet non formas illa dum loquitur.
Dentes autem nostri. organeca sunt. quorum modo flagerit
lingua.

[Incipit de mulieria.

Vindiciani epitome altera

ex codicibus

Vat. Pal. 1088 s. IX f. 116 sqq. = *P (a. 1881),*
S. Gall. 44 s. X² p. 201 sqq. = *G (a. 1869),*
Upsal. med. aevi medic. 6 s. X p. 14 sqq. = *U (a. 1887).*   5

Incipit de urificia interiora ⟨corporis humani. *add. ante*
ind. capp. inscriptio cod. Pal. prior, quae verba ante textum
altera inscr. omittit — sine titulo quidem sed in ipsa Hippo-
cratis q. d. ad Antiochum epistola insertum his verbis Diximus de infirmitates hominum nunc de ipso homine dici(e)mus 10
et quibus ex causis formatum(s) est, *eundem libellum habent UG.*
in quo libello comparent Vindiciani membra qui praecedit, ubi V
margini inscripsi⟩.

Quibus articulis quibus commissuris quibus ossibus venis
vel nervis vel compaginibus omnium membrorum constet homo. 15
ex rebus XIIII, id est nervos. venas, arterias, ossa, sanguine,
spiritu, pulpa, alape, ossa tenera que hcondro vocantur, unguis, humorem, capillos, medulla, membrana. ex his omnibus
componitur homo. sensus in nobis sunt V, visus auditus gustus
odoratus et tactus.   20

II. De caput.

Caput nostrum commissuras habet V, in masculis arteriis
continentes X, feminis vero in circuitum. unde agnoscitur calvariae feminum quod greci dicunt novadina, quod coherit membrano, cui superposita est cutis.   25

III. De cerebrum.

Cerebrum est medulla capitis copiosis teneribus tenuisque
inplicitum venolis. quod multum copiosius habemus quam reliqua animalia, ideoque omnibus illis sapientiores sumus,

---

6 *numeros capp. add. P, non UG.*   14 commessuris *U.*
15 membrorum omnium *UG.*   constit *P.*   16 id sunt *P.*
nervus *P.*   asterias *U.*   17 quę *G.*   ocondro *U,* con-
dro *G.*   22 habet commissuras *UG.*   arteris *P,* artariis *U.*
23 contenentes *P, om. G.*   agnuscetur *P.*   advarie *G,*
acluarie *U.*   24 coerit *UG.*   26 cerebro *G.*   27 terrenibus *G.*

fistulas plus habendo unde intellectus nobis advenit, visus
auditus odoratus et gustus. tota enim pene vacua sunt, vacu-
etates cerebro replentur, quod protegitur membrano. cuius
membrani radices ex ipsius cerebri corpus incipiunt.. cerebrum
5 autem semper sui commovens sensum, ideoque salire non cessat. cuius motus si crebrior fuerit, insaniam solet excitare.
unde dicimus eos cerebrum habere motum.

IIII. De capillis.

Capilli nostri non solum propter ornatum, sed etiam
10 propter munitionem cerebri facti sunt. huic calvarie subiacent
tempora. que continentur spiritalibus venis cerebri. dextra levaque semper moventur. hisque superposita sunt cilia.

v. 3.
v. 4.

V. De oculis.

Rursum ex eodem cerebri membrano velut fistule duae
15 transversis partibus commiscentur ad sedem luminum, ubi coniunguntur oculi qui continentur cum domo. ex vase cerebri
hoc sunt ventris cerbelli duo foramina oriuntur, per quas singule radices tenuissime pene de parte dextra in sinistra et de
sinistra in dextra bulbi oculorum continentur. quorum radices
20 in cerebro conligantur, ut si cereber vexatur oculi egrota-
bunt. habent autem in osso ipso concavo ubi ponuntur fistolas
tres pegerante et rizoptalmon. sunt autem in oculis mappas
vel tonicas quatuor, quod greci chitonas vocant. prima ciratoidis et cristalloides et meroides, secunda aragnoides, tertia
25 haloides vel fagoides, quarta metroides vel trizepies. hi multis

v. 5.

v. 5.

3 mimbrano *P*.   4 mimbrani *P*.   5 sallire *P*.   6 crebrior *P*: crepior *U*, crepius *G*.   solit *P*.   9 ornatu *U*,
—tus *G*.   10 huhic *U*.   11 quę *G*.   contenentur *P*.
12 his que *U*: hic qui *P*, his quibus *G*.   14 Rursus *UG*.
membra *G*.   fistulę *G*.   duce *P*, duę *UG*.   15 con-
miscentur *P*.   16 contenentur *P*: coniunguntur et continentur *UG*.   cum (eam?) domo *P*: cum dumo *UG*.   17 singuli *UG*.   18 tenuisseme *P*.   sinestra *P*.   19 senestra *P*.
    dextera *(hic) P*.   19 dulbi *U*.   contenentur *P*.   quo-
rum *UG*: eorum *P*.   20 colligantur *G*.   22 rizoptalmon *P*:
izoptalmon *U*, iroptalmon *G*.   oculos *PU*.   23 quatuor *P*:
IIII. *UG*.   ehitonas *U*.   ciratoidis *UG*: cistoidis *P*.
24 cristallo. id ÷ (id est *U*) & meroides *PU*, cristalloidē et
merorides *G*.   aragno. id est *P*.   tercia *G*.   25 faloides *G*.
mettoides *G*.   trisepies *UG*.

nominibus appellantur. alii dicunt humorem inflatum visum nobis reddere. dominantur autem in oculis nostris humores tres, id est salsus gelidus frigidus. de his in obtalmicum librum latius scripsimus.

VI. De aures.

Aurium nostrorum duae iterum fistule dextra levaque ex eodem membrano incidente iunguntur ossibus auriumque ossa beloniade appellantur, ultime partes aurium in quibus repercussa vox intellecto ipso membrano cerebri remittit.

VII. De naribus.

Duae rursus fistule ex mediae partis cerebri usque ad summas cartelagines narium procedunt, sub quibus tenues unica singularis subtus palatum usque defertur. que foramina duo exeunt in facie, qui ventositate foras emittunt, quas greci rothonas appellant id est nares.

VIII. De cervice.

Una vero fistola tensa atque robusta cum parte quadam cerebri per medium cervicis sfondilos defertur iungiturque medullo spine, ex quo toto corpore sensus qui tactum manibus vel pedibus prestat intellectus. quod sunt vene gutture maioris quas sanguinales vocamus. quattuor, due, que organa dicuntur, et due, a visceribus venientes subposita oculis, quas genas vocamus, quibus coherit palatum.

VIIII. De dentibus.

Dentes vero nostri sunt XXXII, femineum et duribarbium

5

10

15

20

25

1 inominibus U. apellatur P. inflat P. **3** i. (idest) P: om. UG. et (de his) add. G. **5** De aurium positione UG. **6** Aureum nostrorum P: Aures nostras UG. due U, due G. uterum P. fistule G. **7** membrano UG: mimbranci P. incedente UG. **8** beloniade UG: heloniade P. appellatur P. aureum P. **9** nox P. intellectum ipsorum membra c. r. G. **11** media partes UG. **12** cartilagines U. nareum P. unica P: unaca G, venaca U. **13** singolaris P. suptus P. que UG. **14** exiunt P. **25** vocant G. **17** partem P (—te U). **18** fondilos UG. medulla UG. **19** totum (—ū) corporis UG. **20** in gutture UG. maiores UG. **21** quatuor P. due G. organe UG. **23** coherit P: cocrit U, ceperit G. **24** De dentibus P: De dentes UG. **25** fimeneum P, feminibus UG.

aliquorum XXX. omnia enim ossa fracta curantur et evulsa ad locum revocantur, dentes autem nostri nullo modo.

} V. 28.

X. De labia.

Labia nostra sunt membrana venosa, que adsidue et in-
5 cessanter [omnibus temporibus] moventur.

XI. De lingua.

Lingua nostra radix adimplet faucium loca natura musculosa, duplice contexta membrano, cui si cerebri ac visceribus fuerit austio febrium, statim asperior fit.

10

XII. De palato.

Palatum a quibusdam dicitur hyperoa vel uranis que est super dentes. uranus asperior est. hyperoa autem dicitur qui est interius, ubi pendet uva ut camere lenitate.

} V. 8.

XIII. De uva.

15 In eodem loco pendet uva, que est natura lubricosa. nobis ipsis summa quidem humorem prestat ciborum devorationem vel sonum vocis, conplurima habens-foramina tenuissima ut aco puncta. veluti mammillis mulierum emanans lac, sic et ipsa dimittit humorem interius viscerum sive pulmonum circa
20 palatum, ubi superiacet uva circa radicem linguae. cuius radix cooperit canalem et stomachum petauro simile, que utrisque canales modo claudit modo aperit. aperit autem spiritalem quando loquimur, cludit autem cum manducamus. hoc in nobis sentimus, quando casu aliquo cibi vel potus in ea parte in-

cf. Aurel. 1.14.

V. 8.

1 aliquarum *P.*   4 quę *G.*   assiduę *G*, assidue *U.*   et om. *P.*   5 omnibus temporibus *UG*: om. *P.*   7 (radix) est add. *UG.*   muscolosa *P.*   10 De palatum *UG.*   11 nyperoa *(sic) P*, hiperoa *UG.*   ū uranisq; *P*: om. *UG.*
12 asperior ÷ *P*, asperiorem *UG.*   hypera *P*: hiperoa *UG.*
13 pendet *U*: pendit *P*, —dent *G.*   at *PU*: aut *G.*   lenitatem *P.*   15 pendit *P.*   qui *UG.*   lubrica *UG.*
16 quidem om. *UG.*   humoris *UG.*   cyborum *P.*   17 conplurima *P*: quia plurima *UG.*   18 aco *PU*: aquo *G.*   mamillis *U.*   19 dimittet *UG.*   ·   homorem *U.*   20 lingue *U*, —guę *G.*   21 coprit *P.*   carnalem *P.*   stomacho *UG.*   depetauro *P.*   que om. *UG.*   utriusque *G.*
22 carnales *P.*   claudet *P.*   23 quando *UG*: cum *P.*   autem om. *UG.*   cum *P*: cum qua *UG.*

repserit. huic ergo lingue dextra levaeque tunselli sunt positi. quod autem superpendens illis, superpendens autem circa alios canales, unum quaqne cibo vel potione stomacho defertur, qui epeglosin continet spiritalem qui dicitur gurdia. alius autem qui deretro iungitur spine, qui stomacho membrano dicitur 5 coniunctum esse gurgulione et pulmone.

XIIII. De faucibus.

Due adhuc fistule tenuis exeunt sub ipsis faucibus, et iunguntur arteriis solidis cartelaginosis, quas greci fagiditas appellant. quarum hime partes pulmonibus merguntur, summe 10 eius usque ad epiglosidam adsurgunt.

XV. De epiglosis.

Epiglosis est autem lingua minus super palatum posita, que quotiens inspiramus excluditur. singule enim partes suas potui vel cibi trahunt. ergo due arterie dextra levaque gur- 15 gulionem tenent, que semper infatigabile meatu spiritum modo trahunt recedentes a se, modo calefactum remittunt.

XVI. De pulmone.

Pulmo autem qui suprascripto spiritu per arterias recipit in duas deductas fibras iacet in toracis spatia colore cinerio 20 duas fibras habens more ungule bubuli fissus, ut sfungia habens similitudinem. multis enim e vacuetatibus ducitur et intervallatur. ideo in se recipiendi spiritus habet potestatem.

XVII. De stomacho.

Nam ibi circa pulmonem stomachus ventre coniunctus est 25 inter duas fibras hoc sunt pinnas pulmonum. sunt autem IIII.

1 lingue *G*.   2 autem *om. UG*.   3 quemque *UG*. stomachum *P*.   4 epeclosin *U*, epoclisin *G*.   contenit *P*. 5 mimbrano *P*.   6 gurgiolione *U*, gurgilione *G*.   8 fistule *G*. 9 frigiditas *G*.   apellant *P*.   10 hime *P*: hieme *UG*. 11 epiclosidam *U*, piclosidam *G*.   12 De piclosis *UG*. 13 Epiclosis *UG*.   autem *om. UG*.   14 que *om. UG*. quociens *P*.   singule *G*.   putui *P*.   15 due arterie *G*. 16 que *U*.   gurgilionem (*ips. corr.* = *U*) *P*, gurgiolionem *G*. 16 que *G*.   infatig(c *G*)abilem meatum *UG*.   spū . . . recedente *P*.   19 artarias *PU*.   recipiat *U*.   20 fibras *P*: febras *G*, febres *U*.   specio *G*.   21 febras *G*, febrans *U*.   ungule *G*. spungia *UG*.   22 in multis *U*.   ducetur *P*.   25 circa *PU*: curam *G*.   et stomachus *UG*.   febras *U*, febres *G*.   pennas *UG*.

nam foramina sunt in eis XIIII, quas greci brocias vocant.⎫ <
nam hoc quod loquimur pulmo prestat. ubi enim per fistulas⎬
id est per arterias repletus spiritus inflavit fibras rursusque   ⎭
in se recepit, ut aput fabros folles solent spiritum trahere⎫ <
5 modo receptum exprimere, per angusto spatio ictu suo san-⎭
guinem sonumque inpulsu suo faciens excautatur usque in
epiglosidem, nec tamen plus quam quinque voces intellegit
epigloside, quo sono vocales appellamus. quare spumosa ex-
creamus? quia pressura pulmonum per inquietas vias trans-
10 figurando expressus humor spumat, et intimus calor nostri
materiae hoc est humor exaustus veluti in nobis in caput re-
fert. quem partium officium aut sorte recipiunt, siccis locis
temperant, lacrimam muccum vel salivam.

    Stomachum autem nostrum, qui dominium totius cor-
15 poris possidet, alimenta digerit. per quem famem sitimque
sentimus, medio nervosus, dextra levaque vene sanguis. positus est autem inter ambas partes scapularum intra vertebram
septima cervices, inter duas arterias similis intestino, plenior
quidem. atque rotundis constat tuniculis, duabusque exasperate
20 tarde resedunt. vulnera mortem inferunt, quia cicatricem non
deducunt. positio illius una parte angustior in summo est
mammillo defusior. acceptus enim cibus paululum sedit, donec
quod subtilissimum fuerit in alimentum dispensetur. tunc quod
supervacuum atque exutum sic in ventrem dimittit. ille ergo
25 cum digesserit, esurire nos cogit. simul dum accepta esca

1 quattuor *U G*.   2 quattuor decim *U G*.   hoc quod *P*:
quot quot *U G*.   loquimus *G*.   fistolas *U G*.   3 id ÷ per
art. repletus *P*: *om. U G*.   que *om. U G*.   recipit *P*.
4 apud *U*.   spiritus *U G*.   traere *U*.   5 ictus *P*.   sanguine *U G*.   6 sonuque *U G*.   inpulso *P U*.   excautatur *P*:
exacutur *U*, exacuatur *G*.   7 epiclosiden *U G*.   quam in
q. *G U*.   intelligit *G*.   8 epicloside *U G*.   quo *P*: quod *U G*.
9 pressura pulmonum *P U*: s̄p̄s̄ (spiritus) supra pulmonum *G*.
10 & tintimus *P*.   11 materie *U*, —rie *G*.   velut *G*.
12 parciū officiū *P*.   decipiunt *U G*.   sichis *P*.   14 Stho-
machum *P*: *hoc verum est cap. XVII initium*.   qui dominium
etc. P (cf. Theod. Prisc. 2, 84): qui dominus est t. c. *U G* (*G*
in marg. habet GALENŪ̇ †).   15 possedit *P*: et possidet
U G.   degerit *P*: et degerit *U G*.   sitique *P*.   19 adque *P*.
cuniculis *U G*.   22 mamillo *U G*.   paulolum *P*: paullum *U*,
paulum *G*.   23 fuerit *P U*: fieret *G*.   24 ventre *U G*.
25 degresserit *P*.   exurire *P*.   nos *om. G*.   esca *U G*: sca *P*. •

dispensaverit, bilem excitat, quem admodum faucibus inspi-
rare solet. modo acidior infundere conponimus, ut dixi, ad
stomachi arbitrium. ad illius voluntatem corpus autem testimonio honoretur. illud etiam frequenter vidimus, quibus stomachus in causa fuerit, barbe eius celerius crescere solent. sed 5
non puto ego. illud tamen veritate magisterium erit, ut cum
stomachus alicuius bilia receperit, necesse est ut habeat totum
corpus secundum infirmitatem domini aut ariguendum. tunc
itaque succidentem aciem quos incontexerat decrescendo uti
texerit capillus, videlicet non barbe illius prodierunt, sed cari- 10
barba subsedit. nunc denique pellentes ad stomachum cibum
et potio deducuntur, adpromtione faucium. qui stomachus
principatum habet faucium. incipiens a gutture adsurgit quod
claudat, nec aperiendi potestatem habet. unde per totum
consortium cartelagibus contexitur. que in se reducendo ideo 15
volit, et revertens secundum occupatus deiciet cibus et sua
prsssura. quidam medici putant per unam partem in stomachum ferre potionem et per aliam cibum. abeo autem omnes
materias ciborum vel potus per unicum canalem deferre. et
turminosis se multa adiutoria per potionem datam profuerunt, 20
quia et illic descenderat, quo et cibi pervenerant. cauculosis
vero estrangilosisque atque hydropicis per cibos medicamina
iubant. ex quo manifeste colligitur uno itinere cibum potum-
que deferre. illud tamen interest quod cibi tardius, humores
celerius deferuntur. ideoque suavior est sitienti potum quam 25

1 bilem *U*, uilem *G*: biles *P*.   2 solit *P*.   accidior
U G.   componimus *G*.   5 eius *U*, æius *P*: enim *G*.
criscere *P*.   6 illut *PG*.   veritatem *P*.   7 stomacus *P*.
biliare ceperit *G*.   8 aut ariguendum *P*: aut arigiendum *U*,
ad aurigiendum *G*.   9 decriscendo *P*.   10 texerint capillos *U G*.   12 putio *P*.   deducantur *U G*.   adproptione *G*.
12 habit *P*.   14 habent *P*.   15 qui *G*.   reducendi idio
volit *P*, reducendo ideo volens *U G*.   17 stomacho *U G*.
19 macterias *P*.   cyborum *P*.   potius *P*.   canale *P*.
20 turminosis | se *P*, turminosisse *U G*.   multa multa *(bis) P*.
21 discenderat *P*: descenderunt *U G*.   quo *P*: ubi *U G*.
caucolosis *P U*.   22 vero *P*: *om. G U*.   et strangosis *G*, et
estrangosis *U* (que *om. U G*).   idropicis *U G*.   cibus *P*.
23 manifesti *P U*.   collegitur *P*.   itere *P*.   putumque *P*.
24 illut *P*.   homores *U G*.   25 suavior est *U G*: suaviorem *P*.
sicienti *P*.   putnm *P*.

esurienti cibum, quoniam poto adversa sumitur cibi dispen-
satio frangit moram. suavior est enim cuius voluntas statim
intellegitur quam quod mora estimatur.

XVIII. De corde.

5　　Cor autem nostrum inter duas pulmonis fibrasque est natura maculosus et musculosus, protegitur membrano, habens
in circuitu membrana velut castra, in quo adsidue movetur.
inde et respiratio nascitur cingens extremas partes pulmonis.
vocatur autem greci cardean et uracos. figuram autem habet
10　ut nucli pinium, in circuitu grossitudinis sui alapem naturalem
qui eum calefacit. acumen autem eius inclinatur sinistro mammillo. duas aures habet, ubi mens hominum animusque com-
moratur. unde quicquid nobis iudicii est, venit per ipsas cordis aures, omnis et cogitatio extollit et omnis erigitur tumulos.
15　que igitur hominis corporis partes que principium possident
habet intra se cor nostrum venas quattuor, duas spiritales et
duas sanguinales, per quas toto corpore facta est concatenatio
venarum. cor cerebrum et pulmo hominis die noctuque movere
non cessant. tunc vero utrique vastius salliunt, cum illis ali-
20　quod metus adest.

XVIIII. De epar.

Epar nostrum ponitur in dextro latere extensum usque ad
langaones hoc est ilium eius .partes. pinnas habet quinque,
continens renis et ilia dextra et iocinere et vissica viride hoc
25　est fel. est autem iecor propria materia sanguis domus et in-

---

1 esuriente *P.*　　poto *P*: potu *U G.*　　adversa s̄. (sunt) sumi-
titur *G.*　　3 intelligitur *U.*　　stimatur *P.*　　5 pulmones *P.*
fibriasque *G*, fibrasquę *U.*　　6 musculosu *P.*　　mimbrana *P.*
　habet *U G.*　　7 mimbrana *P.*　　velud *U.*　　assidue tur
(sic) G.　　8 cinguens extrema *G.*　　9 vocantur *G.*　　gręci *G.*
uracus *U G.*　　habit *P.*　　10 grossidinis *P*, crossitudinis *G.*
alepē *P.*　　11 sinestro *P.*　　mamillo *U.*　　12 habit *P.*
13 iudicium *G.*　　cordis aures: *cf. app. Prisciani Brux. (p. 114*
Bas.).　　14 om̄s & *P*: omnium se *U G.*　　& om̄ ęregitur *P*:
et omnium erigitur *U G.*　　15 Que *G.*　　que *U*, quę *G*: que
in *P.*　　possedunt *P.*　　16 habit *P.*　　quatuor *P.*　　17 corpori *U G.*　　concatinatio *G*, concactinatio *U.*　　18 cor *om. U G.*
cerebro *U G.*　　diei *G.*　　19 cersant *P.*　　23 lagones *G U.*
ilia *U G.*　　pinnae iecoris *etiam in Vind. ep. ap. Marc. p. 23, 3*
Helmr. V *G.*　　24 contenens *P.*　　renes *U*, renens *G.*　　vi-
sicca *G.*　　incrimentum *P.*

crementum eius. nam ibi tenuitas ciborum mutato colore trans-
figuratur in sanguine. omnis autem materia ciborum detunsa
per gurgulionem excipitur primo ab stomacho. que tenuissima
itinera per totum corpus dispensatur. ergo viridissima et in-
tegerrima in sanguinem dimittit iecor. tunc que sordidissima 5
et iudicio suo reprobata sunt, exonerantur in ventrem, in-
testines repletantur. accipit iecor sordidissima ex cibo et illa
calore suo tam diu decoquendo liquescit. inde sanguinem fit,
quem primum multis colligit fistolis, deinde acceptum maioribus venulis quatuor perducitur que ad iecor quasi ad castel- 10
lum. duo enim receptacula intra se habet, unum spiritus,
alterum anima, hoc est sanguis. per cuius, ut dixi, corpore
ut arterias spiritales novem intrant et quattuor exeunt vene
sanguinales. inde inmensus et suo sibi incremento maior atque
maior factus, extremis usque ad finem membrorum emigat 15
redditque pulsum.

XX. De splene.

Splen autem ponitur in sinistra parte precordiorum, natura oblongus. coniunctus est ventri. continet ex se membranam tenuem et velamen habens pinguissimas venas, que ven- 20
trem vel intestinae cooperit vel calefacit, quod greci epiplos
vocant. latine omentum vel mappa dicitur. extensum est usque
ad ilium sinistrum et interanea positus, quod nervosis conti-

1 ibi: bi *G* (bitenuitas). tenuetas *P*. mutatu *P*. 2 o̅m̅ *P*:
omnium *UG*. adtunsa *UG*. 3 gurgullionem *UG*. ex-
cipetur *P*. primum *UG*. ab *P*: ad *UG*. quę *UG*.
4 itenera *P*, itinera *U*: itinere *G*. integerima *P*. 5 sanguine *UG*. dimittat iecor *PU*, dimittit iecori *G*. quę *G*.
sordissima *P*. 6 iuditio *P*. suo·om. *G*. exhonerantur *UG*.
7 replicantur *UG*. accepit *P*. sordedissima *P*. 8 dio *P*.
dequoquendo *UG*. liquiscit *P*. 9 collegit *P*. 10 quattuor *UG*. quę *UG*. 12 animal *U*. per *UG*: pro *P*.
13 venę *G*. 14 inmensos *G*. et (suo) *UG*: ex *P*. in-
crimento *P*. adque *P*. maior atque minor *G*. 15 ex-
tremus *G*. emigat *PU*: emicat *G*. 17 De splenae *P*.
18 splena *P*. 19 oblogus *P*, oblo͞gus *U*. 20 ventri *P*: ventri conteri *U et (ubi postea linea transversa deletum est* conteri*) G*.
contenit *P*. membranum *UG*. 20 qui *P*. 21 in-
testine *UG*. coperit *U*, coeperit *G*. scalefacit *P*.
epyplos *P*, epiplos *U*: epilos *G*. 22 appa *G*. extensus *UG*.
23 senextrum *P*, sinixtrum *U*. interania *P*.

netur membranis. ab una parte planus est latus contingit, ab
altera visceribus adherit, ideoque ut fieri solet, peculiare inpedimentum currentibus, ut cum tumor ille aliquis inhesit,
acervissimos dolores totius partis corporis sinistriores ex-
5 tensus proximietates efficit, nec facile inbecillitate remittit.
quoniam ipse fungi de materiæ et nervosis continetur vin-
culis. traditur a quibusdam spleni renibus deservire et esse
augelotus, quibus autem mortua pars splenis sit aut exemta,
ridere posse negantur.

10   XXI. De precordia.

Precordia, quas greci frenas vel diafragma vocant, exten-
ditur continens pulmonem et ficati pinnas. subiacent ventri et
testine, et continens latera et spina. vena autem eorum habet
orificia duo, unum proximo membranum, quod greci cardion
15 vocant inclinatur in sinistra parte splenis, alium vero epari.

           XXII. De ypezocoos.

Ypezocoos est membranum velut velamen natura nervorum,
qui separatur epar et pulmonem a ventre intestinas splen et
cetera omnia intrinsecus continens.

20   XXIII. De ventre.

Venter autem ponitur in media iocinera sub stomacho et
tintinabulum. est membranum nervosum et grossum obvolutum,
interius asperum, foris lenem, orificium habens unum, qui ad

---

1 contigit *UG.*   2 coerit *UG.*   ut *(post* fieri) *bis G.*
solit *P.*   inp&imentum *P.*   ut ū (vel) *P,* ut cum *UG.*
3 tumor *P,* timor *U,* tumor *G.*   inerit *UG.*   4 tocius *P.*
        partes *UG.*   sinestriores *P.*   5 proximietates *G.*
effecit *P.*   6 fungit *G.*   materie *U,* —rię *G.*   con-
tenetur *P*: continet *UG.*   8 augilotus *UG* (sc. ἀγελώτους quibus aut...).   8 splenis *U*: plenis *P,* spleni *G.*   eximta *P.*
        sidere *UG.*   11 diafracma *PU.*   12 pulmones *UG.*
        figati subiaceant *G.*   13 cestine *UG.*   vena *sic PUG*
(*unde apud Vind. 12 male* venter).   hab̄ *P*: habent *UG* .
14 proximū *G.*   mimbranum *P.*   gręci *G.*   15 sinextra *P.*
16 De ipezocoos *G.*   17 nervorum *(sic) omnes.*   18 inter (epar)
add. UG.   splene *UG.*   19 quę (intrinsecus) est *add. U et*
(*ubi* qui) *G.*   19 contenens *P.*   21 Ventre *G.*   et inti-
nabulum *G.*   22 et volutum *UG.*   23 oreficium *P,* ori-
ficum *G.*   habet *UG.*   ad *sic (pro* ab stomacho).

stomachum veniens, quod greci stomacilias dicunt, hoc est os
ventris, qui excalefactum sucum ciborum ad ventrem iosanum
mittit, qui est asperior vel intra se duplicior. quicquid autem
carfas ciborum sunt, ad intestinas vadunt, que stercora ege-
runtur. degestiones fiunt tres, prima in vaporem et odorem 5
spiritus trahit pulmo epar cerebrum et pulpe, secunda in suco
ad ventrem iosanum et ad intestinas ieiunas, tertia in careas,
que sunt stercora. nam urificia viscerum nostrum sunt multa,
sed maiora dua, per quod accipimus et per quod reddimus.

XXIIII. De intestina. 10

Intestina autem non tantum flexuosa brevis, sed etiam
more receptaculorum sepius inpedita ad detinenda alimenta
fiuntque velut quondam laberentus. sunt autem quadriplicis
contexta membranis, forinsecus nervosa duo, interius carnose
duo, dividunturque in partes III. ieiune intestine cubitorum 15
VII, que ponuntur ad umbilicum et iusum humorem recipiunt.
late intestine cubitorum XIII a ventre incipiunt, qui suscipiunt digestiones ex stomachum et ventrem flexuoso itinere
vento pleni. colum intestinum, qui ponitur super inguem dextre
partis, longitudine palmorum IIII, qui iunctum est vissice 20
anum et iliæ ambe. nam omnes intestine iunguntur adipibus,
qui ciborum mora queritur, vel ne etiam adsidue escam desideretur.

1 stomacum *P.* greci *G.* hos *U.* 2 succum *G et*
ante ips. corr. P. 3 dublicior *U,* dupplicior *G.* 4 quę *UG.*
5 autem (*post* deg.) add. *G.* 6 eparce rubrum *G.* suco *P:*
sucu *U,* succu *G.* 7 iusanum *UG.* ieiunas *PU: om. G.*
tercia *P.* careas (*sic*) *omnes ut supra* carfas. 8 quę *UG.*
orificia *UG.* 11 non *P: om. UG.* flexus abrevis *UG.*
12 adde tenenda *P.* 13 quę *UP.* condam *P.* labe-
rentur *G.* 14 mimbranis *P:* membra *UG* (*ubi* membra | *U*
in fine versus). forensecus *P.* 15 in *om. G.* in-
testinæ *P.* 16 septem *UG.* quę *UG.* 17 cubitorum *PU:*
gubernatorum *G.* tredecim *UG.* 18 degestiones *P.* stomacho et ventre *UG.* fluxuose *G.* itenere *P.* in-
testinu *UG.* 20 partes *P.* longitudinem *UG.* quattuor *U,* quatuor *G.* visicę *G.* 21 ilie *U,* ilię *G.* om̄
P: omnium *UG.* intestine *U.* adipebus *P,* adepibus *UG.*
22 quęritur *G.* ū ne *P:* unde *UG.* assidue *U,* —ę *G.*
desideretur *P:* desideret *UG. huc usque nunc cod. U (p. 22)*
in quo desunt (duo, ut puto) folia.

XXV. De ilia.

Iliae autem sunt dextra levaque in lateribus, ubi coste
non sunt, membrana nervosa intra se carnem habentibus la-
tam, qui cum eosdem membranus gluttinatur, continentes vis-
5 sicam et renes.

XXVI. De renibus.

Renes autem positi sunt in septima vertebra spine, ubi
lumbi sunt, natura musculosi, colore livido, deforis recti, interius curvi et concavi, qui genitale semen portant. ex eodem
10 loco exeunt vene due velut fistule, continentes ambas ilias
vissicam et testiculos, qui his calorem vel semen administrant.
positi sunt autem in alapem, et carnem oblongam virtutem
prestant.

XXVII. De vissica et fel.

15 Vissica posita est his omnibus interanies. de cuius figura
questio est, cum illi unum appareat foramen ad emittendi.
habet collum longum. ibi cuncta sunt foramina tenuissima et ⎫
vene ab spina et medulla venientia in testiculis semen mini- ⎬ V. 18.
strantibus. haec sunt seminis foramina et urinarum digestiones, ⎭
20 quem admodum que possint vacuata replere. errant qui unum
aditum vissice esse putant, unus tamen apparet. sed vissica
quatriplice contexta membrano est, cuius consertatio non est
perstricta, ideoque et in minorem formam redacta contrai potest et remissa ampliare. per eiusdem membrana ex parte cer-
25 vices eius tenuis subripiunt fistule descendentes a renibus,
quorum officium est colatum humorem transmittere. ergo inde
venientes fistule sub ipsa cervice vissice inseruntur inter mem-

---

4 glutinatur *P.*   contenentes *P.*   7 spinę *G.*   8 masco-
losi *P.*   libido *G.*   10 venę due *G.*   festule *P*, fistulae *G.*
    contenentes *P.*   11 vessicam *G.*   adminestrant *P.*
12 positi sunt *G*: positis *G.*   14 prestant *G.*   14 et fel
om. G.   16 quęstio *G.*   ille *P.*   ademitendi *G.*   17 colum *P.*   ibi cuncta sunt *P*: ubi iunctas *G.*   foraminas te-
nuissimas *G.*   18 venę *G.*   ad spina *G.*   veniencia *P.*
tesculis *P.*   19 haec *G*, h̄ *P.*   degestiones *P.*   20 quę *G.*
21 visicę *G.*   putabant *G.*   22 membrano *G*: —num *P.*
consertatio *P*: consortio *G.*   23 redactae *G.*   25 eius *P*:
eī *G.*   25 fistulę *G*: sistolæ *P.*   discendentes *P.*   27 fistulę *G*,
fistole *P.*

branas, sparguntque per intextum opus dilatum, liquoremque
multum non apparentia exibiunt foramina trahunt in vissicam.
et ideo unicuique nostrum cum perfrixerit, frequentior urina
exprimitur consertatio illa membranorum, quibus potestas est
relaxandi et contrahendi. itaque qui frigore aliquo percussi 5
sunt, continuo stringuntur in se, angustatoque corporis spatium
omnem liquorem infundunt. sed malum signum est exigua
meando libido. ergo caput vissice descensum sui comminuit
in ipsam radicem veretri pareter cum cremasteribus. hoc sunt
nervi qui testiculos portant.   10

Est et alia vissica plena felle, qui in epate ponitur. que
febricitantibus urinam ruffam tingunt.

XXVIII. De veretro.

Veretrum est oblongum, natura nervosum, forinsecus ve-
nosum, membrano coopertum fortissimo, habens fistolam rectam 15
in medio ab initio usque ad summum. cacumen eius dicitur
caulus sive dartus.

XXVIIII. De testiculis.

Testiculi coniuncti sunt ano et veretro, habentes in medium nervum, qui eos separat. abscisis itaque testiculis gene- 20
randi virtus denegatur, quia foramina (ne)rvorum alligantur
quod ad dispositionem interaniorum finitum erat.

XXX. De ano.

Anum apud grecos multis nominibus vocaverunt. est enim
ipsum intestinum palmorum trium, et ab ipso omnes intestini 25
incipiunt.

1 que _G._   loquoremq; _P._   2 aparentia _P._   exhi-
beunt _G._   traunt _G._   in vessica _G._   3 nostrum _G_, n̄m̄ _P._
frequentius _G._   4 consertatio _hic G_: conservatio _P._   6 in-
scan   gustatoque _(cum albo) G._   spacium _P._   7 exiguā
eando _G._   8 ego _G._   vissice _G._   discessum _G._   9 pa-
ret̄ (pariter) _P_: paretur _G._   11 _hic P habet inscr._ XXXVIIII
(sic) De cremasteres _(quae ad priora pertinet)_, Alia vissica _G._
11 quae _G._   12 ruffam _P_: fugam _G._   13 XXX _P (numeros_
textus ex indice capp. correxi, cf. supra ad c. 27 v. 11).   De
veretrum _G._   14 oblonga _G._   fortissimum _G._   habet _G._
17 dartus _G_: durus _P._   18 XXXI _P._   19 ano | (&?)q. ue
et veretro _P_, ano sive veretro _G._   20 nervium _P._   que _G._
separant _G._   21 (ne)rvorum _P_: nari _G._   allegantur _P._
22 erit _G._   23 XXXII _P.._   De anum _G._   2 aput grecus _P._
vocatur _G._   25 palma _G._   treum _P._   om̄ _P_: omnium _G._

XXXI. De matrice.

Matrix autem involuta est et ipsa, ut supra dicta interania, habetque positionem quasi cucurbita medicinalis, habet
et tunicas IIII, duabus intus nervosas et aforis carnosas. ori-
5 ficium puellaris est digitorum VI, ubi iunguntur venae dextra
levaque, per quas mulieres spermatizant, quas greci cerias vocant. sed similiter femina testiculos continere se non huius
positionem habent, ut viris, sed miuores et molliores. sed
tamen parant viris.

10 ## XXXII. De vulva.

Constat ergo unam rationem esse feminis et masculis, sed
mulieres vulvam habent cum tunicis IIII^or vulva prima cui subiacent membranae, que continent. fetum, quod greci genicion
colpon vocant, hoc est feminum sinum. nam quomodo est
15 masculi veretrum, sic et vulve collum. vulva naturaliter mollis
est. constat tuniculis firmissimis, exterius carnosa, intus vero
nervosa hec superposita est directo intestino. huius cervicis
vel cornu in tribus foraminibus porrigitur usque ad longaonem,
in qua res venerias perficitur. vulva autem involuta est inte-
20 raneis subiecta ipsamque tenens vissicam, qui multum in his
locis laxum miserit tenerissimum, quo facilius accepta sustinent, lumbis adherens firmissime. partis huius cervix gracilis
est, vix accessum seminis per huius. sed ubi partum maturitas
evocat intus, tum patit, ut nervis inde descedentibus ut possit
25 transmittere infantem, rursusque in ipsas angustias coerit.
index huic posita est, ut possit sanguinem futurum amittere.

1 XXXIII *P.*   *tit. deest G.*   2 intrania *P.*   3 habet
quę propositionem quas *G.*   4 quattuor *G.*   intus *P*:
vero *G.*   5 sex *G (mulieris quidem cf. supra V.15).*   venę *G.*
ierias *G.*   9 vires *G.*   10 XXXIIII. *P.*   12 mulieris *G.*
habet *G.*   cum *om. G.*   tonicis *P.*   quattuor *G.*   cui
sibi iacent *G.*   13 membrane *G.*   quę *G.*   contenent *P,* continet *G.*   gręci *G.*   gericion *G.*   14 senum *P.*   15 sic
est et *G.*   vulvę *G.*   16 intus nervosa est superposita intestino *G.*   18 cornus *P.*   porregitur *P.*   longam ovem *G.*
19 perficetur *P.*   interanies *P.*   20 subiectā *G.*   ipsaque *P.*
21 laxum miserit *G:* lac summiserit *P.*   sustenent *P.*
22 lumbus *G.*   23 est *om. G.*   accessu *G.*   per huius *P*:
per unum *G.*   24 tum *om. G.*   25 in *om. G.*   26 inde duio
posita est possit *(lacuna)* semen continere *G (itaque* sanguinem
—possit *om.).*

ab intus sinuosa et aspera est ut possit semen continere. hec omnia membrano proteguntur tenuissimo, quod greci dicitur peritominon. Omnia orificia corporis nostri explorata sunt.

XXXIII. De spatonibus.

Quare spatonibus capilli in quibusdam locis non prodeunt, ex qua parte corporis sentire fertur magna humoris rei dispositio est. et quorundam est opinio tantum in concreto calore humorem in faciem transfigurare seminis. quidam ferventis sanguis speciem esse dicunt testiculorum in corpore virum effusum, quidam a renibus venerint persuadet.

XXXIIII. De ossarum dispositione.

Constat que homo ex ossibus CCXXVIIII. caput nostrum habet coniuncturas V. sicut littera labda iunguntur virorum calvarie, femine in rotundo iunguntur, et dividuntur in ossa VII. dicunturque lepiotes duo, irena unum. facies ossa VII, dentes XXXII, mulieribus et durebarbis XXX, collo a vertebra VII, dorsum et spina vertebre XII, lumbus vertebras V, costas XXXIIII. ieron ossum unum, qui habet pertusuras VIII. qui est in torace iugulare duo. caput humerorum, quod condrum iunguntur, quod clidion vocantur. scapulas vel palas ossa duo, pectus ossum unum, aliquantis vero duo. cubitorum mani unius ossa IIII^{or}. ossa manuum ambarum sunt XLVIIII, aliis

---

1 senuosa *P.*   2 protegunt *G.* greci *G.*   5 XXXV *P.* sed XXXIII *in indice.*   De spationibus *G (cf. Ar. Ps. p. 667 et deinde de semine App. Th. Prisc. ib. p. 379).*   6 prodiunt *P.*   7 disposicio *P.*   8 oppinio *G.*   10 esse dicunt *P:* est (ē) ducum *G.*   11 persoadet *P.*   12 XXXV *(iterum) P,* sed XXXIIII *in indice.*   De ossarum numerum *G (ubi postea al. m. adscripsit* hoc scrīp ē inquat). *cum hac ossium enumeratione conferas breviorem in cod. Hafn. vet. reg. 1653 f. 73^{a—b} et Brux. (ante Th. Priscianum) f. 2^b 1—2.*   13 que *om. G.* 15 labdae *G.*   15 calvariae femine *G.*   dividunt *P.*   16 lipidioses *G.*   irenea *G.*   17 mulieribus autem et *G.*   dure barbe *G.*   vertebra *G.*   18 Gl *(ut solet) P,* VII *G.*   vertebras *G.* lumbos *G.*   v. VI *G.*   costes *P.*   19 abet (ab) *P.* 20 ingulares. II. *G.*   21 I. *G.*   II. *G.* cupitorum *G.* 23 hunius *P.*   IIII. *G.*   XLGIII *P:* XLVIII *G.*

vero LVI. latus ossa duo sub se, que vocantur nota. pleuras V,
aliquibus VII. qui in pectoris ossum coniunguntur circa quod
greci perigion vocant, hoc est ligula stomachi tenerum desuso
ibi ponuntur costas aliquibus, et plures [inveniuntur. coxas
5 ossa II, ancas ossa II. iran ossum quod selida vocantur, hoc
est concavum, ubi femus incadit, ossa II. pedum ossa XLVIII,
aliquibus LVI, sicut de manus quod superius diximus.

XXXV. De sanguine.

Sanguis autem pregeneratur animę proprię virium humanę-
10 que vitę certissimum alimentum, quem numquam otiosum esse
spiritum patitur. semper enim cum discursibus suis per omnem cursum, fatigatius autem cum maiorem modum cesserit
copiosiusque factus quam ut recipi capite venarum possit. incipit tunc sua in se redundare materia, ut preobdurati fora-
15 minibus aditus spiritui non dare aut ex multitudine sua con-
pressum profugantem cursum. cum tamen exiguus esse coeperit,
usus facere paribus suis non possit, tunc gravatum corporis
calore subito destruit, et quod sufficere exiguus adversus co-
pio(sio)rem spiritus non valet, hictus maiorem conglaceatur, et
20 ut occidat hominem, prius ipse in homine moriatur. necesse
itaque cum sit sanguius causa vitę, maxime in spe et causa
prima mortis est. et quemadmodum ex acriora virioraque et
quę aliis ex ciborum iniuriam generantur quidem et ipsa
modo suo corpore multum ampliora ex eaquę nocere possunt
25 genera, ita cum aliquid presentes sint necessaria, ut sudor
saliva omniumque pituita plurima tamen vitia latentesque in-
becillitantum causa et ex habundantia bilis acrimonia generantur. quasi quis dum sanus fuerit, ita temperare voluerit, ut neque habundent nocitura, nec quia profutura sint in offensa salutem,
30 observare debeamus modum rei. quod autem custodire possumus, facilius expeditam et ante plurimam faciem ratio posita est.

XXXXVI. Quare febricitans estu afficitur.

Maxime haec est causa quae corporis conpressis tantum
in refrigerationem admittitur spiritus, tunc inclusus sanguis

1 II. *G.*   pleures *G.*   2 ९| *P:* VI *G.*   3 gręci *G.*   ligatura *G.*
4 et plures | *hic finit p. 121ᵃ cod. Palatini, cuius quae sequitur
p. 121ᵇ adeo detrita et obfuscata habetur ut legi iam nequeat.
restat unus cod. S. Galli omnium trium pessimus.*   6 IxLviii
sic G (cf. supra).   8 selidaṅ *(sic) G.*   8 *cap. numero caret G
(ut semper), sed in indice (iusto quidem numero) XXXV P.*
19 copiorem s̄p̄s̄ *(sic) G.*   32 XXXVI *ind. P: om. G.*

cui neque estuandi aditus, neque recipiendi spiritus contigit
potestas, ardore nimio membra consummit. quia quamdiu societas sanguinis atque spiramentum concordaverit, tamdiu homo
vaporibus illorum constat.

XXXVII. De petuita.

Petuita hoc est coriza. non enim ulla lege leguntur, et necesse habent tantum ad cerebrum membrana adherere. petuita
toto corpore habitat, ut numquam sanis ab expressis inhereat.
initium petuitate est humor ille, qui fomentis refovetur, colore cognoscitur, statu tenetur, consuetudine roboratur, ratione 10
temperatur, custodia regitur. quod in corpore natura intulit,
natura condidit, maturitas temperatur. hic ipse cautum tam
diu in presidio quam diu in ore correctum iniuriam visus in
auxilium conspicitur, innoxia generavit inusus, sic et petui-
tatum necessitate potius quam causa dicimus corporis erit 15
levis ratio. hic itaque in officio sanguinis corporis nostri consortio habet. quotiens offendit lesus aut intemperantia bene
stimulatus in causa crudelitatis, exasperantur omnia materia
prestantes his alimentis, que totum facile pascitur corpus sub-
ditis fervoribus confectam. mox et resolvitur corpus, et cor- 20
rectum adicet exquiret perpensionem in rigorem, et cautior in
calore rursusque correptus inquam humoribus, per eosdem
foraminum introitus fertur ad cutem, et mox impetu suo totiens
exfervescit. hinc vitia fiunt diversa, hinc asinatia adustiones
scabie carbunculos ignis acer pultule lippitudines superationes 25
gravido distillationes aneliti inpeticus et alia vitia, que cum
strictura veniunt. humor ergo vitat male, quia ex humor est.
ideo per totum corpus est, quia humor est totius corporis.
quando igitur aliquibus noxius aut ubi est periculum tantum
in distillationibus habetur. nam cum ipsius sacrimonio infla- 30
matur simul toracis pulmo membranorum principia corporis
nostri partium dominantium locorum.

5 *sic ind. P (ubi seq. etiam numerus XXXVIII sine titulo)*,
De petuitate *G.* 27 ex humor ē *G.* *In G sequuntur verba*
Omnium autem infirmitatis origo in stomacho incidit. *deinde*
maiusc. litt. scriptae haec Superius diximus de caput pectus
venter atque vissica nunc dicimus de cetera que obmisimus.
† De stomacho. *quibus supplentur epistolae (in hoc codice, sicut*
in Ups., praecedentis p. 197—201) q. d. Hippocratis ad Antiochum
quae supra omissa erant.

31*

Epistula Vindiciani ad Pentadium

nepotem suum

de quattuor umoribus in corpore humano constitutis

ex codicibus

C = *Casin. 97 f. 3ᵇ (s. X coll. a. 1870)*
U = *Upsal. med. 6 p. 8 (s. X coll. a. 1887)*
G = *S. Gall. 44ᴵᴵ p. 194 (s. X descr. a. 1869)*
P = *Paris. (Divion. S. Benigni lat. 11218 f. 38ᵇ (s. VIII/IX descr. a. 1893)*
  b = *Bruxell. 3701/15 f. 1 (s. IX/X descr. a. 1876)*
V = *Vatic. regin. 1143 f. 125 (s. IX descr. a. 1891)*
  a = *S. Gall. 762 p. 260 (s. IX descr. a. 1869).*

Disiecta epistolae fragmenta extant edita in Ps. Sorani isag. c. 5 (ed. Bas. 1528: ut Vindemiani quidem sed sine praef., in cod. Dresd. 185 s. XII f. 1.), item Epistolae q. d. Hippocratis ad Maecenatem interpolata tota legitur (cum Ps. Galeni q. v. Dynamidiis) inter Spuria Galeni ed. Iunt. f. 19ᵈ—f, ubi (ut supra notavi p. 461) ex alio etiam exemplari iterum legitur, plena quidem sed Galeni. cum iusto denique nomine integram edidit Peiper a. 1873 (Philologus t. XXXIII) ex cod. Vindobon. 10 (v) rec. s. XII (f. 329, ex quo et ipse descripseram a. 1869). extant codices alii quam plurimi, quorum vidi S. Gall. 751, Brux. 2419/31, Lond. reg. 12 E XX, Par. S. Vict. 608, Rom. Vatican. 4418, Rom. Angel. V.3.9, Rom. Barber. IX.29, praeterea Paris. 6882 A, Montpell. 185, Cantabrig. Corp. Chr. 466 (Nasmith), Genevensis etc.

Vindicianus
Pentadio nepoti suo salutem.

Licet sciam te, carissime nepos, graecis litteris eruditum ad hanc disciplinam posse pervenire, tamen ne quid
tibi poscenti ad memoriam denegarem, ex libris medici- 5
nalibus Hippocratis intima latinavi. quae quia dignus es,
fideliter trado daturus tibi avi tui patris mei libros, ex

Tit. (p. 484) dedi ex Pantiquissimo, ubi Epist̄ vindiciano ad
pentadioni nepotem suum de q. h. *etc. qui plerumque omittitur
(simpliciter* Epist̄ vindiciani *b a,* Ep. vindiciani ad pentadion
guium nepotem suum *Brux. 2419/31).* 2 V. pentadione ne-
pote s. *P,* V. pentadion gauo nepote(i *corr.)* suo s. *b,* V. pen-
tadionepoti suo s. *C,* V. pentadio (petadio *G)* nepoti suo s. *G U.*
3 sciam *PV,* sciam te *a,* sc̄i tatate *b,* scire te *G U* (scirem te *v),*
te scire *C.* km̄e nepus (nepos *U) G U C,* kr̄īse filii *b,* ca-
rissimi fili *P,* karissime fili *V,* carissime *a.* grẹcis litteris
G U C, litteris grecis *P,* literis grecos *V,* litteris *(simpl.) b,*
litteris grecis et latinis *a.* eruditum *G U C,* te eruditum *P,*
te esse eruditum *a,* te erudire *b,* te eridiri *V.* 4 disciplinam:
noticiam *b (solus).* posse: facilius posse *P.* pervenire *b*
(*ubi* ad h. n. possitamen pervenire), venire *P:* om. reliqui.
tamen *om. V (v).* ne quid tibi *P V G a,* quid tibi (*om.* ne) *C,*
& id tibi *U,* Neque tibi *b.* 5 denegarem (—re *C)* ex libris
G U C V a, denegare me iures *b,* denegare me̅ videar. iuris *P.*
6 ypocratis *P G a,* yppocratis *b,* ypogratis *U,* hipogratis *V: om. C.*
scil. ex Hipp. q. f. l. de natura hominis. intima *G U C,*
si(y *a v)*ntomata *V a b (v),* Fintosmata *P.* latinavi *P b a,* la-
tinabi *C,* latinas *V,* latine (*ubi* e *in ras.) G.* quẹ quia dignus
es (est = ẽ *G) G U C:* que tibi quia dignus es *P a,* ex qd̄ tibi
dignes *V,* Credo quia dignum est *b.* 7 daturus *om. b.*
(daturus) tibi *add. G U C V (b), om. P (a).* avi tui patris mei
G U C, avitus | p. m. *V,* avi i tui p. m. *P,* ā verb̄ p. m. *b: om. a*
(*ubi* tradituros 6s libros) *et v.*

quibus totius mundi rationem cognoscas, uti nosse possis
quanta fuerit generis nostri sapientia. per hunc vero librum
tibi corporis uniuscuiusque naturam et ordinationem adgrediar explicare.

5   corpus igitur hominis ex quattuor umoribus constat. namque habet in se sanguinem choleram rubeam
choleram nigram et flegma. qui quattuor umores habi-
tant vel dominantur in suis locis. sanguis dominatur in
dextro latere in epate quod iecur vocamus. sed et cholera
10 rubea ibidem dominatur. in sinistro vero latere id est in
splene cholera nigra dominatur. flegma autem in capite,
et alia pars eius in vesica. sanguinis tamen pars dominatur
in corde.

        virtus sane ipsorum umorum talis est. sanguis est
15 fervens umidus et dulcis, cholera xanthe id est rubea
amara viridis ignea et sicca, melena cholera id est ni-

---

1 totius *GUC: om. PVba.*   ut nosse possis *GUCV*, Uti
nos. si possis *P*, ut dinosci possis *b*, ut nosses *a*.   2 quanta
—sapientia *GUC*: quanta fuerint generis nostri *b*, quanta virtus fuẽrit g. n. *PV*, quanta virtus fuerit generis humani *a*.
per hunc vero librum *b*, perun viro librum *P*: Per hunc vero *a*,
prohunc vero *V*, Nunc vero *CUG*.   3 tibi corporis *GUPVa(v)*:
corporis tibi *C* (unius cuiusque tibi *b*, *qui om.* corporis).
et ordinat(c *P*)ionem *PVa*: et ordinem *bCGᶜ*, ex ordinem *G*,
ex ordine *U*.   adgrediar *PbG*, aggrediar *C*: adgredior *Va(v)*.
6 igitur *CGᶜ(v)*, ergo *P: om. UGV(ba)*.   constat: erit constitutus *V* (est constitutum *a*).   6 namque h. *C* (*v*, nam h.
Va), et h. *GU*: id est (sanguine *etc.*) *Pb*.   7 (*etc.*) colera...
nigra (*quasi gen. neutr.*) *CGUVa* (*item Pb* coleribus).
flegmata *CPbVa* (*semper*, flegma *vel* fleoma *GU*).   quattuor
om. Pb.   8 vel: et *Pb*.   Sanguinis pars *PVa*.   9 (latere)
id est *add. Pb* (et ante sang. p. *Va*), *om. rel.*   sed *etc.*: in
eo etiam et c. r. dom. *PbV*.   11 colera alia nigra *C* (dominatur col. nigra *PbVa*).   12 et alia p. e.: alia etiam p. *P*,
alia autem p. *Va*.   vesica *C(v)*: visica *GV*, vissica *PU(a)*.
Sanguinis tamen pars *PV*, Sanguis tamen *b*, Sanguis autem
pars eius *a*: et alia pars s. *UG* et (*om.* et) *C*.   14 sane:
autem *PUC*.   ipsorum: eorundem *a*.   humorum *om. GUC*.
15 colera exante id est rubea *PV*, exantea id est colera rubia *b*: Colera rubea *rel.*   16 viridia *codd.* (*qui partim add.*
est *vel* sunt).   melena (melina *C*, millina *P*) id est *om. GU*.

gra acida frigida et sicca, flegma frigidum salsum et
umidum.

haec omnia crescunt suis temporibus. sanguis crescit
verno tempore, ab VIII. id. febr̄. usque in VIII. id. maī.
et sunt dies XCI. cholera rubea aestate, ab VIII. id. maī. 5
usque in VIII. id. aūg. et sunt dies XC. cholera nigra
autumno, ab VIII. id. aūg. usque in VIII. id. novemb̄. et
sunt dies XCII. flegma vero hieme ab VIII. id. novemb̄.
usque in VIII. id. febr̄. et sunt dies XCII.

hi quattuor umores partiuntur sibi diem et noctem. 10
sanguis dominatur horis sex id est ab hora noctis nona
usque in hora diei tertia. exinde dominatur cholera rubea
ab hora diei tertia usque in hora diei nona. cholera autem
nigra dominatur ab hora diei nona usque in hora noctis
tertia. flegma autem dominatur ex hora noctis tertia us- 15
que in hora noctis nona.

haec omnia habent respirationes suas per singulas
partes corporis, sanguis per nares, cholera rubea per aures,
cholera nigra per oculos, flegma per os.

dividuntur etiam hi umores quattuor per quattuor 20

---

1 (fl.) autem *add. a.*   4 verno tempore *CGa,* veris tempore *GbV:* om. *U.*   ab etc. (—9) *ex GŪC(v), rel. om. dierum
definitiones.*   VIII. *CU:* octavo *(semper) G.*   febr̄ *G:* fe-
bruarius *C,* —ias *U.*   maī *C:* magias *GU.*   5 et (sunt) *C
(v):* quod *GU.*   XCI *GU:* XCII *C (v).*   XC *G U:* Lxxxviii *C
(qui voluit* viiii, *ut habet v).*   7 novemb̄ *C,* novēb *G,* novem-
bris *U.*   8 XCII: XCI *CGU (o).*   9 feb̄ *G,* febr̄ *C,* februa-
rias *U.*   et *om. GU.*   XCIII *C (v),* XC *GU.*   10 hi *GP:*
Hii *C (Vbav),* Hic *U.*   quattuor: omnes *PbVa.*   siue diē
siue noctē *C,* sibi diem et noctem *PbVv* (sibi diem cum nocte *a):*
om. GU (ubi sic partiuntur ita ab hora noctis VIIII. usque in
hora diei tertia sanguis dominat̄: Ab h. *et sic cet. GU).*
12 exinde *bVa (v): om. P*(C. r. d.).   13 ab h. d. t. *om. a (v).*
Colera autem (vero *b)* nigra *PbVa* (deinde c. n. *C).*   14 ab: ex *C.*
15 autem *ba (om. PV).*   ex: ab *(hic quoque) P.*   16 nonam *hoc
uno loco (accus.)C, reliquis in ablativo consentiunt omnes CGUPbVa
(praeter v).*   17 Haec (autem *add. Pv)* omnia *PCbVa:* hi quattuor
humores *GU.*   20 etiam: autem *P, om. a.*   hii h. q. *C:* hi
(hii *U)* q. h. *GU (v), ubi* quattuor *om. PVa,* omnes *habet b.*

aetates, id est flegma in pueris cum sanguine ab ineunte
aetate usque in annos XIIII, exinde cholera rubea dominatur cum parte sanguinis in iuvenibus usque ad annos
XXV. exinde usque in annos XLII maxima pars sanguinis
5 dominatur cum cholera nigra. exinde usque ad summam
aetatem sicut in pueris flegma dominatur. moriente autem
homine haec omnia revertuntur in sua loca.

praeterea hi quattuor umores faciunt hominibus tales
mores. sanguis facit homines boni voti simplices mode-
10 ratos blandos euchymos seu ⟨suci⟩ plenos. cholera rubea
facit homines iracundos ingeniosos acutos leves macilentos,
plurimum comedentes et cito digerentes. cholera nigra
facit homines subdolos cum iracundia, avaros timidos
tristes somniculosos invidiosos, frequenter habentes cicatrices
15 nigras in pedibus. flegma facit homines corpore compositos,

1 id est *om.* *GU*.   in: ad *CU*.   2 XIIII: XIII *Gᶜ U*
(usque in anno XIIII *b*, usque in quartum decimum annum *a*).
exinde *om.* *P*.   3 cum parte sanguinis in iuvenibus usque *om.* *CGU*. in: ad *U*, ab *C*.   4 exinde *etc.*: *sic VC(b)*,
exinde maxima p. s. cum coleribus nigris dominatur usque in
a. XLII (in annum quadragesimū secundo *a*) *GUa*, Pars autem·
sanguinis cum n. c. d. usque in a. XLII *P*.   5 exinde (*C*, et
deinde *GU*)—dominatur *CGU*: a quo anno (*a*, ab annis XLII
PV, ab eis *b*) usque ad s. a. dominantur flegmata sicut in
pueris (*P*, itemque in pueris *Va*).   6 Moriente(m) autem ho-
mine(m) haec (in oriente homine. Haec *a*) omnia revertuntur
(avertuntur *V*) in suis locis *Vab*, Moriente autem magnitudinē
h. o. r. in sua loca *P*: *om.* *CGU*. cf. *Hipp.* (*de nat. hom.*) I,
352 L.   8 hominibus: in hominibus *GU(v)*.   9 boni voti
VCGU (v), (boni) volos *supra Gᶜ*, benivolus *b*, bonimotos *a*,
benivolus hoc est bene voti *P*.   simplices: innocentes *b*, simplices innocentes *P*.   moderatos *PbVa*: modestos *CGU*.
10 bl. eus humos seu plenos *GU (sed punctis del. Gᶜ)*, bl. seu
summos seu plenos *C*, bl. seū pleno corpore *a*, blandus somno
plenus *b*, blandus seu plenus *V*, bl. eusomus seoplenus *P*.
11 (*etc.*) homines *rep. CGU*, *om. rel.*   12 comedentes: man-
ducantes *Va*.   *quae hic de cholera nigra post ea quae de flegmate habent PbVa*   14 somniculosos: somnolentus *a*.   in-
vidos *PV*.   frequenter habentes *PbVa*: habentes sepius *GU(v)*,
habentes *simpl. C*.   15 (pedibus) vel in aliis membris *add.*
solus C.   (fl.) autem *add. P*.

vigilantes, intra se cogitantes, cito adferentes canos in capite, minus audaces.

omnia ergo quae calidam habent virtutem in superioribus locis corporis dominantur, ⟨frigida autem inferiora tenent⟩.

pulsus autem suos habent hi quattuor umores. sanguis facit pulsum plenum umidum aequalem. cholera rubea facit pulsum tenuem et citatum. cholera nigra facit pulsum plus tenuem sed habentem veluti percussum et asperitatem. flegma facit pulsum minus plenum umectum aequalem pondere.

hi vero umores sine se esse non possunt et in omnibus aetatibus habentur. sed quotiens aliquis ex his umoribus excreverit, tunc facit aegritudinem longam nec non et causas veteres per suam voracitatem et ⟨in⟩temperan-

1 in capite *om. PbVa (ubi statim post* vigilantes *seq.* canus adf. cito*Pb vel* cito aff. canos *V vel* canos cito producentes *a.* 3 o. ergo *C(v),* o. autem *GU:* praeterea (propterea *b)* omnia *PbVa.* 3 frigida autem⟨quae sunt *add. PV*⟩ inf. tenent*PbVa: om. CGU. cf. Ps. Sor. f. 3^b. deinde solus a:* quae supra diximus tactui est. Sanguis pulsus talis est *etc.* 6 pulsus autem suos habent hi q. humores *GU,* pulsus hi q. h. suos habent faciunt *V,* p. a. suos hi q. humores habent vel faciunt *C (qui om. quae subiciuntur usque ad v. 13* habentur): Itaqueq. hum. tales pulsus habent. ut faciunt *b,* Si ergo q. h. pulsus proprius habent *P* 7 facit *b (v),* habet et facit *GU:* Sanguinis pulsus talis est (plenus *etc.) PVa.* 8 Melene autem pulsus talis est *etc. a.* 9 plus tenuem *GUVa:* tenuiorem *b,* tenuem *P.* percussum *GU,* percursum *Va:* percussuram *Pb.* 10 (fl.) autem *add. Pb.* 11 aequalem pondere *GUV:* inaequale pondere *b,* et pondere aequalem *P (ubi* humidus et equalis *a).* 12 hi vero *GU* (hi *v):* hii hu(corr. o)mnes *a,* hi omnes *V,* sed hi (hii *b)* omnes *Pb.* 13 habentur *PbVa:* dominantur *GU (v).* aliquis ex his humoribus *PV,* ex eis aliquis *b:* ex his humoribus aliquid *a,* ex his. h. aliquis eorum *CGU (v).* 14 creverit *bVa.* faciunt *PGU (ba),* faē *C* (facit *v).* longam hic *om. PVa.* nec non—(*p. 490, 4*) egritudinem *om. v.* nec non *PbVa: om. CGU* 15 per *P:* pro *CGUa, om. V.* (pro) sua *CGU: om. rel.* vo(i *U,* e *C)racitate (—ē C) GUC:* virtutem *GV,* —te *ba.* et temperantia (—ā *C)CGU,*

tiam et ⟨in⟩aequalitatem et pro corpore atque aetate hominum. hi omnes umores singulis aetatibus aegritudines
faciunt, quotiens quis eorum augmentum acceperit. etiam
tunc longam aegritudinem faciunt, si ⟨quis⟩ inperitum
5 medicum habuerit aut certe neglegentem aut qui causam
non intellexerit vel ex quo umore aegritudo nata fuerit
⟨non cognoverit⟩. equidem diligens et doctus aegrotanti
tunc potest sucurrere. si vero neglegens fuerit aut non
intellexerit, tam diu protrahit aegritudinem quam diu
10 transeat umoris ipsius tempus et alius umor ex ceteris
augmentum accipiat, ita ut ille umor excludatur ex quo

et temporanciam P, et temperantium V, temperantie a, temporis b.
    1 et [ę]qualitatē (et equitate et equalitate U) pro cor-
                                    ta
pores (—ris Gᶜ, —rē U) etate (etate Gᶜ) omnium GU (sed pro
et omnium punctis suppositis del. G), et ęquitatē. et aequalitatē corporis. et ętatē omnium C, et aequalitatem et pro corpore adque aetate omnium P, et aequalitatē pro corpore et
aetate omnium V. haec ita habent a: Nec non et causis veteris
faciunt pro virtute temperantie equalitate pro corporum etatis
Hominum humoris singulis ... et sic b: Nec non et causas veteris pro virtute temporis adque etate omnium et quociens...
2 hi—(3)faciunt om. b.   aegritudinis generant P, egritudinis (aegritudines a) faciunt Va: egritudinem faciunt GU.
3 eorum: eorum ÷ virtutē ultra modum vel add. C, om. rel.
4 quis addidi.   5 aut certe neglegentem aut del. (ras.) G
(non U). certe om. Pba.   causam PCa (v): causas GUV(b).
6 non CU (ab): (ras.) del. G (ubi Gᶜ suppleverat certas), minime P.   vel PC (v): om. GUba.   vel—(9) intellexerit om. V.
7 equidem diligens vel doctus (ras.) del. G.   equidem CGU
(etiam si a) etc.: Nam tam (pro tum) cito cicius potuerit dil.
med. aegrotantem sucurrere P (pon≡tamcius poterit neglegens
egrotante occurrere b).   8 (succurrere) si intellexerit add. a.
    Si neglegens et non int. tam diu pr. a, si prius causam in-
tellexerit ne tam diu pr. P (Nam si causas intellexerit minus
ne tam diu pr. b).   quam diu: atque qui V.   10 tempus:
temporis Gᶜ.   et alii humores exteris a. a. G, et alius exteris humoris a. a. U (et alius ex ceteris humoribus v), et alius
humoribus exterioribus a. a. C: et (ut P) alius accipiat augmentum Pba, ut et alius ex ipsis humoribus accipiunt augmentum V.   11 ita ut etc. CGU, ita ut ille excl. umor unde

aegritudo fuerit nata. nam si sit causa sanguinis, qui est dulcis umidus et calidus, occurrendum est sic ut adhibeatur e contrario quod sit frigidum amarum et siccum. si fuerit causa cholerae rubeae quae est amara et viridis ignea et sicca, debet adhibere quod sit dulce frigidum et umidum. si de cholera nigra nata fuerit aegritudo, quae est frigida sicca et acra, debet adhibere quod sit calidum umidum et dulce. si ex flegmate nata fuerit aegritudo, quod est frigidum salsum et umidum, debet adhibere quod sit calidum dulce et siccum. haec cum adhibita fuerint, tunc et peritus medicus invenitur et aeger ad sanitatem cito revertitur.

aegr. nata est vel fui V, et ille excl. unde aegr. nata est (fuerit b) Pb = per tempora que supra diximus a.

1 Nam si cura (causa b) sit sanguis. sic occurrendum est aut per flegotomo aut per scarifum. quia sanguis dulcis est h. et c. Debit adhibere siccum frigidum et caledum P, nam si sit causa sanguinis debet sic sanguine occurrere est sanguinis enim h. d. et c. debet adhibere siccum frigidum et acidum V (haec et seqq. brevius dant ab). 2 est et ut om. C. 4 causa: circa causa GU (sed G punctis supp. delet circa). (colerum rubearum vel—orum) que sunt a. et viridia (—da C) i. et s. CGU: Sunt enim amara sicca et ignea PV (ab). 6 quae de coleribus nigris CGU, ea PV (ab) habent post flegmatis causam (Ac si de coleribus n. Pb) ut supra.

7 sicca—(9) frigida om. C. acra (v): agra $GU(a)$ ubi quae virtutem habent frigidam siccam et acram $P(b)$. c. humidum et dulce PVa: calidum dulce et siccum (ex confus. seq.) G, c. humidum et mite $U(v)$. 8 si ex flegma—siccum in marg. add. G. si ex fleg(c)ma GU, flegmatici causa V, quod si exflecumata a, flegmatum causa Pb. 9 quod est etc.: quae sunt etc. codd. salsa et (h)umida $CGV(b)$: fr. salsa et umecta U (fr. et humida P). 10 Haec etc. $CGUV(a)$: Cum hec igitur facta fuerint Pb. 11 tunc et peritus CG (tunc peritus ab): oīa et ueritus U, et imperitus V. 12 cito revertitur CG: oīa perducitur U (ubi et egrotū ad s. cito perducitur a, et cito ad s. pervenitis qui egrotum vel causam patitur V, contra sic P t. p. medicus facilius ad s. perducit aegrotantem P (t. p. med. ad propriam sanitatem perducit egrotum b. cf. Ps. Sor. isag. f. 3° perducet ad propriam s. egrotum).

haec tibi pro nostri memoria religiose, nepos, dedi, maiorâ postea noscituro.

1 haec *etc. om. a.*   ad omnem memoriam *V.*   2 maiora postea *om. U (ubi* dedi *cum lacuna ante* nosciturus).   m. postea nosciturus *G (v, ubi add. G*° te faciam), m. nos posse noscituro *C (et sic etiam Angel. V. 3. 9* maiora posse noscituRo), maiora noscituro vale *V:* maiora nobis exciturus *P,* morando p̄sule anobis sciturus es *b.*

Vindiciani comitis archiatrorum ad Valentinianum epistolam i. e. praefationem libri de expertis remediis (cf. Anecd. II, 177. Hermes VIII, 42. Cass. Fel. p. III. 260) cum „eiusdem" ut ait (et ex eo Barthius Anth. Lat. no. 910 Riese) „Vindiciani" carmine et Hippocratis q. d. ad Maecenatem epistola Io. Ruellius medicus († 1537) primus edidit ad calcem Scribonii (Parisiis ap. Chr. Wechel 1529, impr. Oct. 1528) ex eodem scil. Marcelli codice (unico Laudunensi nunc mutilo, de quo Hermes VIII, 40), quo paulo antea usus erat idem Chr. Wechel, ut exscripta Pseudo-Plinii epistola (post Galenum Io. Guinterii Andernaci etc. Par. 1528) unam paginam vacuam expleret. haec omnia deinde ex eodem codice Ianus Cornarius edidit cum integra Marcelli empiricorum collectione (Bas. 1536) modo correcta modo etiam vitiata (qui ut exemplo utar quod ad Vindicianum pertinet ineptum illud induceret escharas pro escas p. 24, 6 H.), qui et ipsum Marcellum ex Scribonio emendaret, subinde et augeret: nam ex Scribonii cap. 121 colicen Iulii Bassi mirificam Marcello obtrudit (29, 6), quam ex alio is auctore sumturus erat (29, 12 cf. Gal. XIII, 278), itaque in eo ipso loco addidit aliena ubi ut capitulorum argumenta rectius divideret, quae depellenda esse aestimasset, eiecta prius et seposita plane neglexit (28, 66—29, 5 exc. 29, 4 H.), ipso scil. post Ruellium, sicut Marcelli, ita et Scribonii codice usus aeque postea deperdito, unico quidem eo, quamvis cum nusquam Marcelli, Scribonii liber in medii etiam aevi antidotariis exscribatur revera nomenque citetur. Vindiciani igitur epistolam quam bis editam ex eodem codice nunc tertium repetiit Georgius Helmreich Marcelli editor (Lips. 1889), eam his reliquiis addere supersedeo.

Index ad Theodorum Priscianum.

Additamenta spectant quibus uncinum praeposui.

———

abrotonum (ἀβρότονον): *sic V* (abrothomo 2, 72 — abrotomum 2, 86 — abrotoni 2, 98), *rec.* abrotanum *(Bb: et sic Gel.),* aprotanum *r = it. hisp.* abrotano. *cf. Sim. Jan.* abrotanum, non aprotanum *(sic e. g. et Cassii .codd. cp etc.).* — abrotonus (decocta) *fem. Add. I c. 36.* abrotanus *Add. 2, 91 p. 329, 28 etc.*

absinthium, absinthiatum: *restituerunt recentes (B,* absincium *b),* absentium *cum codd. vet. (rust.) V, sed interdum (v. l. II c. XXIX—XXX) et* absinthium *(ut* absenthium*) idem V et* absintium: absinlipinarum *V* 2, 98 *(= absinthii, pennarum B g). sic* vinum absentiacom *V* 2, 90 (absinthiacon *B,* absinciatum *b,* absenthiacum *r), sed* oleo absinthiaco *etiam V (cum Bb)* 2, 85.

acetum *(sic) b et passim r (item B).*

accidentia *(morbi): saepe.* cum aliquibus melancholicorum accidentibus *(VB Gel.) =* signis *(b)* 2, 96. *cf.* 2, 69 et si aliquod adhuc ex superioribus accidentibus perseveraverit symptoma (!). *cf.* praeaccidentia.

acer: salsos cibos et agros *(V,* acres *rBb),* 2, 76. acri clystere *(B,* acro *rb)* 2, 48. aceto acri *B Gel. =* acro aceto *br* 1, 55. 1, 56 *etc.* acro *b Add.* 1, 6. 93 *etc.* acri *Ant. Br. 33.* 67 *B).* aceti acris *(Ps. Plin.) Add. p. 356, 8.*

achor 1, 12 *(nom. sg.) ubi* acora (achora) *B b* (acoras *acc. pl. ib. Bb).*

acrimonium: cibis nutrio siccis et tostis. acrimonia omnia concedo 2, 91 *(ubi cod. B. correxit* n. siccis et totius acrimoniae omnia c., *unde Heremannus de Neuenare* n. siccis, et acrimoniam habentia concedo). salsamentis omnibus nutriantur, acrimoniis, sinapi... 2, 90. alium vel cetera acrimonia edant 2, 99. *item* omnia *vel* cetera acrimonia 2, 99. 105. 106 *(ubi cum* acrimonia *teneat etiam B cum Vb et Gelenio,* acria *suo arbitrio semper correxit codicis Bruxellensis editor). cf. etiam v. l.* 2, 65. *sic etiam Escolap. ms. cap. 36 de hydr.* acrimonia omnia comedant et salsamenta, *ubi ed. p. 58[d]* acria omnia. *apud eundem ad finem (c. 46 de pod.) male editur* Abstineant... a leguminibus vel a salsamentis et ab acrimonia: *nam sic habent codices antiqui* a legumina (vel) a salsamenta (et) ab acrimonia (*i. e.* ab acrimoniis). *Ps. Plin. f. 37c Bas.* ex agrimoniis. — *cf.* caerimonia *pl.* (= caritates, *a. v.* carus, *ut* sanctimonium *a* sanctus).

acremones (vitium molles = ἀκρεμόνες) 2, 65 = cymae *explicando r b* (*ubi ex coniectura Gel.* racemos *infert et* capreolos). *scripsi igitur* acremonorum *pro* acrimoniorum (—arum *B*) *VB.* τῆς δάφνης οἱ ἀκρεμόνες *Ps. Gal. XIV, 469 etc.*

acrones (*sic codd.* = acra) caprarum sive porcorum 2, 61 = ungulae *ib. cf. Escol.* (= *Aurel.*) *cap. de pthisicis* (*ed. p. 23ª*): capita pedum porcellorum (*sic cod. S. Gall. et Cas.,* capita et pedes' porcellorum *Aug.,* ut capita, pedes porcellorum *ed.*) aut haedorum in ptisana cocta. *Cass. Fel. p. 92, 12 (ad pthisicos)* agnina vel haedina capita vel pedes quos appellant cephalopodas. — acra *Cass.p.60,16.* acro porcinus, acrones vervecini *Pelag. (ind.).*

[**acuculas** pineas virides *bAdd. p. 328, 17 ad 2, 91. Ps. Plin. f. 38b. 40b Bas. cf. Marc. p. 220, 6 H.* acuculae pinus viridis.

acutae febres vel aegritudines 2, 1. acutas omnes passiones 2, 8. 39 *etc.*

ad: ad detractionem sanguinis cunctatio raro peccaverit 2, 10. ad (*corr. ab?*) ciborum continentiam (*B,* ciborum continentia *b*) ... relevati 2, 43. — [ad modum (= *rec.* modicum) *Anon. de ves.* — ad quantum habueris *Ant. Br.* 10. semis ad scripulum mittis 72. ad cocleare manducet 133, ad cocleare fundetur 17. — ad pennam fricas 173. ad cannam scribis 53. dabis ad potionem coclearis unius 135 (dabis in potione 52). — ad assellandum intestinum descendit 128. 130.

ad- *in comp. usus codicis antiqui V exempla:* adcommodabo 2, 35. adcurandus 2, 72. affatim 2, 17. afficiuntur 2, 16. affluentissima 2, 32. adgrediar 2 prf. adgregatus 2, 107. allaturus 2, 6. alligatos 2, 11. admisceo 2, 27. 93 (*bis*). admisces 2, 99. admiscens 2, 78. admiscentes 2, 29. admiscere 2, 73. ammisceo 2, 14. ammiscens 2, 10. (2, 99). admoveo 2, 107. admovebo 2, 72. ammoveo (*sic semper r*) 2, 27 (*bis*). ammovenda 2, 27. ammotis 2, . . ammoneo (*r*) 2, 58. 3, 29. ammoneri 2, 61. ammon(u)eant 2, 86. ammonitionis 2, 3. ammonitione 2, 14. app- *semper (interdum, ut rec., etiam* ap-: aparentibus 2, 24. apetente 2, 4. apositos 2, 84 *cf. Serv. ad Aen. 1, 616 p. 220 Thom.):* appono, apprehendit, approbarimus, approbatione *etc.* adriserit 2, 66. arripiendus 3, 31. adsensum 2, 2. assertore 2 *prf.* (adsertore *solus Gel.*). asseverabo 2, 27. asseverant 2,16. 26. aspectu 2, 33. aspergo 2, 17. 36. 164. aspargo 2, 67.

aspergendus 2, 63. aspirans
2, 3. assidue 2, 21. assidua
2, 32. 101. adestringo 2, 65. ad-
stringimus 2, 38. (astruendo *b*,
adstruendo *c opp.* destruendo
1, 2). adtamen 2, 59. 71. attamen 2, 11. 25. 28. 35 *(ter)*.
36. 63. adtestantur 2, 20. attestatur 2, 35. attestati 2, 75.
attestatio 2, 85. attemptari
2, 35. attemtare 2, 58. ad-
tingendo 2, 25 *etc. etc.*

adcurare: lectus orthocathemenus adcurandus est 2, 72.

adducere: sane si splen duritiam adduxerit (= contraxerit
3, 11) 2, 82. *cf.* 2, 76 si duritiam duxerit (induxerit *r*,
adduxerit *Gel.*) ... morbi neglectus.

adferre: ut se ratio aetatis et
causae qualitas attulerit *B br*
1, 14 (= πρὸς ἀναλογίαν τοῦ
σώματος *Ps. Gal.*). qui se tales
afferunt 1, 16.

adimpleverit (umor ventrem)
2, 107.

adiutoria *(mod.)* saepe (boe-
themata *An. de ves. vit.*).

admonere, admonitio (aegritudinis): consuerunt...vesper-
tinis magis febribus admoneri
2, 61. (dolor dorsum) admoneat 2, 86. praesentis admonitionis tempestate (vapor turbatus) 2, 3. — pinnae interim
admonitione (sternutamenta)
2, 14. *cf.* 3, 8 exercitiis commoneri (*v. l.* commoveri).

adsertore (non opus est, sed
iudice) 2 *prf.*

adtestatio manifesta 2, 85. *cf.*
attestari 2, 20 *etc. (Cael.).*

[adunet ad se *Add. 2, 76
p. 321,* 2.

advena tempestate 2, 2.

[adveteratum vitium (= in-
veteratum) *An. de ves. vit.*

[aegrotitas (= aegritudo) *Antid. Br.* 177.

aemulus color (icteri) 2, 79,

[afer: vinum afrum *Add. b*
2, 91 *p. 328, 20. Ant. Br.* 39 *etc.*
siliquas afras *Ant. Br.* 81.

afflatio oris 1, 54 (*vid.* aptha).
sputi varia affluentia 2, 16.

affluentissima spermatis effusio 2, 32.

afronitrum (ἀφρόνιτρον =
ἀφρὸς νίτρου), *rec.* afronitra
pl.: iuvantur si etiam afronitra alba in vino soluta
(*r V B g Gel.*) accipiant 2, 77
(afronitri sucus *b*). aeruginis et
afronitorum alborum *V B Gel*,
afronitri *r b*) unc̄ singulas 2,
118. *cf.* afronitrum (*b*, —tra
r Gel.) 1, 94. cum afronitro
(*b*, —tris *r B Gel.*) 1, 37. *in
Ps. Theod. Berol. ad 1, 91*
afronitra alba numero V, *ibid.*
afronitri matronalis III ÷
cf. afronitra matronalia duo
Antid. Brux. 87. afronitrum
*tenent codd. Escolapii in capp.
de ictericis* (34) *et de podagra*
(46).

agitare spatula 1, 79. agitare
ova in vase 1, 5. *cf.* 1, 9 = *um-
rühren: saepissime in Antid.
Brux.* 4. 7. 11. 36. 151 *etc.*
agitabis de ferula 19. 21. —
cf. coagitare *A. B.* 146.

agrestis: antiquas et agrestes
(*B* = maiores *b*) impetigines
1, 58. imp. longi temporis aut
agrestes *ib.* (*ubi et* lilii agrestis
et malvae agrestis = μαλάχης
ἀγρίας, *ut* cucumeris agrestis
2, 41 *etc.*). et cetera agrestia
carnosa 2, 92.

aizoon *(V B Gel.)* = coniza

(male) g *Gar.* 2, 36. *cf.* 2, 33 cicutae (*VB b i. e. κωνείου*) = conize g *Gar.! cf. FraasSynops. p. 209.*

albidiores (lumbrici) 2, 97.

[**albilonis** coctis *Add. p. 303,21.*

albores oculorum (=*gr. λευκώματα*) 1, 40. in ovi albo liquore *VB* = in albore b 2, 93. ovi albore *Bb* 1, 19. 1, 84 *etc. cf. Cass. Cael. Ps. Plin. f. 16ᵈ. 20ᵇ. 21ᵈ. Pelagon. (ind.).*

alfita *n. sg. fem. rec.:* stomachus alfitis (*VB Gel.,* alfitâ b) cum vino cataplasmandus 2, 73. alfitis commiscis r (*ubi* alfitam immittis B) 1, 75. cum alfitis r B (—ta b) 1, 76. cum alfita Bb 1, 73 (*ubi* cum alfitis r). 90. (*cf.* 1, 34 *bis) etc.*

alienationes eorum si cum risu fuerint *(de maenomenis)* 2, 50. plus alienati *ib.*

alium *(V)* = (aleum r 2, 99 *et ibid. etiam* alium *errore et* olium) allium *Bb* (alleum g *cf.* alleum r 1, 37. 74) 2, 99. 105. 116 *etc. cf. ind. Plin. Garg. Cass. Anth. —* allia *vitiose B* 2, 53 (*pro* alia = *ἄλλα*).

aliquâ *restitui* (= aliquatenus) 2, 25. *cf.* 2, 39. *cf.* quâ.

aloe: gen. aloe (=ę) *bV,* aloes r. acc. aloen *VB* (aloem r, aloę b) 2, 75.

[*minoris* **altilis** *Ant. Br.* 150.

altitudo: ex altitudine (*ἐκ βάθους*) 1, 22. stomachi 2, 2. vapor ex altitudine aspirans 2, 3 (*cf.* 2, 5). altitudo cerebri 2, 53. altitudo thoracis *opp.* superficies 2, 59 *etc.* altum vulnus 1, 65. 63. 62 *etc.*

[**amare** = *gr. ἀμᾶν, colligere*): locis tumentibus stercus bu-

bulum spisse amabis *Ant. Br.* 38.

amatorias fabulas describenbus 2, 34.

amenti(amti) i. aluminis scissi r (*solus*) 1, 47. *citat ex Th. Sim. Ian. s.* amentum.

ameos (semen *Diosc.* 3, 63) *gen. sg.* 2, 94 (b *Add.* 2, 89) *transit in nom. apud rec. (Simon. Ian. s. v.). cf.* 2, 109 ameo *V* (*ubi* amium, *ἄμι intellegit B* ameos, *sed* meum *r g Gel.* = 2, 83) *etc.*

ammoniaci (gutta) *V, rec.* gutta ammoniaca *B* (*raro etiam V'*) 2, 71. 75. 81 *etc. cf.* 1, 94 = ammoniacum *simpl. b. ubi* 2, 75 gutta ammoniaci (*VB*) solvenda est *etc., consentit etiam B.* (amonii *Add. p.* 334, 17).

amplectuntur (se singula membra nexu quodam naturali) 2, 115.

amurca *(bB):* amurga r 1, 64 *(bis).*

amy(i)ctica 2, 21. 72. 79. 107. 113. *etc.* (anetica *codd.* 2, 72).

amygdala (*rec. fem. sg.* r b 1, 18. 1, 55. 1, 71. *neutr. pl. B* = *gr.*) 1, 18. 1, 20. 1, 55. 71 *etc. cf. V* 2, 75. nuclei amigdalorum b *Add.* 1, 56 (c. 37).

amylum: amali (*ex* amuli) *V,* amili *B* 2, 63. amili *VB* 2, 64 *etc.* amuli *B Ant.* 143. amilatos (*al.* amulatos) cibos *Ps. Th.* 3, 2, 7.

ana b (*rec.*) *in medicaminum scripturis, ubi antiquiores libri habent vel* aequa mensura, ex aequo (*Simon. Ian. s. v.* nos pro pariter vel simili vocabulo utimur) *vel. num. distrib. (v. ind. Cassii).* ana mixta b 2, 108 (= ex aequo miscentur *rB*). *sic saepe in Add. b (ad* 1, 20 *etc. et semel in Antid. Br. 145* (ana colligito). ana *ubi comparet etiam in V* (2, 81) *delendum fuit, velut pro* ana ÷ I *scribendum* in unciis singulis (*B* 3, 18). *sic enim est quod gr.* ἀνά, *velut* 2, 5 enemate quod ex ...temperatur in unciis tribus *i.* ternis. *specierum sic doses* in unciis singulis, ternis, singulis libris *notantur passim, ut* 1, 68, *ubi ponderum signa singula repetere aut ·addito* ana *coniungere solet b (cf.* eminis tribus decoques *Add. p. 342, 9). cf. Ps. Plin. f. 41ᵃ 41ᶜ, 41ᵈ, 42ᵃ, 42ᵇ etc.* ana fasciculum I *Add. p. 311, 7.*

anacollemata *b* 2, 44. *cf. Sim. s.* anacollyma *(Orib., Demosth., Hierocles).*

anadesmus: anadismus *VB* 2, 104. *B* 3, 2. 4 (= ligatura *gfvb*).

[**anagallicl** *b Add. p. 302, 13* = ali gallici.

analem(p *Bb*)**tici** cibi 2, 69.

anetica: aneticis temporibus 3, 11.

anetum ·(ἄνηϑον), **anetinum** (oleum)*scripsi, ut semper codd. (et V) sed* anethi *V* 2, 75. aneto *Pl. Aug. 13, 123. cf. ind. Mart.* (aqua anetata *Ps. Plin. f. 44ᵇ*).

angustiis intervenientibus (in causa) 2, 93.

anisum (ἄνισον): anesum *VB r* (anisum *b*) 2, 61. 71. 89 *etc.* (sicca neru = sic anesu *habet V* 2, 71). *cf. indd. Plin. et Mart.* (anesum), *Cass.* (anisum). *Isidorus s. VII graecum ait esse alterum* (*sc.* anison) *alterum latinum* (anesum) *17, 11, 6. sed Theo-*

doro graeculo(*sicut Cassio*) *reddere malui* anisum *graecam formam.* anisi *ex Scrib. add. Corn. Marc. p. 109, 28.·*

[**anus:** annus *b Add. ad* 1, 83 (*ter*)*etc.*(*ut* annulus *pro* anulus).

[**ante:** inante *Ant.* 35 *opp.* aretro *ib.*

anteriorum (*VB* = priorum *b*) compositione probata (medicamenta) 2, 23.

ant(h)idotia *V* (*Gel.*, antidota *Bb*) 2, 59. 62. 67. 83. 101. 102 *etc.* (*semper*), *sicut* eligmatia, gargarismatia, oxyporia. [antidotos *Ant. Brux.* 14. 16. —dotum 13.

antifarmacum (*r*, -con *b*) 1, 74.

[**antula** (?) h. *b Add.* I, 97 *p. 304, 27.*

apala (ova) 2, 38. ova thermapala 2, 31 (*Simon. Jan. s.* apala ova i. mollia). ovis thermapalis (*ubi* termantica apala *iterum b*) *An. de v. v.*

apiata (*sic* aqua) 2, 48. 55 *Cass*.).

apiorum (= pirorum) decoctio 2, 43 (ἄπιοι ἡψημέναι *Gal. cf. Diosc. 1, 167*).

apium (appium *r*): apiorum (folia), 1, 36. (*cf. Gargil. 2*) 2, 110 *etc.*

aplozomos (ζωμὸς ex porcorum ungulis) 2, 61 (*Vr*, apozimon, -ma *Bb*).

apoflegmatizare, apoflegmatismos 2, 15. 2, 45. 53 *etc.*

aptha (ἄφϑα): (aptam *b*, afatham *B*) 1, 54. *cf.* aphas *Marc. p. 115, 33.*

apyreti (*qui sine febre*) 2, 77. 83. *cf. Sim. Jan.*

[**argemonia:** acrimonia *b Add.* 1, 68. 78 (*al.* agrimonia, argimonia *Marc. Apul. etc.*).

[argentilla (herba) *Add. p. 303, 28. 304, 5.*

[argumenta singula = *species (med.) Add. p. 316, 1.*

arnoglossus *(fem.)* V, arnoglossa *rec.* Bb (ἀρνόγλωσσον) 2, 40. 63. 93 *etc. cf.* 3, 32. 29. *sed* arnoglossus *etiam* B 1, 24. 84 *etc. et* arnoglossa VB (—so Vc) 2, 94. arnoglossia acaciae V (arnoglossae agaciae B) 2, 102. arnoglossum *docte* b *(ubi* plantago VB) 2, 101. arnoglossa *etiam* r 1, 84 *(sed* arnoglosum 1, 24 r).

[aromaticae herbae *de s. m. tit. cf. ib. 56* adorabilis = ἀρωματώδης.

arteriotomia 2, 46. 48 *etc.*

articulatae vocis 2, 47.

artomeli 2, 85 (= panis cum melle factus *Sim. Jan. ex Alex. 2, 129).*

[arundellos *Add. b 1,97 p.304,5.*

ascellis Bb 1, 27 (= axillis *Gel.). Antid. Br. 138* (ascellas hircoso line). *cf. Sor., Anth.*

asperos pisces 2, 61. 76 (= *vulgo* aspratiles *Sim. s. v.).*

[assellari (= sellas perficere *Add. 1, 97 p. 304, 13):* assellantes sanguine *Add. b ad 2, 102. cf. ad 1, 83* (mox assellatur). sanguine puro s. cum stercore assellatus *Ant. 130. cf. Ant. 42. 186. 189.* ad assellandum 128. 130.

asfodelus: asfodillus Bb 1, 37 *etc.*

[resina asclosa (astulosa) *Ant. Br. 45.* resinam masculosam *(sic)* B *Ant. 114 (Ihm ad Pel. 384).*

attamen *frequentissimum* (eis ego attamen 2, 35).

[aurigo (= icterus) *Antid. Br.* 159. 214. *de simpl. m. 3.14.111.* auriginosus *ib. 60.*

austere (vinum VBbg) 2, 106. *Ant. Br. 20. 42. cf. ind. Ps. Plin.* virtutis sicce et austeris *Ps. Th. de s. m. 57.* in vino austeri *ib. 61. 69. cf. 73 (75).* vino austero *semper* b *Add. 1, 97 extr. 2, 44. 102 etc.*

axungia: *interdum* exungia VB 2, 19. 108 (*sed* axungia *uterque 109) etc.* (exungia *semper* B *in Antid. Brux. 1. 87. 113. 116. 144. 161. 189).* acxungia *in de s. m. G.*

bacula (πυρήν) spathomeles 1, 37 *vel* baca (= extremum) 1, 44. *cf.* pyrena meles de visco ungues *in Add. 1, 8 (21).*

[baiolare *(tragen):* radicem puleii post aurem sinistram baiolabis *Antid. Brux. 64.*

balanus: balano subponendo (ventris officium provocandum) 2, 17. *cf.* 2, 25 (balanos acres) 34. 3, 25 *etc. sunt podicis cf. Cael. ac. 3, 135* collyria ... facientes quae appellaverunt balanos podici supponunt *(cf. 3, 153. chr. 2, 39. 4, 105 etc.).*

balneae V (B) = balnea b (B): ad balneas ire VB (balnea bg Gar.) 2, 27. *cf. Marc. p. 22, 14.* balneas et vinum concedimus VB (balnea b) 2, 87. *cf. (VBb)* 2, 69. balnearum calidarum vapor rB (—orum b) 2, 48 *etc. In l. III* balneas *semper* fv (rg) = balnea B (3, 22. 25 *etc.).*

baptizandum est vel infundendum (vulnus ex...) 1, 66.

barbara (epithema) 2, 64. 103.

basilicon (tetrapharmacum *Aetius lat. IV, 3, 21)* 2, 104 *(Add.b*

2, 29. *Escol. c. 30 p. XLVI).*
cf. Ant. Br. 2. 3.

batrachium *i. e.* apium viride *r*
1, 42. *cf. Diosc. p.322* (= σέλινον ἄγριον).

bdellium: *sic b* (uidella *VB)*
2, 75. *cf.* bidella *codd. Isid.* 17,
8, 6 *etc. Marc. Pel.* bidellium
G. ad Pat. (V).

beluae *(i. e.* hyaenae) fel 1, 38.
41. *cf. Cass. ind. (Cael. ox. 3,*
137). *Anecd. grlat. II, 117*
(Oribas. lat.). beluae *(cod.* bel-
bi) i. hyaenae *Scr. H. Aug.*
t. II p. 49, 25 Eyss. hiene id
est belue *Med. Plin. alt. (cf.*
s. sernia).

bitumineus: 2, 105. 56.

blandum linimentum 1, 82. sub
blanda dimissione 3, 29. *cf.*
Cass.

[**boethematum** (genere) *An. de*
ves.

bovum *(V,* boum *B)* 2, 108
(Neue I, 287).

[**brassica** britannica *Antid. Br.*
63. 129. *cf. (ad torminosos)*
herba britannica *apud Plin.*
25, 20 et Marc. p. 276, 1.

brittiae *(V,* bricie *Bb)* picis
2, 104. 81. *cf. Ps. Plin.*

[**bubulinus** *(in medio aevo cor-*
ruptum pro bubulus) *saepe b.*
cf. v. l. ad p. 351, 18 etc.
quod in antiquis textibus ubi-
que delendum videtur.

buccellae *(VB,* bucelle *b)* 2,
31. 38. *(Anth., Alex.).*

bulimantibus *(sic r V)* 2, 90.

bulliant (folia in aqua) *B* 1,
12 (= debulliant *br). cf. Ant.*
Br. 57. 58. 111. 120. 153.

[**ad busenas** subducito *Add. b*
1, 43 *p. 275, 22.*

butyrum: buteri *V*(butiri *rBb)*
2, 21.

[**buxide** *b* 1, 52 *p. 54, 11. cf.*
puxis *Ps. Pl.*

[**caballus** *Antid. Brux. 6.*

cachectici: cathectici *VB,* cacectici *b* 2, 106. *cf. Sim. s.* ca-
cetica.

cacoethes 1, 70 *(ind. Ps. Plin.).*

cadescunt (epilemptici) 2, 47.

caducum mali granati 2, 36
etc. caduca mali granati *(ubi*
caduca malogranata *B,* caduci maligranati *rb)* 1, 88. *cf.*
ind. Cassii s. granata.

calaminthe (καλαμίνϑη): calamite *(nom. sg. VB* 2, 109 *(de*
s. m. 27 cf. Garg.). calamitis
(—mittis *V) B gen.* 2, 96. calamenti *g Gar.* (—mente *r* =
nepitę *b)* 2, 71. *cf. Sim. Ian.*
s. calamentum (nos nepitam
vocamus = *Garg. 23) et b ad*
1, 42 nepitae ⟨herbae quam
Graeci calamitem vocant⟩.
Apul. herb. 90 mentastrum =
gr. calamentis *(cod. Cas.) vel* calamite *(cod. Vrat.).* calaminae,
nam sic est herbae nomen
Antid. Br. 40.

[**calicellus** (passi) *Antid. Brux.*
1. caliculus papaveris *ad* 2, 12.
caliculi mali granati *Ant. 42.*

caligantes oculos *B* 1, 38 *(ubi*
caliginantes *b Gel.).*

[**calig(u)lata** herba *Add. b ad* 1,
97 *p. 305, 11.*

[**callus:** callos *b Add.* 1, 88
(bis.).

[**calvariam** facere, linere *Ant.*
Br. 164. 165.

camelus: camelle *Ps. Th. p.*
p. 345, 14.

campae (pini arboris) 1, 11. *cf.*
erucae *Ant. p. 397, 9.*

candidare capillos *(B* = albos
facere *b)* 1, 6.

32*

[**cannabis**: *gen.* cannabi *Add.*
1, 21 *(b,* —bis *r).* cannabus
(rec.) de *s. m.* 28 *(cf. Marc.).*

cannula: per cannulam *(sic
Bb Gel., ubi* per calamum *r*
= διὰ καλάμου) insufflato (naribus) 1, 42 *(ubi* cannalem
scripsit Neuenar) 1, 43.

[**cantabricia** urina *An. de ves.*

cantabrum 2, 17. 23 *etc.* cantabris cutis 1, 6 (cantabries
Cass. 6).

capillatura (vitium vesicae)
An. de ves.

[**capitellum** (in uberibus mulierum) *Add.* 1, 44 (= de titina
ib.). capitella (mammarum) *Ps.
Th.* 3, 2, 5.

[**caprifolium** *Add. 1, 85* = πϵρι-
κλύμϵνον *Sim. Ian.*

carbunculus = odor fumosus
tempore digestionis 2, 95.

cardum *VB (al.* carduum =
cardus *Gar.)* 2, 111. cardus
Sim. Ian. (cf. Cass.).

careu *pro* κάρου *V* 2, 94 *(B*
careū) *etc. cf.* careo *in Alph.
herb. (Casin. Vindob.).*

caroenum: carenum 2, 23.
b Add. 1, 37. 91). caroeni *Ant.
Br.* 25 *(ubi corruptum legitur*
cum caro enim ero. *sim. 51b.
cf.* careni, —réni, —reni *Ant.
Br. 192. 193. 197.*

cartillaginis (pulmonum) angustiae 2, 70 *(cf. Cels. 4, 1).*

[**caryophyllum** (cariofilum *G* —
—garofano, girofle) *de s. m. 39
(E. Meyer, G. d. B. II, 418.
422). cf. Plin. 12, 30 (Diosc.
1, 171).*

[**caseum** *neutr. Add. b* 1, 83. 2, 62.

[**cata** mane *b Add.* 1, *91 ter
(ut in ant. vers. bibliorum).
cf. apud Anthimum* cata modicum *(ind.).*

cataplasmatis *etc. VB*: in-
cataplasmate profuerunt 1, 35.
cataplasmę *gen. b* 1. 76. 2, 7
etc., cataplasmâ *abl. b* 1, 35
etc. cf. corr. 1, 35 *Ant. Br. 151.
de s. m. 114. 115 etc.*

cataplasmare 2, 65. 78. 88. 96.
108 *etc. (Cass.).*

catapotia: catapotias *(B,* —pu-
tias *rb)* 1, 17 *etc. rec. fem. cf.
Sim. Ian. s. v.*

catarrus (catarron *B,* catharrus *b,* deest *V)* 2, 57 *(ubi in
tit.* De catarron *B,* —ro *b et
in indice praemisso V).*

catholicus: beneficia catholica 2, 109. 117. *cf.* 1, 29. catholicis adiutoriis 2, 45. 115.
curis 2, 80. praeceptis 2, 117.
exercitiis catholice salutem
procurantibus 2, 108 *etc.*

[**cattinum** stercus *b Add.* 1, 18.
catticum *in Med. Plin. (Ups.)
ex anim. (ubi* felis i. catti *et
in gl. rubricae* Cure que de
capto fiunt. capto id est gatta).

catulus: canum catulorum coagulum 2, 27. *cf. Ps. Plin.*

cauliculos *(B,* colliculos *V* =
caliculos *r)* 2, 76 (= caules *b).*
cauliculorum *B* (=caulium *b)*
1, 14. colicolorum *V* 2, 83
(caul. *B,* cūliculorum *r). cf.
Cass., Ps. Plin.* caules *Ps.
Th. de s. m. 42.*

causae: causae vel passiones
chronicae publicantur 2, 45.
(causa latet *ib.).* omnibus querelis vel causis capitis 2, 45.
causas faucium 2, 23 *etc.* ad
plenam causae digestionem
2, 12. difficiles ex his locis
causae evenire consuerunt
1, 81. sub tribus differentiis
ex hoc causae fiunt 2, 57.
pulmonis laborantis causa

interior provocetur 2, 21. ex superioribus causam omnem devocare 2, 45. ad paralysin causa derivata 2, 25. in his similibus causis 2, 67. supradictarum causarum (...) sanitatem 2,47. reliquiae causarum possint mundari 2, 67 *etc. etc. cf.* si causis veluti (?) incertis caput doluerit 2, 44. pro qualitate corporis causarum 1, 17 *et sim.*

causatio (fit sub trina vulneratione) 2, 63 (= causa). de dentium causatione 1, 46. de veretri causatione 1, 77.

cauteres 2, 46. 62. 64 *etc.*

cavernae vel meatus (πόροι) 2, 70. *cf.* 1, 13.

cedria 1, 12. 56. 90 (= cedrinon *VB*) 2, 100 (*cf. Cass. p. 108,5*) *etc. cf. Gal. XII, 16 (Diosc.). 392:* τὸ κέδρινον ὅπερ ἔνιοι κεδρίαν ὀνομάζουσιν. — in vas cedriae (= ἐν ἀσφάλτῳ *Ps. Gal.*) 1, 11. — cedrinum lignum *(br,* militrum *B)* 1, 8.

celebrare: incisio venarum... ustio celebranda est 2, 50. valeat digestio celebrari 2, 105.

celtica (herba) 3, 10 (nardus *scil.* celtica *cf. Diosc. p. 17).* [celticum *b Add. p. 336, 7.*

cenam *V* (cẹnam *B)* 2, 116.

centauria *(VB,* centaurea *rb)* 2, 75. 78. 97. *cf. Ps. Plin., Garg. etc. (Ant. Br. 26. 110).*

cepa *Vb* (cẹpa *B)* 2, 105. [cepa trita *br, ubi* cepe tritum *B*1,19].

cephalicum (pulvis) 1, 85.

cera pontica 3, 19 *(B, ubi falsa lectio* punica *in rfv, ut etiam apud Plinium alibi). cf. Ant. Brux.* c. pomica 3. 11. 29. pumica 30. pontica 31. *Ps. Plin. f. 51ᵃ* punicae, *35ᶜ* pontice *etc.*

Add. I c. 36 (pontice *enim fere legitur ut* pomice, *unde* ponice, punice, *quod delendum).*

[**cerinus:** naturam cerineam *b Ps. Th. p. 350, 11.*

ceriones *Bb* 1, 13 (κηρίον).

cerotarium cyprinum 2, 72. 86 *etc.* = cer. ex oleo cyprino 2, 31 *etc.*

certe: aut certe, vel certe *saepissime.*

cerussa: cerosa *B,* cerusa *b* 1, 15. 73. 84 *etc. (semper),* cerossa *r. errore* ceruisa *Antid. Br.* 6. (cerosa 167).

cesis(chesis)boum (= stercus boum, st. bubulum) *Antid. Br.* 68 (de hesponis *cod.). cf.* radices de cesisboum (—bonum *codd.) Cass. Fel. c. 67 p. 165, 15. 16.*

cetera (cẹtera *B)* = alia: papaver ... et illa cetera quae 2, 11. et ceterae papillae 1, 13 *(i. alterum genus p.).* si nos nulla prohibuerint cetera praeiudicia 2, 27. variis et frequentibus ceteris vaporibus loca mitigabo 2, 17 (et similibus ceteris 2, 29. 55. 61. 90. 116. et cetera similia 2, 73. 102. 103 *etc.).*

c(h)alastica cataplasmata (id est penetrativa *Add. b* 2, 17. 2, 27 *etc.* (fomenta, aquae 1, 19. 2, 54. 55 *etc.,* clyster, oleum chal. 2, 31) *saepe. cf. Sim. s.* calastica.

chalcitis: calciten *bB* 1, 44. ex calcite *B Gel.* 1, 43 *etc. (cf. Cass.).* calchiten tritam *Ant. Brux. 54.*

c(h)amaemelinum (oleum): camemelino *(V,* camimolino *B,* camomillo *b)* 2, 5. 7. 11. 27 *etc.* camimolini *B* (camomilli *b)*

2, 43. 50. *cf. Sim. s.* camemi-
lon aliqui camomillam dixerunt Dya. (= Dioscorides):
camomille *b Gel., ubi recte* camelẹe *B* 1, 29.

charactere (sub typico) 2, 61.

chemosis 2, 36. *cf. Sim. Ian.
s. v.*

chironia vulneraṭ1, 69. *(Antid.
Br. p. 89ᵇ).*

choerades (quirades) 1, 26. 27
= scrofae *(br Gel.)* 1, 29. acc.
choeradas 1, 26. 27. 29. de
choeradis 1, 27.

c(h)olera *pro plur. n. plerumque codd. med.* (colerum, coleribus), *etiam V* 2, 84. 91. 93
(B sol. 96) etc.

c(h)ronica *VB, ubi* cronia *semper b*: lege cronica 2, 28. per
cronica tempora 2, 32. passiones cronicae — croniẹ *b* 2,
45. *cf.* 2, 24. 39. 61. 3, 31.
(Ant. Br. 142 uvae croniae =
49 acerbae).

[**chrysoconos:** *Add. b ad* 2,108
Herba quae crisoconos vo-
catur pro eo quod aureo colore grana efferat *(ad hydropicos* chrysocarpos *ex Ps. Plin.*
3, 22 = *Plin.* 24, 77. *cf. Apul.
herb. 119* crisocanti(u)s. *cf.
Diosc. p. 328* χρυσόκαρπος =
Plin. 16, 147.

ci- *pro* ti- *ante voc. saepe scribitur in V (nescio an ex scriptura male lecta* ꜱ *quae quidem
simul obvenire solet cum* ε = c).

[antequam **cibetur** *ad* 2, 15.

cicer venerium 2, 110 *(Plin.
18, 124).*

[**cinis** *(al.* cinus) *neutr. b. acc.* cinis *Add.* 2, 82 *p. 323,9. 324,24
(cf. p. 291, 3) etc. saepe* (cinerem *ib. p. 324, 2).* cinus
grecnm *p. 331, 2. 23.* cenis

mixtus *p. 335, 22.* ad cynisam
(cineres?) *Ant.* 32.

citrei (aeterei *i. e.* ceterei, ce-
trei *VB, in codd. rec. g Cas.*
cidriẹ *vel* cedriẹ) 2, 111 (melicratum in quo inmaturi citrei... coquitur) = citrea *Plin.
13,103. de confusione nominum*
(κιτρίον, κεδρίον, κιτρέα, κε-
δρία) *cf. Fraas Synops. fl. class.
p. 86 (Athen. III p. 84ᵈ), Hehn
Kulturpfl.³ 386. 389.* diaci-
triu(m *B*) acopum *Ant. Br. 30.
31* (citreum viride acerbum *31*).

civili (sub aegritudine) 2, 58
(cf. humanius 2, 92).

claritudo *(B Gel.* = claritas *b r*)
solis 1, 35.

clavus: veluti clavos (carbun-
culorum) 1, 62 *(ubi* claulẹ =
clavulae *B).* — clauli (clavuli) 1, 89 (glauli *r*, lauli *B*,
cauli *b). cf.* clavuli *Ant. Br.
41.* clavellus *ap. Marc.*

clystere (acerbiore iniciendum)
2, 117. clystere acriore 2, 23
etc. simpliciore 2, 31. per sim-
plicissimum 2, 10. cum clisterio *de s. m. 123.*

clisterizare *An. de ves.* (*b*, clisteriare *r). cf. Cael.*

coactile *An. de ves. v.* quactile

coagulare flegmata 2, 59. —
cum coagulaverit 1, 64 *(cf.
Anth.).*

coccum cnidium *V* = cocognidium *rbB* 2, 99, *cf.* 1, 47 *etc.
(Ps. Th. 3, 2, 3).*

cocle(i V)are *VB* (coct *semper
b*) 2, 77. 83. 86. 91. 92. 94.
95 *etc. (cf. Ps. Plin., Garg.).*
cocliarium *V(r)* 2, 27. 92 *(cf.
Cass.).* — coclearia *pl. VBb.*
cocle(i *V*)aris *VB* (coclearii
r b) 2, 15. 21. (52). 53. 67. 75.
79. 82. 89 *etc. (ubi* cocliariis

interdum V pro —ris *B, unde*
coclearii *Gel.* 2, 67. 75. 89).
cocleas ex arboribus lauri collectas 1, 80 *(cf. Diosc.* 2, 11).
coctura totius operis *An. de*
ves. coctura *et* coctio 1, 5.
collegae (alii) 2, 75. collegae
Olympii 1, 1. collegii caterva
1, 2.
colleticus pulvis 1, 65.
colligare: dolor ... collisione
umoris ventositatisque colligatae (—tus *codd.*, *sed* collecta ventositate *Gar., quasi*
σφηνουμένης) 2, 114 (*cf.* umor
... tenuatus 2, 113).
colligere: *opp.* relaxare, resolvere. collecta (= contracta)
membra ... chalasticis adiutoriis resolvenda sunt ... resoluta vero ... colligenda sunt
2, 55. relaxata corpora collegerunt 2, 56. pes ut colligeretur (*Gel.*, colligaretur *B b*)
2, 55.
[se **collocare** = dormitum va-
dere *Ant.* 37.
[**colofonia** (*sc.* resina) *Add. p.*
317, 33 etc. cf. Simon. s. v.
(Diosc. Plin.).
coloquintida *rec.* (κολοκυνθίς):
coloquintida decoquens *(acc.)*
V b 2, 29 *(ubi* coloquintidas *B).*
ubi aut coloquintida (*b*, quoloquentida *V*) aut betarum
radices coquendae sunt (*ubi*
coloquintidae *B*) 2, 105. coloquintidos *B* (—dis *b*) 1, 17.
coloquintidi(e)s (*V B*, coloquintidae *r b*) 2, 79. *cf. Cass.*
[**colostra** *Ps. Th. Add. p. 348,*
10. cf. not.
columbares olivas (= colymbades, columbades) *V B b* 2, 76.
columbos matri subductos 2,
38. (subtractos) 2, 61. ster-

coris columborum *bis* 2, 108 *(ubi*
altero loco columbarum *V, bis*
columbinum *b*). *cf.* 1, 63 (—borum *r Gel.*, —barum *B b*). 1, 60
(—borum *c B Gel.*, —barum *b*).
commodare adsensum 2, 2.
commodissimum sanguinis ele-
mentum 2, 10.
commotationes articulorum 2,
112.
commotio aegritudinis: per
initia commotionum 2, 5. post
augmenta commotionis praesentis 2, 5. a declinatione temporalis commotionis 2, 7. commotionum temporibus ser-
viendum est 2, 10 *et sic sae-*
pissime. commotiones veluti
calidae 2, 114. *cf.* 112. veluti
commotionis vaporem 2, 118.
— cum commoveri (*B* = vexari
b) coeperint 2, 49. 50. frequenter commota 1, 81 *etc. etc.*
communio (= societas) pulcrarum figurarum 2, 33.
compatientia *(subst.)* professionis 2, 47. — compatientia
(verb.) corp. membra 2, 12. 30
etc. (omni corpore compatiente
2, 76).
compecta (= confecta) adiutoria (polyploca) 2, 44.
compendiosa adiutoria 2, 29.
compendiose percurram 2,
101 *etc.*
conationes egestionum 2, 104.
cf. 2, 101 (conationibus *r b* =
conatibus *V B*).
[**concingis** te *Ant. Br. 137.*
conclusio urinae 2, 111. *cf.* 72
(asthmaticorum).
conditione *V B* (—cione *b*) 2,
60. conditio *B Gel.* 1, 2.
confectione (lac) 2, 101 (*cf.*
Cass. p. 123, 18 lac confectum). conficere vina 2, 101.

[**conferv(b)a** herba *b Add.* 1, 99
p. 321, 5 (cf. Plin. 27, 69).

confortare *B r* = confirmare *b*
2, 46.

confranges *Gel.* (confringes
b B) 1, 5.

confricatio 1, 55.

confutare 2, 46.

constrictio ventris 2, 4. meningae 2, 13, stomachi 2, 84
etc. —ventris constrictum officium 2, 10 *(cf. Cass.)*. constringere *opp.* resolvere 2, 56.
resolutiones *V B* (solutiones
b Gel.) ventris 2, 106. *cf.* 2, 116.
reuma resolutum 2, 116 *etc.*
resolvere difficultatem callositatis 2, 76 *etc.*

consuete confecta 2, 94.

consue[ve]runt *(del.* ve) *V* 2, 30.
consuuerunt *V* 2, 33.

contagio: contagione 2, 59.

continentia vini 2, 45. 1, 95.
potandi 2, 70. ciborum 2, 58.
ciborum et potus (potionis)
1, 30. 35 *etc.*

continue *r B pro* continuo *(b)*
1, 74.

contra noctem *(opp.* ieiunis)
danda *(Gel.* = ad noctem *r b*
sed corr. ab nocte) 2, 67. *(cf.*
Ps. Plin. 2, 30 Bas. f. 50^b).
paulo aliter in noctem (ad noctem *b*) 2, 72 (in nocte *codd.*
2, 59) *etc.*

contrahentia (loca = quae contrahuntur) 2, 38. 55.

contrario *r V B* = e contrario
b Gel. 2, 33 *(cf.* 2, 113 *Gel.)*.

contrarietate (naturae suae)
2, 43.

[**contribulare** flores = tundere
Ant. Br. 145.

convenit dare … vel imponi
2, 97 *etc. (incerto sic semper*
in codicibus usu).

coquere: sucum ubi supradicta decoxerint (= decocta
fuerint) 2, 61.

[**corcus** *(Marc. c. 21 in. p. 220,*
11 sqq. Helmr.): et syringium
et carcum *(sic)* et strumas
sic curas *Add. b* 1, 85.

coriandrum: coliandrum *B (f v,*
cor. *r g b*) 3, 2 etc. et sic etiam
B in *Ant. Br.* 10. 99. 168.
etc. coriandri *b Add.* 2, 98 *etc.*

[**cornu:** *gen.* corni *b Add.* 1, 88.
cf. Marc. ind. corno *V* 2, 15 *etc.*

cortex *fem.* (écorche) *V (masc. B)*
2, 84. cortex combusta *B b Gel.*
1, 44. contrita *Br Gel.* (—tus *b*)
1, 18. ipsam conticem *Add.* 2,
82 *p. 323, 26.* (corticulos? *Ant.*
Br. 42).

cotidie *V B* 2, 55. 61. 94 *etc.*
cottidie *B* 1, 9.

cu(o B)tilidon herba *V* 2, 111
(i. cimbalaria *gl. ms. Garipoti*
= *Apul. herb.* 44 cymbalaris:
cf. κυμβάλιον *Diosc. p.* 586
Lips.).

crepare (crever): venis crepantibus 2, 64. uvae crepantis
1, 41. perniones quibus crepuerint 1, 88. de labiis crepantibus 1, 45 (πρὸς τὰ χείλη
κατερρωγότα, *aufgesprungene*
lippen). cf. Escol.

crepido *(sc. partis crepantis et*
sanguinem emittentis) 2, 63.
crepidines (ῥαγάδια) in calcaneis 1, 89.

cribellare 2, 36. 75. 86. 92.
98. 99 *etc.*

cribrare: cribras *B* (= cernes *b*,
cribellabis *Gel.*) 1, 7 *(bis).* [cerni
id est cribellari *Antid. Brux.*
36. cribras 78. per cribellum
cernis 80. cernis 118. cretus 13.
35. 119.

crocomagma: *in med. scripturis gen.* crocromagmi *ponit* B (—ma *acc. b r*) 1, 85. croci magmatis *Add. b* 1, 52. crocomagmatos B *Ant. 42.* crocomagmae *b Add. p. 314, 14. 17 etc. cf.* malagmae *b Add.* 2, 102 *(bis) etc.*

crocum (κρόκος) *n. Gel.* (crocus B, cc *r b*) 2, 118. crocum *b Gel. (om. B)* 1, 53. *cf.* 1, 81 (B *Gel.*) *etc. Ant. Br. (B)* 18, 42. *de s. m. 40.* crocus *rec.* (*Sim. Ian.*).

[sta **crocodrille** *Antid. Br. 147.*

[**cruditiones** ventris *de s. m. 106.*

[**cuculas** (?) caprinas *Add. ad* 2, 44 *p. 313, 11.* (*an* acuculas cuprinas?).

cucuma fictilis (mittis in c. fictile = in cacabo) *Add. b* 2, 108 *p. 333, 3.* (*cf. Marc. ind. Helmr.*). *Isid. 20, 8, 3.*

cucumerac(t)ium (oleum) 2, 15. 16. 36. 116 *etc.*

cucumeris dulcis (*opp.* agrestis) 2, 110. *cf.* hortini *Cass. p. 113, 20.*

cum ovorum coctorum media V (*corr. B*) = cum ovorum duorum vitella *b* 2, 118.

cum-, com-: *in codice (antiquo uno)* V *sic scribitur* cumfectis 2, 72. cummixtis 2, 79. cummotum 2, 113. cummutationibus 2, 112. cumpatientia 2, 12. cumpetentibus 2, 92. (*cf.* cumveniet *Plin. Aug. 13, 16 et similia*). *contra* con stipticis speciebus 2, 85. con pane 2, 108). — *servatur plerumque* com- *ante* b, p, m. *sed (ex doctr. gramm.) simul scribitur* conbusto. Combusto *(in dittogr.)* 2, 23. conbusti

2, 75. —ta 2, 102. (combustorum V 2, 27 *etc.*). conprehendi 2 *prf.* (*cf.* 86. 117 *etc.*). conpendiose 2, 8. 115 (*cf.* 108. 116 *etc.*). conpetentibus 2, 3. 2, 23 (*cf.* 2, 30. 38. 85. 96. 107 *etc.*). conmixto 2, 80. *et ante l.:* coligantur 2, 28. -c(g)atus 2, 114. (consilione *i. e.*) conlisione V 2, 114 (*cf.* conloquentida! 2, 29).

cummi (*cf. Cass. ind.*): cummen V (gummi B) 2, 64. *cf.* cummen B (gumen *b*) 1, 57. gummin V (gummi B) 2, 101 (*ubi* gummen *r*, gumen *b*). *gen.* gummeos *b* (gummi *r*) 1, 40 (comeos et cumeos reperio *Sim. Ian. s.* comeos *et* cumi). cummi 3, 25. *abl.* gummi *r*, gumme *b* (cymino *male em. B*) 1, 96. *in Ant. Br.* gummi *semper* B.

[**cunila** (κονίλη) *b Add.* 1, 93. 3, 2, 10.

[**cupa:** cuppa de hedera *b Add.* 2, 82 *p. 324, 15* = vas hederaceum *Ps. Plin f. 42^b (sc. =* ericaeum *Plin. 24, 68 ap. Ps. Plin. p. 56, 6 Lips.*).

cupressus 2, 108 Vr (quipresi 1, 79 *r*), cypressus *b*, cipressus B (cypressinas pilulas B *in Ant. Br. 124. cf. 162*).

[**cuprinus:** lamminam cyprinam *Ant. Br. 45.* in puxide ciprina *Ps. Plin. f. 21^b B*, vas cyprinum *f. 22^a B etc.*

currere: percucurri 2, 102.

cursus incurabilis 3, 27.

[**cutis:** cotis *Ant. Br. 146 (bis).*

cyclus: cycli beneficia 2, 46. 60. adiutoria 2, 89. ordo 3, 31. ordo cyclicus 2, 50. 2, 76. 2, 109. quae cyclo consueta sunt 2, 69. quae cyclo conveniunt

2, 82. cyclica 2, 105. omnes ex ordine cyclicas (*v. l.* cycli) curationes 3, 11. omnem cursum cyclicum *r* 2, 48 *etc.*

cydonia (mala): cy(i)donia (cydoneorum 2, 93. cydoneis 2, 103) *V*, cy(i)tonia *B*, cidonia (cidonea 1, 50) *r*, ci(y)donia (cithonia 2, 64) *b*, cydone(i)a *Gel. (saepe)*.

cyma *(cf. Cass. ind. s. v.)*: mollium vitium cymarum 2, 65 *(v.l.)*. molles cymae (cimi *B*) 2, 101. tithymali cymas (cimas *r b* = turiones *B*) 1, 75. polii cima *Ant. Br. 125.* rubi cymas *ib. 143.* cymulas ruthe *b Add.* 2, 77. *cf. ib.* rubi cimas, ysopi comas, asparagi comas *b Add.* 2, 77), salicis cimas (*b Add.* 2, 82) *etc.* (cymata *in metro Columella,* cymam *caulium explicat Plin.* 19, 137). *cf.* summitates tenerae de vitibus *b Add.* 2, 91. — *cf.* turiones.

cyminum: cuminum *r* (1, 76. 2, 98, ciminum *r* 1, 94 *bis*). ciminum *b (etiam r* 1, 79). cimini *b B* (quimini *V*) 2, 98.

cynanche 2, 22. *cf. Cael. cel.* 3, 152.

[ad **cynisam** (?) coquis *Ant. 32* (*an* ad cineres?).

[**cyperum** *n. de s. m. 44.*

[**cysofarmacum** *Ant. 28.*

dactyli: (= *gr. φοίνικες Ps. Gal. XIV p. 318)* 2, 45. (diafinicon *b* 2, 64). dactoli *V* 2, 65. tebaicos dactulus *V* 2, 36. deibaici dactili *V* 2, 73. dactuli (2, 43. 65. 73) *vel* dactilos (2, 36. 64) *r*, dactili *b* (dactali

G de s. m. 48). thebaicos *simpl.* (*om.* dact.) *V B* 2, 64 *(cf. Diosc. p. 250, 3 Lips.) etc.*

datio plena (= τελεία δόσις) 1, 14.

daucum (δαῦκος): *sic V* 2, 74. 83. 109 (daucus *B* 2, 74. *cf. de s. m. 45) etc.*

de = ex: cataplasmata de dactylis, saccelli de salibus *et sic saepissime.* epithemata confecta de seminibus 2, 89. hoc etiam de gramine factum est 2, 111 *cf.* 1, 81. cataplasmandi de hordei pollinibus 2, 74. 65. 1, 23. 35. 76. *etc.* de hac confectione curantur 1, 94. de fysicis adiuventur 1, 84. de arena *(V B)* calida loca detegere 2, 107. de aceto restingues 1, 79. de vapore dolentibus 2, 118. — de oleribus accipiant cauliculos, de piscibus asperos 2, 76. de superioribus speciebus quae locus habuerit 2, 110. de utrisque difficilis est mydriasis 2, 56. de quibus erit datio VII grana 1, 14. — initium de..., fit de ... *et similiter saepe (simul etiam utrumque ponitur* de *et* ex: de naribus vel ex fronte *B b* 2, 45. ex uno fonte de reumate 2, 112). lapides de fluvio 1, 101 *(cf. Ant. Br. 107).* de conclusione *(ubi* ex deconclusione *V)* locorum periclitantur 2, 22. qua de re 1, 4. ministrandi sunt trochisci... et ceteri de experimentis 2, 102. *cf.* 2, 67. (*An. de ves. p. 265,* 3). aliud de expertis 2, 81. 1, 29. (de fysicis 1, 84). *[saepissime in Ant. Br.* = cum *apud* fomentare 2, curare 3, suffumigare 3, scribere 15. 52, agitare 19. 21, ligare 44, facere 53, linere

62.165.168, haurire (de manu)
64, lavare 128, vellere 137,
tergere 153. = ex: tollere 42.
38. 67. 107, fluere 22, facere
2. 24. 164. manducare 163.
*(eodem plane modo apud Ps.
Theod.* charta de uva tincta
3, 2, 2. de licio alligabis *ib.
etc.*). *abs. pro gen.* radicem
de costo *Ant.* 37, muscum
de tecto 61. 159, sucus de
moris 18, pollinem de hordeo 1,
semen de urtica 72, favillam
de ligno 83, pedes de lecto
88, testam de locusta 97, adipem de ansere 153, os de
armo asini 203, fragmenta de
mola 24.

debere: cogo' et suadeo ad
balneas ire debere 2, 27,

declinatio plena 2, 7. declinantibus doloribus 2, 109 *etc.
(cf. Cael.)*.

[**decomai, decommai** antidotos
Antid. Br. 14. 15. 55 *quid?
(Punicum?)*.

decoquere: melicrato, suco *etc.*
2, 18. 29. 31 *etc.* (*ubi* in melicrato *etc. semper b*). *sed etiam*
in quo puleium ...decoquen-
dum est *VB* 2, 67 *etc.* —
aliter decoctus *et* discoctus
2, 31. — in quibus concoqui
(= coqui) suadeo 2, 36. 64.

definire: diffinitio febrium *VB*
2, 2. diffinitum *V* 2, 61 (*ubi*
definitum *B Gel.*). — *cf.* dispe-
ratione *V* 2, 62 (despirat *V* =
disperat *b Gel.* 2, 61) *etc.*

deformatione (coloris icterici
disterminantur) 2, 77.

[**deforis** *Antid. Brux.* 4, 38.
62 *(Ps. Plin. f. 36c etc.) ut* de
intus 4. 162.

dehinc 2, 53. 116 = exhinc 1,
21 *et* (*ubi* ex hoc *b*) 66 (*cf.*

ex hoc = inde 1, 57. 62 *ubi* ex
hinc *r*, *et* 1, 70). et hinc *B
(phys.)* 4, 4.

[**deiectus** *Ant. Br.* 29.

delavare linimenta (priora) 1,
94. *cf.* 1, 84. post matricis
delavationem 3, 16.

[**demadescere:** herbam ... coques et imprimes ut dema-
descat *b Add. p.* 335, 21.

demergere: sensus occupatione demersis 2, 15. demersio (depressio *r VB*) capitis *b*
2, 15 *(cf. Cael.)*.

demigrans pressa materia 2,
16 *etc.*

demittat (sucum) *V* (dimittat
Br) 2, 94. — corpora demissa
V (dimissa *r*) 2, 103.

denegare (usum) 2, 55.

[**denique** *de s. m. saepissime
= unde* (διό *c.* 19, ὅθεν *c.* 34
etc.). *item Ps. Apul. c.* 75. 81.
123. *(cf.* 61. 63). *cf. Garg.* 45
p. 190, 1. *ib.* 49.

denigrare 1, 40. denigratio
capillorum 1, 5.

[**dentionem** *Ant. Br.* 216. den-
tientes inf. *ib.*

[**deplere** = depurgare *Add. p.*
315, 3.

deponantur *(sc. aegri* = depri-
mantur) 2, 15. umor ad inferiora deponendus est 2, 59.
cf. 1, 17 *etc.*

depurgare *saepe* (epurgare *V*
2, 114. *cf.* 116).

derivata (ad paralysin causa)
2, 27 *etc.* (*cf.* devolvuntur vitia ad ... 2, 46). — derivatio
(ex capite) defluens 2, 57. *cf.*
1, 19 *etc.*

desistentibus (= deficientibus)
adiutoriis medicinae 2, 60 *(cf.*
desistentibus febribus 2, 61.

commotionibus 2, 47. desistentibus caloribus 2, 15 *etc.*).

[**desub** terra: *Ps. Th. p. 341, 22.*

detegere (= tegere): harena calida in litore loca detegere (*al.* tegere *Gar.*, detergere *B*) 1, 107.

detergeo *B* (detergo *b*, detergas *Gel.: ubi ego* detergam) 2, 48 (*ubi deest V*). detergat *Ant. Br. 128.* detergas *Add. b* 1, 93 (*ib.* terseris). detergi *r* (—ges *b*) *An. de ves.* (*cf.* ungueo *V*). *cf. Serv. in Aen. 7, 626 (Thom. ess. p. 217. 236).*

detonsio capillorum 2, 12.

[**devenire:** in modum mellis, emplastri, ceroti. *Ant. Br. 4. 27. 45. cf. Anthim.*

deviaverit natura 2, 6. 45.

devocare umorem 1, 17. causam 2, 45 *etc. cf.* evocare causas latentes 1, 24. evocatus de superioribus reumatismus 2, 58 *etc.*

di- *ante voc. (rust.)* = z: *vid. s.* reumatizare (*et ind. Cass. s.* q *p. 250 et ib. sub* z). „*cum sibilo" enim tunc proferebatur* (*vid. Prisc.* 1, 31. *Serv. in Verg. Georg.* 2, 126. *cf. Thomas Essai sur Serv. p. 226*) [*cf.* ti- = ci-].

diachartu *descr. b ad* 2, 102.

dialimma (dialemma *VB*=διάλειμμα) hoc est intervallum temporis *descr.* 2, 45 (*ubi* declinatio *b*) *cf.* 2, 117. *Sim. s. v.*

diaprassiou (*cf. Cass p. 92, 17 ind. p. 201*): diaprassiom *V* (*b*, diaprasion *B*) 2, 62. *cf.* diaherpillon *Ant. Br. 31. in his vulgo* ū *pro* u (diarobum *pro* diorobu 13 *etc.*).

[**diastemu** (?) faciat *Add. p. 328, 21.*

dies (*sing. semper masc.*): post tertium diem 3, 23. 27. in tertium diem 2, 55. circa diem sextum 7, 35 (*ubi unus* r sextam). circa diem tertium 2, 61. (sub uno die *VB* 2, 37 *v. l.*). diem venturum *r B etc.* 3, 16. *sed* quinta transacta die 2, 5. alia die 2, 18 (*cf. Cass.*). *masc. plerumque in Ant. Br.* 38. 39. 45. 47. 80. 140. 209 *etc.*, *sed* alia die 1 (*ubi et* alterum diem). 78. 137. diem tertiam 146. quarta die 28. 19. ipsa die 5.

diffamare (*in bon. partem*): trocisci magma approbatione diffamati 1, 71. medici iactantiores veluti suam peritiam diffamantes 2, 68.

differemus vulnera a plena sanatione 3, 77.

[**diffumigatur** mulier sedens de storace *Antid. Brux. 3.*

digestio aegritudinis 2, 18. ad plenam causae digestionem 2, 12. — d. venenosi umoris 2, 27. inflatione stomachi (ex nigra *sc.* cholera) necdum digesta 2, 96. ad umoris ex vulnere venientis digestionem 1, 67. si saniem collegerint locum punges ad eius digestionem 1, 90. *cf. Cael. cel.* 2, 105 digesto adiutorii turbore *etc.* d. sputuum 2, 21. ad eorum (sputorum) coagulationem vel digestionem (*sc.* flegmatum) 2, 59. *cf.* sputa egerunt *bGel.*, *ubi* digerunt *VB* 2, 20 (*quasi* degerunt. *cf.* 2, 47 flegmata digerentes *ubi* egerentes *r*). vulnerum (*i. e.* per vulnerum meatus d. 2, 62. aemorroidarum sollemnes digestiones 2, 49. — tempore digestionis 2, 95. *opp.* indigestio 2, 84 *etc.*

digestibilis cibus 2, 78. 98 *etc.*

diligentia = cura: latus dolentes ... ex subiectis alia diligentia visitamus 2, 19. si sub hac sane diligentia parum medicina profecerit 2, 53. hanc diligentiam interim ordinamus 2, 57. simili sub diligentia visitantur 2, 106 *et sic saepe.*

dimissio: sub blanda di(e *V*)-missione (= remissione *b*) 3, 29 *ctc.* (*Cass.*). dimissa (*r*, demissa *VBGel.*) corpora 2, 103.

diploangium: in diplo angio (lac asinae coctum) *VB* 2,101. *cf.* diplangio (*r Gel.*, deplangio *Bb*) 1, 37 (= ἐν διπλώματι *Diosc., Gal.*). διὰ διπλώματος ἕψων ὅπερ ἐστὶν ἐπ' ἀγγείον διπλοῦ *Gal. XIII, 37.* in vase duplici coques *Ps. Plin. f. 41c (bis) Bas.*

dictamnum (*de s. med.*): diptamnum *b* 1, 74 (*Apul. Vrat.*), diptamum 1, 75 (*Sim Ian.*).

discretiones (*ut Cael.* = differentiae 2, 97 *etc.*): sed haec supradictae discretiones una eademque medicinae diligentia visitantur 2, 30.

distantia: est tamen huius passionis distantia quae ... 1, 17 (*cf. Cass.*).

sub **divo** 1, 38 (*ubi* sub divo in sole *r*). 7 (*b* = in subdivali *B*) = sub sole 1, 94.

[herbam **dolavento** (?) *Add. b* 1, 97 *p. 302, 23.*

dolorosos (dolor hos *VB*) singultus 2, 95.

[**dosis** ad magnitudinem avellanae *b Add.* 2, 19. *cf. rec. p. 306, 23.*

dracontea herba (δρακόντιον) *b*1,75. *Add. b* 1, 97. *etc.* (*Apul.*).

dragma *semper VB.*

[**drogari :** facies ex ipsa aqua drogari (?) in quo modicum olei adicies. datur ei potum. *Ant. 102.*

[**dropacare** *Antid. Brux. 33.*

dropax metasyncriticus *descr. An. de ves. 6* (d. medicinalis *ib. 4*).

ducere: si duritiam duxerit... morbi neglectus 2, 76. — verrucae se ducant (*i. e.* abeant) *Add.* 1, 93 *p. 299, 22. cf.* mendum ducis = tollis (*non* dicis) 1, 73 *p. 283, 8.*

duntaxat *V* 2, 14 (dumt. *B*).

[**duranioli:** si sub hirco scabies exierit, aut (*l.* ad) duraniolos facit et ad loca dolentia universa *Antid. Br. 41.*

dysenterici: disentericorum, disenteria *V* 2, 101 (*bis*). desinthericis, desinthericorum *V* 2, 102 (disint ... *saepius B*).

e = *gr. αι:* emorragia *V* 3, 7. palestra *V semper. sic* ydreleon, spera, althea *etc.*

— *gr. η* (*rec.* i): let(h)argici *V*, lethargici *vel (ter)* loetargici *B*, lithargici *r* (litargici *b*, lythargici *g*) *in l. II cap. 3.* theriaca *V* (tyriaca *Bb*) 2, 29 (tyriacam *etiam V cum b* 2, 27). sagapini *Bb* 2, 45 *etc.*

ebriositas siccans 2, 58.

ecligmatium: eligmatium (elimatium) *vulgo VB* 2, 59. 91 (*bis*). 98. *cf. B ad* 2, 64. *sed* &limatiam *V* 2, 71. *cf.* 1, 53.

[**edita** (*sic* = comesta) *b Add.* 2, 29. 76. 102. 108. editae *b* 2, 65.

effeminata caro (et corrupta) 1, 96.

egelidam (aquam) *V* (gelidam

male r B b) 2, 95 = tepidam *Cass. p. 103, 16.*

elaterium (= sucus cucumeris agrestis) 2, 79 *Gel.*

electarium *V* (electuarium *B b*) 2, 67. 94 *(Antid. Br. 74).* electerii *b Add.* 1, 97 *extr.* electerio *r* 1, 54.

elefantiae vitium 1, 8. 94 *(bis).*

elefantiosus 1, 91. 95 *(ubi* de elefantiacis *tit. b).*

elimare vires 2, 68. elimatis viribus 1, 22 *(ut Cael.).*

elleborum *VBb (nomin.)* 2, 50 *etc.* (eleborus, *plur.* elebori *Ps. Th. de s. m. 79).*

emadescere: quod emaduerit (*b Gel.* = emanaverit *r*) 1, 53.

emarcescere: si loca emar- cuerint 2, 54.

in **embammate** 2, 61. cf. 2, 31.

emergere (*entstehen* 2, 5. 26. 36. 42. 43 *etc.*) = evenire (2, 30. 44 *etc.*) saepissime.

[**emicantem** sudorem *b Add.* 1, 86 *p. 293, 4.*

eminere *(Bb) pro* imminere (emergere) 1, 8. 43.

empoti (emopiti *r*) emplastri maximum remedium 1, 79. quid? cf. Gal. XIII, 401.

encardium: proiectis cortici- bus encardia (incardia *B b r*) sola contundes 1, 75 *(sc. se- minis „tithymali maioris" cf. Diosc. p. 651 = Plin. 26, 63).* in cuius (alii) encardio (in- cardio *B b Gel.*) 1, 37. *citatur uterque locus a Simone Ian. s.* incardium *(cf.* implastrum *V 208 pro empl.).*

[**encolpidiare** (= -zare) *Ant. Br. 3.*

enema *(quod per clysterem im- mittitur* = iniectio 2, 29 *etc.*

Cass.): enémate (*B*, henemate *V*) 2, 5. enematio *V B (ut* antidotium, gargarismatium, epithematium *etc.*) 2, 31 *(ubi* enemate *b*, enematis *Gel.*).

enim: cum enim sanguinis commodissimo elemento 2, 10 *etc.* — ex dysentericis enim (= nam, autem) 2, 105. — *frequentissimum est* etenim: certissimum est etenim 2, 36 *etc.*

enterione (μνελός): coloquin- tidos interionum *B* (interionis *Gel.*, interioris *rb*) 1, 17.

epar (2, 78), epatis, *item* epa- tici 2, 73 *etc. sed in medica- mentis (ex animalibus)* iecoris 2, 75 *etc. (Cass.).*

epilempsis (epilemtici): *sic semper (B b* 2, 47. 49. *B* 4, 5. 7), *ut* epilensia *(cp) Cass. 71. sed etiam vetus (V), cuius non extat in textu, in indice ha- bet cap.* de epclenticis. — epilempsiae passio 4, 5.

epithema: epithima, epithi- mata *vulgo V* (epithemata *r B*, *sed etiam V* 3, 29 *etc.*, epi(y)- tima *b et sic semper medio aevo Simon. Jan. etc.*) 2, 62. 64. 85. 89 *etc.* epithematia *Gel.* 2, 62 *ut* epithimatia *(cor- rupte* ethimtia) *rV* 2, 64.

epithesis: quam medici epy- tisin appellaverunt 2, 39 *(Cass).*

epom(n *VB***)falium** (-on *g*) 2, 97. 98 *(bauchumschlag).*

equidem: etiam haec equidem passio 2, 24. fiunt equidem (&quidem *V*) 2, 77.

erigere usum venerium 2, 33 = erigendo vaporem corpo- reum usum venerium mini-

strare 2, 34 (cito inflantibus
vel erigentibus membra 2,34).
eruatare (eructuare *rb*)=erumpere: quo sanguis poterit eructare 2, 66 *(VB Gel.).*
se **erumperc** 2, 38.
ervum = erbum *r* (1, 52. 61
etc.), herbum *semper b. cf.* 1,52
(herbi pulverem *b*) *ubi BGel.*
herbam *(sic) ex emend. et* 1, 97
ex ervaceis pollinibus *Gel.*,
ubi hérbacis *B*, herbac *(sic) r*
(herbis *b*) *id est* herbaceis.
esca: escas et cauteres partibus thoracis infigo 2, 62 (*ubi*
escas *r Vb*, iscas *B*). locis inpatienter dolentibus etiam
escas (*l.* escae) ustiones impono 2, 18 (*ubi* escas usciones
V, iscas — *ante corr.* escas —
ustionis *B*, estas ustionis *b*).
cf. 2, 48 escae ... imponendae
ustiones *B* (escẹ ... vel cauteres inponendi *b*). *simpl.* ustio
2, 50. αἱ παρὰ τοῖς βαρβάροις
ἴσκαι καλούμεναι *Alex. p. 625
Bas.* = *Alex.lat.2,257(Anecd.
I,118). cf. Aetius 7, 91 f. 138*[b]
βαρβαρικῷ νόμῳ ... καίουσιν
... ἢ τῇ ἐντεριώνῃ τῶν καρύ
νων ξύλων, ὃ καλοῦσιν ἴσκας
(*ubi* ὕσκας *ed. Ven.*). *neogr.*
ἔσκα (ἤσκα) *feuerschwamm,
Fraas Synops. fl. class. p. 320.
cf. Vindic. supra p. 492.*
eschara — *vid.* sacra.
etcetera: infundendi sunt et
cetera (*sc.* adhibenda sunt)
quae ... 2, 64 *(bis).*
etiam et saepissime. *cf. (v. l.
VB ad* 2, 71. 93). *sic* quoque
etiam 2, 38. nec non et 2, 88.
etiam ... iam 2, 86 (*sim.* sic ita).
euporistorum beneficia 1, 73.
evellentes violentius cucurbitae 2, 29.

eventare: clysterem diligenter
eventare *An. de. ves. p. 264,12.*
[**evigilare,** *aufwachen in Add.
b ad 2, 12.*
eviscum (*pro* ibiscum) *Vr b* =
hibiscum *B* 2, 74. *cf.* hibisco
B b 2, 54 (evisci *r b Gel.*, *om. B*
1, 24 (evisco *b*, hybisco *B* 1, 51)
3, 3 *etc. cf. ind. Plin. Cass. et
Is.* 17, 9, 75. eviscus *Sim.* (ἀλ
θαία).
evocatoria adiutoria 1, 24. 23.
evocatorie curare 1, 72. *cf.*
revocatoria emplastra 2, 107
(*et in eodem cap.* 2, 59 *simul
et* revocare reumatismum ad
superficiem *et in* superficiem
evocare *cf. v l.*).
ex: fotus ex oleo 2, 63 *etc.* =
fotus olei 2, 117. *cf.* frigidae
fomentatio 1, 31 (pinnae linimenta 1, 88) *etc.* — vomitus
cum (*rB*, ex *b*) radicibus procurabo 2, 52.
ex-: exiliens *VB* 2, 5 (exiliet
1, 75). exsucata *V* (exsuccata
B) 2, 91. exsucabis *B* 1, 34.
(exucis *V* = ex sucis 2, 63).
exseca *B* 1, 47. exsudaverit
B 1, 39 (exudaverit *r*). exsuscitem *VBr* 2, 36. *cf. VB*
2, 112. exsecrabiliter *(B)* 2,47
(execr. *b*). extinguntur *V* (extinguuntur *B*) 2, 80. exstinguitur *V* (ext. *B*) 2,82. extinximus
Gel. B 1, 85.
exclamabo auribus eorum 2,49.
excludere flegmata, urinas,
scybala, lumbricos, ululatus
... 2, 25. 47. 91. 97 *etc.* exclusio (pullorum) *Ant.* 84 *(cf.
p. 358, 24).*
exhinc — *v.* dehinc.
exhorret imago vitii 1, 95.
[**exire:** scabies exierit (sub
hirco). *Ant. Br. 41.*

[**exobrutae** *Ant. Br. post 200.*
exoc(h)adium 1, 81. 83 = *lat.*
   secessus *Add. b* 1, 83.
exponere (= egerere): ventris
   exponendi suavitas 2, 104. expositis scybalis 2, 31. ventris
   expositio 2, 28 *(cf.* v. effusio
   2, 101) *etc.*
exsucata (cydonia) *V* 2, 91. *cf.*
   Cael.
extensiores vigiliae 2, 11.
extergere ciborum recusationem 2, 90 *(saepius Ps. Th.*
   de s. m.).
extermina propriae sedis mens
   2, 47 *(ubi codd.* propriae sedi
   exterminata *B b).*

fabricia (uva) 2, 38 = fabrilis
   Cael. (chr. 4, 70 uva et magis
   fumi vapore siccata quam
   fabrilem appellant. *chr. 2, 107*
   uvarum fabrilium vel pensi-
   lium siccatarum. *cf. 3, 34). cf.*
   palealis *Cael. cel. 3, 204. 2, 209.*
facilissimum *r Gel.* 1, 68.
faenum graecum *V, rec.* feno-
   grecum (fenogreci) *B,* fenu-
   grecum (fenugreci *etc.*): *sic*
   semper (2, 17. 70. 85. 108 *etc.).*
   sed etiam V fenum 2, 70. feni
   2, 108. fœmum *(sic)* grecū *V*
   2, 85 (foenū gr. *r,* fenogr. *B.*
   fengr̄ *b*).
familiariter compatientia 2, 12.
famulabor adiutoriis 2, 34. particulis famulabor 2, 115.
[**fasciare** *Ant. Br. 152.*
fasianorum carnes 2, 96.
fatiscit aeger 1, 2.
[**febrire** *Ant. Br.* 15. 21. 46.
   47. 49. *etc.*
feniculum: feniculi *V* 2, 79 *etc.*
   sed feniculorum (= faenicu-
   lorum) *V* 2, 94 (fen. *B). cf.* faeni-
   culum *Plin. Aug.* (13, 124. 136).

feralis sudor 2, 36.
ferbunculi *b c r Gel. (in rubr.*
   1, 26, *ubi* furunculi *B et in*
   textu etiam r).
[**ferrum** candentem *b Add.* 2,
   86. 98.
fervere: ferverit *An. de ves. 6*
   p. 267, 18.
fervura vesicae *r b An. de ves. 1*
   p. 261, 6.
[**fialas** olei XV, aceti XVII *etc. b*
   Add. 1, 97 *p. 305, 25 etc.*
ficus *(Neue I, 531)* II. decl.
   (rec. IV decl.) fem.: nom. pl.
   fici sicci *(sic) V Gel.* (ficus sicci *r,*
   ficus sicce *b B*) 2, 23. fici pingues in muria decoctae *r Bb Gel.*
   1, 33 *et (ubi* ficus *r b*) 1, 24.
   ficus siccae *Gel. (ubi* ficus
   sicci *r,* acc. ficus siccas *b*)
   1, 61. ficus siccae in vino decoctae *r b B (ubi* fici sicci . . .
   decocti *Gel.)* 1, 62. ficus pingues (ficos *male V*) coqui debent 2, 74. acc. pl. ficos *(V,*
   ficus *r B Gel.)* pingues coctas
   2, 88. ficos *(V,* ficus *B g Gel.)*
   2, 98. pingues ficus tunsas
   r f v g 3, 26. (ficus tritas *b* 1, 71).
   ficus tunsas *B etc.* 3, 9. 10. *b*
   1, 25. ficus siccas *r* 1, 91 *(ubi*
   nom. ficus sicca *B b). confun-*
   ditur in remediorum descrip-
   tionibus (ficus — *vel* ficos *V* —
   pingues) *cum gen. sg.* (ficus
   pinguis): ficos *(B,* ficus *b)*
   pingues ... unc. VI *id est* ficus ˈpinguis . . . unc. VI *(nisi*
   potius intelligas ficos pingues
   . . . unciis VI) 2, 45 *(ubi mox*
   fico *B* — ficū *b* — commisce).
   cf. 2, 81 *(ubi* ficos pingues *V B).*
   ficus pingues tu(n)sas libra
   una *V B (g)* 2, 108. *cf.* ficus
   pinguis albae tritae *g (ubi* ficus pingues albas *b.* tritas *B)*

3, 26. *gen. sg.* fici folia 1, 8
(*ubi* ficus *rB*). 27. 94. lacte arbore fici *in Add. b* 1, 68. *item*
fici folia *in Add. b* 2, 102.
fici inmaturi *(sic b)* lac *Add.* 1,
93. — ficus pinguis *V (v. supra).* ficus nigrae lacrima
B Gel. 1, 65 (*ubi* pice nigra *b*).
lacrima arboris ficus *B b Gel.*
(fici *r*) 1, 66. cum liquamine
ficus *r* 1, 66. *dat. sg.* fico (*B,
ubi* ficū *b*) 2, 45. ficui *(rec.) in
ras. B* 3, 26. *abl. sg.* cum fico
b Add. 2, 108. *gen. pl.* ficorum
V r Gel. (rec. ficuum *B Gar.*)
2, 97. ficorum *VB r Gel.* 2, 59.
ficuum *ex coni. g* 3, 26. *abl.
pl.* ficis *V Gel.* (rec. ficubus *B
=* caricis *b*) 2, 81. *cf.* ficubus
(ipsius ex coniectura) B 3, 26.
sed ficis *B* 3, 4 (*ubi* caricis
pro ficis *b rel.*, *ut* 2, 81 *b*).
ficis *r* (ficubus *B*) 1, 71.

ficus nigra 1, 65 (*cf. Plin.* 15,
70. 17, 242).

[**ficatum** de ficis (contritum)
Add. p. 358, 16. — ficatum (fe-
gato = iecur) bubulum . . .
ficata omnium rerum *Add. b
ad* 2, 102 *p. 332, 6. 5.*

figura: variae sunt huius passionis figurae 2, 30. — ab
aspecta pulcrarum figurarum
(*sc.* puellarum *add. b*) 2, 33.

fimum *(neutr.) b. item et* fimus *in b Add.* 1, 68. 86 (*c.* 42).
91. *etc.*

flammarum interiorum ardoribus 2, 35.

flocellum (lanae) *r An. de ves.* 3
p. 264, 17 (floccos legunt *V*
2, 9).

flogmus (herba *sc.* φλόμος *Diosc.*
4, 102 i. e. φλόγμος): flacmi
(*sic VB,* phlogmi *Gel.=* flomi *b*)
herbae radicem 2, 19 (= *Cael.*

cel. 2, 130. flommus *de s. m.*
57. *Fraas Synops. p. 190.*

florem (aeris = χαλκοῦ ἄνθος)
= flos *(neutr.) r b* 1, 37. 46.
71 *etc. cet. cf. Sim. s.* calcantum.

fluminalis *VB* = *b (g Gar).*
fluvialis 2, 27. 101. 1, 60.

flyctidas (fluctidas *B,* flictidas
b φλυκτίδας *vel* φλυκταίνας)
hoc est vesicas 1, 59.

focus: cinis ex foco tenuis
2, 80. a foci vel solis calore
1, 63. *etc. cf. Cass.* (*sed in Add.
b* focus = feu 2, 45 lento foco
simul et lento igni *cf. ib.* 2,
21. leni igne 1, 93. lento igni
2, 92. ad focum lenem resolves 1, 83 *etc.*) repones in
foco *An. de ves.* 6. *cf.* foco
impones *Add. b* 1, 86 (*cap.
36*), *ut* carbonibus imp. *etc.
sim.* impones in foco *Ps. Plin.
f.* 52ᵃ (*cf.* 41ᵃ. 60ᶜ. 66ᵈ. fa-
villa de foco 78ᵈ. levabis de
foco *f.* 74ᶜ. 24ᵇ), *ubi* lento foco
45ᵇ = igni 66ᵃ = super len-
tos carbones 41ᶜ. 54ᵃ. *cf. f.*
18ᵇ. 16ᵇ. petra focacia *Add. b*
1, 97. *item in Ant. Br.* leni
(*cod. malo* levi *semper*) foco
19. 21. 30. 38. 41 = igni leni 6
(igne lento 212). mittis in focum 83. 152. ad focum 208.
super focum bulliat 3. *cf.
Helmr. in ind. Marc. s. v.*
pones ad focum *Alex.* 2, 183
etc. Ps. Gal. ad Gl. III, 71
(*cod. Cas.*) resolves in lac sine
foco. *cf.* 33. 47. 55. *Anthim.*
(*ind.*). haec omnia saeculi VI
(*vel extremi V*). *cf. Script. hist.
Aug. I p. 78, 22 (Iord.)* et ab
imo focum adponeret (!).

[**foenicium** (= linum rufum):
cauculum . . . in finicio liga-

tum in capite porta *Add. b*
2, 44. *cf.* ligatos in feniceo
Add. 2, 15. 3, 2, 10.

foenicium (foenicum *VB*) vinum (= de dactilis *b*) 2, 101
(φοινικίτης οἶνος *Diosc.* 5, 40).

fomentare *saepe.*

fomentatio 2, 23. *etc.*

foris: eforis *b Gel.* 1, 51. aforis
b (et forinsecus *r B*) 1, 48. aforis
Ant. Br. 29. aforis *b Add.* 2,
89. 91. 92. *etc. cf.* deforis.

[**forensibus** (omnibus ulceribus) *Antid. Br.* 42.

forma: ad hanc formam 1, 16.

[**formido** cordis *Ant. Br.* 92.
95.

forsan (forsam *VB Gel.*) 2, 62
(*ubi* forsitan *r b*). forsan *r solus*
3, 20. forsan *r B* (forsitan *f v*)
3, 25.

[**fractus** = fractura *acc.* Ad⸱
fractum *b Add.* 1, 97 *(bis),*
sicut ib. contusum … incisum
rubr. c, luxum *etc.*

freniticus *V* = freneticus *sem-*
per B b r (*et saepe etiam V* 2, 9.
13. 14).

fricamenta 2, 116. palaestrae
2, 62.

frictus (frixus): semine fricto
2, 67. cyminum frictum *V Gel.*
(frixum *B b*) 2, 86. resinae
frictae *V* (frixae *B b Gel.*) 2, 108
(*ut* ῥητίνη φρυκτή). milió
fricto *Gel.* (salso *VB,* frixo
r b). — pithiena frixa *V* (pituinae frixae *B,* resina frixa *b*
cf. Gal. XIII, 589) 2, 81. semen
lini frictum *B* 1, 76 (frixum
r b). sales frixi *r b B* 1, 74.
(faba fricta *Add. b* 2, 62. frixa
2, 82).

frigdor (froideur) *rec.*: frigdore, frigdoris *r B b* (2, 41. 44.
54 *etc.*), *etiam V* (*cum r, ubi*

frigorem *b*) 2, 84. frigdorem
Ps. Th. 3, 2, 2 *etc. Ant.* 19 *ubi*
scripsi frigorem = frigorem
et calorem *Anon. de s. m. 116.*
cf. 27. (fricdorem) *112* (*ubi* ad
frigora).

frigentibus (*b Gel.,* refrigerantibus *B*) commotionibus 2, 118.
dum frigeraverit *b Add.* 1, 86
(*c. 35*). frigerare *Cael. cf.* dum
refriguerit *Ps. Plin. f. 49ᵈ. 51ᵃ.*
dum gelaverit *ib. f. 51ᵈ. 53ᵃ.*

fumigium 3, 15. 4, 5.

fumosus odor 2, 95.

funestare corpus 1, 96.

fungos arboris nucis 1, 5 (βοτρύδια *Gal.*):

[**gabata:** ferrum candentem
(sic) in vino extinguis in gabata aritina (*i.* Arretina) *Add.*
b ad 2, 86 *p. 325, 9.*

[**gabulas** cypressi *g* 2, 108 *ubi*
pilae cupressi *VB b* (σφαιρία,
spaerulae *Cass. p. 186, 4*). *cf.*
1, 46 cipressi pilę *b* = cypressorum fructus *B.*

[**gallicentrum** herba *Add. p.*
302, 23. cf. Sim. Ian. s. galli-
tricum et centrum galli vocant quidam … (*ubi ital.* bo-
somo, sclarea). *Lex. Alf. s. v.*

[**Gaius Seius** *Add. b* 1, 75 (ille
gaius eius … illa gaia saia
… illum gaium saium …). 2,
12 *etc. cf. Antid. Br.* 88.

gargarismatio *V Gel.* (—tis *b,*
—te *r*) 2, 23. —tiis (—tis *b*)
2, 59, —tiis *B* 2, 53 (—ciis *r,*
—tis *b*). *cf.* 1, 32. 50. 52 (*ubi*
gargarismo *b*) *etc.* gargaris-
matis *igitur cum semper ha-*
beat b, vult gargarismatibus,
idem ubi sing. gargarismatium
libri (*Gel.* 1, 52: *om. B*) *vel*

gargarismatio (*B Gel.* 1, 50), gargarismum *praefert et* gargarismo. gargarismata *b*(—ma *r*) 2, 44.

[**genista** *b Add. p. 297, 1* = genesta *Marc. cf. Ant. Br. 144. Med. Plin. f. 58ᵇ. Ps. Pl. 2, 3 (ind.) etc.*

[**girare:** quibus dolor intus girat *Add. b* 2, 29. de cardine ubi ostium girat *Add. b* 3, 2, 4.

gleucinum (oleum) *V* 2, 19. 58: *male* glaucinum *semper B b (ut passim etiam V* 2, 29. 38). *cf. Simon. Ian. s.* glaucium.

gliciridia (*vel* glycyridia 2, 93) *V* 2, 64. 110 *etc.* (gliquiricia *b*, liquiricia *rB*). *cf. ad Gargil. p. 190, 19.*

glutare (*r pro* glutinare) 1 *c.* 21 (*saepe*) *cf.* 1, 85 *etc.* glutare *V* 2, 66.

[**glutus** (*schluck*): aceti **glutum** unum *Ant. Br. 62. cf. Marc. p. 321, 9.*

[**grana** *simpl. Ant. Br.* 82. 83. 121 (?).

graude remedium est 2, 106. dolor grandis *Ps. Th.* 3, 2, 5.

granditate (adiuncta) 4, 2.

[**graphium** *Add.* 1, 68 *p. 281, 9.*

gravationes 2, 15.

grave(i *V*)**do** *saepe:* gravedine *r b Gel. g* 2, 13 (*ubi* gravitudine *VB—pro* gravidine?). *sic* gravitudo *g* 2, 26 (= grávido *V*).

gremiale (oleum) 2, 40 (*gr. ὀμφάκινον*) vel viride 1, 67 *etc.* (*cf. Anth. et s.* omfacium *Cass.*).

[**grossus:** tres surculos grossos *Antid. Br.* 37 (linteo grosso *Ps. Plin. f. 66ᵈ*).

gubernare ungues, medicamenta 1, 90. 91.

gummi — *vid.* cummi.

[**gutta:** ung. ad omnes guttas *b Add.* 1, 97 *etc.*

[**gypsus** *fem.* (*γύψος*) ustulata *de s. m.* 63.

h *in graecis ab initio omittitur:* epar, epatici (2 *c.* 26), ysopum (*sicut antiquitus semper V*). epnotica *V* (ypn. *B*) 2, 103. idreleon *V* (idroleon *B*) 2, 97. ydropis 2, 82. ydropes, ydropum, ydropicis (2 *c.* 32) *V.* — *sed* hydrofouicorum *V* (ydr. *B*) 2, 26 (*tit. de* hudrofobis). yppocraten *VB* 2, 107 (*cf.* 2, 102 eppocastes *V*). *cf.* 2, 67 *etc.* y(i)pocistida *V* 2, 65. 102 (*cf. s. v.*). hypocestistida *V* (ypoquistida *B*) 3, 29. osciami *V* (iusquiami *B b*) 2, 118. (emigranicis *B* 2, 44 *et* emorroidarum *B b* 2, 49 *ubi abest V*). ieran 2, 67 *etc.* emu(o *B*)rragia *V* 2, 64. 3, 28 (*ubi* emorrogia *B cf.* 3, 27). ematithe *V* 3, 29. olosidera *B b* 1, 79. *male additur:* henemate *V* (enemate *B*) 2, 5. *in latinis:* ordei *V b* (hordei *B*) 2, 104. 108. ordioli *b* (hordeoli *B*) 1, 40. olera *b* (holera *V B*) 2, 88. edere *B* (hedere *V*) 2, 11 (hedere *b* 1, 59). ernias *B* (hernias *b*) 1, 79. arena *B b* (harena *latet in corr. lect. V*) 2, 107.

[**hastulas** salicis *b Add.* 2, 108 *p.* 333. 22. *cf. Pel.* 242 (*κλάδοι*). hastula (assula) ossium *b Add.* 1, 75. *cf. s.* asclosa. astula regia *Ap.* (*Cas. Vr.*) 53 (ascle regie *Marc. p. 306, 21*).

haemorrois (emorroida *rec. cf. Almelov. ad Cael. Aur. chr. I, 51 p. 287*): emorroidarum *B b* 2, 49. emorroidę *B b* (emor-

roides *r*) 1, 81. *acc.* hemorroides*r*, emorroidas*B b*1, 84 *(bis)*.
[**heliotropium** (= verrucaria
Marc. c. 19 et Is.): heliotropia
herba *b Add.* 1, 86. 93.
hemicraniis (emigranicis *rB*,
emigraneis *b*) 2, 44. *cf. Cass.
ind. et Sim.* s. emicranea. emi-
granius (67. 213) *et* emigrania
Ant. Br. (B). ad emigranei
dolorem *b Add.* 2, 44 *p. 314,
30.* si emigraneus dolet *b Add.
p. 316, 3.* ad medii capitis
dol. *p. 313, 11.*
herniosus (erniosus, *ut* ernia *r*)
1, 79.
[**heraclium** = abrotonum *de
simpl. med p. 412 not. cf.
Antid. 173 (Diosc. 3, 26).*
[**herbae** quae tam masculinae
sunt quam femininae (mer-
curialis et verbena) *Ant. Br.*
185.
hic: haec (*r Vg Gel.*, hę *Bb*)
supradictae discretiones 2, 30
(*cf.* his superioribus 3, 31 *et*
his supradictis *ib.*). hii *b* (hi
VB). hisdem (*pro* his) *b* 2, 34
et Gel. (isdem *B*) 1, 96. his quibus (*pro* is quibus) *VB et* his
(*pro* is) quae *VB* 2, 65. *cf.*
2, 43. 45. 1, 26. 3, 31 *etc. sed
recte dicitur* quibus . . . his
2, 94 *etc. item* 1, 23 (haec . . .
quae) 1, 24 *et ubi similia.* horum *B* (*pro* orum *sic V* = eorum
b Gel.) 2, 64 (*cf.* eorum 2, 65).
ec *V* (haec *Gel.*) = ea *B* 2, 116.
his *pro* is *(nom.)* 1, 41. *et sic
praevalente apud recentes usu
pronominis* hic *saepius fortasse
corrigendum est cf.* 1, 66 convenit . . . etiam his . . . convenit .
etiam eos . . . 2, 99 *(p. 198, 9).*
2, 100 *(p. 199, 4). sic frequens
(ubivis) illud* hisdem *(V) pro*

isdem (2, 19. 22. 27 *etc.* in isdem casibus *B* 2, 49 *itemque*
isdem *B* 1, 23 *(bis, ubi r Gel.*
hisdem). *sed* eis *scribitur* 2, 33.
50 *etc.* — hisdem *pro* is *(nom.)*
1, 34. ex eo (= propterea) 2,
84. 85. 105 *etc.*
hiera: ieram (iram *B*, yera *b*)
quam Graeci picram (picā *B*,
pigram *r*, pigra *b*) appellaverunt 2, 46. ieram quam pigram veteres appellant *B* 2, 52.
dabo picram (pichram *V*, pigram *Bb*) 2, 92 (*r b* 2, 52). *rec.*
ierapigra. geran *V* (*ubi* iera
B, yera *b*) 2, 67 *et* geran *V*
(*r*, *om. B*) 2, 72 = ieran. (*cf.
Simon Ian.* s. iera). *unde
semper scripsi* ieran (*cf.* 2, 54.
1, 17. iera 2, 50). *et sic fortasse graeca omnia latine
scripta sine aspiratione scribenda fuissent, sicut scripsi*
epar ysopum, *utpote non graece
olim a Theodoro scripta, sed
mutato usu latine latina. scilicet Plinii tempore et Vitruvii
latine scribebant* enhaemon (*Pl.
Aug. 11, 77*) horaeon *(11, 36)
quae graece illi.*
[**hircosus** *Antid. Br.* 138.
holus (*cf.* s. h): olisatri *de s.
m. G 124.*
holosidera 1, 79. *cf. Sim.* s.
hol. *et* s. olosidera *(Cass.).*
[**hora:** ipsa quidem hora *(zur
zeit) Add.* 2, 44 *p. 313, 16.*
humanius profecerint 2, 92.
h. causa profecerit 2, 58. humaniores cibi 3, 8. 11 *etc.* inhumana vitia *Anon. de ves.*
humor — *v.* umor.
hydrelaeon: idreleon *V*, idroleon *B*, ydroleon *br Anon.
de ves.*
hydrofobici 2, 26.

hydromeli: ydromellum (*B*, —melle *b*) 2, 55.

hypocistis: ypocistida *n. sg.* 2, 65 (ciporcitida *V*, ypoquistida *B*, ypoquistidos *b*). 102 (ypochistidiae *V*, ypoquistidae *B*, —da *r*, ipoquistide *b. cf.* 3, 29 hypocestistida *V* = ypoquistida *B*). ex ypoquistida *VB* 2, 33. (*cf.* hipocistidos *Ps.Plin. f. 46ᶜ. 49ᵇ. 49ᶜ*). *cf.* emorroida, coloquintida, acora (1, 13) *etc.*

hypopium (tumor circa interiorem angulum *sc.* oculi) 1, 33. *cf. Sim. Ian. s.* ippopios *et s.* ypopium.

i *rec. Bb = gr.* η (*vet.* e *V*): meninga (anacolemata *b* 2, 44). *cf.* mellis *Bb* (*pro* meles = μήλης *Gel.*) 1, 37. mylen (*r* milin) 3, 11. sisami *Bb* 1, 74 3, 4 *etc. cf. sub* e.

i = *gr.* ει: *acc. pl.* parocentisis *V* = paracenteses *B* 2, 107. tlibsis vel angustias *V* 2, 38. (*unde corr.* exartresis 1, 97). *sed* dialemma *VB* 2, 117 (διάλειμμα). *cf.* 2, 45 in dialemmate vero hoc est eo intervallo temporis quo causa vel passiones chronicae publicantur (*quem Theod. locum citat Simon s.* dialimma: *cf. Mustio* 2, 23). tenesmodi(s) 2, 104.

i (y) *rec. (sc. ex recenti doctrina saeculi) Bb = gr.* οι (*vet.* oe *V*): oenomeli 2, 31 (*vel* enomeli 2, 34) *etc.* (*saepe*) *V* = ynomelle *B* (*semper*) *vel* inomelli *r. cf. Simon Ian. s.* inomeli, inantum (*et sub* i). oenanthenáton faciū *V* (*quod male legit*

et ita servavit B oenanthenuaton facio = ynante ā ōfaciū *b*, enantē aut onfaciū *r* 2, 73. *item paulo ante* oenanthen nardinum *VB* (= ynantes *b*, inantē *r*) 2, 73. enantes *VB* (ynantes *b*) 2, 36. otenantes *(sic) V* (ynantis *B*, īantis *b*) 2, 93. enante *V* (ynanthe *B*) 2, 103. (oleo) enanthino *V* (ynanthino *B*, ynantino *b*) 2, 103. oenanthino *V* (inantino *r*, ynanthino *B*) 2, 78. aut tenantheno *V* (= aut ynantino *Bb*) 2, 85. (vinum) oenanthium *V* (ynantinum *B*, in. *b*) 2, 101. (vinum) foenicum *VB* (*i. e.* foenicium = de dactilis *b*) 2, 101. *cf.* diafinicon *b* 2, 64 *etc.* diaroea *V* (diarria *rBb*) 2, 37 (diarroici *VB* = diarrici *b* 2, 37). gonorroea *V* (gonorria *B*, gonorrea *rb*) 2, 32 (*bis*). *sed falso* moedriasis *B* (*deinde bis* medriasis), *ubi* midriasis *b* 2, 56. coeliacis *V* (ciliacis *B*, quiliacis *r*) 2, 163.

i *in abl. III. decl. adiect. comp.* (—ori: *sic enim fere scribebant docti s. IX*): pinna prolixiori *VB* 2, 25 (—re *rb Gel.*). potione superiori *V Gel* 2, 94 (—re *B*). ventre inferiori *V* 2, 77 (—re *B*). [cum graviori augmento *Bbr* 1, 22 (—re *Gel.*). sub maiori beneficio *B* 1, 32 (*item Gel.*). frigidiori (*b Gel.*, —re *B*) aqua 1, 90. ex oleo liquidiori *rBb* 1, 93 (*item Gel.*). embroce simpliciori *b* 1, 97 (*ubi* molliori *Gel.*). igni (—ne *b*) fortiori *B b Gel.* 1, 114. molliori *r Gel.* (—re *B*) 3, 2. meliori *rb* 3, 17 (—re *B*)]. *sed* clystere simpliciore *V* (—ē *B*) 2, 17. *item VB* (—ri *b*) 2, 31.

acriore *VBb* 2, 23. — *in abl.*
(adi.) part. praes. perseveranti
(*VB,* —te *rb*) gravedine 2, 15.
dolore perseveranti(*VB,* —te
rVᶜb) 2, 16. profluvio perseveranti (*VB,* —te *b*) 2, 28. inpa-
tienti(*VB*)dolore 2,30(corpore
compatiente *V* 2, 76). incompetenti tempore *VB* 2, 3. competenti (*VB*) tempore 2, 7.
12. 31. 82. [*B* 2, 49. 53. *cf.*
1, 17]. indigestione frequenti
(*VB*) 2, 51. *cf.* 2, 28. periculo
praesenti *VB* 2, 25. beneficio
praestanti (*VB*) 2,59. sequenti
lectione 2, 66 *cf.* 2, 8. 115.
[die sequente *B* 1, 12]. *etiam* ex
oleo habenti (*VB*) 2, 21. 74.
86. 105. cerotario habenti (*V,*
—te *B*) 2, 86. *sed* loco dolente
2, 16. inminente declinatione
2, 3. indignante 2, 100 *etc.*
(semper).
ibidem : oxymeli dabo aut rafano ibidem infusos 2, 106.
ibiscum *(cf. Plin. ind. s.* ebis-
cum, *Cass.):* eviscum *V (vet.*
vulg.) 2, 74. eviscum *r* (2, 54
etc.). *ita et b* 2, 74. 108 (*ubi*
althea *VB*) 1, 51. 24. *sed* ibiscum vel hi(y)biscum *B* 2, 54.
74. 1, 51 (*item b* ibisecū 2, 54).
Gelenius ibiscum *habet* 2, 74
sed e visco 2, 54 (e visco 1, 24).
Simon Ian. s. ibiscus eviscus
althea idem. [hibiscum *B in*
Ant. Br. 1. 41. ibiscos *de s.*
m. 74. *cet. cf. supra* eviscum.
ignis: abl. *(Neue I, 223)* igni
rB Gel. 1, 64. *item Gel. et ante*
corr. b 1, 72 *(B Ant. 70).* igne
b 1, 64. 72 *et r B bᶜ* 1, 72. *Add.*
3, 2, 13.
ignefacti *(Gel.,* ignifacti *rVb)*
lapides 2, 80. virgula auri ignefacta *r VB Gel.* (=ignita *b*) 2, 64.

ignita cucurbita 1, 44. 3, 29.
ignitiores cucurbitae 2, 29.
(ferrum ignitum *bB* 2, 101
ubi igneum *rVGel.* vinum,
ferrum ignitum *Ant. Br. 81).*
cf. sacelli de salibus igneis
2, 80 (*VBr Gel., ubi* ignitis
corr. Neu).
ilium (ile):ilio sinistro—dextro
Anon. de ves. iliorum *ib.*
(Neue I, 299). ilii dolorem
Add. b 1, 97 *etc.*
ileus : ileorum (*VB,* iliorum *r*)
passio 2, 28. De ileodis *(quasi*
abl. plur. ab ειλεώδης) *ib.*
ille: ut ille ait *vid.* Vergilius.
in *praep. addita vel omissa:*
infundere vino, **aqua** *vel* in
(cum) vino, **aqua** *et simil., ve-*
lut ficos in vino 2, 45. lupinos
in aceto 2, 83 *etc.* [semen in
aqua 1, 34. lanam in ovi umore
1, 34. lanas aqua 1, 35] (spongiam cum aceto 2, 96. *cf.*
piscem cum oleo *b, ubi* in *B*
1, 29). *sed* caput oleo 2, 11.
27. pinnas oleo 2, 48 *etc.* (ferrum vino *v. l.* 2, 101). — flleg-
mate 〈*in add. B*〉 stomacho
permanente *VGel.* 2, 95. loco
siccare reumata 2, 59. palestra (*V* = in palestra *B*) 2,
66. secundis partibus 2, 2.
sequenti lectione 2, 66 *etc.* —
in modica quantitate 2, 117.
enemate quod ex suco . . .
et oleo . . . temperatur in mediis tribus *(scil.* ternis) 2, 5
(*ubi* in *om. b*). trociscos in
singulis drachmis paro 2, 93
in unciis singulis cribellantur
2, 94. mixturi euforbium *etc.*
in unciis singulis 1, 68. 1, 79.
84. 94 *etc. (sicut sine* in *dan-*
tur species unciis singulis 1,
81 *etc.) qui fere usus respon-*

det graeco ἀνὰ (ana *codd. rec. lat.*).

in *c. acc. (vel rec. abl.):* in noctem (accipere med. *et sim.*) *saepe, ubi* in nocte *habent codd.* 2, 64. 72. 82. 83. 1, 35 *etc.* (*sed* ad noctem *est pro* ab nocte *r b* 2, 67). *cf. b* 2, 82. — in plenam (= usque ad perfectam 1, 97) sanitatem imminui 2, 79. — repones in vas mundum *r B Gel.* (in vase mundo *b*) 1, 64. in vase fictili novo repones *B* (*b*) 1, 7. in vase fictili clausas 1, 7. oleo adiecto in vesicam *VB* 2, 17. *sed* in vase adiectum *Anon. de ves.* • mittere in vase (*vel* in vas) *vid.* mittere. [*in Ant. Br. sic B:* cum acc. *semper* mittere (in mortarium *etc., sed* cum abl. iunges in ipso 1, infunditur in suco 18 (*cf.* 27), in cacabo 19, in vino commiscebis 28, colatur in cacabo 31, in linteolo inductum 56, spargis in corpore 61, adicies in potione 83, vides in testa 128, inmittas in calida 196, in ore traicies 216. *sed* mittes in vase, in cacabo, in aceto *etc. Add. b* 1, 97. 2, 29. 62 *etc. et utroque modo in var. lect. codd. Ps. Th.* 3, 2 (11 in corpus mittes *b*, in corpore *a g*) *etc.*

in- *(comp.) ante* m *et* p scripsi im-, in- *(ex invalescente post Priscianum usu doctrinaque saeculi IX) praefert V* (im- *B*), *licet ut semper in mss. varietur scriptura:* inmineo *et* immineo, inpono *et* impono *etc.* (*saepissime*). inmixtis 2, 86. inmutando 2, 65 — immutanda 2, 118. inpendo 2, 69 — im-

pendimus 2, 61. inpedimentum 2, 111. inpediunt 2, 102 — impedimento (*in tit.*) 2, 32. inmedimento (*sic*) 2, 31. — *servavi in compositis* in *privativum:* inmoderata 2, 32. inmaturarum 2, 65 — immaturi 2, 111. inmensum⋅ 2, 84. inportunis 2, 10. inportuni 3, 32 — importune 2, 103. inpatiens 2, 5. 11. 18. 30 *etc.* impatientissime 2, 33. inplacabilis 2, 68. *cf.* 2, 68 cum tali fricatione inminebo ut palestre exercicium inminetur (*sic V suo ipse lapsu scripsit pro* imitetur). — *ante* 1: illita 2, 44 — inliniendus 2, 63 (inlinies *B Gel. semper, ubi* illinies *b* 1, 7. inlaboratam 1, 4). — *ante* r: inrationabilis 2, 26. irrigentur (inr— *r*) 2, 11 (irriganda *b* 2, 14. *cf. B* 1, 5 *etc.*).

[**inambulare** *Ant. Br.* 139.

[**inante** *opp.* aretro *Ant. Br.* 35.

incanduerit (aestas calidior) 2, 35. •

incardium — *vid.* encardium.

inchoare (*r B b,* inquoare *V*) initium (*corr.* initio) curae 2, 80.

incocti ovi vitellum *(acc.)* 1, 32.

incompetenti tempore (*opp.* bono) 2, 3.

incontinenti (ano) 2, 104.

[**inde** (= *gall.* en): inde fricas . . . inde lini *Antid. Br.* 5. exinde *Ant. Br.* 191.

indigestibiles (duritias) 1, 27. indigestius (negotium hydropis) 2, 106.

indignatio meningae, epatis, testium *etc. item* indignante stomacho (faucibus indignatis 1, 53) *et sim. saepe.*

indulcatus (sucus) 1, 32. lactis beneficio . . . indulcentur 1, 6.

infantum (r Gel., -tium bB) 1, 79. 80.

[**infantula** Ps. Th. 3, 2, 59.

[**infermentare** bAdd. 2, 102.

infestatio (flegmatis) 2, 94. sic infestare saepius.

infiguratarum (et simplicium) febrium 2, 4.

[**infirmari** = aegrotare Ant. Br. 154.

inflixus (v. l. infixus B, in- flictus corr. Gel.) in rubr. l. I c. 21 (r).

infrigidare: (infrigdare r VB, frigdare b) corpora ardentia 2, 7. cf. 2, 40 (infrigidare B, infrigdare g, frigdare b). ex oleo roseo infrigidato (VB, infrigdato r b) 2, 63. cf. v. l. 1, 72.

infructuosa verba 1, 3. salicis arboris semper infructuosae 2, 83.

infundere et nutrire corpora 2, 7. articulos fricamentis ca- lidis infundere 2, 25 = nutrire membra inania fricationibus 2, 65. caput, corpus oleo (cero- tario 2, 53) etc. infundere: articulos eorum oleo... defri- cabo vel infundo 2, 36. — in- fundere pannos, spongiam, ficus (infusio lanarum 2, 54) vid. supra s. in (portulacam in melle infundimus 1, 54 = gr. p. 362 εἰς μέλι βάπτων). — vulnus baptizandum est vel infundendum 1, 66. derivatio infundit loca 2, 57.

infusus (panis) = in aqua in- fusus b r 1, 22.

[**infusura** ad plagam = in- fusum Add. b 1, 97 extr.

ingerere (medicamenta, po- tiones) 2, 117 etc. (febricitan- tibus frequenter ingessi 2, 93).

iniciendi sunt oleo 2, 104 et sim. — iniectiones (per cly- sterem) 2, 10 etc.

inlaborata via 3, 4.

inlinire et **inlinere** (inlinita — illita) commutantur: in- liniendus V Gel. (illiniendus B, liniendus b) 2, 63. illitus B (illinitus b) 2, 44 (bis, ubi re- censentur linimenta fronti ad- hibenda cf. 1, 5). 1, 37 (ubi in- litum etiam Gel.). 1, 8. — li- nieris 1, 57. linies 1, 5. in- linies 1, 6 etc.

inminere adiutoriis (dat.) etc. frequentissimum apud Th. Ps. et fere proprium: imminebo huic (sic omnes) adiutorio diebus continuis 2, 65 (et in- sistemus stypticis 2, 64). ita- que 2, 75 tunc etiam malig- matæ (sic) inminebo tali V (ubi malagmatæ corr. ex —ta etiam b, malagmate B) merito correxit Gelenius (qui malag- mati). et sic etiam (ubi deficit V Gel.) 2, 54 legendum est fri- cationi calidae (non fricatione calida, fricatione calidā b) cubiculo (cubili B) tepefacto et acopis bene olentibus im- minebo cum Bb. cf. 2, 79 potionem dare consuevi...et cum profuisset (usque) in plenam sanitatem imminui. aliter imminente declinatione, morbis imminentibus et sim., ubi confunditur in codd. cum eminere: vitio emminente (B, eminente b) elefantiae 1, 8. polypis itaque eminentibus B (imminentibus Gel.) 1, 43.

inoffense procurabo (ventris officium) 2, 52. cf. 3, 14. 21.

inordinate imponimus (nunc flabella nunc pannos) 2, 36.

inpatienti dolore 2, 30.

inpendendus (hic modus est) 2, 45.

[**impensa:** impensam ipsam (*sc. betam ex aqua mulsa decoctam*) bibat *Antid. Br. 98 cf. Anthimus 36. Cass. Fel. 33 p. 71, 11. Apic. etc.*

inquam 1, 14. 27. 2, 2. 34. 79. 101. 4, 1.

inquietudo doloris, vaporis, fluxus sputorum (1, 97. 2, 42. 59) *etc. item* **inquietare** (2, 43. 57. 59) *saepe.*

insequenti (*opp.* primo, nunc), *non* in sequenti: hôc insequenti (*b*, hoc *simpl. B*) rectius uteris medicamento 1, 69. (hac sequenti confectione 3, 22). hac pagina conpendiose composui, insequenti ordine (*i. e.* ordinate) acutas omnes passiones ... designabo 2, 8. fit primo crepido, fit insequenti putredo, fit ex utrisque superioribus ... venae patulum orificium 2, 63. — pusca defricandi erunt, insequenti verò murra pingui inunguendi 2,63. *cf.* 1, 92. nunc ... exordium disponendum, insequenti (in sequentibus *g Gar.*) etiam particulis famulabor 2, 115. hanc diligentiam interim ordinamus, insequenti etiam specialem ... partibus designabo 2, 57. per initia ... frigida adhibenda esse, insequenti vero ... calidis imminendum 2, 66. *idem alibi* (2, 29) *est* in secundis (*opp.* primo *cf.* inprimis).

insignia (morborum) 2, 2 *et B* (*ubi bGa*ᴵ signa, *deficit V*) 50.

insimiles (cibi *ex gr.* = dissimiles) *V* 2, 102 (insimul *corr. B*).

insolentia sanguinis (*ubi* molestia *b*) 2, 65.

insomnietates inges, manentes 2, 9. 13 *etc.*

instruere (= docere): hoc ... Hippocratis nos instruxit auctoritas, quod nervis ... frigida nocuerunt 2, 114.

insustentabilis dolor 2, 16.

inter diem *r* = in tertio die *b · An. de ves.*

interceptio venarum 2, 41. interceptis viribus 2, 11 = interemptis viribus 2, 35.

interclusio scybalorum, vocis 2, 28. 43.

interea *admodum frequens:* moneo, cogo, dabo interea, dabo etiam interea, unum interea edico, interea eos quiescere convenit, non praetereo interea *et sic sexcenties.*

interpositis febribus 2, 38 (*cf. Cael. cel.* 215). — periculo interposito 2, 36.

intiba: intiborum *V* (inthiborum *B*) 2, 75 (*ubi in altero locò* anthima *VB pro* intiba *b*). intibi erratici florem *b Add.* 1, 93.

intuitu virium fatigatarum 2, 105. mamillarum mollium 3, 5.

inunctionibus (unctionibus *b*) 2, 56. *cf.* 2, 31 *etc.*

investis pueri (lotium) *B Gel.* 1, 33 (*ubi* virginis pueri *b, ut in Add. ad 1, 8, 21*).

[**iosum** versus *Add. b* 1, 75.

ipsud *V* (ipsum *b*) 2, 116. [Ad ipsum (= ad idem) *b Add.* 2, 102.

iracundiae frequentes 2, 26.

[quid **iracundiaris?** *Ant. Br.* 147.

[**inula:** enula *b Add.* 1, 97 *etc.* hinula *semper B Ant. Br.* 14. 27. 200.

iris illyrica: *acc.* irin illiricam *V* 2, 78 *et* 81. *et sic* (*ubi deficit V*) *B* 1, 49 (*Gel.*). 52 (irim *Gel.*) *et in Ant. Br.* 72. 79. *gen.* iris (innir) illiricae *V* 2, 71. 67. yris illyricae *B* 1, 52. 2, 71. 81 (*ubi acc. V*). iris illirice 1, 42 (*Br*). yreos illirice *Gel. br* 1, 25. *abl.* iris illirica *B* 2, 54 (iri *Gel.*, iride *Plin. Neue I, 146. 232*). yreos illirica *nom. b* 1, 52. *et* yreos *simpl.* (om. ill.) *pro acc. b* 2, 78. *pro abl. b* 2, 54 *etc.* — ireos radice 3, 17. 25. *etc.*

is — *vid.* hic.

ita sic 2, 25: *cf.* sic ita 2, 38.

iuscellum *V*: iussellum *b* 2, 31. 38. 96 (*item B praeter* 2, 31).

lac caprinum silvestre (*i.* caprae silvestris) 2, 101.

[**lacae** (?) cyatos III *b Add.* 2, 62 *p. 319, 8.*

lacerta *r b*: lacertus *B* (1, 75. 1, 47). lacertos(—tus *b*, —tås *r*) virides coctos *B b* 1, 29. lacertum *Ant. Br. 156.*

lacrima (*corr.*) *Gel.* (*B*): lacrimum *semper r b et partim B* (lilii agrestis lacrimo 1, 57 *ubi* lacrimarum *B*, ficus nigrae lacrinum 1, 65. lacrimo arboris ficus 1, 66. tithymali lacrimum 1, 71 *ubi* lacrimam *B*). hederę lacrimo *b* 1, 11 (= *gr.* κισσοῦ τοῦ δακρύου ἢ κόμμεως Eupor. *2, 4*), *ubi* lacrima *B*. — *cf.* lacrimus *Marcell. 8, 199 Helmr.*

lactanti suo mater guttam ammoniaci massando et inhalando albos oculos permundavit 1, 40 = *Ps. Gal. XIV, 412:* ἡ μήτηρ τοῦ παιδίου ἀμσωνιακὸν μασησαμένη ἐμφυ-

σάτω εἰς τὸν τοῦ παιδίου ὀφθαλμόν. — cervum lactantem *b* 1, 95 (lactentem *B ut in Ant. Brux. 100, ubi simul* lactare).

lammina *V*(lamnarum *pro* lanarum *V* 2, 58): lamina *r b*, lamina (1, 57. 2, 33) *et* lammina (1, 37. 2, 55 *bis*) *B. Ant. Br. 45.*

lap(p)atum (λάπαθον) *V*: lap(p)at(c)ium *r B b* 2, 76 (*ubi acc.* lapatum) *et* (*ubi gen.* lapati) 82. 79. *item* (*ubi def. V*) lapacii *B b* 2, 44. 1, 24. 57 *et* lapacium *b* 1, 57 (*ubi* appium *B*).

[**lasana:** *Add. b* 1, 75 incantas lasana piscator exi foras.

lasar: *sic VBbr semper* (laser *Gel.*). *cf.* lasar *VBr b* (laser *g*) 2, 27. *item Br b* 1, 67. 85. lasaris *Br b* 2, 45. *cf. ind. Garg.* cum lasere vivo *Add. b* 1, 93. lasaris *et* laseris *Ant. Br. 94.*

lassiora (membra roborare) *VB* 2, 21 (*ubi* laxiora *b*).

laurus: de (ex) arboribus lauri *r* (*b Gel.*) (= ex arbore lauro *B*) 1, 80.

lendines (*non* lendes) *in Add.* 1, 12 (*ut apud Alex.*).

lentem *VB* (*Gel.*) = lenticulam *b* 2, 59. — lentes 2, 38. lenticulam 1, 27 *etc. cf. ind. Plin.* l. agrestis *Ant. Br. 100.* lentem nostratem *Ant. Br. 187.*

lepidos chalcu 1, 85. lepidos cypriae 1, 78 (cerosae lepidos *Ant. Br. 167*).

lethargicus *V* (*B, rec.* litargicus *r b*) *l.* 2 *cap.* 3 — *cf. s. e.*

[**levare** = tollere *in Add. b* 1, 93: lapillum . . . proicito. ut eum quicumque invenerit, statim in eum (verrucae) transeant qui eum levaverit. — quantum tribus digitis levare potueris *Antid. Br.* 39. pondus levare 115. leva de mortario *Ps. Gal. ad Gl. l. III, 45.* radices sine ferro levabis *Ps. Plin. f. 43ᵇ.* levabis de foco *24ᵇ. 74ᶜ.* — levari = surgere *Ant. Br. 9* (si ieiuna levetur), *item* se levare *Ant. Br. 64* (quando te levaveris). *librarii est* (*pro* apprehendere) *Ps. Th. p. 344, 17.*

lexipyreta (*V*, lexo- *rec.*) 2, 7 — id est refrigeriū febris *add. b.*

liberaverunt (suffusiones oculorum) *B Gel.* = detersit *b* 1, 39.

libianum (collyrium) 1, 32. *cf. Cass. 29 p. 51, 6.* pessarium 3, 7. 16. 17. 19.

[**libralem** massam *Ant. Br. 209.*

licet (*sine opp.* attamen) = cum 2, 59. 61. — licet (*opp.* attamen) *c. ind.* 2, 111.

[**licinium** tortum *in Add. b* 1, 43 = λύκιον (licium! *cf.* μοτὸν *Gal. XII, 691*) στρεπτὸν *Ps. Gal. XIV, 338.*

[**liga** = lingua *in Add. b* 1, 49. lingula *Add.* 2, 77 (*Ps. Plin.* 2, 4).

ligusticum (λιγυστικόν *Diosc.*): ligistico *V* (libistico*B*, livistico *r*, livestico *b*) 2, 61. livisticum*Vr* (libisticum *B*) 2, 94. *cf. ad Garg. 23 p. 157, 11.* libisticum *B etiam in Ant. Br.* 16. 40.

[**liliacium** oleum *Ant. 3.*

limpido (linteolo) *B* = mundo *b* 1, 34 (*ut* 1, 36). gutta ammoniaci limpida 1, 40. resina t. limpida 1, 45. [ad limpidam sanitatem *Ant. Br.* 38. *cf. Cael. ind.*

[**limpido:** *Ant. Br.* 27 simul conteris usque ad limpidinem, *sicut paulo antea* ex aqua decoque et tere limpide et da. *cf. 41.*

linea stramina lecti 2, 36. — lineo linteolo *B* 1, 26 (*ubi simpl.* linteolo *Gel.*, linteo *b*).

[**liquidare** *b Add.* 2, 102.

[**lixiva:** lexiva *b Add.* 1, 12 (in lexivo *b*, lexiva *r*) 83. 97 *etc.* lixiva *b Add.* 1, 68.

locus: in loco 2, 117.

lotura capitis 1, 9.

[in **lupino** aureo *Add.* 1, 24. 44.

[**luxus** (luxatio): De talorum dolore tumore et luxu *b Add.* 1, 86 (*c. 42 in ind. capp.*, De luxu *c*). *ib. in textu* tumorem de luxu *et* luxum sanabunt *ib. b.* ad loxum *Antid. Br.* 29. 149. ad luxum *Pelag. 261 Ihm.*

magis plus 2, 13. *cf.* ita sic.

malandriosi *in Add. b* 1, 86 (*c.* 40). *cf. Marc. (ind.).* ad ozenas id est ad malandriadem*Pelag. c. XVI* (*cod. E*). (malandrias veteres *Plin.* 24, 44. *cf. Ps. Plin. p. 77, 21*).

malactico (*sc.* cataplasmate) *An. de ves.* (*ubi* malacteriis cod.).

malaxata 1, 79 (*Ant. Brux.* 13).

malum granatum (mali granati, mala granata) *V (br):* malogranatum*B* (malogranati 2, 91 — *ubi* malagranati *etiam V* — 93. 102. 107. *etc.* malogranata 91. 101). malorum granatórum *VB* 2, 98 (*in Ant. Br. gen.* malogranati 18. 22.

42, *acc.* malū granatū 32. 62
(*bis*).

[**manducare** = comedere *Ant.
Br.* 98 *etc. Ps. Th. p. 351,
12 etc. saepe.*

mare *abl. VB* (mari *b*) 2, 82.

marrubium *VBb* 2, 67.

massare (μασᾶσϑαι) *V* (masare
r) = masticare *B (b)*: daḅo
ad massandum *V* (ad demasandum *b*, ad masticandum *B*)
2, 64. radix massata (maxata
V, masata *r*, masticata *B*) 2,
95. *cf.* massando *Bb* 1, 40. ad
massandum detur *B* (masticandum *b*) 1, 48. massando *b*
(masando *B* = masticando
ap. Or.) 1, 21. radix massata
B (masticata *b*) 1, 46, massari *B* (masticari *b*) 1, 50. —
massare (masare *b*) his convenit pini folia 1, 45.

mastice (μαστίχη *Diosc.* 1, 90.
Gal. XII, 68) *saepe: gen.* mastiche *V* (—cę *b*) 2, 73, *sed*
masticis *VB* 2, 93 (*B* 2, 73).
masticem *V* (—cen *B*) 2, 86: —
abl. mastice 2, 27. 85. 94. 103
etc. (masticae *V* 2, 94. 103).
cf. mastix *Sim. Ian.* mastice
chia *r Gel.* 3, 19 (*cf Plin. 12,
72*). mastice personata (*gemina vȅrae Plin. 12, 72*) 2, 73
(personacia *Vb*, personalis *r*).
sed de herba personacia (personata, persollata *Plin.*) *v.
Diosc.* 4, 105.

[**mataxa**: de capillis ipsius
mulieris facit mataxam et in
medio nodum . . . *Ant. Br. 44.*

[**matronalia** — *vid.* afronitra.

maturare, -rescere (= *weich
machen, weich werden*): buccellae candidae in aqua calida maturatae *Vrb* (maceratae *B Gel.*) 2, 31. cum folia

illic (in *oleo) maturaverint
r Bb Gel. 1, 38 (maceraverint
Neu.). cydonia . . . in aqua . . .
coquuntur ut penitus matu-
ruscant *V* (*B*, maturascant *b*)
2, 91 (*vid. v. l.*). cicer . . . coques ut molliat et maturescat
r b Gel. (*om. B*) 1, 79. collectiones maturatae aut coctae
1, 26. — [*cf.* macerare *in Antid.
Brux.* vino mero spongiam
macera 96, facies cinerem et
cum oleo maceratum calidum
impones 149, oleastrum tunsum maçera 209. maceratus.
Add. b 1, 86 (c. 38 *et* 40).

maturitas aegritudinis 2, 6.

meatus transvorandi difficilis
fit 2, 22.

medellis *V*, medelis *Bb* 2, 61.

media eorum = (*mox ib.*) praecordiorum loca 2, 5. 12. media
praecordiorum (*i. e.* praecordia) 2, 14. — media ovorum
V B (= vitella *b*) 2, 118. —
mediam quantitatem salis immiscebis 1, 26. partem mediam
mellis 2, 91. *cf. seq.*

[**medietas** (*moitié*) bulbi coquitur *Antid. Br. 34.*

[**medulla** panis *Add. b* 1, 91.

[**medullarem** febrem *Ant. Br.
156.*

[**meiandi** libido *Anon. de ves.*
(*sic semper codd. rb*). meiaverit *Add. b* 1, 78 *etc. p. 1, 14.
sic* meiare, meiandi *etiam Ps.
Gal. l. III,* 61. 62. 63 *etc.*

melanchlorus trociscus 1, 68
(*cf. Gal. XIII,* 745 *et* 743).

melas (μέλας *Gal. XIII, 833*)
trociscus 2, 102.

mele (μήλη): aut digito aut
mele (*cod.* melle) *Ant. Br. 42.*
ad pyrena meles (*cod.* mellis)
inunctum *Ant. Br. 4.* pyrena

mellis intinguatur *ib.* (*pro pyrene meles*). *cf. Ps. Gal. XIV,
343. Add.* 1, 8 (21).

melicratum *V* = mellicratum
B b (saepissime).

[**melioratus** *Antid. Brux. 1.*

menomenus (*r*, —nos *B*) *arc.*
2, 50 (de menomenis). •

meninga (μῆνιγξ, membrana
cerebri *Cael. ox.* 1, 128) *vel*
(2, 13) maeninga *V* = mininga
B 2, 9. 10. 13. 63 *etc.* (meninge *etiam r* 2, 10 *et uno loco
ex tribus* 63). *cet. cf.* ponfoliga
b(Gel.) 1, 82. acora 1, 13 (*cf.
Sim. ex Alex.*).

ad **mensuram** 2, 91 = in modum (*saepe*). aequa mensura
V = ana *b* (*v.* ana).

menstruantes mulieres 4, 7.

menta *scribendum, non* mentha
— *vid. s. sub* th.

[**merum:** quantum potio meri
est *Add.* 2, 77. quantum·meri
est *bis Add.*

[**millepeda: millepedia** (*fem.*)
b Add. 1, 86. 3, 2, 10 (*p.351,
3*). *cf.* millefolia herba *b* 2, 65
etc. (millefolium *p. 301, 23*).

militabo (effusionum sollicitudini) 2, 38.

[**mina** fortiter *Add. b* 1, 97
*p. 302, 21. cf. Rönsch, It.
p. 236.*

ministerium (dulce artis meae)
3, 1. mīsterium (ministerium)
et misterium (mysterium) *confunduntur* 2, 115. 3, 1.

minorare 1, 29. 2, 52. 55. 117.
3, 8. 11.

misanthropi 2, 81.

[**misco** (miscĕre) *b Add.* 3, 6.
sic sexcenties fut. misces (*pro*
miscebis) *et praes.* miscis.
misco *Add. p. 339, 19. cf.*

miscuntur *r* 2, 94. miscito
Add. p. 324, 14.

misy: misi(e)os (*pro nom.*)1, 89
etc.

mittes in vase novo *b* (in vas
mundum *B*)1, 9. in vas novum
(*B g*, in vaso vel vase novo
v f) mittimus 3,19. in mortario
Gel. (—ū *B b*) 1, 15. in pultario *Gel.* (mittes *om. b*) 1, 79.
hoc igitur corrigitur saec. XII.
mittimus (*pro* miscemus) *V B-
Gel.* 2, 91. (*vice versa* 1, 38).

moderamentum 3, 19.

modicus *saepe* (modica quantitate 2, 117 *ete.*).

molae (μύλαι = dentes molares)
Gel. 1, 46 (*ubi* malae *B b*). *cf.*
mola resoluta *v. l.* 1, 47.

molestare *An. de ves.*

molliat (= molliatur, mollescat) *b* 1, 79 (molleat *scripsit
Gel.*).

per **momenta** parum dabo 2, 91.

morigerandum erit (sic adiutoriis) 1, 22.

mortarium medicinale *Ant.
Br.* 28. 45.

motarium (mutarium *b*) infusum 1, 61. *cf.* motarium
aqua infusum *Cael. tard.* 3,134.
emmotos *ind. Cass.*

[**mox:** lac bubulum mox mulctum sic tepidum ieiunus bibat *Add. b* 2, 86 (*p. 116, 6*).

mucillagines (urinae) *An. de
ves. cf. Cass.* mucillaginosus
(*Diosc. lat. s.* symfytum *etc.*).
muccillagine *Ant. Br.* 189.

[**munditer** colabis *Add.* 2, 92.

[**muria** stativa *Ant.* 180 (*cf.*
ἅλμη στακτή *Geopon.*20,46,5).

murra *V(r)* = mirra (myrra) *B,
velut* 2, 59. 82. 100. 103 *etc.*
smirna que appellatur mirra
de *s. m.*122. — mora pinguis *V*

(= murra pinguis, σμύρνα λι-
παρά) 2, 64(*V B b, ubi* moro scr.
Gel.). 2, 99 (*V g, ubi* myrra *B et
altero loco* murra pinguis *V*,
mirra *B*). *cf.* 1, 33. — mirram
trocliten *B b* 1, 74 *etc.* myrrae
troclites *Ant. Br.* 4. 39. — myrram piasten*Ant.Br.32(graece)*.
— *al.* mora = celsa *v. ind.
Soran. (Plin. med.* 1, 12). —
murracium oleum *Add. p. 340,
16.*

murta *(lat.) V* = mirta *b B,
velut* 2, 91 (*ubi priore loco*
mirta *etiam V, bis* mirta *B b*).
mirta *V* 3, 29. my(i)rtus *(fem.)
saepius (quam* mirta*) habet B
rec.* = *Gel., quod ubique delendum est: cf.* 1, 7 (*nigrae*
myrtae *b* = myrti *B Gel.* =
μυρσίνης μελαίνης *gr. Eup.*).
1, 48. 90. 94 *etc.* mirti siccę *B*
1, 77 = mirte sicce *r b, et ibidem* mirti viridis *B ubi* mir-
tam viridem *b. sunt autem
graece* τὰ μύρτα bacae τῆς
μυρσίνης(*Diosc. p.145.717*).—
confunduntur mirte *et* mirre
2, 75 (*ubi* mirra *recte b,* mirte
V, mirti *B*). *cf.* 1, 26 (myrra
B = mirta *b*). *coniunguntur* 1,
77.— vinum myrtite(μυρτίτης)
V (myrtatum *B*) 2, 101. oleo
mirtheo *V* (mirteo *B,* mirtino
b) 2, 104. *cf.* 1, 7 (oleum myrteum *B Gel.* = mirtinum *b* =
μύρσινον *Ps. Gal.*). 10. 15 92.
93 (mirtino *r b*) *etc.*
mus: murium (μυῶν) *B b r (bis)*
1, 18 (murum *Gel.*). *item* 1, 37.
Musae trociscus omnibus diffamatus 1, 52. *descr.* 1, 85
(Ant. Br. 42).
mustea: (de musteis *r Gel.*,
musteo *B*) quae piper non
habuerint 1, 81.

myrica (μυρίκη): semen mirice
B (myricis *V Gel.*, miricis *b g
i. e.* — *per* i = η — myrices
= μυρίκης) 2, 108. *ut* myricen
Plinius 13, 116. 24, 67. *cf.*
mastices, —cis = μαστίχης,
unde mastix (tamarix *etc.*).
myxae: mixarum *V* (mixtarum
B, micarum *b,* nixarum *g*)
2, 97 *(bis). cf.* 1, 50 nixarum *b*
(elixorum *B*), *ubi* mixarum
Gel. cf. ind. Cass.

-n: *acc. graec.* irin (*cf. s.* iris),
pthisin (*V* 2, 60), paralysin
(—lisen *V*) 2, 25. paroptesin
V 2, 89 *etc.* ieran *V* 2, 117
(ieram *B,* gera *b*) = geran *V*
2, 67. picran *B* 2, 46. *sed*
pichram *V* (pigram *B*) 2, 92.
arteriotomïan *B* 2, 46. yppocraten *V B g* 2, 107. causon
V B 2, 93.

nam et(καὶ γάρ) *vel nam etiam:*
si vero molae doluerint, herbae parietariae radicis. sucus
. . . statim medetur . . . nam
et pyrethri radix profuit massata continuo 1, 46. cum melle
uteris liniendo. nam et Musae
trociscus . . . adhibendus est
1, 50 *et sic saepissime (cf.* 1,
45 nam et *r b Gel.* = sed et
B), ut etiam Ant. Br. 10. *item
Ps. Theod. (e. g.* 3, 2, 2. 5. 12).
namque: cum certum est namque (= tamen *Gel.*) 1, 14 *(r b B).
cf.* 1, 17 est namque *B* (attamen *b r*). namque *B r* = itaque *b* 1, 31. namque = enim
1, 24 *etc.*
herba **nasturcium** quam nos
ecaticum *(sic)* dicimus *b Add.*
2, 108 *p. 333, 19.*
[ad **nativitatem** redigetur *i.*

statum naturalem Add. 2, 108
p. 334, 2.

natura: veretri hoc est naturae
B r b Gel. inr ubr. 1, 77. *cf.* naturalia (natura?) **=** matrix
3, 8. ad naturam dolentem
Ant. Br. 42. ursi natura, ulcera naturae *Ant. 29. 183 etc.*
Ps. Th. 3, 2, 8. *cf. ad p. 348,
12 (350, 8) ubi* corpus *est pro*
natura **=** fysis *(3, 22).*

naturalia lavacra calidiora 2,
52. 56. *cf.* 2, 76. — aquarum
naturalium beneficia calidarum 2, 31. 46. 116 *etc.*

nausia *VB* 2, 28. 73 *etc.* nausiando *VB* 2, 22. 91 (ad nausias *Ant. Br.* 133).

naxi (pulvis) *r VB* 2, 63. 64 **=**
gipsi naxi *r VB* 2, 36 (*ut* lemniae *simpliciter* 2, 63 —*saepe
et* thebaicos *aiunt et* illyricam *etc.*).

nebri quem nos cervum lactantem dicimus 1, 95 (νεβρός).

nec non et (ętiam) 2, 88. 96
etc.

necdum: si illa vero inflatione
necdum digesta 2, 96. si necdum dolor quieverit 2, 19.
cf. 3, 14. 1, 95 *etc.*

necubi: omnibus adiutoriis
immineo necubi corpus . . .
reumatismo plene possessum
. . . valeam desiccare 2, 62.
escas et cauteres partibus infigo necubi factis vulnerum
meatibus . . . releventur *ib.*
(2, 62). considerandum est
praecipue necubi ciborum sit
praesumptio quorum et qualitate et quantitate laedantur 2, 85. *item* 1, 63 (*ubi*
ne ubi *B,* ne *b*) *et* 3, 14
prius inquirendum est ne-

cubi orificium matricis inclinatum sit.

neglectus morbi 2, 76.

nepeta *(Garg. c. 23):* nepita
r B b 2, 54 (neptę *b* 1, 95. *Add.*
2, 89) ·- quam Graeci cala-
minthen vocant *add. b Gel.*
1, 42.

neurotroti *(a nervo vulnerato
appellati)* 1, 63.

nigrefiat *B* (nigrum fiat *b Gel.*)
1, 15.

nimium (**=** valde) 2, 65. *(Ant.
Br.* 3. 53). labore nimio 2, 106
etc.

nimietas 2, 36. 1, 22.

[**nimf(ph)alis** aqua *Ant.Br.*85.
102 **=** *ib.* aqua fontana.

nivatas aquas 2, 36. nivatam
(simpl.) 2, 38.

[**nodum:** ad noda solvenda de
manibus sive pedibus *Add. b.*
1, 91. illinies noda *ib.*

[**nucleus** *de s. m.* 96. *Th. de
diaet. p. 244. cf. Lex. Alfita
(Renzi III, 362)* Nucleus
quando simpliciter ponitur
de nucleo pineae intelligitur.
cf. Cass. ind.).

nullâ proficere 2, 85 (**=** in nullo
ib.).

nutrire: nutrire et fovere loca
2, 114. calidis et nutrientibus
2, 66. chalasticis et nutrientibus 2, 56. unctionibus . . .
membra inania nutriantur 2,
65. *cf. s.* infundere.

[**nux** regia i. triangula *Add. b*
1, 73.

obficere *VB (om. b)* 2, 3.

observare (**=** custodire): omnibus (adiutoriis) superioribus

observatis (*B* = custoditis *b*)
2, 44 (*cf.* 2, 116. propriis temporibus custoditis *Bb* 2, 46.
temporibus observatis 2, 106).

observatio(= diligentia, cura):
febribus sub hac observatione
desinentibus 2, 106.

obvenit dolor, singultus, paralysis *etc. saepe* (2, 54. 55. 64.
95. 100. 105. 118. 1, 20. 31.
47 *etc.* obveniunt remedia
(= occurrunt) 1, 1.

obviare remediis 2, 60. 1, 31.
4, 27 *etc.*

occupatione sensus (demersi)
2, 15. — graviter occupatus
2, 25 (*sc.* morbo 2, 26). occupat dolor (2, 87) *etc.*

ocimum: ozimum *Ant. Br. post*
200. (ozimo *Bb* 1, 36, *ubi*
ucimo *r*).

oenanthimum (vinum, oleum)
2, 85. 101. 103 *etc.*

oenomeli *et* oxymeli *indecl. V:*
in, ex, cum oxymeli (oeno-
meli) 2, 15. 25. 31. 59. 79. 86.
108 *etc.*

oesypocerotum *confunditur
cum* ysopoceroto (*quae bina
etiam in verba vulgo separantur):* 1, 81 oesypocerotum *ad
ani vitia* (*cf. Diosc.* 2, 84), *ubi*
ysopo ceroto *b, et sopo cerotum B.* — *neque* (*propter
Diosc.* 3, 27) *probandum est.*
ysopocerotum (*ad hydropem*)
2, 108 (*ubi* ysopocerotum *V,*
ysopi ceroto *B*). *cf. etiam*
3, 26 (*sic legitur* hyssopi ceroti *Ps. Plin. f. 40ᵈ. 53ᵇ. 54ᵇ
etc.*). καὶ ἡ δι' αὐτοῦ (τοῦ
οἰσύπου) κηρωτὴ τῶν ἅπασι
γινωσκομένων ἐστὶ φαρμάκων
Galen. X, 965. Spuria Gal.
(*1576) f. 23. cf. infra (Simon) s.*

ysopum. *de oesypo locus fa-
mosus Diosc.* 2, 84 (*quem repetit Simon dupliciter ex Diosc.
antiquo et vulgato et ex „vero"
scil. arabico). ceterum apud
ipsos Graecos etiam recentiores confundi* οἴσυπον *et* ὕσ-
σωπον *docet locus Theodori* 1,
45 *de labiis crepantibus, quae
respondent graece scriptis apud
Ps. Galenum XIV, 424. cf.
XIX, 746 ubi in antemballo-
menis est* ἀντὶ ὑσσώπου (*sic*)
κηρωτῆς μύελος μόσχειος..

officium ventris (procurare =
ventrem procurare 2, 48) *saepe*
(2, 10. 14. 21 *etc.*).

[**oleum** secundarium *Ant. Br.*
29.

[**ollicula** *Antid. Br.* 31 (*bis*).

omfacium *V* (onfacium *B*) 2, 23.
onfacium *VB* 2, 73. 3, 29 (*cf.*
ponfoliga *b* 1, 82).

omfacomeli: omfaco (unfaco)
melle *Ant. Br.* 49. 142.

operari (= *wirken, velut e. g.*
hoc modo etiam bulbi ex
aqua cocti operabuntur 2, 116)
saepissime.

oportune *VB* 2, 106. oportuio
VB 2, 5.

opus sunt diuretica (dysentericis) 2, 103.

opis (*Gel.*) naturae remedia
1, 1.

os (vulneris) 1, 63. (patulum)
68. — os *acc. disyll. familiarem
habet* orem (*ut* frigus frigorem),
per orem (ore) *de s. m. 80 (cf.
Anth.*).

ordinare remedia (2, 19. 21.
25 *etc.* medicinam 1, 3) *frequentissimum.*

ordinatio ciborum 2, 48.

orexis accipiendi (cibos) 2, 67.

orificium venae (2, 63), vulneris *etc.*

oron (medici appellant aquam lactis) 1, 95 (*cit. Sim. s.* oros).

oryza: oriza (*B, ubi* auriga *V*) 2, 64. *cf.* rausa (= rosa) *V* 2, 65. — oridia *G de s. m.* 101.

orthocathemenus lectus 2, 72 (*cit. Sim. s. v.*).

os vulneris 1, 63. (patulum) 68. (patefactum) 75 (= orificium 1, 75). — os ventris = stomachus *b Add.* 2, 91. 92. *cf. Cael. Aur. cel.* 2, 187. *Ps. Plin. f. 44ᵃ Bas.* — ossum (*rec.*) *b Add.* 2, 44 *p. 313, 6 etc.* (*dat.* osso *b p 301, 7*).

[**ossifragus** (avis) *Add. b* 2, 86. *Ant. Br.* 104. *cf. Isid. et.* 12, 7, 59 (*Plin.*). *Marc. ind.*

[**otenchytes** *Ant. Br.* 4, 31.

otiantibus (utiantibus *V*, utentibus *B*) = ociosis *rb* 2, 116.

ova apala — *vid.* apala. — ovorum media *VB* (= vitella *rb* 2, 118.

[**ovo** pleno, duobus ovis plenis *pro suci mensura, ut* manu plena *etc. bAdd.* 1, 97 *p. 306, 7.*

oxymeli: oximel (oximellis, cum oximelle *etc.*) *rbB.*

[**oxypiperis** quod in usu est *Ant. Br.* 13 (*cf.* 40). *cf.* oxymyrsine *Marc. p. 255, 20* = ἀγρία *Diosc. 4, 144. reperitur etiam* macropiper (*Sim., Lex. Alf.*) *apud Salernitanos* (*tr. de s. m. cod. Vrat. f. 27ᵇ*) = piper longum *Plat.* (*Circa instans s.* piper, *ubi et* melanopiper).

oxyporia confecta consuetc 2, 95. *cf.* 2, 19. oxyporium 2, 95. (*b Add.* 2, 89).

nullo **pacto** (facto *B*) 2, 25. hoc pacto 2, 43. 63 *etc.*

palumbus matri subductus *VB* (= columbi minores *b*) 2, 101. *item* columbus 1, 34. (palumbus agrestis *b Add.* 2, 102).

panicula *Ant. Br.* 161.

panis species *vid.* 2, 101 (cyprius aut alexandrinus vel potius africanus, *ubi* afrus *b*). *cf.* farina de pane transmarino *Add. b ad* 2, 91 *p. 328, 3.* — panes mundi *r* 2, 43 (ex aqua calida).

papillae (= papellae *b*) quae in membris emergunt (achores et ceriones) 1, 13. 15. *cf.* 1, 55 *tit.* De minutis papulis (*B b*) in facie . . . (= ἰονϑοι) *etc.*

paregorica *V* 2, 86. 109 (*ib.* parigoricis *V*), *sed plerumque* paragorica *etiam V* = *B rec.*

parietaria: *rec.* paritaria (*herba*) Simon *s. v.*, sic etiam *VB* 2, 81. *cf. B b* 1, 38 *etc. sed* parietaria(lis) *V* 2, 111. — passeris paretarii *Ant. Br.* 135.

paronychium = paronicium *r* (*ind.*), paranicium *rB*, panaricium (panarazium) *b c* 1, 89 (*ut in Marcelli codice*). *cf. Sim. s.* panaritum (paranichion) *et s.* paranichia.

paroptesis 2, 89 *cf. Cael. chr.* 3, 40. 1, 36 *etc.*

partilia (vel specialia) adiutoria 2, 80. — **partiliter** 3, 6.

parum (*wenig*): per momenta parum dabo 2, 91. — teritur cum parvo oleo 2, 111. — ex parvo 3, 11. 2, 106. ex parvis 3, 32.

patefaciet dysuriam (*i. e.* conclusionem urinae) 2, 111 (= mox curabit).

patella ex vitellis ovorum perfusae cerebellorum pulvere aut gallarum 2, 101.

patratio inmoderata, assidua *(scil. veneria)* 2, 32. 33.

patulum (os vulneris) 1, 68. *cf.* patefacto orificio vulneris 1, 75.

pausasse (dolorem) = cessasse *An. de ves. cf. Cael., Ant. Br.* 5, 213.

[**pectinare** cum pectine de cornu pecudis vivi *Add. b ad* 2, 44.

quae orbis longinquus **peculia** habet *scripsi pro* quae *(sic)* ... peculiares habet 1, 3.

pecus (= fetus) 3, 24. 26. pecora 3, 25.

[aut per **pedum** (peditum) digerit aut per urinam *Antid. Br.* 35.

penicillus (*pinsel* = pinicellus *b*) 1, 32. pinnicellum *Add. b ad* 1, 83 etc.

penitus [vel plene *(ex glossa)* *b* 2, 33.

perclaudere (nares) *r b Gel.* 1, 44.

[**percooperis** *Ant. Br.* 2.

percurare (= sanare) *confunditur cum* procurare (= efficere), praecurare, recurare: epar procuratum *VB (ubi recte* percuratum *b)* 2, 83. hydropis molestia (—iam *B)* recurantes *VB (ubi* molestias p̄curantes *g Cas.)* 2, 110. ameticis recurentur *V* (amicticis recuperentur *B)* 2, 113. recuranda *et* curande *v. l.* 1, 18. percurat (*r Gel.* = procurat *B)* 1, 56. cum vero mundatae fuerint et percuratae *Gel.* (curate *b*, procuratae *B)* 1, 58. *cf.* (procurandum *B* = curandum *b* i. percurandum) 1, 70. *b* 1, 79. — *contra male* constrictionem percuret *VB (ubi* procuret *b Gel.* = efficiat) 2, 4. *item male* cicatrices utilius valeas percurare *b (ubi recte* procurare *B Gel.)* 1, 69. procurare *(quo frequentissime utitur) dicit* somnos, vigilias, vulnerationes, ventrem (2, 29. 31. 48 *etc.*), digestionem, declinationem (2, 7), vetustatem (1, 69), vaporem, vomitus, famem, sitim, lectos, cubiculum calidum *etc.* percurare *sic:* cycli beneficia ... omnia paene vetusta vitia percurantis 2, 46. sed aliquando minime percurantur *ib. cf.* 57 (*ubi* percurabis *B*, curabis *b Gel.*). 60. 64. 66. 79. 89. 90 *etc.* (*sed* procurare *recte bis* 1, 68).

percucurri *V* (percurri *B b)* 2, 102.

percussus *Gel. (al. B)* = percussio *b* 1, 34.

perfrictio: *male* perfricatio *Add. b* 2, 86.

peripleumonici *semper VB b* 2, 18. 20. *cf. Cass. c.* 66.

peristereon (herba): *acc.* peristerion *b Gel.*, peristereonam *B* 1, 7. *gen.* peristheoros (= —onos) *B*, yperistereon *b* 1, 9. [h. peristereon hyptios *Add.* p. 320, 13.

permundavit (oculos albos) 1, 40. vulnera delicate permundat 1, 52. *cf.* 1, 94 *etc.*

pernecavit (homines cholera) 2, 37.

perniones: pregmones *semper b* 1, 87—88 *(item in Add.)*.

perseverando tamen fricationibus ⟨manibus⟩ vel sabanis calidis 2, 29.

[ad **perstrictiones** (lateris dolorem) *Ant. Br.* 58. 111.

pertegere *(überdecken)* 3, 19.

[pes: peduum *gen. pl. b Add.* 1, 91 *(saepe).*

[petras iactabit = calculos *b Add.* 2, 33 *p. 334, 30.*

petrocopos herba *Antid. Br.* 198 = saxifraga *lat.*

[cum peste *(sic)* aceti *Ant. Br.* 38. (= faece ?).

ph *graece* = f *lat. (cf. ind. Cass. etc.).*

[phalangionum (morsus): spalangionum *b Add.* 1, 68 *p. 281, 27 (cf. Ps. Plin. ind. 3, 36). sicut Cassius 68 et alibi in codd. modo spalangiones leguntur modo spalangii. fuit enim olim* σφαλάγγιον *(quod* φαλάγγιον*).*

[phoenicium: in finicio (feniceo) ligatum portare *b Add.* 2, 44. 15 *(i. e. in panno rufo).*

physis *(ut saepius alibi natura):* fysin linire 3, 22.

physica (fisica) 2, 116 *etc. cf. Reines. Var. Lect. p. 392.*

picata (vasa) 2, 101.

[pigmenta = virtutes *Ant. Br.* 29. 3. *cf. de s. m. tit.*

pilae (σφαιρία) cupressi 2, 108 *(cf.* gabulae). *cf. r* 1, 79. *b Add.* 1, 79. pilulas cypressinas *Ant. Brux.* 124. pilas cypressi 19. 162.

pinguioribus locis (cucurbitas admovebo) 2, 54.

pinna *V:* penna *r B b (semper). cf.* 2, 23. 25. (48). 98. 99 *etc. nisi quod* 2, 14 *ubi* sternutamentis pinnae interim admonitione *V, ex corr. sic habet B:* sternutamentis spi⟨nnae *in ras.*⟩ interim ammonitione. *in reliquis igitur ubi legit* pinna *(librorum saec. IX) semper ipse tamen scripsit* penna *B (s. XII). Servii (fantis) aetas*

proferebat pinna. *vetat enim iste (in Aen.* 2, 479 *): pennas,* non pinnas.

pinus *(gen. Neue I, 535)* nuclei 2, 34 *Gel. ubi* pinos nucleos *V,* (= pinus nucleus ?), *unde* pinus nucleos *r,* pinei nuclei *B,* pineos nuclei *b. cf. Ant.* 13. — teda de pino *b Add.* 2, 102.

pittacium *r (solus)* ad 2, 31 = grafarium *Soran. ind. p. 156.* (seq. acopum Hippocratis).

pityriasis 1, 7.

[cum aqua pisile (?) *b Add.* 2, 98.

[pix *graeca Add. b* 1, 97 *extr.* — picula (= *al.* pegula) *ib. (cf. Apul. Ps. Plin. f. 50c. 69c B.* — pice *nom. (pro* pix) *r An. de ves., ut* opopanace *(pro* —ax) 2, 117.

plagellae (scarifationis) *An. de ves. (r =* plagulae *b).* — [pla- *Add.* 2, 108 *p. 333, 13:* omnia simul commixta in genus malagme in plagella inductū. ventri ĭponito. *cf. Ps. Gal. ad Gl. l. III, 16. 36. 41. 58.*

[in furno planipedio *Add. b* 2, 108. *cf.* cubiculum planipedum *Cass. 30 p. 60, 19.*

plene *saepe cf.* 1, 79 plene combures *(ubi* pleniter *B, sed* plane *b Gel., quod correxi).* plene sine febribus (= plane) 2, 85.

pleuretici *(ut rec.) V B b r* 2, 16. 19. 21. *sed in titulo* 2, 16 *(item in indice capp.)* De pleuriticis *V.* (pleuriticos *de s. m.* 42).

plumbatum (oleum) 2, 104 *r Gel.* *(al.* plumbeum).

plus commodius operatur *V (B g)* 2, 71 *(ubi* plus simpl. *Gel. cf.* magis facilius respirent *b (Gar.)* 2, 70 (*ubi* magis *simpl. VB Gel.*). plus pinguiores effecti *rBb* 2, 70 (*ubi* pinguiores *simpl. V Gel*). *cf.* magis plus 2, 13.

polyarchion: poliarchion *VB* 2, 105. *cf.* 2, 65. 3, 9 (*Gal. XIII,* 184. 185 Πολυάρχον).

polygonum (πολύγονον): polygonus *V* (poligonos *r*, poligonium *b*) 2, 101. poligonii (*gen.*) *B b Gel.* = poligoni (poligonia aut...) *V* 2, 65. *unde* polygonium (poligonia, poligonos) *Simon Ian. etc. rec.* (*cf.* lapati *V quasi* lapacii *B b, unde* lapacium *rec.* (*pro* lapatum). *cf.* polygoniae *V* (poligonii *B b*) 2, 102 *etc.* herba poligonia viridis trita *Add. b ad* 2, 102 *etc. cf.* 2, 65 *etc. cf. Add. b p. 291, 15* Herbam polegonus quam nos sanginariam dicimus (= *Plin. n. h. 27. 113. Diosc. 4, 4. Fraas p. 230. Meyer II, 312*) tunsam impone (*mox ib. acc.* poligonum). *est* corrigiola (*ital.* corizola), virga pastoris *apud Simon.*

polyploca (poliplaca *B, deest V*) adiutoria quae multarum specierum congregatione compacta sunt 2, 44.

polytrofis carnibus 2, 116.

pomfolyga *nom. sg.* (pompholyx) *codd.* 1, 82.

aequa **ponderatione** miscenda 2, 81. 1, 45. 55. 62. 69. 73 *etc. ut* aequa(li) mensura (*saepe*). ponderationem sustinere 2, 55.

pondo (p̊, p̊ *b*) *B b* 1, 9. 10. *cf.* p̊ *B in Ant. Br.* 11. 31. 38. 45. 175. pondo duo 74. pondo I 76. vettonicae pondus (—d⁹) duorum denariorum potui da-

tum *b Add.* 1, 86 (*c.* 38), sucus eius denarii pond⁹ unius medetur *ib.* (*c.* 37). pondus duplum *Ant. Br.* 192. *cf. ind. ad Ps. Plin. p. 125.*

porcacla (*ut Marc. etc.*) *r* 1, 73 et 3, 2 (= porcilaca, porcillaca *Plin.* = portulaca *B*). porcacla i. alium gallicum *Marc. p. 199, 9 H. i. e.* alum gallicum (*E. Meyer G. d. B. II,* 312. 315) *quod sec. Marc. p. 112, 27. 173, 1. 256, 21* (gallice halus *p. 332, 29*) = radix symphyti (*ut Apul., Plin., Diosc.*).

[**porcellini** adipes *Ant Br.* 2. porcilla virgo *ib.* II. porcellus 153.

porcelliones: oniscos quos porcelliones appellamus 1, 44 (*cf. Sim. s. v.*). *cf. Cael. Aur. tard. 1, 119* porcelliones hoc est animalia quae umectis et aquosis locis saepe nascuntur a Graecis appellata onisci (= aselli *Cass. 28 p. 44, 17 cf. ind. p. 213*). ὀνίσκους τοὺς ὑπὸ ὑδρίαις διαγομένους *Ps. Gal. (II) XIV, 398. germ.* regenwurm, pieresel.

pori naturae *An. de ves.*

[**posteaquam** ... rediguntur (*sic B*) *Ant. Br.* 193.

potestas virium (stomachus) 2, 84.

potens: acres et potentes odores effugiant 1, 35 (*ut Plin. etc.*).

potio (*med.*) *et* potus (*cibus*): est cibus et potus, sunt potiones vel antidota 2, 101.

prae(*v. l.* **pro**)**accidentia:** ex similibus praeaccidentibus 2, 106. ex praeaccidentibus 2, 68 *(bis). sed* 1, 81 pro accidentium qualitate.

[ad **praecisuram** *Ant. Br. 29.*

utrorumque **praecordiorum** i. e. splenis et epatis 2, 81.

praefocatis aditibus *An. de ves.* 1.

praeire cibos (consuerunt linguae curatio et cetera) 2, 7.

praeiudicati tempore et manifesti (podagrici) 2, 116. pro ... praeiudicio temporis 2, 60 *cf.* 2, 105. sub totius corporis praeiudicio 2, 115. si nullum occurrerit praeiudicium 1, 62.

praelavantibus (= prius lavantibus *b*) 1, 82.

praemundatis interea oculis 1, 32.

praesentaneae medicinae libellos 1, 1. — praesentaneum est (rem.) *Add.* 1, 53. *cf. Marc.* 16, 19 *etc.*

praesumptio ciborum prohibenda 2, 42. ciborum nimiam praesumptionem 1, 79 *etc.*

praevenire aliquem (= praemonere, *prévenir*) 2, 47.

[**prendis** die Iovis *Antid. Br.* 156. *item Ps. Theod. in Add. saepe (p. 313, 34 etc).*

pretium diureticum (radicum feniculi *etc.* = *virtus*) *V* 2, 79 (presidium *B*).

ex **pridie** (*VB Gel.,* ante pridie *r,* pridie an *b*) 2, 118. [a pridie ubi nascitur *opp.* alia die *Antid. Br. 136.* ante pridie *b Add.* 2, 102.

primo *semper VB* (*raro* primum 2, 65).

pro pudor 1, 2.

pro *et* per (*ut antiquitus compendia cf. V* 2, 107 *p. 209, 8 etc.*) *confunduntur:* per condicionem (pro condicione) 2, 3.

proveniens *VB* = perveniens 2, 93. procludere *B* = perclaudere *b Gel.* 1, 44.

in **proclivitate** (currere) 2, 72.

professio (medicinae) 2, 47. 25. 4, 6 *etc.* huiusce artis professores 2, 2.

[**proserpinaca** h. *Add. b* 2, 102.

protenditur diutissime desiderium 2, 33.

provectus (*b Gel.,* proventus *VB*) causarum humanior (*verlauf*) 2, 66.

psoealgici (psalgicis *sic VB* = sciaticis *r b,* psialgicis *Gel.*) 2, 117. (psoadici *Cael. p. 549. 547.* clunes = ψόας *ib. p. 167. cf.* psoa lumbus *Sim.*).

ptisana: pthisana *V* (*B,* tipsana *r b,* tissana *r*), *velut* 2, 20 (pthisanae *VB,* ptysane *b,* thipsane *r*). 2, 25 (pt(h *V*)isanae *VB Gel.,* typsane *b,* tissane *r*). 2, 59 (pthisane *VB,* ptysane *r*) *etc.*

pthisin *V* (ptisin *B*) 2, 60. (tysin *b*) 2, 57. ptisis (*mox* pthisis) *B* (ptisis *b*) 2, 56. tesis *V* (tisis *B*) 2, 59. pthisicus *V* (ptisicos *B*) 2, 61. *sed* tisicos *VB* 2, 59.

ptygmatibus 2, 12.

publicare (puplicare *semper b r*): medendi industriam ... haec natio publicavit 1, 1. accidentia quibus passio publicata est 2, 10. causae vel passiones chronicae publicantur 2, 45. si se necdum plene vitium publicaverit 1, 95. si morbus ... profecto fuerit publicatus 1, 96. sanguis ... publicatur 2, 63. nigra cholera ... accidentibus publicetur 2, 96.

pulchrum *V* 2, 33.

pullini adipes *Ant. Br.* 2.

pultarium 1, 79. in pultario novo *Add. b* 1, 7, 18. *Ant. Br.* 58 (*cf.* 111). 76.

[**pulvis** *fem. b*: ad terendam pulverem 2, 108. facta pulvere 1, 74. *Gel.* 1, 63 (p. cum aqua mixta, *ubi* mixtum *b*).

purgamenta ferri vel aeraminis 1, 29. plumbi 1, 70. aeris purgamentum 1, 69. 70. ferri purgatio 1, 5 (scoria).

pusca *VBb r* (posca *Gel.*) *semper sic et fvb in gynaec.* (pusca *Plin. med. Sor.,* posca *Cass. Garg.*). *cf.* puscula (*Vr e pro* pusca *rel.*) 3, 29. puscula (*Br,* poscula *Gel.*) 1, 22 (*pro* pusca *b*). poscula *r* 3, 1 (*ubi* pusca *rel.*).

[**pyrethrum:** piretrum id est herba dentaria *Ps. Gal. ad Gl. III,* 70 (= salivaris *apud Ps. Diosc.*).

pyro(e V)ticac qualitatis 2, 10.

qu *rec.* = c (k) *cf. ind. Cass.:* dequoquam (decoco *r*), quoquendum, dequoquenda, conquoqui, quoquuntur, quoquemus, quoquo, conquoqui *V* 2, 18. 23. 29. 36. 38. 65. 71. 91. 101 *etc.* (*ubi* c *B, sed etiam V* decoquens, —enda 2, 29. concoquenda 2, 23 *etc.*). — inquoare *r* (inchoare *B*) 2, 80. — consequuntur (*V,* —cuntur *b*). *sed* cotidie *VB* 2, 94 *etc.* coque *V* (= *etiam*) 2, 117. quagulum *V* (quagolum *r,* coagulum *B*) 2, 27 *bis* (quagulum *et b* 1, 95). — scilli(e)ticum *V:* acetum scilicium (*V,* squilliticum *B*) 2, 82. acetum etceleticum *VB* (squilliticum *b*) 2, 72. aceto stilitico *V* (squill. *B*)

2, 90. squilla *B* 1, 27 (*Ant. Br.* 34. 38) *etc.* ciperi (—rum) *V* (cyperi *bB,* quiperi *r*) 2, 75 (*bis*). coloquintida (quoloquentida *V* 2, 105), ypoquistida *VBb saepe.* squibala *VBb* 2, .25. *sed* scybalorum *V* (squibalorum *B*) *V* 2, 28. 29. scibalis . *V* (squibalis *B*) 2, 31 *etc.* osciami *V* (iusquiami *r Bb, ut semper*) 2, 118. quimini *V* 2, 98. conquilia *r V* (conchilia *Bb cf.* conchilium *Ant. Br.* 47) 2, 61. pelę quipressi *r* 1, 79. (cyprius *VB*) quiprius *r* 2, 101. quirades *b* 1, 26. 27 (*ubi* choeradas *B*). aquopo (acopo) *r* 2, 19. (squinanti *Ant Br.* 200). *cf. quae apud Simonem Ian. prostant* quianos, quili (diaquilon), quinanchi, quinicos spasmos (*Demosth.*), quinomella (*l.* —mia = κυνόμυια D. 4. 70) *et* quinocefalon (*Diosc.*), quitinos, quitisos (*et alibi in lex.*).

quâ: infundere et nutrire qua (quā *codd.*) infrigdare 2, 7. quâ (*codd.* quae) 2, 53. *cf.* aliquâ.

quaad (quae ad *V*) 2, 110. *cf. Varro (Keil).*

quacunque (*V,* —cumque *B*) 2, 3.

quactile (= coactile *cf. ind. Cass.*): *An. de ves.* (*ubi* quattili *r,* aquatili *b*).

qua de re *codd.* = quare *Gel.* 1, 4.

quamdiu (quandiu *b,* = donec) 1, 9. 10 (= quousque *rb*). 11. 62 (= quousque *b: cf.* quousque *Ant. Br.* 36. 38. 41. 45. 79. usque cum 76. usque dum 128. quoadusque *An. de ves.* 4). *cf.* usque = donec: usque

sanetur *b Add.* 1, 86. usque
sanus sit *b Add.* 2, 77 *(bis).*
usque consumatur *b Add.* 2, 89
= donec 2, 92. *cf.* usque quo
consumetur *ad 1 c. 35.*, usque
acetum ad medium veniat
Add. 2, 92 etc. Ant. Brux.
2. 19. *cf.* tamdiu quamdiu.

quammaxime: *frequentissi-*
mum apud Theodorum eiusque
quasi insigne. quammaxime
plurimum prodest 1, 95.

quantitas: iniectio in modica
quantitate 2, 117.

quantum . . . his accesserit desiderium, tantum . . . timor geminatur 2, 26. — quantum
saepe probatum est 2, 12.
[adicies . . . grana piperis imparia quanta volueris *Antid.*
Brux. 10.

[**quantummodum** estimaveris
Antid. Br. 42.

[**quartanarii** *Ant. Br.* 15.

quassabilis (tremor) 2, 3.

quassare: si inpatientius se
iactando quassaverint 2, 11.
quibus etiam ungues quassaverint (*r b Gel.* = quassi fuerint *B*) 1, 90. — (quatiuntur
aegri 2, 11. 3, 7 *etc., ubi v.*
l. patiuntur). quassationibus
exercitiorum 2, 106. quassatio
cavernae (aur.) 1, 18.

quatenus (*Vf b* 3, 30 *ubi* qua-
tinus *B v g e*): = aliquatenus
(*B*, quadamtenus *Gel.*, quati-
nus *g*) 2, 36 *(Vr). cf.* 2, 113 *(Gel.,*
ubi aliquatenus *r, om. VB)*

querilla *V* (querela *r B*) 2, 28.
70. De querillis capitis *V ind.*
2, 40 (querelis *B b*, querellis *r*
qui mox Querelle *ib., sed* quae-
relis *r* 2, 45 *(bis).*

querimonia (=querela) epatis
2, 73.

quiescere: si sub hoc adiutorio
loca quieverint 1, 97 (quiescente dolore 2, 45 *etc.*). etiam
quietis passionum temporibus
2, 50.

[**quinquefoliae** herbae sucum
Add. b 1, 86 *c.* 36. 41. (quin-
quefolium *Plin.*).

[**quinquenerviae** sucum *Add. b*
ad 1, 85 (*neogr.* πεντάνευρον
Fraas Synops. p. 219) = ἀρνό-
γλωσσος *Diosc. Gal.* (*vers. lat.*
ap. Platearium in Circa in-
stans): *Simon Ian. s.* Quinque-
nervia lanceolata plantago
minor idem. (*cf. s.* plantago).
apud Apul. 2 (*Add. ad Diosc.*
2, 152)eptapleuron polyneuron
. . . septenervia. „*piantagine et*
centinerbia Italis“ *Nic. Mu-*
tonus in ind. Nomenclationum
ad Serap. simpl. 3, 90 *ed. Ven.*
1552 f. 80 (qui distinguit inter
Quinquenerviam *et* Septiner-
viam, *plantaginem minorem et*
maiorem).

quippiam *frequens est: poni-*
tur plerumque pro accusativo
mellis quippiam habentibus
2, 21. habenti quippiam (aliquid *b*) salis 2, 74. *cf.* 2, 31
(*b*). 1, 25. 32. 50. 67. 68. 81.
aut pro nominativo aceti quippiam misceri debebit 2, 42.
super additur quippiam olei
2, 108. *cf.* 1, 49. *etiam pro*
ablativo male nunc scribitur,
ubi legendum est quipiam (quî-
piam *cf. Neue II, 175. 166)*
2, 15 mixto quippiam nitro
aut pipere aut castoreo (*sic*
VB b). *cf.* 1, 51 mixto quippiam nitro vel salibus *(B b)*
et 1, 81 superaddito quippiam
oleo roseo (*r B b*). *cf. Cael.*
Aurel. chr. 4, 1 (cimolia terra

subassata (*corr.* subacta) cum hordei polline et nitri quippiam (*l.* quipiam). *b Add.* 2, 82 addito quippiam piperis. *item cum gen.* 2, 118 superaddito quippiam olei *(VB b)*. *sed recte legitur in V* 2, 108 mixto et quipiam (quippiam *B g,* copia *Gar.*) vini.

quisquam: quemquam (quemque *male B*) medicum 2, 36. sine cuiusquam (*sic B,* cuiusquae *V,* cuiusq; *Gel.*) vexatione 2, 93. — quicquid liquidum horrent (*ubi deest V*) 2, 26.

quisque: seu frigore vel ceteris quibusque (*B b* = quibuscunque) originibus 1, 31.

quo = *ut*: 2, 7. 55. 58. 59 (*bis*). 91. 105. 116 (ut *b*). 1, 58 (ut *b*). 64 (*bis*). 66 (quo *r B*: cum *b Gel.*). 3, 14 (ut *fv*). *Ant. Br.* 94. = *ubi (unde)*: et quo (ex quibus *B*) sanguis poterit eructare 2, 66. *cf.* 2, 91. ex quo (ex eo *V*) = *unde* 2, 84.

quod *et* **quoniam** *pro acc. c. inf.:* addo quod (*r Gel.,* quo *VB b*) 2, 18. 49. non praetereo quod 2, 57. claruit indicium manifestum quod 2, 35. certissimum est quoniam 2, 56 (*B Gel.,* quia *b*). experti sumus quod 2, 116. (moneo) quod 2, 14. monitum te volo quoniam 2, 114 (*al.* 2, 6). nos instruxit quod 2, 114. — est profecto quod omnes commoventur 2, 115. [tantus...quod *b Add.* 2, 108 *p. 334, 2.*

r *gr.* = r: catarrus, reuma, rus *etc.*

rabiosi (canis) 2, 26 (*VB* = rabidi *b*). *Add.* 1, 68. [canis numquam rabiet (rabiat *b*) si ... *Add.* 1, 68 *p. 281, 22.*

[**racana** (*art unterkleid,* ῥάκος) *Add. b* 1, 78 *p. 285, 12* si in lecto suo in saga *(sic)* vel in racana aut tunica sua vel quolibet panno meiaverit. *cf. Ennod. ep. 9, 17 Sirm. (1611)* laenam et racanas cuius vos volueritis coloris rubei aut fusci mihi sub celeritate dirigite. *ad quem locum Sirmondus in notis „Ita distinctè Vaticanus, reliqui* Laena metra canas [*sic etiam in cod. Phillipp.* Lena metra canas *f. 82b 2*] *quod eodem recidit. Racanae autem quod genus vestimenti fuerit non liquet“ etc.*

[**racinos** — *l.* racemos — de uva vini *Add. b* 1, 93.

radix vulneris 1, 62.

radices = rafani: radices quas rafanos appellamus 2, 76. (*cf. Simon Ian. s.* radix simpliciter pro rafano domestico accipitur, sic Romani hodie, sic Greci etiam vocant. nam riza grece radix si sine adiuncto invenitur pro rafano domestico accipiunt. interdum et rafanos vocant). vomitus radicibus acceptis 2, 72 = vomitus ex radicibus 2, 46 *etc.* (*cf. Gargil. med. 1.* Isid. et. 17, 10, 10). sic rafanorum (*plur. B Gel., non* rafani *ut semper b*) sucus 1, 20. 21. 33. 40 *etc. cf.* 1, 87 rafanos tundes et ex eorum suco *etc.* (*ubi* suco rafani linies *b*). — *cf.* cauliculos, porros (*ubi modo* porri sucus *dicitur* modo porrorum 1, 73. *cf.* 71 *etc.*).

[**radicina** (= *radix*) *Antid. Br.* 122. 126 (*bis*). *cf. Pelagon. ind.*

ragadia: ragadiis *in rubr.*
b Gel. B 1, 89 [ragadium *Ant.*
Br. 29.

ramicem quam appellamus 1,
79. de . . . ramicosis *rubr. b*
1, 79.

rasura cucurbitae 1, 89 *(Cass.*
61). plumbi 1, 5. [rasuram
cum putredine facientibus
Antid. Br. 92.

rationabiles curae 2, 115.

recolligo (membra exercitiis)
2, 54 (se recolligere *Plin. cf.*
gall. se recolliger). membra
colligere 2, 56 *(saepius)*. 57.
cf. 2, 55 pes ut colligeretur
(colligaretur *codd.*).

recurare *(cf. percurare)* 1, 18.
2, 110. 113. 3, 8.

recorrigitur vitium *(r Gel.)* 1,
39 *(quod emendatur in B b)*.

redamnantes (suam sententiam) 2, 51.

reformata sanitas 2, 46. oculorum aciem reformavit 1, 38.

reiactationes *An de ves.* 1.

relevatio capillorum 1, 30.

[**remediare** *Add.* 1, 68. 78. *Ant.*
Br. 177. 202 *etc.*

remoratus ore (fimus profuit)
r b Gel. 1, 46 *(ubi corrigit B*
remorando).

removere: si nulla nos ratio
removerit 2, 10. — removere
fervorem 2, 78.

renum *V B r* (rcnium *g Cas.*) 2,
110. 111. (renum *Ant. Br.*
136. 139. 180).

reponentes (cibi in stomacho)?
2, 102 *(ex gr. Hipp.)*.

resolvere *(al. solvere cf.* 1, 87)
— *vid.* constringere.

[**retratis** litteris == retroactis
b Add. 2, 89.

reuma resoluta *(sic fem. V,*
—tum *B,* dissoluta *g,* —tum *b)*

2, 116. *cf.* reumam *Cass.* 29
etc. (cf. 1, 26. 27 . . .).

reumatismi transitu 2, 105 (==
reumatis transitu 2, 116) *etc.*

reumatizare *B b* == reumati-
diare *V*: reumatizianti *(sic) V*
(—zanti *Gel.*) 2, 58. capite
reumatidiante *V Gel.* 2, 68.
corpora reumatidiantia *V Gel.*
2, 103. reumatidiantibus renibus *V Gel.* 2, 109. si oculi
reumatidiaverint *Gel.* (—za-
verint *ut semper B b*) 1, 35.
oculis reumatidiantibus *(bis)*
Gel. 1, 35. si uva reumati-
diaverit *Gel.* 1, 52. — *cf.* apo-
flegmatidare *b* 2, 14. aptidiandum *B* (== baptizandum
Gel.) 1, 66. [reumatizantibus
Ant. Br. 42. encolpidiare *ib.*
3 *(bis)*.

reum ponticum: reuponticum
B b (reoponticum *V*) 2, 64 *(Nic.*
Mutonus ad Serap. 3, 72 „*Reu*
barbaris, Reuponticum offi-
cinis“). reupontici *Ant. Br.* 200
et rapontici *ib.* 143. rha pontici *Marc. p.* 229, 1. reupontici *Ps. Plin. f.* 39ᵈ. *cf.* ῥᾶ ==
ῥῆον *Diosc.* (2, 3) *Gal.* [ῥα-
πόντικον *Ps. Diosc.*] *radix*
pontica Cels. 5, 23, 3. *Lex. Al-*
fita (Renzi Coll. Sal. III, 311)
s. reu barbarum. *Sim. Ian. s.*
raund *(arab.). Fraas fl. cl.*
p. 232.

revocare == evocare *(q. v.).*

rigare *V B* == irrigare *(rec.) b*
2, 11. 14.

rite *(frequens apud Th.) V B*
== recte *(rec.) b* 2, 12. *in*
tertio ubi (def. V) praevalet
B 3, 16 si his omnibus recte
(*f v r g b Gel.,* rite *B*) adhibitis.
item 3, 18 recte (*f v r g Gel.,*
rite *B*) est maturata conceptio.

rodomeli (—melli) *b* (rodomel
B) 1, 50.
[de lino **rore** (?) *Add.* 2, 44
p. 313, 33. 314, 11.
rosacium (*V*, rosaceum *B b*)
oleum 2, 11 = roseum *ib. etc.*
cf. gallinatios *r B f* (—ceos *v*)
3, 19. *cf. ind. med. Plin. s.*
—cius. *in Ant. Br. B habet*
oleum rosacium 68(*ut* fabacius
35. 146, gallinacius 23. 50. 143,
liliacius 3. 174. hordeacins 2
(—ceus 93), *sed* rosaceum 151.
152. 153. 166 (oleum rosae
semel Ant. 200).
[**rostrum**(*hominis*): ad rostrum
applicas et labia inde fricas
Antid. Br. 5. *item Ps. Gal. ad
Gl.* 3, 47. 52.
ruber *B* = rubeus *b*: betarum
rubrarum *B* (betas rubeas *b*)
1, 5. multum rubri *B* (rubeum
multum *b*) 1, 6. (ceṛe rubee
Ant. Br. 19. 29. 41).
[**rubellum** vinum *Ant. Br.* 86.
[**rubiolum** unde pedes (*corr.
libri*) illuminantur (*ad pedum
dolorem*) *Add. b* 1, 91 (*p. 61*)
i. e. rubia tinctorum (*cf. Diosc.*
1, 150. *Simon s.* rubia).
rubus elixa et trita *r B Gel.*
(rubus elixus et tritus *b*) 1, 63.
ros marinum: rosmarini *gen.
Add. b* 1, 86 (*c.* 36). roris marini *Ant. Br.* 30. 167. 200
(*Garg.* 45).
rus syriacus (ῥοῦς, *gen.* rus
syriaci, *acc.* run syriacum):
nom. ros syriacum *V* 2, 102
bis (roxiria 2, 101) *vel* ros
siriacum *b r* 2, 101. 102². 1,
53 (*Gel.*). 1, 78 (*Gel.*). *cf.* rhus
syriacum *Marc. p. 114, 16 H.*
ros syriacus *B* 2, 101 102¹.
102². *gen.* ros syriaci *b* 1, 52
(*Gel.*). *cf. Cass. ind.* (rus *gen.*

*Cass. p. 177, 11. cf. Marcell.
p. 32, 21 etc. saepe. bis etiam*
rhus syriacae *p. 275, 17. 306,
29 cf. ind. ed. Helmreich*). ros
syriaci *g* 2, 100. rosae siccae
r B (*pro* ros syriaci) 1, 78.
roris siriaci *V* 2, 65 (*Gel.*). 98.
100. roris siriaci *b* 2, 102¹.
(2, 65. 98. 100). roris syriaci
B 2, 102¹. 2, 65. 98. 100. 1, 52.
acc. ros sy(i)riacum *Cass. p. 88,
8* (rhum *Plin. 29, 50. cf. Marc.
p. 281, 9 H* ros marinum sive
rhus orientalē (*cod.*). *abl.* ex
rhus coriario *Marc. p. 278,
23 H.*). rorem syriacum *Ant.
Br. 143* (radicem syriacam?
Ant. 163).
rutatum (oleum) 2, 17. 31. 41
etc. (ruthacio 2, 31 *b, qui semper scribit* rutha). — rutatum
(*med.*) 1, 15.

s *et* r *saepissime confunduntur
in V:* conpendiore (—ose) 2, 8.
flor (flos) 2, 65. marsandum
(massandum) 2, 64. pisceras-
peros (pisces asperos) 2, 61.
urtione (ustione) 2, 68. laneir
(laneis) 2, 72. frequenter(—tes)
2, 26 *etc.*
sabana calida 2, 29. calentia
2, 53 *etc.*
[herbae **sabinae** *Ant. Br.* 39.
h. savinae 19.
sabinensi (oleo) 1, 67. *Add. b*
2, 29 *etc. Ant. Br* 19. olei
sabini 30. 31).
[in **sablone** maris *b Add.* 2, 108.
cf. Ps. Plin. p. 95, 3.
saccelli *V B* (sacelli *r b*) 2, 17.
23. 31. 107. 117 *etc.: sed* sacelli *etiam V* 2, 80. 104 (*ubi*
saccelli *B*). *cf. Cass.*
sacellari debent *r b An. de*

ves. 4. sacellabis *Ps. Plin. f. 43ᵇ B.*

[*saccomeli Ant.21. an* stactomeli?

sagapenum (—pinum *r B b*): 1, 67 *etc.* 2, 45 *(ubi deest V).*

salicis arboris semper infructuosae (cortex) 2, 83.

salsicia *VB* 2,101 *v. l. p. 202, 2.*

[**salitae** aquae *Ant.* 14.

saltus musculorum 2, 47 (cordis *etc. Cael.*). venarum 2, 63.

[herbae **samariae** (?) *Ant. Br.* 70.

[**sambucineum** (lignum) *Ant. Br.* 83 (= sambuceum).

samsucum *semper VB (cf. Cass.).* ex oleo samsucino (samsucio *V*) 2, 17 *etc.* (samsucum *b Add.* 1, 83).

sandonicum (*pro* santonicum) *VBb* 2, 97. *cf. Sim. s. v.*

[**sanguinem erraticum** curabis sic *Add. b* 2, 19. 31. *cf. ad I p. 291, 20.*

[**sanguis hominis** *in remed. scr. Add. p. 302, 13.*

sanguinanti (loco) 2, 64.

sanguisugas *B*: sanguissugias *V* (sanguis unguas *b*, sanguissucas *r*) 2, 15. sanguisugias *r* 2, 50.

saniare (*r, ubi corr. B* sanari) 1, 66 (*om. B Gel.*): cum saniare coeperit (vulnus). *cf. Cass. ind. etc. cf.* umor corruptus insanians (*codd.* insaniens) 1, 96.

sapa 1, 97 (sapa gallica *Ps. Plin. f. 14ᵈ in sapone Constantini, de quo cf. Ant. Bamb. L. III. 6 s. X f. 90ᵇ*).

sapo gallicus 1, 9 (*Plin. Marc.*).

saponata (*sc.* aqua) *b* 1, 55 (*ubi* saponetum *B*).

[caput **sardae** *Ant. Br.* 85.

sardinae 1, 74. *cf. Garg. app. p. 209, 12.*

satis = *valde* 2,107. satis iuvat 1, 81 *etc. Ant. Br.* 39.

[**saxifrica** *Ant. Br.* 200 = saxifraga (h.). *eadem graece* πετροκόπος *Ant.* 198.

scabia (*cf.* scabiola): sabinis (scabiis) siccis *B* = scabiei siccę *Gel.* 1, 7. veluti exanthemata quas scabias (*r b*, scabies *B Gel.*) dicimus 1, 56. papulas et scabies (*B b Gel.* —scabias *r*) totius faciei (*iterum*) 1, 56. scabies (scabias *r*) si vulneratas (vulnera *B*) habuerint *b* 1, 93. qui cum scabia dolent *Add. b* 1, 91. scabias i. pu(a)pulas *Add. b* 1, 93. *differt* scabies (*utrumque simul* legitur *in Add.* 1, 93): si pruritus aut scabies perseveraverint *r B b* 1, 92. *cf.* 1, 96 scabiei *B* (scabię *b*). scabias *Ps. Th.* (de simpl. m. 31.118) = ψώρας. *Antid. Aug. f.10* facit ... ad eos qui assidue cufas ponunt quod vulgo scabea dicunt (*v. Dieffenbach s.* scabia ... grynt, ruyt, schorp.). *cf.* scabiare *Pelag. 347 Ihm.* ungues scabiosas *b Add.* 1, 91.

[**scabro** *pro* crabro *Add.* 1, 68 *p* 282, 4.

[**scafium** *Add. b* 2,104. 3, 2, 3. 4. 7 (*cf. Cael.*) = *nachtstuhl. ubi cod. a semper habet* casium.

scamonia *V* (scammonia *B*): esciamoniam *V* (scămoniam *B*, scamonea *b*) 2, 29. sammonia (*sic*) *V* (scammoniae *B*) 2, 99 *et ib. mox* escamoniae *V* (scammoniae *B*). scammonia *VB* 2, 105. *cf. b Add.* 1, 18. 1, 77.

—scāmoniam *B* = diagridium
b 1, 14.

scarae 1, 62 (= sordes eiusdem vulneris *b Gel.*). — *vid.
escara ap. Cass. (ind.).*

scarifare, scarifatio: *male rec.*
scarificare, —ficatio, *ut* sca-
rificatione *B* (—facione *b*) 2,
45. scarificandum *B b* 2, 50.
scarificaverunt *B* (*ubi* sacrificaverunt *etiam Vg*, scarifaverunt *b*) 2, 107. *sed recte*
scarifabis, scarifationem, scarifari *etiam r b An. de ves.*
2. 4.

schema: utilis est sub uno
schemate (*B Gel.*, scemate *b*)
etiam patientia vulneratis 1,
63. sub uno schemate (*V*, scemate *B b*) 2, 30.

schiston (lac) = divisum vel
scissum *b* 2, 29 (*ubi* scisthon
V B). secundum consuetudinem confectum 2, 86 (*ubi*
yhiston *V*) *cf.* 2, 101.

[**scia** (= ischias *unde* sciadicus
r 2, 112. 116 = sciaticus =
ischiadicus): *Add. b* 1, 91
p. 296, 4 ad . . . scie et renum dolorem. *cf. nescia Marc.
p. 247, 19 etc. Antid. Br.* 19
ad schiam (sciatici 30. 31.
de s. m. 30).

scilla *V* (squilla *r b B*): scilla
(*sic*) *de s. m.* 121. squilla id
est bulbus *Antid. Br.* 34. 38
(166).

[**scripulares** pastilli *Ant. Br.*
176.

scybala (*pl.*): squibala *V B r b*
(squibalarum *r et ante corr. g*
2, 28, *ut* squibalas *passim*).

[in se misce *Add. b* 1, 97. teres
Add. 2, 62 *etc.* commisces *Add.*
3, 2, 4 *etc. cf. Antid. Br.* in
se miscere, terere, cernere,

coquere, mittere, agitare, bullire *etc.* 13. 56. 61. 62. 106.
115. 136. 151. 159. 162. ab se
nascitur *(sponte) Ant. Br.* 56.
ex se cadunt verrucae *b Add.*
1, 93.

[**secata** (ferro) *Add.* 1, 68 (*sic
legas et in Ant. Leid. 54 Piechotta).*

[**secundarium** oleum *Ant. Br.*
29.

in **secundis** (*opp.* primo) 2, 29.

[cum **sellas** perfecerit *Add. b
p. 304, 13.*

[**semicupium:** missum in semicubio *Add. b* 2, 29. *cf. ind.
Cass. et cod. Phillipp. 1790
f. 45ᵇ* semicupio hoc est cuba.

[**semotim** *Antid. Br.* 57. 120
(= separatim 59). *item Add. b*
2, 62 *p. 318, 16.*

serit febrium originem (calor)
2, 2.

sernia (serna, zerna): **serniosos** oculos quas nos impetigines dicimus *r* 1, 37. sernie
maculas *r* 1, 58 (*quod* nigras
maculas *explicat b cf. ind.
Cassii s.* zerna, zernosus). *sic*
cit. (*ut cod. r*) et Simon Ian.
s. serniosos (*Reinesius Var.
lect. 1640 p. 522). cf. Med.
Plin. Ups. p. 247* (de curis q.
ex cameleone fiunt) Pes dexter
ex prioribus pedibus came-
leontis in pelle hiene id est
belue inclusus proficit ad tol-
lendas syrnas quas greci li-
cenas appellant (= *Plin.* 28,
115!). *ib. p. 196* ad curandos
ungues scabrosos id est fir-
nosos (*corr.* sirnosos).

[**sero** (*opp.* mane) *Ant. Br.* 37.
Add. b 1, 97. 2, 62. 102 *etc.*
3, 2, 1.

serpentum (morsus) *V* (serpentium *rBb*) 2, 26. serpentium *rBb* 1, 16. 1, 74 *Ant. Br.* 4. *cf.* serpentium *Plin. cod. Aug. (Neue I,274).* ceteros (*rB,* ceteras *fem. b*) serpentes 1, 74.

serpere *c. acc.:* (vulnera) serpunt (serpiunt *rb*) loca vicina 1, 71.

serpillum (—pullum) *lat., gr.* ἕρπυλλος = erpyllus *des. m.* 50.

sesamum: sisamum *rb B* (1, 74. 3, 4 *etc.*).

seseli: sisel *V Gel.* (sesel *B,* siseleos *gen. g Gar.*) 2, 100. *cf.* siseli *Sim. Ian. (Diosc.) et* siseleos *Sim. Lex., Alfita.* siselis *etiam codd. Plin. 8, 112.* siseleos *Ant. Br. 40.*

[**sessus** = ἕδρα *b Add.* 1, 83. *Cael. chron.* 4, 45 (sessio). *sed p. 306, 13* per secessum (*ital.* cesso).

sin vero *rVB* (si vero *b*) 2, 85. 101. *item* sin vero *B* (si vero *b*) 1, 26. 46. 60. 69, 2, 45 (sin vero ... non *rB,* si vero *b*). 50 *etc. ubi scripsi* sin (v. nulla ... *neg.* 2, 85). *sed* si vero *VB* (sin vero *rb*) 2, 38. si vero (*B,* sin vero *rb*) 1, 97. si vero (*rb,* sin vero *B*) 2, 58. **sic** *rhetorice repetito quam maxime delectatur Theod. (imitatur Ps. Theod.).*

sic ita 2, 38 — *vid.* ita sic. [**sic quasi** *Ant. Br.* 152. 157.

siccare: loco siccare reumata *rVB* (= locum siccare a reumate *b*) 2, 59. ebriositas (sui natura *add. cod. Gel.*) siccans 2, 58. (*intr.*) linimentum cum siccare coeperit 1, 5 (*bis*). ut confectio siccare (— ri *r*) non possit 1, 5. quod (linimentum) cum siccaverit 1, 83. post quam

siccaverit 1, 33. flores in sole siccare facies 1, 9. cum siccaverit *Ant. Br.* 151. cum coeperit siccare 146 (*sed ita custoditum ut non siccetur ib. post 200*).

[**siderati** *Add. p. 336, 28.*

[**silvaticus:** malva salvatica (*sic ba* = silvestris *g*) *Ps. Th. p. 347, 4 etc. saepe.*

sinapi *nom. VB,* sinape (*semper*) *rec. b* 2, 44. 81. 98. 105 *etc. gen.* sinapis (senapis *ante ips. corr. V*) *Vr* (sinapi *B*) 2, 15. sinapis *VBrb* 2, 74. sinapi *rBb* 2, 53. synapi *gen. Ant. Br.* 76. *abl.* sinapi *VB* (—pe *b,* senapi *r*) 2, 90. sinapi *rB* (—pe *b*) 2, 49.

sinon: *gen.* sinonis (semine) 2, 29. *abl.* sinone 2, 89. = petroselinum agreste *Sim. Ian.* (*cf. not. ad 2, 29*). sinon *Plin.* 27, 136 (*ubi cum smyrnio memoratur*) *fort.* = σίσων *Diosc.* 3, 57. *Gal. XII, 123. cf. Ps. Gal. XIX, 744.* sison agrion *male legitur apud Apul. 94 Ack.* (*Ps. Diosc.* 3, 82) *ubi* sicon *Cas.,* sincon *Vrat.*

sociari meningae omnes iniectiones (= communicari) 2, 10.

solanis fricationibus 2, 106 (*id est* sub sole ardente 2, 117 (*cf.* unguenta sub sole adhibita 2, 108).

solanea (lacerta) *V Gel.* 1, 47 (lacertus solanus *B*) = σαύρα ἀγρία.

solemnis *V,* sollemnis *B* (solempnis *rb*) 2, 105. solempni *r,* sollempni *b,* sollemni *B* 1, 23. sollemni *rBfv* 3, 14 *etc.*

solidam (aquam) 2, 48.

sollicita passio (= periculosa) 2, 37. *cf.* sollicita superiorum loca 2, 58 *etc.*

sonchus (σόγχος) herba 1, 45. *cf. ζόγχος Gal. XIV, 421 etc.*

sors passionis (*pro* exitu) 2, 13. causarum 2, 3.

[**spalangio** *Add.* 1, 68 *(Cass.)* = phalangium *(cf. supra)*.

spathomele: *abl.* spatomelle *r(B)b* 1, 78. *gen.* spatomellis (—melis *r*)*Bb* 1, 44. 37. spatho-. meles bacula, baca 1, 37. 44.

[**spargere** paniculam (aut rumpere) *Ant. Br.* 162.

spatula holosidera 1, 79.

speciem faeni graeci(detrahens cataplasmati) 2, 17. cum stypticis speciebus 2, 85 *etc.*

speciale adiutorium 2, 71. flegma speciali natura frigidum 2, 112. ex sucis herbarum specialiter stypticarum 2, 63. — specialia vel partilia adiutoria 2, 80.

speculare vitreum: (pulvis de sp. v.) *bAdd.* 2, 102. *cf.* specularia cocta et in pulverem redacta *Pelag. 248 Ihm. cf.* specularis assati *Cass. (ind.).* gypsi specularis cocti *Ps. Plin. f.* 55[b].

spaera: quactili contexto secundum modum sperae *An. de ves.* 4. *cf. Cass. 42 p. 98, 1* embrocas a quactiliario in modum spaerae formatas.

[**sperulus** *vitium mul. Add. b* 3, 2, 10. — *cf.* spaerula *Cass. ind.*

[**splen** *n.: acc.* splen *in Add b* 2, 77. 82 *semper.*

splenitici: phleniacis *V* (pleuriacis *B*, spleniacis *r*, spleneticis *b*) 2, 83. *sed* De splene- (i *in ind. cap. V*)ticis *VB* 2, 80. spleniacis *rVB* (spleneticis *b g Gar.*) 2, 108. *ubi cum* spleniacis *ex lanyob.* t (= a) *sine*

dubio natum sit, splenitici *probantur, non* spleneotici.

sputuum (*V*, sputorum *B*, sputus *rb*) digestio 2, 21. sputa sanguinea 2, 20. fluxus sputorum 2, 59.

squibala — *vid.* qu.

st- sp- *etc.* = est- ep- *V*: especialiter estipticarum 2, 63. estipticis 2, 64. estrignum 2, 63. estomacho 2, 64. 65. adestringo 2, 65. espungiam 2, 65. escamoniae 2, 99 *etc. etc.*

[**stagnum** *b Add.* 1, 23. 73 = stannum: *cf. Schneider Lat. Gr. I, 2, 503. Ant. Br.* 10. in cacabo stagnato 17. cacabo stagneo 21. in vase stagneo *bAdd.* 2, 102. 3, 2, 12.

staphis agria: stafides *(sic* = staphidis *Gel.*) agriae (*V*, stafisagriae *B b cf. Cass.*) quam silvaticam uvam appellant 2, 25 (*cf. Plin.* 23, 17). stafidos agrias *ut Marc., Ps. Plin. Bamb. p. 356, 18 ubi* stafisagria *r.* staphisagriae *etiam r b An. de ves.* 6 *ut* stafisagriae *B* 1, 12. staphisagriäm *acc.* 1, 12 *B* (*ubi* stafisagria *pro* -ā *b*).

staphy(fi)lomata 1, 47 *cit. Sim.*

[**statuere** sanguinem (statuisti) = sistere *Ant. Br.* 52. 53. 54.

[**sternutus** (et singultus) *Add.* 2, 91 *p. 329, 26.*

storace = storax 1, 3. 3, 19 *etc. semper. sic et de s. m. interpres* (*G, non* styrax) 119.

[**stricilla** (*i.* strigilla, strigilis): in stricilla calefacies et tepidum in aure mittes *Add. b* 1, 21.

strictio ventris *Ant.* 105. *cf.* 58. 111.

[**stringere** *neutr.*: si ... non strinxerit sanguis *Add. p. 332, 20.*

strignum (στρύχνον) *V B b r* 2,
36. 38 *etc. semper* (*sed* 2, 38
strignon *B simulata graecitate
ut solent scribae saec. XII).*
estrignum *V* 2, 63.

strofos (*V*, —fus *B*, —phus *b g*)
2, 28. *cf. Cass. 51 p. 134, 2*
ad strofum i. tortum (tortionem *Sim.*) ventris. *Ps. Plin.*
(alt.) 2, 22 ad strufum hoc
est ad tortionem ventris *(ed.*
Rom.).

stymmata (*id est* species stypticae): aqua de stimmatibus
(sic b Gel.) 1, 78.

sub *praepositionis usus fre-*
quentissimus: velut 2, 106
ydropici et cachectici simili
sub diligentia visitantur. qui
enim prope ex similibus praecedentibus fiunt, aequali sub
indignatione tumescunt. 2, 13
lethargicis et freniticis capitis est vel meningae simile
sub extensione periculum . . .
lethargici vero sub simili incommoditate . . . deprimuntur.
sunt hae differentiae sub simili sorte passionis. 2, 30
extensionem . . . sub qua ita
tenduntur ut sub uno schemate iacentes tensione . . .
teneantur. 2, 37 cholera . . .
sub angusto tempore sollicita . . . sub unius diei spatio
frequenter . . . vitae terminum
fecit, dum . . . effusiones sub
dolore nimio . . . sed diarroici
. . . sub longo tractu temporum
. . . cholera vero . . . sub angusto tempore homines pernecavit. 2, 58 sub cuius detractione sitis . . . profuit procurata . . . sub utrisque coacta
ebriositas . . . medeatur . . .
sub civili aegritudine medi-

cinae iam beneficio repugnamus. 2, 61 thisicos . . . una sub
sorte . . . medicina desperat . . .
plena iam sub desperatione
(*cf.* 2, 24) visitamus . . . per
initia spe sub qua . . . labores
impendimus . . . 2, 57 sub tribus differentiis ex hoc causae
fiunt. 2, 4 sub certis accidentibus . . . declarantur nomina
passionum. 2, 63 sub trina vulneratione causatio (fit). 2, 73
sub quadam solutione laborantibus (*cf.* 2, 15). 2, 65 sub
gemina vel trina sanguinis
detractione flebotomum adhibere (*cf.* 2, 52). sub disposita provocatione compello
2, 53 *etc. etc.* ficos contusas
sub duplo pondere immiscebis 1, 25. hordeum et sal combures aequa sub ponderatione
1, 45. sub aequo tunsis 1, 73.
[si sub hirco scabies exierit
Ant. Br. 41.

sub— *(cod. V)*: subcumbere 2,
12 (= *r, non B*). (subcutiens
2, 42 *B*: succ. *b*). succurrendum 2, 5. 29 *etc.* suggeruntur
2, 3. suggeram 2, 17. subministrabo, —trandus 2, 31. 33.
36 *etc.* subpeditant 2, 112.
subpinguis 2, 5. 112. (1, 82).
subpono (—ponimus) 2, 33. 17.
64 (subponendum *r* 1, 80 *etc.).*
supponimus 2, 25 *etc.*

in **subiectis** = *infra, post (opp.*
superius) 2, 64. *cf.* cataplasmandi sunt de subiectis, ut
sunt . . . 2, 65. ex subiectis
alia diligentia visitamus: piper . . . dabimus *etc.* 2, 19 (=
ex sequentibus). *item* de subiectis accidentibus advertendum erit 2, 84. ex subiectis adhibeo 2, 98 (*opp.* supra dictis).

[**submasticet** *Add.* 1, 45.

[**subsistent** lumbrici *Ant. Br.* 101.

substantia: totius corporis interiorem omnem saepe substantiam effuderunt (vomitus et ventris effusiones) 2, 37. ipsam epatis substantiam 2, 73. substantiae inopia 2, 60.

sulphur (*B*, sulfur *rb*): sulphor (*sic*) *V* 2, 71. 77. 81. sulphore (ae aquae) *V* (*unde* sulphur *B*) 2, 105. sulphurea *B* 2, 56. sulphoratas lanas *V* (sulphuratas *B*, —furatas *b*) 2, 17. s. vivum = ϑεῖον ἄπυρον 1, 34 *etc.*

super illam decoctionem . . . adiungo 2, 19. *cf.* super quae . . . superimponimus 2, 65. — superadhibere 2, 44 (*ut* superaddere *saepe*).

superfasciare *An. de ves.* 4.

superventus hydropis 2, 82.

[**supradatum**=impositum*Ant. Br.* 4. *cf. Marcell. ind.*

supra dicta *et* supra scripta *in codicibus variantur ex vet. script. comp. orta:* s̄s̄ *vel* ſſ. *sic* supra dicti *VB (b)*, *ubi* supra scripti *Gel.* 2, 93. supradictis *Gel.* (supradictarum *B*) *ubi* s̄s̄ *b* 1, 78 *etc. et sic semper b, pro* supra dictis *etiam aliorum codicum, hoc compendio utitur v. ad* 2, 44.

suspiriosi (= asthmatici) 2, 70. [ad tussim suspiriosam i. qui fortiter suspirant *Antid. Br.* 13. ad suspirium . . . suspirioso *ib.* 107. 108. *cf. Plin.*

sycotice (συκωτική: genus medicamenti) 1, 15.

symfyti (simfite *V*, simphyti *B*) *VB Gel.* (*ubi* senticis *b*! *cf. ind. Cass.*) 2, 64. sinfiton *VB* 2, 101.

sympasma *An. de ves.* 4 (*p. 266, 20*).

symptoma: si aliquod adhuc ex superioribus accidentibus perseveraverit symptoma (sumtoma *V*, syntoma *B*) 2, 69.

syringes: de siringis *b* 1, 85 (de siringiis *B* 1, 81). siringiae *b B* 1, 81 (*i.* siringae). si(y *b*)ringias (*acc.*) *B b* 1, 85 *et in Add. b* 1, 85 (*ubi* syringium *et pl.* siringia *et* syringiis, *sed etiam* siringias *et* siringiam). — *acc. sg.* siringa (σύριγγα) *de s. m.* 49.

taenia (*vulgo* tinea *pro* tenia): teneas *b Add. p.* 306, 1. tineas (*ut vulgo*) *p.* 330, 19 *etc.* — *diff.* tineae capitis = ἀλωπεκία *de s. m.* 19. 40. 123. *Ant.* 164. tineosus 164. 165 (tiniae *Plin. Aug. ind.* XI. tineas 13, 86. taenea 13, 81).

tam saevissima passio *r An. de ves.* 4.

tamdiu . . . quamdiu (quandiu *b*) 1, 66 (= *Antid. Brux.* 2. tamdiu quousque 38).

tamarici *gen. VB b* (tamaricis *r*) 2, 82 (*ubi* triamarici *V*, *ut* tramaraci *B* 1, 12): tamaricis *rb* 1, 12 (*ut Cass. c.* 43, *Ps. Gal. ad Gl.* 3, 51). — tamaricen *Plin.* 24. 67. 13. 116. *gen.* tamaricis 26, 86. 28, 81. 165. 30, 97. *dat.* tamarici 16, 80. *unde* tamarix 16, 108.

[**Tantale** pie! *in formula magica Add. b* 1, 44 *p.* 276, 18.

in **tantum** (*cf. ital.* intanto) *An. de ves.* 2 *p.* 263, 19. — in tantum ut . . . *saepe in Ps. Th. de simpl. med.*

tempus: tempore (*mit der zeit*) 1, 38. paulatim tempore 2, 112.

in tempore *(zur zeit, zur rechten zeit)* 2, 16. 27. 38. 46. 114. *cf.* 1, 74. 84. — in tempore causae 2, 19. temporibus aegritudinis refrenatis 2, 5. temporibus (aegritudinum) servire 2, 36 *(cf.* 2, 3). febrium temporibus servientes 2, 17. 21 *(cf.* 2, 38 febribus consideratis temporibus serviendum). per chronica tempora producitur 2, 32.

temporalis *(zeitlich, vorübergehend, quasi extemporalis):* passio acuta et temporalis 2, 24. acutas et temporales aegritudines 2, 32. extensionem rigidam temporalem quidem 2, 30 (= repentinam *Cael. cel.* 3, 48). temporales commotiones 2, 39. 48.

tenesmodes: si conationes vel pondera perseveraverint quas (*r V*, quae *B*) tenesmodia (*V B*, tenismodis *r*, thenasmon *b*) appellamus 2, 104. *corr.* tenesmodis *cf.* de ileodis 2, 28 *r V*).

tenontes 1, 62.

tenuatus umor *(opp.* pinguis) 2, 114.

terebint(h)ina *(sc.* resina) *V B*: terebentina *vel* terbentina *b g saepe.*

[tergis validitudinem *Ant.* 165. *cf.* umores extergit *de s. m.* 61. th *gr.* = t *saepe cod. V (l. II):* menta (*sic semper codd.,* non solum *V* 2, 11. 36. 91. 93. 94. 98 *etc. sed etiam B b: latine enim* menta, *unde* mentastrum, *antiquitus recepta dicitur* μίνθη *graeca, nihili autem est* mentha *neque graece dicitur neque latine).* anetum (anetinum *etc.*) 11. 75. 92 *etc.* semper lat. (ἄνηθον). turis *V B* (thuris *b*)

semper [tunni piscis 1, 11 (θύννος)]. trociscus *semper (sed* crothisci 93). — piretrum (πύρεθρον) 36. 58 *etc.* timus: timi et timo 15. timo 59 *etc.* timiamata 33. 36. 38 *etc.* tapsia (54). 117 *etc.* la(p)patum 76. 82. *(singularia sunt* latrides 99. ictyocolla 101. clibsis (*i. e.* tlibsis) 37. *sed servant plerumque th vocabula gr.* ἄνθος *referentia, ut* oenanthen 73 (oenanthino 78. oenanthi⟨n⟩um 101: *sed* enantes 36. otenantes 93). — melanthium 44. 97. 98 *(sed* melantio 58. melanti 98. melandiu 71). — anthera 23. — cathartico 71. 80. 91. 99 *etc.* lethargici 13. 14. 15 *(rec.* De litargicis *ind. et rubr. V* 2, 13). althea 104 (55 *Gel.:* altee *B b).* thebaici (dactyli) 64. 101 *etc. (sed* tebaicos 36. deibaici 73). theriaca 29 *(*tyriaca 27). absinthium 71. 89. 97. 98² *(sed* absentii 90. absentium *ex* absinthium *corr. V* 78 *s. IX!* absinti *sic* 98). *etiam* absenthii 91. absenthio 92. terebinthina 78 *(sed plerumque* terebintina 67 *etc.).* thorax *semper* 20. 21. 59. 62 *etc.* thermapala 31 *(sed* termanticos 25) *etc.* —

contra male scribitur (V) th *velut* anthidothia 101. sinfithon 101. pthisanae 25. flebothomum 25. 26. 36. 80 *etc.* melichrato *etc.*

thebaici *simpliciter (ut* cydonia) 2, 64: dabo thebaicos (dactilos *sol. add. b),* sorba quoque . . . *cf. V B* 2, 101. *Diosc.* 2, 129 *p.* 250, 2 ἦ οὔων ἦ ἀπίων ⟨ἦ⟩ θηβαικῶν ἦ κυδωνίων μήλων.

theca 4, 2.

thermapala — *vid. s.* apala.

thermanticos (balanos) 2, 25.

thoraci eorum hoc est pectori 2, 21.

[**thyrsus**: rad' cauliculorum i. tyrsos ipsos vetustissimos *b Add.* 1, 93. *cf.* tursi eorum (*sc.* caulium) *Ps. Th. de s. m.* 42 (= οἱ καυλοὶ τῆς κράμβης *Gal. XII, 42*).

[**tina**: in balneo vel in tina *Ps. Th.* 3, 2, 12.

[**tincta,** *tinte Ps. Th.* 3, 2, 2.

[**titina** *Add. b* 1, 44: mulieri capitellum de titina (ligabis) *cf.* dida (τίτθη) *et* titina *Sor. ind.*

tithymalus maior 1, 75 (*cf. Diosc. Ap. etc.*). titimallus *r b,* titimalus *B.*

ti = ε̨ *lang. quod recentiores legebant* -ci. *unde e. c.* 1, 54 *cod. r se ipsum vel corrigit vel explicat sic scribens* af- flaͭͥε̨orι[9], *item* 1, 67 habenͭͥε̨b[?]. *cf. cod. Hafn. Sorani.*

tonoticum 2, 85 (*cf. Cass.* 42 *p. 102, 14* species tonoticas), *ubi* unicum *(sic) VB* (thano- tica *b*).

torpor (turpor *V, unde* turbor *B*): gravedo quaedam cum tor- pore (*r b,* turpore *B*) venarum et interceptione 2, 41 (*cf. in eadem re Caelii Aur. editorem modo* torporem *corporis chr.* 1, 33 *modo chr.* 1, 39 tur- bationem *legentem*). frigida... quae torporem (turporem *V,* turborem *B*) magis in tempore quam mitigationem praestare possint 2, 114. — *aliter* turbor (ταραχή) *Sor. ind.* (*cf. Cael. ind.*).

torrens impetus (et repentinus) 2, 38.

[ventris **tortiones** *b Add.* 2, 29. *cf.* ad tortionem ventris *Ant. Br.* 40.

tostatus (= tostus): salibus tostatis *(sic) r B* (tostis *b*) 1, 45. *cf.* tostis salibus 2, 107 (*VB, ubi* frixis *b*). tostaveris 1, 7 (*r B b*). panem tostet *b Add.* 2, 91 *p. 328, 20.*

totoque corpori *(dat.)* 2, 59 (*r VB Gel., om. b*). 1, 18 (*r B b Gel.*). *Neue II, 183.* — totum (remedium) *lect. scrib. rec. pro* tutum 1, 3.

tragacanthum: tragacantum (*V,* dragantum *r B b*). *sed* tra- chanti *etiam V* 2, 110. *et* dra- gagantum *b* 2, 64. *g Gar.* 2, 110. *gr.* τραγάκανθα. *est tamen quod adhibetur* τὸ δάκρυον τῆς ῥίζης *Diosc. p. 362 (Lips.). cf.* 2, 93 *(solvitur).* dracantum *et* dragagantum *r* 1, 53 (draḡ *b*).

[**transcolare** *Ant. Br.* 4. 45.

transigere cibos 2, 116. va- porem balnei 2, 43.

trociscus: trochisco *(uno quod sciam loco et quasi fortuito) V (unde* troschiscos *B*) 3, 30. *sed cf.* crothisci *(sic)* 2, 93.

trocliten (mirram, mirre) 1, 74 (*r B b*) *etc.* mirrae troclites *gen. Ant. Br.* 4. 39 (troclitis 5). *cf. apud Marcellum (Helmr.) gen.* mirrae trocloditydos *p. 153, 18* (—ditidos *p. 156, 9*) *et brevius* trogloditis *vel* troclo- ditis *reliquis locis in ind. nota- tis.* τρωγλῖτις *lectio corr. etiam in codd. rec. graecis. accus. non comparet apud Marc.*

[**trullio** (*cf.* trullium τρύβλιον): deferveat in trublione *(sic) Add. b* 1, 83 *p. 287, 17.* in

trullione ferreo comburis *Add.*
b 1, 85. *cf. Ant. Br.* 4 *(bis).*
tunni piscis 1, 11. *cf. Isid.*
12, 6, 14 (θύννος).
tunsus *(simpl.) sed (comp.)* con-
tusus *semper etiam V (ut codd.*
vet. omnes: cf. ind. Garg. p.
220.). sed tusas *semel VB* 2,
108. *et* contunsionem *B Ant.*
Br. 29.
turiones *saepe*: titimali molles
et virides ex cacumine turiones *B (ex gloss. pro* cimas
r, item cimas ex cacumine
b) 1, 75. *cf. Cass. s.* cyma.
vitium ⟨vitis oculi frondosi
tenerrimi *in ipsum textum*
hic addit r⟩ turiones mollis-
simi 1, 53.
tus: mannae turis *VB*=manne
libani *b* 2, 36. turis masculi
VB = libani *b* 2, 63 (*cf.* tus
bGel. = libani *r* 1, 53). turis
masculi *B* = libanu arrenos
f v g 3, 22. — *ceterum* thuris
*semper scribit b (numquam VB*ɫ.
— thus daciscum *(sic) Ant.*
Br. 27.
tussim *semper Ant. Br.* 13. 72
etc.
tutum (remedium) *sic Gel.* 1, 3
pro totum *codicum* (= *rom.*
tout = ubique *Neu.!).*
typicus: tipico caractere *V* 2,
61.
[**tytaritae** (?) herbae *Add. p.*
330, 23.

u *V (saec.* VIII/IX) = *(rom.* ü)
i *saepissime:* hedere foliöꞓ *(ips.*
corr. V, foliis *B)* in vino coctis.
cf. Diez Rom. Gr. I, 142.
ubi: oleo … ubi papaver …
miscueris 2, 11. aqua calida
uti papaver … decoxeris 2,
11. ubi adiciemus 3, 19 *etc.*

[**udones** *(schuhe): Antid. Br.11.*
[**umbrae** immissae *Ps. Th.* 3,
2, 4 *(cf. Pelagonius).*
umor *saepe V* (humor *semper*
rBb): 2, 28 *(etiam r)* 59. 85.
91 (per ventrēmumorem) 93.
97. 107 *(bis).* 112. 113. 114. 116
etc. antiquioris rationis passim
vestigia remanent. etiam in Ps.
Th. 3, 2, 1 et tumorem *cod. a*
pro et humorem *b i. e.* et umorem. *cf. de s. m.* 130 matura
tumores *pro* maturat umores
et similia. ib. 135 & tumores
distergit *pro* et umores distergit (*ut* 61, *vel, ut vulgo,* dispergit, *quomodo transfert auctor*
graecum διαφορητικόν *vel* δια-
φορητικῆς ἐστι δυνάμεως *cf.*
12. 14. 26. 35. 51). *sed vel*
humor *V* 2, 59 *(ubi mox* umoribus).
umectus *V* (humectus *Bb*):
umectos cibos 2, 10. umecta
vulnera 2, 27. *unde corr.* alumen untatum (humectum
b Gel.) B 1, 84. *sicut* lumen
umetum (= alumen umectum
r) B 1, 92. — umectare *(sic)*
Vr 2, 27.
undatio vel spuma quae supernataverit (dum bullire coeperit) 3, 19. coques ad primam undationem (*b,* mundationem *rBGel.)* 1, 64 (*cf. Apic.,*
Anthim. 3).
ungeo *V,* ungueo *r,* unguo *B,*
ungo *b* 2, 33. *item* 2, 15 *(ubi*
tamen ungę *sic b). item alibi*
ungimus *V,* unguimus *Bb.*
perungimus *Vb,* perunguimus
B 2, 58 et *(ubi b al. l.* perun-
guantur) 65. perunge *b*(—guito
B, —gue *r)* 1, 57. perunge *b*
(—gue *rB)* 1, 58³. perungue *rB*
(perungeo *b)* 1, 58⁴. (perungas

35*

Ant. Br. 2). perungueri *An. de ves. p. 263, 8.* perungendum *V* (—g̅dum *b*), perunguendum *B* 2, 19. inunguendi *VrB* (—g̅di *b*) 2, 64. ungeamus *b* (inunguamus *B*) 1, 58¹. ungueas *rb* 1, 66. *item* ungenta *semper V* (ung̅ta *b*), unguenta *B* 2, 15. 25. 31. 58. 59. 72 *(bis)*. 91. *etc. ita hic quoque b modo cum V (veteri usu) modo cum B (rec. et docto s. XII) facit. B autem ut semper* u *habet in* unguo, *ita male* tanguendum 2, 25 *(scil. ut tueretur* g = *roman.* gu).

unguis *fem. b* 1, 91 *et Add.* 1, 91 ungues scabiosas *bis (contra masc. rB Gel.), sed mox ibid.* scabiosos.

urinas (*VB*, —nam *r*) provocantis 2, 78.

urtica *(B): ortica V(r g b)* 2, 38.

[**usque** quater *Ant. Br.* 120. *cf.* quamdiu.

ut = ita tamen ut 2, 13 (1, 64) *etc.*

ut possumus, ut potero, ut poterimus *saepius* (2, 27. 60. 61. 2, 36 *etc.*). *cf.* quantis possumus adiutoriis 2, 29. quae nunc possumus remedia 2, 46. *cf.* utpote *v. l.* 2, 3 adiutoriis utpote *(sic Gel.,* ut potui *V,* potius *B)* competentibus serviemus.

[**utique** *p. 334, 1.*

[**utitur** *c. acc. Ant. Br.* 58 *(cf.* 78). 112. *Add. b* 2, 92 *etc. (cf. p. 338, 4).* utenda sunt *p. 336, 14.* utendus (!) est foliis *de s. m.* 54.

[**vadit** dormitum *b Add.* 1, 43 *etc. cf. Ps. Plin. f. 29ᵈ. 30ᶜ. 37ᶜ. 39ᵇ. 56ᵈ (sed* d. eunti *31ᵃ).*

valitudo *VBrb* (valetudo *Gel.*) 2, 87. 116. *Bb (Gel.)* 1, 4 *etc.* longa doloris valitudine *rB* 2, 45.

vaporeos (impetus) 2, 118.

vas: *abl.* vase *b* 1, 5. 64. *Bb* 1, 7. 9 *et rec.* vaso *f (s. XI)* 3, 19 *(ubi* vase *v) pro nom.* vas *(rB).* in vas *B (rb)* 1, 11. vaso *r* 1, 82 (vase *b B Gel.). in Add.* vasum *r, et* vas *b (ad 1, 12).* (vas 209, vasi 209 *et p.* 397, 5. vase 4. 38. 204 *semper B in Ant. Br.*)

ursi natura . . . ad partem **vascione leonis** et circa stomachum suspensa ʻcollo lino portetur (ad digestionem) *Antid. Br.* 184 *(corr.).*

equi **vectatio** (*VB,* vectio *b*) 2, 117.

veluti *(sic etiam ante* i *seq.* veluti ictu 2, 24 *etc.*): adiutoria quae veluti calidis commotionibus adhibentur 2, 114. si causis veluti incertis caput doluerit 2, 44. falso veluti somno 2, 13. quaedam veluti inrationabilis animi desperatio 2, 26. et praefinitis veluti temporibus 2, 28. ex una origine veluti diversas cognovimus evenire commotiones 2, 118.

venerius *VBrb* 2, 33. 34. 116 *etc.* cicer venerium 2, 110.

venire *b (pro* evenire) 2, 35. *item (pro* obvenire) 2, 55. *cf. VB* 2, 31 per quae . . . multum naturae eorum ventri (*l.* venire *pro* evenire) beneficii consuevit.

ventris expositio 2, 28. (ventrem facere *An. de ves.* ad ventrem faciendum *Ant. Br.* 101 = ad ventrem ut faciat *ib.* 98. quibus venter non facit 102. *cf. Cass. ind. et Cael. chr.* 4, 49. *chr.* 1, 13: si venter non fecerit officium. — ventrium (venerium *VB*) caponum membranae 2, 102. *cf. Antid. Brux.* 50. 143.

ventosa 2, 17. 87 *etc. i. e.* cucurbita ventosa 2, 27 (*ubi* ventosas . . . et cucurbitas *bg*). 29. 33. 52 (*ubi simpl.* ventose *b*). 117 *etc. cf. An. de ves.* 3 impones etiam et cucurbitas hoc est cufas ventosas*(Barb.)*. *deinde ib.* 4 ventosae *simpl.* (leves cucurbitae *Cael.p. 30 sq. etc.* κούφην *p. 575*).

ventositas ventris 2, 28. clystere ventositatem agere *ib.* ventositatis molestia 2, 89. haustus ventositatis 1, 79.

[**versare** *neutr.:* mulieri si pecus versaverit *Ps. Th.* 3, 2, 4 (= girare *ib.*).

vesica *VB* 2, 17. 28. 110. 111 *etc.* (*ubi semel* vesciae 2, 110 *pro* vesice *V*). vesicae (φλυκτίδες) 1, 59 *vel* vesiculae (visiculae *b*) 1, 60. vesica *(ex qua vaporamus)* 2, 17 (*cf. Cael.* ox. 2, 113 ex aqua calida in utriculo vel vesica excepta *etc.*).

vesicare (quibus vero iam vesicaverint *sc.* perniones 1, 88) = vesicas erigere (1, 60).

[**vettonica:** vetonica *b Add.* 1, 86. 2, 62. 2, 102. 108 *etc. saepe.* bethonica *ib. Add.* 1, 97. *Ant. Br.* 132. 200. *ib.* betonica 109. h. vethonicę *ips. corr. b* 2, 62 *p. 316, 18.*

vetus: *abl.* veteri *VB* 2, 15. 98 *etc.* (*in Ant. Br. B* veteri 80. 113. 135. vetere 141. 159. 186). veteriores 4, 7.

vetustatum *Br* (= vetustius *b Gel.*) 1, 38. *cf. Add. b* 2, 44 *p. 314, 6.* invetustatos dolores (= inveteratos *Marc.*). *cf.* adveteratus.

ad vicem (= in vicem): lectus . . . ad vicem (*VB*, ad invicem *bg!*) gestationis agitandus 2, 12. vice cataplasmatis *rB* 1, 76 (*ubi* in vicem cataplasmatis *b* = 2, 7 *VB*, *ubi* ad in vicem *r* = in modum *b*).

[**victoriola:** Et herbe victoriolę suci cyatos. III cum melle potui dato ieiuno mox incidet flegma . . . *Add. b* 2, 89 *p. 326, 17 quae verbotenus habet Apul. herb.* 59 (δαφνοειδές *Diosc.*).

[**nominas** septem **viduas** quas nosti *Ant. Br.* 64.

vinarius: utris vinarii 1, 65.

virgo: bitumen virginem *Ant. Br.* 102. *cf.* picem virginem *b Add.* 2, 19. 31. charta virgine *Add.* 2, 19. adipem suinum virginem *Ant.* 139 *etc.*

virgula auri vel argenti ignefacta 2, 74.

virtutes (= species): emplastra vel antidota vel cetera quae ex variis virtutibus componuntur 2, 44 (*rec.* dynamidia).

viscare: (flegma) cum se viscaverit (vescaverit *V*) 2, 112.

viscidus: gluten taurinum in (cum *b*) aceto viscido *(sic B b)* coctum et solutum inunguamus *B b* 1, 58. *cf. Simon s.* viscidum *g.* mordicativum pungens linguam acuti saporis. *item lex. Alfita* viscidum i. amarum.

viscosus umor 2, 114. viscosa pinguedo 2, 21. sudor viscosus

b (*g Gar. Gel.*) 2, 35 (*ubi* vis-
corosus *VB*).

visere: neque tangendi neque
visendi (pulcras figuras) 2, 33.

visitare aegritudines *etc. frequentissimum apud Theod. velut* 2, 6. 7. 13. 18. 19. 25. 30. 56.
59. 61. 63. 65 *etc.: sic* diligentia visitandi, sollicite visitandi, eâdem (aliâ, unâ)
diligentiâ visitandi sunt, hac
curâ visitamus *etc.* (hos sic suadeo visitari 2, 24). aliquando
simplex febrium imago tantummodo visitatur 2, 4.

vitalia loca 2, 1. 57.

vitella *r b* (*ubi* ovorum media
VB) 2, 118.

[**volatica** farina *b Add.* 1, 97
p. 302, 21.

[**vomitus** = ἐμετικόν *p. 306*
(vom. imperialis, bonus *etc.*).

vulnus (= ἕλκος) *semper VB b,
ubi* ulcus (*quod graecum est
nec usquam occurrit in codd.
Th.*) *correxit Gel. scil. ubi
de vulneribus interioribus* (*cap.
23* de empyicis) 2, 67. 102.
1, 69 (de vulneribus ex se
sponte nascentibus *c. 22*). 1,
93 *etc. item* vulneratio 2, 68
ubi ulceratio *Gel.* (*sic* ulceratio faucium *Cass. Fel. c. 36
cf. 21* ulcera sordida *p. 36, 19.*
ulceratum *p. 37, 18 etc.*). vulnerata matrix 4, 30 (*cap.* de
vulneribus matricis = ulceribus). *cf. Ps. Gal. ad Gl. III,
50* vulnera chironia *etc.* —
vulnerati (= ulcerati) 1, 89
(de pernionibus). scabias vulneratas 1, 93. elcosis id est
vulneratio *Gal. III, 10* (*ubi Ec*
id est exulceratio!) *cf. ib. 23.*
(ad universa ulcera vel vulnera *Cass. p. 18, 19 !*). *cf. Plin.*

24, 9 volneribus quae phage-
daenica vocantur. 22, 151 serpere volnera non patitur (*cf.
Ps. Plin. p. 76, 18*) *etc.* [ul-
cus *non extat nisi in Additis
codicis Berolinensis, ubi primum legitur ad* 1, 76 (*p. 51*
ulcera testium sanat) *et ad*
1, 78 *p. 52, 3* si ulcus in veretro fuerit). *cf. ad* 1, 86 *p.
58, 6 (ab inf.) in rubrica*
Qui per tibias et corpus vvul-
cera (*sic*) faciunt *etc. p. 59, 1*
Allii decocti aqua crura ulcerosa fomentata. celeriter
sanat. *p. 59, 5* Maxillas apri
vel scrofe comburis et cinerem eius uulceribus (*sic*) asperges. *sic etiam in g* (*cod.
Vindoc. Ps. Gal.*) *solo* 2, 27
vulcera *legitur ubi* vulnera
cet.]. *cf. Simon Ian. s.* Ulcus est
plaga putrida (*ubi ex Demo-
sthene* de ulceribus oculorum
fragmentum uberrimum). Isid.
IV, 8, 19 ulcus putredo ipsa,
vulnus quod ferro fit . . .
(*scil. utrumque est vulnus, sed
vulnus putridum graeco fere
vocabulo* ulcus-ἕλκος *distinguitur. Theodorus autem qui
et graece scripsit et latine, in
latinis latino uno vocabulo
usus est, non graecolatino*).
*contra in Antidot. Brux. pro-
miscue leguntur* ulcera *et* vulnera (*saec. VI*) *cf.* 4. 17. 29.
42 *etc.* 171. 174. *cf. Pelag. c. 26.*

x *pro* **s**: senex (*pro* senes) 2, 25.

xerantica (exeranthica *VB*) 2,
103.

xeros (?) trociscos 1, 96 (*ubi
κιρρός codd.*). —

[**xcropiae** (acaciae) *quid? Ant.
Br.* 143.

ysopum *(r VB b): sic latine dicitur qui graece* ὕσσωπος. *confunditur cum ysipo* = *oesypo* *(cf. Simon s.* Ysopus Dyascorides. *est herba omnibus nota* ... ab Avicenna dicitur ysopus sicca ad differentiam humide que est cerotus. — Ysopum cerotus Dya. est quasi sordes ex suco lanarum succidarum ... hec ab Avicenna ysopus humida vocatur. hec in antidotario universali ygri *dicitur).* — ysopocerotum = oesypocerotum *q. v.*

z: za = dia *v. s.* reumatizare, glycyriza *(cf. praeter nostrates olim St. Baluzium in notis ad Cyprianum p. 568 de voc. Commodiani* Zabolus).

[**zema** *Antid. Brux.* 3 (zema cum aqua super focum bulliat et alteram zemam ... facias calescere).

zerna — *vid.* sernia (serniosus).

$\overline{\overline{zz}}$ = zingiber *b (p. 304, 15):* gingiber *Ant. Br.* 16. 40. 74. *sed. ib.* 199 zinzeberi. *ita et Ps. Plin.* zinziberis, gingiberis *f. 37ª. 41ᵇ. 41ᶜ. 45ᵇ etc.*

[**zizanium** *Ant.* 71.

NB. Eis quae supra dixi de anagallico (et de porcacla), quia male p. 302, 13 scripsi anagallidis, pleniora addo haec:

anagallicum = consolida maior *(Apul., Simon, Lex alf.* = solidago *Diosc.)* = symphytum alterum *(Diosc. 4, 10. Apul. 60 [ubi* anugallicum *cod. Cas.,* argallicum ⟨ anagallicum *corr.* ⟩ *Vrat. cf.* ἀργαλλικοῦ *Ps. Diosc. p. 512]* = conferva *(Apul. cf. Ps. Theod. add. p. 301, 5 [quae tamen* confirma *et* conserva *(sic etiam ap. Orib. lat. de simpl. I, 48: de quo Anecd. II, 111) scribitur in Apul. Vrat. et Cas.]* = inula rustica *(Apul., Marc. p. 173, 1 H)* id est alum *(acc.) Plin. 27, 41 (scil. gallice* halus *Marc. p. 332, 30* = *Plin. 26, 42: male sic cum* h, *de quo Zeuss, Celt. Gramm. I², 46)* = alium gallicum *(nom.) Marc. p. 256, 21 (199, 9) vel* algallicum *(acc.) p. 173, 1 vel* balcallicum *(nom.) p. 112, 27* = porcacla *p. 199, 9 (i. e.* porc. silvestris *Plin. 20, 210 cf. Sim. s.* andragne *extr.).*

Sinfiton i. anagallicum *(ex Apul. apponit etiam cod. S. Gall. 762 II, 60 (Anecd. II, 111 cf. 112), item (ex eodem) Ps. Orib. lat. l. c. (differt* aloe gallica = gentiana *Apul. 17* = *Ps. Diosc. p. 341). cet. cf. Fraas Synops. p. 163.*

Index auctorum.

Andronis trociscus 2, 23. tr. Andronius 1, 61. 2, 102.

Apollonius 1, 15 *(bis)*.

[**Apuleins** Madaurensis *Ps. Th.* p. 276, 22.

[**Arsinoe** *Ps. Theod. p. 338, 5.*

Athenaei troc. causticus 2, 102. — diachartu troc. 3, 30.

Democritus 4, 3.

Eusebius (discip.) 4, 2.

Herodianus 2, 34.

Hippocrates 1, 48 (aph.). 51. 72 (praenot. Co.). H. noster huius professionis auctor 2, 25 (aph.). 2, 102. 2, 114 (aph.). 3, 23 (iusiur.). *cf. b ad* 2, 31. 47.

Iamblichus Syrius 2, 34.

Iustiana potio (hiera Iusti) 2, 109.

Methodici 2, 73 — *cf. ind. verb.* s. cyclus.

Menander comicus 4, 1. 3.

Musae trociscus 1, 52 *(descr. in Add. b ib.). cf.* 1, 85. *Antid. Br.* 42.

Philippus Amphipolita 2, 34 *(cf. apud Aurelium* I, 42 *p. 72).*

Polyidu trociscus 1, 61. *(cf.* antid. Polyidis *Gargil. c. 23, ubi male olim edidi* polyides *(adj.). cf. supra s.* polyarchion.

Pythagoras aegyptiae scientiae gravis auctor 4, 3.

[**Salvina (Salbina)** *ad* 3, 1. *cf. Add. b* 3, 24 (*v. l.* Sabina, Savina).

(Theodorus Priscianus)
ego 1, 43. 53. 109. 2, 77. 79. 3, 20 *etc.* nos 1, 32 (suadeo 1, 32. 2, 46. 55. 3, 19 *etc.*). 3, 26. a nobis 1, 85. nostro experimento 2, 99. ego de experimento posui 2, 111. **nostro** pesso 3, 26. ut expertus sum 2, 17 *etc.* ut experti sumus 2, 44. 37. *cf.* de experimentis 1, 8. 68. 2, 102 *etc. passim.* [*Ant. Br.* 42 (*cf.* experimentatum *Ant.* 53. 54. 55]. de experimento 1, 25. *cf. de ves. vit. 3 (p. 265, 3).* de expertis 1, 29. 83. 2, 81. magister meus — v. Vindicianus. aliqui e nostris 1, 61. alii collegae 2, 75. *cf.* aliqui 2, 46 *etc. saepe.*

suos ipse libros citat in primo faenomenon 2, 59. faenomenon libellus superior 2, 64. [*et Pseudo-Theodorus* in faenomenon libro *b* 2, 116. 117. in primo faenomenon libro *b* 2, 118]. in euporiston nostro 2, 103. in gynaeceon libello (sequenti) 2, 66. in subiectis (*ubi?*) 2, 64. in libro physicorum 2, 34. nostro libello

physicorum 2, 48. *cf.* 1, 75
(suo loco et tempore con-
scribentur). in graeco opere
3, 7 = alibi 3, 11. in graecis
nostris 3, 32. addes . . . de
graeco euporiston 2, 29. addes
de graeco quam plurima *B*
1, 96. [hoc addidit de greco
pittacium *r* 2, 31: *extat in b
hoc loco additum acopum Hippocratis*]. [praetermissum fuerat item aliud *ad leucomata
Gel.* 1, 40]. emplastrum infra
scriptum 2, 45 *(postea in margine additum?).* ieran quae
post ordinabitur 1, 18 *(deest
— sed al. add. b: cf. p. 270
et p. 256).*
[**Pseudo-Theodorus** — *apud
quem etiam Deus ad* 1, 91.
3, 23 (*cf. Ps. Plin.* 3, 16 *Bas.*),
Christus *p. 303, 15*, Joh. Bap-
tista *et* Helisabet 3, 2, 2 —
Moyses *ad* 1, 91.
(**Vergilius** 1, 23. 4, 7. (3, 2, 4).
Victoria 3, 1. 13.
Vindicianus (magister meus)
4, 3. *cf.* magister meus 3, 21.

magistrorum experimento et
nostro 2, 99. [chalasticum Vindiciani *apud Ps. Plin. f. 29ᵇ
(bis), 30ᵃ, 35ᵈ. cf. Cass. praef.
p. III et in ind. s. v. (Anecd.
graecolat. II, 177. Hermes VIII,
42). — de Vindiciano Ch. Tis-
sot, Fastes de la province rom.
d'Afrique (1885) p. 265.*

---

citantur in universum
veterum dicta 1, 75. sententia
2, 61. auctores veteres 1, 52.
sec. usum veterum 2, 46. anteriorum 2, 23. antiquiores 2,
47. alii veteriores 4, 7 etc.
(m.) idiotae 2, 68.
physici 1, 66. 75. (veteres) 2, 18.
methodici 2, 73 (*cf. s.* cyclus).
aliorum scripta legimus 3, 27.
ut **ille** ait 2, 114. 1, 23. 4, 7.
amatorias fabulas describen-
tes 2, 34.

---

*medicos qui appellantur in
Antidotariis codicis Brux. vid.
p. 400.*

In hoc volumine continentur

post praefationem editoris et capitulorum (ex cod. mstis) indicem

I. **Theodori Prisciani** Euporiston libri tres
      Faenomenon I p. 1.
      Logicus II p. 104.
      Gynaeceon III p. 224.
               Physicorum cap. I—II p. 249.

II. **Pseudo-Theodorea:**
      Anonymi de vesicae vitiis capitulum p. 261.
      Additamenta Pseudo-Theodori ad Theodorum Priscia-
        num (editionis secundae) p. 268.
        Gynaecia Pseudo-Theodori p. 340.
      Additamenta codicis Barberiniani (ex medicina Pseudo-
        Pauli) cum medicina Gaudiosi episcopi et medici p. 355.
      Antidotarium Bruxellense (ab initio mutilum) p. 363.
      Antidotarium Bruxellense alterum p. 380
        cum Anonymi physicorum fragmento p. 397
        et Appendice miscellaneorum p. 398.
      Anonymi (ex Galeno) libellus (excerptus) de simplici me-
        dicina p. 403.

III. **Vindiciani Afri** expositionis membrorum quae reliqua sunt
      I. Gynaecia quae vocantur p. 426.
      II. Epitome uberior altera p. 467.
      Vindiciani epistula ad Pentadium p. 485.

      Index verborum notabilium p. 493.
      Index auctorum p. 552.

Lightning Source UK Ltd.
Milton Keynes UK
UKOW06f2024270114

225361UK00010B/828/P